国家社科基金2015年度项目《绍兴师爷手稿整理研究》成果
项目编号15BSH002

求仕·游幕·佐治
——绍兴师爷手稿整理研究

钟小安 著

中国社会科学出版社

图书在版编目（CIP）数据

求仕·游幕·佐治：绍兴师爷手稿整理研究 / 钟小安著 . — 北京：中国社会科学出版社，2019.4
ISBN 978-7-5203-4075-5

Ⅰ.①求… Ⅱ.①钟… Ⅲ.①官制—研究—绍兴—清代 Ⅳ.① D691.42

中国版本图书馆 CIP 数据核字（2019）第 032351 号

出 版 人	赵剑英
责任编辑	宫京蕾
特约编辑	李晓丽
责任校对	周　昊
责任印制	李寡寡

出　　版	中国社会科学出版社
社　　址	北京鼓楼西大街甲 158 号
邮　　编	100720
网　　址	http：// www.csspw.cn
发 行 部	010-84083685
门 市 部	010-84029450
经　　销	新华书店及其他书店

印刷装订	北京君升印刷有限公司
版　　次	2019 年 4 月第 1 版
印　　次	2019 年 4 月第 1 次印刷

开　　本	710×1000　1/16
印　　张	40
插　　页	2
字　　数	720 千字
定　　价	198.00 元

凡购买中国社会科学出版社图书，如有质量问题请与本社营销中心联系调换
电话：010-84083683
版权所有　侵权必究

目　　录

绪　论 ··· 1
　一、师爷手稿资料的来源 ··· 2
　二、手稿整理研究的设想 ··· 4
　三、手稿研究的学术观点 ··· 7
　四、师爷佐幕的价值取向 ··· 9

上篇　师爷手稿整理原件影印

第一部分　谕禀 ··· 13
第二部分　告示 ··· 23
第三部分　刑案 ··· 27
第四部分　书启 ··· 39
第五部分　驿函 ··· 45
第六部分　衙账 ··· 70
第七部分　杂记 ··· 126
第八部分　私信 ··· 135

中篇　师爷手稿整理研究心得

第一章　封建体制的官吏之治 ································· 147
　一、吏官身份无别阶段——先秦两汉 ···················· 147
　二、吏官身份有别阶段——魏晋唐宋 ···················· 149
　三、界限分明低落阶段——金元明清 ···················· 151
　四、吏胥制度发展的趋势 ····································· 154

五、吏胥演变与师爷源流……………………………………………155
第二章　晚清县衙的政治运作……………………………………………179
　　一、清朝的基层政权组织……………………………………………179
　　二、地方官吏的考核管理……………………………………………185
　　三、京察大计的起源发展……………………………………………190
　　四、八法与六法演变确立……………………………………………197
　　五、师爷佐治的历史底蕴……………………………………………204
第三章　晚清州县的财政收支……………………………………………217
　　一、晚清州县的俸禄制度……………………………………………217
　　二、晚清州县的赋税制度……………………………………………226
　　三、师爷手稿的经费收支……………………………………………246
　　四、晚清州县的漕务收支……………………………………………254
第四章　晚清州县的对外交往……………………………………………266
　　一、晚清州县外交事务………………………………………………266
　　二、师爷协理交际庶务………………………………………………274
　　三、信誉良好处世有度………………………………………………280
　　四、人格独立自尊尊人………………………………………………284
　　五、真才实学能力过硬………………………………………………286
　　六、手稿中的交往道具………………………………………………289
第五章　晚清师爷的文化追求……………………………………………294
　　一、师爷传承的文化内核……………………………………………295
　　二、绍兴师爷的胆剑精神……………………………………………304
　　三、晚清幕府是智库顶峰……………………………………………316
　　四、作画写诗与著书立说……………………………………………327
　　五、师爷著述的职业特色……………………………………………330
　　六、积德行善与因果报应……………………………………………340
第六章　刑名师爷的诉讼手法……………………………………………352
　　一、师爷佐治的律法依据……………………………………………352
　　二、延聘师爷的社会需求……………………………………………366
　　三、刑名师爷的办案要诀……………………………………………375
　　四、师爷辅佐办案三重点……………………………………………383

五、剪裁叙供材料……………………………………………394
　　六、制作司法文书……………………………………………396
　　七、整理案卷文书……………………………………………399
　　八、手稿案例选读……………………………………………401

第七章　晚清师爷的生活状况……………………………………421
　　一、贫富观念与俸脩收入……………………………………421
　　二、劳形尺牍与深居简出……………………………………440
　　三、旅思乡愁与一生飘泊……………………………………447
　　四、坐馆师爷的另类生活……………………………………452
　　五、游幕师爷的生活开支……………………………………456

第八章　晚清官员的家人管理……………………………………466
　　一、地方官员的私家班底……………………………………466
　　二、长随　门上………………………………………………470
　　三、稿签　签押………………………………………………501
　　四、号件　值堂………………………………………………507
　　五、金押　书启………………………………………………508
　　六、跟班　差办………………………………………………514

下篇　师爷文化与秘书学研究

第九章　文化积淀与师爷性格……………………………………527
　　一、师爷是越文化的精英……………………………………527
　　二、绍兴师爷的性格特征……………………………………530
　　三、绍兴师爷的入世幕道……………………………………536

第十章　絜矩之道与开拓创新……………………………………540
　　一、絜矩之道是秘书工作的根本……………………………540
　　二、遵规守纪是秘书的基本素质……………………………544
　　三、秘书与时俱进是创新的典范……………………………548

第十一章　才子徐渭的师爷生涯…………………………………552
　　一、坎坷的人生旅途…………………………………………552
　　二、风光的幕府生涯…………………………………………554
　　三、偏激的复杂心理…………………………………………558

第十二章 清朝第一师爷沈文奎 ··· 561
    一、沈文奎的坎坷一生 ·· 561
    二、沈文奎的治国之策 ·· 564
    三、沈文奎的用人之道 ·· 566

第十三章 汪辉祖佐幕观的内涵 ··· 569
    一、汪辉祖的佐幕观 ·· 569
    二、佐幕观的民本性 ·· 573
    三、佐幕观的现实性 ·· 580
    四、汪辉祖判案实例 ·· 586

第十四章 立品为先乃佐幕之要 ··· 594
    一、王汝成破案的启示 ·· 594
    二、佐幕之人"品"尤为要 ·· 597
    三、精细谨严行事谨慎 ·· 600
    四、廉明听正尽心本职 ·· 601

第十五章 加强学习与促进服务 ··· 604
    一、加强学习　提高认识 ··· 604
    二、爱岗敬业　树立自信 ··· 607
    三、以苦为乐　肯定价值 ··· 609
    四、摆正位置　注重形象 ··· 611

第十六章 传承历史促本色彰显 ··· 613
    一、史官是法律的记录和传播者 ····································· 613
    二、史官是法律的传承和创造者 ····································· 615
    三、师爷必须有较高的法律素养 ····································· 617
    四、依法办事是遏制腐败的前提 ····································· 619

参考文献 ··· 621
    一、著作（按姓氏笔画排列）·· 621
    二、论文（按姓氏笔画排列）·· 632

绪　　论

　　国内对绍兴师爷历史与文化方面的研究，经过多年努力，已取得一些成果。如董坚志所编《绍兴师爷》（上海新华书局1936年版），收集师爷折狱谋略与奇闻逸事；缪全吉教授发表有关清代幕府的论文，出版《清代幕府人事制度》一书（台北中国人事行政月刊社1971年版），较为全面、系统地论述清代幕府；全增佑的文章《清代幕僚制度论》（《思想与时代》1944年第31、32期），从历代朝廷用人之制的变化及清代地方行政制度的运作入手，论述了清代幕友制度的形成、确立原因、幕友对主官的制衡作用；郑天挺的《清代的幕府》（《中国社会科学》1980年第6期）等文章就以往研究较少的"幕客的来源"问题作了具体考察；王振忠的《绍兴师爷》（福建人民出版社1994年版）介绍绍兴师爷的区域乡土背景以及他们的心理感受和影响明清社会风尚；李乔的《中国的师爷》（商务印书馆国际有限公司1995年版）则从名人与师爷承继关系进行研讨；郭润涛的《官府、幕友与书生——"绍兴师爷"研究》（中国社会科学出版社1996年版）一书，对幕业群体"绍兴师爷"的情况作了详尽的考察；尚小明的《学人游幕与清代学术》（社会科学文献出版社1996年版），从文化学术活动方面作了新的探讨；郭建的《师爷当家》（中国言实出版社2004年版）分析"幕友佐治"现象的形成原因以及其对清代政治、社会的影响。阮元的《循吏汪辉祖传》（中华书局1993年版）、瞿兑之的《汪辉祖传述》（上海书店1930年版）和鲍永军的《绍兴师爷汪辉祖研究》（人民出版社2006年版），从汪辉祖入手，对绍兴师爷这一特殊的职业个体进行研究，分析其游幕历程、心理状态、幕业观念，其他的研究成果尚不够有影响。

　　国外亦有不少学者从事这方面研究。主要有日本的宫崎市定与藤冈次郎，分别就清代胥吏和幕友的关系问题作了探讨。韩国汉城大学的闵斗基教授则在其所撰《清代幕友制与行政秩序的特性——以乾隆朝前后为中心》一文中，专门就幕友制的弊害问题作了考察。美国学者福尔瑟姆（Kenneth E. Folsom）出版的《朋友·客人·同事——晚清的幕府制度》（中国社会科学出版社2002年版）专门对李鸿章幕府进行了研究；美国学者波特（Jonathan Porter）的著作《曾国藩的幕僚》（*Universt of California Berkeley*，1972），将曾国藩幕府区分为"内幕"与"外幕"两个层次，突出了晚清时期幕府制度的新变化，为研究和评价绍兴师爷提供了一条富有启发意义的思路。

前人的成果主要从历史学的角度发掘整理了一批史料，为师爷研究的逐步展开创造了条件，对一些地方大幕进行了初步探讨，在史学界有较大的影响。但是这些研究主要从官方的资料来研究幕府制度和师爷现象，目前尚没有人从师爷遗留的手稿入手开展研究。

绍兴师爷手稿整理和研究有利于打破以往学术界对师爷采取的否认式的研究状况，以及在师爷研究中始终不散的庸俗社会学和政治学的惯性思维模式，在系统论的理论和方法指导下展开研究，避免以偏概全、人为设定的局限；改变以往用静态的文本解读和阐释的简单化方式，从社会转型的动态的文化大背景中去进行整体研究，揭示社会的剧变对师爷人生的影响，全面把握师爷的辅佐历程、思想性格、人生业绩和社会作用，避免一叶障目的局限，凸显一种立体面。手稿中的典型案例，对师爷个体在清朝的活动、发展变化的过程，有利于我们达到以点带面的整理研究目的。通过运用比较研究的方法横向比较分析它与官、吏的重大差别，一方面把师爷现象置身于近代社会发展史中，另一方面把师爷个体置身于整个社会管理体系中，科学认识师爷与政府命官的本质区别。改变忽视师爷个体生命意识和价值追求的局限，从外在的影响力和内在的主驱力的相互关联中，系统审视师爷的人生走向，认识和把握师爷佐幕的成就和有一定社会作为的深层原因。

一、师爷手稿资料的来源

绍兴上虞的王春龄遗留了一批十余万字的清朝末年师爷档案，这些手稿案牍资料，是迄今为止发现的师爷遗留下来的实物资料，具有绍兴地域文化和历史原生态的特色，其史料价值不言而喻。王春龄的手稿是我们研究晚清县衙管理的重要实物资料，有必要深入整理研究这批资料，抛砖引玉，开发其对研究当代社会管理和师爷文化的价值。

王春龄，生于道光二十六年（1846），民国二年（1912）去世，享年66岁，字惠庭，上虞县百官镇人。王春龄一生为幕，俗称师爷，曾在浙江省多个县衙任过幕职。有据可查的是在诸暨、鄞县、海盐、德清、仁和、钱塘、秀水、乐清等县衙做过师爷。由于他为人谨慎、仔细，凡是自己写过的手稿，或他保管过的文稿，都一一收集带回，从不丢弃。其后人将这些文稿留存在一隅，很少查看。由于历史的原因，以及对文稿价值的认识不足，对这些旧书破纸爱惜不够，任凭鼠咬虫蛀，甚至还烧毁了一些残破的手稿，现在回想起来实是感到痛惜！直到老屋要拆迁了，曾孙王如尧老师也退休了，才抢出一些尚未被鼠咬虫蛀殆尽的文稿。痛惜之余，掂掂这些手稿，它的分量确实是沉甸甸的。可以说这些手稿的字里行间，浮现着师爷的身影；被鼠咬虫蛀的疤痕处，流淌的是师爷的心血。通过对这些手稿的整理研究，也能品尝出师爷为他人作嫁衣裳的滋味。

王春龄遗留的这批师爷手稿，纸张大小不一，时间跨度先后长达35年，有确凿时间可查的，最早是清光绪二年。一本小册子中有这样记载："兰署印上款目　光绪丙子年"，光绪丙子年即光绪二年。手稿中最晚的时间是宣统二年。清代衙门的运作，以及清代官场的演绎，都少不了师爷参与。师爷的作用那是非常明显，但师爷们留下的痕迹却十分稀少，掂掂这些手稿分量不轻。现据遗存的手稿所标时间和地点，整理的情况列于下：

图1　禀稿格式例文

（1）光绪二年（三十一岁），兰溪县遗存文稿：《兰署印上款》簿册记有"元年拾式月廿九日"及"二年正月廿六日"记账三行；

（2）光绪八年（三十七岁），诸暨县遗存文稿：《残账七张》中有"诸邑—暨阳稿案经管事件"的账记，"经管盐务事件"的账记，"钱粮经管事件"的账记等；

（3）《账记》账簿，封面上仅盖有王春龄的印章，别无名称，属于诸暨县衙，簿中记有"诸邑执帖节规"及"诸邑—每节开发节赏"账务，第一页下端小字记"壬午年范任将赏……"字样，明确告知在暨阳任职的时间；

（4）光绪十二年（四十一岁），鄞县遗存文稿：《帐册》一本，计62页，无封面，内完好无缺。首页记："光绪十二年分"、《呈送应缴各项油砵清单》红折一个；

（5）光绪十七年（四十六岁），县衙不详遗存文稿：辛卯《记数簿》一本。内记："二月十一日起，六月十四日止（十五日无）"；

（6）光绪廿一年（五十岁），海盐县遗存文稿：《残稿四张》中有"照会"稿、"何谕"稿等，都标有时间；

（7）光绪廿六年（五十五岁），德清县遗存文稿：《庚子日记》（残缺）一本。另有"布告"一纸、"札"一纸，均标时间为"光绪廿六年"。并有"新市镇"字样的地名、《漕总施逢元 禀》，也标有确实时间；

（8）光绪廿九年（五十八岁），乐清县遗存文稿：甲辰冬《候补升官录》折子一个。折内有："正任知县……乐清 何士循 勉之……庚寅进士……"字样、《报案纸》一张；

（9）宣统二年（六十五岁），临海县遗存文稿：《状纸副本》一个。

二、手稿整理研究的设想

（一）目的

首先为保存师爷的原始资料而必须进行的；其次为研究师爷文化爱好者，提供可靠的第一手依据。

（二）过程

整理王春龄师爷的手稿，想法由来已久，但苦于找不到合适的形式，而停停续续。开始之初，以县衙为分类依据，它的优点是显而易见的，因为任何历史资料，莫过于有确凿的地点与时间，采取以县衙为分类编制，属同一县衙的手稿为一类，着手编制。但有一部分手稿，既找不到县衙名称，又不标明时间，只是单张独纸。只好从头再度改辙，采取以手稿内容为依据，按照信、函、谕、禀、告、批等不同文体分类。按县衙文稿和师爷私人文稿实施编排。

（三）方式

手稿整理研究结合影印原件分类（上篇）、师爷手稿整理研究心得（中篇）、师爷文化与现代秘书研究

图2　目录

（下篇）三部分进行。

（四）内容

课题申报过程中，由于从2009年开始一直都在修改和积累相关素材，课题组成员也不断更新。2015年课题申报成功，课题组成员师爷王春龄的曾孙王如尧老师已经将研究成果《师爷手稿选》交付中国文化出版社并顺利出版。这样在课题批准后，就有了课题研究的阶段性成果。考虑到方便读者使用课题研究的成果，原来申报成果中的内容"影印原件分类"于是就成了现在的上篇"师爷手稿整理原件影印"，"整理研究心得"为中篇"师爷手稿整理研究心得"，"师爷文化与秘书学研究"成了下篇"师爷文化与秘书学研究"。下篇的内容主要是项目负责人近年结合手稿整理所发表的师爷文化与秘书学研究方面的文章。

（五）"师爷手稿原件整理影印"部分的内容

第一部分：谕禀10件，15页

第二部分：告示5件，6页

第三部分：刑案13件，19页

第四部分：书启8件，12页

第五部分：驿函31件，47页

第六部分：衙账9件，117页

第七部分：杂记9件，13页

第八部分：私信8件，17页

（六）"师爷手稿整理研究心得"部分的内容

（1）封建体制的官吏之治：比较分析师爷与官、吏的重大差别，一方面把师爷现象置于近代社会发展史中，另一方面把师爷置于整个社会管理体系中，科学认识师爷与政府命官的本质区别。

（2）晚清县衙的政治运作：我国传统政体下县级政治运作情况的研究一直是个薄弱领域，至今没有一部专著。王春龄遗物中大量保留了县级政治和财政等方面原始档案资料，梳理这些数据，分析经费来源、百姓税负和收支项目等，自然能推动晚清县级政府财政运作课题研究的深入。手稿为研究该课题提供了宝贵的原始实物资料。

（3）晚清州县的财政收支：衙门的经济收支如何？文人笔下只有大致记载，

手稿有助于我们认识师爷的生活境遇。部分原始凭证记录了有关官场规费的账目和票据，上级官员过境的开销，年节、寿诞等给上级的贺礼礼单，给下属的节规赏钱等，详细记载了衙门账目的收支，较为完整地反映了当时的财政收支情况。

（4）晚清州县的对外交往：随着西方势力的侵入和近代化的起步，仅靠传统的游幕经验已无法胜任幕职，即使是县级基层政权施政者的学识也得贯通中西，关注西学成了提高职业素质的时代要求，操持政务的师爷因此成为较早和较积极接触西学的群体。晚清时期幕府制走向没落，但体制外的师爷比体制内的官员更积极转变观念，努力成为科层制体制下的新人。

（5）晚清师爷的文化追求：手稿中的《五大洲政治统考》《英语读本》等工具书可以看出师爷为改变旧有形象所做的努力，师爷不仅了解外国政治，还学习英语。

（6）刑名师爷的诉讼手法：手稿上多处盖有闲章印迹，体现了师爷谨慎的处世态度。在草拟公文草稿往往盖上不同字样的闲章。闲章字样视内容而定，如信稿、布告稿等末尾多盖上"专心"字样闲章，案件批文有多处盖上"慎思"闲章。特别值得一提的是盖有"实事求是"，说明晚清时"实事求是"已在政治领域运用了，师爷从政时把务实作为职业操守。

（7）晚清师爷的生活状况：手稿中保留了州县给幕友、书吏、差役和其他工役的工食支出清单，名目繁多的"陋规"费用也记录在案。从中可以发现"规费"仍是晚清师爷的重要收入来源，遗稿为研究县级游幕人的收入提供了可靠的原始资料。

（8）晚清官员的"家人"管理："家人"作为清代官员的仆人，事实上成了地方行政运作中的有机组成要素。关于"家人"的研究相当薄弱，在这批文献资料中，有涉及"家人"的从业情况，有助于我们印证、补充和纠正对清末"家人"的刻板印象。

（七）"师爷文化与秘书学研究"部分的内容

师爷在封建官僚政治的实施过程中，尤其在新政权建立或政治局势动荡时，肩负总揽大权、收集材料、处理事务的重任，佐治作用显著。幕友、师爷和秘书在历史文化中有承继关系，师爷文化作为历史遗留产物直接影响着当今秘书职业发展，我们在继承中国传统文化时，不可以全盘照收，而是要与新的时代背景和新的实践要求紧密结合起来，要认真研究现代秘书行业中不断出现的新情况，吸收、借鉴师爷文化精华对秘书职业规范中有价值的、合理的东西，促进秘书职业的健康、快速发展。这部分以近年发表的相关论文为主，内容不限于手稿范围。

（1）文化积淀与师爷性格：越文化孕育的精英——师爷，绍兴师爷的性格特征，绍兴师爷的处世幕道。

（2）才子徐渭的师爷生涯：坎坷的人生旅途，风光的幕府生涯，偏激的复杂心理。

（3）清代第一师爷沈文奎：沈文奎的坎坷一生，沈文奎的治国之策，沈文奎的用人之道。

（4）汪辉祖佐幕观的内涵：汪辉祖的佐幕观，佐幕观的民本性，佐幕观的现实性。

（5）立品为先乃佐幕之要：王汝成破案的启示，佐幕之人"品"尤为要，精细谨严行事谨慎，廉明听正尽心本职。

（6）加强学习与促进服务：加强学习，提高认识；爱岗敬业，树立自信；以苦为乐，肯定价值；摆正位置，注重形象。

（7）絜矩之道与开拓创新："絜矩之道"是秘书工作的根本，遵规守纪是秘书的基本素质，秘书是开拓创新与时俱进的典范。

（8）传承历史促本色彰显：史官是法律的记录和传播者，史官是法律的传承和创造者，师爷必须有较高的法律素养，依法办事是遏制腐败的前提。

三、手稿研究的学术观点

1.绍兴师爷在晚清县级政权运作中作用显著

师爷虽为幕僚，实质上是与各级地方官吏共同操纵着封建社会的政治、经济、军事、司法等诸多层面，手稿详细记载了衙门账目的收支，较为完整地反映了当年的财政收支情况，这无疑是清朝州县级地方财政研究的珍贵原始档案。梳理这些数据，分析经费来源、百姓税负和出支项目等，自然能推动晚清县级政府财政运作研究的深入。

图3　正堂告示

2.绍兴师爷是越文化精英的传承者

绍兴素称"文物之邦、鱼米之乡",唐代纤道、南宋六陵、明清石拱桥以及与此相关联的绍兴风土人情,被称为"名士之乡"。越文化积淀着大禹治水、勾践发奋、名臣死谏、忠将殉国和报仇雪耻的血性风骨,古越是一个人杰地灵、人才辈出的地方,历史上产生了众多的文化精英和英雄人物,众多的越地英才,为故乡留下了许多名胜及丰厚的文化遗产。他们不仅丰富了越地的灿烂历史,也影响和培育了一代又一代的英雄豪杰,形成了自强不息、耻为人后、敢于勇领潮流之先、善于发挥独立创造精神等独特的越文化传承特征。一方水土养育一方人。绍兴是个文风炽盛的地方,自古就有重史传统,清朝更有浓厚的史学空气,文人辈出,读书人甚多。稽山镜水不仅孕育了绍兴师爷,也给他们以灵气、风骨和杰出才华。

3.绍兴师爷能与时俱进

随着西方势力的侵入和近代化的起步,仅靠传统的游幕经验已无法胜任幕职,即使是县级基层政权施政者的学识也能贯通中西,关注西学成了提高职业素质的时代要求,操持政务的游幕人因此成为较早和较积极接触西学的群体。师爷与古代的幕友和当今千千万万从事辅助领导工作的秘书,尤其是私人秘书有千丝万缕的联系,可以说当代秘书与师爷和幕友有承继关系。师爷专门办理刑名钱谷,草拟公文,处世老到,经验丰富,在晚清县级政权运作中作用显著。

4.绍兴师爷具有独特的民本意识

绍兴师爷在明清时期的封建统治机构中占有很重要的地位,他们辅佐官员办理政事,大多地位高、待遇好、手握大权。像汪辉祖这样光明磊落、厚道仁慈的师爷为数不少。汪辉祖在任宁远知县期间,关心民间疾苦,鼓励发展生产,教化民风,崇尚节俭,修筑城墙,兴修水利,创办书院。处理民间纠纷和诉讼案件,力主审慎公允,深得民心,有"廉明听正"之称。当他回乡经宁远时,人们夹道相送,有人送至长沙仍依依不舍。他的所作所为及百姓对他的拥戴足以表明他的勤政

图4　正心守洁

爱民。晚年潜心写作佐幕及为官心得,为后人提供了不少借鉴。汪辉祖、王汝成等典型体现了绍兴师爷时时处处为民着想、一切以百姓利益为重的民本意识。

5.绍兴师爷的职场交际艺术高超

绍兴师爷虽然没有明确的政治地位,却是一个地方管理团队中事实上的二号人物。这些特殊性决定了师爷必须具备一些特殊的生存智慧。"绍兴师爷"是一个具有很强职业垄断性的职业团体,绍兴师爷通情达理,待人接物机警圆滑,是一流的处世高手,他们为人处世的方法很值得我们借鉴。

6.绍兴师爷是近代判官的前身

绍兴师爷擅长舞文弄墨,城府极深,能翻云覆雨,几个字可扭转乾坤,垄断司法审判。清朝官员实际上扮演的是"儒"的角色,而师爷或出谋划策,或代笔捉刀,执法用法,实际上扮演了"法官"的角色,故有"刀笔吏"之称。虽然师爷是文人,但是能够掌握法律、财税这些科举考试不涉及的专业管理知识。

四、师爷佐幕的价值取向

我国传统政体下县级政治运作情况的研究一直是个薄弱领域,至今没有一部专著。师爷手稿提供了极为宝贵的原始实物资料。本书拟梳理师爷手稿中大量保存的县级政治和财政等方面原始档案资料,整理利用这些数据,分析晚清县级政府财政运作、经费来源、百姓税负和收支项目等,弥补以往研究不够的缺陷。

清初,统治者为巩固封建政权、安定社会,采取了利用汉族地主阶级知识分子进行统治的措施,从而为汉族知识分子参与国家政事、进入各级衙门创造了条件。绍兴师爷正是凭此机会,借自己的聪明才智,纷纷投入官府,并得到各级行政官吏器重而地位日隆。

1.操守可信 处世廉洁

《续佐治药言》记载汪辉祖初入幕道时,在长州县做刑名师爷。他入幕前曾对母亲发誓说,绝不负心造孽,非分之钱,无敢入私囊。他一生佐幕确也实践了对母亲的誓言,做到了廉洁自守。曾有同事以利诱引他徇私枉法,却被他严词拒绝,利诱者不得不叹道:"此君操守可信。"

2.胸怀韬略 办案公正

王汝成是清朝非常著名的一位绍兴师爷。他在山东佐陈庆偕巡抚幕,历次平反大狱,最著名者"哑巴作证伸妇冤"。一妇人回家探母,路过荒野被一只鹰撕裂了衣裤,身上的首饰被养鹰者洗劫而空。丈夫怀疑其通奸,将她告上衙门,最后王汝成找到了哑巴证人,为其洗刷冤屈。他在审理此案时,充分展示出师爷"才、识、品"的特色:一是仔细检查案情,细致入微体察疑迹。二是智请哑巴坐轿,巧获人证物据。三是为民立品,惩恶扬善。

3.廉明听正　行事谨慎

绍兴师爷为了实现自己的理想和抱负,辅佐上司多方了解情况,掌握信息,处世谨慎,师爷李登瀛"推理破案"的事迹则是这方面的典范。浙江衢州一母亲与人通奸,奸夫当晚入室杀害亲夫,并和母亲商量嫁祸儿子;而那个孝顺的儿子不愿暴露母亲丑行,情愿顶罪受死。此案看似证据确凿,但在李的仔细推敲之下漏洞百出,夜半四更无月色,贫困人家不可能通宵点灯,这母亲是如何看到凶手的衣服颜色,在此漏洞下查出事情原委,捉拿了真凶。

4.精细谨严　尽心本职

官幕之间,除"利"之外,还注重"道义",即所谓"立品"。这些主张,与当今秘书甘于吃苦,乐于奉献,勤勤恳恳,秉公办事,坦然从事,敢讲真话,敢揭问题,切忌计较得失、贪图名利,注重思想品德的素质修养是一致的。

上 篇

师爷手稿整理原件影印

第一部分　谕禀

谕禀1

上谕　黄祖络性近贪鄙，不恤人言，实属辜恩溺职，着即行革职；长兴县知县毕诒策操履不端，劣名昭著；山阴县知县赵长保行为乖谬，物议沸腾，均着革职，永不叙用；慈溪县知县王家骥，代认公款，迹涉营求，着开缺另补。劣幕李庄华，即李香泉，盘踞把持，罔知检束，着即驱逐回籍，不准逗留。（此上谕载《清德宗实录》卷522，颁布于光绪廿九年十月乙丑，参见成岳冲主编《明清两朝实录所见宁波史料集》下编，商务印书馆2015年版，第39页。）

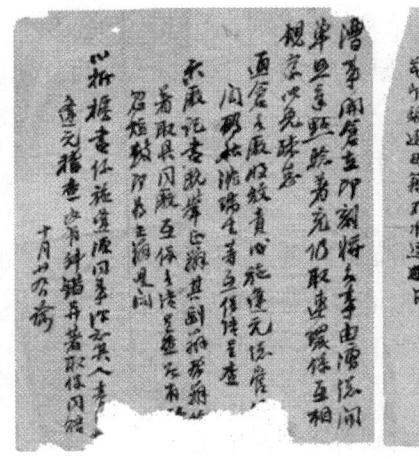

谕禀2—1　　　　谕禀1—1

谕禀2

漕事开仓在即，刻将各事由漕总开单、照章点验、着允仍取连环保，互相规索，以免疏怠。

通仓各廒收放责成施逢元总管，着陶鹤松、沈瑞生等互保结呈查。

六廒记书既举正办，其副办、帮办均著取具。同廒互保，各结呈查，如有疏忽，短数，即为正办是问。

小折柜书，系施逢源同事，深知其人，责成施逢元稽查，如有咎错，并著取保同赔。

十月廿九日谕

谕禀3

具保状，漕总施逢元今具到

大老爷台下，窃书蒙□□□□派记比各书，以及小折柜书人等。开单呈请。电夺，已蒙恩主当堂点验，着允。谕饬勤慎办，在案，仍再由书随时□□□□是实。

准选充各廒收放 短数均为是问

光绪贰　　日　具保结漕总书施逢元（画押）

（注：此件原稿中间撕丢一截，成了残稿。虽经裱装，但丢失部分的文字无法补全。只得以"□"代替。）

谕禀4

今将本邑冬漕应送各上房漕余等项费页，以及漕记各书请款。各数开后：

一请漕余项下，应送各上房费：钱四百五十千文。

一请地漕银科则费：洋四十元。

一请漕白科则费：洋四十元。

一请灾歉房费：洋一百元。 此款若仅办歉亦照此致送

一请递缓房费：洋四十元。

一请南米零户科则等费：洋一百五十元。

一请人　外加减拨省南费：洋四十元。

以上各款均系由漕总书代请，俟藩粮巡府各上房来邑面送。

一请漕总办公：钱一千六百千文。

一请六廒铺垫经费：钱一千五百千文。

一请副办记书办公：钱一百二十千文。

一请帮办记书办公：钱六十千文。

一请漕粮比书办公：钱四百八十千文。

一请漕稿书办公：洋一百元。

一请庄目办公：钱二十千文。

一请六廒记书以及随同办公各书，暨笆夫斗级人等辛工：米六百石。

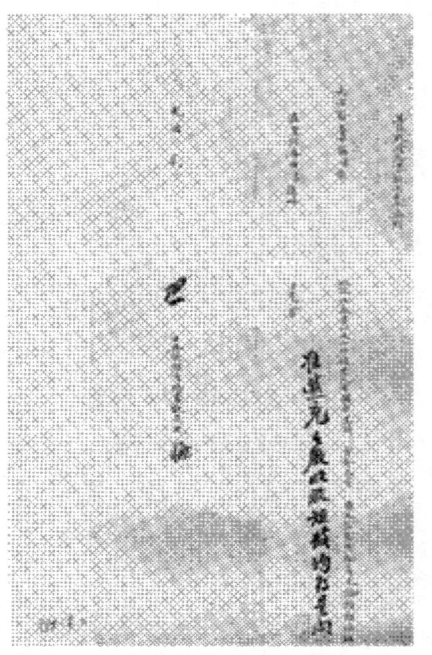

谕禀3—1

一请六廒在仓各书役饭食：米九十石。

一请又出仓：米九十石。

以上各款均系由漕总书，请领转发。

十一月　　日

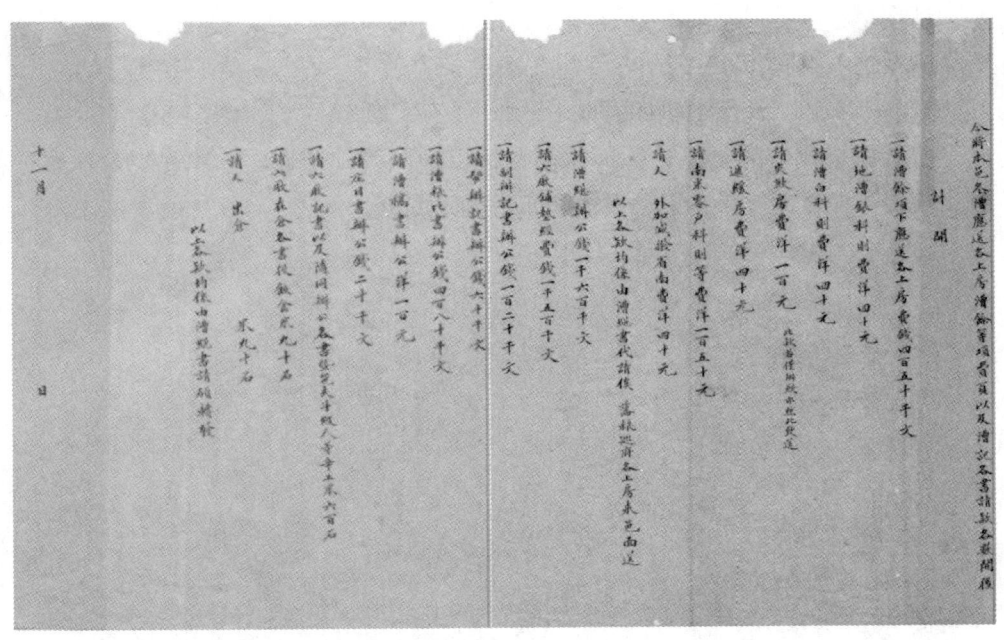

谕禀4—2　　　　　　　　　谕禀4—1

谕禀5

漕总书施逢元谨

禀

大老爷台下敬禀者：窃书荷蒙

恩主裁培，饬充冬漕总书。遵经、谨慎、从公，并将漕务记比各书，开单呈请。当堂点验，着充在案。当蒙谕饬，谨慎办公，不得稍有违误等因，现在征漕事务虽竣，而出运以及各庄滞欠，漕尾米石，迄未开办。其记比各书，皆有未完事件，责无旁贷。查有兵书，现充一截下正办比书姚锡年。因挟勒书，保充库书不遂之嫌，屡次缠扰公务。讵今，姚锡年擅将《漕米销照》携至书家，声称不愿充当，嘱书请退等语。伏思漕粮正办，比书尚有来春查销登注，各庄完欠户册，以备催征，漕尾米石，责重事繁。该书姚锡年既据不愿承充，理应具禀，请示。惟其半途，擅将销照丢在书家，非但视公事如儿戏。且将一截下，各庄所欠本年

漕尾，数百石无从着追。若不禀请，从严斥革另派，恐各书效尤。将来公事必有误，理合将原交销照禀呈。伏叩

大老爷　电夺施行

上禀

计禀呈

漕粮销一捆：循字七千十百六十八张

　　　　　环字七千四百九十八张　系有字廒

着传姚锡年来署查讯，因何挟制？擅以销照等件抛送库承家。岁余仅有一日，实属不顾体面。果自愿退，俟开印后提究可也。

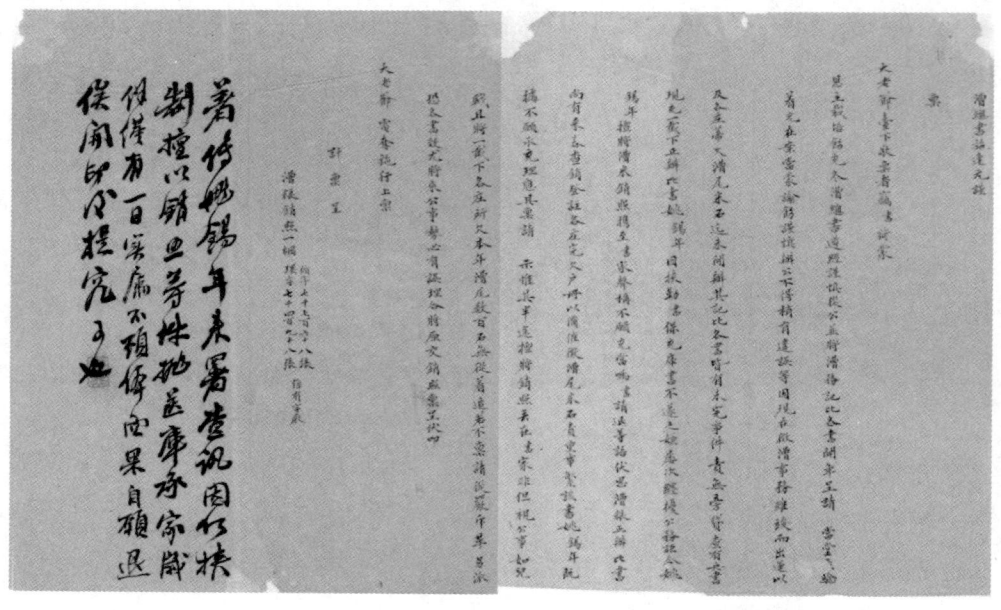

谕禀5—2　　　　　　　　　　　　　　谕禀5—1

谕禀6

正堂何　谕

巡船兵役知悉：照得县属沈荡镇以上，半罗村一带地方，与我邑地处接壤，匪徒极易出没。近来劫窃之案，层见叠出，十不获一。捕务废弛，实属不成事体。亟应认真巡缉，以期有案必获。拟于半罗村地方，设立巡船两只，每船须拨兵役四名。于五月初一日起，每夜在于沈荡镇以上，至半罗村一带地方，梭织巡逻，以卫乡井。合行酌立，巡缉赏罚条规，谕饬。为此，谕

仰该兵役遵照。务须每夜在于该处一带，梭织巡查。遇有盗匪行劫，无论岸

上河内，立即知会水师炮船，一体兜拿，获送究办。如有光趸、跳板等船入境，亦即驱逐，不准逗留滋事。该兵役等，毋得怠纵徇延，亦不得藉端需索，致干重究。懔切，特谕。

计开条规六条：

一、设立巡船二只，每船须拨兵役四名。每夜在沈荡镇以上，半罗村一带地方，游弋巡逻。一遇盗匪行劫，无论岸上河内，该兵役等，一经闻警，立即知会水师炮船，一体兜拿，不准退缩，亦不得妄拿无辜，得贿纵放，致干严究。日间停泊附近，亦不得擅自上岸生事。

一、巡船兵役，由我左营拨兵二名、沈荡汛拨兵一名、客民局拨局勇一名。县中须拨捕役二名、值日役一名、散役一名，分作两船巡缉。县中差捕，五日一轮，以昭公允。当该兵役等不惯驾驶，准捕役随带水手一名，以便行驶。

一、该兵役等严拿盗匪，若无军械，不足以□□□御，自应每船酌给军械两件，巡缉小旗一面，并梆锣等件，以壮声威。

一、遇有光趸、跳板等船，驶入境内，立即会同炮船，驱逐出境，不准逗留滋事。该兵役等亦不得贿、徇、纵，致干严究。

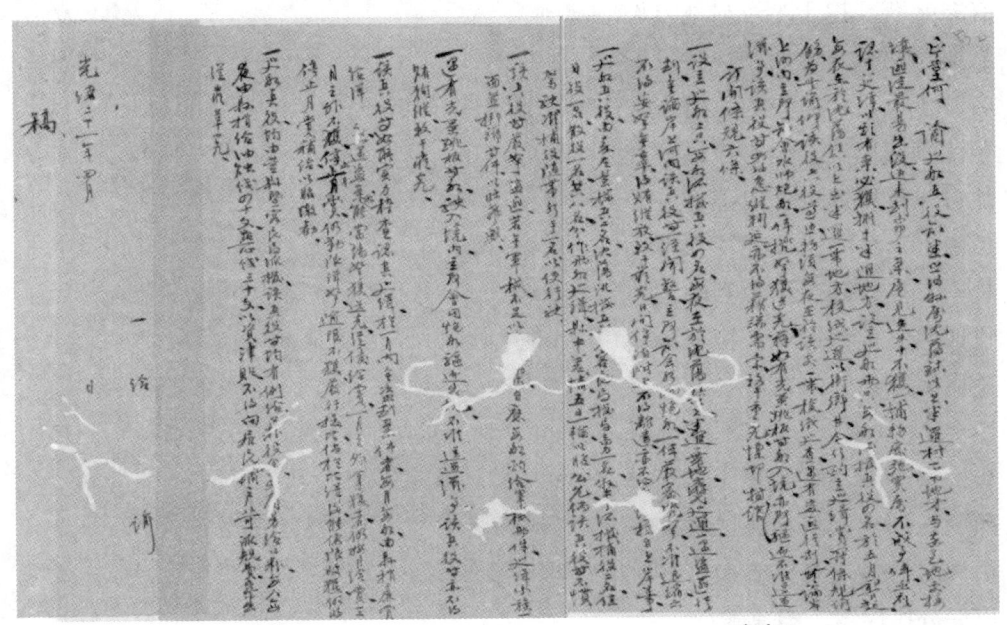

谕禀6—2　　　　　　　　　　　　　　　谕禀6—1

一、该兵役等如能实力稽查，认真巡辑（缉），于一月内无盗劫案件者，每月每船，由县捐廉赏给洋　元。一遇盗案，如能当场拿获送究，从优给赏。一月之外拿获者，仍按月工资给赏。三月之外不获，停止月赏，仍勒限缉拿。逾限不获，严行提比，倘于比缉后，能依限破获，仍将停止月赏补给，以昭激励。

一、巡船兵役，均由营、县暨客民局派拨。该兵役等均有例给，口粮役食，□□另给口粮。每人每夜由县捐给油烛钱四十文，点心钱三十文，以资津贴。不得向居民、铺户苛派规费，查出从严草究。

　　给　谕

　　　　光绪廿一年四月　日稿

谕禀7

　　海盐县为（稿请派送　照会）事。照得县属沈荡镇以上，半逻村一带地方，与我邑地处接壤，匪徒最易出没。近来劫窃之案层见叠出，十不获一。捕务废弛，实属不成事体，极应认真巡缉，以期有案必获。拟于半逻村地方设立巡船两只，每船须拨兵役四名。于五月初一日起，每夜在于沈荡镇以上，至半逻村一带地方，梭织巡逻，以卫乡井。拟由贵（汛　营　局董）派拨兵勇一二名，其余由敝县酌拨捕役四名，分派巡查。拟合备文（稿请照会），为此　（合稿照会）。

　　贵（汛　营　局董）请烦查照，希即速派目兵一二名，局勇一名，务于月底稿送过县。以凭分拨巡缉，望速施行。

　　稿
　　　照会

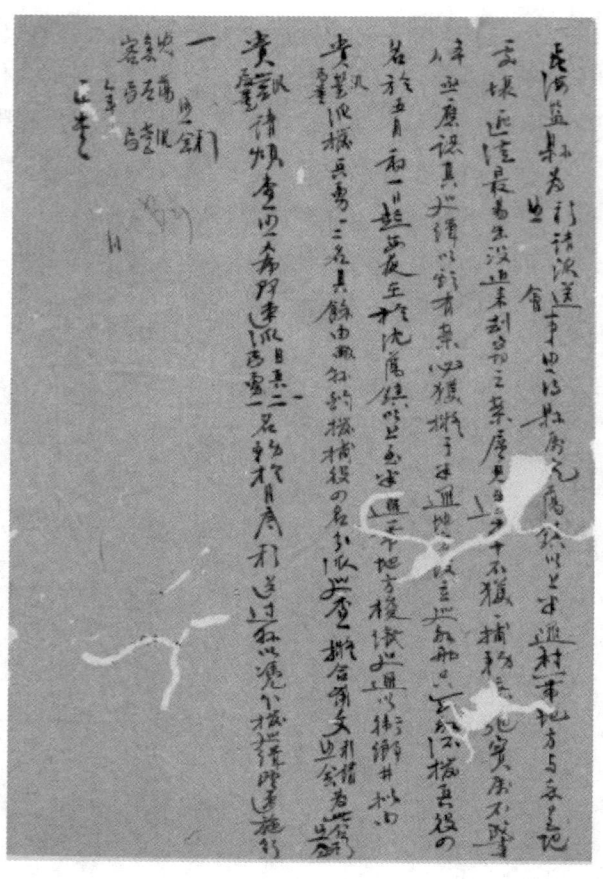

谕禀7—1

沈荡汛

我左营

客民局

　　　　　　　　　　年　月

　　　　　　　正堂

谕禀8

呈　今将卑县所延幕友暨所用家丁姓名、籍贯并饬开折呈送

宪鉴

计开：

幕友

刑名　杜宗朱，浙江山阴人。系福建汀州府知府胡廷韩荐。

钱谷　范宗焜，浙江山阴县贡生。系正任平湖县知县吴佑孙荐。

书启　邓邦达，江苏江宁县举人。自请。

账房　沈文勋，浙江会稽县人。系中书科中书沈豫立荐。

征收　何振鼎，系江苏吴县人。系钱塘县知县束允泰荐。

朱墨　沈豫瑞，河南祥符县人。自请。

家丁

稿案　范某，直隶人。系候补知府刘玉喜荐。

钱粮　方某，江西人。系候补同知叶元芳荐。

签稿　王某，绍兴人。系在海盐任内钱塘县知县束允泰荐。

执帖兼司差总　沈某，江苏人。系前任仁和县知县高积勋荐。

用印　张贵，河南人。旧仆。

监狱　刘升，湖北人。系候补盐大使朱启藩荐。

值堂　王升，河南人。旧仆。

跟班　高升，山东人。系海盐县知县吴士恺荐。

跟班　杲升，直隶人。系前任乐清县知县村和埙荐。

　　　呈

各　宪

　　　　　　　年　月　日

　　　　　　　正堂

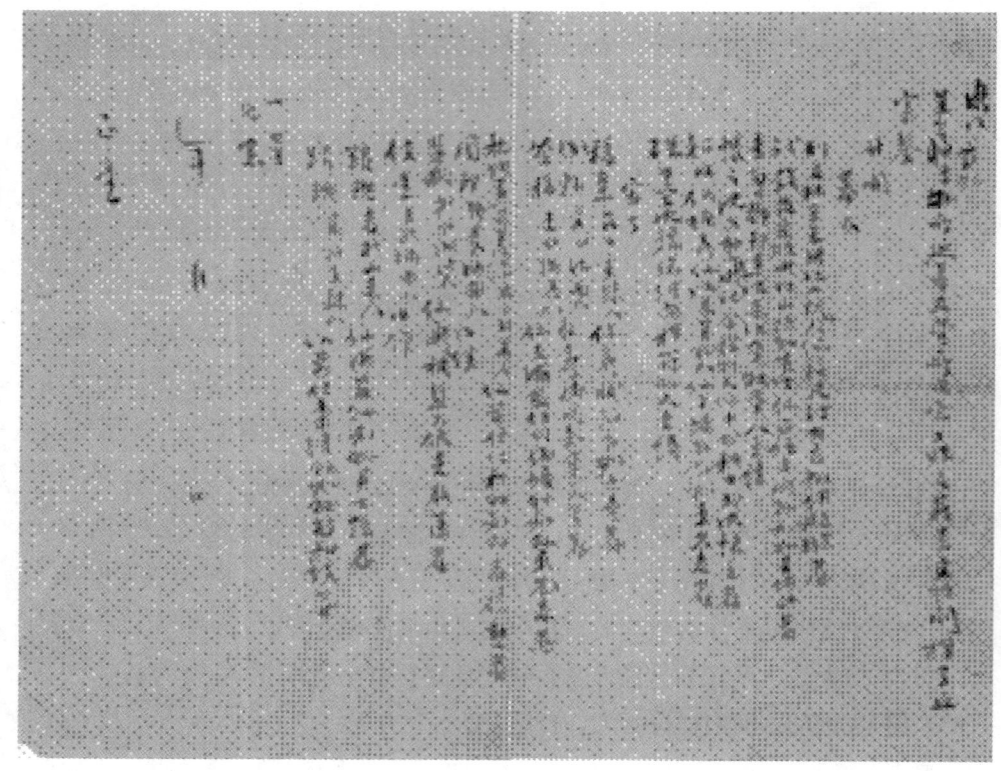

谕禀8—2　　　　　　　　　　　　　　谕禀8—1

谕禀9

头行保甲　书　倪承彝谨　禀

大老爷钧座，敬禀者：切书本年轮值，造报滋生民数，烟户丁口清册。呈送抚、司、道、府宪所有上房需项，出文时，由书先行垫付。

寄省妥办用费虽奉摊派，收不足数。致此案公事，赔垫甚巨。书本应办之事，未敢仰邀给赏。向来公竣后，历奉各前主标赏。今届仰求，主驾循照旧章，标赏一次，以补赔垫不足之需。深为恩便，上禀！

再，奉文催办，并奉谕办、速缮，现已办竣。藩文已交司房转投，是以检呈。催文印稿清核，一并声明，上禀。计送文册稿三件。

　　准标赏各件发

　　光绪廿九年十月初六日

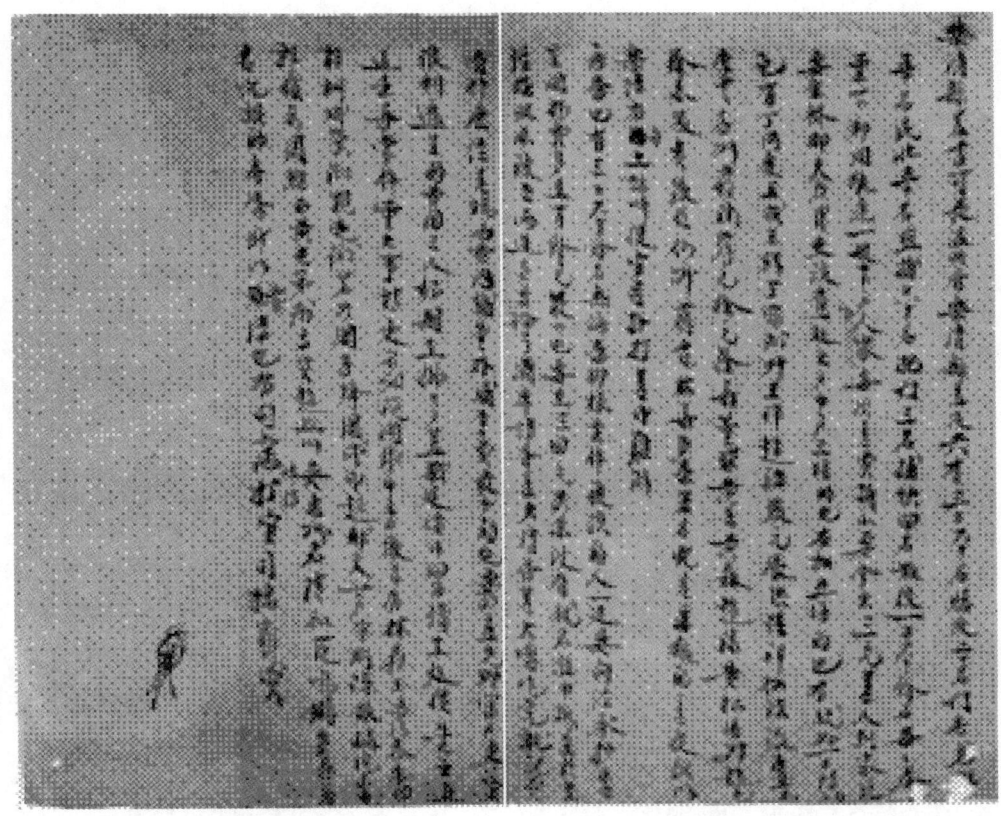

谕禀9—2　　　　　　　　　　　　谕禀9—1

谕禀10

具禀，书办周屏藩　为损人利己，寡妇害烈　禀祈：饬提究惩，杜祸法办，事切。缘，泼妇傅赵氏，同孙东生欺书懦弱，恃己泼赖。乘己养有白鸽，书养有家豹，被其咒骂不堪。可恶泼妇傅赵氏，凶泼异常，同孙东生硬将书之家豹，活活打死，就己所养白鸽。书理论，讵傅赵氏同孙东生，反敢临门拨摔。叩思所养生类，人皆有之，岂期傅赵氏妄顾他人之物，损人利己。不蒙仁宪恩赐，饬提究惩。非但恃泼得计，而且烈祸踵至矣！为此不已，禀叩，伏乞

大老爷，恩赐饬提惩究，杜泼除祸，大德。上禀。

批

尔系衙门书吏，应知理法。乃以养猫细故，辄与妇女计较，已属不合。又敢来案妄渎，更属荒谬。着记过一次，以示薄惩。原禀掷还。

光绪廿二年二月初四日禀

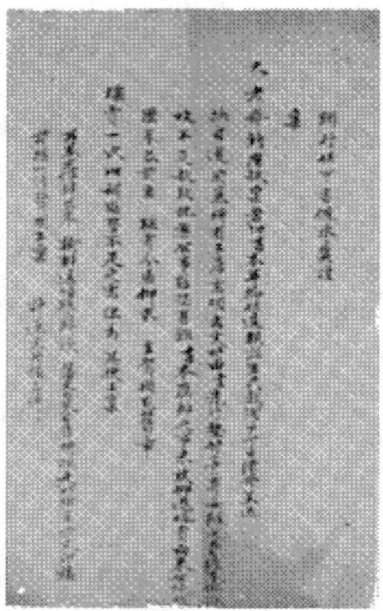

谕禀10—1

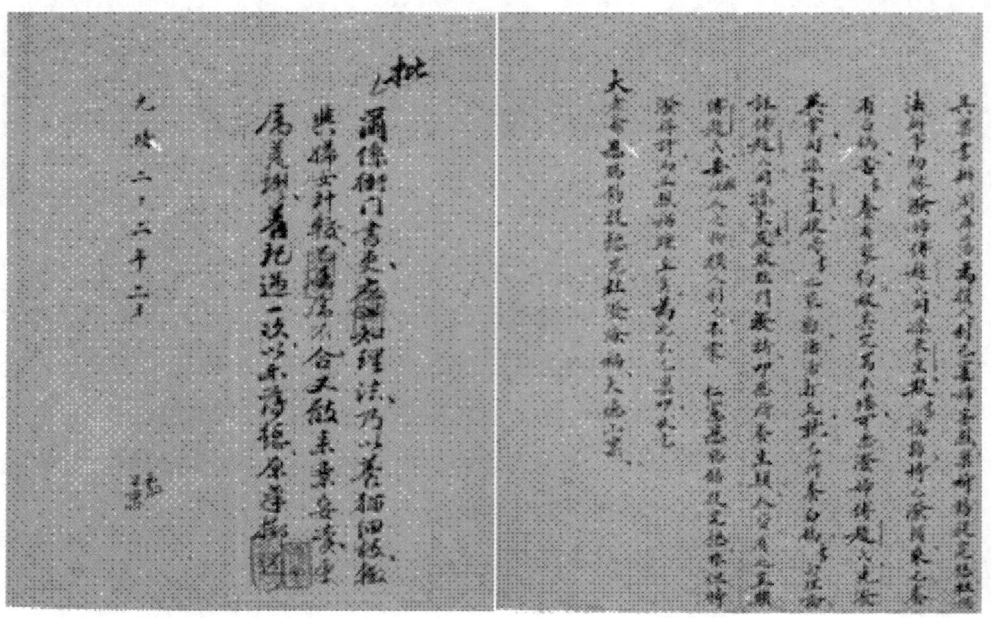

谕禀10—3　　　　　　　　　　　　谕禀10—2

第二部分 告示

告示1

正堂何 为牌示事：接绅士张守义保送愿入蚕学馆，童生顾谢基一名到县。查，省城蚕学馆章程，须考验该生文理清通，眼不近视者，方准申送。仰该童生即日备带笔砚，来县听候命题、考验、给文，毋违！特示！

悬牌头门   初二

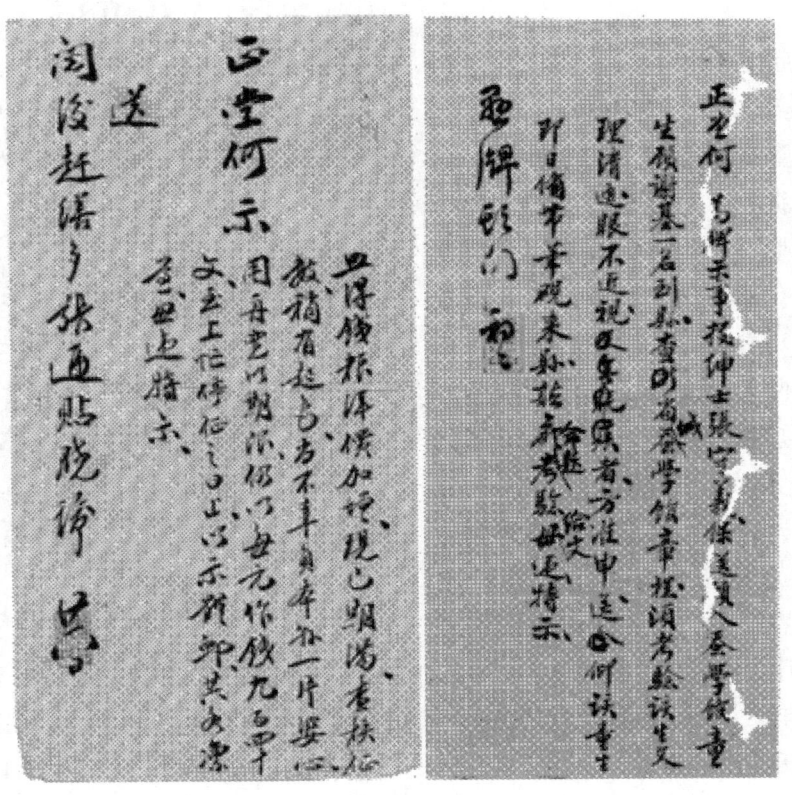

告示2—1　　　　　　　　告示1—1

告示2

正堂何示　照得钱粮洋价加增，现已期满。查核征数，稍有起色，当不辜负本县一片婆心。用再宽以期限，仍以每元作钱九百四十文，至上忙停征之日止，以示体卹。其各凛遵毋违。特示！

送

阅后赶缮多张，通贴晓谕！　廿八日

告示3

正堂何示　照得钱粮柜价，每洋作钱九百四拾文，业经出示，展限在案。兹再加恩，酌增二十文。于六月初一日起，每洋壹元作钱九百六十文。其各遵照，特示！

送

阅后即速缮发！　卅日

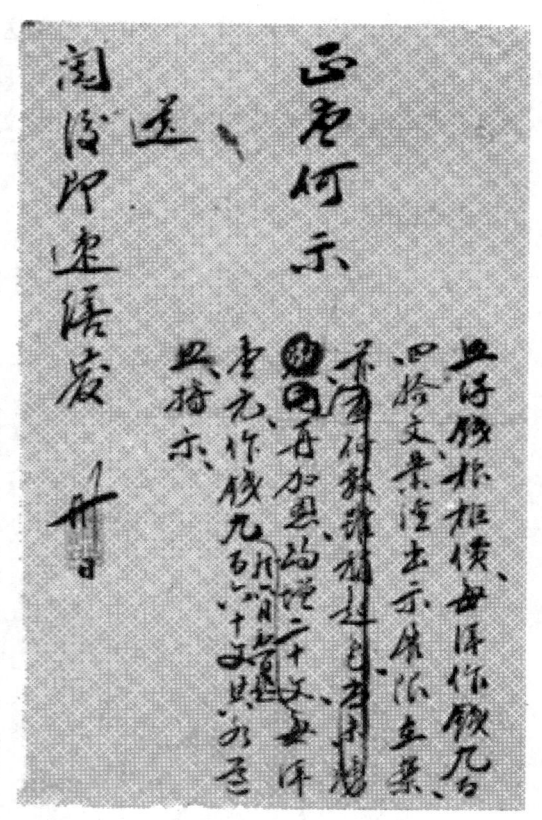

告示3—1

告示4

正堂黄　全衔　为查案示，谕事。案据，生员施涵等禀称：各处被灾日期，向由各处绅耆禀请地方官口示。谕饬屠户及渔户人等，净屠一日。并议设一"警心会"，每年轮派两人为会首。先于被灾前五日，传知乐善诸人，与被难子孙，及绝嗣亲族。听其随便，各出分金，不计多寡。供设已沐，恤典男妇牌位。请官致祭，一面礼忏施食，藉慰幽魂。查，德邑自咸丰庚申年二月二十六日，暨辛酉年九月二十一日，两遭兵灾。杀戮情形，惨于他处。环请每年二月二十六日，九月二十一日，均禁止屠宰，永为定章。公禀立案给示等情，历经出示晓谕，并禁屠户及渔户人等知悉。尔等务于二月二十六日，禁止屠宰一日。所有设位致祭，以及礼忏施食各事，宜悉照旧举行，毋违，特示！

县正堂黄示

二月二十六日，昔年曾遭兵劫。

务宜安勿忘危，各自扪心警惕。

合邑禁止屠宰，共以物命是惜。

如敢故违不遵，定即提案究责。

　　　　　光绪廿六年二月廿三日

礼房　　承稿（画押）

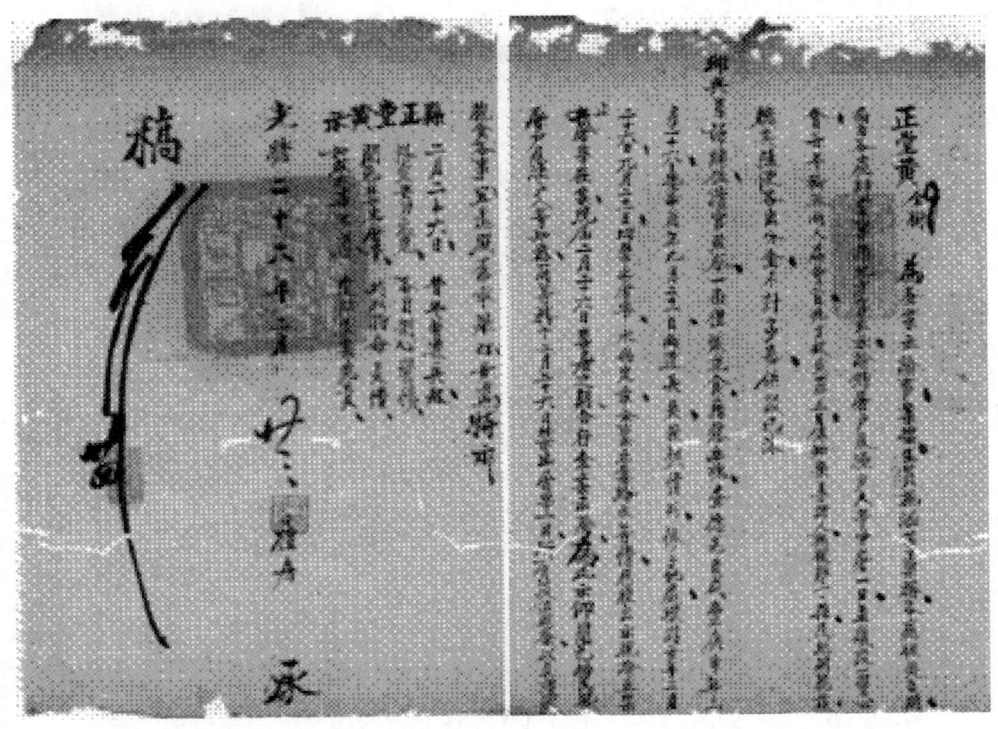

告示4—2　　　　　　　　　　　告示4—1

告示5

县正堂潘　为札饬事。照得新市茶碗捐，现奉

府宪　批准照办。汪巡检甫办有绪，所有募补，先撤勇丁，以资防御。一切招募，及备筹久远善后经费，议劝内铺捐事。新任苏巡检到任伊始，民信未孚。自应由汪巡检会同办理，免致前后推诿，歧误。除分别札行外，合亟札饬。札到，该员立即会同，妥筹定章。会禀候详立案，遵照办理。切切，

特札！

 一札

   新任　新市巡司
   前任　新市巡司
  光绪廿六年十月初三日
    稿（画押）

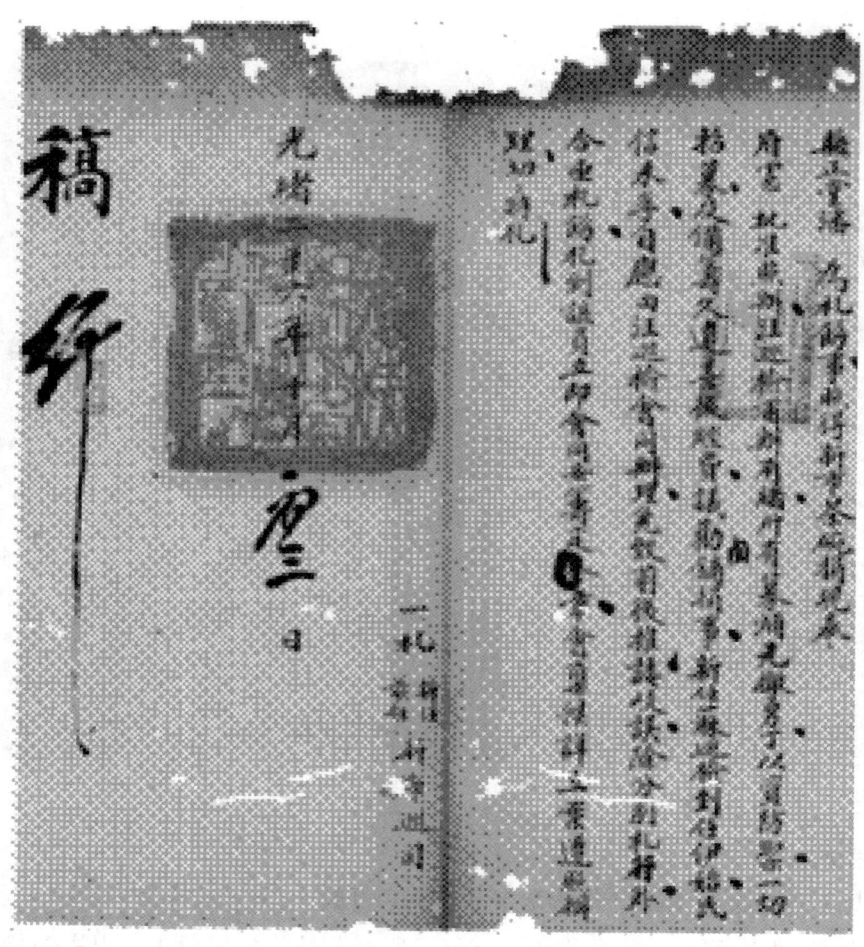

告示5—1

第三部分 刑案

刑案1

王金贵：绍兴人，撑船为业，廿九岁。系方起凤片送，贼犯。在所脱逃。

南外西坊新街，吴阿印伙房聚赌，拿获赌犯徐庆，温州人并赌具。协营送，即片（并）交巡司究讯。

七月十六

在本署东辕门，团勇获住窃贼吴得胜一名，海宁硖石黄山人，年三十八岁，并赃一包，系南门外邹小山成衣店所窃。（搭膊土布的，共二十八只；土布□白柳条等衫裤共二十三件）。家有妻子，儿子两个，大儿子今年十六岁，小儿子十三岁，均在种田。

十八

请巡司堂讯，赃给失主，当堂领去。

刑案2

三月初二日

林寿来拱冯行，抬验。

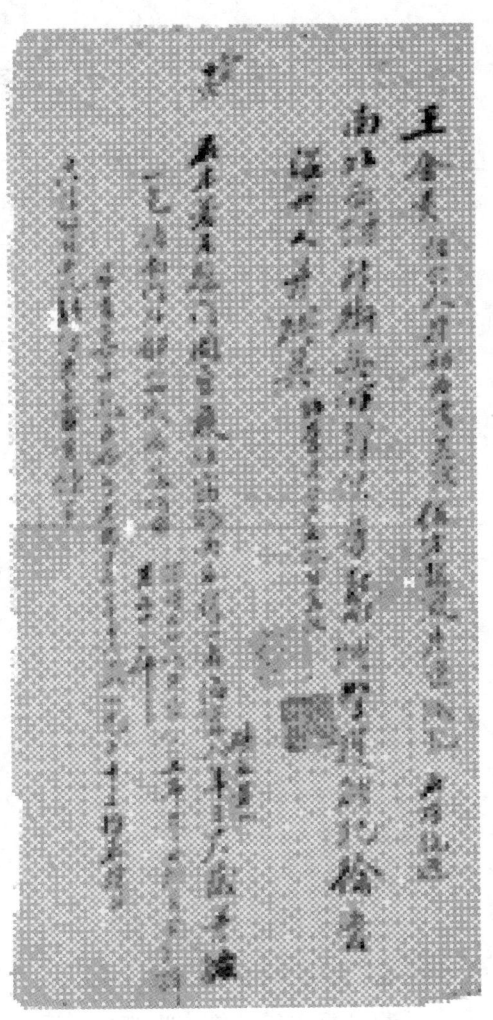

刑案1—1

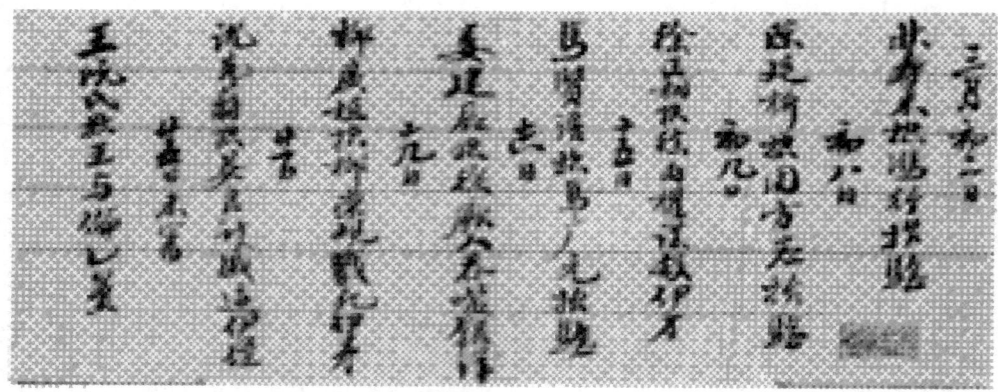

刑案2—1

初八日
徐廷桥拱周方志，抬验。

初九日
徐正桐拱徐丙权谋杀伊弟。

十五日
马贤浩拱马广元，抬验。

十六日
娄建辰拱徐厥人，吞噬银洋。

十九日
柳广植拱柳荣观，戳死伊弟。

廿一日
沈先蒋拱吴良计，威逼伊侄。

廿五日　未审
王阮氏拱王与伦，一案。

刑案3
已报各案

一起，事主谢继龙禀报被抢一案。于光绪廿九年十月二十七日，失事。

一起，事主赵大昌禀报被抢一案。于光绪廿九年十一月初四日，失事。

一起，事主盛尔鋐禀报被抢一案。于光绪廿九年十一月初九日，失事。

一起，事主徐士谷禀报被抢一案。于光绪廿九年十一月初九日，失事。此案拿获夥（伙）犯两名。

　　未报各案

　　一起，事主陈冯氏禀报被抢一案。于光绪廿九年十二月二十八日，失事。

　　一起，事主钮瑞珍禀报被抢一案。于光绪廿九年十二月二十八日，失事。

　　一起，事主贾二禀报被抢一案。于光绪三十年正月二十五日，失事。

　　一起，事主朱倍山禀报被抢一案。于光绪三十年正月二十八日，失事。

　　一起，事主钮正山禀报被抢一案。于光绪三十年正月二十八日，失事。

　　一起，事主朱桂金禀报被抢一案。于光绪三十年二月二十七日，失事。

　　一起，事主计永才禀报被抢一案。于光绪三十年二月二十七日，失事。

　　以上各案均归书计元祥承办，理合登明。

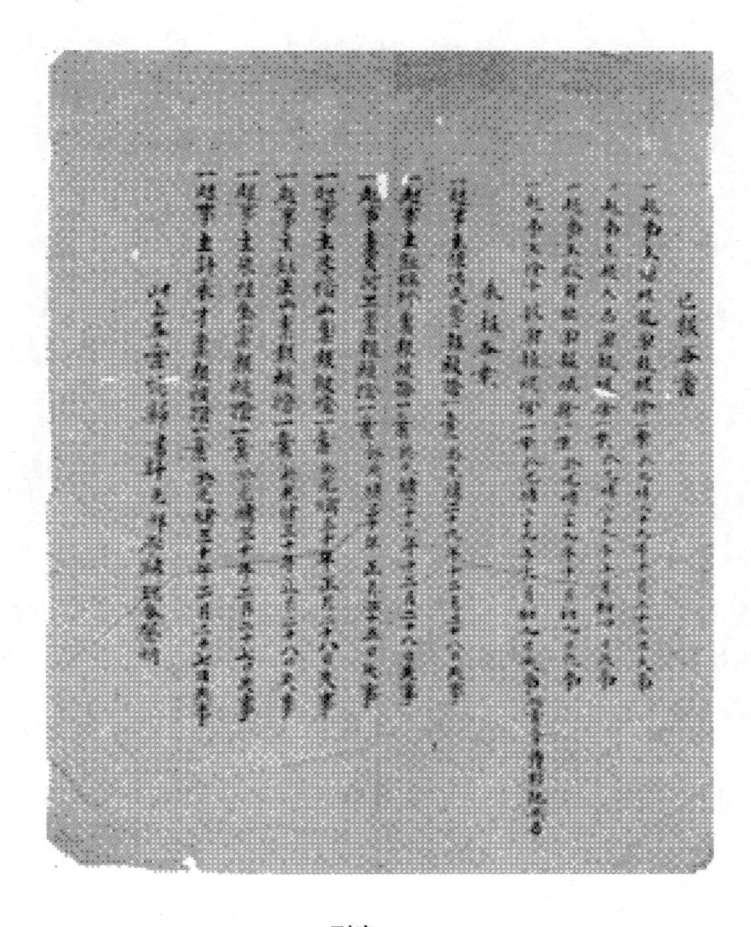

刑案3—1

刑案4

①条谕

黄焕郎与黄孝节等互争淡水，并黄孝全吞烟自尽一案，迭经批饬提究。该承，何竟置之不闻？至今并不送稿。着速妥叙送核，毋再玩延！

廿八日

②书禀及批

敬禀者，切黄程氏及黄李氏，先后报抢，命各呈。已蒙勘验在案。书经迭请，未蒙发房。现据黄焕郎并黄李氏呈催，批饬提集究等因。沐将此案催词发房，并蒙条谕，着速叙稿等因。书遵照此两词叙稿，送核。

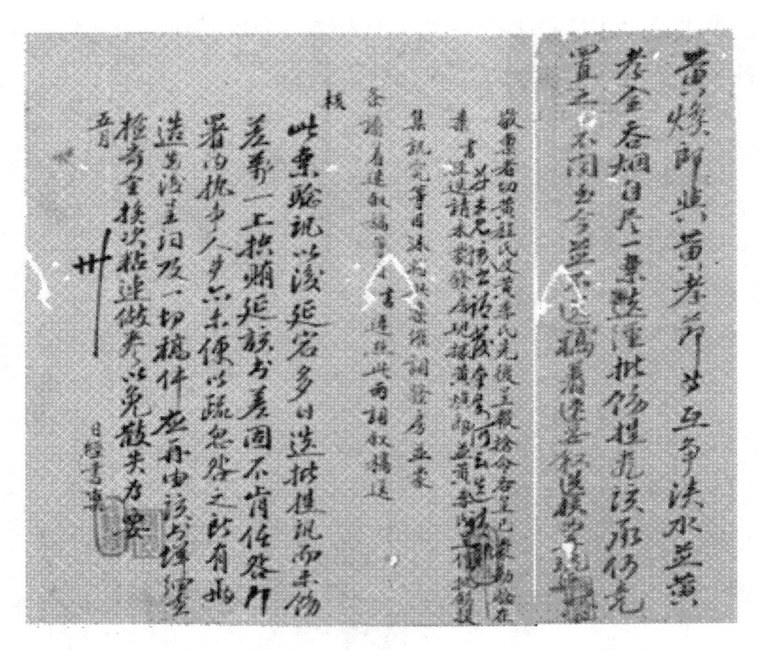

刑案4—2　　　　　　　　　　刑案4—1

此案验讯以后，延宕多日。迭批提讯而未饬差前一上拱贿，该书差固不肯任咎，即署内执事人等，亦未便以疏忽咎之。所有两造先后呈词，及一切稿件，应再由该书详细查检齐全，挨次粘连做卷，以免散失，为要！

五月卅日　经书禀

行批：并未见该书请发禀条，何云迭请耶？

刑案5

正堂潘

存案　舒嵇氏（不到）一件：媳逃无踪事由。
有案　许马氏　　一件：藐示佔（占）住事由。
有案　陈佼楫　　一件：复讯无期事由。
六月廿八日
有案　张金山　　一件：官催私宕事由。
有案　林平氏　　一件：诱骗拐逃事由。
存案　章珍生（不到）一件：恃强殴辱事由。
存案　赵武周等（不到）一件：族蠹萍飘事由。
存案　祝福堂等（不到）一件：横行乡里事由。

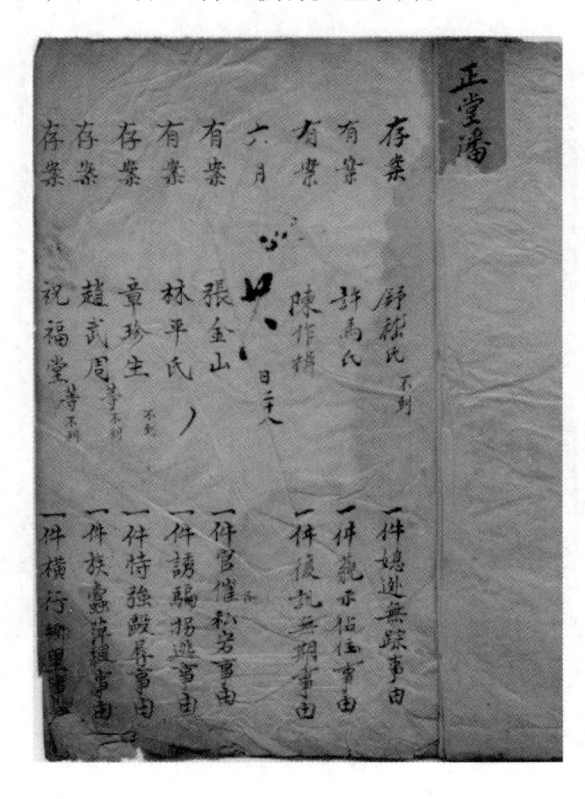

刑案5—1

刑案6
上格　　　　　　下格
陈清法一词 红呈　项绍箕　一元二角
陈友虎一词 喊　　王沛池等　二元二角

赖庆夔一词　喊　　郑汝松　一元二角

吴庆荣一禀　　　郑玉清等　一元二角

周建启一词　喊　　郑汝松、贺治源

郑于氏一词　喊 息　朱永康等　二元四角

蒋项氏一词　　　陈龙言　一元二角

陈共奶一词　　　程克勤　一元二角

李何氏红呈　　　贺治源　一元二角

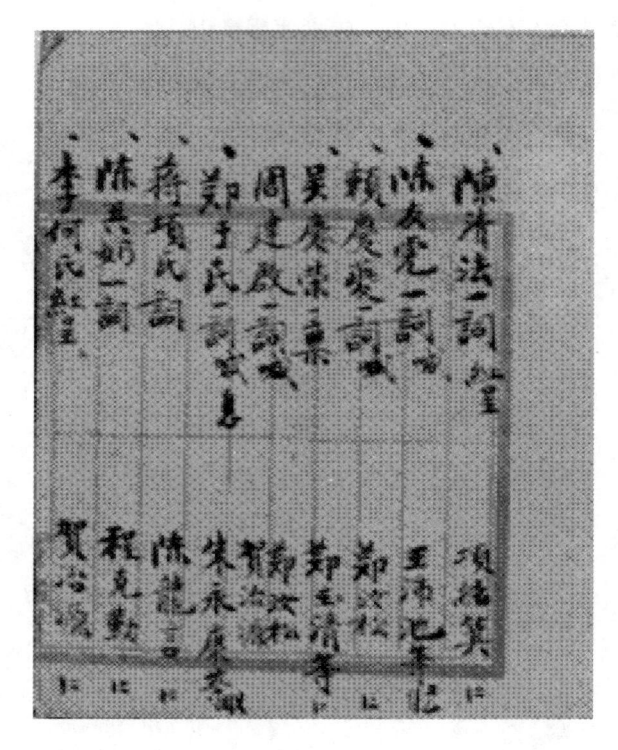

刑案6—1

刑案7

周建啟 喊呈 请费二元四角 郑汝松、贺治源

朱继南一词　一元二角　　泰际清、方正祥

陈兆岩一词　一元二角　　泰际清

赵金氏一词　一元二角　　许锦泰

林绍河一词　一元二角　　章耀先

林焕南一词　一元二角　　许文钦

叶时君一词　一元二角　　泰际清
尼英宽一词　标呈 答应请费一元二角 杨汶淦
项兆休一词　喊呈　二元四角　冯洁清、郑汝松
王平光一词　　一元二角　林紫云

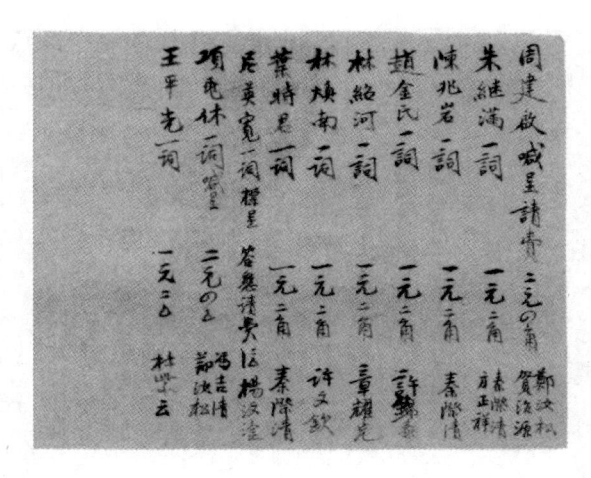

刑案7—1

刑案8

着同原禀汇入卷内

名单　　　　值日 陈宏带

计开　余圣泉

着递解安徽歙县本籍

　　　　　　九月初十日

刑案8—1

刑案9

告状 徐夺标，年六十四岁，赤水村人。

告状徐夺标，为匪徒连夜放烧，意在乘机劫抢。急求恩赐勘明，访拿法办、以靖地方事窃。生于本月十七、十八日连夜被匪徒烧毁房屋、稻秤亭等项。急叩伏乞，

公祖大人电察下情，作主。迅赐会

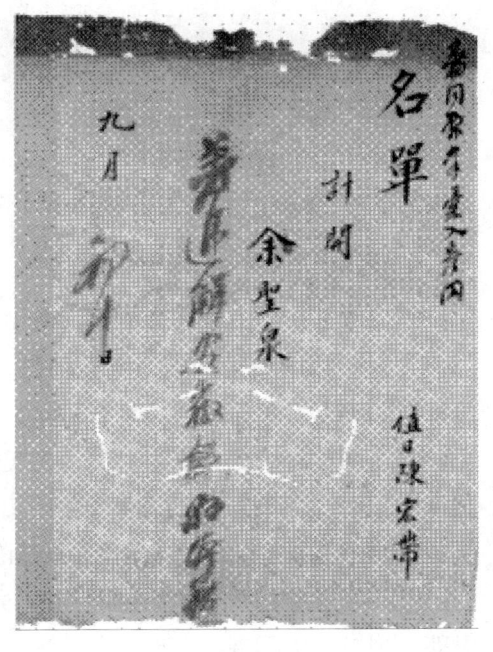

拿法办，顶祝上呈！

批

该武生家房屋，是否系被匪徒放烧，催饬差查拿办！

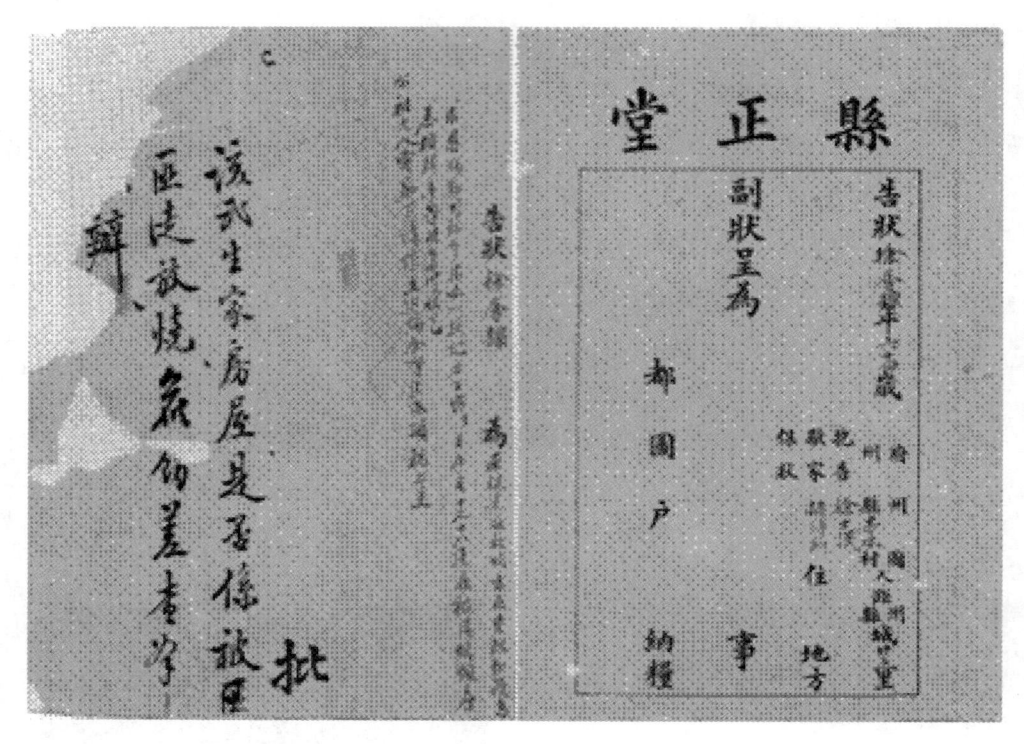

刑案9—2

刑案9—1

刑案10

李大乐五十二岁，住十五都，南山村，离城四十里。

为喊报藉庇捣抢，求县勘验通办，事切。男长子安荣娶邻地南坪村民人吴伊田三妹为妻，过门多年，生育男女，至孝翁姑，夫妇相敬如宾，全家和睦相安无异。实系本月十二日下午，男媳吴氏发痧痛迫，当即延医朱□进救治，莫效。至未时殒命。不料吴氏之兄吴伊田等，欺弱恃贫，恶计心生。坚称妹尸指甲紫黑，系遭威迫服毒身死，状系痛毙等语，希图勒诈。男失媳之苦，宛烈切骨，□□□□□□□□□，同邻戚：吴志宝、伊辉康、伊士照、吴伊永、伊艮、伊郎、国焕、伊□瑞、小瑞、上国柳、国贵成、米春梅、成连洪、贵□为、吴国光等，并不识姓名共有二百余凶，蜂拥而来。男等见势凶狠，避不撄锋，所有家内应用谷石，并作就造屋瓦木料等，什物均被田等悉数□搬一光，并捣碎门窗板壁等物。地保弹压理论，令□失单抄电，叩恩，威迫难瞒邻佑，病毙相验而明。惟求仁宪视诣勘明，捣搬物件形迹，或者属实，抑系虚诬，并验明尸身，或因毒逼毙命，或因发痧致死，究明按名例办，追赃□□，不特生者感戴，死者亦瞑目于泉竟矣！为此，喊叩

伏乞

大老爷电怜作主，具迅勘验追办，以明宽抑而致效尤，诚然公侯前代上报。

正堂何　批

尔媳吴氏，既因发痧身故，其兄吴伊田妄以服毒为词，纠众捣抢。果有其事，大属玩法。候亲诣分别勘验，一面饬提吴伊田等到案，讯明究追。失单附。

光绪卅二 年 月十三日 具

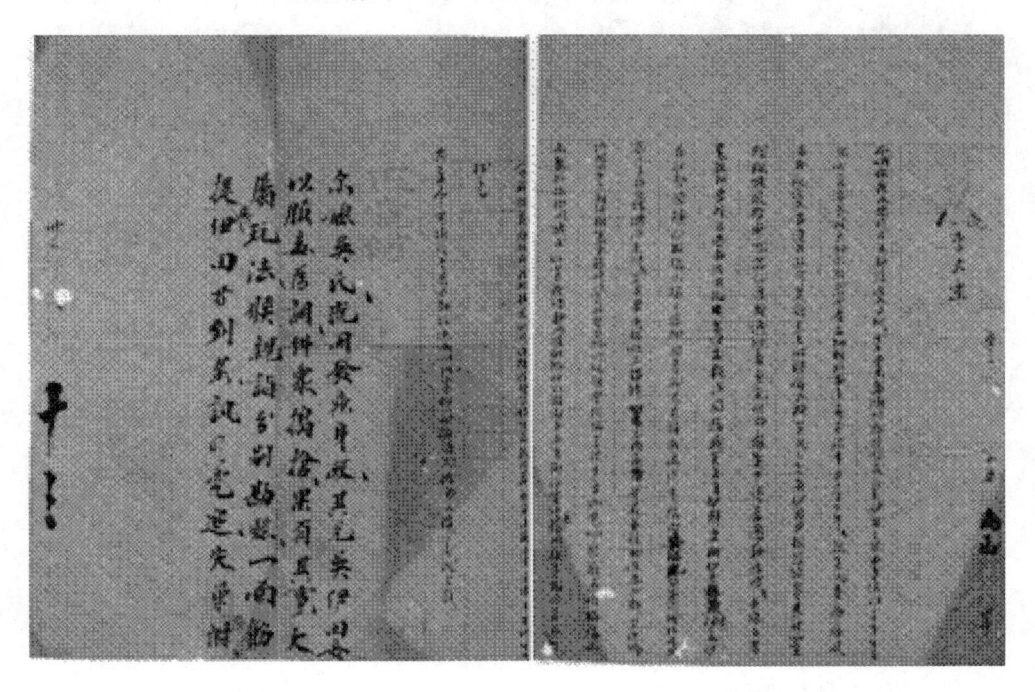

刑案10—2　　　　　　　　　　　刑案10—1

刑案11

告状 叶仁宝、林大富

为祀父病危，生离死别呼嚎见面。叩恩准保超释，以全死别送终，事切！地

人范老杨赴大田市购买蕃苎藤芽，被兵怀疑误拿，送案讯署，为验不法，暂押六载。现在老杨祀父创兵，病重呼侄一见。惟求青天怜悯，准保超释。为此，叩乞大老爷宽怜恩准保释，以全死别送终！上呈。

批

查，范老扬系准

前协台移送拦抢行人之匪犯，经孙前县禀定羁押。年限甚重，杜前县于上年八月间，减为羁押二年，再收所习艺三年。禀章府宪批准，已属从宽，何得饰词混请保释！

　　　　宣统二 年三月　日呈

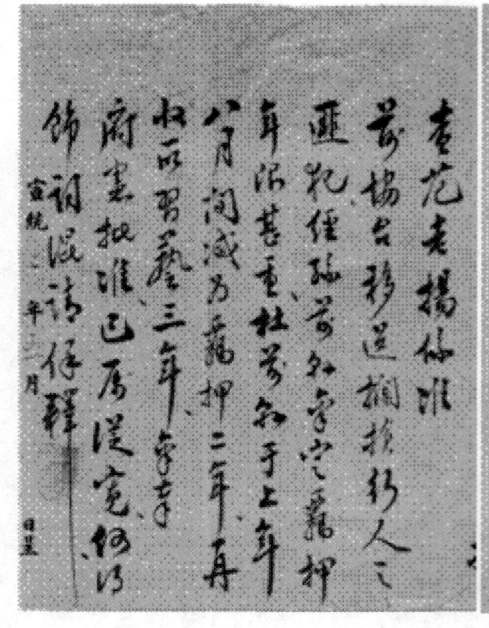

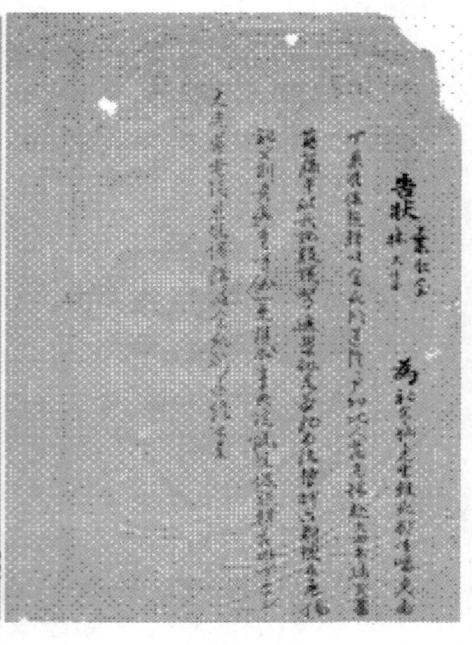

　　　　刑案11—2　　　　　　　　　　刑案11—1

刑案12

候补道宪丁

廿一年五月初四日

禀 澂防统领、候补道宪丁，夹单。

敬禀者，窃奉

宪台函开，奉。

抚宪电开，顷接京电谓："徐小翁家被散勇抢劫"等语，不知何日事？是何处勇？即速密电。雪门知照何令，悬赏会拿，惩一儆百。好在为日不远，必有踪迹也,等因。除密电乍浦杨统会拿外。饬即派役,悬赏会办,等因。捧读之余,不胜惶怵。惟查近来卑邑城内,并无呈报盗劫之案至。

徐小翁家住宅,即在城内,离卑署仅止里许,一经(倘)有警,瞬息可知。果有其事,县中岂竟毫无知觉?事主何不作报,请勘缉?当经饬差确查,委无被劫情事。日前卑职曾晤

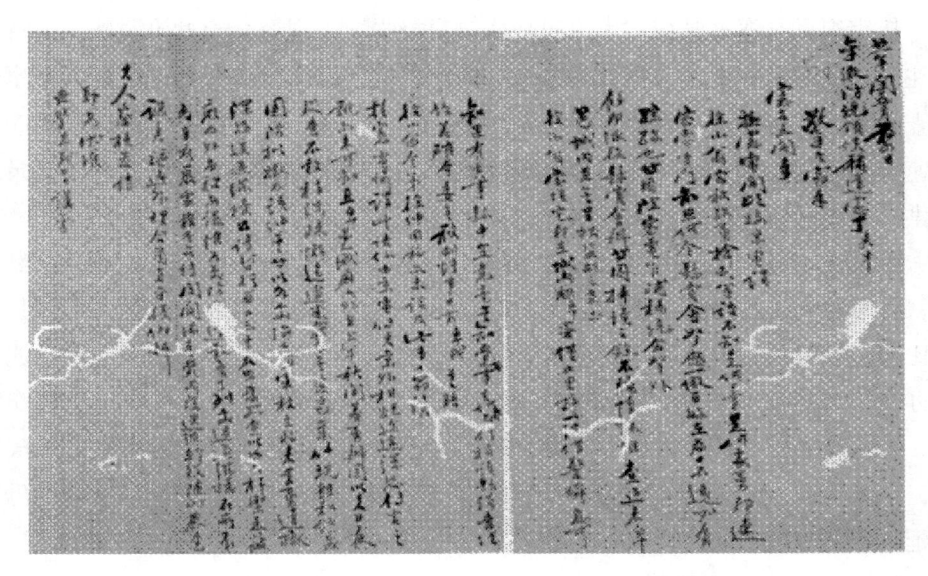

刑案12—2　　　　　　　　　　　　刑案12—1

徐小翁令弟徐绅用福,亦未谈及此事。窃读

抚宪电谕,谓此语系由京电传来。京外相距途遥,深恐传言之讹,亦未可知。且卑邑城厢内外,自上年秋间募勇办团以来,日夜巡查,不敢稍涉疏懈,迄逾半载,无盗窃案件。现虽议和已成,团防拟撤。而该绅董等以各处海口,防军林立,将来营勇遣撤,深恐逗留滋扰。公请暂行留二三十名,照旧巡查,以资捍御。是以城厢内外尚称安谧。惟各处防营遣散勇丁,到处逗留滋扰,在所不免。自应严密稽查,以靖闾阎。缘奉前因,除选派干役,随时严查,认真驱逐外,理合肃直禀复,仰祈

大人察核,恭请

勋安!　伏维

垂鉴

　　　卑职谨禀

刑案13

钦加三品衔在任候补道浙江嘉兴府正堂　卓异加二级随带加三级世袭骑都尉加云骑尉宗　札

府经历徐云槐知悉，本年正月十五日奉

署臬宪王　札开，光绪廿年十二月十九日奉

抚宪廖批：海盐县禀"事主殷阿庆以窃报强"，现经会营勘讯明确。请将前禀注销。由奉批，此案前据该县禀报，即经批饬，勒缉赃盗究办，在案。据禀前情查是案，究竟是窃、是强？极应确切查明，以昭核实。仰按察司即饬嘉兴府，作速查明，据实禀复。一面严饬该县令营比捕，勒拿赃犯，务获究明确情，录取切供。并同勘估情形，绘图造册，通详察办。毋任纵延干咎，切切！仍□

督部堂批示缴等，因奉此查，此案前据县禀，到司即经批示在案。兹奉前因，合亟札饬，札府作速查明是案，究竟是窃是强，据实禀复。一面严饬该县会营比捕，勒缉赃犯，务获究明确情，录取切供。并同勘估情形，绘图造册，通详察办，毋任纵延干咎切切，等因。奉此，并据海盐县通禀到府，除批示并饬缉外，合行札委到，该员遵照，迅即束装，驰赴海盐县，逐细访明该事。殷阿庆一案，究竟是窃、是强？失赃若干？该县有无讳饰情事？据实禀复。候察夺，毋稍徇延，致负委任，切切！特札！

　　　　　光绪廿一年正月十八日

抄札

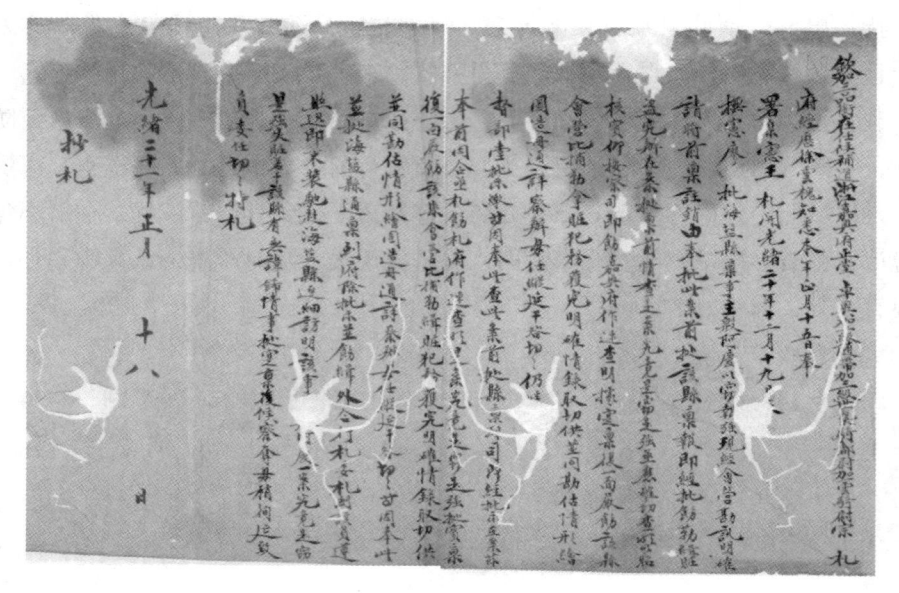

第四部分　书启

书启1

一繁仁兄大人阁下：前因奉查伪造洋银一事，曾函芜缄，谅已早蒙荃照。惟管辖境内，有无伪造贩运情弊，必须严密查明，具结转报。现奉

藩宪札催，刻不可缓。而赖心翁业已查明，出结送县，用特照录《结式》，泐函附呈。即祈

阁下飞速催查，如无前项情事，并望出具印结两笺，克日寄下。是所至祷，专此祗请！

升安！　并盼

惠音不尽

愚弟名　正肃

　结式：

　衔今于

与印结为遵，饬查明事。结得□□管辖乐清□乡，自□都□图起，至□都□图止。严密确查，境内并无伪造洋银，亦无贩运入境情弊，中间不敢捏饰。合具印结，是实。

　送　阅后即缮发

书启1—1

十四日

书启2

复大荆粮厅傅

一繁仁兄大人阁下：专足至，接奉

瑶章，并来印结，领悉种种。藉谂

鼎祉夏盛，

履祉时和，快符肌颂。大荆平粜一事，辱承

会同绅董，设法妥办，感何可言。昨奉

道宪札饬，由函印发护照，交绅董运米呈验。正拟核办移送，既蒙

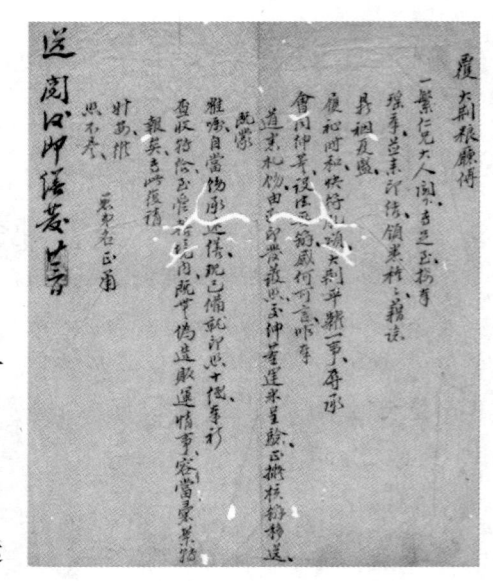

雅嘱，自当饬承速缮，现已备就印照十笺，奉祈查收转给。至管辖境内，既无伪造贩运情事，容当汇案转报矣。专此复请

升安！维

照不尽

愚弟名　正肃

送　　阅后即缮发

廿三日

书启3

复金华县黄

迳复者：顷章

手书，并读

惠札，领悉一切。敝处牙贴章，委

贵同乡高君会查。现已一律查明，并无

违碍情事。兹特饬承备具覆文一件。并程仪元，随书　元。统交来记带转，至祈

□□仁兄首台大人，查收转交为荷！肃复敬请

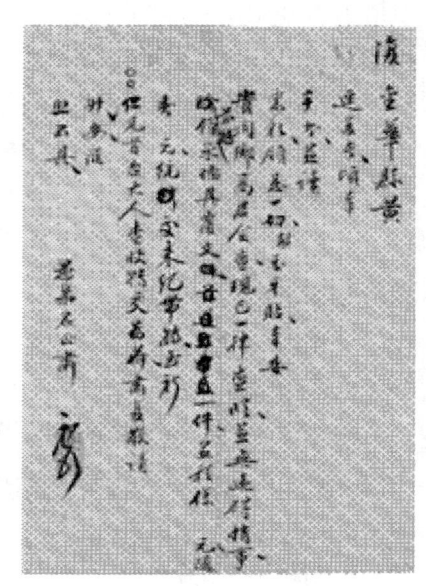

升安！维

照不具

愚弟名正肃　初五

书启4

复前任杨

子赓仁兄大人阁下：前奉

瑶章，并来三印稿册，拜悉壹是。弟应接

贵任交代，正待稽核旧章，有所依据。今蒙先行寄阅，感何可言。即经饬承，照抄一分，以备勾稽。惟弟究系隔任，辗转送印，似有不便。特将原稿清册，泐函奉还。务祈

阁下迳送徐世兄押印，并送

太尊加盖府印。如已齐全，还望速将印稿寄下备案。是所拜祷！专此祈请

升安！维希

朗照不尽

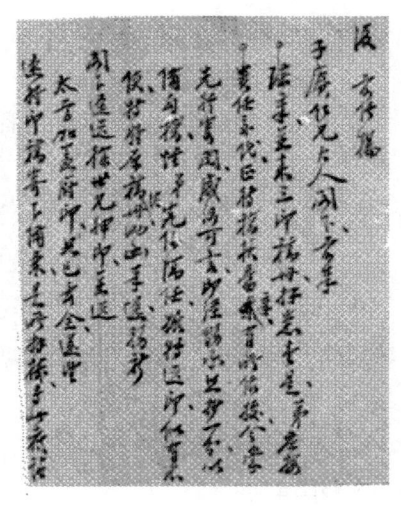

愚弟名正肃

计附还

徐任三印册稿一本，清册四本。　郭任三印册稿一本，清册四本。

　　　送　阅后即缮发

　　　十二日

书启5

复委员刘

□□仁兄大人阁下：迳复者，日昨接奉

手书，并诵惠札，领悉一是。查敝处境内，均系行用官板制钱，并无私铸、贩卖情事。兹奉

阁下委查，自当具文申复。除饬承备齐外，递呈、察收发申。并附程仪四元，随书乙元。即祈哂纳！转给是荷，原札附缴，肃复祗请

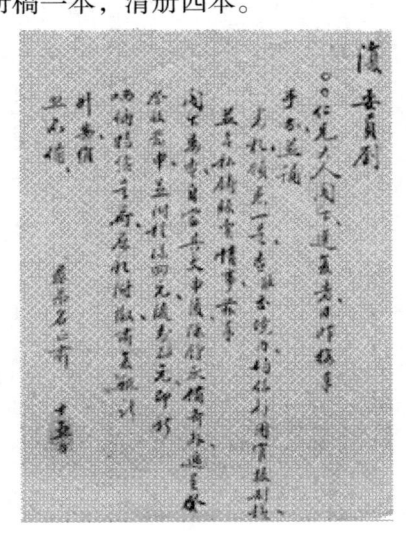

升安！维

照不备

　　　　　愚弟名正肃　十五日

书启6

复委员李

□□仁兄大人阁下：迳复者，顷奉手书，聆悉一是。前准移送东字一百七十八号《赈捐募册》一本，业于本年九月间准贵分府等移取，当经遵照移还在案，兹诵来示，不胜警异，究竟浮沉何处？还请查明，以免遗失。专复，即请

升安！并贺

年禧

　　　　　愚弟名正肃　廿七日

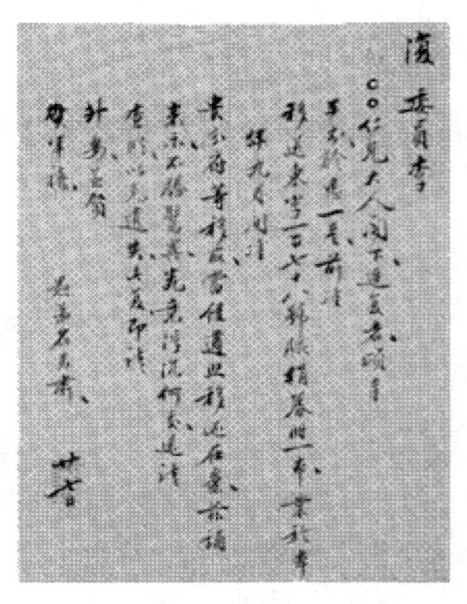

书启7

复郡城偕我会教士苏

谨复者，顷接

惠函，领悉种切。查请禁嵝峒村民人，不准勒派教民迎神赛会等费告示。先于本月初旬，接柯正祥等具禀，业已出示谕禁。嗣于二十二日，接卢绍云开单，续禀请示，计二十四册，亦复准其所请。一体出示谕禁。按址发帖矣！兹承函询，特此奉复。顺请

迓安！维

照不具

名正具

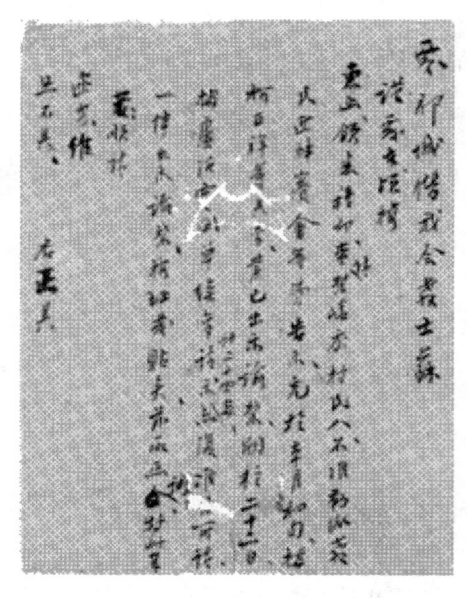

书启 8

复办理鄂蜀赈捐即补县正堂汪大令函

尔祉仁兄大人阁下，昨奉

环云，敬聆种切。辰维

鼎升叶吉！

利济为怀，引领

矞云，倾心祝露，奉

嘱，鄂蜀赈捐解款一节，承指示之周祥，铭寸衷而靡。既查敝处，先奉

督办赈捐，省局宪饬行劝募，颁发捐票叁百张。原令专文批解，是以照填，收照。分给各捐生。嗣接府局宪函谕，汇由

尊处转解。因收报单，随款汇是。鄙意以为，捐款则由

府局宪汇交，

执事转解报单则由

府局宪转申，

省局备案，所给收照，则由各捐生，赴省请奖，似属可行。虽在

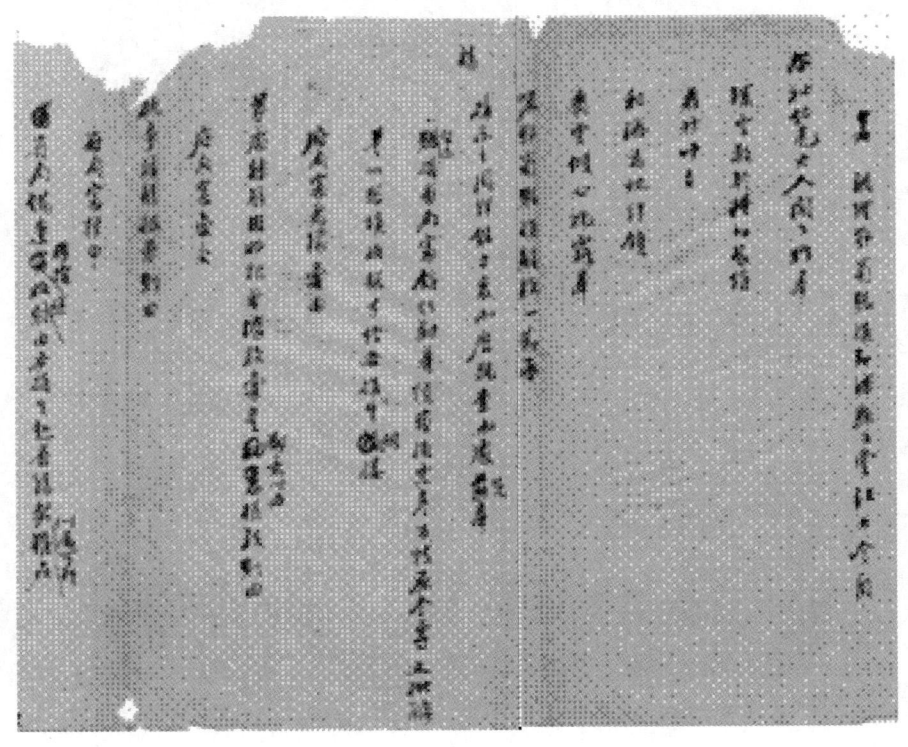

书启8—2　　　　　　　　　　　书启8—1

贵局入此捐款，不过诚属杯水车薪。而弟亦稍塞奉办之责，诚为两便。是以前次，一面呈解，掣取收条，亦即备文申报。

省局存照，今准前因，仰祈

阁下面商。

府局宪可否，将已解捐款报单，俯照原文办法，分别报解。嗣后移知新署任，如有捐款，即送

尊处核实。此处概不填给收照，以归一律。倘府局宪未允照行，请就近回明，将原呈报单扎发回局。弟即尊札，声明申报，是否之处，仰乞

鸿裁肃复，祗请

台安！鹄候

示复 不庄

    愚弟余某某顿首

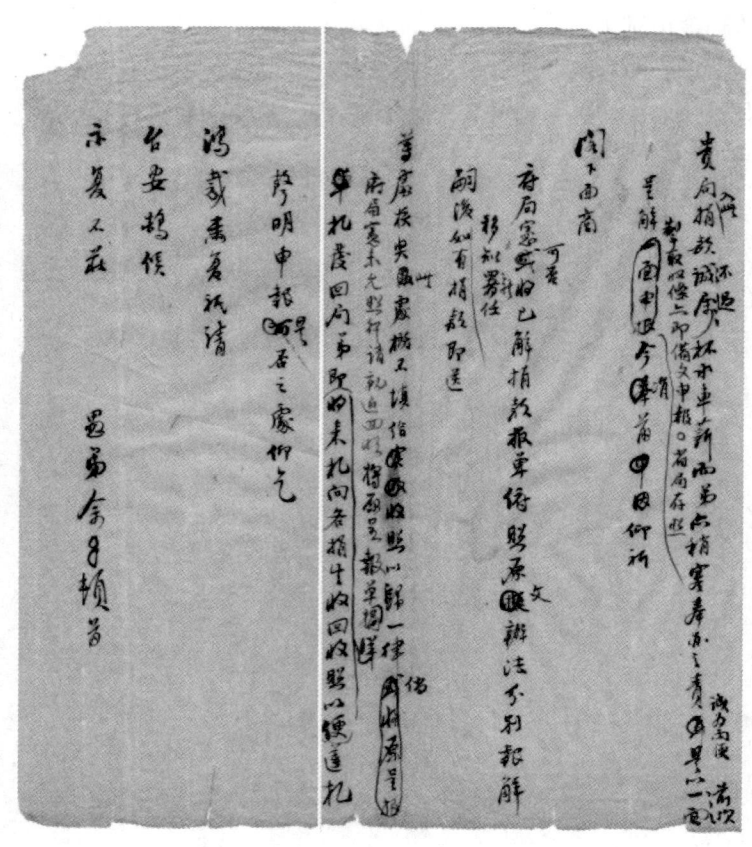

书启8—4　　　　　　书启8—3

第五部分　驿函

驿函1

第一封信

四月初三日，石门来函，以青州满营官兵一百二十名，赴杭州补额。三月初十起程，由官兵一百二十员。眷口、壮丁等二百四十一名口。附车马夫价，清单一纸。

计开：

头起前站二名，短马二匹，引马在外，中席一桌。管带官一员，左翼五品军功骁骑校，同有。

四套大车二辆，折一辆，轿车一辆，大马三匹，麸料折价。夫三名，跟役四名，差役油烛。上、中席八桌。兵五十名。

眷口一百六十名口。每名口饭钱：尖（宿）制钱五十（一百）文。

眷三口，□尖、宿饭钱加倍，字识一名，护送官二员。

厢（镶）白旗部委，前锋校霍尼音。

厢（镶）黄旗，骁旗校领催成庆。

四套大车壹辆，折轿车一辆，跟役四名。上、折席各一桌。油烛足用。

前站二名，短马二匹，引马在外。中席一桌。

管带官一员。右翼世袭骑都尉，左领喜善，四套车四辆，折二辆，轿车二

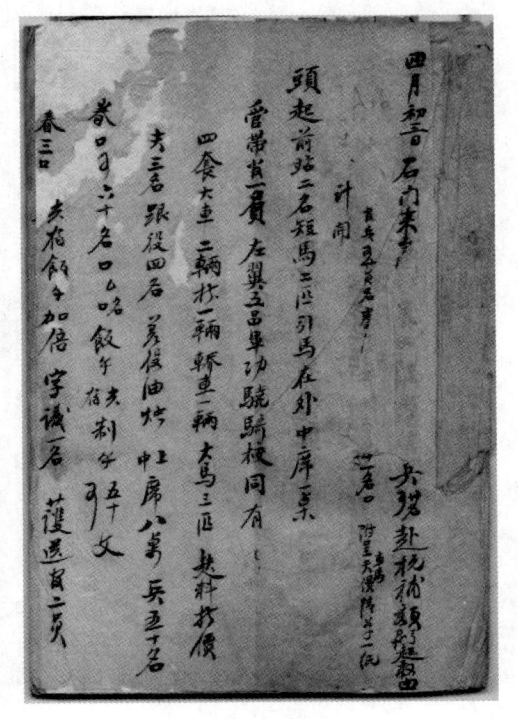

驿函1—1

辆，四套大车一辆。上席八桌，折席八桌。大马五匹，夫五名，跟役八名。灯笼夫二名，字识一名，兵五十名。差役油烛足用。

眷口一百六十六名口，四套车五辆，每名口，饭食：尖（宿）制钱五十（一百）文。

官眷四名，尖宿饭食钱加倍。护送官员，正红旗前锋嵩龄。

四套大车一辆，折一辆，跟役四名，上、水席八桌。油烛足用。如遇孕妇，途次生产，夫足用。

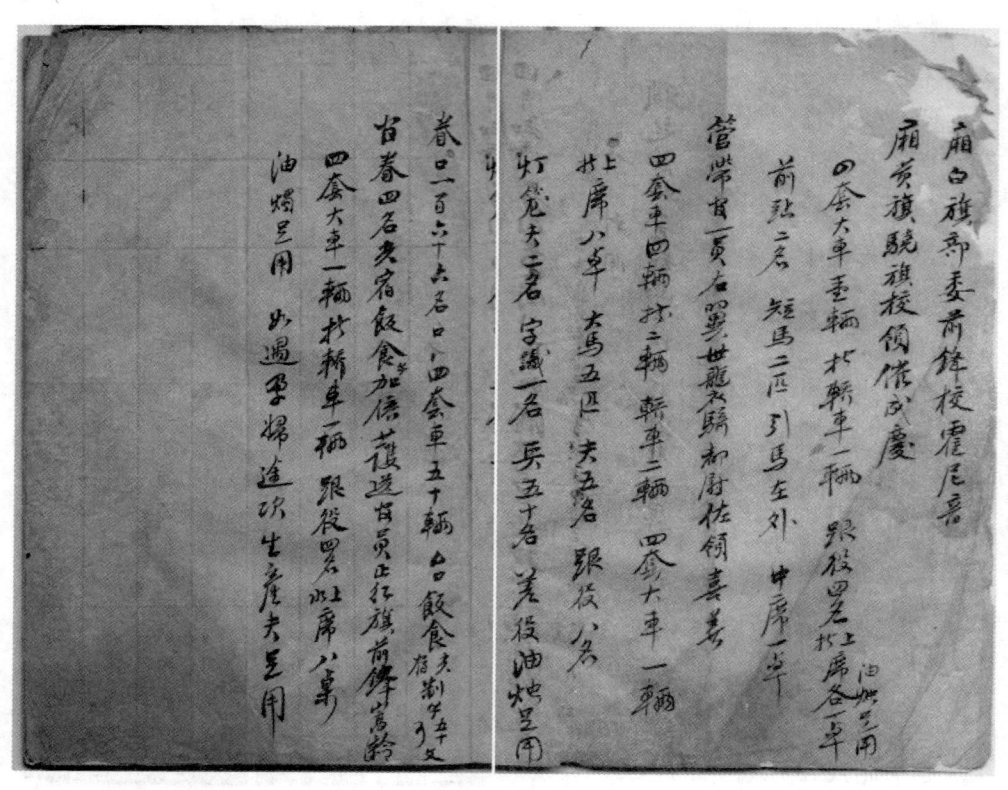

驿函1—3　　　　　　驿函1—2

驿函2

第二封信

四月十八申　准石门函开　并另有学宪回省差信一书

飞启者，顷接嘉、秀来函，准吴、震邑，特准三首县函开。以青州移杭旗兵五十名，连眷一百六十八名、口，乘坐大船十只，水脚等项，照 兵部章程，按名接站，发给所有管带官。同大兄一员，护送官成、霍二员，前站官二员，字识一名。程仪折席等项，昨特（派）专丁赴前站，抄录实账，另纸开送。等因。除敝处伺应外，照抄实账一纸送呈，即乞

尊处查照，向章应付，前进是荷。此请

均安

愚弟名正肃

计开

管带官一员，程仪银四两，上席一桌（折制钱四千文），中席一桌（折制钱二千文）。跟役四名，（每名一百文）。护送官二员，程仪□每位二两，上席二桌，（每折制钱三千文）。中席二桌，（每折制钱一千文）。跟役四名，每名一千文。前站官二员，程仪每位洋二元，二桌（每折钱二千文）。字识一名，大钱一千文。兵眷一百六十八名、口，每站一百文。官眷三位，加倍。水脚每站每名银二□。纤夫足用，烛炭约送。船价系官眷护送，共一百七十四□。

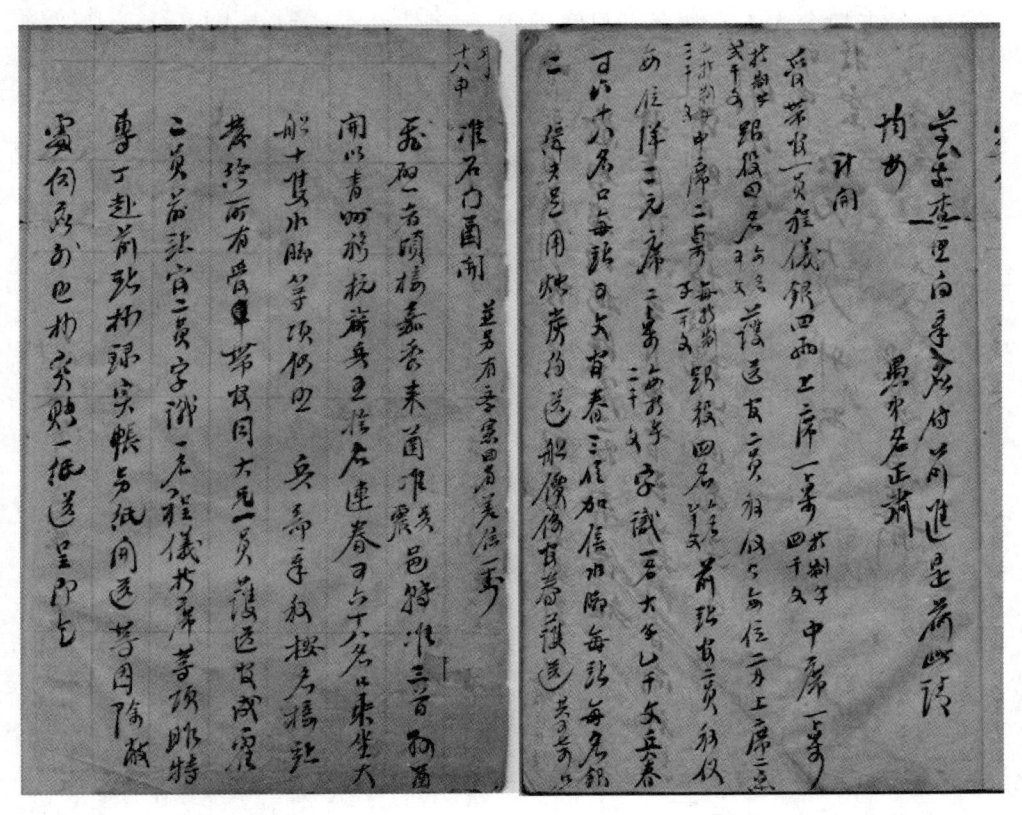

驿函2—2　　　　　　　　　　　驿函2—1

驿函3

第三封信

六月初三日，戌刻，秀水差函。初五日卯刻到。此信送钱塘

敬启者，顷接江、震二县来信，知

升廉访于本月初二日到苏，即日开行，约计明日可抵敝境。特此飞函奉闻，即请

印中、牧云仁兄大人 升安

　　　　　愚弟名正肃

驿函4

第四封信

牧云老棣台大人：如函，早间得实信，升廉访即日可到，当即登舟往迎，至胥门外。傍晚甫见。宪谕颇明白，且询及盐务，并开刑名、发审等事。明晨即行，开行到杭也。专此飞布舟次，肃请

升安

苏城舟次 李缄

　　　六月初四 未刻到

驿函5

第五封信

飞启者：顷接嘉、秀两邑来函，转准吴、震两邑函开，以

新臬宪升大人，于三十日午刻进丹阳，初二日已抵苏城，并闻即日开行南下。除敝处备办外，特此布闻。

顺请 升安

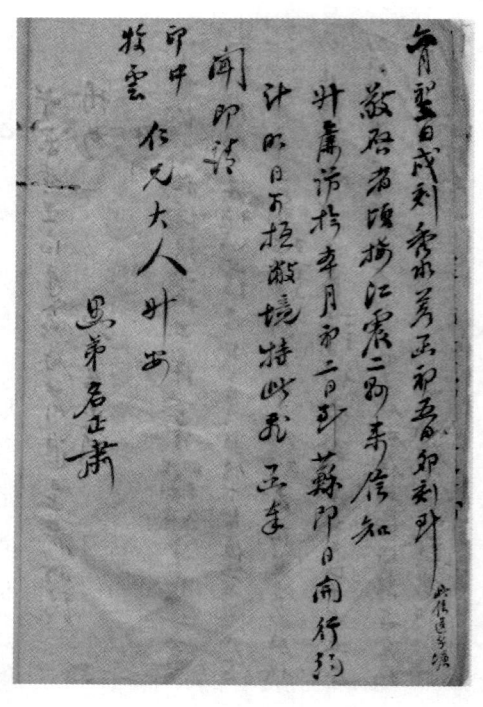

驿函3—1

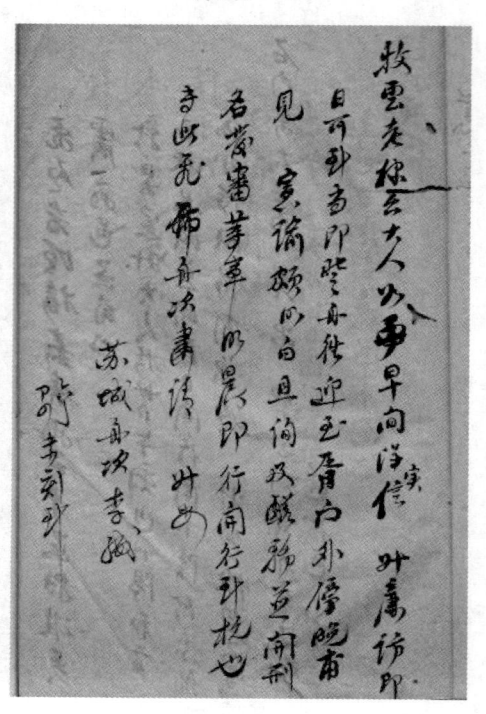

驿函4—1

惟照不宣

石门余大老爷　差函

　　初四酉刻发　初五酉刻到

　　　　送钱邑

驿函6

第六封信

十月初五收到石门信

迳启者：顷接嘉邑来函，闻

本道宪于初四日，由海盐起程返省。除弟处伺应外，特此布闻！即祈

查照办理是荷！顺请

升安不一

　　　　　弟名正肃

　　　　　　十月初四

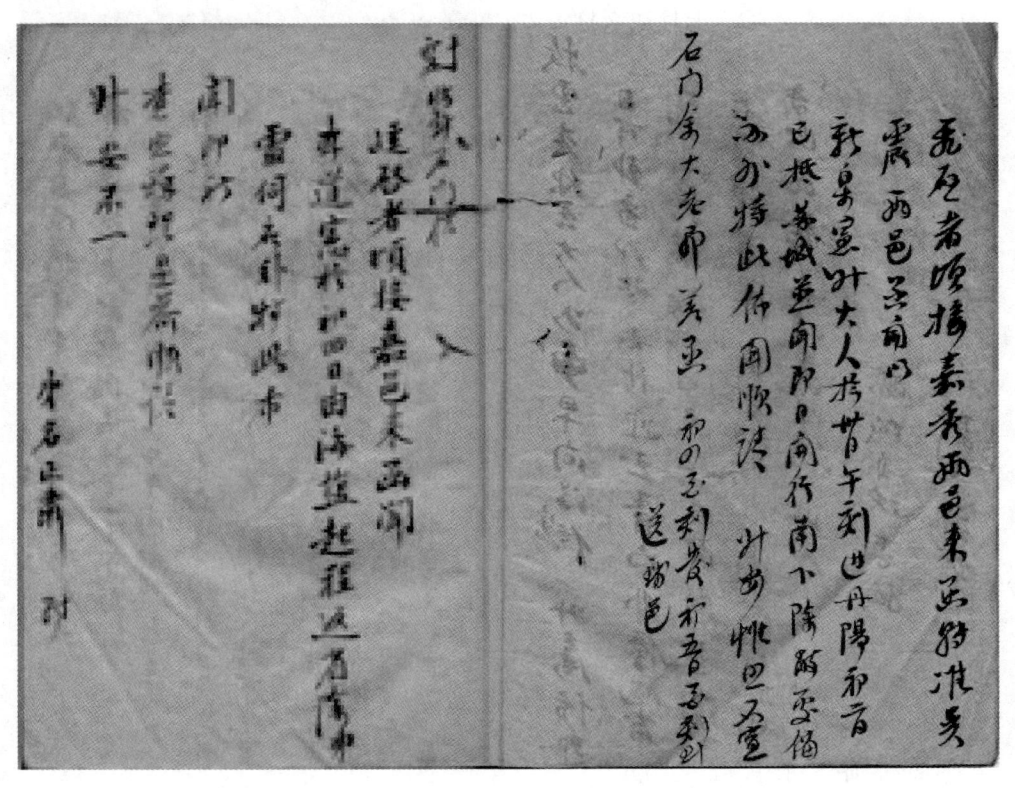

驿函6—1　　　　　　　　　　驿函5—1

驿函7

第七封信

驰启者：顷接桐庐来函、接建邑来函，云。

抚宪于初二夜离龙游马头，三十五里驻扎。初三日午后，抵衢，当即看操。于初四日下午开船趱赶直下，不许耽延。定于初六日赶到严郡等。特此专函飞佈，云云。约计初七日，必由严动发，江以下火轮可拖。初八、九即可到富。专肃佈闻。敬请

　　印、牧翁仁兄大人尊安！惟希
察照不具

　　　　　　　弟许嘉德顿首
　　　　　　　十月初六日

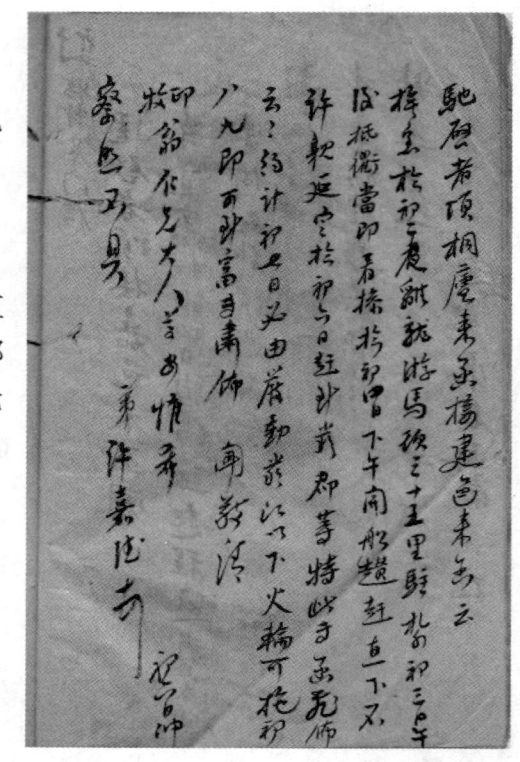

驿函7—1

驿函8

第八封信

飞启者：顷接桐庐来函，特准建、兰、龙西各县函开。以

抚宪于初三日将晚抵衢，定于初四日黎明大阅。十二点钟开船，当晚到龙邑等因。又据兰邑探闻，初五日大约可抵严郡。并以附告等因。除敝处尊照预办外，用特飞佈！即祈

尊处查照办理是荷！专泐。敬请

　　印、牧翁仁兄大人升安！诸惟
朗照不具

　　　　　　愚弟名正肃　十一月初七日午刻

附呈开销账壹纸

梅抚宪大阅过站开销　　折席

　　　门包　廿六元　随四元
　　　材官　十四元
　　　又暗　廿六元　又四元

哨官　六元

签押　廿六元　又四元

书办　十三元

印　　廿元　又四元

跟班　四十元　又四元

文巡捕　二十元　又四元

武巡捕　二十元　又四元

又暗　二十元　又四元

监印　十四元　又二元

内差官、戈什哈　三十二元　又二元

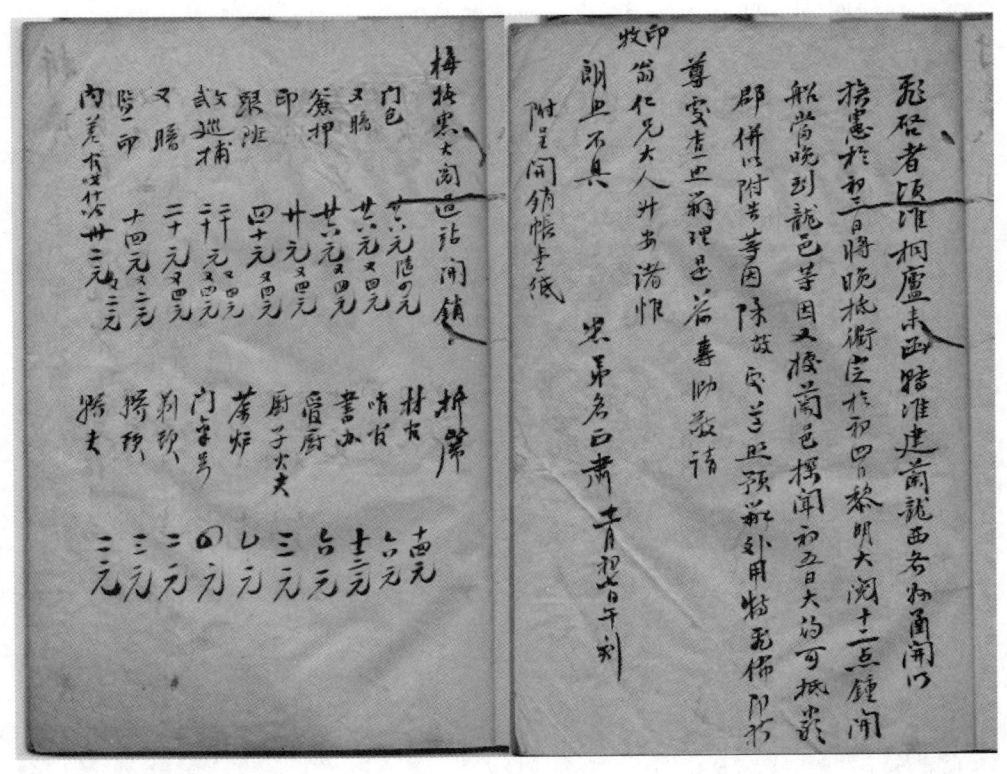

驿函8—2　　　　　　　驿函8—1

管厨　六元

厨子火夫　三元

茶炉　一元

门、禀、号　四元

剃头　　二元
轿头　　三元
轿夫　　二元
折席
随员三位　一位折席八元　共廿四元　随各一元
双随　　四元　又一元
门印　　四元　又一元
跟班　　四元　又一元
签押　　二元　又一元
文巡　　四元　又一元
武巡　　四元　又一元
差官戈什哈　　十六元
材官　　八元
哨官　　四元
书办　　八元

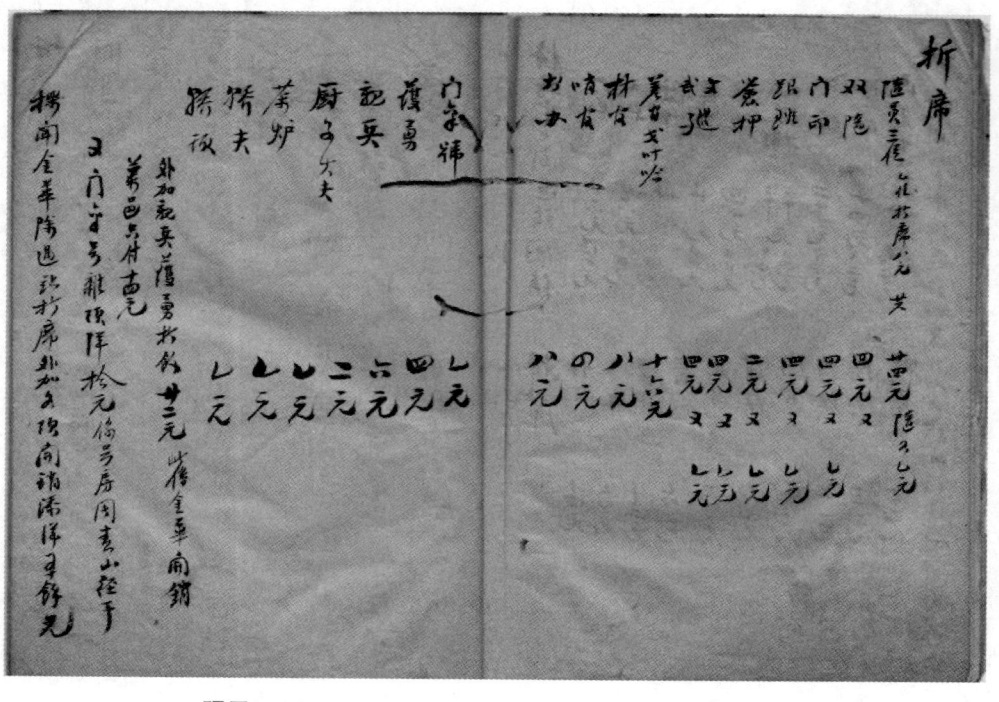

门、禀、号　　　一元

护勇　　　　　四元

亲兵　　　　　六元

厨子火夫　　　二元

茶炉　　　　　一元

轿夫　　　　　一元

轿头　　　　　一元

外加亲兵，护勇折饭廿三元此系金华开销

兰邑只付十四元

又门、禀、号杂项洋拾元　系号房周春山经手

探闻金华除过站折席外，加各项开销，添洋一百十余元

驿函9

第九封信

飞启者：顷接桐庐来函，特准建德函开。

抚宪已于初六日酉刻抵严，今日早晨看操，操毕当即开船，前驶。嘱即备办等因。除敝处尊照备办外，特此飞布，务祈

查照，即为预备是荷！专泐。顺请

印、牧翁仁兄大人　升安　诸希

朗照不备

　　　　　　　愚弟名正肃

　　　　　　　初八日卯刻

驿函10

第十封信

初六日夜，子刻所发

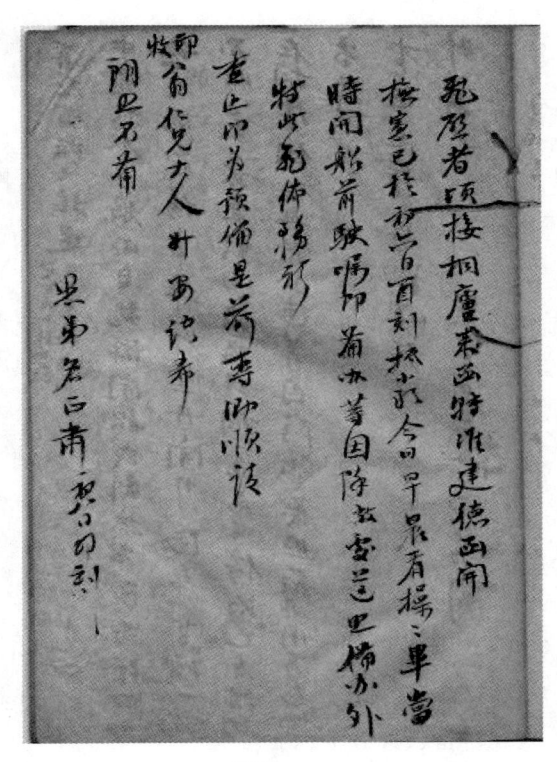

驿函9—1

再启者，顷又接建邑来函，以中丞于本日黎明，自龙游开船，戌刻抵敝邑码头。明日黎明临教场，事毕，即登舟开行。酒席等项，一概不收。宪意急欲回辕。恐到桐庐，未必停泊，已有轮船在桐庐伺候，舟行必速。等因。除敝处照办外，用再飞布，尚祈

查照是荷！专泐。再请

升安

　　　　　愚弟名正泐
　　　　　初八日卯刻

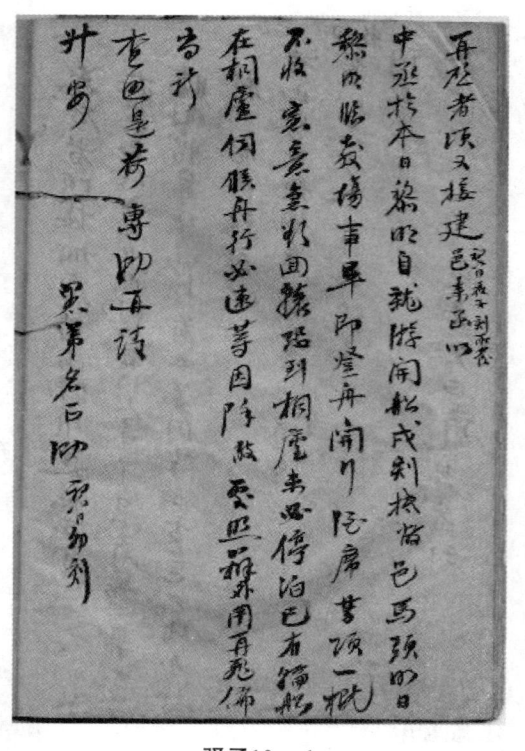

驿函11

第十一封信

印、牧翁仁兄大人阁下：敬启者，顷接桐庐来函准，建邑、兰溪特准，龙游、西安、江山、浦城、建阳、瓯宁、南平、侯官等县函开。以章。

前署臬宪□观察面谕，准定于前月廿二日，在省携眷起程，由西路北上，所有应办船只、人夫，须早预办，等因。除敝处照办外，专此飞布，务祈

转致前途，一体照办是荷！专泐。即请

升安不具

　　　　　愚弟名正肃
　　　　　十一月初九日戌刻

太夫人，姨太太，少爷、老妈、婢女、门印、跟（班）七人，厨子、轿头约计廿余人，自备长夫五十六名。

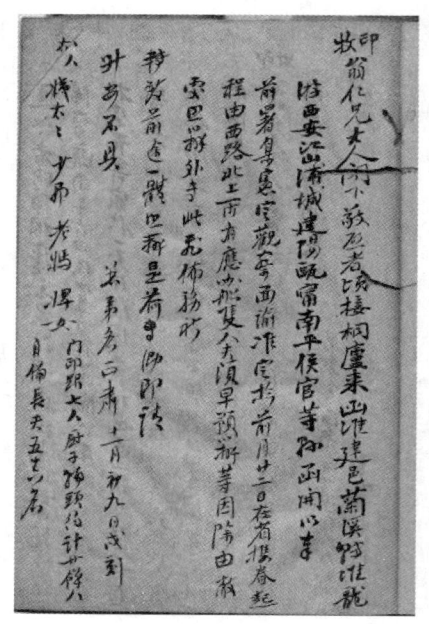

驿函12

第十二封信

迳启者：顷接桐庐来函特准，建德、兰溪、龙西江、浦城、建阳、宁瓯、南平、古田、候官等县函开，以奉抚宪发寄家信一书，外福圆二大箱、建莲二箱、枣糕一夹箱，寄至京都。除照章应付，转布照办。一俟抄寄，应行预办，各事件细单，再行转布。并希转致前途各（站）等因。准此除由敝处照章办理应付外，务祈

　　印、牧翁仁兄大人查照办理，并乞转致前途，一体照办为祷！此请

　　升安不具

　　　　　　愚弟名正肃
　　　　　　十一月初九戌刻
　　　　　　十一日申刻到

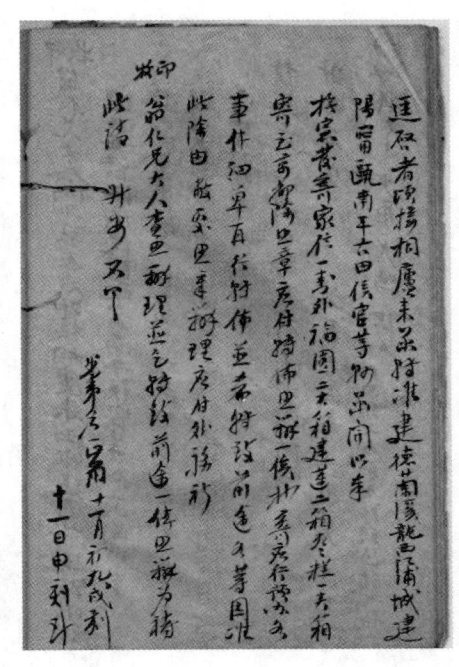

驿函12—1

驿函13

第十三封信

富阳　许嘉德

迳启者：顷接桐庐来函特准，建德、兰、龙各前站函开。以奉

学宪牌示，定于十一月廿九日由衢起马，按试严郡。又，福建宣观察于廿四日抵衢，约在廿八、九起程。所用船只，价皆自给。闻沿途均不惊动等因。除敝处分别照办外，特此

　　奉闻 即请

　　升安不具

　　　　　　愚弟名正肃
　　　　　　十一月初五 初六到

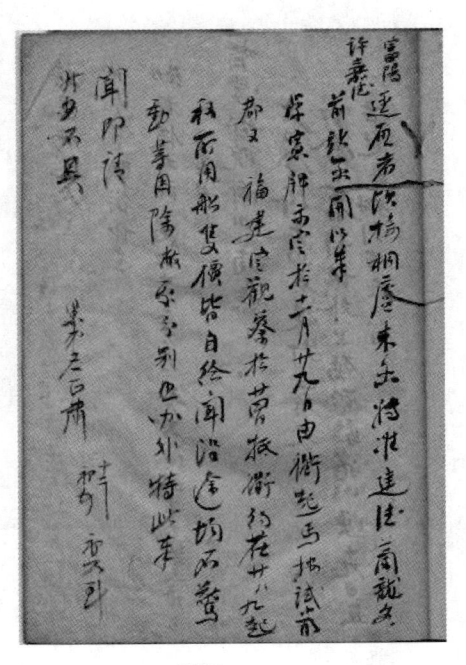

驿函13—1

驿函14

第十四封信

抚宪梅大人之

叔大人之职衔 抄呈

敕授儒林郎 赐封中宪大夫晋书资政大夫丹叔府君 行七

十七日

督学部院谕巡捕厅

　　十八日，令轿夫四名，提灯二名，又红伞一名，到城外上码头驻宿，以便十九日五古（鼓）起身。船到当在十八日。十九日令添轿夫四名，执事等五古（更鼓）到城门口伺。开城出庶，沿路可以接上。此谕。

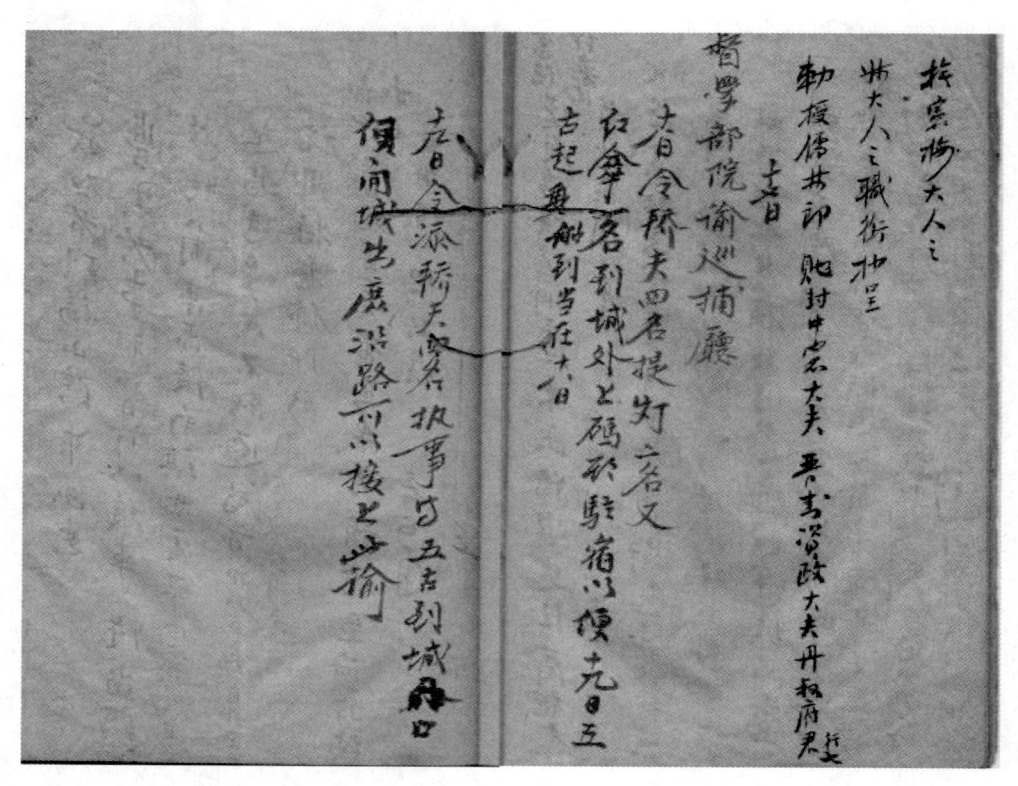

驿函14—2　　　　　　　　　　　　　驿函14—1

驿函15

第十五封信

肖山县吴承恩大老爷差信外有山会信一书同

敬启者，顷接山阴来函，悉

学宪考事，初六日可以竣事。惟尚须游玩兰亭、禹陵、南镇等处。本定初九日起马，连日大雨，不能遍游。有初八日动身之说。用特飞布，即祈

印中，松仙尊兄首台查照，早为预备是荷！

敬请升安，惟照不具

名正肃

驿函16

第十六封信

三月十六日接到

富阳许嘉德老爷差信

敬启者，顷接桐邑来函，特准，

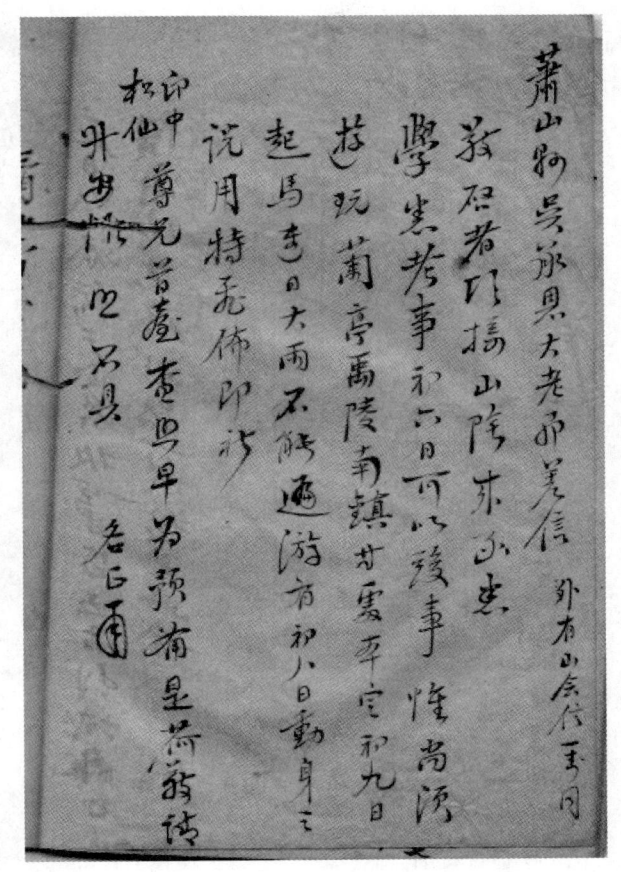

建德各前途函开，任方伯于秋审后起程，或北上请训，或赴浙接篆，未定行止。因谢

恩折，批未奉到，其太夫人、官太太现定于三月十六日起程，由内河常玉山取道至浙，等语。所用船只等项，除常邑备办外，用特专函飞布！即祈

印、松翁仁兄大人查照办理，余俟探有确音，再行飞布，专此奉开

祗请升安！

惟照不具

愚弟名正肃

驿函15—1

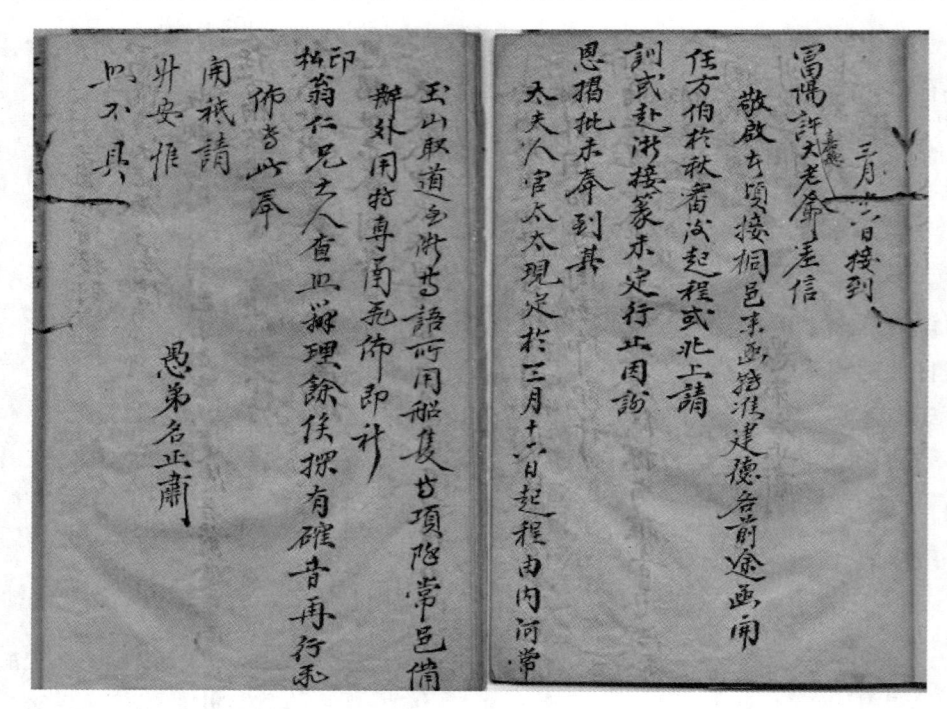

驿函16—2　　　　　　　　　　　驿函16—1

驿函17
第十七封信

江西南昌府 南昌新建县正堂汪世泽
以诚

三月十八发，廿八日到

浙西，江右羁官，辙于各方

花治琴鸣震

循声其自昔，敬维！

仁兄大人，勋施日懋，

襟抱风清

揽六桥三竺之胜游，

综抚字催科于上考。

丰规可挹，景仰为劳。兹敬启者，我江省

任臬宪，升授浙藩，早于月前见诸

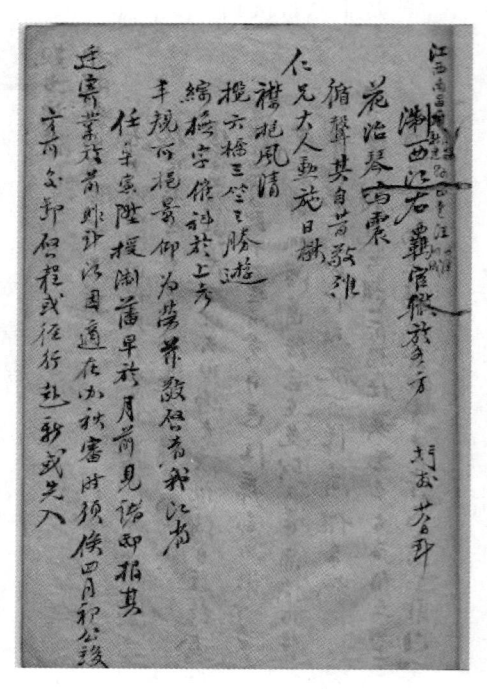

驿函17—1

邸报。其廷寄业于前昨到江,因适在外办秋审,时须俟四月初公竣,方可交卸启程,或径行赴新,或先入觐。尚须待

批折转时,再定。兹先送

太夫人以次由水路至信河,通常玉山,换江船来杭。定于本月十六日登舟前行。蒙

宪台体恤所有,此去水脚夫价,概系自行给发。沿途各站,不一无所费,并送酒席都不收。弟等业于前昨,溜函特迁在先,顷又奉面谕,以将来苌杭时,一切供应概可从简。惟奉,烦贤执事代觅公馆一所,务择其高者、大者,约五间上房,三进或两进。余则签押房、书房及大小书厅、门、厨,各下房齐全,令用足矣,饬。即函致

阁下预为照办,等因。弟知杭地不乏大厦,时程期在迩屈计,太夫人此去,月初即可抵杭。此时正须赶整调备,兹特飞函奉布。务望

阁下查照,来函将应备公馆悉如

宪台预为办妥,是所祷切,专泐驰布。余俟使节启行定期后,续陈。敬请

升安!统惟

亮誉不宣

　　愚弟名正肃

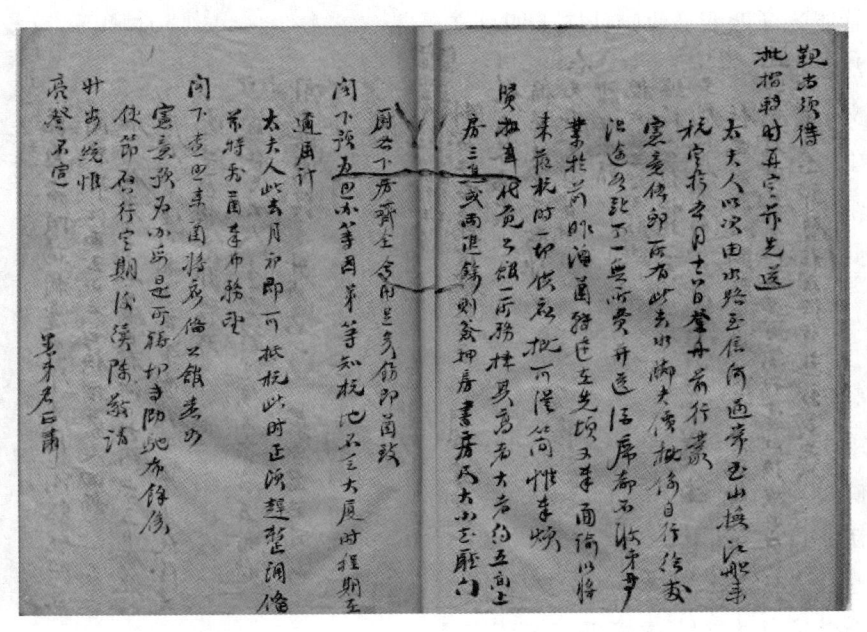

驿函17—3　　　　　　　　驿函17—2

驿函18

第十八封信

四月初三　富阳许来函

飞启者：顷接桐庐特准建德、兰溪、龙游函开。特准江西玉山各邑。侦探家人回称：

任方伯老太太船只已抵河口，大约二十五日可抵广信，次日定可抵玉。所有开销另单壹纸。除弟处，尊照应付外，务祈

印、松翁仁兄大人查照办理。俟有确音，再行布闻！专此

顺请　升安！不一

　　　　　　愚弟名正肃

燕席　一桌　翅席　一桌

门包光洋二十四元　随洋两元

跟班光洋十二元　轿夫头洋一元

管厨光洋四元　收碗钱二千四百文

江西首府、县派家人护送，赏钱三千文

坐船五号　每只赏钱二千文

牵夫壹百名　折四十名　用六十名

此单系江西首站来，照此。

　　　　　　四月初四　到

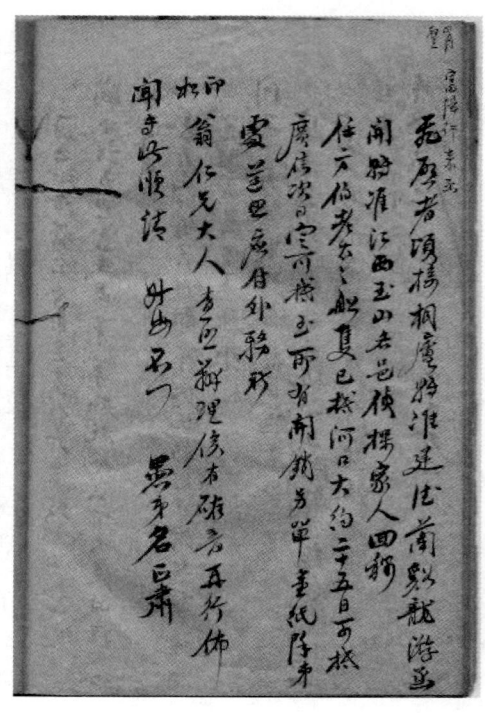

驿函18—1

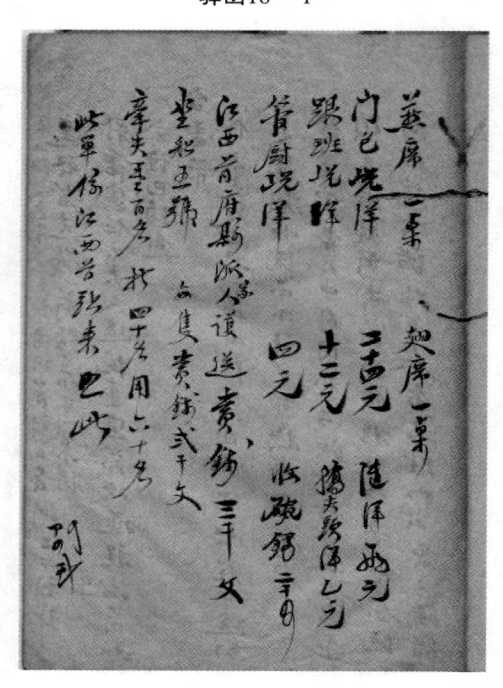

驿函19

第十九封信

衢州府常山县正堂徐大老爷德裕

四月初四日发　四月初八日午刻到

迳启者：迭接前站来函，业将新藩宪任太夫人过境事宜，节次逐

驿函18—2

程溜函知会，谅已均遍。

　　台电 兹

　　任太夫人已于初四日清晨，由敝邑启程。中途别无耽搁，顺流而下，计日可抵省门。并闻

　　任藩宪本月中旬内外，亦须到此。弟承办是项差务，颇形掣肘，均须格外整齐。想会垣局面宽大，诸物齐全，当不致如敝处之蹶局也。专泐奉布，祈请

　　印翁仁兄大人察照，并请

　　升安！统希

　　均鉴 不具

　　　　愚弟名正肃

除致钱邑外又及

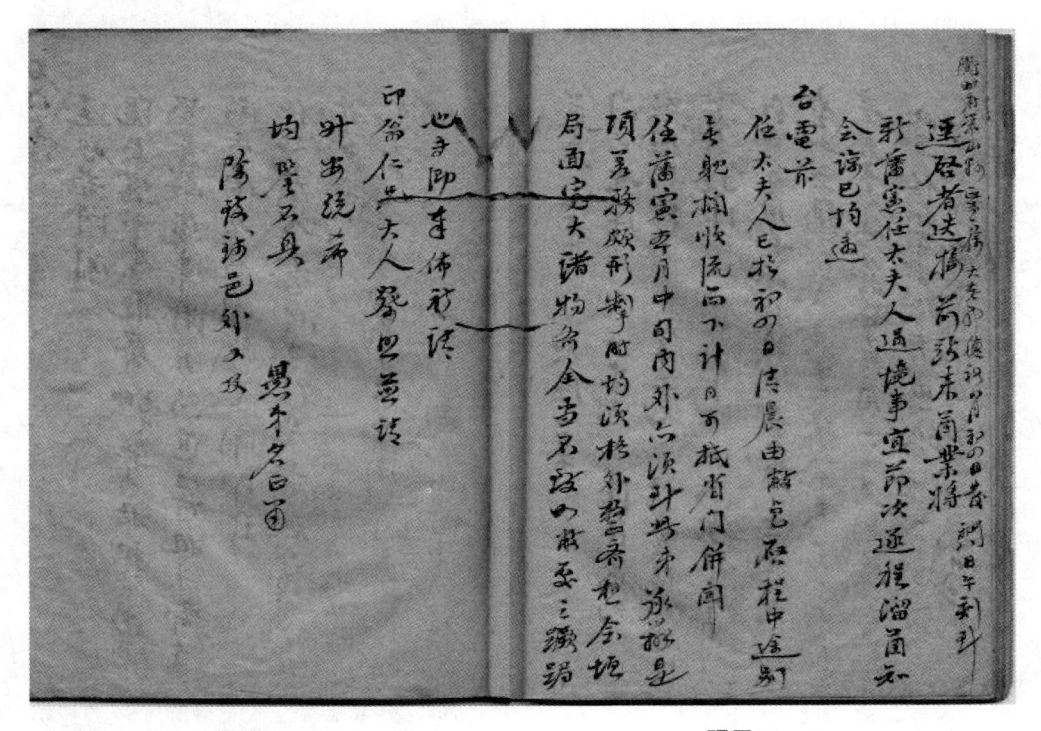

驿函19—2　　　　　　驿函19—1

驿函20

第廿封信

石门余　四月十一

迳启者：顷闻

沪局总办李观察（印、光久）业于初八日，由沪登舟，解缆来浙，大约近日可抵禾郡。除敝处伺应外，用敢奉闻。即祈

仁兄大人查照办理是荷！祗请

升安！唯

照不一

　　　　　愚弟名正肃

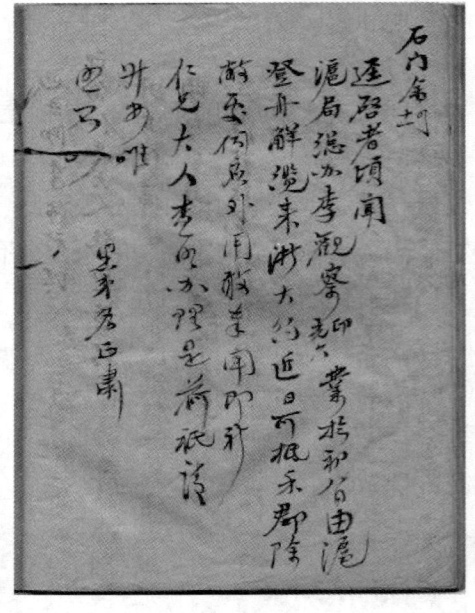

驿函21

第廿一封信

富阳来函

四月廿二日戌时发

廿三日申时到

迳启者：顷接桐庐来函，特准建德各前途函开，以福建藩宪，定于本月十一日起程，所有行李均由轮船航海前往。官眷及随从人等，由西路起岸，前进。嘱为特致等因。惟

宪意虽拟十一日起程，能应不致改期。除再接有的确音信，再行飞布等因。除敝处尊照外，务祈

印、松翁仁兄大人，查照办理。并希转致前途，一体查照办理。此请

升安！不一

　　　　　愚弟名正肃

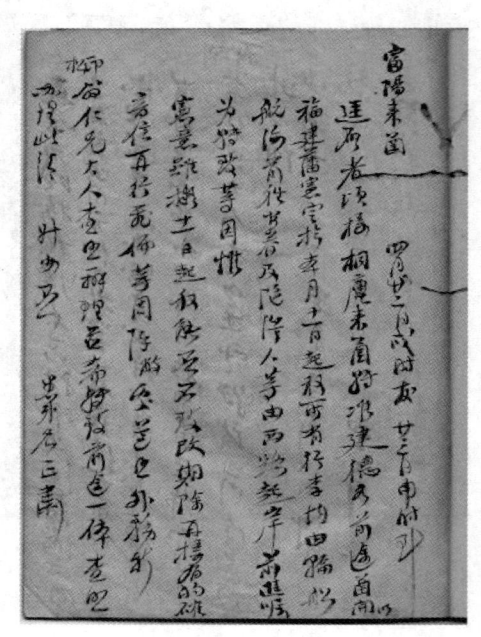

驿函22

第廿二封信

驰启者：顷接桐庐来函，特准兰溪、龙、江浦函开，直隶藩宪寅周方伯，已于四月廿九日到浦，业由传单知照。前奉面谕，嘱其代雇船只四号，其价自给等因。除敝处知明外，用特专函奉布。即祈

印、松翁仁兄大人，查照。并望特致前途，是荷！此请

升安！惟

照不一

愚弟名正肃

五月初五

初六日到

驿函23

第廿三封信

迳启者：顷接桐庐来信，特准建德各前途函开。

任藩宪准于十六日，由玉至常。选定廿四日进杭城。其支应一切，照前途办理，等因。开单特佈过县。除敝处照办外，特此飞布！务祈

印、松翁仁兄大人，查明办理。此请

升安！惟

照不具

愚弟许嘉德顿首

五月十九巳刻发

廿日辰刻到

计开

烧烤席　一桌

鱼翅席　一桌

中席　　三桌

门包　十六元（明、暗各一分）

执帖　八元（同上）

跟班　八元（同上）

管厨　四元

轿头　二元

三使　四元

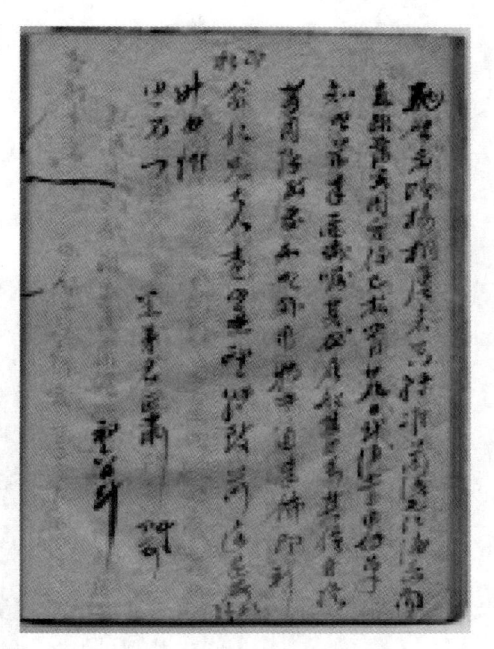

驿函22—1

剃头　　一元

头船　　威武旗全 卷篷

过头赏号　头亭 铺垫 共廿元

其余各船另行听赏

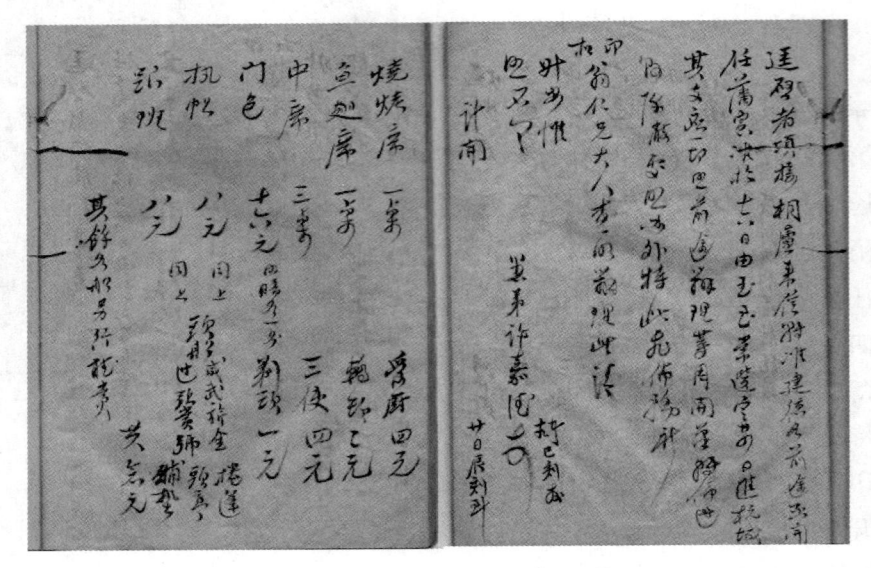

驿函23—2　　　　　　　　　　驿函23—1

驿函24

第廿四封信

石门差信

迳启者，顷接嘉秀二邑来函，准吴震二邑开，特准长元吴锡金武阳，丹徒，上江，江浦各前途函开。兹有汪通守备都戎，解送墨尔根副都统吉大人南行，过境，等因。于八月廿七日行抵敝境。现奉制宪改委朱博山通守宋千戎接解，定于初八日起程南行。沿途须备公铺二所，上席、中席及饭食等项。均须全备，应用车轿，酌量照付。又委员公馆，席饭车轿等项亦须酌付，一切小有应酬。除敝处查照上站备办外，用特飞函布闻，即祈

尊处一体查照伺应，并望转致前途为荷乎！此即请

升安！惟

照不具

愚弟余丽元顿首

九月廿一日到

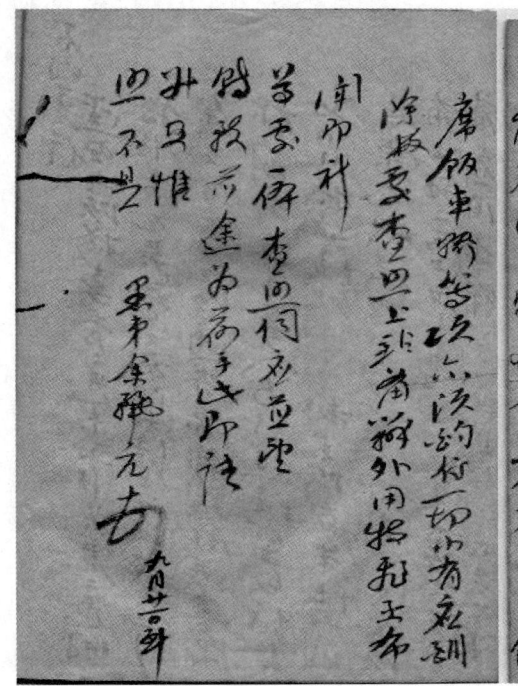

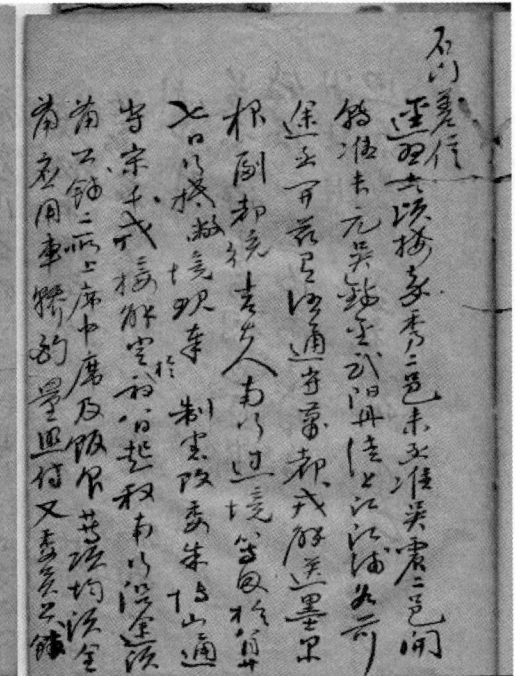

驿函24—2

驿函24—1

驿函25

第廿五封信

石门差信　九月廿五日未刻到

迳启者：顷接嘉秀二邑来函，特准吴、震各县函开。以墨尔根都统吉大人准于今日午刻到禾，开行。兹敝处备送：八大、八小十六碟席，六大、六小十二碟一桌，八大碗二桌，其余水脚等项酌送外，除敝处照办合就。布闻！即请

尊处一体查照。并望特致前途是荷！

此请

升安！不一

愚弟余丽元顿首

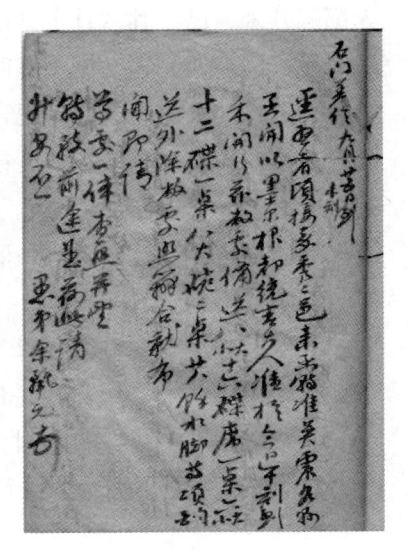

驿函25—1

驿函26

第廿六封信

本府宪来信

印中、松仙仁兄同年大人阁下，迳启者：二十八日，弟处公钱

竹宪，已容代列

芳衔用特奉布。是日共有四席，须用银杯、箸等件。务乞

尊处各假两桌，以便应用，随当缴还。此泐。即请

升安！不一

年愚弟龚嘉隽顿首

驿函27

第廿七封信

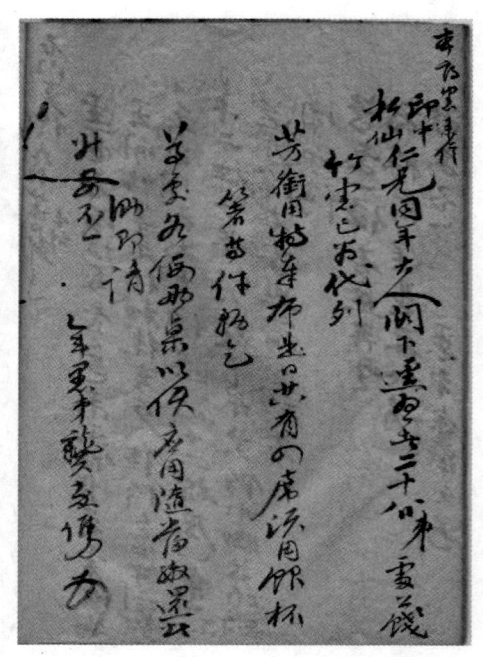

云帆仁兄大人阁下，迳启者：前接两云台致敝未东介翁函，以前墨尔根付都统吉犯官到境。此种差事尚未办遇（过），嘱即抄账，等因。当即转致嘉秀，并未复到，仅据函称，送八大八小，十六碟席一桌。六大六小，十二碟席一桌。八大碗中席二桌，水脚等项酌给。并无细账开来，已于廿六日申刻抵敝处。仅据探差之加秀送吉犯官，程仪十二元、随二元、门包四元、义员护解四元、随一元、式员四元、随一元。凭探差一言，唯作确给，初未酌送，而该犯官索扰不堪。特有罪之人，地方官亦不能如何。故敝处只得照数给发。然尊处近在会垣，谅该犯官不敢十分索扰，或可斟酌办理。祈

察断可也，手此奉布。并请

筹安！不具

石门账房师爷愚弟程峤顿首

石门差信寄本府账房书师爷

九月廿九未刻到

杭省臬宪委护送吉大人委员雇捕通判陈廷杰大老爷

驿函26—1

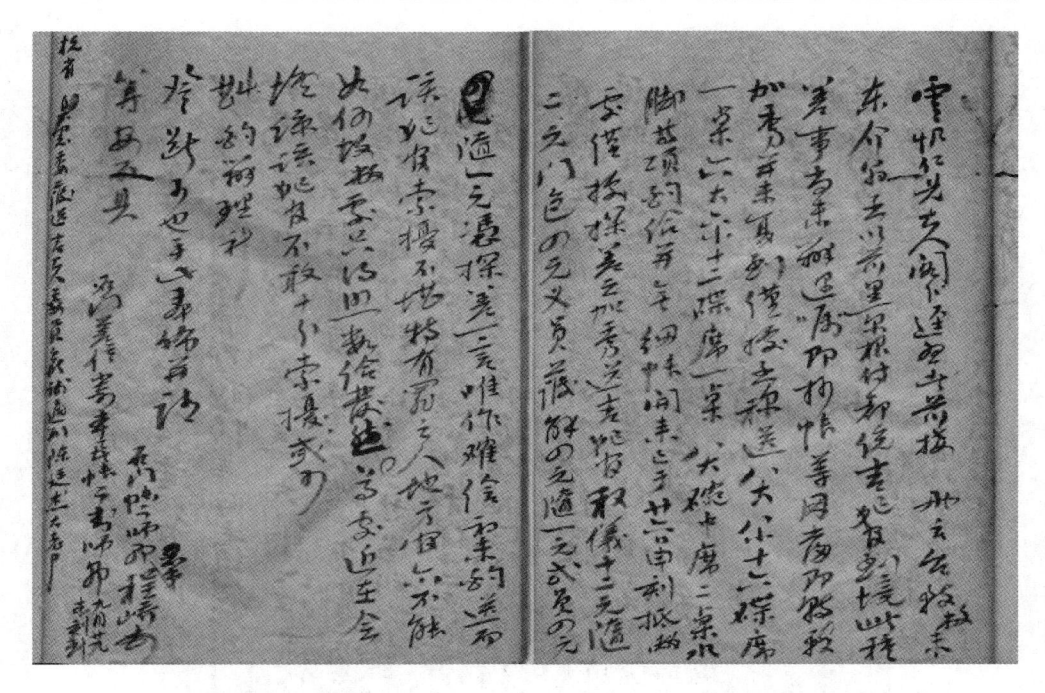

驿函27—2　　　　　　　　　　　驿函27—1

驿函28

第廿八封信

迳启者，顷接嘉秀二邑来函，特准吴、震各县函开。直隶候补县刘次阶兄灵柩，并眷属人等回籍，定于十六日由直隶起身，恐沿途店役，藉端索诈，恳派妥役护送前进，等因。除敝处护送外，合就奉闻，即祈

尊处格外照应，一体护送。并希特致前途为荷，专泐布达。即请

升安！

愚弟余丽元顿首
十月初四日未刻到

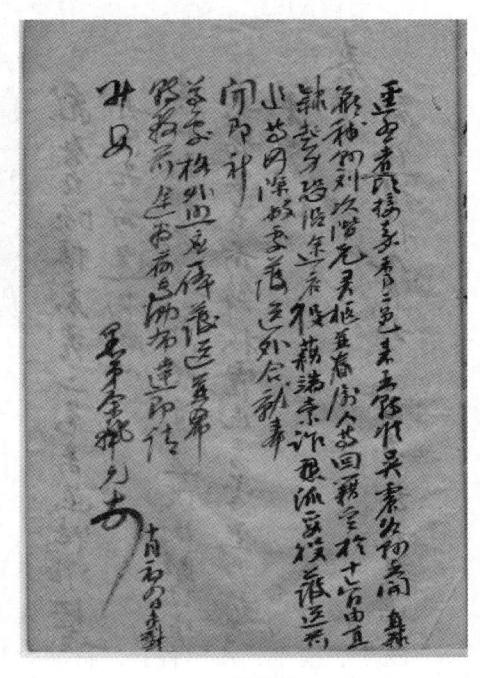

驿函28—1

驿函29

第廿九封信

飞启者，顷接嘉秀二邑来函，特准江苏、吴江各前途函开，以青州副都统照会。以据护送拨杭驻防官兵，前委署前锋校霍尼音禀悉，归杭当差。业经奏明，奉部准于九月初四日，由青起程，携带眷口七名，沿途用回南大车两辆，等因。除敝处照章应付，并备公牍外，祈

尊处查照一体应付。仍希

特致前途，为荷！云云

    愚弟余丽元顿首

以照上抄东省，再定路程。前锋校官一员，眷口七位。尖站饭食，每日二百，宿站每二百，水席一桌，短马四匹，跟随四名，每二百。

   十月初八日 申刻到

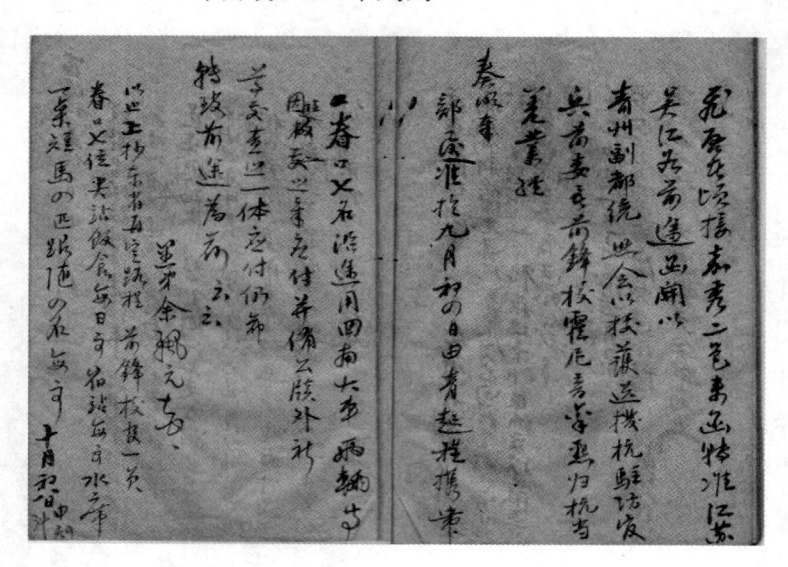

驿函29—2　　　　　　　　　　驿函29—1

驿函30

第卅封信

富阳许 差信十月十一日未刻到

迳启者，顷接桐庐、建德来函，特准兰溪、龙游、西安、江山、浦城、建阳、瓯宁、南平、古田各县，特准。两首邑函开。窃照督宪浙江书吏金树勋等换班回浙，应用长船八号。又故书黄荘林、张炎棺柩回籍，应用长船两号。除照章

应办外，函希查照，并乞转致，等因。此除敝处照章应付外，合函转布！务祈

仁兄大人查照办理。并望

转致前途是荷！端此敬请

升安！维

照不备

愚弟名正泐

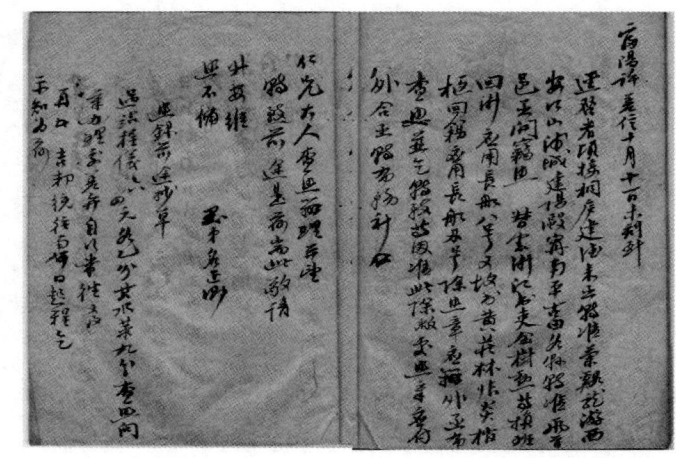

照银前途抄单

过站程仪：六元、四元，各一分。其水菜九分。查照向奉办理交差，并自行带往，又及

再者。吉都统往南，何日起程？乞示知，为荷！

驿函30—2　　　　　　驿函30—1

驿函31

第卅一封信

迳启者，顷接嘉秀两邑来函，特准各前途函开。以

广西藩宪范大人，已于本月廿二日抵浦，不日开船，南下，等因。除敝处照例伺应外，即祈

尊处一体查照伺应。并祈

转致前途，为荷！即请

升安！惟

照不一

愚弟余丽元顿首

十一月初二日未刻到

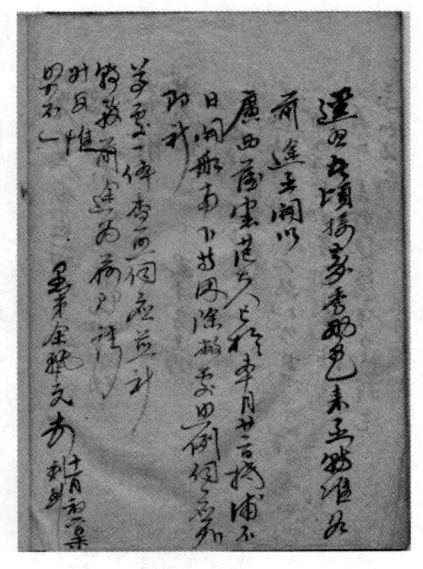

驿函31—1

第六部分 衙账

衙账1
兰溪县衙账目
兰署印上款目 光绪丙子年
叁月分油硃　　钱五千文
第二次契税　　钱式千零八十文
详请铁照　　　钱一千文
过境照每张　　四十文
请禁偷窃山花木告示二张　　四十
第三次契税　　钱式千一百七十
第四次契税　　式千四百六十
第五次契税　　三千三百六十
第六次契税　　式千一百八十一
四月油硃　　　五千

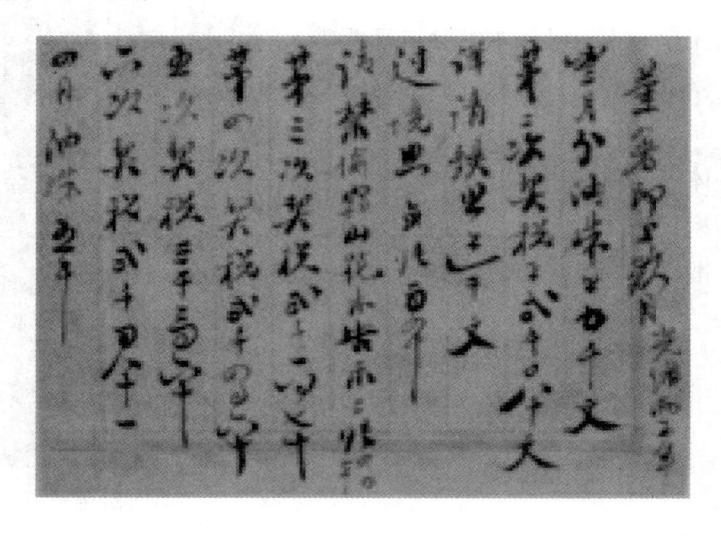

衙账2

诸暨县衙账目

暨阳稿案经管事件

传呈每张钱二千四百三十六文 进宅门内

稿案　钱七百三十八文

十月各处会赌暗三十元

自做

投红谕署四十元

又实缺八十元

三日龙虎饭一百六十千

下马□一百二十千

稿案钱七百卅八文

签稿　钱四百九十二文

用印　钱二十五文

钱粮　钱二十八文

差总　钱五十文

执帖　钱五十文

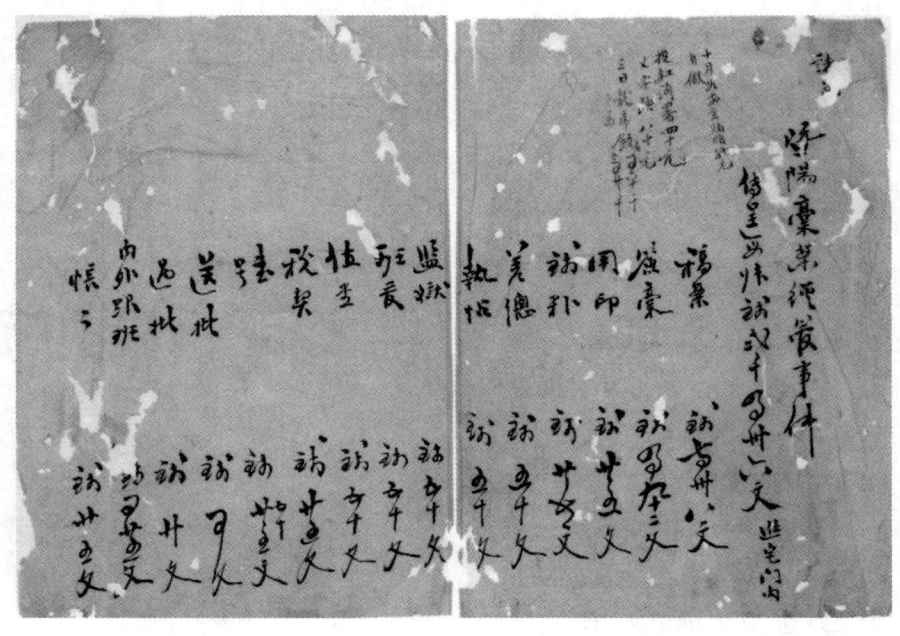

衙账2—2　　　　　　　　衙账2—1

监狱　钱五十文

班管　钱五十文

值堂　钱五十文

税契　钱二十五文

堂　钱五十文

号　钱二十五文

送批　钱一百文

过批　钱二十文

内外跟班　钱一百二十五文

账房　钱二十五文

衙账3

诸邑执帖节规

诸粮厅　每节一元　顾任　又盐印　每印一文　十千

捕厅　每节二元

范任银数　每两捌百文

社稷　神祇　领十六两

盐公堂　每节二元

库房　每节四元又一元

文昌　关帝　领各二十两　共四十两

又万寿归节送每节拾二元又随一元不做戏自做也有上项归礼房经手送

又　吕祖二两

一年祭祀扣毛五千

乡间绅士来见门包四百四十文

每月考月课，奖赏钱　扣九五

每逢大考县考决课奖赏钱

扣九五　壬午年范任奖赏洋三十三元　又钱六十千零六百扣四元零

领祭祀银　扣九五　其余随领随扣

十二月通书　六十千文均印上分

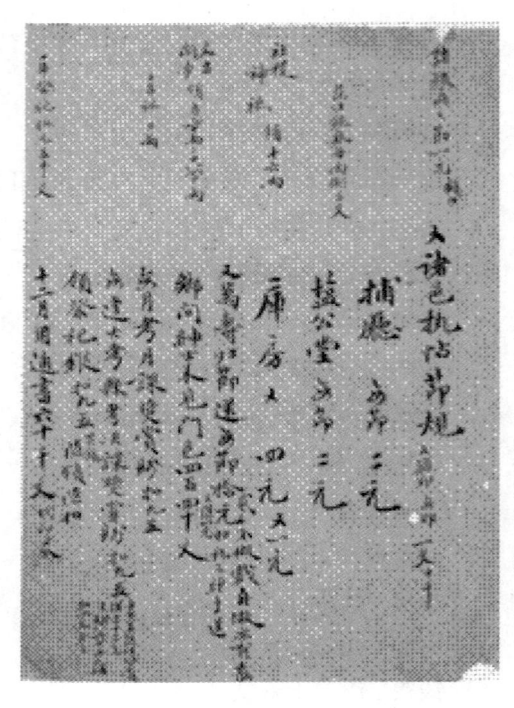

衙账3—1

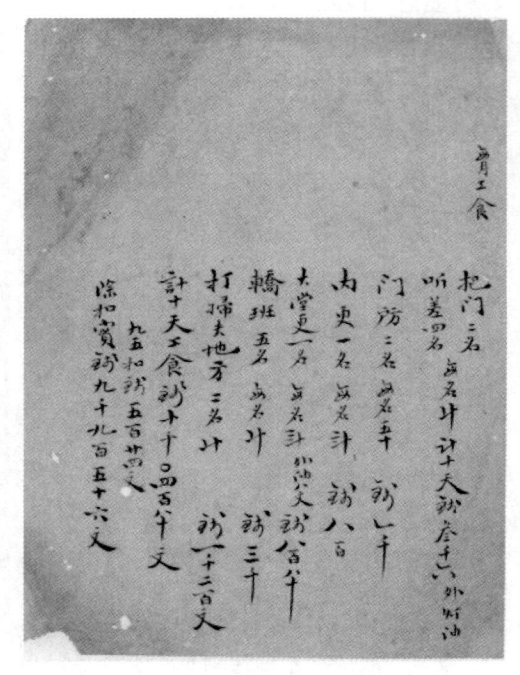

衙账3—2

每月工食

把门二名

听差四名　每名六十计十天钱叁千六百外灯油

门房二名　每名五十钱一千

内更一名　每名四十钱八百

大堂更一名　每名四十外油八文钱八百八十

轿班五名　每名六十钱三千

打扫夫地方　二名六十钱一千二百文

计十天工食钱十千零四百八十文

九五扣钱五百廿四文

除扣实钱九千九百五十六文

发九天　八千九百六十　扣四百七十文九千四百卅二

万寿戏不做共四十八元

每节各项赏钱　吏简房严绩相请领

诸邑考文童

执　四千四百又补考二元

印　四千四百文

跟　四千四百文

又武考

执　八千

印　二千

跟　二千

年三十赏菜钱共十一元又钱二百扣二元

把门　　二百

听差　　四百

买办　　二百

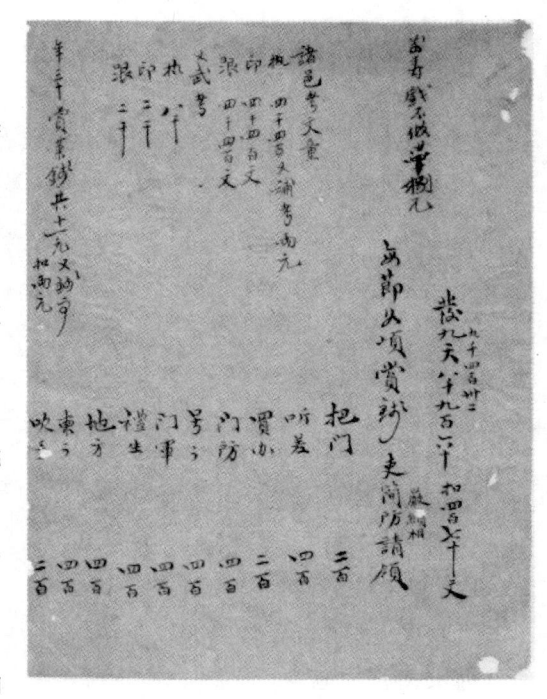

衙账3—3

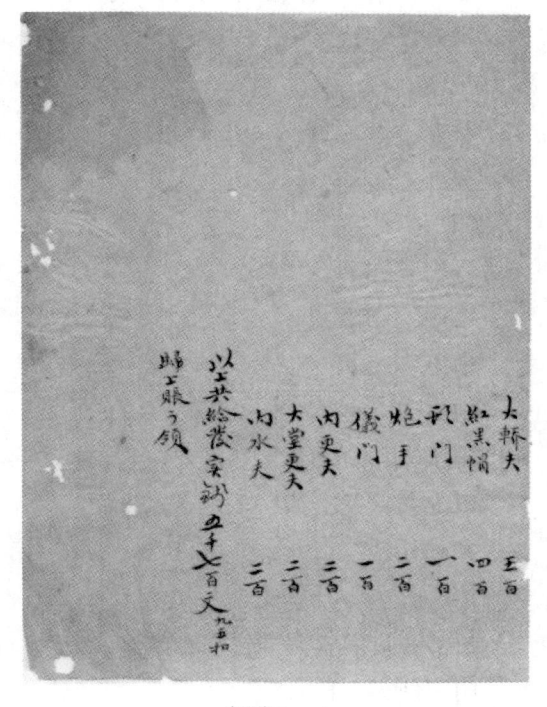

衙账3—4

门房　　四百

号房　　四百

门军　　四百

礼生　　四百

地方　　四百

柬房　　四百

吹手　　二百

大轿夫　　五百

红黑帽　　四百

头门　　一百

炮手　　二百

仪门　　一百

内更夫　　二百

大堂更夫　　二百

内水夫　　二百

以上共给发实钱五千七百文　九五扣　归上账房领

又各项莱钱

把门　　二百

听差　　二百

买办　　二百

门房　　二百

号房　　二百

柬房　　二百

地方　　二百

内更夫　　一百四十文

内水夫　　一百四十文

以上共给发实钱一千六百八十文

共外扣钱三百六十九文

诸邑

每节开发节赏归刑钱征堂等赏

门三使　　一千

印三使　　一千

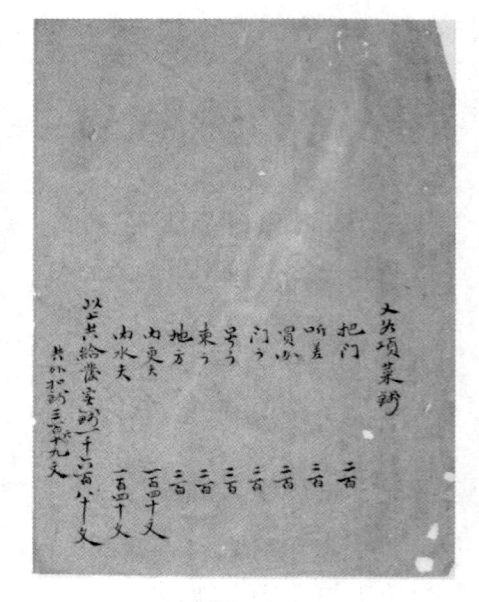

衙账3—5

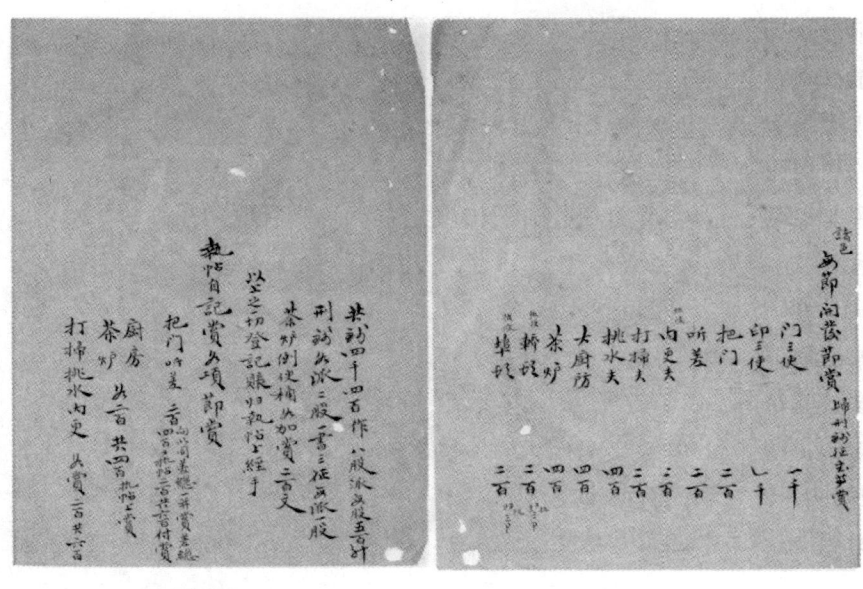

衙账3—7　　　　　　　　衙账3—6

把门　二百

听差　二百

执收　内更夫　二百

打扫夫　二百

挑水夫　四百

大橱房　四百

茶炉　四百

执收　轿头　二百　归执三爷

执收　埠头　二百　归执三爷

共钱四千四百　作八股派　每股五百计 刑钱各派二股　一书　三征

每派一股　茶炉倒便桶各加赏二百文　以上之一切登记账归执帖上经手

执帖自记赏　各项节赏

把门听差二百　向以同差总一并赏　差总四百　又执帖二百　共六百付赏

厨房茶炉各二百　共四百　执帖上赏

打扫挑水内更　各赏二百　共六百

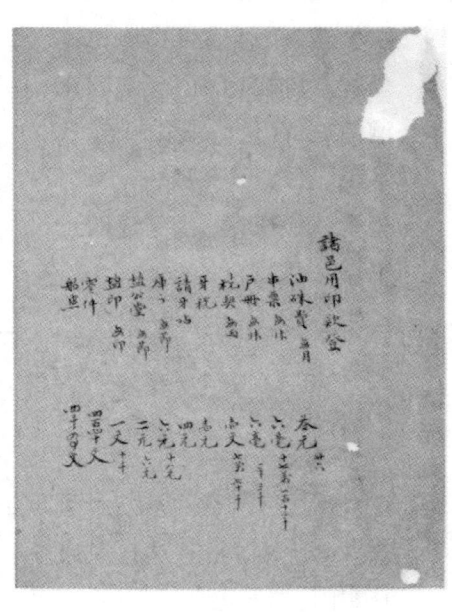

衙账3—8

诸邑用印款登

油硃费每月	叁元	三十六
串票每张	六毫	十七万一百十二千
户册每张	六毫	一年三千
税契每两	壹文	七万七十千
牙税	壹元	
请牙帖	四元	
库房每节	六元	十八元
盐公堂每节	二元	六元
盐印每印	一文	十千
零件	四百四十文	
船照	四千九百文	

衙账4

海盐县衙账目

①海盐漕务账

刑席　壹百元　又随拾元

钱席　二百元　又随二十元

账席　二百元　又随二十元

坐牌　每牌四十元　又随四元

漕门　二百元　又随二十元

签稿　十六元　又随一元

坐廒　每廒四十元　又随四元

书启　十二元

硃墨　六元

稿案　二十元　又随二元

用印　十六元

对单　掣串　每四十元

核色（二分）每四十元

对、掣、核，此三名目派师爷

仓头门　二十元

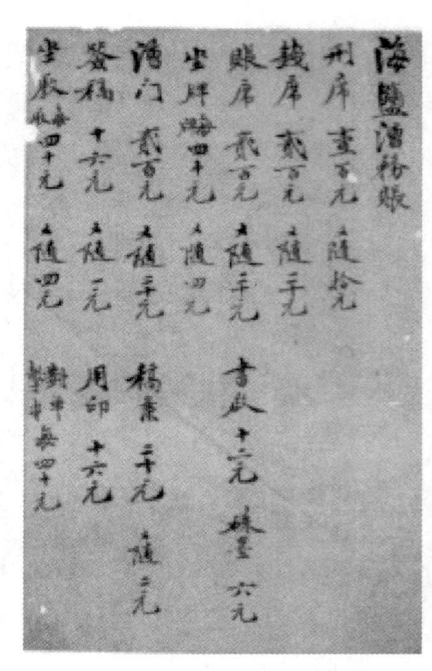

衙账4—1

衙账4—2

管仓 六元

总巡 十六元

巡风 十二元

风筛 六元

验米 十六元

坐兑 押运 十六元

执帖 九元

差总 九元

杂务 九元

书禀 六元

号件 三元

内、外跟班 十二元

签押房 六元

值堂 九元

花厅 六元

监狱、班管 六元

流差 六元

管厨 六元

茶炉 二元

以上归漕总书承送照例年内一半漕毕一半内外皆如

内给劳金

漕门 壹百元

稿案 四十元

签稿 二十四元

用印 十六元

头门 二十元

巡风 十六元

总巡 二十元

风筛 十六元

坐厫（每厫）三十二元

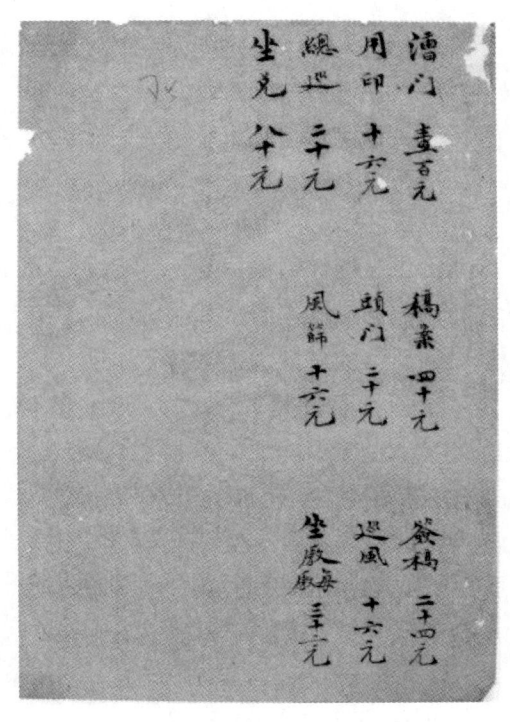

衙账4—3

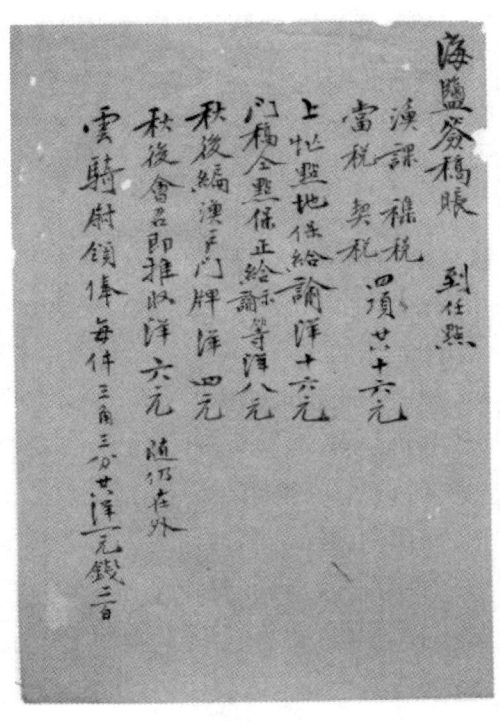

衙账4—4

坐兑 八十元

②海盐签稿账

到任点

渔课 杂税

当税 契税 四项共十六元

上忙点地保给谕 洋十六元

门稿同点保正给示、谕等 洋八元

秋后编渔户门牌 洋四元

秋后会召即推收 洋六元 随仍在外

云骑尉领俸 每件三角三分 共洋一元 钱二百

牙帖每件 洋四元 随外则加培（倍）

大士诞辰弹压示 洋一元 观音 天宁寺 策海庙三处

禁采菱示共 洋两元 门签印均分

追租及期呈每张四十五文 喊呈每张一百文

到单每件 八百四十文 门签分

三节节规 十元 随二元 库房钱粮友分来

漕规 四十元

上二十四元

漕纪书十六元

年内一半

年外仓毕一半

请给别项告示 随时商酌

保结每件 三百 帖作随

诉呈 四元八角

堂事无一定规目 自说

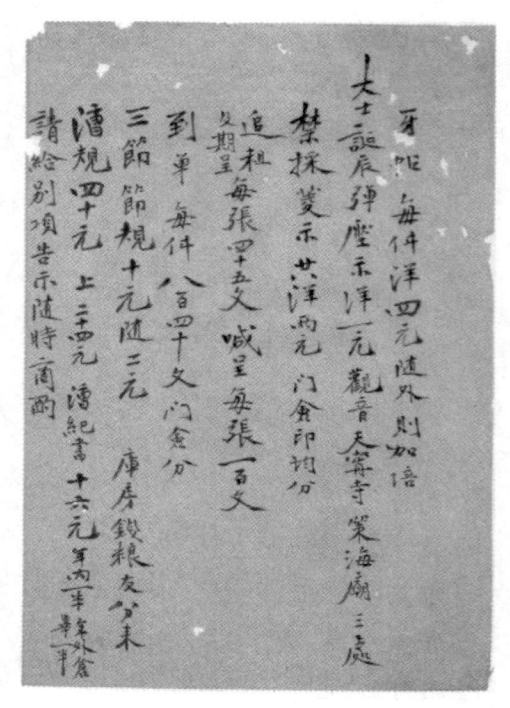

衙账4—5

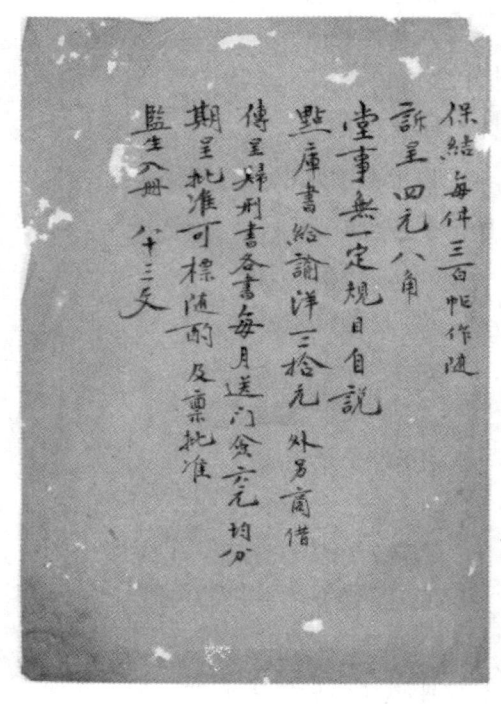

衙账4—6

点库书给谕　洋一 二拾元　外另商借
传呈归刑书 各书每月送门敛六元　均分
期呈批准，可标随酌　及禀批准
监生入册　八十三文

衙账5
仁和县衙账目
①仁和差总节规 月礼八元

叶家埠　　廿元
黑北埠　　廿四元
马船埠　　六元
区船埠　　二元
搭木夫　　式元
执事夫头　式元
五色布常以夫头账宝二元
坝上　　　四元
桥边头　　三元
采结　　　四元
蔡家埠塘栖　两元八金管手
除赏号
又节大众分派有规目照分 余外无
差总　　　廿四元
又随　　　五元现三元 票二元
门稿　　　十二元现陆 票六元
又随　　　三元现两 票乙元
递解　　　十二元现六 票六元
又随　　　二元现一 票一元
签稿　　　八元现四票四元
又随　　　二元现一票一元
接帖　　　四元现
又随　　　一元现

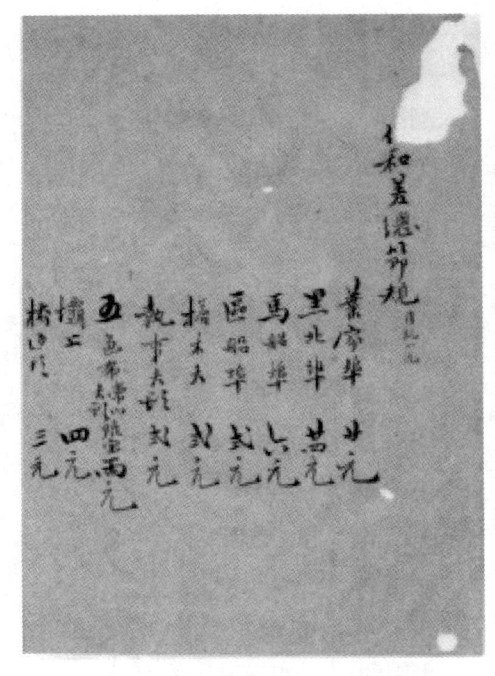

衙账5—1

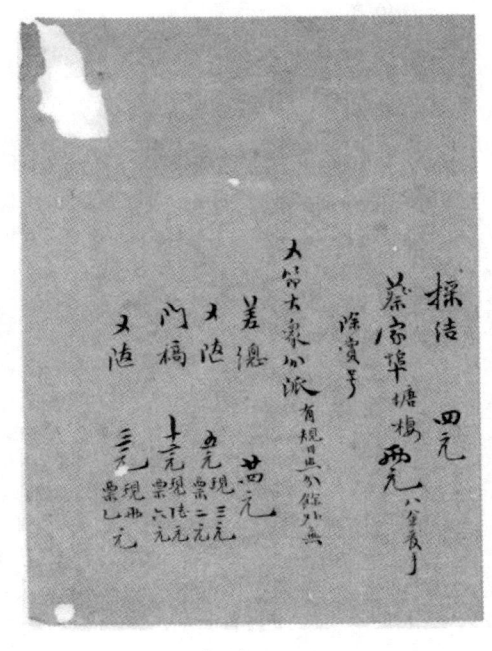

衙账5—2

值堂	二元现一票一元
铺垫	二元现一票一元
用印	二元现一票一元
管厨	二元现一票一元
账房	二元现一票一元
内跟班	两元
外跟班	四元
众三使	一元现付跟
杂务	二元现一票一元
节收账	
马船埠	六元
抬木夫	二元
朱传耀	四元
彩结	四元
叶家埠	拾元
又票	拾元
坝边头	四元又十二月分二元
五色布	二元
桥边头	二元
翁九如	二元
补外收区船埠	二元
赏执帖 三爷	一元
赏钱、门签三爷	二千
本房 三爷	五元
把门听差	一千
下马头看管	四百
打扫夫	二百
挑水夫	四百
内、外更夫	二百
坐差	四百
茶炉	四百

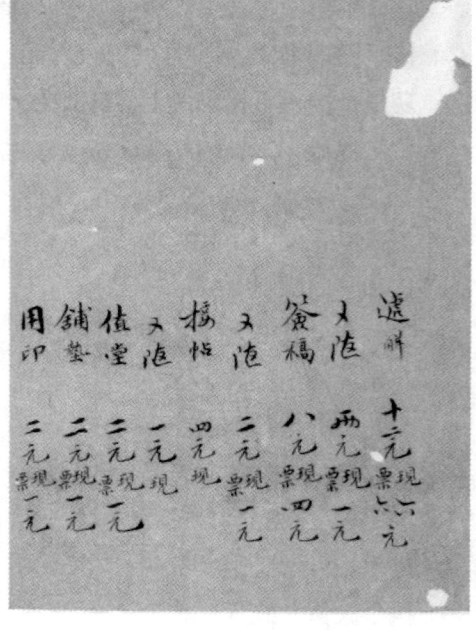

衙账5—3

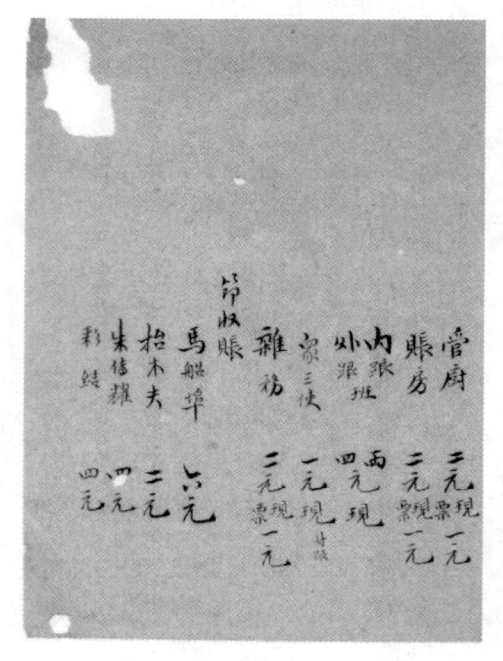

衙账5—4

厨房　　　　一千

②仁和用印款目

详请官基水阁一张　　一元二角连随

户管一张　　　　一元

详请赐袭　　　　二元四角连随

牛税串　　　　一元

详请佃户执照每户　　八角

详请世袭银两　　　一元二角连随

详请钞照　　　　二元四角连随

丝行给照　　　　二元四角连随

点漕纪书　　　　洋四元

漕串　　　　廿五千文

漕油单　　　　共廿四千文

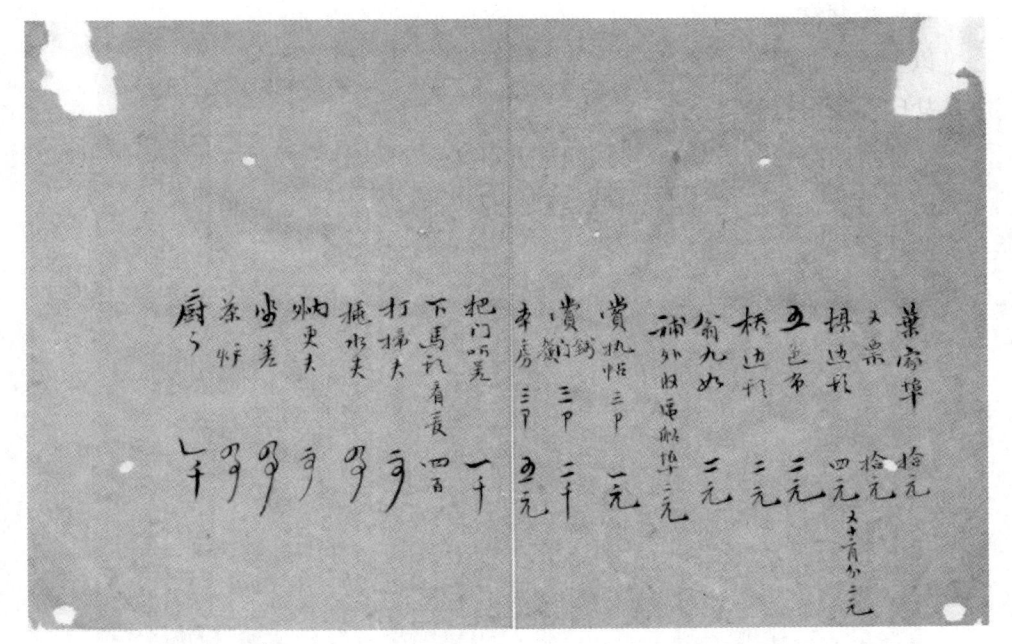

衙账5—6　　　　　　　　　　　衙账5—5

连随，邢任内收二十千，连年收不足数

漕米运毕各纪书共送　　洋四元

鱼税册每只　　　钱二百四十文

钱粮串每一百张　　钱十文　现拟定共拾元

邢任三年起三爷在外

钱粮油单每里　　钱二百文

各庄目自向内取

报起复　　　　洋二元四角连随

详请当帖每乙张　　洋四元四角连随

下马头每节　　二元四角连随

牙税串每张　　五文

点牙钞粮各书共　　洋□六元开印边手签稿同送

文武考　　　　每洋拾二元陈模任十二千

邢任改　　　十二元

税契每两　　　一文

补考论贫富

以上共廿四项

盐印值堂房徐养泉经手

油硃费向归内账房领，每月　四千五百文

请门禁、告示随做每乙　一　二　三　四元

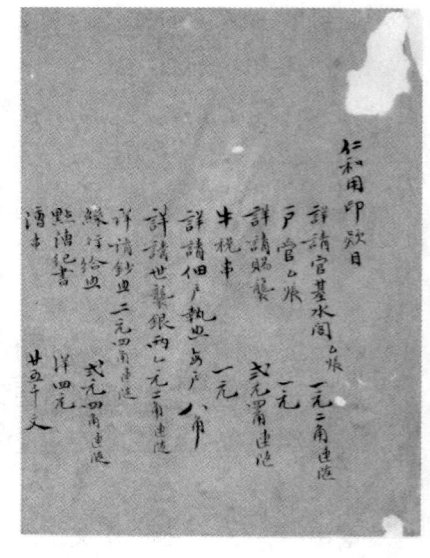

监盐印　　　二元

衙账5—7

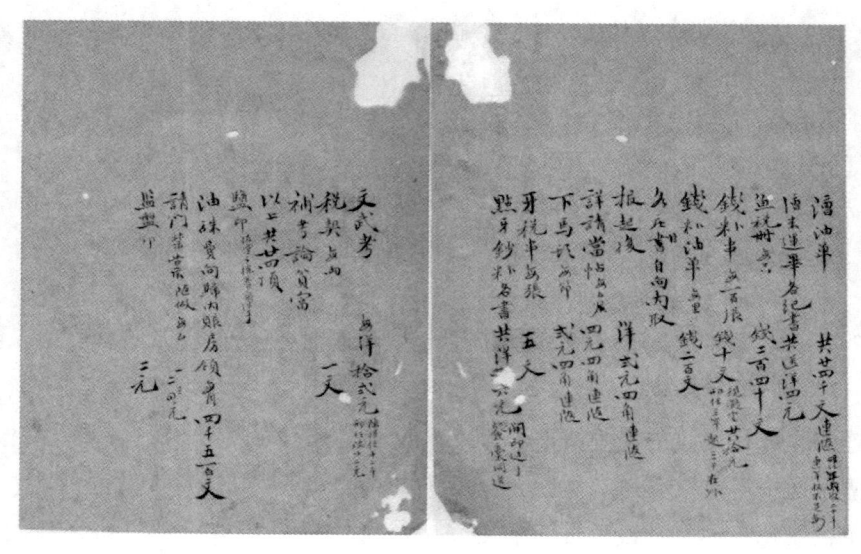

衙账5—9　　　　　　衙账5—8

衙账6

秀水县衙账目

①秀水用印规目

每月油硃费　五千文

正、二月库房

三月银总

四月南米

五月当税房

六月盐法房

七月税契房

八月牙税房

九月渔课 各谷房

十、十一、十二月米总房

艮米二串每张　乙毛半

税契印费每两　半文

杂税 牛身 季埠 渔课 各谷等串 共洋十二元

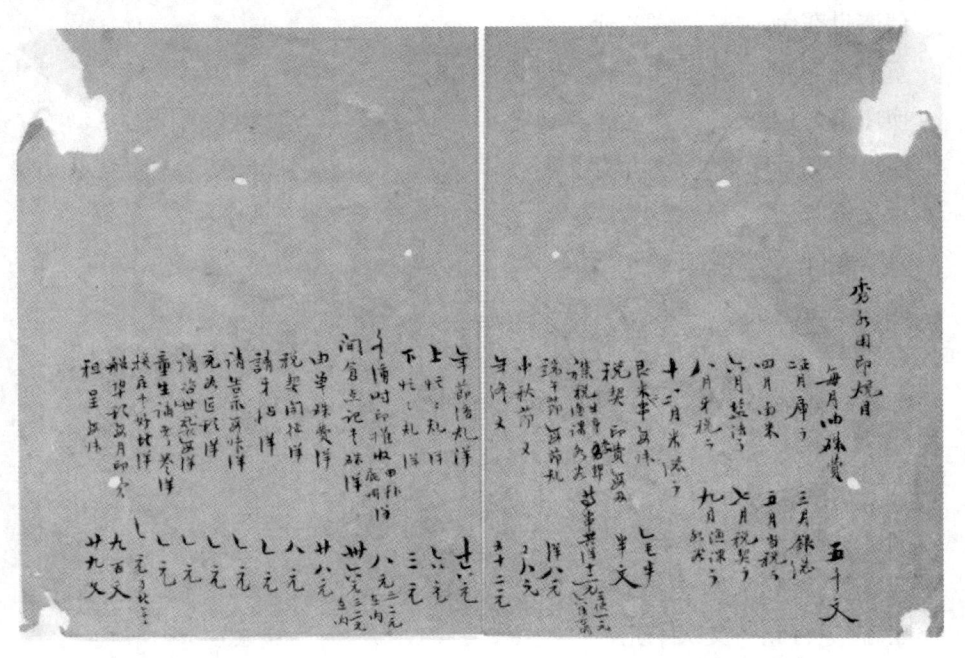

衙账6—2　　　　衙账6—1

三使　　　　　　一元 六角在内

　　端午节每节规　　　洋八元

　　中秋节　　　　　又八元

　　年终　　　　　　又十二元

　　年节漕规　　　　洋十六元

　　上忙忙规　　　　洋六元

　　下忙忙规　　　　洋三元

　　冬漕时印催收田粮 底册　洋八元
三 二元在内

　　开仓点记书硃　　　洋三十六元
三 二元在内

　　由单硃费　　　　洋二十八元

　　税契开征　　　　洋八元

　　请牙帖　　　　　洋乙元

　　请告示每张　　　洋乙元

　　充各匠头　　　　洋乙元

　　请咨世袭每　　　洋乙元

　　童生补考卷　　　洋乙元

　　换庄书好地　　　洋乙元歹地无

　　船埠头每月印费　　九百文

　　租呈每张　　　　二十九文

　　县式卷硃　　　　钱一千五百文

　　监盐 外县交代　　　洋四元 又二元

　　新开当典请部帖　　洋九元 三一元

　　②秀水漕仓规目

　　刑席　四十元　　随八元

　　钱席　三百元　　随八十元

　　账席　三百元　　又八十元

衙账6—3

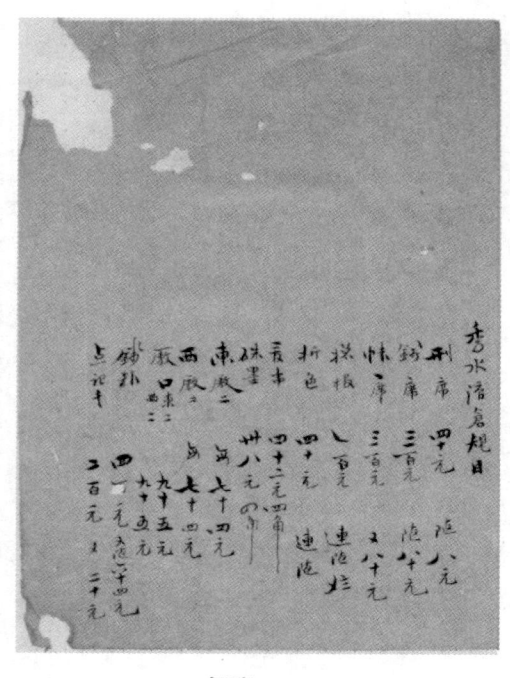

衙账6—4

总报　一百元　连随四
折色　四十元　　连随
管串　四十二元四角
硃墨　三十八元四角
东厫二　每　七十四元
西厫二　每　七十四元
厫口　东二　九十五元
　　　西二　九十五元
钱粮　　四百元　又随六十四元
点记书　二百元　又随二十元
内签　　五十二元　四元
内印　　三十二元　四元
验米东、西　（二）八十一元
连随
　　总巡　　（二）九十六元　又
　　头门　　（二）五十五元　又
　　收筹　　（二）三十七元　又
　　点袋　　（二）三十七元　又
　　巡风　　（二）三十七元　又
　　筛扇　　（二）三十七元　又
　　门稿 连随　九十二元　又
　　执帖　　三十九元　又
　　值堂　　三十八元　又
　　杂务　　三十八元　又
　　用印　　三十八元
　　千押房　　三十七元
　　花厅　　二十四元
　　跟班　　一百元
　　管厨　　二十八元
　　茶炉　　二元
　　众友漕规　　二百廿四元

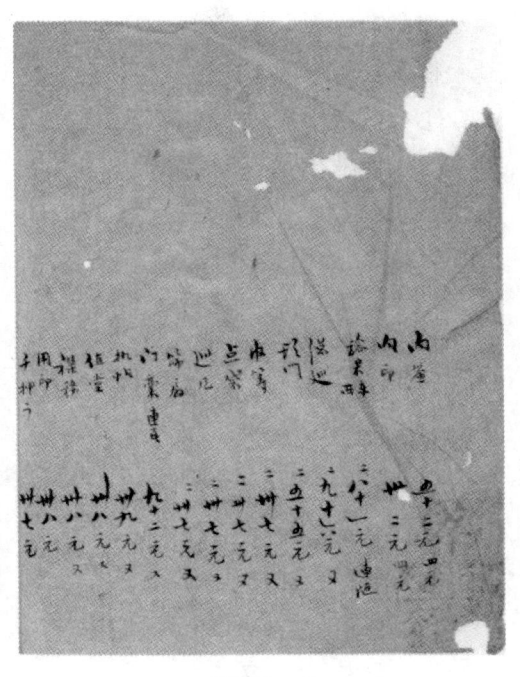

衙账6—5

衙账6—6

衙账7

桐乡县衙账目

①本城当典

  怡昌 公正 陈定甫

  太生 和辅周

青镇当典

  汇源 吴桐村

  宝生 石莲舫

  葆昌 严滨渔

濮镇当

  泰昌 朱万舵

  公义 夏蓉卿

屠甸镇当

  公和 又

  嘉泰 又

玉溪镇当

  公泰 沈砚乡

  大生 又

季规 三 六 八 十二四季 二十为涂

  怡昌典 洋三十二元

  汇源 洋三十二元

  宝生 洋三十二元

  公和 洋三十二元

  泰昌 洋二十四元

  葆昌 洋十六元

  嘉泰 洋十六元

  公义 洋十六元

  大生 洋二十四元

  公泰 大生共 洋四十元

以上共洋二百六十四元

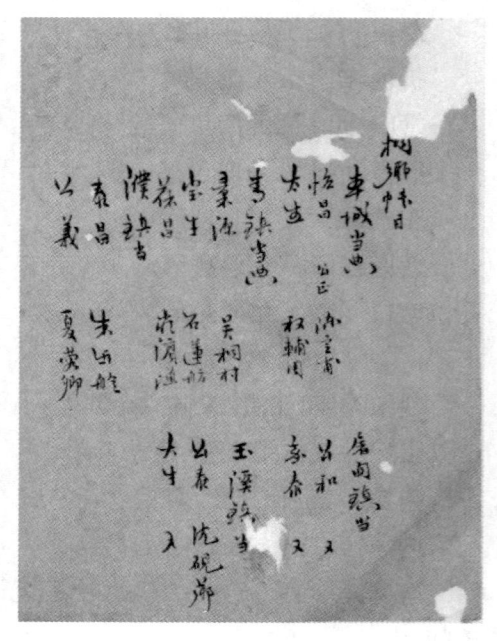

衙账7—1

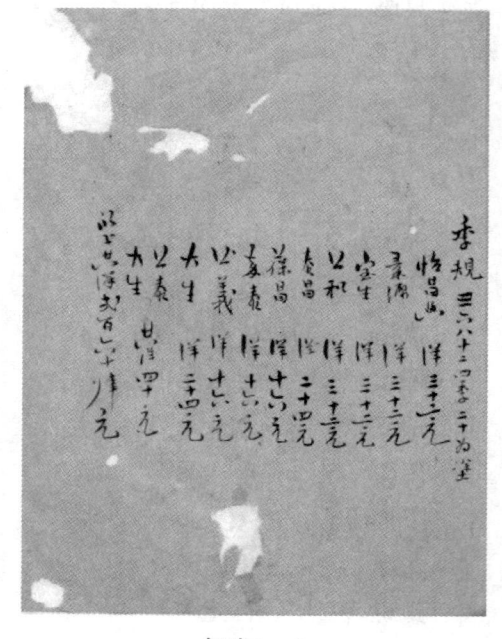

衙账7—2

②外加门政洋二十六元四角

执帖进账款目

督镇司每节　　　洋二元又随四百

捕所每节　　　　洋二元又随四百

典当规四季每季官英洋二百元

经管廿六元

跟班四元

三使二元

接印到任巡检、捕所各两元　又三使各四百

又考试四千　用印二千五百、跟班一千五百　又三八百

共八千八百文

库房每节规　　　洋捌元

大串三使　　　　洋拾元

仓执帖邓任　　　二拾千文　照账即发

祭祀九五扣，多少随做　款目久做不同

接印到任当典规，一半归官　洋一百元执帖拾元

跟班二元

三使一元

每两征税钱三分　　　计缴六十文

税契所用

官上硃费每两　　　钱十二文

账房每两　　　　　钱三文

每两　　　　　　　钱二文

用印每两　　　　　钱一文

大串每两　　　　　钱二文　共计缴钱八□□

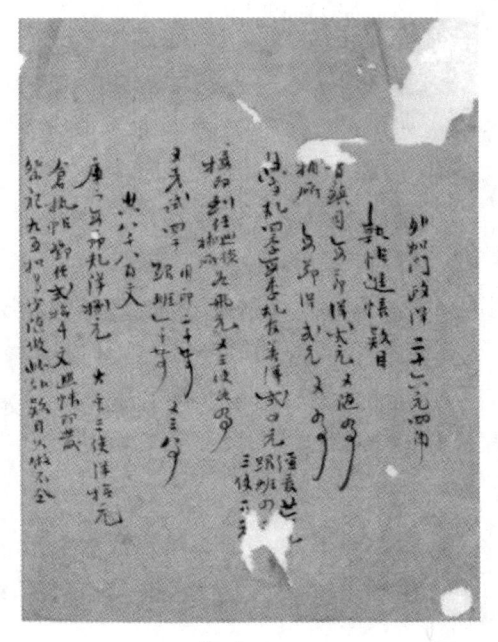

衙账7—3

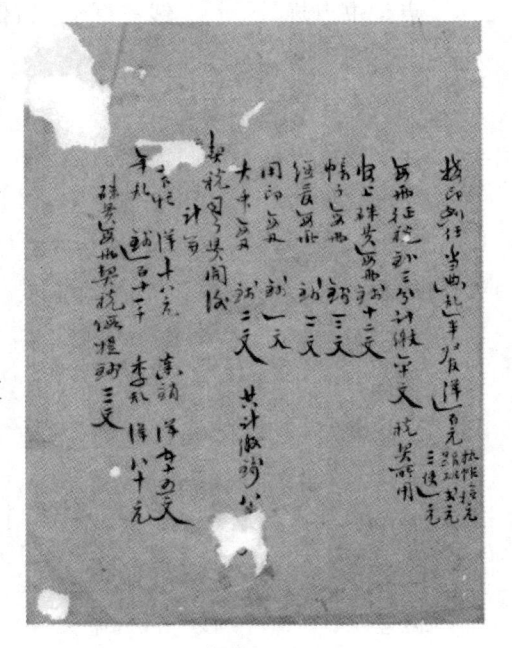

衙账7—4

契税司房费开后
计开
上下忙　　　　　洋十八元
典销　　　　　　洋五十五元
年规　　　　　　钱一百十一千
季规　　　　　　洋八十元
硃费 每两契税每提　　钱三文
③以上各款近年公事寥，照账六折交付
办漕记书等经费　弍千零八十千文　各任技头不定
经手扣头不定
折色库书　　　　每石钱七十文
漕串　　　　　　钱八十千　归经管约数
点记书点规　　　钱三百千　数任提上
随钱三十千文归经管
洋水每元　　　　上钱二十文
库房　　　　　　钱十五文
门口　　　　　　钱一文半折 邑有
漕竣内给经管劳金　洋一百元
另记书例帖　　　洋五十元
南米
库经费　　　　　钱七十文
账房　　　　　　钱十五文
大串　　　　　　钱廿文
经管　　　　　　钱十五文
区差　　　　　　钱一百五十文
地保　　　　　　钱二百五十文 洋水同
厫口家人每日给点　钱一百文 每人

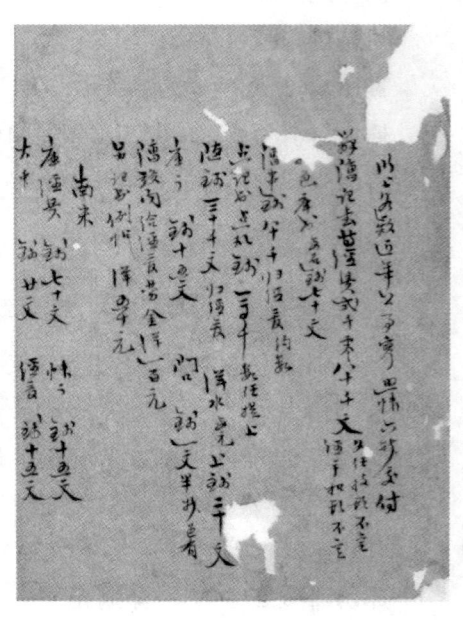

衙账7—5

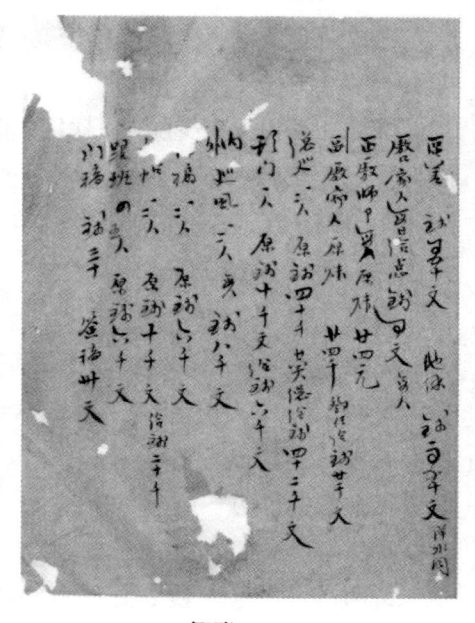

衙账7—6

正廠师爷每人原账　　廿四元

副廠家人原账　　　　廿四千

邓任给钱　　　　　　廿千文

总巡一 二人　　　　原钱四十千

共三人 总给钱　四十二千文

头门一人　　　　　原钱十千文 给钱六千文

内 外巡风一 二人　　原钱六千文

执帖一 二人　　　　原钱十千文 给钱二十千

跟班四 五人　　　　原钱六千文

门稿　　　　　　　　钱三十

签稿　　　　　　　　三十文

斗级三十八名 每名钱一百二十文 则赏米两巴斗

满廠赏　　　　　　钱六十四千文

□间 每间　　　　　钱四百八十文

□斛请赏　　　　　　洋四十八元

满廠赏　　洋十二元 又另给饭食钱一百十七 千文

廠差大堂饭食共二十二名 每名钱一百六十文

耿差五名 把门六名 筛扇八名 仓差五名

局差四名 厅差三名 茶房六名

串执等十九名

吹手 炮泥水 木匠 更夫 饭食照旧章

漕米 用印 福账照算　约钱九十千文内外

斗级修解　　　　钱三十九千八百文

府轿解　　　　　钱五十六千文

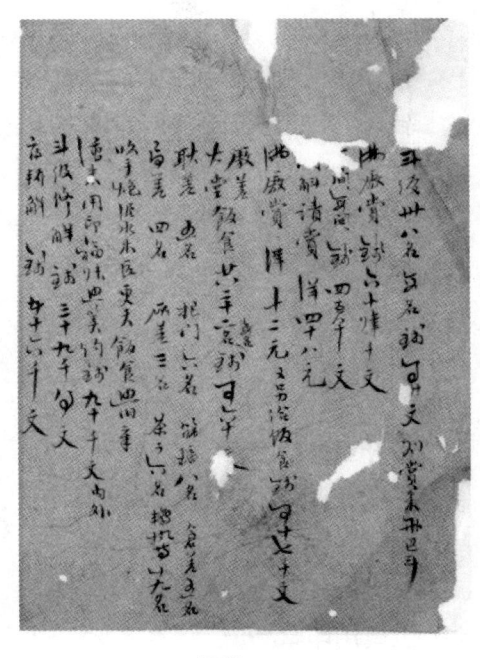

衙账7—7

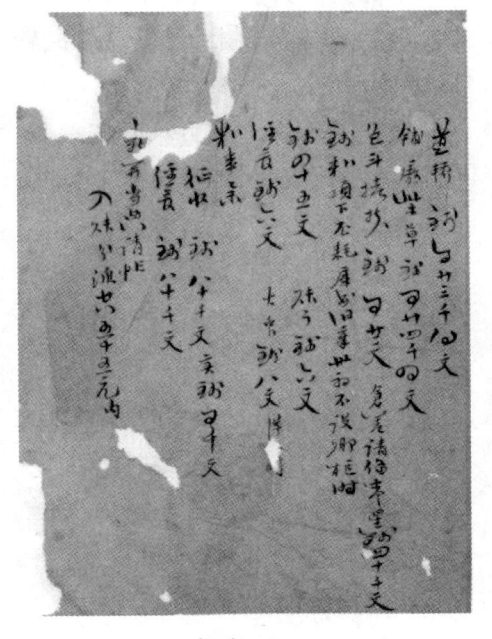

衙账7—8

道轿　　　　　钱一百廿三千八百文

铺廠柴草　　　钱一百廿三千四百文

色斗拷折钱一百廿文 仓差清备零星钱四十千文

钱粮项下无耗库书旧章卅初不设乡柜时

钱四十五文　账房钱六文

经管钱六文　大串钱八文　洋□□

粮串票

征收　钱八十千文　实钱一百千文

经管　钱八十千文

新开当典请帖

入账分派　共五十五元内

衙账8

上虞用印款登记

油硃费　每月　　四元　库取

串票　每本　　廿五文　上下共钱四十千文

请铁　双印　　八百八十文

　　　单印　　四百四十文

充地保　　八百八十文

嵩（蒿）坝内河埠　　叁元

充百官内河埠　　叁元

充百官外河埠　　八百八十文

嵩（蒿）坝外河埠　　八百八十文

有案上请告示　　一元六百文

乡试录遗正图每名　　一百廿文

俊秀每名　　二四十文

税契房节规　每节　四元

五年

谭兆庆

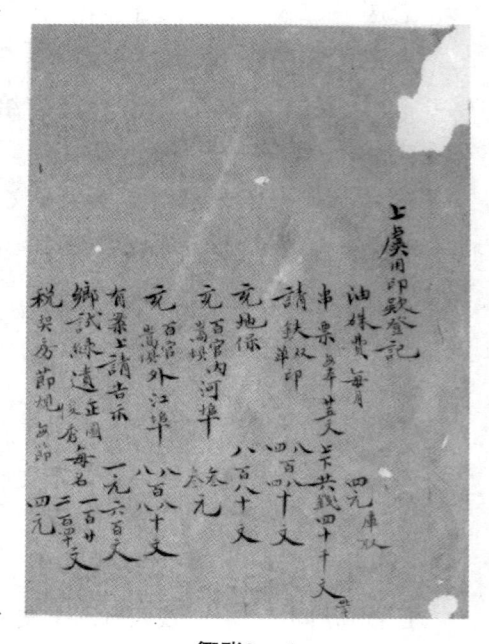

衙账8—1

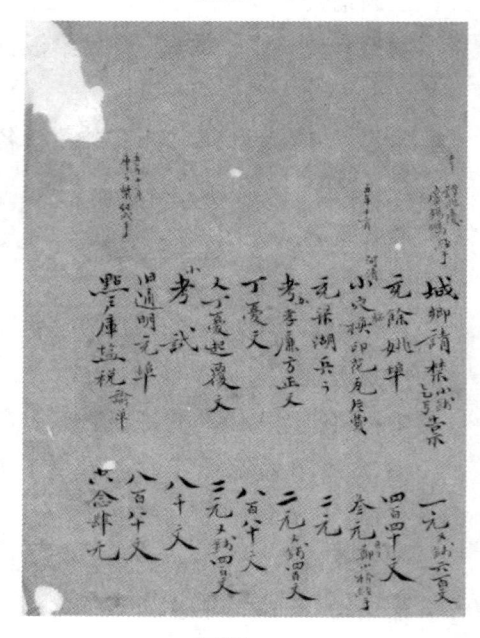

衙账8—2

城乡请禁（小钱、乞丐）告示　一元 又钱六百文
虞锡鹏 经手
充余姚埠　　　　四百四十文
五年十二月
小穴（河清）换（验）印花瓦片费 叁元
兵房 郑小桥经手
充梁湖兵房　　　　二元
考（办）孝廉方正文　　二元 又钱四百文
丁忧文　　　　　　八百八十文
又丁忧起复文　　　二元 又钱四百文
（小）考试　　　　八千文
旧通明充埠　　　　八百八十文
五年十二月　库房 柴纪成经手
点户库盐税（谕单）　　共廿肆元
点牙税房（谕单）　　　廿元
六年　牙税房唐济以手
举人会试（印费 每名）　半元
请世袭　　　　二元 又钱四百文
充兵房　　　　四元 又钱四百文
请牙帖　　　　四元
充塘长　　　　二百 又钱四百文
充县前船埠　　四百四十文
牛税　　　　　二元四百文
告近请办详文　　　一元二百文
六年兵房陈继昌经手
徐兆南、陈丙熹二案请禁告示 一元二百文
充大轿头　　　　八百八十文
充匠头　　　　　一元二百文

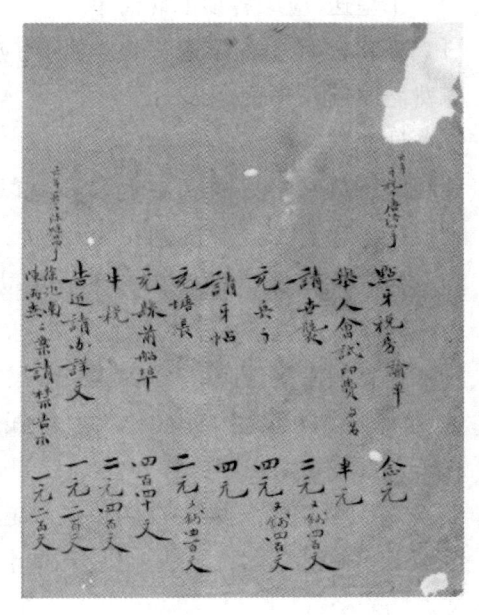

衙账8—3

衙账8—4

衙账9

鄞县县衙账目

①呈送 应缴各项油硃清单

谨将内兵房各项船只换给照单应缴硃费循旧逐一开后

计开

一、大商船，梁头在九尺一寸以上者换照，缴上钱：二千二百二十三文。

一、大南船，梁头在一丈一寸以上者换照，缴上钱：一千六百十六文。

一、中商船，梁头自七尺一寸起，至九尺止换照，缴上钱：一千六百五十六文。

一、小商船，梁头自四、五尺起，至七尺止换照，缴上钱：一千八十四文。

一、采靖字号船换照，缴上钱八百五十五文。

一、艇字号船换照，缴上钱四千八百三十七文。

衙账9—1

一、内港船出洋，换给采靖字号船照，缴上钱一千式百文。

一、大商船改名补给船照，缴上钱三千一百五十文。

一、中商船改名补给船照，缴上钱□千三百七十六文。

一、小商船改名补给船照，缴上钱一千八百二十四文。

一、采靖字号船改名补给船照，缴上钱九百三十六文。

一、采靖船装载商货，换给商照，缴上钱一千二百九十六文。如遇改补，给照商字，改补缴费同。

一、艇船改名补给船照，缴上钱六千五百七十文。此项船只，卖与营缉各营，现在并无改补船照。

一、大中小商船、采靖船及艇船，如遇被盗、被窃，呈请补给船照者，分别与换照，缴费同。

一、大商船外省、外县开归本县，给照者，缴上钱三千二百文。

一、中商船外省、外县开归本县，给照者，缴上钱一千九百二十二文。

一、小商船外省、外县开归本县，给照者，缴上钱一千六百文。

一、采靖等船外县开归本县，给照者，缴上钱一千四十文。

一、大商船新、拆造，量得梁头一丈三尺以上者，缴上钱六千八百四十文。

一、中商船新、拆造，量得梁头九尺一寸起至一丈三尺止，缴上钱三千八百四十文。

一、小商船新、拆造，量得梁头六、七尺起至九尺止，缴上钱一千八百四十文。

一、采靖船新、拆造，量得梁头六、七尺起至九尺止，缴上钱一千四百四十文。

一、艇船新、拆造，□□□船，编给艇照，缴上钱十千五百文。并无新造艇船。

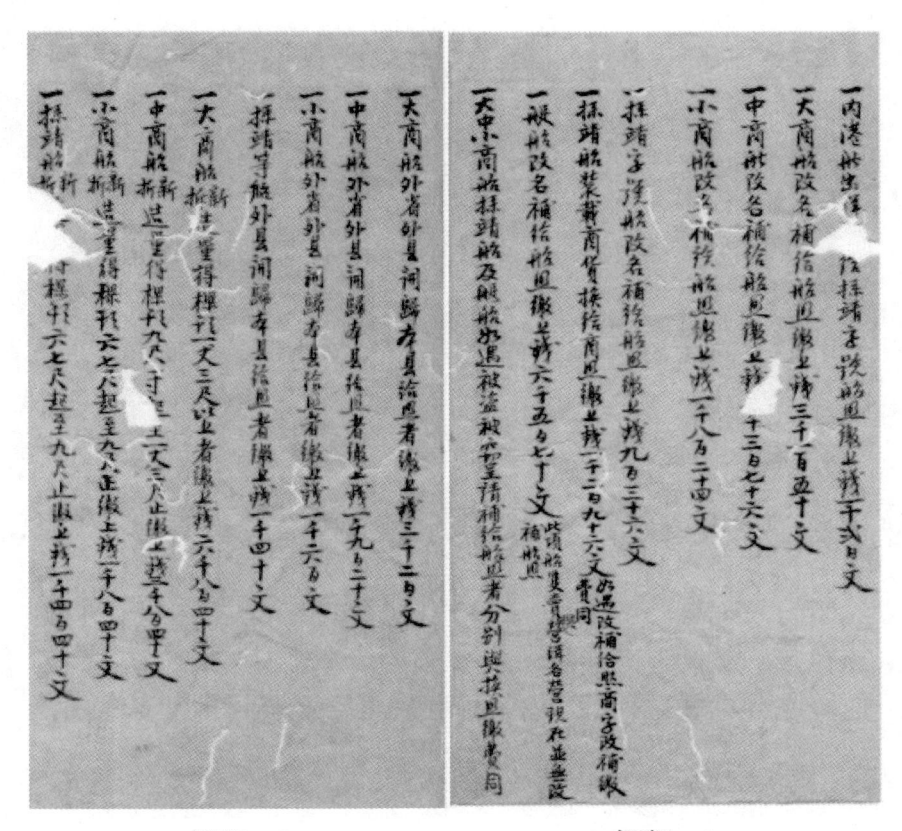

衙账9—3　　　　　衙账9—2

一、采淡船请给采淡船照，缴上钱一千八十四文。

以上各船无论大中小，除正缴外，每张缴"门众"钱一百文；又"经管"钱一百文；又"过硃"钱二十文；又"用印"钱二十文。合成钱二百四十文。

一、小渡船请船照，缴上钱四百文。又门印钱五十文；又经管钱二十文；又过硃钱十五文；又用印钱十五文。合成钱一百文。

一、大商船停泊换照、盖印，除应缴正费外，每张加缴钱四百文。

一、中商船停泊换照、盖印，除应缴正费外，每张加缴钱三百文。

一、小商船停泊换照、盖印，除应缴正费外，每张加缴钱二百文。

一、大商船换照如遇违限，除赐免一月外，每月缴上钱二百八十五文。

一、中商船换照如遇违限，除赐免一月外，每月缴上钱一百七十一文。

一、小商船及采靖船如遇违限，除赐免一月外，每月缴上钱一百文。

一、各船如遇船照未满，更换舵，名单每张缴上钱八文。门印钱四文。

一、鱼鲞、胶行请给帮栈腰牌，每张缴上钱八文。门印钱四文。

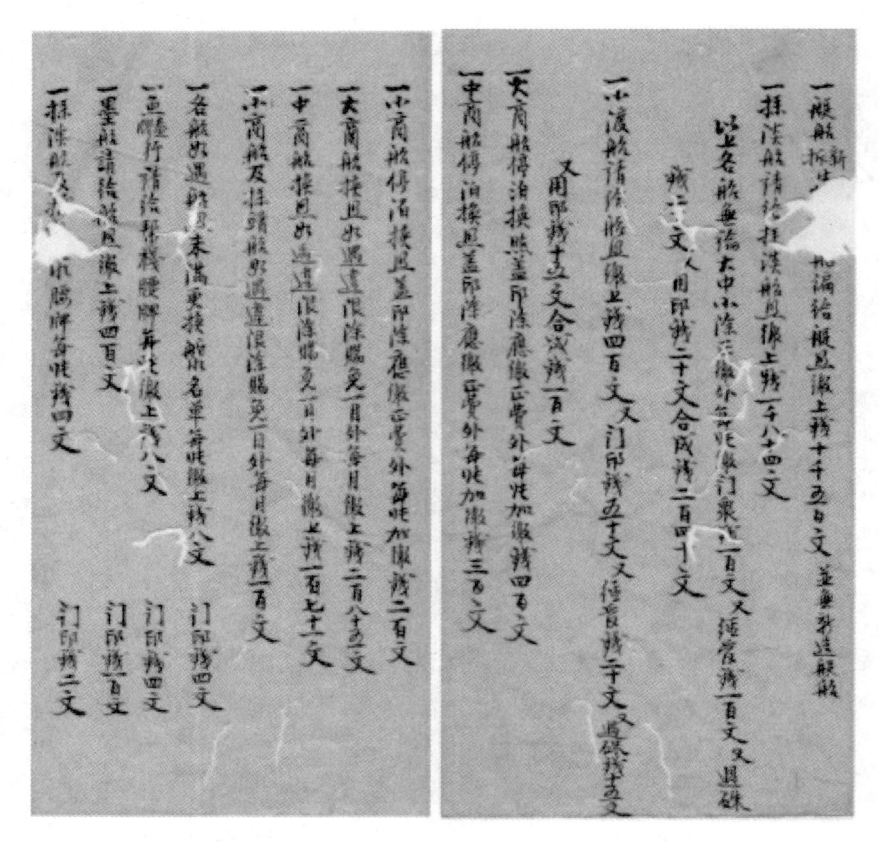

衙账9—5　　　　衙账9—4

一、墨船请给船照，缴上钱四百文。门印钱一百文。

一、采淡船及□□□腰牌，每张钱四文。门印钱二文。

一、象定批米□□批，缴上钱四百八十文。门印钱一百二十文。

一、本邑米获出口，每石缴上钱八文。门印钱二文。

一、商船携带炮械，请给炮照，缴上钱五千二百六十文。

一、商船换给炮照，缴上钱二千七百六十文。

一、商船改名，补给炮照，缴上钱四千二百六十文。

一、商船携带炮械请照，"门印"、"经管"、"用印"、"过硃"分别与商采船同。

一、商船换给炮照，如遇违限，除免赐一月外，每月缴上钱二百四十文。

一、炮照盖戳，缴火药费上钱八百文。又随壹百文。

一、岁试武童，每卷缴油硃费，上钱十二文。

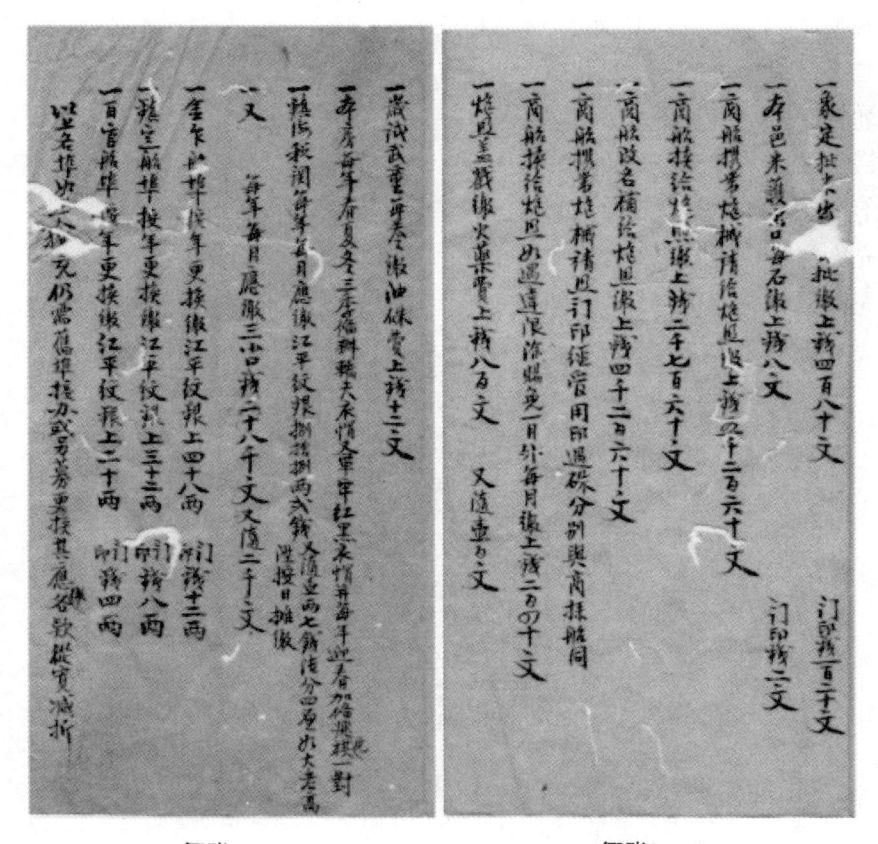

衙账9—7　　　　衙账9—6

一、本房每年春、夏、冬三季，备办轿夫衣帽，又军牢红黑衣帽，并每年迎春加备"飞虎旗"一对。

一、镇海税关每年每月，应缴江平纹银捌拾捌两式钱。又随壹两七钱陆分四厘。如大老高升，按日摊缴。

一、又　每年每月应缴三小口钱二十八千文。又随二千文。

一、金乍船埠按年更换，缴江平纹银上四十八两。门印钱十二两。

一、镇定船埠按年更换，缴江平纹银上三十二两。门印钱八两。

一、百官船埠按年更换，缴江平纹银上二十两。门印钱四两。

以上各埠如□人接充，仍需旧埠接办，或另募更换。其应缴各款从实减折。

②记账纸

船照　每张　六十文　外加盖印　十文

钱粮串票 归四季算 每季　　五元

税契　　　　　五元

堂篷费　　　　　二元

牙帖　　　　　三元

当帖　　　　　四元

乍口堂　六月分　　　四元

充库房　　　　　六元

充镇定埠 三月分　　　四元

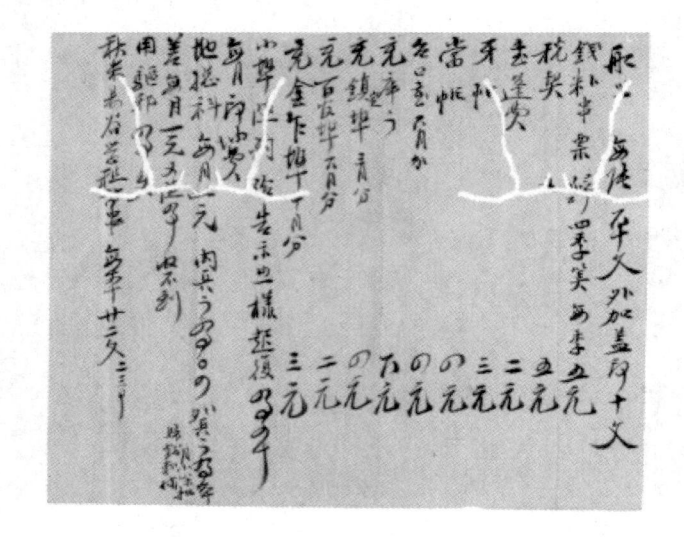

充百官埠 六月分　　　　二元
充金乍埠 十月分　　　　三元
小埠随酌　给告示照样　起复　四百四十
每月印油费
地总科　　　　　每月一元
内兵房　　　　　四百零四
外兵房　　　　　九百六十
月小余扣　归钱粮付
差　　每月　　　　一元
又随四十　收不到
用驱邪　　　　　四十文
秋米易谷学租□串　每本　　廿二文　二三□

③记账纸
钱粮串税契　归四季算　每季　五千五百文　五元
秋米易谷等串　每本　廿文又二文归三使　易谷归节算
每月印油费　库总堂　一元
内兵房　　　　　八百零四
外兵房月大　　　九百六十
月小　除扣
其余钱收不到归票差取　　一元　又钱四百归三使
商采炮照　每张　　六十文　明廿暗四十
又上半年给墨鱼照卅张每张　二十文
充当帖　　　　　四元
牙帖　　　　　　三元
充库房　　　　　　　六元　又谕□号

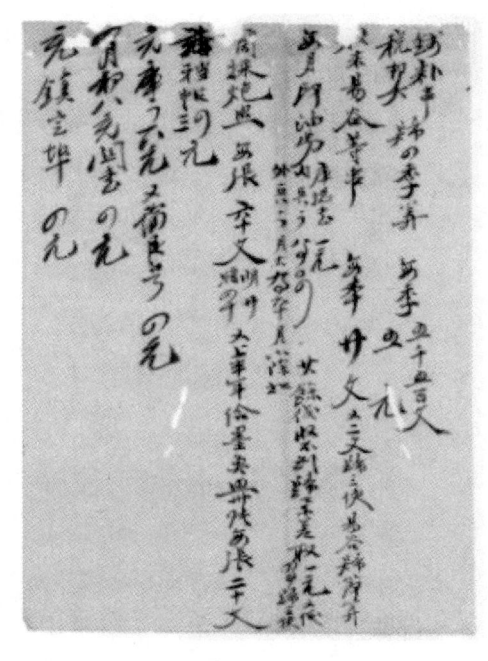

衙账9—9

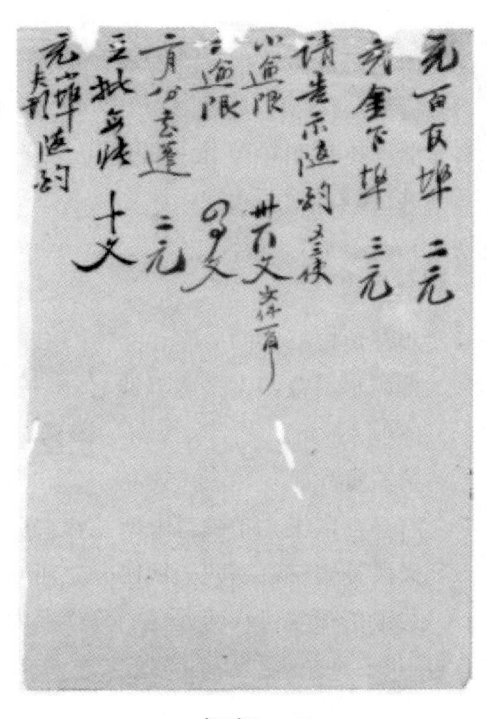

衙账9—10

四元

　　四月初八充关堂　　　四元

　　充镇定埠　　　　四元

　　充百官埠　　　　二元

　　充金乍埠　　　　三元

　　请告示随酌　　又三使

　　小逾限　　　　卅六文　文件一角

　　大逾限　　　　四十文

　　二月分堂篷　　　　二元

　　□批　每张　　　十文

　　充小埠　夫头　随酌

衙账10

鄞账

清光绪十二年鄞县县衙收支账册：

第一页

应解

藩库本折颜料等 银一百六两五钱　一分六厘 又捐九分

共银一百六两六钱六厘

第二页

司存留银三十两

抵课水手银四十一两五钱七分一厘

第三页

府县存留银二千三百七两二钱三分

又拨补银三百一两七钱四分二厘

共银二千六百八两九钱七分二厘内

第六部分 衙账

衙账10—1

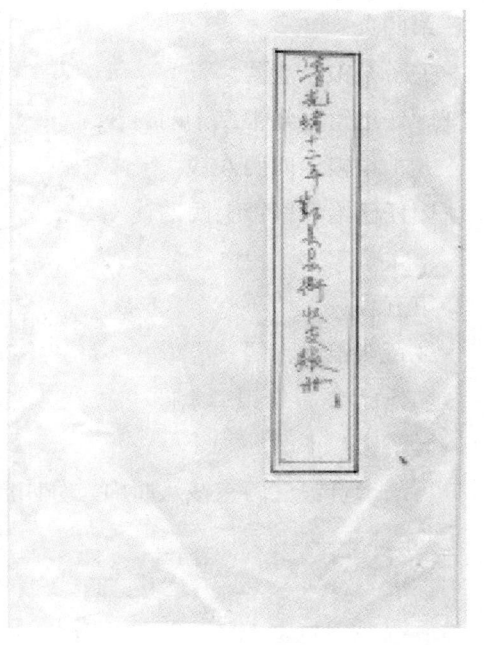

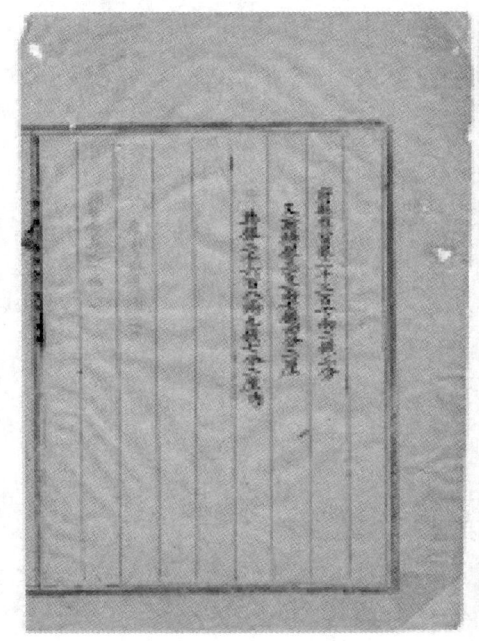

衙账10—封面

衙账10—3

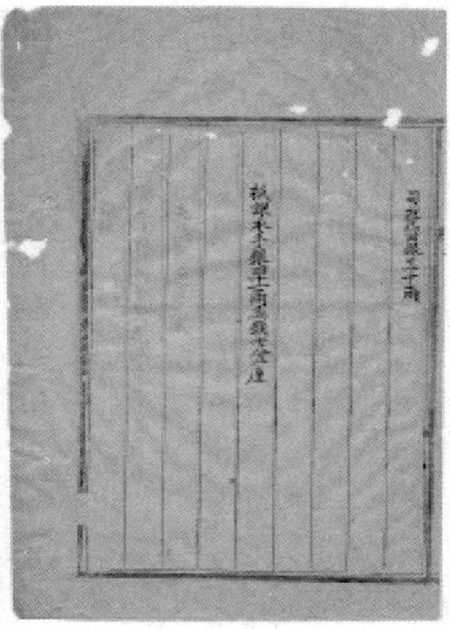

衙账10—2

第四页

关帝祭银六十两

廖任已给春祭银二十两

龙神祭银十四两八钱

廖任已给春祭银七两四钱

第五页

文帝祭银六十两

廖任已给 春祭银二十两

诞祭银二十两

厉坛米折银三两三钱八厘内二分四厘解

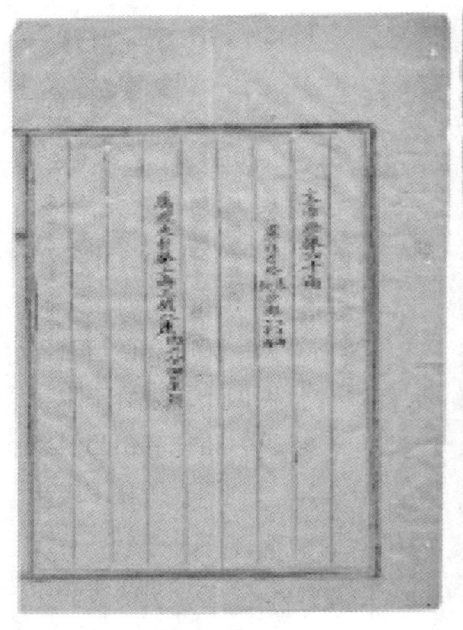

衙账10—5　　　　　衙账10—4

第六页

文庙丁祭 银七十二两

廖任已给春祭银三十六两

社祭 银二十九两七钱四分

汤国公祭 银七两
张越国公祭 银五两
共银四十一两七钱四分
廖任已给春祭银二十两八钱七分

第七页
厉坛祭银二十一两
祭余银十三两二钱六分 解

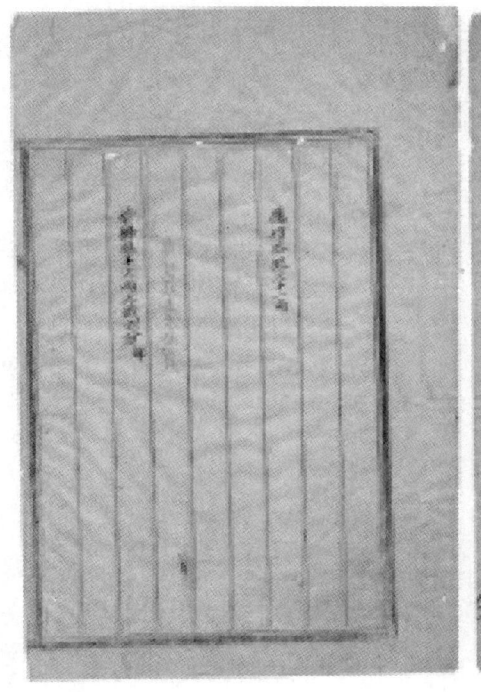

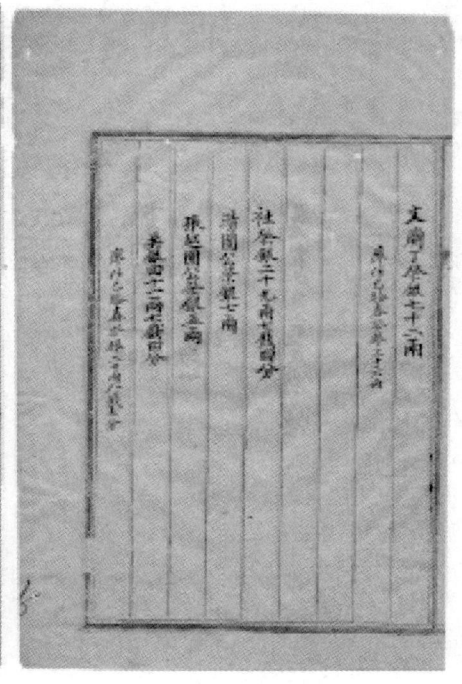

衙账10—7　　　　　　　　衙账10—6

第八页
文庙香烛银一两六钱
廖任给春祭银四钱

第九页
本县经费

知县俸银三十七两八厘　解

解摊荒银七两九钱九分二厘

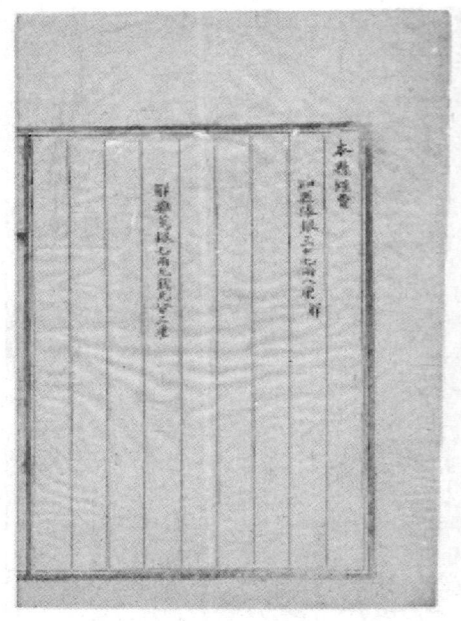

衙账10—9　　　　　　　衙账10—8

第十页

应给

门子工食银十二两

廖任已给春季银三两

皂隶工食银七十八两

廖任已给春季银十九两五钱

第十一页

仵作工食银十八两

廖任已给春季银四两五钱

马快工食银四十八两

廖任已给春季银十二两

解马械银八十六两四钱

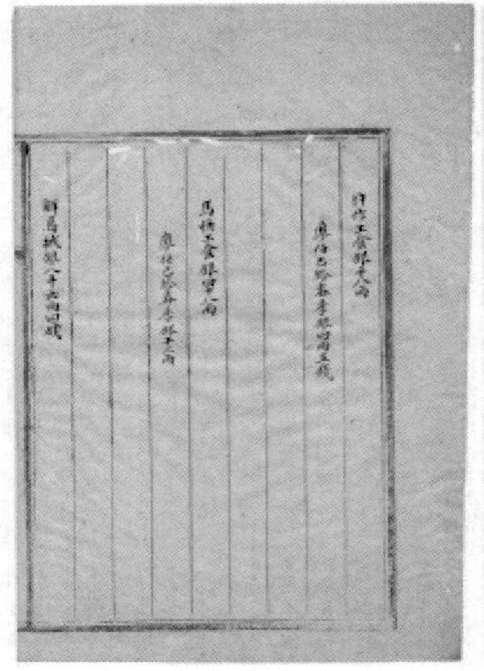

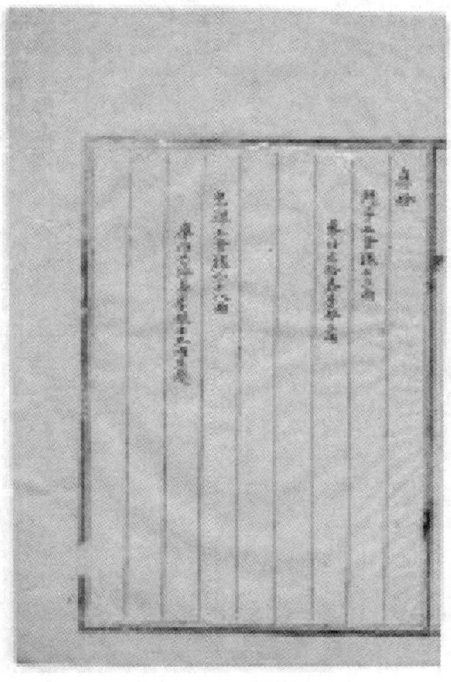

衙账10—11　　　　　　　　衙账10—10

第十二页

民壮工食银一百八十两

内三十两解南田分府役食

廖任已给春季银三十七两五钱

第十三页

禁卒工食银四十八两

廖任已给春季银十二两

轿伞夫工食银四十二两

廖任已给春季银十两五钱

库子工食银二十四两

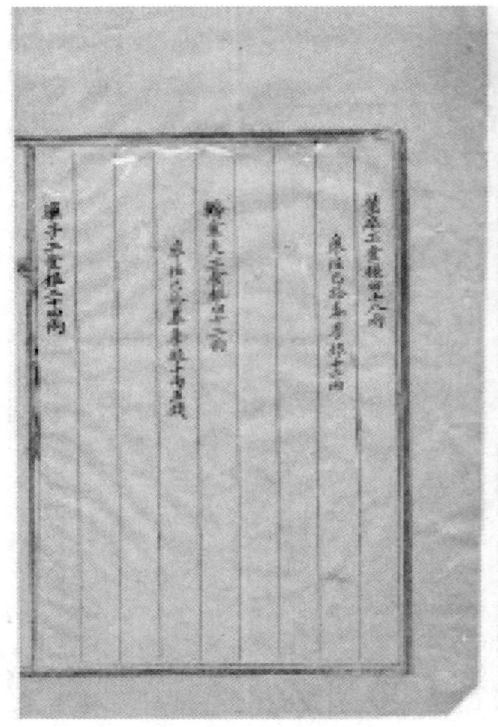

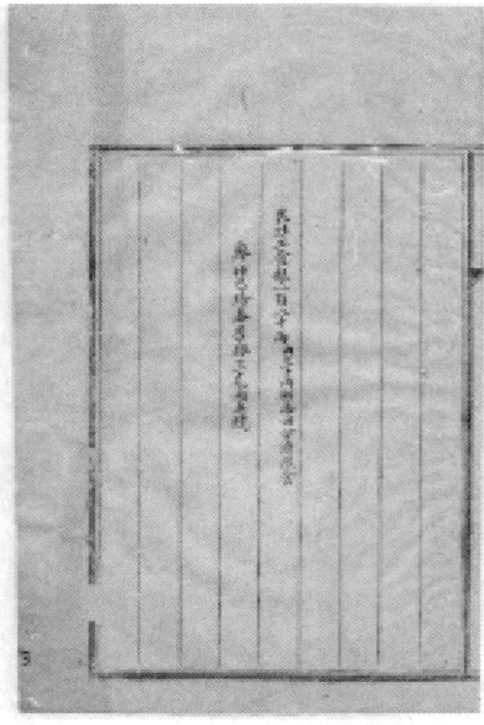

衙账10—13　　　　　　　　　　　　衙账10—12

第十四页

廖任已给春季银六两

斗级工食银二十四两

廖任已给春季银六两

盐捕工食银四十三两一钱四厘

廖任已给春季银十两七钱七分六厘

第十五页

铺兵工食银四百十二两四钱

廖任已给 春季银一百三两一钱

　　　　　夏季银一百三两一钱

渡夫工食银七两五钱

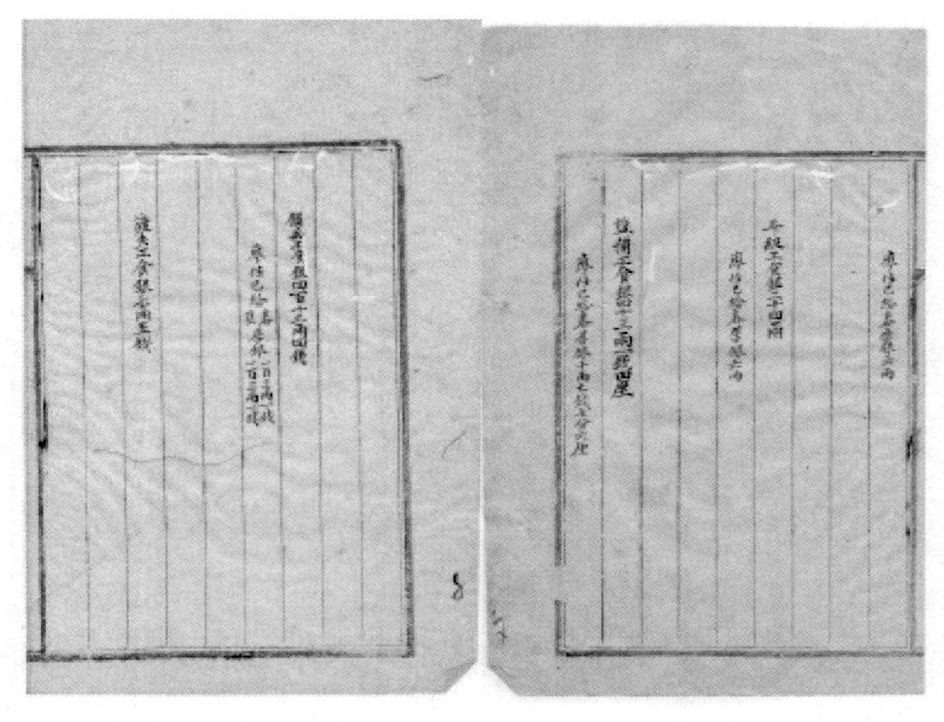

衙账10—15　　　　　　　　　　　　衙账10—14

第十六页

闸夫工食银三十两

廖任已给春季银七两五钱

碶夫工食银七十六两

廖任已给春季银十九两

第十七页

战船民六银四十两五钱　解

应给

孤贫柴布口粮银二百九两七钱六分六厘

又加增银七十一两六钱三分四厘

共银二百八十一两四钱

计六十七名

每月大银二十三两四钱五分

每月小银二十二两六钱六分八厘

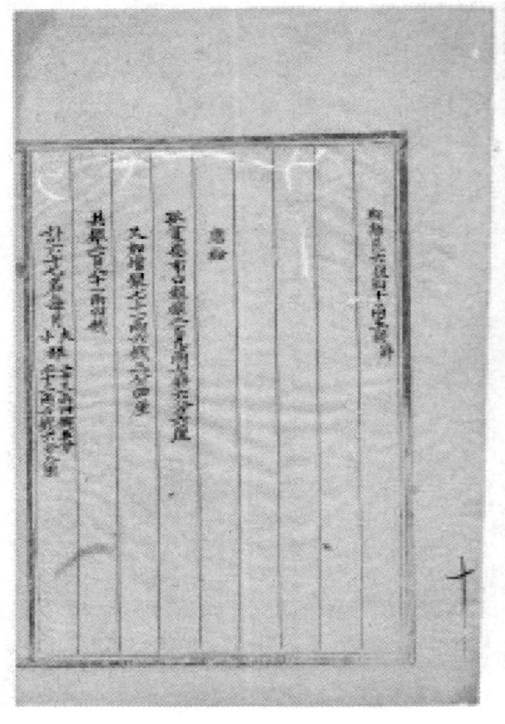

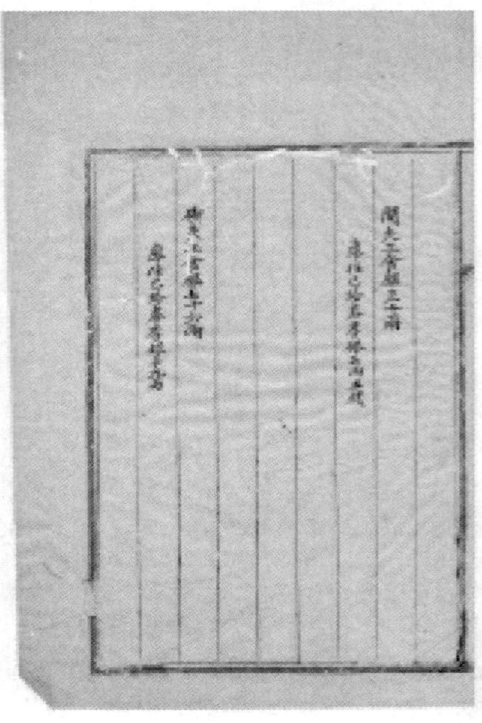

衙账10—17　　　　　　　　　　衙账10—16

第十八页

六大月　共银一百四十两七钱

六小月　共银一百三十六两八厘

实给银二百七十六两七钱八厘

孤贫小建米银四两六钱九分二厘　解

第十九页

囚犯口粮银三十六两

县丞经费

粮厅俸银四十两

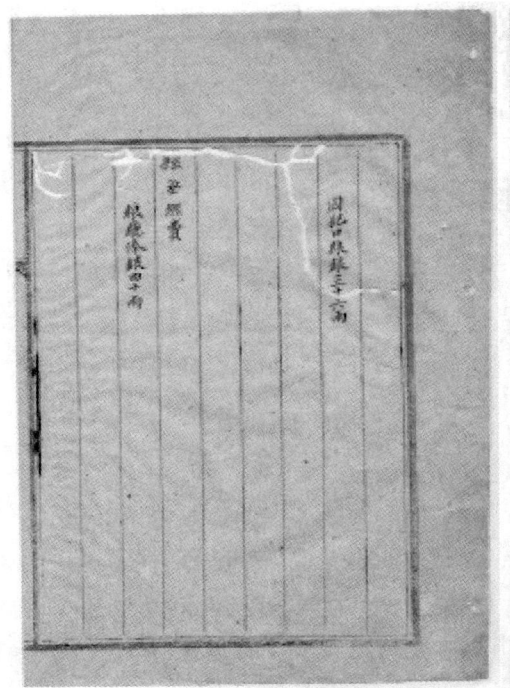

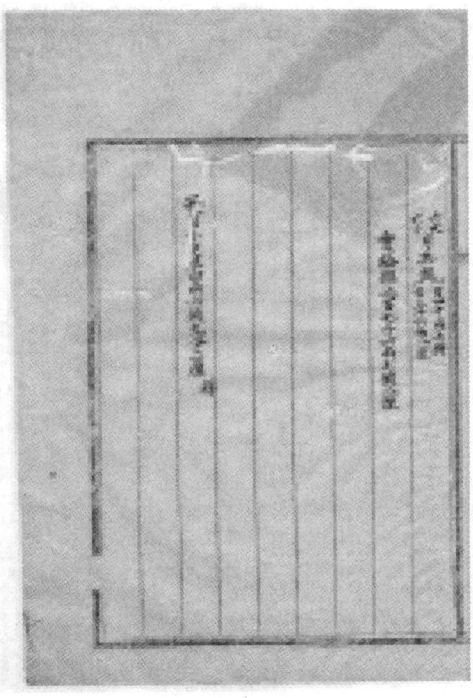

衙账10—19　　　　　　　　　　　衙账10—18

第二十页
门子工食银六两
廖任已给春季银一两五钱
皂隶工食银二十四两
廖任已给春季银六两

第二十一页
马夫工食银六两
廖任已给春季银一两五钱
捕厅经费
捕衙俸银三十一两五钱二分

衙账10—21　　　　　　　　　衙账10—20

第二十二页

门子工食银六两

廖任已给春季银一两五钱

皂隶工食银二十四两

廖任已给春季银六两

马夫工食银六两

第二十三页

廖任已给春季银一两五钱

儒学经费

儒学俸银三十一两五钱二分

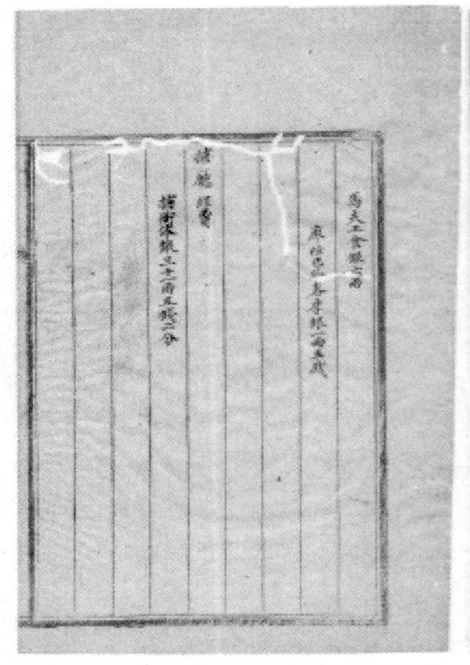

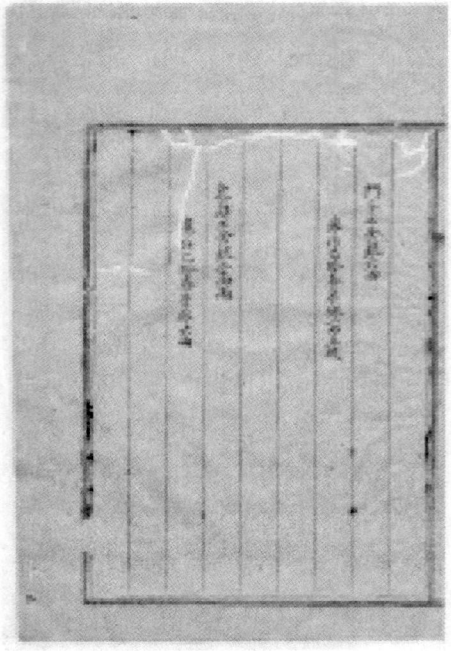

加俸银四十八两四钱八分

共银八十两　教训同食

廖任已给春季银二十两

衙账10—23　　　　　　　　　衙账10—22

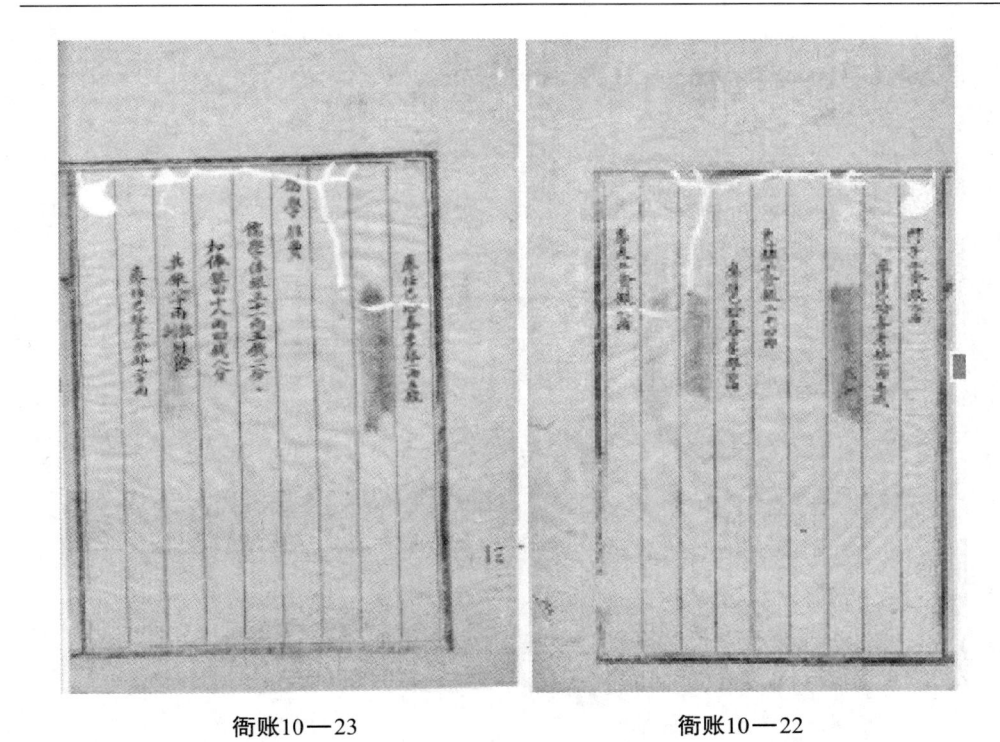

第二十四页

斋夫工食银三十六两

廖任已给春季银九两

门斗工食银二十一两六钱

廖任已给春季银五两四钱

第二十五页

廪粮银六十四两

廪旷银

膳夫工食银四十两

第二十六页

各司经费

管界司俸银三十一两五钱二分

皂隶工食银十二两

第二十七页

弓兵工食银七两二钱

长山司俸银三十一两五钱二分

穿山司俸银三十一两五钱二分

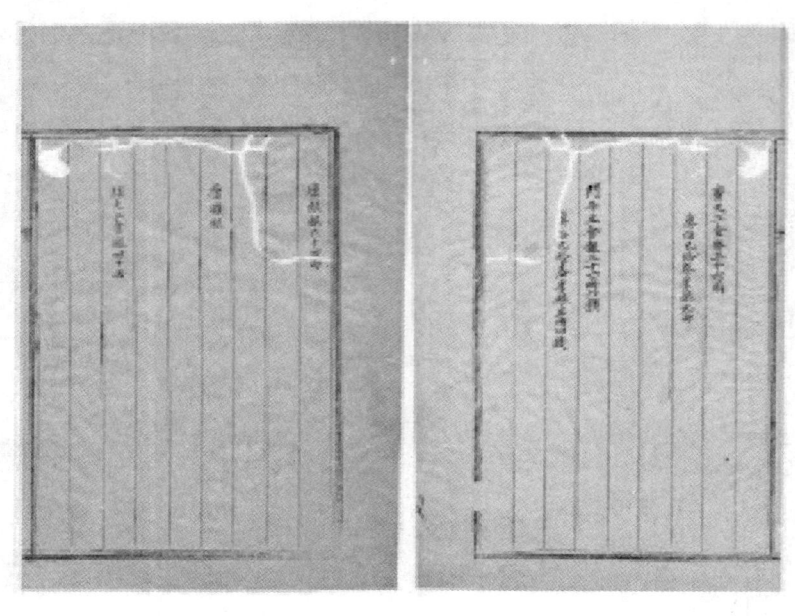

衙账10—25　　　衙账10—24

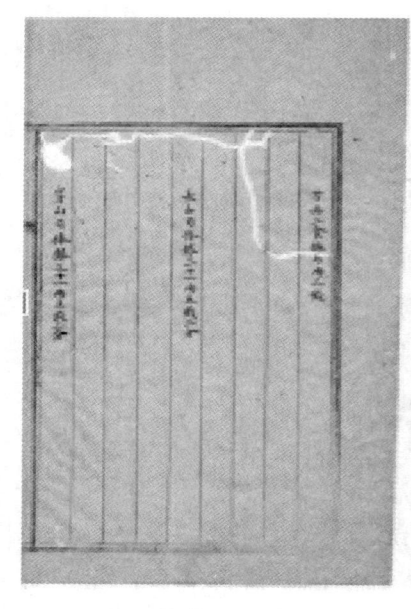

衙账10—27 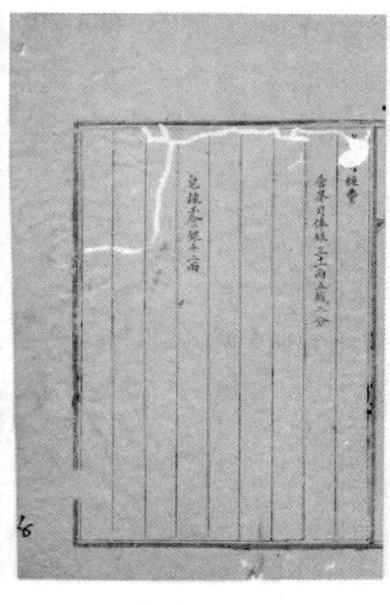　　　衙账10—26

第二十八页

岑港司弓兵工食银三十六两

沈岙司弓兵工食银五十七两六钱 即衙头司

第二十九页

　各场经费

清泉场俸银三十一两五钱二分

皂隶工食银十二两

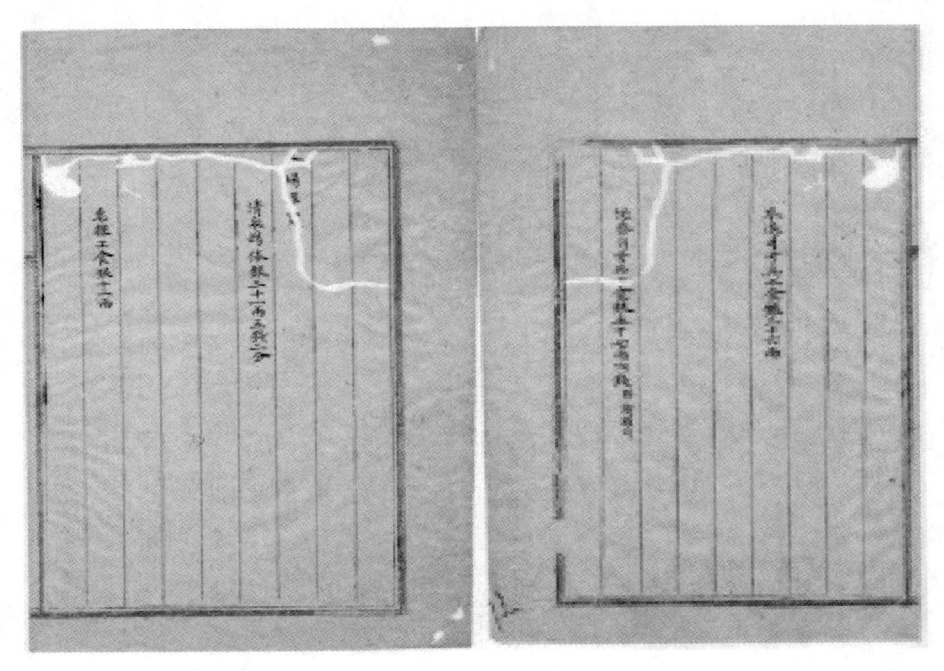

衙账10—29　　　　　　　衙账10—28

第三十页

大嵩场俸银三十一两五钱二分

皂隶工食银十二两

第三十一页

穿长场俸银三十一两五钱二分

皂隶工食银十二两

龙头场俸银三十一两五钱二分

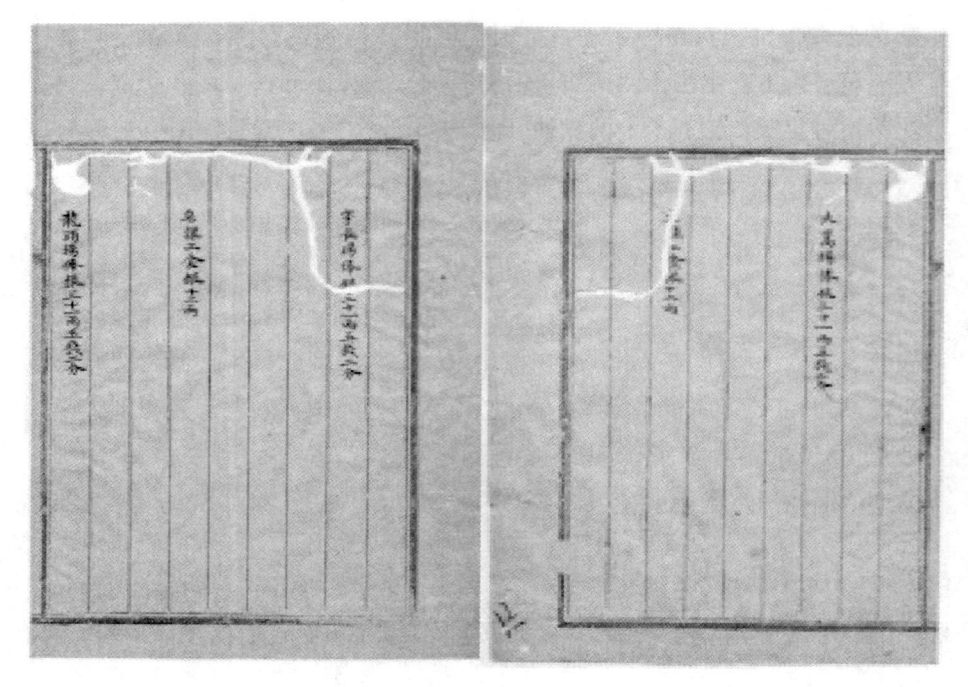

衙账10—31　　　　　　　　　　衙账10—30

第三十二页

皂隶工食银十二两

应解

藩库乡饮银七两五钱

第三十三页

岁贡银四两九钱

应给

迎春银二两

第三十四页

看守公署门子工食银八两

向例在于应领禁卒加工款内扣收嗣奉

藩宪饬解　理合登明

第三十五页

外民壮增食银三十四两八钱

向例赴司请领嗣奉

藩宪饬知停给理合登明

亏祭银六两赴司请领礼房办

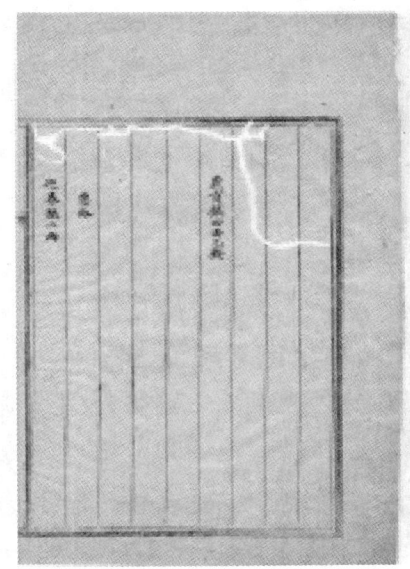

衙账10—33

衙账10—32

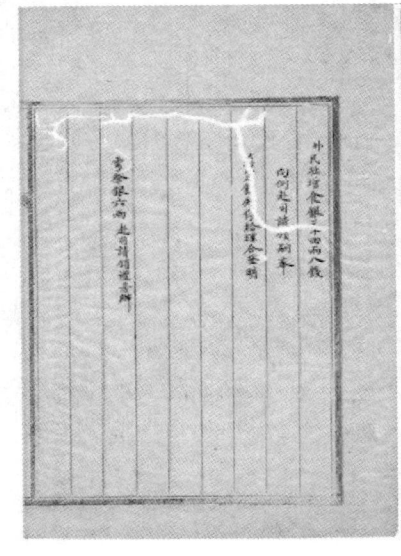

衙账10—35

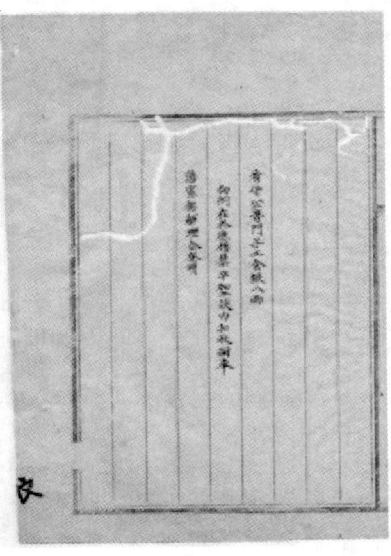

衙账10—34

第三十六页

禁卒增食银十六两

向例赴司请领嗣奉

藩宪饬知停给理合登明

盐捕增食银二十八两八钱九分六厘

申请定海厅支领

第三十七页

漕项

应解

粮道库本色月粮米一千九百十四石九斗九升四勺

每石折银一两二钱

该银一千三百十三两九钱八分九厘

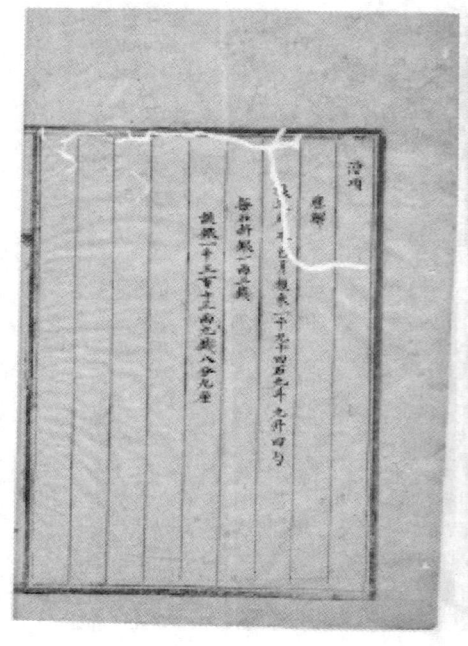

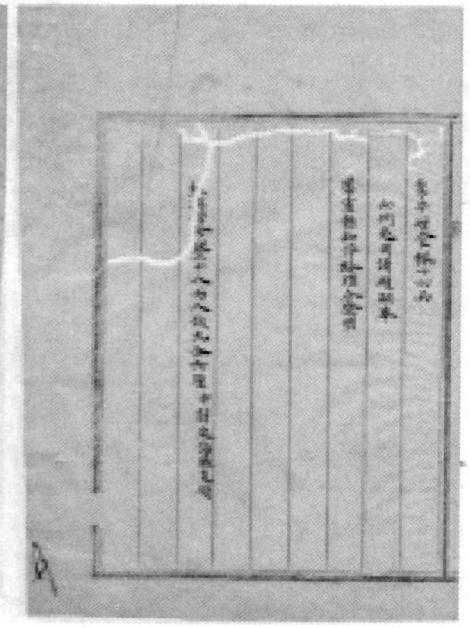

衙账10—37　　　衙账10—36

第三十八页

折色月粮

银一千三百九十九两六钱九分六厘

浅船银三百八两一钱三厘
贡具银一百四十九两一钱二分四厘
共银四百五十七两二钱二分七厘
统共银三千一百七十两九钱一分二厘

第三十九页
盐课
应解
运库水乡盐课银三百九十四两一钱九分六厘

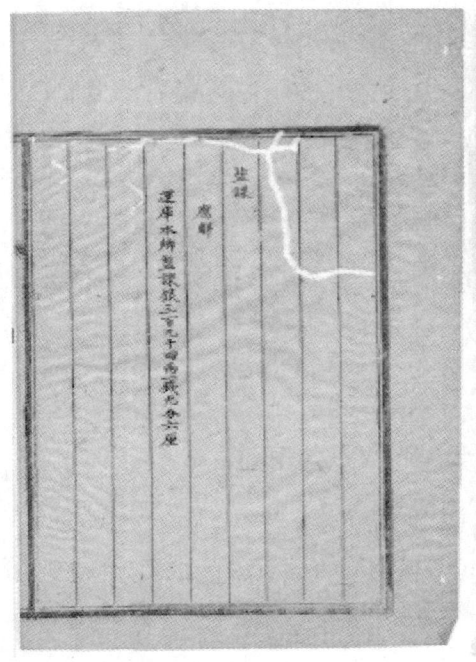

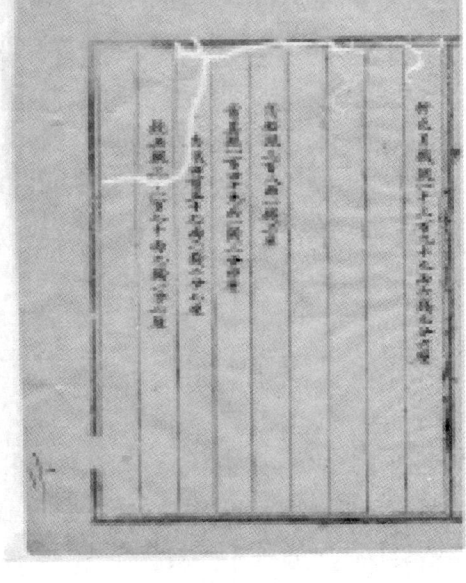

衙账10—39　　　　　　　　衙账10—38

第四十页
水乡备荒银二百三十六两八钱三分二厘
水乡地租 银一两八钱一分六厘
第四十一页

抵补灶课

清泉场银一百二两五钱一分一厘

龙头场银九十二两五钱九分六厘

穿山场银四十二两五钱一分一厘

长山场银四十九两七钱二厘

共银二百八十七两三钱二分

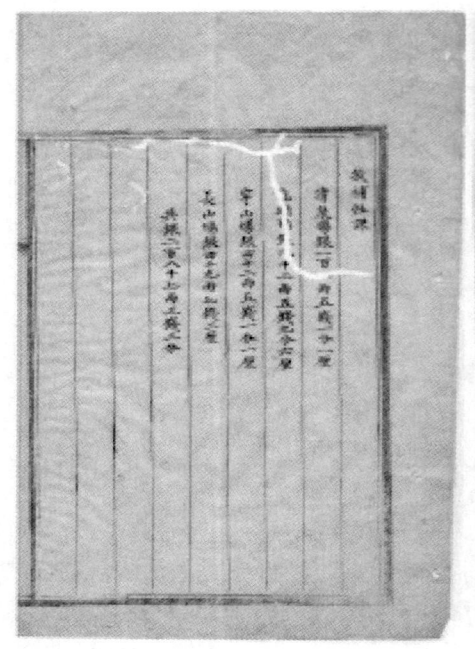

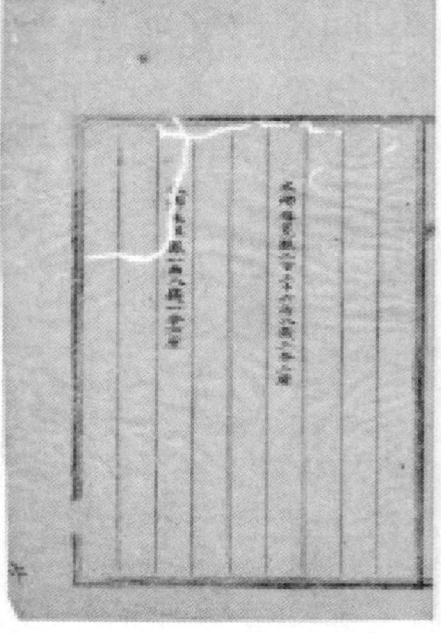

衙账10—41　　　　　　衙账10—40

第四十二页

并征灶课

清泉场银九百六十一两五钱八分三厘

龙头场银八百五十七两五钱一分三厘六毫

穿山场银三百七两二钱二分八厘

长山场银二百四十二两七钱二分七厘

共银二千三百六十九两五分一厘六毫

第四十三页

耗羡
额征耗羡银二千二百六十七两九钱三分九厘

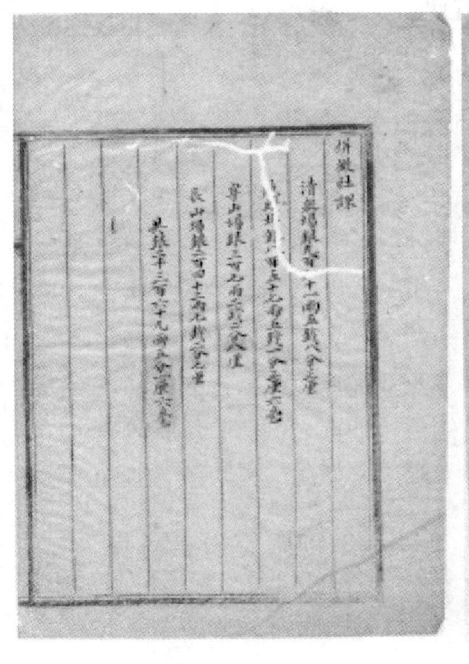

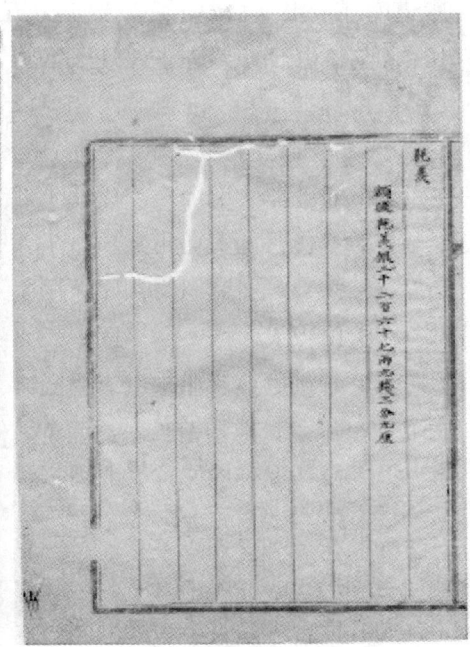

衙账10—42　　　　　　　衙账10—43

第四十四页
应给
浮额孤贫口粮银八两一钱九分六厘

第四十五页
应解
藩库耗饷银一千六百八十六两三分五厘

第四十六页
留县坐支地丁解费银一百二十八两八钱五厘 内
节省役食解费银十三两四分五厘内解
司银九两二钱三分九厘

第四十七页

应解

粮道库耗羡银一百九十两二钱五分五厘

留县坐支解费银三十一两七钱九厘

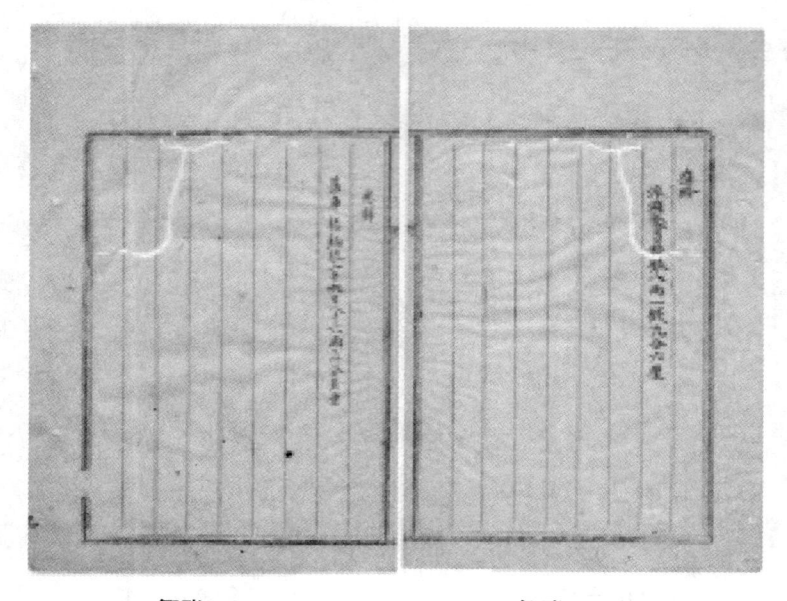

衙账10—45　　衙账10—44

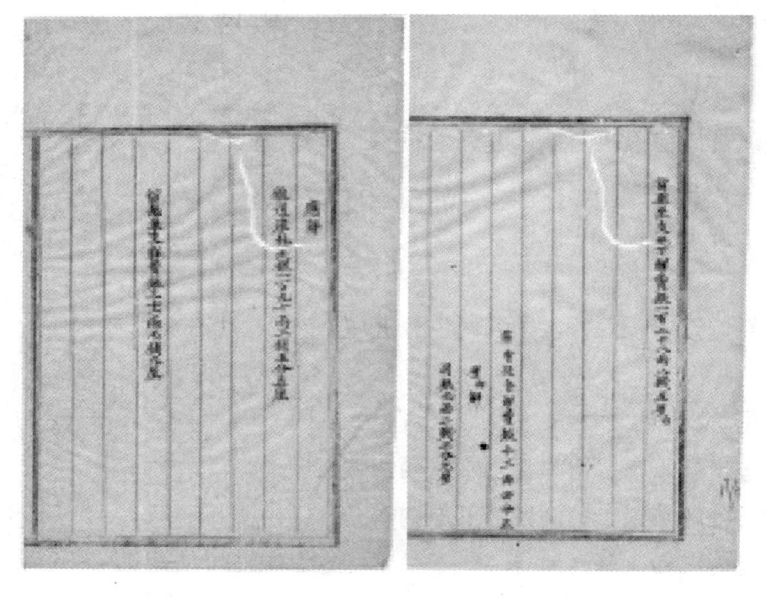

衙账10—47　　衙账10—46

第四十八页

应解

并征抵补二款共耗 银一百八十五两九钱四分六厘 内

运库河饷银七十九两六钱九分二厘

第四十九页

火解银五十三两一钱二分七厘

坐平银五十三两一钱二分七厘

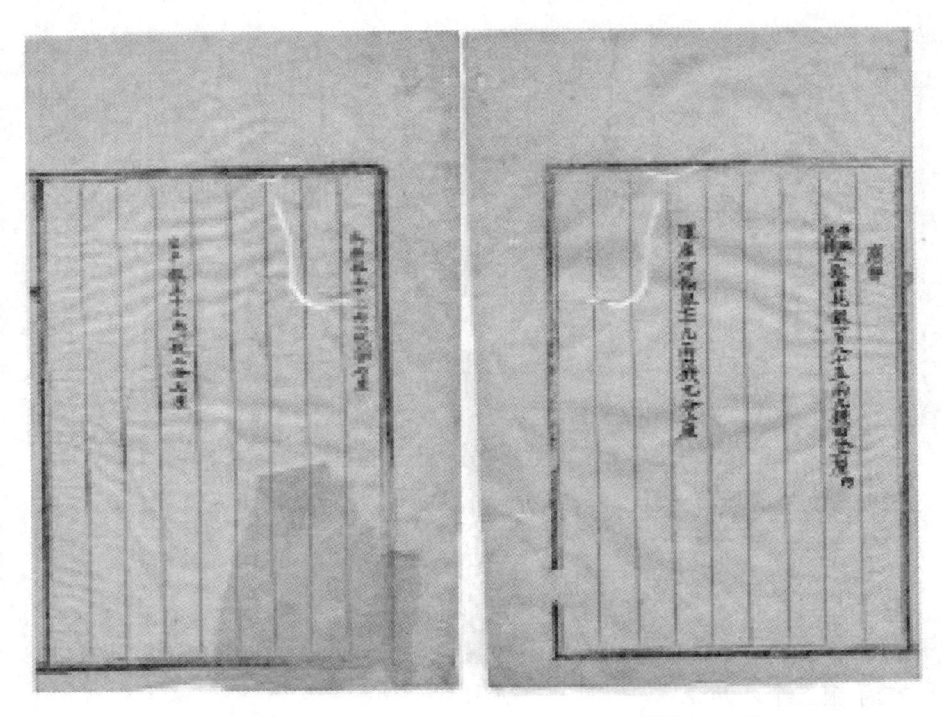

衙账10—49　　　　　　　衙账10—48

第五十页

并征抵补二分耗银五十三两一钱二分七厘

水乡解费 银六两三钱二分八厘 给

第五十一页

外赋

额征学租 银二百六十两七钱六分内

应解

藩库银三十两九钱五分

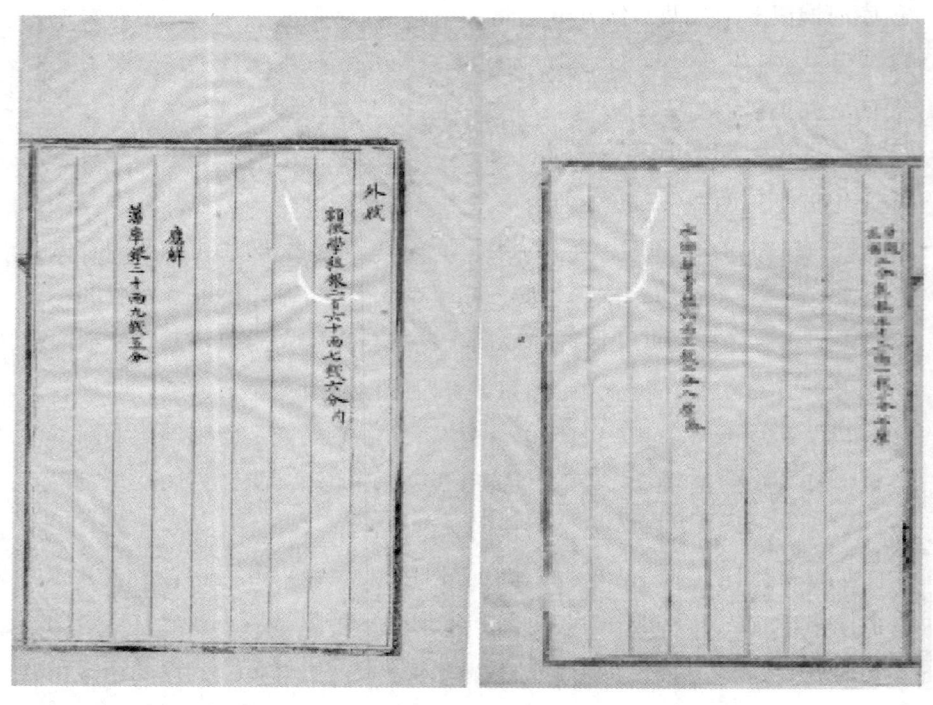

衙账10—51　　　　　　　衙账10—50

第五十二页

应解

本府 银二十八两

又银八两六钱七分八厘

又银二两七钱四分一厘

共银三十九两四钱一分九厘

应给

廪生银四十两

第五十三页

月课银四十两

义学膏火银十二两四钱二分五厘
宣讲生银十二两

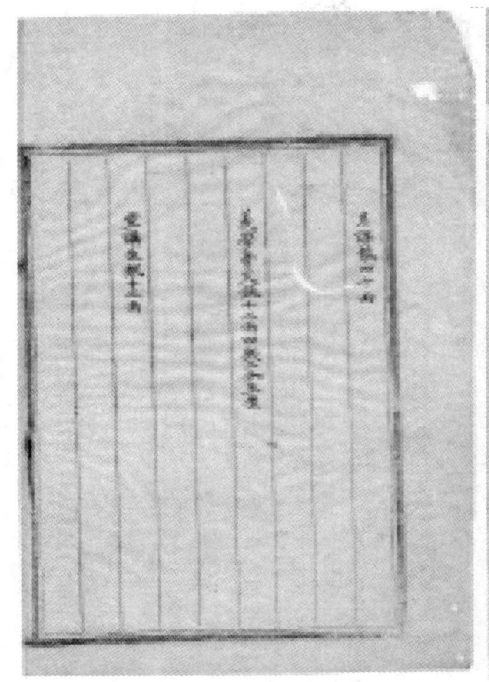

衙账10—53

衙账10—52

第五十四页
贫士银六十七两八钱二分四厘
应存碶租银十八两一钱四分二厘

第五十五页
外官基佃租银一两一钱三分二厘解
契税无额尽征尽解

第五十六页
现征牙税银一百六两九钱五分
应解
藩库牙税银九十五两二钱

运库牙税银十一两七钱五分

第五十七页
藩库牛税银九两六钱
当税银五十两

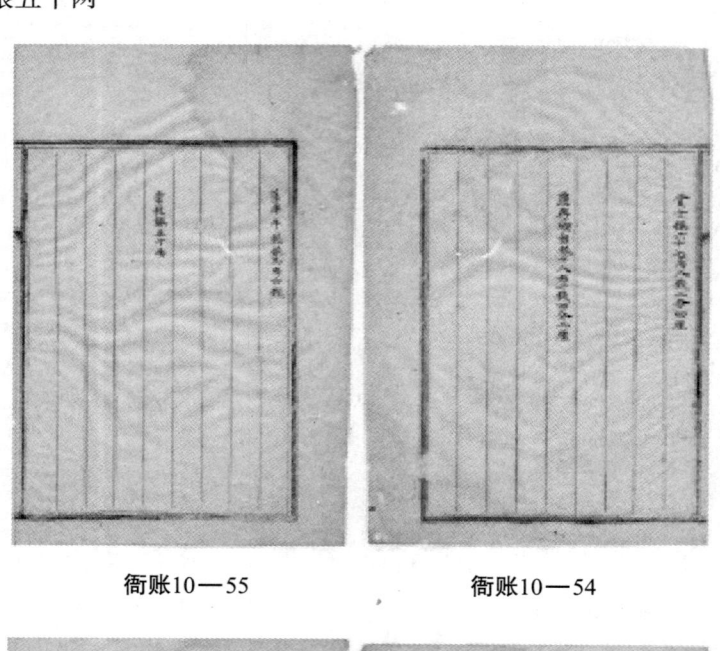

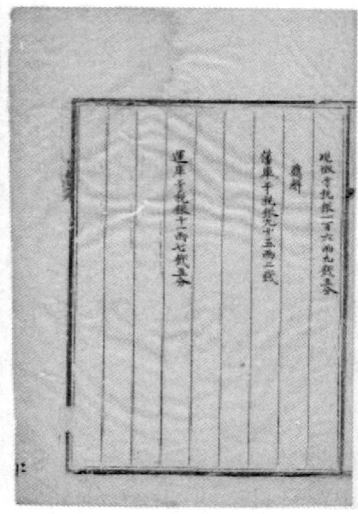

衙账10—55

衙账10—54

衙账10—57

衙账10—56

第五十八页

秋米

额征秋米六千四百九十五石六斗八升六合四勺

第五十九页

镇海营共拨米二千八十一石五斗二升

正月分大建米一百七十六石四斗内拨

光绪十年支存截旷米五斗

十二年南米一百七十五石九斗

二月分小 建米一百七十石五斗二升

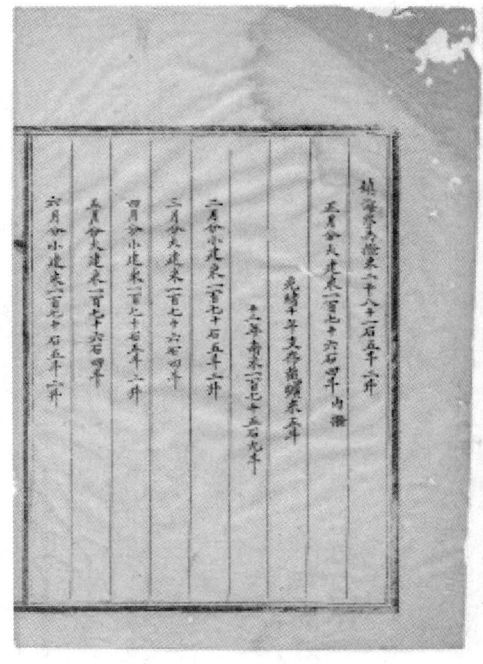

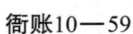

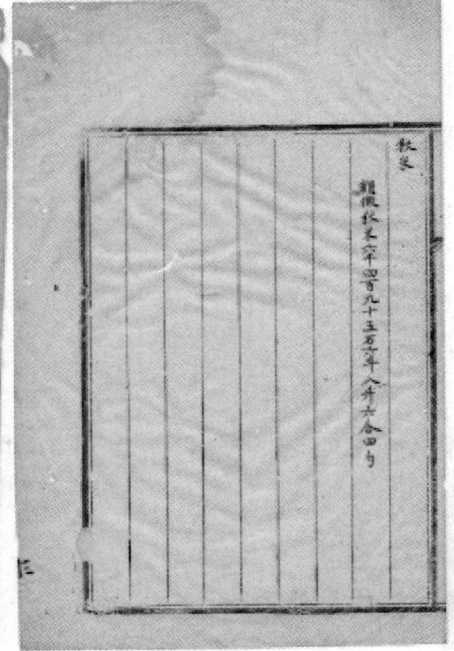

三月分大 建米一百七十六石四斗

四月分小 建米一百七十石五斗二升

五月分大 建米一百七十六石四斗

六月分小 建米一百七十石五斗二升

第六十页

七月分小 建米一百七十石五斗二升

八月分大 建米一百七十六石四斗

九月分小 建米一百七十石五斗二升

十月分大 建米一百七十六石四斗

十一月分小 建米一百七十石五斗二升

十二月分大 建米一百七十六石四斗

以上共拨光绪十二年分 南米二千八十一石二升

光绪十年分 支存截旷米五斗

第六十一页

定标三营

四月分米四十四石二斗六升二合五勺

五月分米五百四十五石七斗

六月分米五百二十七石五斗一升

七月分米三百六石七升六合

共拨光绪十二年南米一千四百二十三石九斗四升八合五勺

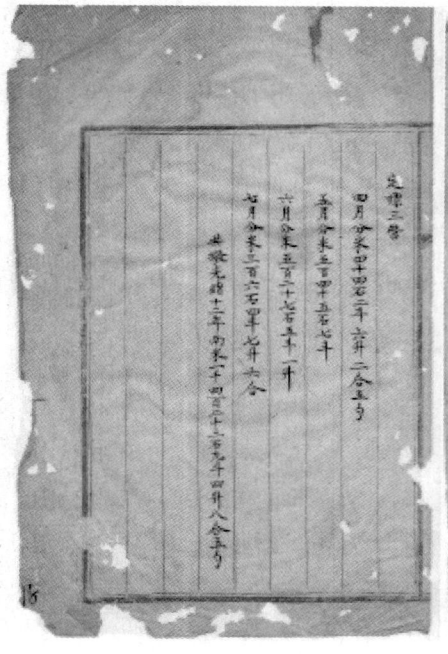

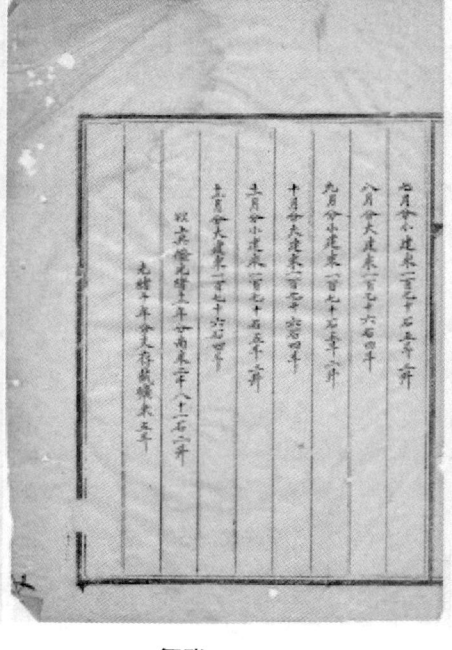

衙账10—61　　　　衙账10—60

第六十二页

光绪十二年分

额征地丁并升课颜料抵课水手司府县存留共银二万五千九百三十九两八厘

内涂荡银一百七十一两九钱一分八厘

额征漕项银三千一百七十两九钱一分二厘

额征水乡盐课银六百三十二两八钱四分四厘

额征抵补各场灶课银二百八十七两三钱二分

并征各场灶课银二千三百六十九两五分一厘六毫

统共银三万二千三百九十九两一钱三分五厘六毫

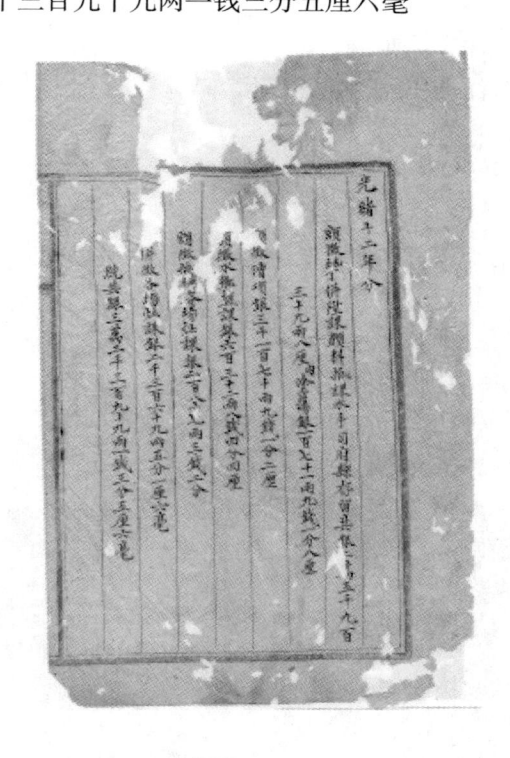

衙账10—62

第七部分　杂记

杂记1

计开送府礼单：

协台	洋十二元	
二府	洋十二元	又随二元
发审童委员	洋十元	
发审秦委员	洋十元	
府刑席	洋八元	又随二元
府钱席	洋八元	又随二元
府发审席	洋八元	又随二元
府书席	洋四元	又随一元
府硃墨席	洋四元	又随一元
府账席	洋四元	又随一元

杂记1—1

| 府经所 | 洋四元 |
| 府照磨 | 洋四元 |

山阴刑席	洋八元	又随二元
山阴捕所	洋四元	
会稽刑席	洋八元	又随二元
会稽捕所	洋四元	
分府委员廿分	每四元	共洋八十元九分又一分
府门包	洋十元	又小随一元
乾礼门包	洋十元	又小随一元
水礼门包	洋四元	
又小随一元		
府跟班	洋四元	
府花厅	洋二元	
府署外开发	钱一千六百八十文	
又水礼外开发	钱一千六百八十文	

杂记2

戊戌（光绪廿四）年　大计　署不登

正任　府填　操守　才具　年力　政事　事实

县填　　　上年举行

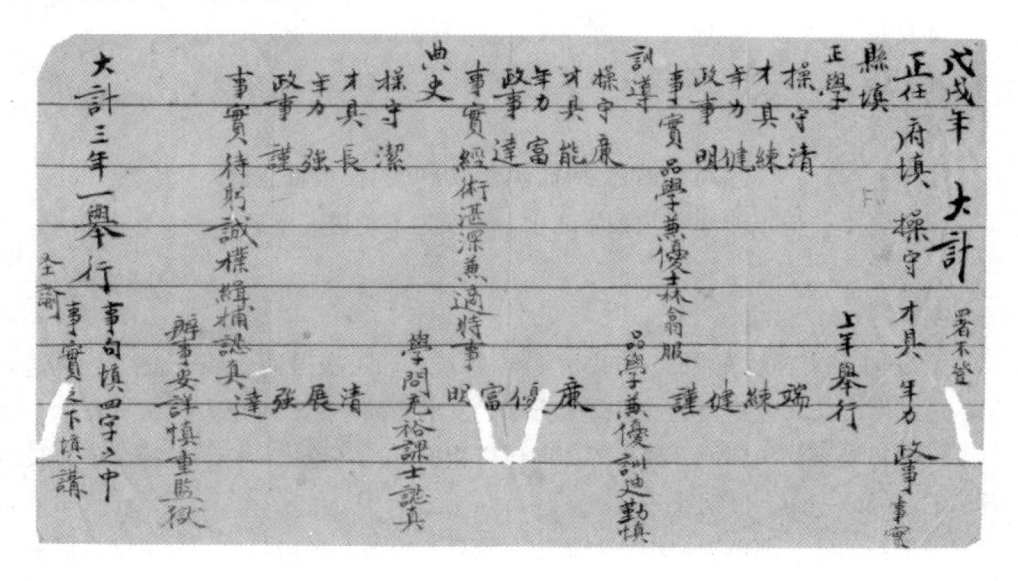

杂记2—1

正学		
操守清	端	
才具练	练	
年力健	健	
政事明	谨	
事实	品	
学兼优　士林禽服		
训导	品	
学兼优　训迪勤慎		
操守廉	廉	
才具能	优	
年力富	富	
政事达	明	
事实	经	
术湛深　兼适特事		
典史	学	
问充裕　课士认真		
操守洁	清	
才具长	展	
年力强	强	
政事谨	达	
事实	待躬诚朴　缉捕认真　办事安详　慎重监狱	
大计三年一举　行事句填四字之中　事实之下填讲《圣谕》		

杂记3—1

杂记3

诸暨向章文官迎霜降，归兵房。早一、二日叫房送稿。稿合发房，再送签、送刑席。祭文壹角焚送：旗纛大将军。发房并稿一起，又票发把门。

一票：谕操壮头郭恒、钟相等，向应祭旗操练。鸟枪二十杆，长枪二把，长刀二把，战鼓一面，又铜锣一面。

一票：仰壮头郭恒、钟相立着猪牙，徐夏葵等备办汤猪一口。又羊铺备借羊一口。

一票：仰壮头郭恒、钟相等预备鸡、肉、鱼三牲福物，爵杯酒壶。

一票：仰皂头钱炳、杨南雇唤轿夫六名，围轿六乘。应用毕，给发工食。

一票：仰号房周福等传谕吏、礼两总堂备具衣冠恭赍，印敕祭神，赞礼。

一票：仰号房周福等雇唤吹手六名，给发工食。

一票：快头楼华、赵顺等督同东一、二地保郭森、袁栋在演武场建搭，高大箪厂三座，并案、桌、椅，并帏。

每名：轿夫　七十文　轿夫足扣九五

执事人夫　七十文　其余付五十足

吹炮手　七十文　账房发每名七十　扣九五

付福物　　　七百四十　扣九五

此件上端有四行小字：

迎霜降

捐牌规盐公堂领

本堂照领不开销

迎春照上

杂记4

这本《日记》（残缺）标有时间：庚子仲秋。归属：德字第贰号。时间从庚子年八月十四日起，止于十月初四日（是年为闰八月），时间跨度三个月多一点，是清末县衙文稿收发的登记簿。

第一页：

八月十四日

地保吴继芳禀，追钱粮稿。共四纸

发，团防清稿一纸。单一。上□条十三。

照会：六、十五东、十六西、十八东，区。共：十三、六、九、八庄，先举：沈锡恩、施陛赓、吴宗俊、冯延年、丁继宽、穆鸿飞、朱世桢为区董，稿。

传讯：张吉安、沈连坤。上条。

十六

谕烟馆，并饬差查稿。晓谕不准衙内之人吸烟稿。

十七

杂记4—2　　　　　　　　　　　　　杂记4—1

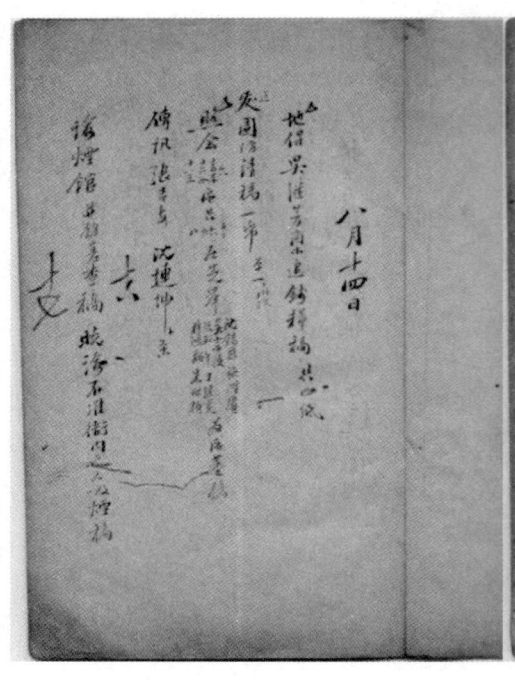

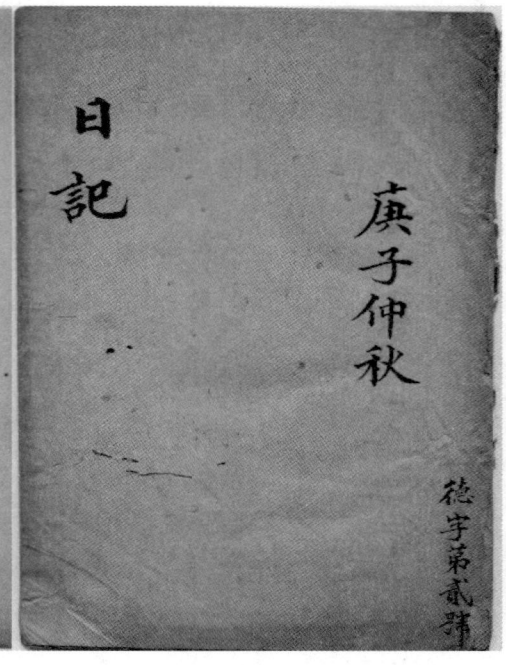

最后一页：

初三

抄详移营稿。夹卷。

传移：加、秀、杭、仁，刑部大臣安抚拳会，查看情形稿。夹移。

札发。巡禁赌告示一道，稿。

申解盗赃，罚赔册，结缮□□稿。夹卷。刑书祝连□禀。

申复教堂情形稿。送。

谕禁：王东源门首阿三卖妻稿。送。

初四

晓谕：团练告示，劝戒稿。送。

示谕：抽收丝捐，核奖稿。追地保吴继芳、陈天相禀，欠粮稿。

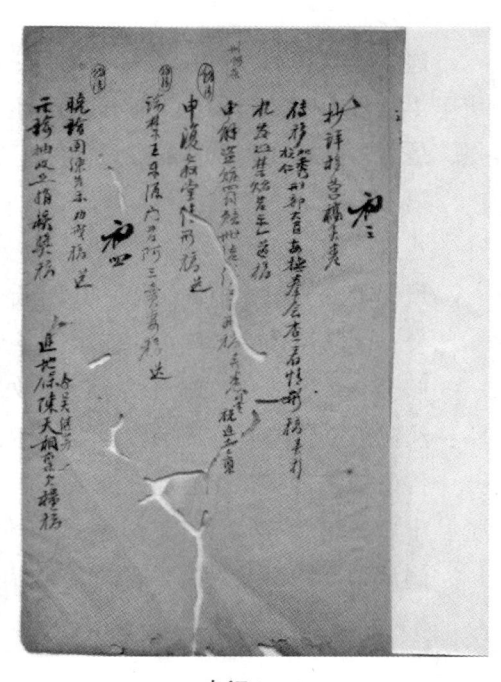

杂记4—3

杂记5

乐清县差书可畏

温州府乐清县差书共有三百六十名，总役二十名，门房皂班五十名，民壮五十名，盐捕六十名，把门三名，捕快四名，散役一百六十余名。每每奉票下乡，同狼虎一般。下户人家每次差费，顶小要拿出三元。差人到家廷（定）要坐轿，那夫力钱更没有一廷（定）。上户、中户三培（倍）的也有，加五培（倍）的也有，就加一百培（倍）的也有。丁同庆、王成、王祥、丁富、谢升、王祥、赵福、张元、张洪、陈祥、何法、张庆、王玉、李礼、寿升、蒋裕、□元、徐元、徐华、董盛、黄吉、黄森、赵禄、黄松、潘升、赵元、徐来、张贵、张位、何升、蒋发林、多是著名凶差。恶狼的差役，所以乐清有句土话，叫"官司好打，差钱难解"。

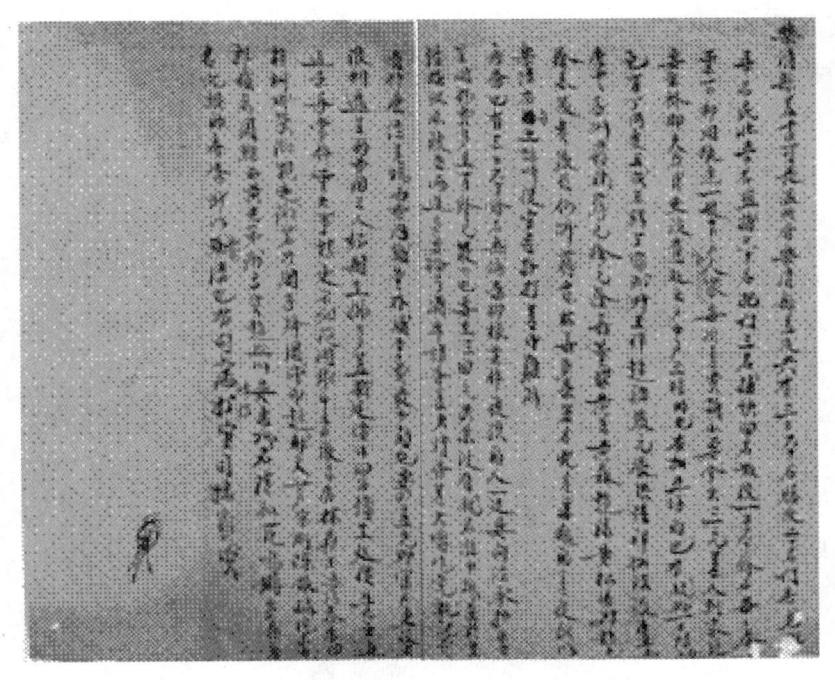

杂记5—2　　　　　　　　　　　杂记5—1

房胥也有三百六十余名。无论是那样案件，被报的人，一廷要向"经承"抄"原告呈词"。抄费多至百余元，最少也要至三四元。如果没有，就不准申诉，至于案经提讯，原、被告两造多要备了酒席，请胥差。大请胥差大嚼，吃完就讯费,有什经差场面费,内铺堂、外铺堂费,最少的也要十五元。那富户更没有限制。递呈的费用,三人卯期呈,挂号、盖戳,定价洋四角,传呈定价洋一元。云通还是寻常件,重大事情更不必说同。钱中青、张言有、林鼎玉、冯乃春、朱国柱、柯成荣、谢觐光、谢碧如、周守幹、周成钱、赵献文、芦宝珩、陈振磷、沈美光、许跃东、周雅西、黄光第、谢昌贤、赵照川、吴惠卿、右清和、范鸣锵、多是著名凶狠的房胥。所以乐清也有土话,叫作:"打官司,捣家赀!"

杂记6

抚宪廖

饬知事:照得乐清县知县员缺,现拟番皋两司会详,以该员请补,前来本部院。查得该员何士循朴诚谙练,留心公事。堪以请补乐清县,海□□□除,如详。批示并会同闽浙总督部堂谭恭疏具,题外合行札知。札到该员即便知照,特札

光绪廿一年正月廿四日

正月廿八日到盐

章稿抚考语:才明识练,朴实有为,朴成谙练,留心公事。

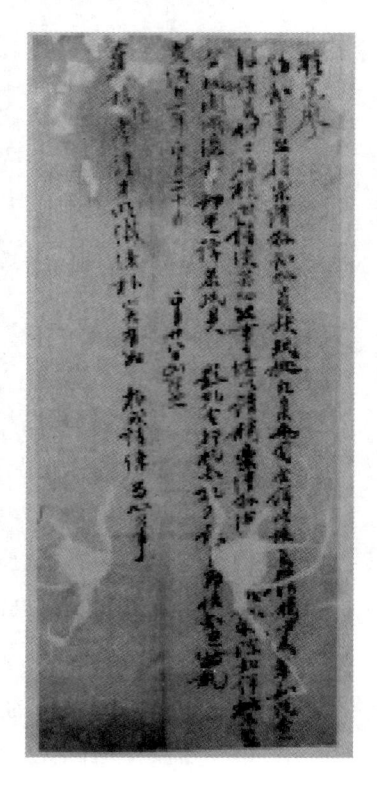

杂记6—1

杂记7

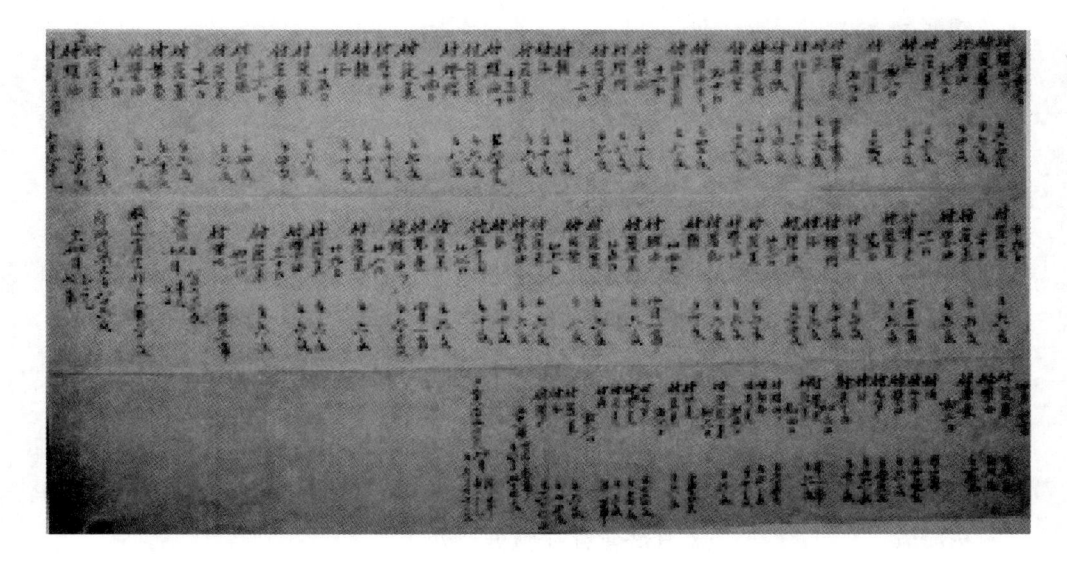

杂记7—1

注："杂记7—1"因字号太小、字数亦多，故未有文字排版。

杂记8

饭碗　　　　　　一只

象牙筷　　　　　一双

洋磁小菜提盒　　一只

洋磁洗衣盆　　　一只

杂记8—1

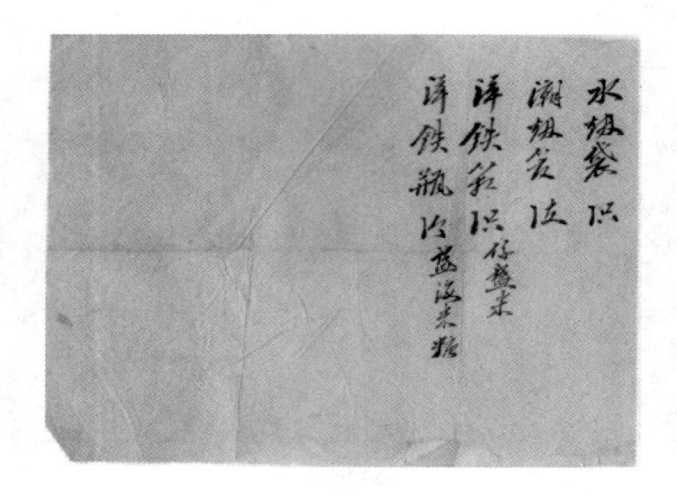

锡炖酒壶	一杷
锡瓢羹	一只
锡瓢托	一个
大小闷碗	三只
茶杯	二只
磁笔筒	一个
砚池	一个
铜墨盒	一个
玻璃灯	一盏
草帽	一个
紫铜手炉	一个
《易知录》	一册
树园管	二盒 其底盒存在施美翁处
磁酒瓶	二个
大小洋瓶	数个
画报	数册
水烟袋	一只
潮烟管	一支
洋铁箱	一只 系盛米
洋铁瓶	一个 盛海米糖

第八部分　私信

私信1

家人张濬谨禀

　　师老爷座下敬禀者：濬自从上虞叩别尊颜后，于去夏在省匆匆叩见，今已数月。只因谋食奔驰，致疏禀牍，抱罪殊深！幸蒙垂青定邀

　　恩宥！濬于去年十月间，就事钱塘派司稿案一事，味同嚼蜡。且首邑，任重事繁，刻无暇晷。近年情形迥非昔比，清苦之状，难已尽告。惟思谋食不易，只得徒近暂守，且图生计。兹禀求者，家人王某闲居在家将又一年，身累日重，实不得已求蒙钱邑赵主人荐至诸暨，嘱濬禀求。

　　师老爷格外恩典，赏加保举。得蒙收录，不拘何职，自当遵守，断不有负，高厚之恩！肃禀 叩请

　　金安

　　家人濬谨禀

　　□□谨缄
　　□月□日禀

私信1—1

私信2

桐村仁兄同年大人阁下，久违

芝宇，时切葭思！顷奉琅函，并沈孝廉耆洛硃卷一本，读悉种切，就审，履祉吉羊（祥），鼎祺安燕，引詹裔采莫罄颂私。弟昔年承乏珂乡，于地方愧无裨益。虽于试士一途，不敢苟且，将事亦难，必老眼无花。今沈君芸窗砥厉，高捷贤书，皆由

令郎衣钵真传。俾弟藉增光宠，而乃过蒙奖饰，益令颜汗增惭。所翼沈君虎榜联登，凤池早到，此尤天末。鄙人私衷欣慰者耳！兹寄上苹敬洋蚨四元，即乞查收转交，并代达贺忱，为祷！肃此布复，敬请

台安！兼贺

年禧不具

　　年愚弟余丽元顿首

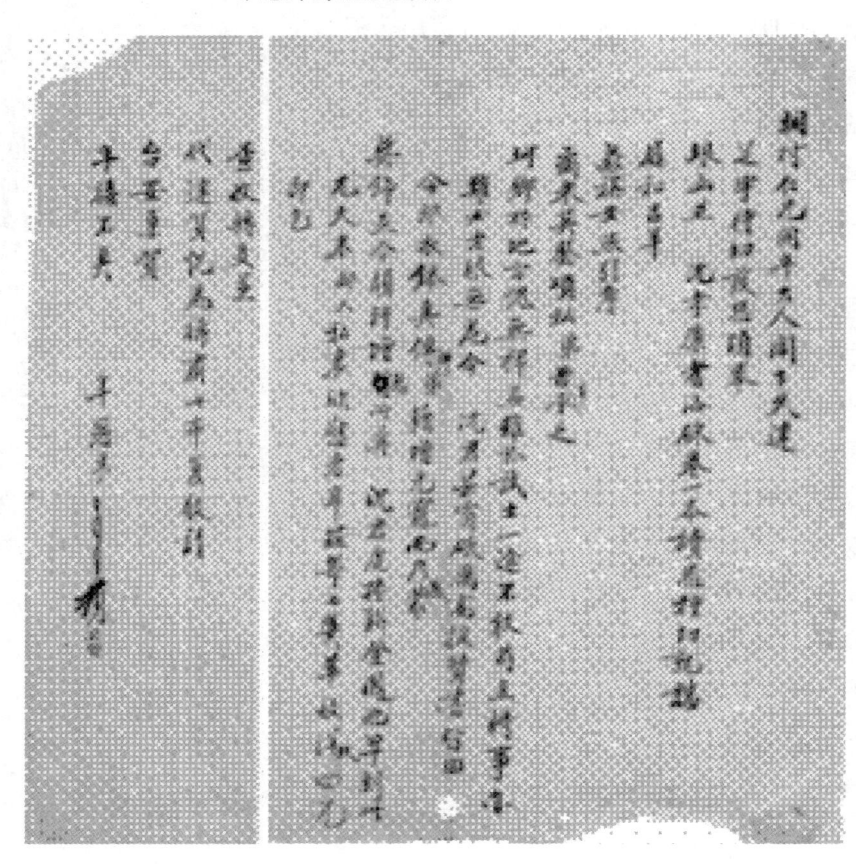

私信2—2　　　　　　　　　私信2—1

私信3

　　禀运宪惠，敬禀者：窃□□自睽霁范，深切私衷，祈住高呈于前月廿四日到，某备传钧谕，领悉一切。仰蒙垂注，感戴实深。恭维

　　大人履统骈鳌鼎裀縻祜，引候钦阁，为馨鼓轩。□□承乏蛟门，时逾两载，频值雨阳违候，海讯连荒，繁盗如毛。公私交迫，时作回巢之燕，益深陨越之虞。于前月廿五日，业经卸篆，正遇连朝雨雪，未获启行。晴霁后即便移家甬江。候□□案，一经清楚，即返武林晋谒。

　　崇阶敬聆矩训。下忱缕缕容俟面陈。合甬虔请钧安，

　　　伏祈斗鉴！

　　　　　　□□□□谨禀

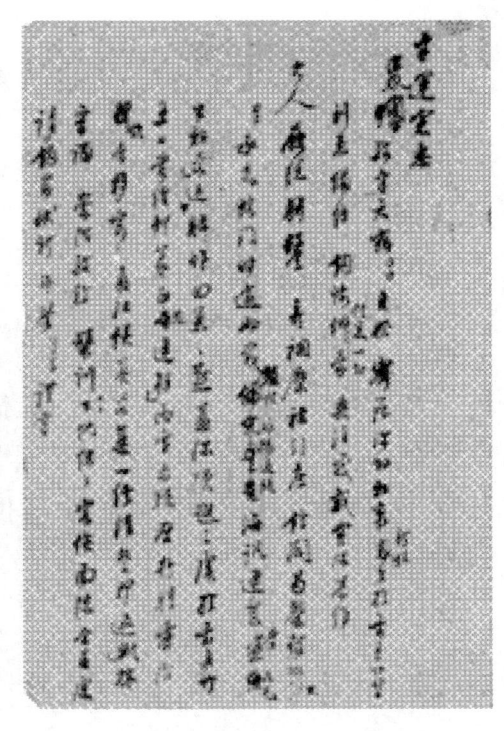

私信3—1

私信4

　　复卓享仲司马书

　　享仲仁兄大人阁下，久违

雅教，正切葵倾。迩听

鹊音，弥殷葭溯。敬谂

芳华飙举，

苇禄霞蒸。

眷重上游，藉试鳌之妍手。

惠明兹土，预觇

荣篆之先声！翘冀

卿晖，曷胜额颂。弟奉公无状，愧信友获。上之未能调缺，悬牌想料理交卸而在即。所望

星言莅止，俾得瞻近

苔岑。届时

月旦超承，定当重开菊径，专泐布复。敬请

台安，并贺

大喜，诸惟

朗照，不宣！

愚弟□□顿首

私信4—2　　　　　　　　　　私信4—1

私信5

复督办严州釐盐总□□□

昨值荚节，归自虎林，奉到

华笺，如亲。

尘屑浣薇三，复篆竹五中！敬维

端甫堂台大人，履祉延鸿，

鼎祺懋骏，

牙釐著绩，

仁风广披于严东

心简

酬庸

湛露弥浓于

阙北，引詹

荡节莫罄藻忱，晚生分守龙湫，虚抛驹隙，兼权榷务，愧树建之未能，适届菊开，缅寻晖而申臆。肃修复启，恭请

泰安！诸祈

恒照百益

　　晚生余某某顿首

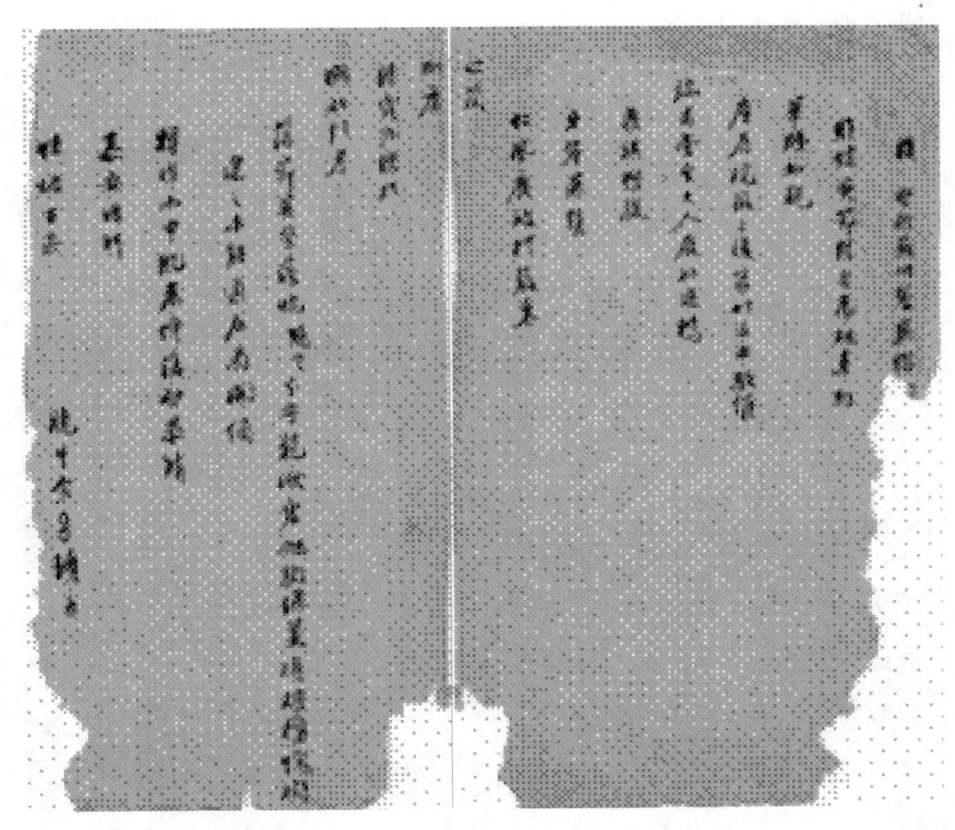

私信5—2　　　　　　　　　　私信5—1

私信6

禀贺　钦命浙江温处道调署杭嘉湖海防兵备道督办洋务陈　任禧

三品衔侯补知府嘉兴府乍浦海防同知调署峡口同知余某某谨 禀

大人阁下，敬禀者：窃卑职前在东瀛欣詹

北斗！仰荷

垂青之逾格，祇惭建白之无闻，嗣因远隔鸥程，殊怀鹄企

何幸喧传

鹊报得隶

鸿屏倍切寅丹，虔濡子墨。恭维

大人吉升豸座

荣履虎林！当年

赞一路皇华，夙

著扶桑，伟望迩日，

勷三军机务，咸瞻

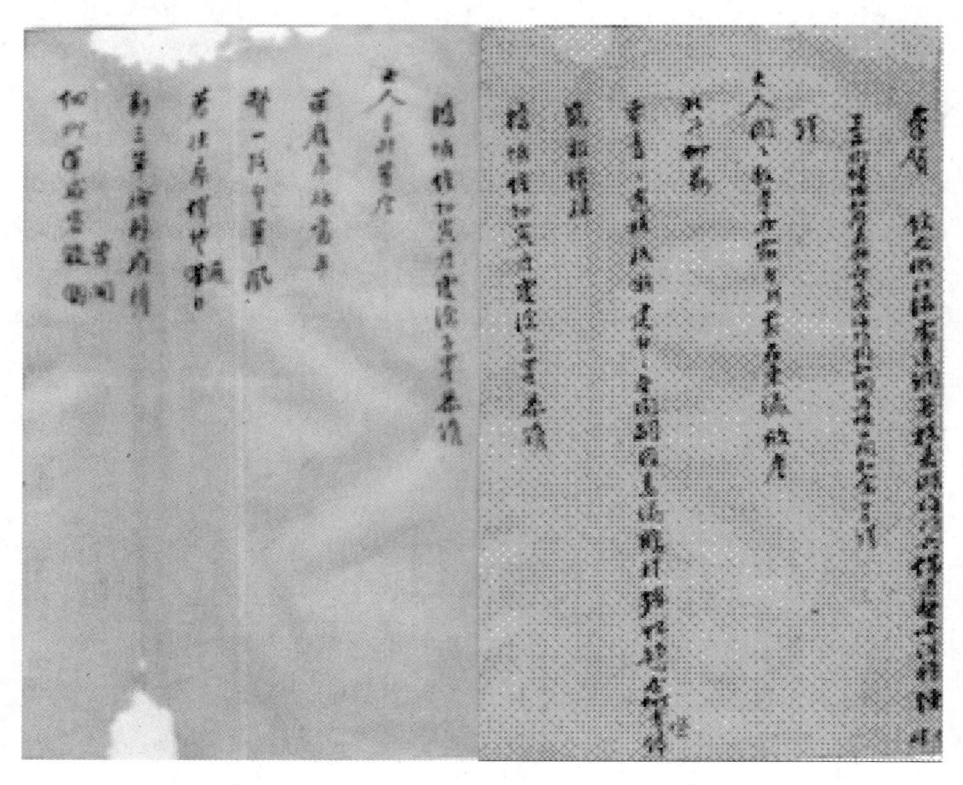

私信6—2　　　　　　　　　　　私信6—1

细柳威容。曾闻

荡节风清，南楚群深感戴，乃沐

枫宸，

露湛东鸥。遥切讴思，

凭复手以障鲸波，

荙湜著绩，

合同心而成虎旅。

兰锜凝祥，惟

圣主能知人，

列翠柏红薇而晋秩。惟

良臣能布化，

俾梯山航海以输忱。

铃阁骧詹，鼓轩欢洽。卑职龙湫滞跡，蠢管怀惭，□钝以驰驱，奉檄而量移峡口。觌驹阴之瞬息，卸铃而即当趋牙。谨狂蚁私，藉申燕贺。附呈履历，虔叩

任禧 敬请

钧安！伏乞

斗鉴

卑职某某谨禀

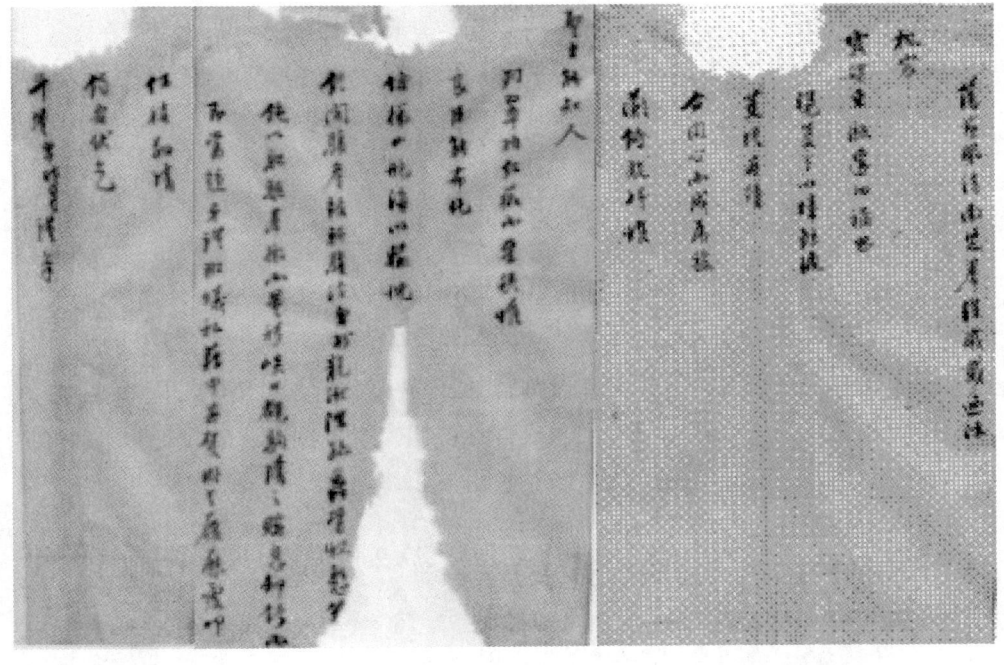

私信6—5　　　　　　私信6—4　　　　　　私信6—3

私信7

禀贺　总理衙门总办署太常寺少堂杨任禧（夹单）

敬禀者：窃卑职久别

鸿仪，时涂螳慕，前值桑恭北上，曾凭驲使纾忱，兹当葭管阳回，欣觉鹊音盈耳，寅丹倍切，子墨虔濡。恭维

大人吉座鼎升

勋祺晋履

风高礼寺，咸钦玉洁冰清

露湛

虞廷特锡，银章青绶。况复

文宣象泽，通商而普著怀柔，更瞻

书秘蜡丸。

建议则洞明机要，维其有矣，于以颂之。卑职符分一郡，跡滞九峰。现经奉檄量移，调任峡口，惟是有怀。欲吐怅阻趋牙，谨胪骈词，藉申燕贺。恭敬

任禧！敬请

钧安！伏乞

斗鉴

卑职某某谨禀

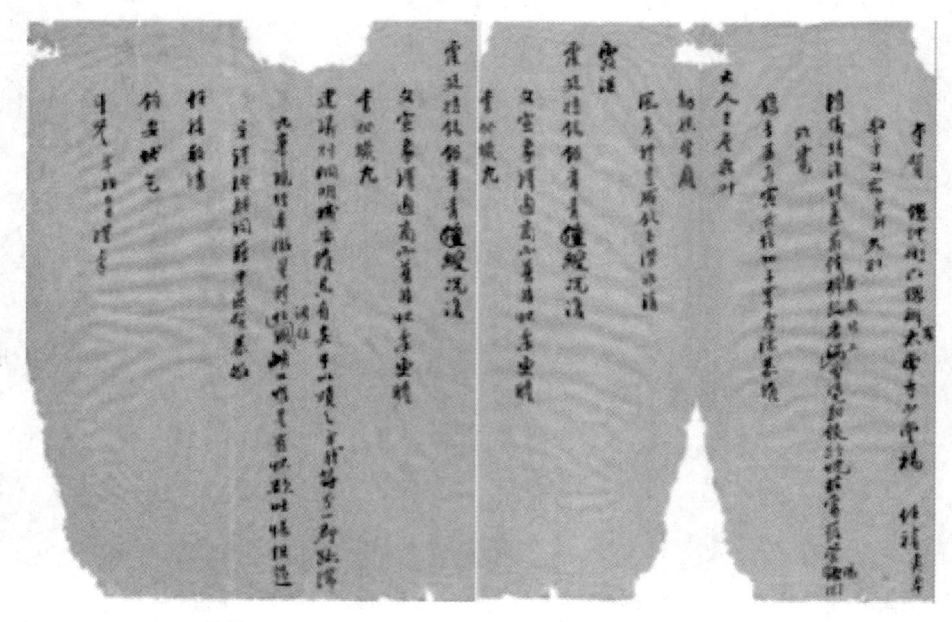

私信7—2　　　　　　　　　　　　私信7—1

私信8

禀贺

钦差大臣户部侍郎张樵埜先生使旅入都 谨禀

夫子大人阁下，敬禀者：窃受业溯自张旃，出境曾吟烟花三月之诗，今闻衣锦还乡，恰值菊酒重阳之会。仰

福星而远耀，盼

华月以将临。恭谂

夫子大人，司农望重，

执秩勋隆。

礼奠邦交，宣

皇风于数万里。

书传

天语，褒使节于

重霄。遥传

捧璧归来，辉生羊舌，转瞬

抠衣入

觐，喜动

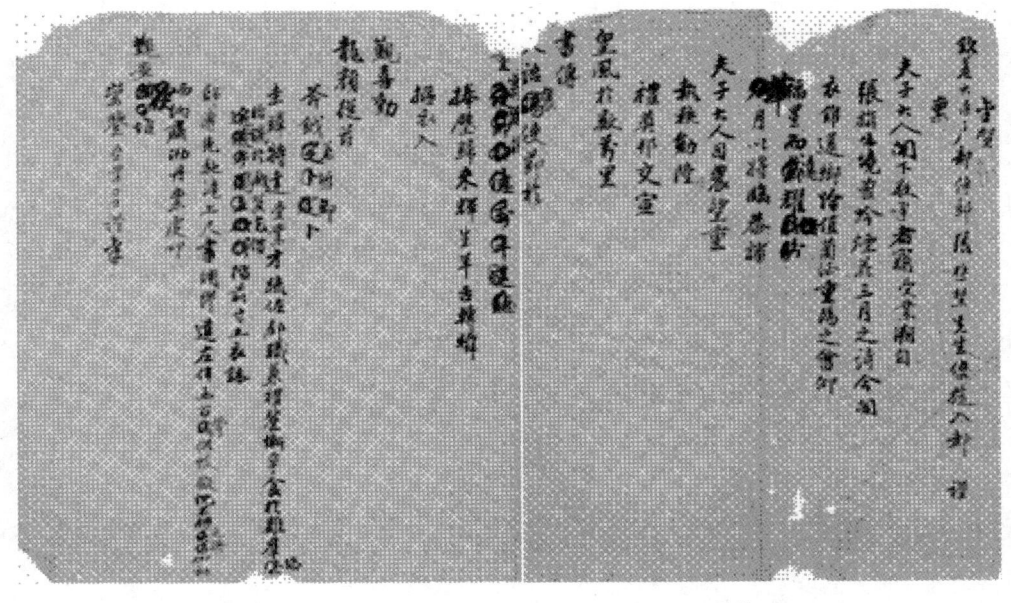

私信8—2　　　　　　　　　　　　　私信8—1

龙颜。从兹

斧钺兼圻，即卜

圭璋特达。受业才疏佐郡，职兼榷厘，惭争食于鸡群，恐贻讥于鹈翼。乞借阶前寸土，衣钵

师传。先驰沪上尺书，绸缪道左，伴函百罕，供帐微忱，不腆之将。仰祈

哂纳。肃泐丹禀！虔叩

觐安！惟

崇鉴

　　　　受业某某谨禀

中 篇

师爷手稿整理研究心得

第一章　封建体制的官吏之治

我国古代官僚统治之所以能有效运行，是和一个不可或缺的环节——"吏胥制度"的存在及其特殊作用分不开的。从先秦时期开我国秘书工作之先河的史官诞生起，至今已有几千年的历史了，可以说，从我国国家出现，吏胥就几乎一直伴随着朝廷的政务。吏胥在维护统治阶级政权方面起了不可估量的作用，尤其是封建统治后期。

我国古代吏胥制度共经历了吏官身份无别、吏官身份有别、在制度上吏职与官职界限分明和吏胥身份总体上进一步低落三个阶段，吏胥制度的重要作用亦显在其中。

一、吏官身份无别阶段——先秦两汉

吏，旧称"胥吏"。"胥"为有才智的人。在古代户籍管理中十户为什，胥者为长。后来对官吏总称为胥吏。官吏分开后，特指在各级官府工作的职员，书吏则是对各级衙门职员的总称。在古代没有纸张的时代，政府的公文都刻在竹简上，书吏都是一手执刀一手执笔在工作，用笔来写，用刀来刻或修改。所以人们也常称政府吏员为"刀笔先生"[①]。在以后有纸的时代，这个称呼也被保留了下来。

两汉以前，吏和官内涵相同，称谓不一。《说文解字·一部》："吏，治人者也。"《汉书·景帝纪》："夫吏者，民之师也。车驾衣服宜称。吏六百石以上，皆长吏也。……车骑从者不称其官，衣服下吏，出入闾巷，亡吏体者，二千石上其官属，三辅举不如法令者。"[②]在这里，吏的意思和官并无差别，所以《国语·周语上》"百吏，庶民"，下注："百吏，百官也。"[③]

---

① 王剑、张世芳：《武定府史话》，方志出版社2012年版，第119页。
② 班固撰；王继如主编：《汉书今注》，凤凰出版社2013年版，第83页。
③ 左丘明：《国语》，齐鲁书社2005年版，第9页。

在两汉，这一特点体现在制度上就是：上至丞相，下至郡太守、县令，一般称吏。如《汉书·百官公卿表》："吏员自佐史至丞相，十二万二百八十五人。"① 另一方面，县、乡小吏也可以称官，如《后汉书·左雄传》："乡官部吏，职斯禄薄，车马衣服，一出于民。"② 当然官吏混称并不是当时在执掌上、铨选上没有后代官、吏之差别。如汉代的"令吏"、"掾吏"、"少吏"须经办文书，特别是在处理政务上没有自主权，得听命于长官，绝大多数"令吏"以及"掾吏"、"少吏"均非朝廷任命，由各官府长官自行辟除，是"庶人之在官者"③。这些都与官员存在明显差别，大抵和后代吏胥相仿。

但是和官员相比，后代吏胥身份卑贱，备受歧视，特别是仕途晋升前途有限，而汉代的"令吏"、"掾吏"、"少吏"却不存在这些问题。吏、官身份无别，这是两汉吏胥制度的最大特点。《汉书·魏相传》：魏相少学《易》，为郡卒史④，宣帝时升至丞相，与"狱吏"出身的御史大夫丙吉"同心辅政，上皆重之"⑤。西汉后期州县少吏，不论任职年限，都有可能不经察举，而为朝廷命官。充分反映一般吏胥仕进前途是宽广的。西汉吏胥身份和官员无别，毫不受歧视。

两汉吸引了战国以来选士的经验，建立了一套选用官吏的制度，除了皇宫中的重要秘书（如中书令）和外朝的高级秘书官员（如御史中丞）由皇帝直接任命以外，各级秘书人员（官吏）大多通过察举、征召、辟除等途径选任。当时官吏的选拔任用制度重德才，及本人的统治质量和效率，而基本上不考虑资历，门第决定了两汉吏胥制度的吏官身份无别这一特点。就是说，在这一制度下，官吏开始虽处在令史等低级职位上，但只要有德才，统治有质量，有效率，就可以不断拔擢、不断升迁，飞黄腾达，前途无限。梁裴子曾把这一制度概括为"学行是先"⑥；沈约则称导致的结果是"以智役愚"⑦。很显然，在这一制度下，小吏和高官没有不可逾越的鸿沟，因而吏胥身份并不卑贱，吏、官身份无别是必然的。

---

① 班固撰，王继如主编：《汉书今注》，凤凰出版社2013年版，第379页。
② 范晔撰：《后汉书》，岳麓书社2008年版，第722页。
③ 孟子：《孟子》，东篱子译注，北京时代华文书局2014年版，第168页。
④ 班固撰，王继如主编：《汉书今注》，凤凰出版社2013年版，第1836页。
⑤ 班固撰：《汉书》，岳麓书社2008年版，第1172页。
⑥ 严可均辑：《全梁文》，商务印书馆1999年版，第580页。
⑦ 司马光撰，伍耀光辑录：《通鉴论》，江苏人民出版社1962年版，第95页。

当然，两汉官吏选拔任用"学（才）行（德）是先"，基本上不考虑资历、门第是由两汉社会经济的发展状况决定的。两汉承春秋战国之后，社会主要存在三种力量。一是六国贵族、官僚、豪杰。他们有统治才干，但在很长一个时期内对汉王朝一般采取不合作的态度，使汉王朝不但不能依靠，而且不得不予以压制打击。二是汉初帮助打天下，巩固天下的功臣、贵族、官僚，他们的确是汉王朝的依靠力量，但是由于历史条件的限制，政治、道德、文化素质一般不高，不能有效地为汉王朝服务。三是社会上存在的小农，以及伴随土地兼并相继形成的一些中、小地主，这是一支数量及其庞大的力量。鉴于前述两种力量或无法依靠，或不能稳定地依靠，于是统治者被迫在全国范围内，逐渐通过察举制度，从这一支力量中选拔人才，补充整个官僚队伍，以巩固统治。因为无资历可言，无门第可依，在东汉后期大土地所有者和世家大族尚未稳定地形成强大社会力量之前，选拔的主要标准只是德、才。

以上叙述，说明吏、官身份无别，乃汉代社会发展的必然产物。

二、吏官身份有别阶段——魏晋唐宋

在这一阶段，吏和官身份逐渐出现转变，深化了差别，吏胥身份卑贱，备受歧视，士人耻于为之。

汉代，已经出现与官含义不同、身份卑贱、地位低下，乃王朝徭役对象的"吏"[①]。魏晋南北朝略同，或"吏客"连称，或"吏僮"连称。这类吏，有的需从事繁重的体力劳动，甚至全家服役。本来，两汉以来与官无别的吏（郡吏、府吏等）和徭役对象的"吏"区分是清楚的，但是经过魏晋南北

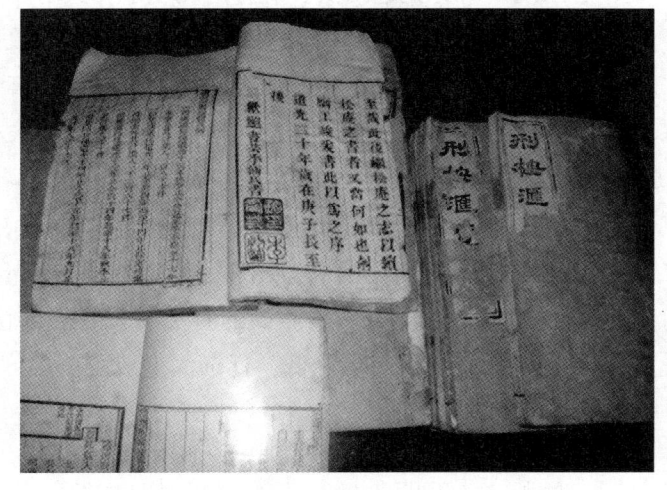

图5　王春龄藏书

---

① 班固撰：《汉书》，中华书局2007年版，第721页。

朝到唐代，这两类"吏"的区分已不明显，吏、官之间出现并深化了差别，与汉代大不相同了。

之所以发生这一变化，主要原因有二：

第一，在魏晋南北朝，是由门阀制度的形成、发展所决定的。在这一制度下，士族及其把持的政权极力维护门阀特权。压制寒人、庶人。士族由于条件优越，一般保持着较高的政治、道德、文化水平；而寒人、庶人由于种种原因，政治、道德、文化素质下降。这样便有意无意地促成社会上的"士庶天隔"①，政治上的"官分清浊"②。

在这种制度和风气下，高官要职和"清官"一般全由士族铨选，官府中职位居下层的吏胥例由寒人、庶人充任。由于充任者身份低下，很自然，连带也就使所充任官府中的各类吏胥日益受到轻视，在门阀士族心目中，他们与徭役对象的"吏"，差别已经不太大。同时，在儒家思想占主导地位的社会里，对吏胥"鞭杖肃督"③，正是促使吏胥身份卑贱、吏官身份差别进一步加深的重要因素。

第二，发展到唐宋，虽然早已"选无清浊"④属于政治制度范畴的门阀制度业已成为历史，但由于科举出身、数量更为庞大的官员队伍取代了吏胥，官员在官僚机构中一般担任着各部门、各地区要职。主官握有一定范围内司法、税收等决策权，成为古代王朝的主要依靠力量。与此同时，随着社会经济、文化的发展，唐宋统治事务比起两汉、魏晋南北朝来，大为复杂，朝廷所颁发律例越来越多，因而吏胥分工越来越细，事务越来越琐碎，人数也大大增加。由于当时社会生产力、科技水平有限，王朝的统治基本上是行政事务，分工越细，也就越容易掌握。这样，王朝对吏胥人选的政治、文化素质要求必然降低。只要有一点文化水平，能报关，熟悉有关律令、文书，为官员审办各类案件、处理事务提供资料法例就可以了。至于在此基础上如何全面、深入领会法例精神，结合复杂的案件、事务，从王朝统治利益出发，综合考虑，衡量轻重，最后判断、决策，则自有主要是科举出身、素质高的官员、长官在，由他们去负责。正因如此，王朝对吏胥素质要求必然降低：逐渐演变成主要虽"非贫户弱者"⑤，但仍需承

---

① 阙勋吾：《简明历史辞典》，河南人民出版社1983年版，第391页。
② 张旭华：《九品中正制略论稿》，中州古籍出版社2004年版，第313页。
③ 颜之推：《颜之推全集译注》，张霭堂译注，齐鲁书社2004年版，第165页。
④ 魏徵：《隋书》，中华书局1999年版，第926页。
⑤ 薛允升：《唐明律合编·宋刑统·庆元条法事类》，中国书店出版社1990年版，第925页："非贫户弱者"见《庆元条法事类》卷四七"违久税租"。

担服役的尼户作为"役"来充任，或经选拔，或经考试，对其业务要求尽管已有专业化倾向，但总体上说都比较简单、粗浅。这些吏胥和科举出身官员需"十年窗下"①，经多项内容艰深、具有综合性质的考试，亦即多次筛选，都合格后方得录用，其素质要求是远不能相比的。此时的吏胥，与两汉比，虽同为"庶人之官者"，但实际上威望亦即在官府中的地位，对王朝的重要性，已下降了一个档次，执掌具体、琐碎，权力日益减轻。

唐宋吏胥的道德素质也下降了。早在隋代"高祖之世，以刀笔吏类多小人，年久长奸，势使然也"②。唐宋继之"郡吏多贪污放恣，侵凌越人"③。因为当时业务分工琐碎，充吏容易，吏胥出身品类庞杂，缺乏经史、礼仪教育，对腐败行为的抗拒能力差。吏胥名额大，王朝财政经济力量有限，对吏胥少给俸禄或不给俸禄，造成他们生活艰难，就使吏胥贪污受贿在所难免。统治者鉴于吏胥素质低下的消极作用，采取了防范措施。首先，类似过去寒人、庶人只能任浊官一样，逐渐限制吏胥的仕途。其次，借助官员制衡吏胥，打击其"小人之态"，沿袭魏晋南北朝之制，允许官员对吏胥行笞杖。

按《孝经》卷一："身体发肤，受之父母，不敢毁伤，孝之始也；立身行道，扬名于后世，以显父母，孝之终也。"④而上述两项措施使吏胥一生命运与此《孝经》精神正好背道而驰：既可能随时遭笞杖，"毁伤"身体发肤，又遇到重重限制，一般说终生无扬名于后世之日。在本来官吏素质差别已经不小的唐宋社会，随着儒家学说进一步占据统治地位，并作为选任官、吏的指导思想，与科举出身官员犯法享有"输赎"特权，仕官飞黄腾达、前途无限相比，吏胥身份卑贱，遭受歧视，吏、官身份差别加深是必然的。

三、界限分明低落阶段——金元明清

尽管在唐宋时期，吏、官深化了身份差别，但在制度上，吏职、官职并未完全、明确区分开来。而到这一阶段，吏职、官职在制度上界限分明了，吏胥身份后来跌落到历史的最低点，成为与官员截然不同的另一特殊群体。

---

① 刘祁：《归潜志》，中华书局1983年版，第74页："故当时有云：古人谓十年窗下无人问，一举成名天下知。"
② 魏徵：《隋书》，中华书局1999年版，第1176页。
③ 朱杰勤：《亚洲各国史》，广东人民出版社1958年版，第41页。
④ 吕平编：《孝经》，新疆青少年出版社1996年版，第1页。

（1）在唐宋社会，一部分有"流内"①官品之职位，是官，还是吏，尚处在变动之中，并未最后固定下来；而且往往要视长期由进士、士人充任，还是由"流外"②入流者即吏胥出职者充任而定，而主要不以工作任务是否掌握一定范围决策权，还是仅仅经办文书为区分标准。这一特点，就是前述唐宋社会吏职、官职尚未明确、完全区分开来的一个最突出的标志。当然，这里所说仅指的是"一部分有流内官品之职位"③，一般是低级官品。另外，主要吏胥的"流外"官仍称官，也是吏、胥相混的一个标志。

为什么直到唐宋，吏职、官职仍未最后区分开来，特别是还要将一部分由流内官品之职位定位吏职，使一些吏胥在制度上归入流内的行列，形成与后来金元明清不同的特点呢？这主要是统治者有意如此安排，目的是在吏胥身份卑贱，政治、社会地位低落条件下，借以激发、调动他们为王朝服务的积极性。即在对吏胥大力压抑的同时，又要让他们感到有一定的奔头。于是就有了已经提到的"流外"入流即出职制度。

（2）然而，前述直到唐宋所存在的这个特点，全都是在吏胥身份日益卑贱的历史背景下逐渐形成的，而到金元，这一状况发生了极大变化。

首先，吏胥身份和政治、社会地位提高。就中央主要官府，特别是尚书省的令史而言，其来源可以是进士、举人、现任官员，出职或考满补官后前途是"仕进皆列与正班"④，甚至升至"宰执"⑤，则和唐宋吏胥比，吏与官身份、地位差别缩小是必然的。

其次，由于吏官身份、地位差别缩小，中央主要官府令史且多有以士大夫充

---

① 《辞海》，中华书局辞海编辑所1961年版，第92页：流内：古代官制从三国魏国开始，即有九品的划分，历代相沿不改。隋代自从九品至一品官，称为流内，其余称为流外。唐、宋沿袭此制，吏部铨选同样有流内、流外之分。唐对流外转授流内官，已有入流的说法；元代称流内为已入流品职官，为后世称流内官为入流之所本。

② 《辞海》，中华书局辞海编辑所1961年版，第92页：流外：古代官制有九品的划分，隋、唐九品以外职官，称为流外，也分为九品；其京师台、省等官署吏员，多任用流外官充当。经过考铨以后，可以递升流内，唐时叫做入流。宋代沿袭唐制，诸司吏员出缺，通过考试选补，叫流外铨。

③ 祝总斌：《材不材斋文集 祝总斌学术研究论文集》（下编），三秦出版社2006年版，第124页。

④ "诸宫护卫、及省台部译史、令史、通事，仕进皆列于正班，斯则唐、宋以来之所无者，岂非因时制宜，而以汉法为依据者乎。金治纯驳，议者于是每有别焉。"（元）脱脱：《金史》，中华书局1975年版，第751页。

⑤ 刘国新：《中国政治制度辞典》，中国社会出版社1990年版，第123—124页：唐宋时期对官属宰相官僚的通称。唐朝以中书省长官中书令和门下省长官侍中充任的宰相为真宰相，其他官任宰相的，均加同中书门下三品、中书门下平章事、知政事等名，统称宰执，宋代以同平章事为正宰相，其他如参知政事、左右丞及枢密使、副使等称为执政官，合称宰执。

任者，因而前述唐宋在低级品官中保留专由吏胥出职充任之吏职，以激励他们为王朝努力服务的必要性也就不存在了。于是，金代出现了一个明显变化，这就不像唐宋那样，在某些流内品官中往往根据出仕者出身是吏胥、还是士人，来分别吏职、官职，而是基本上改为以统治任务之分工为标准，来分别吏职、官职。凡主要任务是具体经办文书者，如尚书省、枢密院、御史台、六部等官府令史，一律定为"吏职"，没有官品，既不是流内官，也不是流外官，因而和唐宋不同，吏职、官职在制度上界限分明，毫不相混。

金代以上变化，元代基本沿用。如中书省都事正七品，六部主事从七品，均官职；而中央主要官府即省、院、台、部之吏胥，或称掾史，均和地方下层吏胥一样，没有官品，职官充吏比金代更为发展、完善。但即充吏，在任期间即随吏制，同样无官品，意味吏职、官职绝不相混，和金代相同。但是元代又有一个特点，这就是从个人出身而言，金代重吏事但不轻儒，不轻士大夫，而元代统治集团始终是重吏轻儒的。元长期进行战争，必然重视军功和吏事，统一天下前后，要职也多被这两类人占有。元末元统元年进士及第的余阙在《杨君显民诗集序》中说：

> 我国初有金宋，天下之人惟才是用之，无所专主，然用儒者为属多也。自至元以下始浸用吏，虽执政大臣亦以吏为之，由是中州小民粗识字能治文书者，得入台阁共笔札，累日积月，皆可以致通显，而中州之士见用者遂浸寡；况南方之地远，士多不能自至于京师，其抱才蕴者，又往往不屑为吏，故其见用者尤寡也。①

由此可知，元代总体上吏胥身份，地位实际上比金代进一步提高，更加无须像唐宋那样通过在低级品官中保留吏职，去激发他们的积极性。于是，吏职、官职毫不相混，明确区分之制，也就最后固定下来。

（3）明代由汉族掌权，继承唐宋传统，取消士大夫、职官充吏制度，就个人出身而言，重新重儒轻吏，但吏职官职明确区分这一制度却无法改变了。《明会典》中，"吏员"和"官制"是分开的。官员中包括流内品官和流外官，而"吏员"则包括中央、地方各类吏胥，并明确规定吏是"役"，与官员之仕截然不同。

---

① 李修生：《全元文》第四十九册，凤凰出版社2004年版，第132页。

《清会典》在这一问题上与《明会典》略同，并在卷十二"吏部验封清吏司"规定："设在官之人以治其房科之事曰吏。凡京吏之别三，一曰供事，二曰儒生，三曰经承。外吏之别四：一曰书吏，二曰承差，三曰典吏，四曰攒典。皆选于民而充之，役五年而更焉。……役满不退者，舞文弄法者，皆治以法。"《清会典》对吏胥做出界定："设在官之人以治其房科之事曰吏"。[①] 这一界定，如此准确，在中国政治制度上还是第一次。这是我国古代吏胥制度已发展到第三阶段，亦是最后阶段的反映。

四、吏胥制度发展的趋势

我国古代吏胥制度发展变化的根源可以归结为以下几方面：

（1）中国封建社会以皇帝为中心，实行皇权至上和皇权专制的政治制度，皇帝高踞于国家机器之上，拥有至高无上、不受制约的绝对权力。皇帝是国家政治事务法定的唯一最高决策者，有权统率和指挥自中央朝廷以至各级地方军政系统和文武官吏，要求他们绝对遵照自己的意志和指令办事。一切以皇帝名义发出的指示，都被赋予神圣不可侵犯的地位，"朕即法律"，不允许有任何违抗或异议。君主专制、个人集权与宗法血缘关系，贯穿中国封建社会政治制度的始终。在高度君主专制中央集权制度下，行政权力包揽一切，并且实行人治，一切法律的颁行和解释，所有一定品级的文武官员的任免、奖惩和升贬，全国性财政赋役的征调和开支，对外和与战及对军队的调遣指挥，都只有皇帝一人才能决定。

（2）中国古代官吏铨选的途径很多，有世袭、纳赀、军功、荐举、郎选、恩荫和科举制等，分三个阶段和三种制度，即先秦的世袭制、秦汉至魏晋南北朝的荐举制和隋唐至明清的科举制。科举制虽为隋、唐以后官吏铨选的主要途径，但世袭制、荐举制以及军功、吏进、纳赀捐官、荫封等其他官吏铨选制度作为科举制的补充形式仍继续存在。科举制创于隋代，形成于唐代，发展完备于宋代，强化于明代，衰落于清代，先后绵延1300多年，是中国封建社会中后期主要的官吏铨选制度。

（3）两千多年来吏胥选拔的标准越来越低。在汉代，因为朝廷委派的郡县长官、佐官人数极少，必须依靠吏胥方能统治地方，故长官所辟主要吏胥多为本

[①] 参见艾永明《清朝文官制度》，商务印书馆2003年版，第62页："设在官之人以治其房科之事曰吏。凡京吏之别三：一曰供事，二曰儒士，三曰经承。外吏之别四：一曰书吏，二曰承差，三曰典吏，四曰攒典。皆选于民而更焉。非经制者，曰贴写、曰帮差，其滥者禁之。"

地望族、知名人士。到魏晋南北朝，尽管由于一些位高权重之吏职已转化为官职，且吏胥均寒人、庶人，威望比两汉已经下降了一个档次，但总体上选拔标准依然不低。一直到唐宋，所选吏胥在本地势力仍颇强大。如宋代吏胥多从乡村上户选拔，然后与流内品官一样成为"形势户"。而到明清，情况便大不相同了。在金元制度上吏职、官职界限分明的基础上，随着科举制度的进一步发展，大约从明代中叶起，形成了绅士阶层，从此一直存在至清末。它们主要由科举中试的进士、举人、生员和入仕的官员组成。明清时，"形势户"中的吏胥逐渐便为生员组成的下层绅士集团所取代，王朝赋予它们一些特权，这使不拥有这些特权的吏胥相形见绌，选拔标准以及与之相关的身份、地位，便又下降了一个档次：主要由素质较差的"吏皆四方游民无籍者充之"①，他们习于舞文弄法、敲诈勒索等。所谓"自明中叶以后，士大夫之于胥吏，以奴隶使之，盗贼待之"②，便是他们的反映。

吏胥作为一个群体，明朝时对封建王朝的统治已不重要了。但吏胥制衡官员，督促官员奉法事君，仍是巩固封建王朝统治不可缺少的环节。而清朝由于是满族当政，相对汉族统治而言，吏胥又比明朝有更大的作用，郭嵩焘说："汉唐以来，虽号为君主，然权力实不足，不能不有所分寄。故西汉与宰相、外戚共天下，东汉与太监、名士共天下，唐与后妃、藩镇共天下，北宋与奸臣共天下，南宋与外国共天下，元与奸臣、番僧共天下，明朝与宰相、太监共天下，本朝则与胥吏共天下耳"。③"清与吏胥共天下"，便是很好的写照。

上述变化，仅就吏胥个体而言。吏胥作为一个群体，明朝时对封建王朝的统治作用已不明显了。但在清统治集团心目中，吏胥的地位已无足轻重了。

五、吏胥演变与师爷源流

古代将帅出征，治无常处，需要安营扎寨，张幕设案，以幕为府，故称幕府，其佐治人员如参谋、文书等则统称幕僚。以后相沿成习，幕府成为各级军政官署之代称，那些帮助军政大员办理各类事务的文人学士，也就获得幕宾、幕僚、幕友等称谓。

隋唐时期的科举制度确立以来，授官的一个基本要求就是饱读诗书、通今博

---

① 刘小萌：《胥吏》，北京图书馆出版社1998年版，第99页。
② 顾炎武：《日知录集释 下》，黄汝成集释，华山文艺出版社1990年版，第794页。
③ 张汝杰、杨俊明：《清代野史》第七辑，巴蜀书社1988年版，第299页。

古。因此，学子们为了"入仕"，把毕生的精力都运用到了学习儒家经典上，很少有人研读法律制度、财政赋税。所以，他们一旦通过科举考试，取得官职，管理国家各种行政事务，就不得不聘用各种师爷。

师爷又称幕友、幕宾、幕客等，是人们对于作幕之人的一种俗称。师爷虽然是政府部门的佐治人员，但一般并无官衔职称，也不在政府体制之内；师爷由幕主私人聘请，与幕主实属雇佣关系。幕主尊师爷为宾、为友；师爷称幕主为东翁、东家。清代徐珂在《清稗类钞》中说："仆人称官员为老爷，称幕友为师爷。"①

（一）师爷的先祖

图6　师爷馆

师爷源出周王之官——"幕人"。"幕人"最初的职责是掌管帷幕等物器，并在周王朝觐、会同、军旅、田役、祭祀时张幕、设案。《周礼·天官冢宰第一》记载："幕人掌帷、幕、幄、帟、绶之事。凡朝觐、会同、军旅、田役、祭祀，共其帷、幕、幄、帟、绶。"又曰："掌次掌王次之法，以待张事。"②《周礼注疏》云："王出宫，则幕人以帷与幕等送至停所，掌次则张之。"③清帝雍正在上谕中说过："今之幕客，即古之参谋记室。凡节度观察，皆征辟幕僚，功绩果著，即拜表荐引。其仿古行之。"④这些参谋记室人员往上溯源，就是周官幕人，幕人就是从事幕业人员的原始称谓。

春秋战国时期，王公贵族府中的士大夫，为其主人出谋献策，职责与幕人是一样的。秦汉时期幕业发展的另一种形态是刀笔吏的盛行。"幕府"一词首见于

---

① 徐珂：《清稗类钞》（第三册），中华书局2010年版，第1381页。
② 崔记维校点：《周礼》，辽宁教育出版社2000年版，第12页。
③ 郑玄注、贾公彦疏：《十三经注疏》之四　黄侃经文句读《周礼注疏》　附校勘记，上海古籍出版社1990年版，第91页。
④ 徐珂：《清稗类钞》（第三册），中华书局2010年版，第1380页。

《史记》。据《史记》记载，汉景帝时有人诬告周亚夫谋反，周亚夫在辩解时说买的兵器是"葬器"，是为了陪葬之用，吏簿则说："你即使不在地上反，也会在地下反。"①这种刀笔吏手法，在后代师爷故事中屡见不鲜。大将军卫青对长史下了一道命令，催促李广到幕府去回答军队迷失道路之事。李广到幕府后，对他的手下人说："我今年六十多岁了，终究是不能再次面对刀笔之吏。"于是引刀自刎。②可以说李广对幕府刀笔吏的厉害深为知晓，这是前车之鉴。

两汉时期幕僚制度已基本成型。汉代公卿、郡守都有权聘用僚属，光武中兴之后辟召之风尤其兴盛。光武帝曾征召过故人严子陵，但严子陵却宁愿在富春江钓鱼。东汉末，各路豪强军阀拥兵割据，为确保自身发展，争将天下名士罗致幕下，以壮势力，这导致了幕僚制度的进一步发展。

西晋永嘉之乱以后，中原战乱不断，大批士人南迁，他们失去了原有的土地田宅，流落江南，一些地方豪强纷纷招引他们为宾客，扩大势力。那些挟一技之长的奇人异士，以及名声很高的"隐士"，身处乱世，也依附豪门望族为幕宾。

东晋时期权臣桓温图谋篡夺天下，参军郗超为他谋划。谢安与王坦之曾经去拜访桓温，谈论国家大事，桓温就让郗超藏在幕帐之后偷听。没想到一阵风来，吹开了帘帐，郗超露了出来，谢安笑道：

郗生可谓入幕之宾矣。③

这是历史上首次出现"幕宾"一说。

南北朝时期，名士庾杲之（字景行）受聘到王俭的幕府中去做长史，有朋友表示祝贺，说有这样的名士入幕，好比芙蓉依傍着莲花池的绿水，更加亮丽。④后人因为这个典故，将幕府雅称为"莲幕"，入幕之宾也就被称为莲幕，与表示

---

① 司马迁：《史记》，线装书局2006年版，第269页：居无何，條侯子为父买工官尚方甲楯五百被可以葬者。取庸苦之，不予钱。庸知其盗买县官器，怒而上变告子，事连污條侯。书既闻上，上下吏。吏簿责條侯，條侯不对。景帝骂之曰："吾不用也。"召诣廷尉。廷尉责曰："君侯欲反邪？"亚夫曰："臣所买器，乃葬器也，何谓反邪？"吏曰："君侯纵不反地上，即欲反地下耳。"吏侵之益急。
② 司马迁：《史记》，线装书局2006年版，第454页：大将军使长史急责广之幕府对簿。广曰："诸校尉无罪，乃我自失道。吾今自上簿。"至莫府，广谓其麾下曰："广结发与匈奴大小七十馀战，今幸从大将军出接单于兵，而大将军又徙广部行回远，而又迷失道，岂非天哉！且广年六十馀矣，终不能复对刀笔之吏。"遂引刀自刭。广军士大夫一军皆哭。百姓闻之，知与不知，无老壮皆为垂涕。
③ 许嘉璐主编：《二十四史全译 晋书》（第三册），汉语大词典出版社2004年版，第1521页。
④ 李延寿：《南史》第4册，中华书局2011年版，第1210页：安陸侯蕭緬与俭书曰："盛府元僚，寅难其选。庾景行汎渌水，依芙蓉，何其丽也。"时人以入俭府为莲花池，故缅书美之。

官府大堂的"琴堂"相对，赞誉宾主相得之意。

隋朝置州统县。及至唐代天宝之后，各地有团练防御使及节度使之属，允许配备判官两人，掌书记一人。在唐代幕府中，府主与幕宾之间虽有主客关系，但本质上是长官与佐僚的关系。唐代诸使虽然在用人行政上与魏晋南北朝时的地方长吏有所差异，比如幕府辟客要奏闻朝廷，但其用人的自主权基本上没有改变。辟署作为一条入仕之途，虽然在地位上不如刚刚兴起的科举，但仍然是一条重要的途径。未能从科举之途发达的士子，还可以通过幕府的辟署进入仕途，并升级晋官。可以说，在幕僚制下，入幕就是入仕。

图7 师爷馆斯干堂

五代初期，各方镇守都很重视幕宾。群雄割据，互相争胜，书信往来也要高人一筹，不甘落于人后。各路镇守多方延请名士，以充实幕府。然而藩镇武夫，恃权任气，又往往凌蔑文人，甚至于杀害。郑准做荆南成汭的书记官，因为双方不合辞职而去，引起了成汭的愤怒，暗中派人将郑准在途中杀害。书记官尚且如此，此外副使、判官之类就更不用说了。清代赵翼在《廿二史札记》中把这种现象称为"五代幕僚之祸"①。

北宋初期，统治者鉴于藩镇势力导致中央大权旁落，就对幕僚制度进行改

---

① 赵翼：《廿二史札记》，世界书局1936年版，第294页。

革，幕僚聘用由自辟改为中央任命；幕僚数目由不确定改为员额限定。幕僚地位削弱，由过去可以参与决策政务转向协助长官管理行政。幕僚逐渐与长官脱钩，成为幕主的佐治人员。宋代对幕宾有三种称谓：幕客、幕僚和幕职官。

明代是师爷的萌芽和酝酿阶段，师爷作为一个独立的行业在明代逐渐兴起，绍兴胥吏帮的兴起就是清代绍兴师爷的滥觞，科举落第的绍兴人已盛行做衙门书吏。王士性在《广志绎》里说，朝廷上自九卿，下至闲曹细局，书吏基本上都是越人。明代小说《醒世恒言》里也说绍兴人把当书吏作为一项生意来做，常常采用"飞过海"①的办法来积累选官资格，以至于州县衙官大半出自绍兴。

清代是师爷的全盛时代，也是师爷活动的主要时代。清代地方主管官吏，上自总督、巡抚，下至知州、知县，一般都要聘请若干位师爷帮助自己处理政务。以州县而论，清代全国共有1500多个州县，绝大多数州县都聘有师爷。每一州县的师爷多则十数人，少则二三人，合计全国州县师爷不下万人。如果再加上总督、巡抚、布政司、按察司、知府等衙门中的师爷，数量就更可观了。美国学者费正清在《剑桥中国晚清史》中的说法是：

"随着官员在省级或地方一级职责的加重，幕友的规模和人数也跟着增加。到18世纪末，这些助手的总人数估计已达7500人。虽然没有可靠的调查统计数字，但可以假定他们的人数在19世纪继续有所增长。"②

因此，当时社会上流行着一句谚语：无幕不成衙。清人李伯元所著小说《文明小史》第三十回写道："什么叫做作幕？就是各省的那些衙门，无论大小，总有一位刑名老夫子，一位钱谷老夫子。"③作幕就是当师爷，刑名、钱谷老夫子是师爷中最重要的两种。《文明小史》所说的情形反映了清代师爷兴盛的景况。

清代师爷极为活跃，在清代官场和社会中的作用极为重要。他们是幕主的亲信、智囊、私人助理，幕主将他们倚为左右手，委以重任，不可或离。他们本身虽然不是官，但是所办的都是重要的官府公事。他们手中掌握了相当一部分官府的实际权力，虽说是佐官以治，实际却在很大程度上是代官出治。如王春龄手稿

---

① 岳国钧主编：《元明清文学方言俗语辞典》，贵州人民出版社1998年版，第216页："飞过海"——形容官场中用行贿方式提前选官上任。《醒世恒言》三六卷："原来绍兴地方惯做一项生意，凡有钱能干的，便到京中买个三考吏名色，钻谋好地方去做个佐贰官出来，俗名唤做'飞过海'。"
② ［美］费正清：《剑桥中国晚清史》，中国社会科学出版社1985年版，第157页。
③ 李伯元：《文明小史》，熊飞校勘，江西人民出版社1996年版，第252—253页。

《复办理鄂蜀赈捐即补县正堂汪大令函》（见上篇书启8），就是师爷为幕主赈捐解款之事代写的文稿：

  复办理鄂蜀赈捐即补县正堂汪大令函
  尔祉仁兄大人阁下，昨奉
  环云，敬聆种切。辰维
  鼎升叶吉！
  利济为怀，引领
  裔云，倾心祝露，奉
嘱，鄂蜀赈捐解款一节，承指示之周祥，铭寸衷而靡。既查敝处，先奉督办赈捐，省局宪饬行劝募，颁发捐票叁百张。原令专文批解，是以照填，收照。分给各捐生。嗣接府局宪函谕，汇由
  尊处转解。因收报单，随款汇是。鄙意以为，捐款则由
  府局宪汇交，
  执事转解报单则由
  府局宪转申，
省局备案，所给收照，则由各捐生，赴省请奖，似属可行。虽在
  贵局入此捐款，不过诚属杯水车薪。而弟亦稍塞奉办之责，诚为两便。是以前次，一面呈解，掣取收条，亦即备文申报。
  省局存照，今准。前因，仰祈
  阁下面商。
  府局宪可否，将已解捐款报单，俯照原文办法，分别报解。嗣后移知新署任，如有捐款，即送
  尊处核实。此处概不填给收照，以归一律。倘府局宪未允照行，请就近回明，将原呈报单扎发回局。弟即尊札，声明申报，是否之处，仰乞
  台安！鹄候
  示复 不庄
      愚弟余某某顿首

（二）师爷的职能

  清初社会动荡，各种制度初建，为了稳定社会，统治者在大政方针方面只得继承明朝，师爷制度也在清朝地方上流行开来。因为清朝政权是一个以满洲贵族

为核心、以满汉地主阶级联合为基础的封建专制主义政权,"首崇满洲"①是它的基本国策,也是它的政权命脉所在,随着清朝政权的巩固,从中央到地方必然建立起一个以满洲贵族为核心的庞大的官僚体系。所以在这个官僚体系中,就满族官员而言,初到中原不懂语言,不通风俗,不谙政务,急需有人辅助才能管理各种事务,这也为清代师爷的发展提供了很好的机会。乾隆时期,历史学家邵晋涵曾说:"今之吏治,三种人为之,官拥虚名而已。"②

哪三种人呢?幕宾、书吏、长随。

清代师爷的种类很多,主要有刑名、钱谷、摺奏、书启、挂号、征比、账房、硃墨笔等。其中最重要的是刑名、钱谷。从师爷所从事的幕务来看,主要有以下十余种。

1.刑名师爷

刑名师爷在各种师爷中居首要位置,报酬最高,一般都在每年一千两银子左右。当然,想学的人也最多,可学习的难度最大,学习的时间也最长。此类师爷专理刑事、民事案件。清光绪末年以前,只有省级督抚衙门才有臬司专理司法事务,各道、府、州、县的行政长官一般均须兼理司法。但地方官大都科举出身,对法律甚为外行,审案无术,而刑名案件办理得好坏又直接影响他们的前程。因为不仅上级考察地方官首先考察狱讼是否合情合理合法,而且地方官的司法公文稍有疏忽就会触犯《钦定吏部处分则例》,不是罚俸,就是降级,甚至要革职拿问,而且各地百姓对于地方官的评价也首先在于司法审判是否公正。因此,地方官不得不把这类事务委托给熟谙《大清律例》的刑名师爷。所谓律例,是法律条文与案件判例的合称。清代自顺治入关统治中原历260余年,各类法律条文、案件判例累积无数,如未经名师指点和专门钻研,便无法按照律例审理刑事、民事案件。因此,各级地方官员对刑名师爷器重有加。

刑名师爷在州县的司法审判中起着举足轻重的作用。当有诉讼案件发生时,不懂律文的州县官往往把诉讼状交与一位刑名师爷,由刑名师爷决定该案是否应当"开庭审判",何日开庭,如何按律定罪。但师爷不能参加庭审,主持庭审并宣布判决的是州县官。由此可见,一旦发生冤案、错案;直接责任人只能是州县官,而不能是刑名师爷。府、道、司、督抚等上级机关转审的案件和公文,也由

---

① (清)蒋良骐:《二十五别史 东华录》,齐鲁书社2000年版,第102页。
② 汪龙庄、万枫江原著,唐汉编译:《官经:施政权谋经典》,三秦出版社1995年版,第318页。

师爷代官批答。如某处发生人命大案，也应由幕友代县官向府至督抚各级通察。以后随着案件审理的进展，师爷还要随时上报例行的详文。

庄友恭所撰《偏途论》中有《送刑名核办事件》一节，讲的是长随应该将哪些文牍送刑名师爷处理，从中可见刑名师爷的"职权范围"。原文是：

> 到任通报，印信关防，访拿讼师，地棍土豪，师婆邪教，蛊毒害人，地师引诱，庸医杀人，结盟拜会，强盗硬丐，僧道鏖化，符箓度牒，义鸡剪绺，贼舟匪船，聚众赌博，窝赌窝娼，奸占拐骗，土妓流娼，诬良为盗，买良为娼，婚姻休妻，买休卖休，强奸和奸，嬲奸幼童，私宰耕牛，吸食鸦片，六房典吏，书差舞弊，报捐查籍，封赠旌奖，贞女教子，义夫节妇，丁忧启服，承祧过继，阴医僧道，抛弃尸骸，开棺盗斗，毁坟掘墓，命盗抢劫，书差乡保，书院观风，夹带枪手，文武考试，公出公回，词讼月报，大计考语，越城犯夜，编查保甲，到配安置，接递公文，兵牌火票，遗火放火，私挖官堤，假官假印，假票假银，窃取木植，偷伐茔树，私造鸟枪，器械炮位，贩卖烟土，硫黄私硝，疏失饷鞘，索扰图赖，讹诈滋闹，斗殴打降，抬验伤痕，叛逆灭伦，违悖殴尊，割夺偷窃，娼优隶卒，监狱班房，差保私押，私刑勒诈，疏脱人犯，各犯报病，犯人拒捕，夺犯殴差，钦查案件，赃私缓赎，十要减等，秋审立决。①

从以上所列的这80余项事情来看，刑名师爷所办的案件几乎包括了所有刑事案件及部分民事案件，还参与一定的治安、教化等方面的事务。

具体来说，刑名幕友要参与司法审判的全过程，从批呈词、勘验详案，到定拟招解、审转复核，都是刑幕要做的事。这就要求刑幕必须精通律例，汪辉祖说：

> 幕客佐吏，全在明习律例。律之为书，各条具有精蕴。仁至义尽，解悟不易，非就其同异之处，融会贯通，鲜不失之毫厘，去之千里。夫幕客之用律，犹秀才之用四子书也。②

如《师爷手稿选》中有《复大荆粮厅傅》（见上篇书启2），就是关于"大

---

① 庄建平主编：《近代史资料文库》第10卷，上海书店出版社2009年版，第372—373页。
② 汪龙庄、万枫江原著：《官经：施政权谋经典》，唐汉编译，三秦出版社1995年版，第125页。

荆平籴一事"案件的"汇案转报":

  复 大荆粮厅傅
  一繁仁兄大人阁下,专足至,接奉
  瑶章。并来印结,领悉种种。藉谂
  鼎祜夏盛。
  履祉时和,快符肫颂。大荆平籴一事,辱承
  会同绅董,设法妥办,感何可言,昨章
  道宪札饬,由函印发护照,交绅董运米呈验,正拟核办移送,既蒙
  雅嘱,自当饬承速缮,现已备就印照十笺,奉祈
  查收转给。至管辖境内,既无伪造贩运情事,容当汇案转报矣。专此
复请
  升安!维
  照不尽
        愚弟正肃
  送 阅后即缮发 廿三日

  批呈词是针对原告呈递的诉讼状文拟写决定受理与否的意见,一般写在呈词副状的末尾,然后交主官定夺。如果主官同意,再将刑幕所拟的意见誊录到呈词的正本上,批词遂发生法律效力。因此,刑幕在相当程度上影响一个案件是否能够进入司法程序。一个称职的刑幕能够准确判断案件的性质,是否需要立案,以及在哪个环节(程序)终结案件。

  详案是对案件的正式审理程序,包括审讯被告人、讯问尸亲(即被害人的亲属)、证人,必要的勘验、检查等活动。由于报词真假难辨,轻重难分,牵连多人,因而要求刑幕明辨是非,理出轻重,将无干之人排除在外,才能保证案件审理不被幕后的讼师所诱导,从而在规定的期限内结案。从法律上讲,这些事情都要由主官来做,但如此专业的要求是不通晓律例的州县官难以胜任的,因而幕友必须跟踪一个案件(当然主要是重案)的全过程,才能掌握真实情况。有的幕友(如汪辉祖)干脆在大堂后面拉个幕帘,在幕后听主官问案,然后提出具体意见。也就是说,不论采取什么方式,刑幕事实上参与甚至主导案件的审理。

  案件审理完毕后,按照清代司法层级管辖的规定,如果是徒刑以上案件,州县官无权作出判决,但他作为第一审级必须根据律例初拟罪行,具文详细上报下

一审级,这就是定拟招解。这种司法文书的呈拟工作通常也由刑幕来完成。其中又有详报、叙供等多种。详报是下级呈报给上级有关案情以及需要上级批示的公文。如果是命、盗等案件,州县官必须在规定的时间进行初报,以后随着案件审理的进展还要及时上报,这被称为"通详",而把向上级衙门报告审转过程和判决意见的公文称为"申详"。叙供是判决的基础,是对刑幕法律知识和文字能力的最重要检验,它既包括被告的供述,也包括邻右证人的证言,以及据此拟定的法律适用。一般而言,上级衙门就是从叙供中找出蛛丝马迹推翻初拟的,这种情况下,主官轻则要受"出入人罪"①的处罚,重则被降级革职。因此,有经验的刑幕在这方面都表现得很出色。如名幕王又槐提出"叙供"应该遵守的"六法""九不可"等,被学幕者奉为叙供要诀。

招解类似司法判决书,包括对犯罪事实的认定,适用刑罚的拟定,是叙供后的法律判决意见书。审转复核是按照司法管辖的规定,对案件实行的逐级审转复核的一种制度,由此而产生若干种司法文书。其中重要的是驳案、上控。驳案是上级衙门对上报的各种法律文书提出的质疑和不同意见,呈文衙署要据此予以答复。这方面最见刑幕的"功夫",既不能不坚持呈报的意见,又不能不给上级衙门留脸面,同时还要为将来一旦翻案留下转圜的余地,因此要求字字老到。王又槐说,州县刑幕在指驳中现中肯,方称"老手"。如果做上级衙门的刑幕,不但要能办案,还要有见识,必须高人一等,方堪此任。

2.钱谷师爷

钱谷师爷是帮助官员处理财政赋税事务的。清时,各地催征田赋、计算各种附加税额、统计应上缴朝廷和地方留成的税款分配等,照理都要由地方官主持,但实际上官员对此既不熟悉,又不愿干。因此,地方官只能依靠钱谷师爷来处理。钱谷师爷专门办理财政、赋税事务。财政税务是地方行政长官治理政务中的一个极其重要的方面,事关政局及主官的前途命运。旧时行政主官的任卸,都须办理接收移交,制造四柱清册,盘查核实账目,不仅手续繁复,且多陈规陋习。钱谷师爷既掌握各级政府财政命脉,又具结算技能,地位仅次于刑名、摺奏师爷。其主要职责是凡有关政府财政开支和民间经济事务的都需由钱谷师爷来处理,民政方面如赈济、捕蝗、社会治安和军需方面的如抗租抗粮、军需战船供应

---

① 宋占生等主编:《中国公安大百科全书》下卷,吉林人民出版社2000年版,第2458页:中国旧制审判官吏判罪同法律有出入的行为。入罪,即对无罪者判罪、轻罪者判重罪。出罪即对有罪者判无罪、重罪者判轻罪。因故意而出入人罪为"故出入人罪",因过失而出入人罪为"失出入人罪"。

等也由钱谷师爷来负责处理。由于财政征收是地方政府与司法审判并重的大事,工作绩效直接影响官员考绩,尤其影响官员的收入,所以,钱谷师爷与刑名师爷一样,也是首席幕僚,报酬也比照刑名师爷。

钱谷师爷也有自己的职责。在清代的官制中,离任官员要为其继任者准备一个账目和资金簿册,簿册中包括离任官在职期间的财政收入数目;已经花费及解送上司的数目;贮存于粮仓和金库中的结存钱粮。这一切都必须要求有一位精通赋税钱粮的师爷来处理,而熟读诗书的州县官是不懂其中奥妙的。此外钱谷师爷最重要的职责是审查已缴和尚欠税额,监督税票的发行和政府资金的开支。

钱谷师爷是县官的财神,《偏途论》中还有《钱谷核办事件》一节,总体反映了钱谷师爷所负责的具体事务。原文是:

> 接收交待,奏销钱粮,门牌清册,地丁人口,屯田籴谷,口粮籽种,乡饮酒礼,开垦熟田,丈量田地,匿契隐粮,杂税牙行,水旱飞蝗,强占田界,阻塞水道,私典盗卖,找价回赎,粮食时价,阴雨旬报,小户抽丰,绕越偷关,奉宪采买,俸工兵饷,河工碎修,水利船政,道路桥梁,庵观寺院,关津渡口,营汛卡房,火具修狱,造具衙门,颜料木植,铜铁铅勐,军功贡器,上用龙衣,夫马驲递,脚捐报销,钱法私铸,军需战船,强买硬赊,控追账债,当铺小押,违禁取利,屠宰烧锅,木榜禁私,抗租抗粮,经征经解,钦查仓库,亏空咨追,侵吞公款,查抄家产,邻境荒歉,流丐饥民,劝捐袄裤,常恤贫人,老人育婴,孤寡疗贫,干旱无收,开仓赈济,分别钱粮,皇恩大赦。①

仅从这里所列的60项事务看,钱谷幕友所要处理的事务没有刑幕多,但涵盖面也同样非常广泛,而且都涉及国计民生。具体而言,钱谷师爷承担的职责主要有三个方面:一是大量田土纠纷等民事案件,包括讨还银钱债务,买卖产业,纳税验契等;二是地方政府所承担的社会公共事业,如水旱灾情、修理工程,解送钱粮、采买变卖、牙行客欠、鼓铸制钱,以及驿站马匹、差使等;三是钱粮税收,这是钱谷师爷的"主业",也是其能够和刑幕平起平坐的根本所在,就这方面的职责来说,他既是钱粮总管,又是会计师。据潘月山撰《未信编》等书记载,钱谷师爷最主要的业务有清钱粮、造交盘、发兑支、查钱谷余粮、查税契等项。

---

① 庄建平主编:《近代史资料文库》第10卷,上海书店出版社2009年版,第373页。

清朝钱粮是掌握收支的关键环节。尽管每年州县都要奏销钱粮，但存留支放，加上临时支出，会经常有挪、借、透、欠等款项，如果条条有着落，项项有去留，就不会给上官、同僚以把柄，吏役也很难侵蚀。在清钱粮中，花户（纳税人）是否按时纳税，是否全征，关系到州县官的升迁，因而，在相当多的地方，专设一个"征比师爷"席位。有的地方有两个或两个以上钱谷师爷，也是为了保证税收这个重点。征比的主要依据是国家每十年定期修订的颁布给各地的《赋役全书》，以及所在地的税收档案。前者通常至少每个州县有两部，一部存于县衙，作为征收依据，另一部存于学宫，供当地士绅百姓查阅核对，防止官吏多征。如果到期没有完税，要对纳税户进行比责，即将拖欠赋税的人户传唤到官府进行杖责。如果到期躲避，师爷会建议官员签发拘票拘拿，并治以抗粮之罪，除责打之外，还要枷号示众。也有的州县官当纳税户不能完税时将责任归咎于吏胥，并对其比责。按照这种做法，州县官通常认为，花户通常不欠，多数情况是吏胥侵蚀，因此通过比责使其不敢为非作歹。但如此一来，吏胥又比责花户，在这种情况下，容易引起民众集体反抗。汪辉祖就主张将核对征税账目交给幕友后，对吏役实行奖惩。

造交盘是州县官员离任交代时最重要的一项工作，主要是核对账目，检查账目与实物是否相符。发兑支是对积欠未完户采取的办法。一般来说，多年没有收上来的积欠情况复杂，其中有吏役侵蚀，也有里甲及代纳大户侵蚀，还有的确属民欠。这时，钱粮师爷要对具体情形作出判断，采取兑支的办法使吏役难逃责任，不能推诿。如《致大荆粮厅傅》（见上篇书启1）对"查伪造洋银一事"的信件，由师爷拟写好，然后"送阅后即缮发"：

  致大荆粮厅傅
  一繁仁兄大人阁下：前因奉查伪造洋银一事，曾函芜缄，谅已早蒙荃照。惟管辖境内，有无伪造贩运情弊，必须严密查明，具结转报。现奉藩宪札催，刻不可缓。而赖心翁业已查明，出结送县，用特照录结式，泐函附呈。即祁
  阁下飞速催查，如无前项情事，并望出具印结两笺，克日寄下。是所至祷，专此祇请
  升安！并盼
  惠音不尽
  愚弟名正肃

结式

衔今于

与印结为遵,饬查明事。结得管辖乐清乡,自□都□起,至□都□止。严密确查,境内并无伪造洋银,亦无贩运入境情弊,中间不敢捏饰。合具印结,是实。

送 阅后即缮发 十四日

3.摺奏师爷

摺奏师爷(亦称章奏师爷)主要负责起草督抚以上官员上报皇帝的奏疏。由于摺奏师爷对主人的升黜荣辱关系重大,所以要求内容通情达理,文笔堂皇典丽,具备一定风格,还须贯穿经史,熟悉山川舆地,博通政制民情。参与戎幕的师爷,对《孙子兵法》亦须精研,唯此才能为幕主设谋献策,佐理军政要务。如曾国藩的爱将鲍春霆与太平军忠王李秀成战于南昌,连败数阵,江西抚台给曾上公文,责鲍屡战屡败,请曾转奏皇上。曾国藩既不敢欺瞒皇上,又欲保全爱将,只得召幕下"绍兴师爷"急议。他身边的绍兴师爷马家鼎接过公文,仅挥笔将"屡战屡败"改为"屡败屡战",就使曾国藩一脸愁云尽散。原来依照清朝定例,如果将士屡战屡败者,必得在军前正法;而屡败屡战者,则是忠勇可嘉之将,非但无罪,而且要升赏。这么一改,事实仍旧,而气概则完全不同,显示自己坚韧刚毅。曾国藩悟出玄机,对面前的这位绍兴师爷大为赞赏:

一字之易,所以值千金者,盖在此耳![①]

4.书启师爷

书启师爷是帮助官员专门掌管书信的,也称书记师爷,相当于秘书或文书之类。由于地方政府有关司法、行政事务的公文往往由刑名、钱谷师爷起草,因此书启师爷一般负责起草各种礼节性的书信。他们往往根据官场惯例,或逢年过节,或遇上司生日、添丁、升官、加级之际,书写贺信;若遇上司亲属死亡,则需书写唁信。此类书信多要求以骈文来写,骈四俪六,气概堂皇。由于书启师爷学问有限,只要文章写得好就行,而这类应酬文字又大多可以套用书籍,且千篇

---

① 李乔:《中国的师爷》,商务印书馆国际有限公司1995年版,第82—83页。

一律，亦非难事，在衙门中被人称为"以砚为田，事最清高"。其地位虽不如摺奏、刑名、钱谷师爷，但亦颇受尊重。

5.挂号师爷

挂号师爷是帮助官员处理文书事务的，如对公文进行登记、分类、发送、存档，分门别类记录公文的处理期限，催促有关师爷、书吏抓紧办理，防止公事逾限。因为清代行政法规极严极细，对每一件公事都有严格的办理期限，逾期官员就会受到降级、罚律的处分，甚至革职罢官。因此，各类公文的处理期限全凭挂号师爷提醒。主要负责批牍，即代理主官批答文件。其地位因主官是否倚重而异，若主官放权，即可广泛过问各类行政事务，有时还可承担刑名、钱谷师爷部分工作，地位倍见不凡；否则，仅负责来往信件、公文登记及制作表册等日常事务，无足轻重。"挂号"负责所有文牍、告示和捕票的收发登记。"书启"的责任是草拟信件并交州县官阅审。

6.征比师爷

征比师爷是帮助官员征收赋税事务的。由于钱谷师爷事务繁杂，所以在一些赋税繁重的地区，往往要聘请一位专门管理征税事务的征比师爷。征，是征收赋税的意思；比，是设立期限，催征赋税，如有违限，就要责罚。征比师爷原是作为钱谷师爷的助手出现的，以后逐渐成为一种专门的师爷，其地位低于刑名、钱谷师爷，但仍是衙门中的重要角色。主要负责稽察与考征田赋，与钱谷师爷职能相近。因其工作与各级地方政府财政收入密切相关，主管征收田赋的师爷，不但要按时催征钱粮、地丁，还要仔细核算所征钱粮、地丁足数与否。有时也颇得主官重视。征比师爷一般由火候未足的钱谷者充任，但如果阅历久了，也有可能作为钱谷师爷应聘。

7.账房师爷

主管衙门收支账目，账房师爷是帮助官员掌管内衙钱财出入的，是内衙的财务总管，与管理衙门公共财政的钱谷师爷不同，管的是两种账。账房师爷之名起于嘉道之间，到清末已仅次于刑名、钱谷师爷，地位较高。由于执掌财务，所以往往由与幕主关系非常亲密的人担任。为了保证账房师爷对自己的绝对忠诚，不至于从中揩油，一些官员往往以自己的亲属充任。"账房"师爷地位相当于今天的会计，一般都由州县官的近亲来担任，它主要是筹划州县的收支情况。

8. 阅卷师爷

阅卷师爷是帮助官员批阅科举考卷的，专门负责评阅提督学正所管的科考、岁考。清代知县、知府每到县试、府试的年份，面对成百上千份考卷，要亲自批阅实在力不从心，更何况有的官员本是"异途"出身，自己都不会作八股文，又怎能批改？因此，只能临时请几位阅卷师爷帮忙。就是主持院试的学政、主持乡试的主考（往往由翰林、内阁大学士充任），虽都是八股文大师，但要批改成千上万份考卷，也非请几位阅卷师爷不可。阅卷师爷与其他师爷不同，并无专长，只是会作八股文而已，不是一种"专业化"师爷，因而报酬也很低。阅卷师爷一般由屡试不第的老学究或初学八股文的青年才子担任，前者取其熟练，后者则为其提供一个观摩八股文作法的机会。其中有不少博学之士，如俞正燮、张穆、苗夔等都是著名的"朴学通儒"。

9. 著书师爷

负责编书、著书、印书。清代的众多著述，如《皇清经解》、《广雅丛书》、《国史儒林文苑传》，有些地方志，也多出于师爷之手。《续资治通鉴》署名虽是毕沅，其实出于其衙门中的著书师爷。①

10. 硃墨师爷

又叫硃墨笔或红墨笔，这是幕府中专门负责用硃笔和墨笔抄点勾圈公文的师爷。

11. 发审师爷

专门处理发审案件的幕友。

这些师爷并不是师爷名目的全部，除此之外，还有漕粮师爷、河工师爷（如康熙年间河道总督靳辅手下的陈潢）、筹饷师爷（如曾国藩手下的李瀚章、郭嵩焘、左宗棠）、戎幕师爷（如曾国藩手下的李鸿裔、王家璧、汪士铎等）等。

（三）师爷的来源

清代师爷来源很广，有些是书吏出身，有些是因犯错而被黜的前任官吏，有

---

① 任浩之编著：《国学知识新世纪普及版》，当代世界出版社2014年版，第410页；《续资治通鉴》实非毕氏一人所作，当时知名学者如严长明、程晋芳、洪亮青、孙星衍、章学诚皆受知门下，充作幕宾，助成此书。

些是落第书生。绝大多数师爷都是秀才，他们中有的是学有专长自荐到县衙的，有的是同窗好友推荐的，有的是县官的前任推荐的，有的是上级举荐的。无论师爷何种来历，但只要他们学有专长、历练通达、见识精辟就行。幕中人士，以绍兴籍最多，故有"绍兴师爷"之称。

　　清代绍兴师爷是一个特殊的历史群体，它的产生与兴盛源于特殊的官僚体制，源于越文化的深厚滋养，更源于民间文化的本能浸淫。绍兴地区广泛存在的师爷传说是绍兴师爷对于民间文化的又一贡献，师爷从民间走出，又归于民间，一个轮回之间，民间文化的活力得到了又一次有力的证明。在清代的政治体制中，师爷是极其特殊的阶层。他们不是政府官员，没有政府发放的"薪俸"，但他们却享有较高的社会地位。在县衙中，师爷大致与县官平等。他们以布衣之身受聘于县衙，接受县官赠予的束脩（酬薪），以自己掌握的技能弥补县官在专业领域的欠缺，受到县官的尊敬，可以来去自由。

　　他们享有如此高的社会地位，主要有以下几方面的原因：一是清朝初期的几位帝王，为了达到所谓"满汉一体"，笼络人心，非常重视儒家文化，而备受儒家文化熏陶的师爷，他们所受到的教育自然比普通百姓高；二是师爷懂得一些专业知识，能处理一些有关民生的事情。那些秉性正直、为人厚道、办事公道的师爷，更能得到知县及百姓的爱戴。

　　清代的师爷是县官聘请来的"宾"或"客"，县官非常谦恭对待师爷，供给他们精美的膳食，隆重的下聘函，传统节日县官要登门拜访。在衙门中的所有助手，只有师爷能被县官平等地对待，由此可见师爷的地位之高。

　　师爷的职业性质要求他们既有儒家经典知识又有专业知识。如名幕汪辉祖在《病榻梦痕录》中说，他自己担任"书启"时曾向一位刑名师爷学习法律，他曾经得到处理公文的实践机会，并在六年学徒期满后，受聘做刑名师爷。有些秀才在科考之前为了养家糊口不得不去做幕友，一旦考中举人，就会辞职，如若没有及第，他们还会回到原来的衙门或到另一衙门谋职。汪辉祖在任师爷期间参加了六次乡试，失败了五次，直到第六次才中举。四次京（会）试，失败三次，参加考试后，他基本上都回到原来受聘的衙门。

　　清代师爷不是政府官员，没有政治地位，但学子们仍趋之若鹜，究其原因，不外乎这样两种，一种原因是养家糊口问题。师爷虽不是政府官员，但他们的薪酬、食宿都由州县官提供，这也是一种挣钱的途径。酬薪的高低依个人能力、州县的贫富情况而定。个人能力强，所在州县又是富裕区，那么师爷所得到的薪水就高。这里汪辉祖的例子可以证明。1752年汪辉祖在他岳父的衙门充当书启时，一个月的薪金只有三两白银。①两年后，凭个人能力，他在知府衙门任书启，每年的收入为七十四两，一年后又提高了八两。②优厚的薪俸是人们争当师爷的一个主要原因。另一种原因是师爷为主官所请，随主官上任，也随主官离任。一般来说，大多数师爷都重视"人际交系"，他们不但与上级衙门的师爷有私人关系，而且他们与县官也关系密切，他们手中有一定的"隐形权力"。

至于师爷的服务年限没有特定的日期。师爷既为知县私人聘用，原则上是能为县官所赏识则留，反之则去，"合则留，不合则去"③。有时一个师爷会跟随州县官十年左右。但在1772年清政府推行了一项法令，将师爷的供职年限定为5年，然而这一法令并没有得到有效执行。

（四）师爷的擅权

清代师爷盛极一时，各县衙门都聘请师爷来帮助自己处理日常政务。绝大多数师爷被人视为君子而受到尊敬，但也有些人却因自己的行为玷污了师爷名声。如有些在县衙当差的师爷，利用与上级衙门的亲戚关系，仗势欺人，把县官玩弄于股掌之上，或者他们与县官狼狈为奸，贪污受贿，中饱私囊，或与书吏沆瀣一气，蒙蔽县官。师爷的擅权以刑名师爷擅权为重。刑名师爷本身没有司法权力，但他们可以实施权力。由于主持庭审的县官多不懂司法程序，地方司法权的行使都操纵在师爷手中，假如刑名师爷心术不正，拉帮结派、营私舞弊、贪污受贿，那么县衙审理案件的公正性就可想而知了。师爷擅权引起了统治者的警惕，为此清王朝采取了一些措施来遏制师爷的贪权腐败。

为防师爷擅权，清政府三令五申严禁上司推荐幕宾，严防师爷勾结舞弊，县官有责任监督自己的师爷忠于职守，如果知县纵容师爷结党营私，将有被革职的危险。虽然清政府为了孤立师爷，制定了一些规则条例，但收效不大，究其原因还是与当时的政治体制有关。

在清朝庞大的官僚队伍中，主要成分是历科进士，举人凡经三次会试落榜，

---

① 汪辉祖、蒯德模撰：《病榻梦痕录 双节堂庸训 吴中判牍》，江西人民出版社2012年版，第10页：外舅署松江金山令。三月十五日赴金山，自此入幕矣。然余颇不欲以幕为业，掌书记外，读书如故。月脩三金而已。

② 同上书，第12页：九月，胡公升江苏督粮道，予辞焉。公曰："吾遂不能久屈子乎。"留益坚，许每月增脩八金，盖一岁不啻倍蓰。

③ 汪辉祖：《佐治药言》，中华书局1985年版，第16页。

也可赴吏部注册请求授官。此外，经国子监培养的贡生、荫征、恩优监生以及生员、官学生，也可以得举授官，有的人或可通过捐赀得官。在当时，无论通过何种途径做官的人都不懂得律例、案牍，只会儒家诗书，于是所有的公务不得不委于师爷去处理，这就为师爷擅权提供了机会。再者，知县是清代地方基层官，他们身为父母官直接与百姓打交道，诸如赋税征收、案件审理、治安联防、教育教化、防灾救荒，以及劝课农桑、兴办水利等有关发展事务，都是他们的职守范围。官职虽低，责任重大，凭一人之能力无法周旋各种事务，为避免工作失误，知县不得不聘请师爷来辅助自己。因此在清代的地方政府中，知县拥有权力，但各种权力的行使却操纵在师爷手中，这也为师爷的擅权提供了可能。

师爷在清代地方政府中扮演着较为重要的角色，他们以参谋者的身份出现，为地方官员出谋划策，处理政务，但他们都处在一个强大的关系网中，在这张网中，师爷之间有同乡之谊，有师徒之谊，有同窗之谊，等等。因此，他们中的有些人就难免会互相勾结、上下串通，做出一些违法乱纪的事情，而知县作为当地的行政首脑却要对这些违法乱纪的事情承担责任。

鉴于此，为发挥封建官僚体系的职能以及维系自身的利益，商人、坤士、官吏等群体纷纷向师爷靠拢，彼此关系和谐。师爷在封建官僚体制的实施过程中，尤其于新政权建立或局势动荡时，肩负着总揽大局，处理各种事务的重任，遂决定了他们在官僚体系中举足轻重的地位。师爷在全国各地大大小小的政府衙门中，纵横上下，构成一张融会贯通的网络，借这张上下通气的网络，控制地方性的公共事务，甚至窃取部分督抚州县的职权。《清高宗实录》卷五五一记载乾隆皇帝的谕旨曰："各省上司幕友，多有包揽分肥。州县幕中，非其与类，一切详案多苛驳。州县官势不能支，向上官禀请荐幕，以图照应。上下勾连，作奸行贿，势所不免"。[①]而主官作为当地的行政首脑却要对这些违法乱纪的事情负责。

> 黄祖络为浙藩，以贪著。尝以数千售山阴缺，有赵姓行六者得之。上海戏园演为《朝天串》一剧，中间扮花旦言某缺须若干，某缺须若干，山阴则须若干。黄闻之大惊，亟使人以二千赂园主。故唱一次即罢。然后即被言官参劾去官。[②]

---

① 项文惠：《绍兴师爷》，南京出版社1991年版，第114页。
② 汪康年：《汪穰卿笔记》，上海书店出版社1997年版，第64页。

对大多数师爷来说，由于他们被知县所聘，自然就很重视和知县的私人友谊，他们必然把自己的日常行为和知县的前程联系起来，不至于作威作福。

清代地方政府要想有效地运作，必须依靠师爷集团的存在，但要想廉洁、高效地运作，也必须遏制师爷的擅权。

（五）师爷的终结

随着中西交流的日益频繁和加深，传统的师爷体制越来越不适应社会的发展变化，新兴的洋务运动就对师爷体制形成了致命打击，肇始者就是洋务运动的著名领袖张之洞。张之洞督鄂以后，第一项改革，就是不聘刑名师爷，在署中只设立刑名总文案，全督府中可以称呼"老夫子"的仅仅是教读先生。张之洞废除刑名幕友，是其走向衰落的一个重要标志。刘禺生在《世载堂杂忆·张之洞罢除宾师》一文中说：

> 张之洞莅鄂，废去聘请之刑名幕宾，刑名、钱谷皆领以札委之文案，文案决事于本官，之洞兼领幕宾之地位。合政教为一，之洞有焉。所谓宾客者，皆不能与闻政事，不过谈笑清客而已。民国以来，竟用秘书、参议，又张之洞始作俑乎。[①]

图8　守土抗敌

[①] 刘禺生：《世载堂杂忆》，中华书局1960年版，第48—49页。

意即张之洞以委员取代刑名、钱谷幕友的位置，宣告了幕友使命的完成。这一改革影响了省、道、府、州、县各级衙门，它们都纷纷效仿，改设刑名师爷为科长，幕友制度由此逐渐走向终结。

从历史角度看，清末幕友制度的终止，并没有从根本上杜绝师爷职业，只不过是师爷职责从体制外又回到了体制内，从幕友角色又重新回到了幕僚角色，这是历史本身具有的往复力量。比较分析师爷与官、吏的重大差别，一方面要把师爷现象置于清代社会发展史中，另一方面要把师爷置于整个社会管理体系中，科学认识师爷与政府命官的本质区别。

清朝末年，中国社会受到欧风美雨的强烈刺激，相应地起了各种变化，整个时代迅速走向崩溃，师爷体制也走向崩溃。具体原因大致有三：

一是晚清政府为了适应社会变化，以慈禧为首的清朝政府也高唱"变法"，推行"新政"，陆续颁布并实行一些"改革"措施。光绪廿八至三十二年（1902—1906），整顿官僚体制，相继裁撤了河东河道总督、詹事府、通政司、大常寺、光禄寺、鸿胪寺以及湖北、云南、广东等地的巡抚衙门，减少重叠和虚设的机构。与此相应的是，各省也裁撤了不少衙门与人员。所谓"皮之不存，毛将焉附"，大量裁撤下来的师爷只好选择离开，另谋出路。

二是清末废八股、停科举、兴学校、奖游学，使办学堂和出国留学蔚然成风。新式学堂兴起，出国留学成为风尚，1905年废除科举制度。宣统三年（1911），全国各地兴办新式学堂达5万多所，有学生100多万。新式学堂的学生和出国留学生，成为一个新的文化群体，对知识结构老化的师爷们形成一种无形的淘汰力量。

三是晚清政府推行司法独立，在北京设立大理院，各省设立高等厅，各府、县设立地方厅，讼事审理由法院专使司职，同时，起用归国留学生和各地法政学堂、法政速成班、养成所等地培养出来的毕业生，并用新型的法律手段代替传统的审判方式，以新型的司法专门人才取代刑名师爷，从根本上动摇了刑名师爷的基础。而且由于此类法政学堂、速成班、养成所的学生还兼修财政、经济、会计等学科，这就动摇了钱谷师爷的基础。随着刑名、钱谷两大师爷生存基础的逐渐动摇，师爷群体的作用和影响也就由衰微而走向没落。[①]

（六）绍兴为何师爷多

绍兴师爷是封建官署中对绍兴籍幕友之专称，幕僚始于两汉以前，盛于明、

---

① 任桂全：《绍兴市志》第5册，浙江人民出版社1996年版，第3361页。

清,没落于辛亥革命前后,是地域性、专业性极强之人才群体。古代将帅出征,以"帐篷"(幕)为办公、生活的场所,这种"官衙"也叫幕府。在幕府里协助主帅工作的人员,就是所谓的幕僚。以后相沿成习,幕府成了各级军政官署的代称。而所谓幕僚者,乃是统称,根据不同的工作性质、所起的作用,又可细分为"幕僚"、"幕宾"、"幕友"。仆从们称主政官员为"老爷",称幕僚为"师爷",是一种比较尊敬的称呼。"师爷"之名,起于明,盛于清。

  清代许多著名人物和民国以来的许多名人的先世或亲戚都当过师爷。这是清代"无幕不成衙"的历史状况打下的鲜明印记。例如,思想家李恕谷当过浙江桐乡县令郭子坚的师爷,名幕兼学者汪辉祖当过16位幕主的师爷,著名学者孙星衍当过陕西巡抚毕沅的师爷,《聊斋志异》的作者蒲松龄当过江苏宝应县令孙蕙的师爷,林则徐当过两江总督百龄和福建巡抚张师诚的师爷,李鸿章当过曾国藩的师爷,左宗棠当过骆秉章的师爷,戊戌六君子之一的杨锐当过张之洞的师爷,袁世凯和《老残游记》的作者刘鹗都当过山东巡抚张曜的师爷,秋瑾之父秋桐豫当过东三省总督赵尔巽的师爷,辛亥革命志士朱执信的先世、国民党元老胡汉民的先世、卖国贼汪精卫的先世、国民党领袖蒋介石的父亲,都当过师爷。鲁迅家族中有十多人当过师爷。例如,其表兄阮和荪长期在河北、山西等地当师爷,辛亥革命后在北京谋事,《鲁迅日记》中关于他的记载有70余处之多。鲁迅的表弟阮久荪也在山西当过师爷,后患精神病来到北京,鲁迅的著名小说《狂人日记》中的"狂人"就有一些阮久荪患病时的影子,有的研究者认为这位曾当过师爷的阮久荪就是"狂人"的生活原型。周恩来的祖父周殿魁年未弱冠就离开绍兴,随兄到淮安学幕,后来就在淮安安家落业,周恩来的外祖父万青选在晚清也做过师爷。①

  "师爷"其实是主政官员的雇用人员,只有聘请书,没有委任状,不是政府的公务员,不占编制。所以主政官员尊称他们为"宾",为"友",而"师爷"称主人为"东翁"、"东家"。但是"师爷"的工作,却正是现在公务员所做的工作,大家知道以前地方"官衙",也就是地方政府,非常精简,师爷既为主政官员出谋划策、参与机要,又起草文稿、代拟奏疏;既处理案卷、裁行批复,又奉命出使,联络官场,工作面广、量多、权重,所以师爷大都是幕主的心腹。咸丰同治年间,太平军兴,曾国藩以侍郎身份办团练,形成湘军,并最终打败太

---

① 李乔:《中国的师爷》,商务印书馆国际有限公司1995年版,第4—5页。

平军，他的幕府人才发挥了极其重要的作用。曾国藩幕府直接影响了李鸿章幕府，开晚清重幕风气，并开启了近代军阀幕府的先河。

据《绍兴市志》记载，有著名师爷150余人，如嘉靖年间被誉为"明代第一才人"，号称诗、书、画、文四绝的明代徐渭，曾是总督东南七省军务的封疆大臣、兵部侍郎兼佥都御史胡宗宪的师爷，即为典型的绍兴师爷。《明史》载：

> 徐渭，字文长，山阴人。为诸生，有盛名。总督胡宗宪招致幕府，掌书记。"宗宪得白鹿，将献诸朝，令渭草表"。表进，世宗大悦，益宠异宗宪。宗宪以是益重渭。

为进剿倭寇，徐渭常为胡宗宪出谋献策。《明史》云：

> 渭知兵，好奇计，宗宪擒徐海、诱王直，皆预其谋。

足见他就幕五年，政绩卓著，堪称绍兴师爷的早期代表人物。①

再如河南巡抚田文镜的师爷邬思道，绍兴人，曾为田弹劾隆科多出力，雍正曾在田文镜的请安摺上硃批：

> 朕安，邬先生安否？②

足见邬思道深得雍正皇帝极其高度的赏识。后来田文镜与邬思道以事龃龉，邬愤而辞去，此后田文镜奏事，屡屡不合雍正之意，常被训斥，田不得不高薪把邬请回来。绍兴府县县出师爷，以山阴、会稽为最多，两县约出师爷2000余名。《广志绎》载：

---

① 任桂全：《绍兴市志》（第5册），浙江人民出版社1996年版，第3359页。
② 柯愈春：《说海》（五），人民日报出版社1997年版，第1729—1730页：已而，文镜以事与邬先生龃龉，渐不用其言，邬先生愤而辞去。自此文镜奏事辄不当上意，数被谴责。乃使人求邬先生所在，以重币聘之返。邬先生要以每日馈银五十两始肯至，文镜不得不许之，邬先生始再至大梁。然不肯居抚署中，辰而入，酉而出。每至，见几上有红笺封元宝一锭，则欣然命笔；一日或偶阙，即翩然去。文镜益严惮之，圣眷渐如初。是时，上亦知邬先生在文镜幕中。文镜请安摺至，有时辄批"朕安，邬先生安否？"其声动九重如此！

自九卿至闲曹细局，无非越人。①

故民间有"无绍不成衙"之说。那么，绍兴又为何多师爷呢？

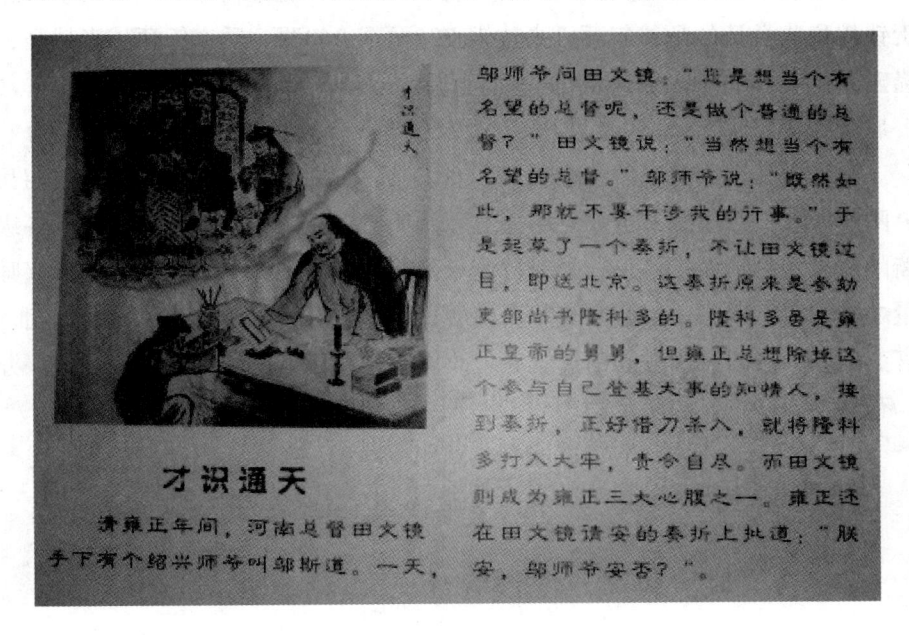

图9　才识通天

绍兴师爷多自有其特定的历史、地理环境与经济、文化原因。

第一，绍兴历史上一直是文化之邦，人文荟萃，读书人多而能做官的毕竟有限，读书无成者，做师爷是一条出路。史书记载：顺治元年（1644）至宣统三年（1911）绍兴学子中进士者636人，举人者竟达2361人。如此众多的士人，不可能都做官，就以做师爷为进身之途，因为当时"仕途杂进"，师爷在作战上有功或在行政管理上有功，都可由主政官"拜表荐引"，由"佐"变"官"。

第二，绍兴人处世精明，治事审慎，工于心计，善于言辞，有作为智囊之能力。正因为有此能力，受到了主政官员的器重，形成"无绍不成衙"之势。②

第三，绍兴地少人多，人口密度与土地面积严重失调，士人又自命清高，不愿为农工商贾，不得不外出仕游，寻找发展机会。

第四，经济利益方面的考虑。师爷地位特殊，待遇丰厚。师爷所交往的多

---

① 王士性撰，吕景琳点校：《广志绎》，中华书局1981年版，第71页。
② 纪连海：《说雍正》，上海辞书出版社2007年版，第199页。

为社会上层人士，在这种圈子内，自己也觉得有头有面，如徐文长就说过，师爷"处于不显不隐之间"。至于年薪收入，如果做一个塾师，年薪数十金，而做师爷则"数倍或十数倍焉"。据《病榻梦痕录》所载：乾隆初年，负责刑事判牍和负责钱粮税收会计的师爷年薪已高达银220两至260两。后来年薪越来越高，到乾隆五十年时，最高的达到800两，而当时的七品官年薪仅45两而已。①

后来，清朝统治者从发展生产、安定社会大局出发，改"排汉"为"溶汉"。地方实力派如曾国藩、李鸿章、左宗棠、张之洞等均为扩充势力，招兵买马，网罗人才，绍兴师爷也乘此用人之际，凭借自己的聪明才智纷纷进入各级政府衙门、投入封疆大吏幕下，师爷行业（幕业）为之大振。故此，清代绍兴师爷数量之多为史所未有。直到辛亥革命前后，一因政府实行"新政"精简衙门，行政官吏削减；二因诉讼案件由传统审理改由专业司法人员审理；三因各地兴办新学，有学生100多万人的新知识群体出现，师爷业（幕业）才渐趋衰落。

---

① 汪辉祖、蒯德模撰：《病榻梦痕录 双节堂庸训 吴中判牍》，江西人民出版社2012年版，第41页。"余初幕时，岁脩之数，治刑名不过二百六十金，钱谷不过二百二十金，已为极丰。松江董君非三百金不就，号称'董三百'。壬午以后，渐次加增。至甲辰、乙巳，有至八百金者。"

第二章　晚清县衙的政治运作

中国历史上自从秦设郡县以后，县就成了国家行政基层的一级单位。到了明清时代，国家正式任命的官员和行政设置，都是到县一级为止。县所管理的下级基层的组织，在明代为里甲，清代逐渐变化为乡保。里甲长与乡保长都不算是国家正式的官吏，不入职官制度，也不享受国家的俸禄。

一、清朝的基层政权组织

翻开清朝的地方志，就可以看到关于县衙的记载，在县志上一般称为"公署"，规模有大小，规制基本相同。清朝时期县级衙门一般分为正堂、六房、二堂、东西厢房、三堂、花厅、县丞衙、主簿衙、巡捕衙、三班院、衙神庙、监狱等。一般来说，清朝的县级政府的官吏有知县、县丞、主簿、典史，一个县里的官员全部设置，就这样几人而已。县丞、主簿是知县的佐贰官，有品级，不设县丞或主簿的地方，则设典史，典史与县丞、主簿的职掌相同，同样是掌管县里的巡捕、粮马诸事，但典史一般没有品级，不入流，人们习惯称之为县尉。

清朝的县，与我们今天的县级行政区设的管辖区域十分接近，有的甚至还要大许多。如清朝绍兴县，就远大于今天的绍兴县。因此我们今天许多人都不大理解，为什么清代地方行政管理能够如此简约呢？中国明史学会会长商传认为主要原因有下面三点：

首先，清朝的县所辖人口远远少于今天，北方一般小些的县不过千余户，一两万人口，江南大县也不过数千户，数万人而已。

其次，清朝县内所辖的人户构成也远比今天简单，绝大多数都是单纯的农户，即使有士农工商之别，也不如今日就业之复杂。

此外，那时候县政府集行政、财税、司法、公安于一身，是个集权化的政府。尽管如此，若是认真管理好一个县，也绝非易事。清朝的县官大多为科举出身，十年寒窗，经史文章大约马马虎虎能过得去，但县官的主要职责还是审断讼案、教化治安、鼓励农耕、保证税收。这与其读书作文章全然不同，因此县官治理地方，少不了依靠幕僚和吏员。①

据史料记载，县是清代地方行政的最基层组织，县的最高长官称知县，正七品。《清史稿·职官三》说：

> 知县掌一县治理，决讼断辟，劝农赈贫，讨猾除奸，兴养立教。凡贡士、读法、养老、祀神，靡所不综。清代划全国县一千三百六十九个（《清史稿·职官三》仅载一千三百五十八个，台湾省十一个县未计在内），清末光绪、宣统间又增置了五十五个。②

清代县级政权组织极为粗放，县丞、主簿、典史因事而设，事繁之县有的设数人，事简之县或不设，且因时增减。除此之外，各县也设驿丞、儒学、医学、阴阳学及管理僧道等职，这些职级属清流之辈，不参与政务。从官员人数比例上看，基层官员无疑占去官僚队伍中的大部。张研在《17—19世纪中国的人口与生存环境》一书中提到：

> 县，是国家政权体系亦即国家正规地方行政机构的最低一级。每县设知县1员，正七品；县丞1员，正八品；主簿1员，正九品。知县为一县主官，所谓"平赋役、听治讼、兴教化、厉风俗。凡养民、祀神，贡士、读法，皆躬亲厥职而勤理之"；县丞、主簿为知县佐贰，分掌粮马、征税、户籍、缉捕诸职。然清朝县丞、主簿因事而设，事繁之县有的设数人，事简之县或不设，且因时增减。实际全国1500左右州县，仅设县丞345缺、主簿55缺，多数县不设佐贰官。即便设有佐贰官，很多也不与知县同城或同署治事，其官署往往设在该县关津要冲之地或五方杂处、寇盗混迹的繁华市镇。③

县衙的组成及其运作是地方政治稳定和国家政策实施的关键所在。为了保证州县政务活动的开展，州县官不得不大量使用书吏、衙役、师爷（幕友）、长随等编外人员。

> 各县还设典吏若干人，协助知县办事。每县少者五至六人，最多的有

---

① 商传：《明清县衙：简约的专制机器》，《北京日报》2014年6月31日（023）。
② 陈茂同：《中国历代职官沿革史》，百花文艺出版社2005年版，第511页。
③ 张研：《17—19世纪中国的人口与生存环境》，黄山书社2008年版，第352页。

十八人，一般都是十二至十四人。县丞、主簿以及典史、巡检、儒学等，亦各设攒典一人，协助办事。各省的县衙门，一般都分吏、户、礼、兵、刑、工六房办事。《清史稿·职官三》记载：县丞、主簿，分掌粮马、征税、户籍、缉捕诸职。典史掌稽检狱囚。县的佐贰官有县丞一人（正八品），主簿无定员（正九品），典史一人（未入流）。事繁之县，县丞、主簿设置周全；事简之县，则不全设。全国共设县丞三百四十五人，主簿五十五人（乾隆间全国有县丞四百一十四人，主簿九十八人），若不设县丞、主簿之县，则由典史兼领其事。县的属官还有巡检、驿丞、闸官、课税大使、河泊所大使等。其职掌与州属官同。此外，各县均设有儒学，一般都有教谕一人，训导一人，掌本县生员学习事务。①

县衙中的"六房"指的是县衙下设的吏、户、礼、兵、刑、工六个部门。这是对应中央政府六部而设的。所掌的职责也是对应于六部的要求，管理一县的相应工作。书吏按吏、户、礼、兵、刑、工六房分房办事，和中央六部隐然相对，是衙门内部的主要办事机构。政务繁巨的县还设有总房、承发房、招房、蜂局、柜书、粮房、漕书、仓房、库房、柬房等机构。各县衙门雇佣的书吏都有规定名额，少则几个，多则近30人，但实际都超过了此数，小县最少也有100—200名，中县700—800名，大县有1000名。衙役指奔走于公家、执杂役之人，在清代通常被编为皂班、快班、民壮三班。各县的衙役数量大都远远超过规定的名额。民国《广宗县志》卷6《法制志》说：

　　然民间游手之徒挂名者，实倍蓰于原额。

如广宗县三班本有定额，民壮26名、皂隶16名、马快8名。因此，广宗三班名额约百余人。②

在六房中办事的人员，一般都是县官聘请的师爷。例如审案一事，本应是县里正官的主业，但是每逢审案之时，县官只是问案，专有当值的刑房书吏记录口供，然后再将口供送到刑名师爷处，由师爷确定问案和拘传人犯的程序，最后的案情结论，也出自师爷之手，县官不过签字画押而已。当然也有能够亲自管理事务的官员，有些官员善于断案，又有文才，写成的案牍颇可一读。其他的事项也

---

① 陈茂同：《中国历代职官沿革史》，百花文艺出版社2005年版，第511—512页。
② 岁有生：《清代州县衙门经费》，《安徽史学》2009年第5期。

是如此，例如管理户房的师爷，就要替县官管理钱粮。一个刑名，一个钱粮，是县里师爷办事的重点。王春龄所遗留的手稿中，就有这样的一张由师爷起草的事务管理告示。清朝光绪廿九年某月初二日，乐清县衙头门挂着一张《告示》（见上篇告示1）：

  正堂何为牌示事：接绅士张守义保送愿入蚕学馆童生顾谢基一名到县，查省城蚕学馆章程，须考验该生文理清通，眼不近视者，方准申送。仰该童生即日备带笔砚，来县听候命题、考验。给文，毋违。特示
  悬牌头门 初二

  这是乐清县衙的师爷，起草稿拟的一纸公文——"告示"。而这件告示，它至少透露了两个历史细节。第一，推荐进入蚕学馆，是有条件的，要验证、眼不近视；第二，推荐是公平、公开的。
  "悬牌头门"四个字，就是公平、公开的最佳注释。但这份告示最重要的意义在于：清光绪廿九年（1903）成立的省蚕桑学馆，就是现在的"浙江丝绸工学院"（已并入浙江大学）。2003年丝绸工学院，还举办过建校百年大庆。因此，这张"告示"对证明建校百年，是有意义的。且对乐清县而言，也是历史留给他们的一笔财富。
  "告示"为县衙常用公文，但大多张贴户外，随着日晒雨淋、风吹雪冻，几乎没有存世的"告示"的样品。而由师爷草拟的"告示稿"，则由师爷们自行毁弃，不存留。王春龄留存的"告示稿"，实属意外。它是极稀少的"县衙遗档"。
  师爷主要帮助州县官斟酌断案、批答公文、办理文牍等事务。各州县聘请师爷的种类、数量也有差异。事务较简之地往往只有一名师爷，综合办理刑名、钱谷等事务，事繁之地往往需要四五名。长随是知县的家奴，也有是知县的朋友推荐的，他们与知县的关系比较密切。知县往往利用他们监督书役和衙役，并处理某些官衙事务。长随的数目一般为5—30名不等。清朝的官员都是流水官，任职期满自行离去，吏员却往往不动，正所谓"铁打的衙门流水的官"。遇上县官庸懦无能者，幕僚吏员就能大逞其威了。也就是百姓们所说的污吏，其为祸百姓的程度，有时候比起贪官还要有过之而无不及。
  县官处理诉讼时，不管原告被告，只要没有官员身份，到大堂上都要跪下说话，否则的话就要打板子受刑。著名文学家巴金（1904—2005）原名李尧棠，四川成都人，祖籍浙江嘉兴。清代宣统元年（1909），五岁的小巴金随同父母亲离

开成都,沿着古驿道坐轿、骑马、乘船,来到了广元县。

巴金的父亲李道河是清代广元的末代县令,在父亲的衙门里,仆人轿夫之类的"家人"几十个,来自四面八方,相识的、不相识的都和平地生活着,巴金在这样的环境中度过了童年的一部分,夏天在马房里、轿夫的床上、烟灯旁,看瘦弱的老轿夫抽大烟,讲述青年时代的故事,冬天和"家人"们围在一起烤火,席地而坐,听他们侃聊剑仙侠客的故事。

巴金的父亲在广元县被人称为"青天大老爷",审理案件时,两边站了几个公差,手里拿着竹子做的板子。当听到威严的吼声,巴金知道在审理案子了,就趁机跑到二堂上去,悄悄站在公案的旁边。审问过程中巴金见到父亲的脸色变了,或声音变了,就会猛地把桌子一拍,大声喝道:"你胡说,给我打!"于是三四个差人把犯人按倒,脱下裤子露出屁股,打个不停。然后犯人总爱说:"青天大老爷,小人冤枉啊!"差人停住了板子说:"禀告大老爷,已经打了一百下了。"犯人的屁股早已由红色变成紫色,出了血,烂了皮肉,最后招了还给大老爷谢恩,巴金把这件事告诉母亲。巴金的母亲对父亲说:"你以后问案,可以少用刑,人都是父母养的。听犯人的叫声心都紧了,一晚上没有睡好觉,你不觉得心里难过吗?"从那以后,巴金就不曾看到父亲对犯人用重刑了,但是打板子的事还是时有发生。一次,过年时,仆人们在房里推牌九输银元,巴金的父亲派人捉赌,把赌具全丢进了厕所里。把赌头刘升和何师傅抓了起来说:"这还了得,把赌场设在衙门内",并吩咐差役把跪在地上求饶的刘升和何师傅各打了二十个板子,才勉强了结此案。

其实打板子只是常刑,碰上穷凶极恶的官吏,所用的酷刑,也就有如蒲松龄《聊斋志异》中席方平的地狱之游了。《聊斋志异》中有一篇《梦狼》,写的就是清代的县衙。所以蒲松龄说:

> 窃叹天下之官虎而吏狼者,比比也。即官不为虎,而吏且为狼,况有猛于虎者耶![1]

有这样一群如狼似虎的官吏,百姓的生活情景也就可想而知了。清末县衙皂隶差役人员众多、尾大不掉的现象,在王春龄的手稿《禀差书可畏》中就有很清楚的记载:

---

[1] 蒲松龄:《聊斋志异》,岳麓书社1988年版,第334页。

乐清县差书可畏

温州府乐清县差书共有三百六十名，总役二十名，门房皂班五十名，民壮五十名，盐捕六十名，把门三名，捕快四名，散役一百六十余名。每每奉票下乡，同狼虎一般，下户人家每次差费，顶小（少）要拿出三元。差人到家廷（定）要坐轿，那夫力钱更没有一廷（定）。上户、中户三培（倍）的也有，加五培（倍）的也有，就加一百培（倍）的也有。丁同庆、王成、王祥、丁富、谢升、王祥、赵福、张元、张洪、陈祥、何法、张庆、王玉、李礼、寿升、蒋裕、□元、徐元、徐华、董盛、黄吉、黄森、赵禄、黄松、潘升、赵元、徐来、张贵、张位、何升、蒋发林，多是著名凶差，恶狼的差役。所以乐清有句土话叫："官司好打，差钱难解。"

房胥也有三百六十余名，无论是那样案件，被报的人，一廷（定）要向经承抄原告呈词。抄费多至百余元，最少也要至三四元。如果没有，就不准申诉。至于案经提讯原、被告，两造多要备了酒席请胥差，大请胥差大嚼吃完。就讯费有什经差场面费、内铺堂、外铺堂费，最少的也要十五元，那富户更没有限制。递呈的费用，三人卯期呈：挂号、盖戳、定价洋四角，传呈定价洋一元。云通还是寻常件，重大事情更不必说同。钱中青、张言有、林鼎玉、冯乃春、朱国柱、柯成荣、谢觐光、谢碧如、周守干、周成钱、赵献文、芦宝珩、陈振磷、沈美光、许跃东、周雅西、黄光第、谢昌贤、赵照川、吴惠卿、石清和、范鸣锵，多是著名凶狠的房胥。所以乐清也有土话，叫作："打官司，捣家赀！"

清朝的县衙是一部专制机器，总的来说，清朝地方官员的名额与今天相比，还算是十分的简政了。至于县里的师爷，则是县官自己出钱聘请来的，自然不大可能人员冗滥。皂隶差役，本属民户的徭役，也不能随意佥派。清朝的律法中也规定滥设官吏是要重罚的，所以清朝州县中，冗官的现象并不严重。

这种现象与中国传统的君主政体有着较大的关系。君主制在国家固然是帝制，到地方上就是长官制，到家庭中就是家长制，总之就是一个人说了算。明朝以前，还有皇权与相权的制约。明太祖废丞相后，这一点点的制约也没有了。从朝廷到基层，层层机构都是为皇帝的统治服务。作为最基层的县级统治，则是国家统治的集中体现。中国传统封建政治体制没有一丝一毫的民主精神可言，只有"专制"二字而已。清朝的县衙，就是这样的一部专制机器。

明清时期，中央集权发展到了顶峰，地方官员作为皇权的代表，有着相当大的权力，所谓一县之父母官，又有"破家县令、灭门刺史"之称：

>　　慈溪某县令，初至任，欲行威福，谓群下曰："汝闻破家县令、灭门刺史乎？"有父老应曰："间者士子多读书，惟闻恺悌君子民之父母"令乃默然。①

因此县衙堂上常题"思牧"、"牧爱"之类的匾额，虽说是要表现县官们牧民为政的心情，但也反映出了当时官与民之间的管理与被管理的关系。这种颇显沉重的政治文化传统至今还影响着一些人：老百姓将自己的命运寄托于一两位清官，即使是清官好官，也只是想着如何与民做主，所谓"当官不与民做主，不如回家卖红薯"等。直到今天，我们的一些干部还以地方百姓的父母官自居，其实还是这种家长制观念的影响在作怪。这即使是出于十分善良的愿望，也绝非现代社会所应有的概念。在缺少法治的封建时代，百姓有事也只能求助于官，那时候官府的职能是管理百姓；而当今的民主社会，政府的职能将不再是管理百姓，而是代表百姓，为百姓服务。

二、地方官吏的考核管理

我国传统政体下县级政治运作情况的研究一直是个薄弱领域，至今少有专著述及。晚清的地方治理缺少资料说明，而在王春龄手稿中，就有一些具体资料，反映官府对地方的治理情况。海盐县的匪盗横行乡里，官衙破案极少，为了加强防范，县衙制定相关措施（参见上篇谕禀6—1和谕禀6—2及谕禀7—1）：

>　　拟于半罗村地方，设立巡船两只，每船须拨兵役四名，于五月初一日起，每夜在于沈荡镇以上，至半罗村一带地方，梭织巡逻，以卫乡井。

从《条规六条》和《照会》里可知相关要求：

1.《条规六条》

正堂何　谕

巡船兵役知悉：照得县属沈荡镇以上，半罗村一带地方，与我邑地处接壤，匪徒极易出没，近来劫窃之案，层见叠出，十不获一，捕务废弛，实属不成事体，亟应认真巡缉，以期有案必获。拟于半罗村地方，设立巡船两只，每船须拨

---

① （明）曹臣撰：《舌华录》，陆林校点，黄山书社1999年版，第181页。

兵役四名，于五月初一日起，每夜在于沈荡镇以上，至半罗村一带地方，梭织巡逻，以卫乡井。稿行酌立，巡缉赏罚条规，谕饬。为此

谕

仰该兵役遵照。务须每夜在于该处一带，梭织巡查。遇有盗匪行劫，无论岸上河内，立即知会水师炮船，一体兜拿，获送究办。如有光疍、跳板等船入境，亦即驱逐，不准逗留滋事。该兵役等毋得怠纵徇延，亦不得藉端需索，致干重究。懔切。特谕。

计开条规六条：

一、设立巡船二只，每船须拨兵役四名。每夜在沈荡镇以上，半罗村一带地方，游弋巡逻，一遇盗匪行劫，无论岸上河内，该兵役等，一经闻警，立即知会水师炮船，一体兜拿，不准退缩，亦不得妄拿无辜。得贿纵放，致干严究。日间停泊附近，亦不得擅自上岸生事。

一、巡船兵役，由我左营拨兵二名，沈荡汛拨兵一名，客民局拨局勇一名。县中须拨捕役二名，值日役一名，散役一名，分作两船巡缉。县中差捕，五日一轮，以昭公充。当该兵役等不惯驾驶，准捕役随带水手一名，以便行驶。

一、该兵役等严拿盗匪若无军，不足以□□□御，自应每船酌给军械两件，巡缉小旗一面并梆锣等件，以壮声威。

一、遇有光疍、跳板等船，驶入境内，立即会同炮船，驱逐出境。不准逗留滋事，该兵役等亦不得贿、徇、纵，致干严究。

一、该兵役等如能实力稽查，认真巡缉，于一月内无盗劫案件者，每月每船，由县捐廉赏给洋□元。一遇盗案，如能当场拿获送究，从优给赏。一月之外拿获者，仍按月工资给赏。三月之外不获，停止月赏，仍勒限缉拿。逾限不获，严行提比，倘于比缉后，能依限破获，仍将停止月赏补给，以昭激励。

一、巡船兵役，均由营、县暨客民局派拨。该兵役等均有例给，口粮役食，□□另给口粮。每人每夜由县捐给油烛钱四十文，点心钱三十文，以资津贴。不得向居民、铺户苛派规费，查出从严革究。

给谕

光绪廿一年四月 日

稿

2.照会

  海盐县为（稿请派送 照会）事：照得县属沈荡镇以上，半逻村一带地方与我邑地处接壤，匪徒最易出没，近来劫窃之案层见叠出，十不获一，捕务废弛，实属不成事体，极应认真巡缉，以期有案必获。拟于半逻村地方设立巡船两只，每船须拨兵役四名，于五月初一日起，每夜在于沈荡镇以上，至半逻村一带地方，梭织巡逻，以卫乡井。拟由贵汛营局董派拨兵勇一、二名，其余由敝县酌拨捕役四名，分派巡查。拟合备文稿请照会。为此，合稿照会，贵汛、营、局董请烦查照，希即速派目兵一、二，局勇一名，务于月底稿送过县。以凭分拨巡缉，望速施行。

  稿
  照会
  沈荡汛
  我左营
  客民局
      年 月
       正堂

  王春龄遗物中保留了一些县级财政等方面的原始档案资料，梳理这些数据，分析经费来源、百姓税负和收支项目等，自然能推动晚清县级政府财政运作问题研究的深入。清代继承了明代的赋役管理制度，只是在基层组织换了名称，将明代县以下的组织名称"里甲"改为"乡保"。明太祖洪武十四年（1381）时规定：

  诏天下编赋役黄册，以一百十户为一里，推丁粮多者十户为长，余百户为十甲，甲凡十人，岁役里长一人，甲首一人，董一里一甲之事。先后以丁粮多寡为序，凡十年一周，曰排年。在城曰坊，近城曰厢，乡都曰里。里编为册，册首总为一图。鳏寡孤独不任役者，附十甲后为畸零。僧道给度牒，有田者编册如民科，无田者亦为畸零。每十年有司更定其册，以丁粮增减而升降之。册凡四：一上户部，其三则布政司、府、县各存一焉。上户部者，册面黄纸，故谓之黄册。年终进呈，送后湖东西二库庋藏。岁命户科给事中一人，御史二人，户部主事四人厘校讹舛。其后黄册祗具文，有司征税编徭，则自为一册，曰白册云。①

当时为了保证国家税粮，又专设粮长，也是由丁粮大户充任。这其实都是役，而非国家正式的官吏。这些基层的管理方式，都是与传统的自然经济相关联的。随着社会经济的发展，尤其是商品经济的发展，土地买卖和人口流动都更加频繁起来，原有的管理模式也就不再适应形势之需。于是明后期到清代的基层管理，也就由原来从土地到人户的里甲制度向从人户到土地的保甲制度转变，从税粮区划的管理向行政区划的管理转变。乡、村的管理成为基层管理的重点。这其实是国家对基层控制的强化。明朝初年，百姓越过里长、乡老到县衙诉讼即被视为"越讼"，到明中后期，百姓的诉讼只有不经过县衙直诉于府衙，方视为"越诉"。清朝承继明代的相关管理模式，使得乡村的行政化加强，自治化减弱，县级官员对于下属的控制也更为直接了。在王春龄手稿中，保留有德清县光绪廿六年漕运的几份禀、谕、大计等资料。如《新市茶碗捐》（见上篇告示5）：

县正堂潘为札饬事：照得新市茶碗捐。现奉
府宪　批准照办。汪巡检甫办有绪，所有募补，先撤勇丁，以资防御。一切招募，及备筹久远善后经费，议劝内铺捐事。新任苏巡检到任伊始，民信未孚，自应由汪巡检会同办理，免致前后推诿、歧误。除分别札行外，合亟札饬。札到，该员立即会同，妥筹定章，会禀候详立案，遵照办理。切切！特札
一札
　　　　　新任 新市巡司
　　　　　前任 新市巡司
　　　　　光绪廿六年十月初三日稿 画押

《谕　漕事》（见上篇谕禀2）

漕事开仓在即，刻将各事由漕总，开单照章点验，着充仍取连环保，互相规索，以免疏怠。通仓各廒收放，责成施逢元总管，着陶鹤松、沈瑞生等互保结呈。查

---

① 李洵：《历代食货志注释　明史食货志校注》，中华书局1982年版，第3页。

六廒记书既举，正办、其副办、帮办均着取具。同廒互保，各结呈查。如有疏忽、短数，即为正办是问。小折柜书，系施逢源同事，深知其人，责问施逢元稽查，如有谷错，并著取保同赔。

十月二十九日谕

记述漕粮征集与运输事务，对了解德清县清末漕运实际情况有帮助。

清代，地方基层管理受到权势大户、退休乡官以及宗族、家族势力的影响较大，这是传统等级社会和宗法制度下无法克服的矛盾。这种世代流传的政治文化对中国社会的影响，也是我们今天农村政治体制改革中不可忽视的问题。

中国的百姓最好管，这也是中国政治文化的一个传统。河南内乡的县衙中，有一座琴治堂。"琴堂"出于《吕氏春秋·察贤》，说的是"宓子贱治单父，于堂中弹鸣琴，身不下堂而单父治"①。后世遂以为县令公署之名。这也令人想起明太祖《大诰》中不准州县官下乡的规定，目的是恐官吏下乡扰民。那时候官员们能够弹鸣琴于堂，也算是一方之福了。望着雕梁画栋的大堂，颇令人有民脂民膏之感。不过既然官员们能有求治之心，即使多用些民脂民膏，百姓们还是能够容忍的。但那些不关心百姓死活的贪官污吏，还是应绳之以法的，如何确定官吏的政绩，需要有相应的考核制度。

中国历代王朝都有相应的官吏考核（又叫考课）标准，有的朝代考课标准似显笼统，如秦代的"五善五失"，唐代的"四善二十七最"，金代的"四善十七最"。有的朝代的考课标准根据不同的官职有不同的要求，如宋代对州县官有"四善三最"、"四善四最"，对监司则考以"七事"；明代地方官往往以《须知文册》为依据，京官考核则以《诸司职掌》为依据，进行相应的考察，标准不够明晰；清代官吏考核，文官有京官"京察"和外官"大计"，武官有军政，其标准统称为"四格八法"。

明清两代对文武官吏要定期进行考绩，这种制度分京官和地方官两种不同形式，称为"京察"和"大计"。京察在中央官员中进行，六年一次；大计随地方官员朝觐进行，三年一次。四品官以上由本人自陈，由皇帝裁定；五品以下具册奏请。

官吏每三年一次的考绩。明代考核外官的制度，清沿其制。规定三年

---

① 吕不韦编著：《吕氏春秋》，夏华等编译，万卷出版公司2012年版，第321页。

举行一次，每逢寅、巳、申、亥年，由县、州、府、道、藩、臬等层层考察所属官员，申报督、抚审核其事状后，造册送吏部复核。对于才、守均优者称为"卓异"，经引见（即朝见皇帝）后得加一级回任候升。劣者劾以八法（后改为六法，参见"京察"》。其处分与京官同。不入举劾者称为平等。①

京察大计特别卓异的，将予提升；不合格的，按贪、酷、无为、不谨、年老、有疾、浮躁、才弱八法，分别予以革职、冠带闲住、致仕、改调等处置。

三、京察大计的起源发展

清代官吏的考察，顺治三年提出，顺治四年（1647）开始实施，亦称"考绩"或"考课"，三年一次（武官五年一次）。中央政府官吏（京官、包括地方督抚）的考察，称为"京察"，由吏科、河南道御史会同吏部、都察院共同进行。地方官员的考察，称为"大计"，由总督、巡抚具体负责，再呈吏科稽核。清代考课标准是"四格八法"，这是在前代考课标准的基础上提炼而成的，清晰明了：

> 国朝小廉大法，凡京察大计甄别大考，军政至明，且严其于虞廷三考、周官六计、唐四善二十七最之成规，均已兼收其效，使内外大臣奉以周旋，一无失堕，虽破尽资格埽尽贪墨可也。②

"四格八法"制度是京察、大计考核官员的四项内容，最早提出是在明代天启末年。当时吏治败坏，"上官注考，率用四六俪语，多失实"。吏部尚书周嘉谟：

> 请以六事定官评：一曰守，二曰才，三曰心，四曰政，五曰年，六曰貌。各注其实，毋饰虚词。帝称善，行之。③

清初根据"六事"原意而定为四格。就文官考课而言，"四格"包括操守、

---

① 长孙博：《2012年全国硕士研究生统一入学考试 历史学基础名词解释》，山东人民出版社2011年版，第68页。
② 刘锦藻：《续修四库全书·史部·政书类》，上海古籍出版社1996年版，第62页。
③ 李铁：《中国文官制度》，中国政法大学出版社1989年版，第269页。

才具、政事、年力四个方面。武官考课，清初绿营"四格"包括操守、才能、功绩、年貌四项，乾隆时期改为才技、年力、驭兵、给饷。八旗"四格"在乾隆时期确定，即操守、才能、骑射、年岁四个方面。文武官员考课都有"八法"，系沿袭明代而来，雍乾以后，将八法词汇统一概括为："贪、酷、罢软无为、不谨、年老、有疾、浮躁、才力不及"。

"四格八法"具体规定了文官考核制度的内容与处分标准。四格涵盖了官员为政操守、为政才能、为政态度及身体条件等方面，其全面性、规范性与可操作性胜过历朝考核制度；而八法则以严厉的处分标准对考核为不法的官员进行处罚，从革职拿问到降级调用，再到勒令休致，非常系统而周延。"四格八法"是相互关联的整体，"八法"内容基本上针对"四格"而定。"考以四格，纠以八法……以四格叙其功劳，以八法行其处分。"①外官大计，凭各直省督抚核实官评，分别汇题。吏部会同都察院、吏科、河南道详加考察，分别奏请，填注考语。用才、守、政、年四格：才则或长或平或短，守则或清或平或浊，政则或勤或平或怠，年则或青或中或老。其考语务按人指事，应去应留，明白直书，不得铺叙繁文，询情毁誉。顺治十三年（1656）确定，在京各衙门京察"照外官考察格式，填注考语事迹"，不管京察抑或大计，所考四格均包括官员的操守、才能、为政态度、年龄这四种条件，而每一条件即每一格的要求又有高中低之分，其后有所改动。依据乾隆朝《大清会典》卷6的记载，守之三等由清、平、浊改为清、谨、平，才则由长、平、短改为长、平，政由勤、平、怠改为勤、平，年由青、中、老改为青、壮、健。

1.四格内容分析

"守、才、政、年"四格的内涵丰富，主要有以下这些方面：

守，即官员的操守、品行，是官员职业道德的具体体现。操守中以"清"为最高要求。"清"也是"廉"。廉，本义是堂屋的侧边，引申为公正刚直，又指清正，不贪污、不受贿、不恋财，即正直无私。早在春秋战国时期，晏婴明确提出：

> 廉者政之本也，让者德之主也。……廉之谓公正，让之谓保德。凡有血

---

① 萧一山：《清代通史》，商务印书馆1932年版，第546页。

气者，皆有争心，怨利生孽，维义可以为长存。①

"廉"是指公正与无私这两个方面。廉洁是做官、做人、做事的基本准则。孔子说：

> 知为吏者奉法利民，不知为吏者枉法以侵民，此皆怨之所由生也。临官莫如平，临财莫如廉。廉平之守，不可攻也。②

次等要求是"谨"。谨即谨慎、小心，也有慎重、重视的意思。守谨，意为严格要求或重视为官的操行品德。

才，指办事的能力。清代从政人员从不入流的胥吏到二品布政使，每个职位都有各自的职责，都需要相应的办事能力。在履行具体职责的过程中"才"就会显现出来。能力强、才智高者担任级别较高的职位。从这点看，清代用人注意"人岗相宜"，官缺划分繁简的原则是合理的，符合贤者上、庸者下、能者居之的用人法则。同类官员最优者

> 才具开展，吏治精勤，除暴安良，案无留牍。或水旱为灾而能设法捍御，事集而民不扰；或奸宄萌动而能掩捕神速，害去而人不知者；是谓能吏，从优保举。③

政，即是官员实际工作状况及对工作的重视与负责程度。当官从政重在"勤"

> 当官者一日不勤，下必有受其弊者。古之圣贤犹且日昃不食，坐以待旦，况其于乎？今之世有勤于吏事者，反以鄙俗目之，而诗酒游宴则谓之风流同雅，此政之所以多疵，民之所以受害也，不可不戒。④

汪辉祖（1737—1807，字龙庄，浙江萧山人。他先为州县师爷，考中进士，

---

① 晏婴：《晏子春秋》，中华书局1985年版，第57页。
② 《线装经典》编委会编：《论语·论证篇》，云南教育出版社2010年版，第255页。
③ 官箴书集成编纂委员会编：《官箴书集成》第7册，黄山书社1997年版，第564页。
④ 张希清、王秀梅：《中国历代从政名著全译 官典》第一册，吉林人民出版社1998年版，第895页。

又被选授为知县，署理过知州）认为：

> 吕氏当官三字：曰清、曰慎、曰勤。尝与同官论三事次第，皆谓以清为本。余则谓非勤不能，何也？兢兢焉守绝一尘，而晏起昼寝，以至示期常改，审案不结，判稿迟留，批词濡滞，前后左右之人皆足招摇滋事，势必不清，何慎之有！力求称职之故，固无一不于勤也。独是勤之为道，难言矣。求治太急者，病在躁，疾行无善步，其势必蹶。道贵行之以渐。一鼓作气者，病在锐，弩末不穿鲁缟，其后难继。道贵守之以恒。渐则因时制事，条理无不合宜；恒则心定神完，久远可以无倦。"靡不有初，鲜克有终"。念之哉！①

仔细揣摩这番话，可知勤政的重要性。为政的最佳态度为"遇事勤勤恳恳，不辞劳瘁"②。勤快干事则业绩也一定会好。

年，是就官员的实际身体状况而言，它要求官员须有正常工作的能力，这是对官员任职最基本的要求。通常按照年龄的大小来衡量官员生理变化状况，以此来判定官员是否应退休离职。梁章钜（1775—1849，字闳中，又字苣林，号苣邻，晚号退庵，福建长乐县人，嘉庆年间进士，做过礼部主事、荆州知府、甘肃布政使、江苏巡抚等）在《归田琐记》中说：

> 古人四十强仕，七十致仕。③

但是

> 此道其常耳，世固有未七十而即须致仕者，即有已七十而不必致仕者。

---

① 张原君、陶毅主编：《为官之道：清代四大官箴书辑要》，学习出版社1999年版，第55—56页。
② 官箴书集成编纂委员会编：《官箴书集成》第7册，黄山书社1997年版，第564页。
③ 梁章钜：《归田琐记》，中华书局1981年版，第2—3页：古人四十强仕，七十致仕，统计人生居官之日，前后不过三十年。盖一人之聪明才力，用至三十年之久，已无不竭之势。倘此三十年中，无所表见施为，则此后更有何所望。若今人未及四十，早入仕途，则致仕之期，即不必以七十为限。昔人所饥，突而弁兮，已厕银黄之列，死期将至，尚留金紫之班，而必至日暮途远，夜行不休，前瞻后顾，无所栖泊，不亦太可怜乎！故余两次引归，皆未及悬车之岁。昔通鑑目录引韦世康之言曰："禄岂须多，防满则退。年不待老，有疾便辞。"忆余前居福州时，尝取此十六字镌一小印，程梓庭督祖洛甚喜之。今则距悬车之期，只有二年，而尚有议余不应遽退者，殆亦未考古人行藏之大义，及仕止之恒规而一按之也。

若元魏世祖时，侍中罗结，年一百七岁，除长信卿，年一百一十，听归老，年一百二十乃卒。则存乎其人之禀赋，又岂可测之以常情乎。①

所以从"年"的三个等级看，对官员"年"的要求更多体现为对生理年龄而非实际年龄的限制，讲究的是官员有否胜任工作的身体条件。

2.八法内容分析

"贪、酷、罢软无为、不谨、年老、有疾、浮躁、才力不及"是大计（考察）官员政绩的处罚标准，当时朝廷规定，官员考课触及八法，贪酷者，革职提问；罢软无为、不谨者，革职；年老有疾者，勒令休致；浮躁者，降三级调用；才力不及，降二级调用；顺治十三年，题准两经大计处分，才力不及官员，照罢软例革职。嘉道时期直隶巡抚程含章（1762—1832，字月川，云南景东人，乾隆五十七年举人，曾任惠州知府、山东兖沂曹道、按察使、浙江巡抚、河南布政使等）所发布的名曰《八条察吏》②的文告中明确指出：

> 郡守牧令中能以经术饰吏治，尽心于农桑、水利、学校、人才，日与绅士耆民讲让型仁，培养元气，为地方兴大利、除大害。效在数十百世者，是为儒吏，定当破格保举。
>
> 居心诚朴，守洁才明，盗息民安，政平讼理。合境内之人为一心，视百姓之事为己事；或水旱为灾而能尽心救济，全活数万人者，是谓循吏，从优保举。
>
> 才具开展，吏治精勤，除暴安良，案无留牍。或水旱为灾而能设法捍御，事集而民不扰；或奸宄萌动而能掩捕神速，害去而人不知者；是谓能吏，从优保举。
>
> 遇事勤勤恳恳，不辞劳瘁。或虚心学习；或闻过知改；或守优于才；或才优于守；或熟习兵刑；或精通钱谷；或善于缉捕；或达于河工；是虽贤不如循吏，才不如能吏，而一长可取，亦当并蓄兼收，随事保举。
>
> 听断不勤，案多不结。或偏执粗率，颠倒是非；或验讯不实。枉纵人命；或约束不严，丁役肆扰；或捕务废弛，盗贼滋多；或境有豪棍（土豪、讼棍、窝家、赌局、教匪、劣衿皆是）而不除；或地有灾荒而不报；乃如之

---

① 梁章钜：《归田琐记》，中华书局1981年版，第104页。
② 官箴书集成编纂委员会编：《官箴书集成》第7册，黄山书社1997年版，第564页。

人，纵使操守可信，而民间之受累已多，是谓昏庸之吏，立予参革。

用度奢侈。债累满身。或狎童美妾，车马如云；或朝歌夜弦，日高不起；或耽心麴蘖，罔恤民艰；或侈谈诗文，旷误职守；乃如之人，纵使不贪不酷，仓库必致侵亏，即不侵亏，民事必多惰废，是谓荒淫之吏，立予参革。

性情浮躁，行止卑污。或居心险诈、挟制长官，或作事乖张、扰累百姓，是谓恶劣之吏，立予参革。

婪索赃私，鬻狱买法。或藉端苛敛；或侵亏钱粮；或审断案件并不细心研鞫，一味刑求，致有冤滥；或非刑拷打，致毙无辜；是谓贪酷之吏，立予参革治罪。①

贪与酷在中国古代社会中，一直存在。贪酷官员为历代统治者和普通百姓所普遍唾弃。姚元之（1773—1852，字伯昂，号荐青，竹叶亭生，晚号五不翁。安徽桐城人）在《竹叶亭杂记》中有这样的记载：

古来贪酷二字，连缀而言，贪则鲜有不酷，酷则鲜有不贪者，盖酷正所以济其贪也。②

这句话清晰地指出了贪酷之间的关系。可以说贪酷就像一对孪生体，同时侵蚀着整个官僚政治肌体。

疲软无为，是指无任职能力。这类官员的处分与不谨相同，处以革职。明代万历朝《大明会典》记载：

万历十年议准："先曾调用官员，再考不及者，查果才力绵弱，即照罢软例闲住。如以别事议调，才力尚有可用，仍照不及例，酌量改降。"十三年议准："致仕官员，有志甘恬退，为亲告休者，不得复入考察。"③

---

① 朱诚如、王天有主编：《明清论丛》第8辑，紫禁城出版社2008年版，第277页。
② 本社编：《清代笔记小说大观》五，上海古籍出版社2007年版，第4815页。程御史折又云：川省吏治日趋严酷，州县多造非刑，有绷杆、钩杆、站笼等名，此类当与吾乡鹦哥架、美人妆相等。地方官待胥役则付之宽典，治愚民则绳以峻法，几何不轻重倒置耶？古来"贪酷"二字连缀而言，贪则鲜有不酷，酷则鲜有不贪者，盖酷正所以济其贪也。作法于凉，古人深戒。
③ 李东阳等撰：《大明会典》第一册，广陵书社2007年版，第236页。

清朝规定，入于八法者，劾。不同时期八法的具体内容也是不同的。顺治时期的八法指：贪、酷并在逃者、罢软无为、素行不谨、年老、有病、才力不及、浮躁。到乾隆时期改为曰贪、曰酷、曰罢软无为、曰不谨、曰年老、曰有疾、曰浮躁、曰才力不及。当官员在考绩时被列入这八种应劾的范围，就会受到相应的处罚。当时朝廷规定，官员考课触及八法，贪酷者，革职提问；罢软无为不谨者，革职；年老有疾者，勒令休致；浮躁者，降三级调；才力不及，降二级调用；顺治十三年，题准两经大计处分，才力不及官员，照罢软例革职。① 大计的这个处罚标准一直沿用到清末。疲软无为与才力不及同属一类，但其劣性大于才力不及，所以处分程度更深。

不谨，是"八法"中除贪酷之外最重的处分之一，大计官员不谨者要革职。"谨"的涵盖面比较宽，涉及官员操守、品行、职业道德、职业准则等，概括来说，官箴就是官员的职业规范，有违官箴者即为不谨。杨建祥在《中国古代官德研究》一书中将古代官箴标准归纳为十种规范、十六条准则：

"公、仁、清、慎、勤、忠、孝、信、节、直"，十六条准则："明、备、宽、忍、谦、勇、悔、熟、舍、止、重贤、中道、戒巫、范家、修身、全节"。②

这十种规范、十六条准则构成官箴的核心内容，违背其中之一，即可视为不谨。在清代有一些因违官箴受处罚的例子，如雍正二年参劾巡检沈一亨"官箴不谨，纵容家人、衙役滋事，漫无约束"，同治五年参劾知县周大健"信用丁役，纵容滋弊"。③

浮躁，较不谨的劣性为轻，是官员个人性情的一种反映，多表现为心浮气躁、轻率马虎。这种性情既无益于政事，同时也有悖官箴，不符合"慎"之要求。浮躁者不完全符合为官资格，对其处分比才力不及要重，具体情况在以上表述中反映很明显。

才力不及，是说官员个人的能力不能胜任具体工作，不适合某一职位，处于"才"格"长、平、短"三个等级之下的处分标准。对此类官员给予降调处分，

---

① 朱诚如、王天有主编：《明清论丛》第8辑，紫禁城出版社2008年版，第277页。
② 杨建祥：《中国古代官德研究》，上海古籍出版社2004年版，第134—195页。
③ 薛刚：《四格、八法考释》，《理论学刊》2010年第5期。

但较疲软无为要轻，即降二级调用。在大计处分考语中多以"才具平庸"、"才具弩钝"等概括，其适用范围在以上表述中才力不及类有明确体现。

年老、有疾自然是相对于四格之"年"格。凡身体不支、不能胜任工作的，一般给予休致处分，有的是年老而致，有的是疾病而致。

四、八法与六法演变确立

清代地方官大计考核以"八法"作为考核处分条例，这种体制起于明代。万历朝《大明会典》记载：

"宣宗宣德五年定百官降黜之制：按明会典凡考察降黜等第，宣德五年令贪污者发边卫充军，老疾猥鄙者为民。"天顺四年（1460），"令老疾者，致仕：罢软者，冠带闲住；有赃，发原籍为民。后分为四等，年老有疾者，致仕；罢软无为、素行不谨者，冠带闲住，贪酷、并在逃者，为民；才力不及者，斟酌对品改调"。

嘉靖二年题准："方面知府正官，考才力不及者，照京官不及降调例，不许止议调简。"隆庆四年题准：

"考察官员，不分方面有司，若才力不胜繁剧，犹堪以原职调用者，拟调简僻地方。"①

清初沿袭这个制度，但在具体的处分规定上有所调整。顺治四年（1647）

大计三年一举，永为定例。九年定"大计八法：贪酷并在逃者，革职提问；罢软无为、素行不谨者，革职；年老有疾者，勒令休致；才力不及，浮躁者，照事迹轻重酌量降补，虽有加级纪荐，不准抵销。其处分官员，不准还职。"

康熙六年（1667）明确了浮躁、才力不及的处分规定：

---

① 陈梦雷编纂：《古今图书集成》第675册，中华书局1985年版，第54页。

>浮躁者降三级调用，才力不及者降二级调用。①

同样，考绩不合格的武官也要受到"八法"的处分。据康熙《大清会典》记载，至康熙十一年，正式确定了军政"八法"的处分：

>贪酷者，革职提问；不谨、疲软者，革职；年老患病者，勒令休致；才力不及者，降二级调用；浮躁者，降一级调用。②

与文官的"八法"处分不同，"浮躁"一项，文官是降三级调用，而武官则是降一级调用，处分稍轻。从此成为清代大计处分定例。

京察"八法"处分等第与大计同，但清初也有个调整过程，且处分程度逐步加重。顺治十三年（1656）初次举行京察，定处分等第，依据轻重分为四等：年老、有疾者致仕，贪酷者革职，罢软无为、素行不谨者给顶带闲住（满官罢软、不谨者革退衙门）浮躁浅露、才力不及者降一级调用。康熙元年（1662）定，除对年老、有疾者，浮躁浅露、才力不及者处罚仍旧（满洲、蒙古调部院用，汉军、汉人调外用）之外，对其他二等均加重处罚：

>贪酷者革职拿问，罢软无为、素行不谨者革职为民。

康熙六年（1667）进一步明确了老病、有疾者的处罚等次，并加重了对才力不及者的处罚，将其归于休致范围：

>才力不及、有疾者降一级休致，老病者原品休致。

康熙九年（1670）定才力不及与浮躁者的处罚标准，规定：

>才力不及者降二级调用，浮躁者降三级调用，虽有纪荐加级不得抵销，止准带于所补新任。

至此，京察"八法"处分等第最后确定下来。

---

① 《清世宗实录》卷七八，华文书局股份有限公司1969年版，第14页。
② 朱诚如、王天有主编：《明清论丛》第8辑，紫禁城出版社2008年版，第302页。

"八法"中除去贪酷二法，便为"六法"，故而在政书、实录、文集等史料中常有"六法"的记载。然而"六法"作为一种完整意义的处分制度，当在贪酷官不入计典以后。关于此项制度何时确定，光绪朝《大清会典事例》有这样的记载：乾隆二十四年（1759）奏准，各省犯贪酷官员，该督抚随时题参，不入计典革职提问，永不叙用。其年老、有疾、罢软无为、才力不及、不谨、浮躁六法等官，仍照原例议处。①虽然例中"不入计典"四字是嘉庆时修《会典》时所注，但从《实录》记载看，乾隆二十四年（1759）以后基本没有"八法"的记载。嘉庆《大清会典》将"八法"中的贪、酷两项排除，以法定的形式确立了"六法"，至此，"八法"名称被"六法"所取代。其后大计"六法"继续得以完善。

清朝这套年度考评基层官员的制度，考核评语可不是一味的"政治上坚定，有驾驭全局能力……"之类的话，相反，不少考核评语写得够"凶狠的"。略举几例：顺治十六年对安徽歙县县丞金起元的评语是：

> 本官查履历年开六十二岁，而朽迈不堪任事。

乾隆二年考核浙江严州府经历周鹏的结论是："本官躁妄轻浮，嗜酒狂悖。"同年，浙江温州府乐清县学教谕朱锦被开列有疾，

> 本官病患风瘫，半身不遂。

乾隆九年对湖南善化县教谕毛大鹤的考评是：

> 本官不守官箴，全无师范，难居司铎之职。

乾隆十三年直隶邢台县西黄村巡检王紫垣，

> 本官不守官箴，时与村民往来，笑谈狎玩，全无体统。

同年福建省汀州府归化县知县王道又获如此"考语"：

---

① 李鹏年、刘子扬、陈锵仪编著：《清代六部成语词典》，天津人民出版社1990年版，第57页。

本官才识钝拙，不谙吏治，难司民牧。①

清代官吏的考察在明代基础上发展为"四格八法"之制。四格是才、守、政、年四项标准，才分长平短，守分廉平贪，政分勤平怠，年分青中老，综合四格决定官员的加级、升职、留任、降调。考核方法是地方总督巡抚、京官三品以上自陈政事得失，以下官员由吏部都察院考核。武官的考核则称为"军政"，每五年一次，由兵部主持。考核一等的加一级，如有冒滥徇私者按保举连坐法予以处分。封建王朝官员有内、外之分，在京师中央各部院及其所属机构任职者，称为"内官"，又称京官。离开京师在地方任职者，统称为"外官"。但在实践中，无论京察还是大计都流于形式。

在王春龄遗留的手稿中也有一份光绪戊戌（光绪廿四）年的《大计》资料，见下：

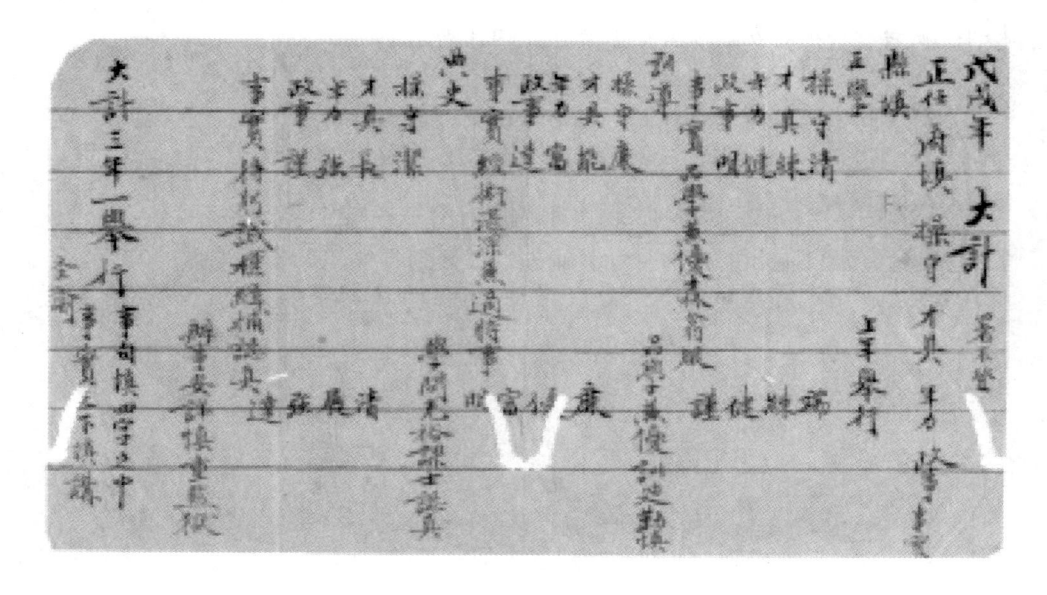

杂记2—1

```
戊戌年    大计     署不登
正任  府填  操守  才具  年力  政事  事实
县填     上年举行
```

---

① 常越男：《清代官员考课中的"四格八法"》，《历史档案》2011年第4期。

正学		
操守清	端	
才具练	练	
年力健	健	
政事明	谨	
事实	品学兼优	士林翕服
训导	品学兼优	训迪勤慎
操守廉	廉	
才具能	优	
年力富	富	
政事达	明	
事实	经术湛深	兼适特事
典史	学问充裕	课士认真
操守洁	清	
才具长	展	
年力强	强	
政事谨	达	
事实	待躬诚朴	缉捕认真
办事安详	慎重监狱	

大计三年一举行 事句填四字之中 事实之下填讲圣谕

　　清王朝不仅考察官员是否"政治上正确"、紧跟大清皇帝，还把"嗜酒"这样的"生活小节"提了出来，对"躁妄轻浮"和"迂拘、软弱"一类的"性格特点"也不放过。如此注重"细节"，不怕得罪人的考评，才是真正的对朝廷负责。如果让一个"躁妄暴戾"或"性本迂拘"的人长期执政一方，皇家的执政力和公信力必然直线下降，势必催生出一批批"刁民"和"群体性事件"。这样的考核评语也是真正地对官员负责。官员最怕谁？既不是大清律条，更非治下子民，而是上司。当其邪恶初露或行将泛滥时，由其"最怕的人"对其猛敲警钟"恶狠狠"一番，至少可以遏制其沉沦堕落。否则，待其贪腐情状因"情妇团队"造反或因小偷入室而被"揭露"出来，那时的官员往往已经烂透了。丑闻天下皆知，甚至不得不被杀头，这才是对官员的极不负责。而黎民因贪官而饱尝的灾难也就真的如"江河水"难有穷尽了！

　　这样的考核评语一直坚持到晚清。光绪十八年（1892）河南新蔡县教谕曾之榮，"柔懦反复，不堪司铎"。阳武县知县宋安书："识见迂滞，难膺民社。"河南夏邑县县丞周镇西："办事任性，不洽舆情。"①这项"从严治官"的制度在清代能持续二百余年，还是不容易的。但是，它在延续中的结果又如何呢？王春龄手稿为研究该问题提供了宝贵的原始资料，其中有这么一份底稿：

> 上谕 黄祖络性近贪鄙，不恤人言，实属辜恩溺职，着即行革职；长兴县知县毕诒策，操履不端，劣名昭著；山阴县知县赵长保，行为乖谬，物议沸腾，均着革职，永不叙用；慈溪县知县王家骥，代认公款，迹涉营求，着开缺另补。劣幕李庄华，即李香泉，盘踞把持，罔知检束，着即驱逐回籍，不准逗留。"（参见上篇谕禀1）

在王春龄手稿中还有一纸《考语》，此件仅为半张纸片，也是"抄件"。原文是：

> 抚宪廖
> 饬知事：照得乐清县知县员缺，现拟番臬两司会详，以该员请补。前来本部院。查得该员何士循朴诚谙练，留心公事。堪以请补乐清县，海口□□□除，如详。批示并会同闽浙总督部堂谭恭疏具，题外合行札知。札到该员即便知照，特札
> 光绪廿一年正月二十四日
> 正月廿八日到盐
> 章稿抚考语：才明识练，朴实有为，朴成谙练，留心公事。

谕禀1—1

县官是朝廷点派的，不是百姓选的，他当然只能代表皇帝和朝廷，即所谓"为天子牧民"，这是典型的家长制政治的表现。"四格八法"系借鉴前代考课标准而来，简练、明确、易行。虽然清人赞赏考课标准"四格八法，至精且备"，但仍显笼统，对不同机构的官员通行一种标准，这就使考核缺乏针对性、

---

① 常越男：《清代官员考课中的"四格八法"》，《历史档案》2011年第4期。

灵活性。从现存考课的册籍和官员的考语看来，考语过于空泛，评价单调，缺少变化，千篇一律，反映了人为因素对制度的影响。是否能够客观地依据官员的日常表现和政绩来考察官员，这是非常重要的。清朝的县级行政管理情况的总趋势是对基层管理的日益强化，从发展角度来看，历史上凡是褒扬清官的时代，一般也都恰恰是政治腐败的时代。各朝代相对清明的初政时期，则无清官而有循吏。

著名学者茅海建在《天朝的崩溃》一书中这样写道："自乾隆朝后期以降，吏治已经大坏。当官的目的，在于发财。仅凭薪水过活的官员，恐怕拿着放大镜也找不到。"① 贪腐各有门道，文官借征粮征税、主持科举去搜刮，武官则靠克扣兵饷、吃空饷和贪赃枉法而自肥。林则徐革职后曾向人说到，粤营水师年收入的百分之九十九，都靠鸦片走私。吏治腐烂如此，岂不是对天朝考评制度的莫大讽刺！其实，这样的"讽刺"并不难理解。大清的体制是"主权在朝廷"，官员的任命和监督均来自紫禁城。考评的铁律是上"考"下，京城"考"州府；官"考"官，大官"考"小官。② 作为吏治直接和最终承受者的老百姓，对之没有任何置喙的机会和权利。仅这一条，就注定了再"凶狠"的"从严治吏"，再绞尽脑汁的新规新律，最多只能图一时的热闹，或收一时之效。最终都无法阻止整个吏治走向腐烂。这也算大清对后世的一个"贡献"吧：只有将官员的乌纱放在人民手中，让人民成为监督官员的主体，吏治才不会腐烂。

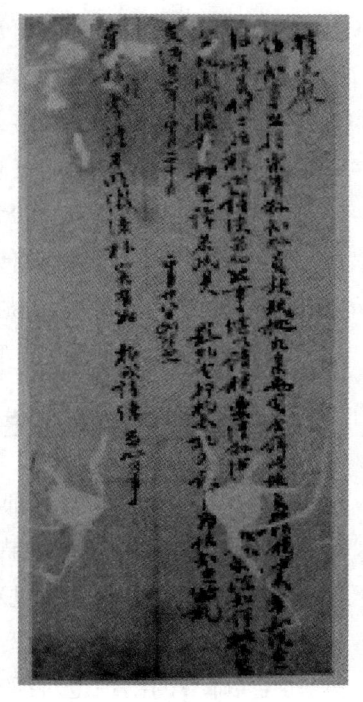

杂记6—1

王春龄手稿中关于州县主官的资料，主要有曾任钱塘县知县的束允泰，江苏丹阳人，字季符，系民族大资本家束云章之父，清末举人，浙江名宦。兄弟众多，其排行第五，丹阳人俗称束老五，居住在丹阳县城内麻巷门鱼巷弄，少游学锡山薛晓帆门下，有才名，清咸丰辛酉拔贡生，朝考第一。光绪丙子科举人，皇

---

① 茅海建：《天朝的崩溃：鸦片战争再研究》，生活·读书·新知三联书店2005年版，第68—69页。

② 刘吉同：《清朝官员"恶狠狠"的"考语"》，《唯实》2012年第2期。

封七品正堂，任桐庐、钱塘知县多年，多建树、有政声、爱民如子、政绩卓著，为当地百姓办了很多好事，老百姓称其为"束青天"。束允泰不但为官清廉，且精诗文书法，写得一手好字，是晚清有名的书法家，至今浙江桐庐、钱塘、杭州一带有很多人家收藏他的书法作品，只字片纸，珍若琪璧。丹阳县也有许多他的手迹，如观音山广福寺的"大雄宝殿"，西门城隍庙的"萃义堂"白云街的"鸣凤书院"等。著有《味青馆诗文集》、《曲阿文社烬余》等。另外还有潘纪恩，字筱圃、小圃，安徽婺源桃溪人。咸丰进士，早年入左宗棠幕，曾任常山、仙居、德清知县，杭州通判，官至太守，颇有政绩，主修《仙居县志》。

五、师爷佐治的历史底蕴

学界一般认为，绍兴师爷是明清时期封建官制与绍兴人文背景相结合的产物，是地域文化孕育的结果。这里所讲的地域文化因素不仅包含了学界通常指出的精英文化的内容，通过对绍兴师爷群体生存方式的综合考察，我们还能了解到，绍兴的民间文化比精英文化更现实而深刻地影响了师爷的产生与存在。另外，绍兴师爷的出现也对绍兴的民间文化构成了相当的补充，在绍兴民间文化语系中，师爷不仅是一个职业群体，也具有丰富的故事色彩，代表了底层百姓普遍的情感寄托。

（一）绍兴师爷的文化底蕴

我们注意到，绍兴师爷的产生有着非常特殊的时代背景和社会因素。经过魏晋以来数次由大规模移民造成的文化大融合和经济发展，到明初，绍兴已经成为一个风景秀美、民生富足、学风兴盛、地狭人稠的江南水乡。在这个地区，民风淳厚，耕读之风盛行，读书取仕成为绍兴市民中知识阶层重要的奋斗目标，据《绍兴市志》记载，明清二代，绍兴科举文进士者有1300余人，武进士250余人。[1]民间也有谣谚说：

> 一百秀才莫欢喜，七个贡生三个举，四十五个平平过，四十五个穷到底。[2]

---

[1] 任桂全：《绍兴市志》第5册，浙江人民出版社1996年版，第3266、3303页。
[2] 李乔：《中国的师爷》，商务印书馆国际有限公司1995年版，第68页。

由此可见该乡读书之盛。

但是，江南作为全国的富庶之地，士大夫集团的力量极为强大，加上民力强壮，明清时期招来了中央政府的高度警惕，两代统治者都有意无意地尽量压抑该区的发展，当时中央直接设机构在江浙搜刮财富，提高赋税，浙江赋税缴纳冠于全国。政治上，朝廷也力图限制江南吴越地区士大夫集团的势力。这在清代最为明显，

> 如官方规定的生员数额与总人口的比例仅为1.4‰（江苏）、1.7‰（浙江），1.5‰（江西）、1‰（安徽），低于全国总生员数额与总人口之比（1.8‰）。与各省相比，不仅低于京畿之下的直隶（2.3‰），也低于全国其他富庶地区如广东（1.9‰）、四川（1.9‰），更比不上边远省份云南（6.3‰）、广西（3.7‰）、贵州（4.7‰）。①

朝廷的限制在客观上给江浙的读书人增加了科举成名的难度，使读书取仕之途异常艰难，长期如此实施，必然在吴越积累起一个被科举淘汰的读书人群体。十几年的寒窗生涯，使这部分人不可能再进入普通市民的营生领域，更重要的是，十几年的学问也成为一种负担无法舍弃。科场名落孙山之后，他们必然面临着人生道路的重大抉择。周作人在《回忆录》中回忆说，大概有四条路可供选择：

> 前清时代士人所走的道路，除了科举是正路之外，还有几路叉路可以走得。其一是做塾师。其二是做医师，可以号称儒医，比普通的医生要阔气些。其三是学幕，即做幕友，给地方官"佐治"，称作"师爷"，是绍兴人的一种专业。其四则是学生意，但也就是钱业和典当两种职业，此外便不是穿长衫的人所当做的了。②

此四条中，无论哪一条都不是读书人的理想之途，俗话说"儒作医，菜作齑"，乡村塾师的清贫世所熟知的，学幕虽能有机会免于贫寒，但在乡间看来总觉得无异于走投无路。所以鲁迅在《俄文译本〈阿Q正传〉序及著作者的自序传略》说：

> 我总不肯学做幕友或商人，这是我乡衰落的读书人家子弟常走的两

---

① 张仲礼：《中国绅士研究》，上海人民出版社2008年版，第83页。
② 张明高、范桥：《周作人散文》第四集，中国广播电视出版社1992年版，第262页。

条路。①

汪辉祖在《勿轻令人习幕》中说道：

> 吾辈以图名未就，转而治生。惟习幕一途，与读书为近，故从事者多。然幕中数席，惟刑名、钱谷，岁脩较厚，余则不过百金内外，或止四五十金者。一经入幕，便无他途可谋，而幕脩之外，又分毫无可取益。公事之称手与否，主宾之同道与否，皆不可知。不合则去，失馆亦常有之事。……且如乡里课徒，及经营贸易，缊袍疏食，勤俭有素。处幕馆者，章身不能无具，随从不能无人，加以庆吊往还，亲朋假乞，无一可省。岁脩百金，到家亦不过六七十金，八口之家，仅足敷衍。万一久无就绪，势且典贷无门，居处既习于安闲，行业转难于更改，终身坐困，始基误之。故亲友之从余习幕者，余必先察其才识，如不足以造就刑钱，则四五月之内，即令归习他务。盖课徒可以进业，贸易可以生财。作幕二字，不知误尽几许才人。量而后入，择术者不可不自审也。②

可见绍兴民间确实把习幕作为读书人万不得已才走的路。

这样一种地域风气，使绍兴学幕的读书人多是家境贫寒而走投无路的子弟。通过对明清时期绍兴师爷个体的分析，我们也能发现这一规律。被认为是早期绍兴师爷代表的徐渭生于有着经商传统的读书人之家，但父亲早逝，自小受继母的抚养，长兄对其多苛责，稍长后生活一直较为艰难。尤其是入幕之前，徐渭因妻子病逝，从广东阳江带年幼的两个孩子回到家乡，适逢家业被恶邻所侵，在外赁屋收徒为生，生活无着，无以为继。

被称为"清代第一绍兴师爷"的代表人物沈文奎（1598—1654），其经历也颇类于此，《绍兴县志》记载：

> 沈文奎，字清远，为明崇祯会稽邑庠生，家贫如洗，又值世乱年荒，于是北游满洲。时满伐蒙，大登驻磐石，竟投满营充教授轻年者中文兼行营文牍。蒙古平定，满军凯旋，建都奉天，开科取士得连捷第一甲第一名，赐进士及第，入汉军镶白旗籍，尚和硕亲王郡主拜他剌布勒哈番，充秘书院篡

---

① 《鲁迅全集 编年版》第3卷，人民文学出版社2014年版，第287页。
② 汪辉祖：《佐治药言》，中华书局1985年版，第14页。

修。清军入关,任巡抚直定等处都察院调总督淮扬,提督七省漕运海防军务。戊子升内阁弘文院大学士,兵部尚书加一级,己丑科大总裁。顺治六年,仍任军务讨灭山东有功,晋秩世袭拖沙拉哈番。①

后成为深受清太祖皇太极赏识的大师爷。

汪辉祖(1731—1807),汪家本以务农经商为业,后因家道中落,只能靠借贷维持生计。汪辉祖早年丧父,不得不为生计和赡养家庭而奔波,十几岁的时候,就开始跟人学做幕僚,后来慢慢做到刑名师爷。因为从前没有法律学校,士子做官主要是通过科举,而科举考的主要是四书五经,考中的人不见得懂法律,所以可以请一个幕僚来做顾问,以备审问案件时咨询。汪辉祖21岁入岳父衙中佐幕,开始涉及官场,研习刑名案件,是名闻全国的"绍兴师爷",被称为"一代名幕"。他为幕34年,以善断疑案著称,足迹遍布江浙两省18个州县衙门,后来他任州县官五年,勤政爱民,政绩斐然。他不仅是一位难得的清官,也是一位著述丰富的学者。现代学者胡适也在著作中盛赞汪辉祖:

> 我读乾隆、嘉庆时期有名的法律家汪辉祖的遗书,看他一生办理诉讼,真能存十分敬慎的态度。他说:"办案之法,不惟入罪宜慎,即出罪亦宜慎。"他一生做幕做官,都尽力做到这"慎"字。②

汪辉祖学识广博,这是他做幕僚名声卓著的重要原因,也是异于普通师爷之处,这一点尤其体现在宽永钱一案中。乾隆中期,东南沿海各省发现了很多宽永钱。清廷怀疑有人私铸货币,下令两江总督尹继善等严查。由于地方官无人知晓这种钱的来历,尹继善决定聘请见多识广的汪辉祖办理此案。汪辉祖引经据典,查出此钱系日本钱币,由商船带入,并非民间私铸。地方官据此上奏,从而使一场大祸烟消云散,汪辉祖也因此名声大振。③

---

① 绍兴县修志委员会:《浙江省绍兴县志资料》第一辑,成文出版社有限公司1983年版,第1181页。
② 胡颂平:《胡适之先生年谱长编初稿》,联经出版事业公司1984年版,第1935页。
③ 小横香室主人编:《清朝野史大观》(二)卷三"清朝史料",上海书店1981年版,第115页:禁用宽永钱 宽永为日本纪年,其钱文曰宽永通宝。乾隆间以沿海地方行使宽永钱甚多疑为私铸。谕令江苏浙闽各督抚穷治开炉造卖之人。经两江督臣尹继善、江苏抚臣庄有恭疏奏此种钱文,乃东洋倭人所铸,由商船带回。漏入中土,因定严禁商舶携带倭钱,及零星散布者官篇收买之例。当时原疏引朱竹垞集内载有吾妻镜一书有宽永三年序,又徐编修葆光中山傅信录内载市中皆行宽永通宝为据。事载高宗宝录。按汪大令辉祖萝痕录称朱徐二书,为其馆某县时所考得。尹文端公大加褒赏,遂有宰相须用读书人作官作幕尤不能不用读书人之语。

1787年，汪辉祖任湖南宁远知县，他在任上为百姓做了很多实事。宁远规定淮盐为官盐，百姓都必须吃淮盐，可淮盐的价格比粤盐高出几倍，因此百姓私下食用粤盐。由于买卖粤盐违反禁令，官府派人侦捕，以致"人情惶忧"。汪辉祖得知后，决心解决百姓的食盐问题。他诚恳听取百姓的意见，调查粤盐销售情况，制定了一个妥善的方案，请求上司允许宁远可售粤盐，但百姓购买一次不得超过十斤。百姓对此无不拍手称好，但一些人竭力反对，诬告汪辉祖支持贩卖私盐，汪辉祖据理力争，后来湖南总督毕沅知道此事后，对汪辉祖大加赞赏。

　　汪辉祖在宁远虽仅任知县数年，但调任时，百姓空城相送，轿子都无法前行；汪辉祖退隐后，还时有宁远百姓前来探望，其受百姓爱戴的程度于此可见一斑。1792年，汪辉祖因不肯巴结上司，看其脸色，受其驱使，以致得罪上司，被劾罢官。回到萧山后，他隐退意志坚定，一些地方大员先后重金聘其入幕，都被他婉言谢绝。

　　虽然不再涉足官场，但汪辉祖仍然关注国计民生，为家乡做了许多贡献。1793年，萧山西江塘塌陷，汪辉祖应浙江巡抚之召，共商修理西江塘等事。经过实地察看和丈量后，汪辉祖提出的施工方案比原定方案少花6387缗。经过半年修理，全塘告竣，工程坚固，耗资又少，造福百姓不浅，他却没要任何报酬。

　　萧山地处钱塘江南岸，江水浪高潮急，加上长期冲刷，一江之隔的浙江海宁的一片沙地被冲刷到江南来了。汪辉祖上书朝廷，请求将这片沙地由海宁划给萧山管辖，得到朝廷批准。这为当代萧山围海造陆、发展经济打下了基础，功不可没。

　　汪辉祖为人诚信，不说假话，县里的人都敬而信之。县里大事，经他商议，都无异言。同时，汪辉祖还利用自己断案的特长，为乡民提供帮助。乡民发生纠纷，打算对簿公堂，往往先向他请教。汪辉祖告以利害，曲为排解，两家往往和解而去。如有人来告诉他，因某事要报复某人，汪辉祖虽不认识某人，也一定劝其息事宁人。一次，汪辉祖乘船经过钱清镇，有位船工将几十只大螃蟹扔到他的船上说："聊以报公恩德。"问了船工的姓名，汪辉祖还是不认识。由于汪辉祖德义兼备，故他出生的地方便以"大义村"命名。

　　在回归乡里后，汪辉祖为教育子女写下了《双节堂庸训》。这是清代著名家训，流传很广。此书分为述先、律己、治家、应世、蕃后、述师述友六篇，共219条。这六篇皆立足于汪辉祖几十年的人生阅历，谈论持身涉世之道，语言通俗易懂。汪辉祖谦称这些家训都是"庸人庸言"，然而正因其"庸"，于当时乃至现在，针对性和实用性都非常强，启发了很多人。

汪辉祖临终前，对儿孙们说自己没有遗言，《双节堂庸训》就是我的遗言，他希望儿孙们能时时诵读，能自爱如爱我身。汪氏后代将《双节堂庸训》奉为圭臬，引为修身正己的经典，人才辈出。到了近现代，汪辉祖六世孙汪谦为著名画家，画技甚精。汪辉祖九世孙汪忠镐是国际著名心血管专家，2005年当选为中国科学院院士。

清代著名学者、文学家洪亮吉曾评价汪辉祖：

> 计君一生，在家为孝子，入幕为名流，服官为循吏，归里后复为醇儒。律身则全受全归，应物则实心实政。①

这一评价是不为过的，汪辉祖的为人为政为学，值得后人用心体悟。②

章学诚（1738—1801）在《庚辛之间亡友列传》中说：

> 钱诏，字西亭，会稽人，早岁为诸生有声。以家贫习幕事于保定，周君延之襄理簿书。品端不苟且，望而知为端人。君资钝好学，年力长矣，又分心于案牍，不能精也。然虚怀善下，闻人有一得，辄敬礼之。有所言即委身以从，奔趋恐后，心惴惴惧人或弃之也。或聆人言而忤，则亦受而弗校，自以谓远不人若，不可校也。嗟夫！虚心好学如西亭者，斯为笃矣！③

图10　章氏遗书

归纳起来，入幕的绍兴人大都有两个特征：一是寒窗十数载而科举不第；二是家道贫寒，多出身于贫寒的平民家庭。这样的环境使绍兴师爷的来源带上了深厚的市民性，具有民间的色彩。

---

① 徐忠明、杜金：《传播与阅读：明清法律知识史》，北京大学出版社2012年版，第73页。
② 沈娣、莫艳梅：《一代名幕汪辉祖》，《中国纪检监察报》2016年7月18日（6）。
③ 章学诚；《章氏遗书 十一》，影印本，第19—20页。

平民家庭背景是绍兴师爷一个最基本的因素，我们从中能体会到绍兴的地域文化对绍兴师爷的影响之深。贫寒的底层市民的出身，以及数千年的民间文化浸淫也深刻影响了绍兴师爷的处世方式。这种影响最深刻的就是造就了绍兴师爷带有群体性的品质特征：冷静、清晰，周密灵活的思维方式；多谋善断、稳重干练、严密苛刻的工作方式；易怒多疑的心理素质，睚眦必报的性格脾气；满口柴胡、殊少敦厚温和之气的"骂嘴"；圆滑老辣、简括的笔法；兼及绝不妥协的硬气等。而这些性格也可看作越人一种普遍性的性格特征。

作为市民阶层的一部分，师爷很明白底层百姓的处境，对底层百姓的艰难生活有着深刻的体会，容易与之产生强烈的共鸣，所以在做幕的过程中就会体现出"爱民"的思想。汪辉祖的幕治原则就是"当以爱民省事为主"①，本着一颗仁慈爱民之心，时时处处为百姓着想。《绍兴市志》载：

> 康熙年间，山阴人史金义在山西督抚门下为幕，每遇狱之当死者，总是费尽心计，求其得活。有一案，系一歹徒调戏妇人，执持其手，妇挣脱后羞愤自缢。史金义认为当旌表妇烈，但又以歹徒并无强暴情状，拟杖而免其死。然按当时律例，持妇人手致其死者，应处绞刑，史所定判词遭上司驳斥。史不服，竟自谢去职，由此赢得社会声誉。山阴籍汪鼎为顺德县衙师爷时，举人罗某遭人诬告窝藏盗贼于家，经前任知县审定收监，但汪深有所疑，请知县复讯。经查该盗行劫之日，罗正外出广西宾州，冤情遂得大白而无罪释放。②

在刑名师爷的办案过程中，此类例子并不少见。

师爷除了市民阶层的出身，在官场的身份地位也很特殊，他们虽身处官场，但与主流官场又有着一定的距离，始终未脱离依附地位，究其实却也是一介草民。

在师爷群体中，他们与主官的关系实际是一种雇佣与被雇佣的关系，这种雇佣关系又采用了传统的、在清代社会也是很普遍的"主客"关系的形式。绍兴师爷相当于现在的"私人秘书"，做的虽然是公务，但没有官吏的身份。师爷不是向朝廷拿工资，而是单独从聘请他们的官员那里领取薪金。这对于以"学而优则

---

① 汪辉祖、万维翰、王又槐：《清朝官场那些事儿》（上），西南师范大学出版社、东方出版社2011年版，第342页：从来令之折狱、幕之议事，当以爱民省事为主，遇富家事尤苦棘手。读书者拘文牵义，解事者避谤引嫌，观望荡延，滋为民病。余前《录》所记，凡引经决狱诸案，往往经旨不必如是，每藉以厌服人心；惨淡经营，颇费神用，故通经之上官，无不委曲允从。

② 任桂全：《绍兴市志》（第5册），浙江人民出版社1996年版，第3367页。

仕"为人生价值取向的读书人而言,是一种很尴尬的处境,很多时候难免有寄人篱下的屈辱感。师爷对自身职业的痛感也多半缘于此。他们觉得自己日复一日、年复一年地为主官"佐幕",不过是"为人作嫁衣"罢了,似乎是一无所得。他们以一介草民之身漂浮在官场之中,劳心劳力,终其一生,却始终无法改变布衣的身份,这使他们的人生取向始终难摆脱民间化、边缘化的桎梏。

这种民间身份,最直接的后果是价值感的失落。读书仕宦是读书人最高的人生价值取向,是为入世;入世不成,隐居山林独善其身也是一种被广泛认可的退而求其次的选择,在主流社会依然保持着道德的优势。然而作幕,既非做官,又非隐居,就工作性质和生活地位而言,诚如徐渭所说的"处于不显不隐之间"。佐治虽是临民之治,但是毕竟各地方政事不是按照他们意愿实施的。人生价值无从谈起,所以很多师爷终老一生,难免有一事无成之憾。这也容易导致师爷过分自尊的心理。清末人汪康年在他的《汪穰卿笔记》记载了这样一个故事:

> 晚清有一位新到任的无锡县钱知县请了一位金师爷帮助他处理审判事务。这位金师爷正当少年,风流倜傥,经常出署冶游,很快就和惠泉山尼姑庵里的一个尼姑好上了,经常流连忘返。有一次钱知县遇到一个紧急案子,急需师爷帮忙,可等了三天,金师爷还是不见踪影。钱知县在堂上急得团团转,不由自言自语地埋怨道:"我请师爷是为了办公事,可三天还不见人,公事如何得了!"又过了两天,金师爷满面春风地回到衙门,有个仆人把钱知县的埋怨话传给了金师爷,金师爷勃然大怒,抓起砚台狠狠地往地上一摔,打点行李就要走人。钱知县知道了,赶紧跑来赔不是,再三道歉,可金师爷少年气盛,非走不可。钱知县只得送出衙门,还拿出一百多两银子权作送行。[①]

这种由价值失落而导致的自尊其实是自卑的极度反映,这正是一种典型的底层小人物心态。

绍兴师爷的底层出身与布衣身份使他们的群体个性带上了浓重的民间文化的印痕,使他们的立身处世始终不脱民间化的特征。在这里,民间作为一个文化场,也作为绍兴师爷始终无法摆脱的人生标记而存在着。主流社会的繁华、崇高、激越,于绍兴师爷而言都不过是过眼烟云,纵然辉煌数百年,但他们始终不过是漂泊江湖的一个文化异数,最后不免平淡于绍兴百姓的口耳之间,成为民间文化的一部分。

---

① 汪康年:《汪穰卿笔记》,上海书店出版社1997年版,第111—112页。

（二）绍兴师爷的佐治故事

绍兴师爷对民间文化的补充集中体现在民间所流传的丰富的师爷故事中。近代以来，绍兴师爷的佐治故事是绍兴民间故事中的重要内容。1988年收集整理的"民间文学三套集成"之《绍兴市故事卷》中设有"绍兴师爷的传说"专题，内收绍兴师爷的故事11则，其他还有徐文长的故事18则（部分与师爷生活无关）。据笔者目前收集的结果，民间流传的绍兴师爷故事还有近30则。就其内容而言或反映师爷之机智敏巧、救主官于不利地位，或言体恤民情、为百姓排解忧苦，但也有故事讲师爷利令智昏、仗主欺人之事。按照故事分类法的标准，大致可以分为三种类型。

一是智慧型故事。多讲述绍兴师爷以处世灵活、练达、圆通、机智，深受各地封建大吏重用，为主官排忧解难的故事。

这一类故事中最典型的是绍兴师爷的鼻祖邬思道的故事。《清代野史》载，邬思道，字王露，绍兴人。他自幼好读，但科举不弟，遂"习法家言，人称为邬先生"。他先以游幕为生，寓居河南开封，为河南巡抚田文镜"罗而致之幕下"。有一天，"邬先生谓文镜曰：'公欲为名督抚耶，抑仅为寻常督抚耶？'文镜曰：'必为名督抚。'曰：'然则任我为之，公无掣我肘可耳。'文镜问将何为？曰：'吾将为公草一疏上奏，疏中一字不能令公见，此疏上，公事成矣，能相信否？'文镜知其可恃也，许之。则疏稿已凤具，因署文镜名，上之。盖参隆科多之疏也。"隆科多系雍正帝的元舅和功臣，官至大学士，然其"睁公不法，骄恣日盛"，因此雍正继帝位后，极想翦除而苦于"中外大臣无一敢言其罪"。邬先生固早窥知上意，故敢行之不疑。结果雍正帝借刀杀人，隆科多果获罪，而文镜宠遇日隆。不久，雍正帝获悉邬思道在田文镜幕中，常在田文镜的请安折上硃批"朕安，邬先生安否？"①这就使以邬思道为代表的绍兴师爷声价百

---

① 谢兴尧：《堪隐斋随笔》，辽宁教育出版社1995年版，第177页；《春冰室野乘》记"田文镜之幕客"云："田文镜在雍正朝，为河东总督，得君之专，与李敏达、鄂文端为鼎足。一时大臣，无与伦比。世传其幕客邬某事，颇奇特。邬绍兴人，习法家言，人称为邬先生。一日谓文镜曰：公欲为名督抚耶？抑仅为寻常督抚耶？文镜曰：必为名督抚。曰然则任我为之，公无掣肘。文镜问将何为？曰吾将为公草一疏上奏，疏中一字不能令公见，此疏上公事成矣。许之，则疏稿已凤具，因署名上之，盖参隆科多之疏也。隆科多为世宗元舅，颇有机干，世宗之获当璧，隆科多与有力焉。既而恃功不法，骄恣日甚，上颇苦之。而中外大臣无一敢言其罪者，邬先生固早窥知上意，故敢行之不疑。疏上，隆科多果获罪，而文镜宠遇日隆。已而文镜以事与邬先生龃龉，邬愤而辞去。自此文镜奏事，辄不当上意，数被谴责。不得已使人求邬，以重币聘之返，邬要以每日馈银五十两，许之。邬再至大梁，不居抚署，每入见几上有红笺封元宝一锭，则欣然命笔，一日或偶阙，即翩然去。文镜益严惮之，圣眷渐如初。是时上亦知邬在文镜幕中，文镜请安摺至，有时辄批朕安，邬先生安否？其声动九重如此。"

倍，为各地督抚所瞩目。及田文镜卒后，邬先生去大梁，其他督抚闻邬先生名，争以厚币聘之。

另外民间有多种版本流传的"屡北屡战"亦属此列。

还有如"马师爷计除安德海"、"状元改奏章"（参见《浙江省民间文学集成·绍兴市故事卷》）

二是为民作主型故事。典型版本如"陶老夫子救百姓"说：

清初入主中原以后，为巩固统治。在各省会均设置"将军衙门"，派满族子弟率清兵驻守。后来八旗子弟日渐腐败，"将军"便成了闲职，"将军衙门"也形同虚设了。当时杭州的将军衙门在湖滨，旧称"旗下营"。

一年秋天，正值稻谷抽穗的时节，将军衙门的一个头目故意将马匹天天放在草桥门外田里。当地农民看到自己的庄稼受到糟蹋，心如刀割。有一天，便群起赶马。这群啃饱了青苗的马匹被赶之后，一溜烟奔往江边饮水，当时正值钱塘午潮汹涌而来，全部马匹被潮头卷走。那个头目吓丧了胆，为推卸自己的责任，向上峰谎报说：草桥外百姓犯上作乱，把马匹都赶入钱塘江淹死了！"杭州提督是一个鲁莽武夫，平素把百姓看作草芥，当即下令把草桥门外三千多个农民拘捕，并写好奏本申报朝廷，一律按叛乱罪问斩。

当时朝廷规定，各地将军衙门的奏本，要当地抚台会衔同签。浙江抚台看到将军衙门送来的奏本，心知这是一桩天大的冤案。抚台既不想得罪这位旗人头目，又不愿昧着良心残杀无辜。于是把衙内师爷请来，将奏本交给了他并委婉地透露了自己的意思，请师爷想个妙法，拯救三千百姓。

这位师爷姓章，是绍兴道墟人。他看了将军衙门送来的奏本后，大吃一惊。心想，如果不能在三天的限期内想出一个两全其美的办法，那三千百姓都将遭杀身之祸。章师爷心如火焚，通宵不眠，左思右想，一直想不出一个两全办法。直到头鸡啼了，才猛地想起了他的业师陶老夫子。他知道老夫子学识渊博，长期入府主幕，才智过人。现正年老闲居在家。章师爷不等天亮，就背上黄包裹动身，当天傍晚就赶到绍兴陶家堰。

老夫子见门生突然到来，且神色慌张，忙问："出了何事？"章师爷就把将军衙门的奏本捧给他看，并恳求业师指点解决的办法。陶老夫子一连吸了几筒烟，沉吟片刻，然后眉头一皱，对章师爷说："你快回去，在会衔本上签上'鲁国厩焚，孔子问人不问马；浙江潮变，将军问马不问人'即可！"

章师爷一听，心中顿时大亮，立即乘船连夜赶回抚台衙门，在会衔奏本上，签上了这二十二个字后，送往京城。

刑部大臣和皇帝看到浙江巡抚在奏本上的会签,知道这是在借孔子为鲁国宰相时,马房失火,问有无伤人,说明孔子重人不重马的典故,来批驳杭州提督的暴虐与失职。于是在批文中,严厉地训斥了提督一番,并责令他即刻释放草桥外数千名无辜百姓。

三千农民获救后得知此内情,对章师爷、陶老夫子都感德万分。①

另有"师爷救寡妇"、"师爷改词"等。

三是恶师爷故事。这一类故事往往叙述师爷如何刁钻刻毒、鱼肉百姓等事。如"师爷打赌"故事,说老少两师爷包打官司相互倾轧之事:

从前,有两个绍兴师爷,一个五十多岁,一个二十多岁,年轻的是年老的徒弟。两人在替人家写状子和包打官司中,多有争执,互不服气。

一天,这一老一少约定一起到县衙打官司,输者出二十两银子,办一桌酒席。老师爷提出一个先决条件:年轻师爷须要认他为父,以父子身份去打官司。小师爷答应了。老师爷心里暗暗高兴,认为这场官司必胜,因为当时的王法规定:只要做父亲的告发儿子忤逆,县官必先打儿子五十大板,然后再判是非曲直。

老师爷把状子呈到县衙以后,县官即差衙役提双方来审案。二人一上公堂,县太爷依法喝令将逆子掀翻在地,责打五十大板。小师爷一面高喊"大老爷冤枉",一面伸出双手,手掌朝上,缓缓地摇了三摇。县官一见,即朝老师爷怒喝一声:"咄!大胆老贼,竟敢欺瞒本官。来呀,与我痛打二十大板!"两旁衙役一声呐喊,一拥而上,当即将老师爷掀翻在地,"噼里啪啦"一顿痛打,直揍得老师爷皮开肉绽,惨呼求饶。打罢,县太爷拂袖而起,喝令衙役将老师爷赶出公堂。

出了县衙,老师爷一瘸一拐,满腹狐疑地问小师爷:"你玩的是什么鬼把戏?竟能使这狗官不准我的状子,转而打我?"小师爷哈哈大笑,摊开两只手掌让老师爷瞧,只见他右手上写着"妻比貂婵美",左手上写着"父有董卓心"!老师爷顿觉羞愧难当,满脸通红,只好当场认输,承认年轻人确实比自己棋高一着。②

---

① 吴传来:《越地文化 鲁镇旧闻》,西泠出版社2006年版,第104—105页。
② 陈德来:《越中师爷》,浙江摄影出版社2003年版,第135—136页。

绍兴师爷的故事历尽百年传说已经融入了绍兴市民的生活，成为民间文化的一个重要组成部分。就其产生机制而言，从故事发生学层面考察，有两个背景：

一是作为绍兴师爷历史形象的演绎，取材于绍兴师爷的真实生活。绍兴师爷多为饱学之士，工于文章，秉承绍兴市民的勤奋、细心、内敛、多智的习性，游走于官场，表现出极强的心机与行政能力，明清之际主政官员出身科场但多缺行政能力，所以都需聘师爷代为出力处理政务，于是形成"无绍不成衙"的盛况。在历史上留下了绍兴师爷在官场的诸多亮色，而这些亮色流落民间就成了故事，历尽百年而不衰。作为绍兴师爷的早期代表，民间故事有：

> "明代第一才人"的徐渭，即为典型的绍兴师爷。《明史》载："徐渭，字文长，山阴人。为诸生，有盛名。总督胡宗宪招致幕府"，掌书记。"宗宪得白鹿，将献诸朝，令渭草表，并他客草寄所善学士，择其尤上之。学士以渭表进，世宗大悦，益宠异宗宪。宗宪以是益重渭。"为进剿倭寇，徐渭常为胡宗宪出谋献策。《明史》云："渭知兵，好奇计，宗宪擒徐海、诱王直，皆预其谋。"

足见徐渭就幕5年，政绩卓著，堪称绍兴师爷的早期代表人物。又如《徐师爷惩恶贼》，详见吴传来（《越地文化 鲁镇旧闻》，西泠印社2006年版）。活跃于清代200多年的绍兴师爷，优幕不胜枚举。但亦有为数不少的劣幕。他们或为主官鹰犬，助纣为虐，鱼肉人民；或欺上凌下，营私舞弊，中饱私囊；或互通声气，包揽诉讼，朋比为奸。正是此类劣幕，败坏了绍兴师爷的声誉，反映在民间就成了刁钻刻毒、横行乡里的师爷故事。

> 杀害女革命家秋瑾之主谋章介眉，为劣幕代表人物。章原系一介寒士，后投靠两江、广东主政周玉山，数年宪馆，便致"横作威势，受贿纳赂，家资遂聚，称豪富"。光绪三十三年（1907）六月，秋瑾为绍兴知府贵福逮捕，章正在浙江巡抚张曾敭门下为刑名师爷，力主处决秋瑾。后增韫继任浙江巡抚，章又怂恿其平毁秋瑾之墓。民国二年（1913），袁世凯篡权后，章通过当时财政总长的关系，出任袁世凯财政咨议，后又为总统府秘书，不仅将其绍兴光复之初所谓"毁家纾难"之田产、房产如数倒算回去，且借督理浙江军务朱瑞之手，杀害王金发等革命党人。①

---

① 任桂全：《绍兴市志》第5册，浙江人民出版社1996年版，第3359—3367页。

二是民间故事在绍兴师爷身上的附会。故事在流传过程中具有变异性的特点，许多民间故事在口耳相传之间因某些相近的因素被附会到绍兴师爷的身上，如"屡败屡战"的故事在中原一带流传甚广，主角却不是绍兴师爷。这也是民间故事发展的一般规律。

从文化层面考察，绍兴师爷的故事可以看作是绍兴市民间文化的一种表现方式，隐含了民间对绍兴师爷的情感认知，个别故事也体现了民间通过绍兴师爷这个媒介影响主流世界的努力。前面提到，绍兴师爷的很大部分对市民阶层抱有深切的情感认同，能够深切地体会到底层市民的生活艰难，所以在辅政过程中对百姓多有照顾，多能体恤民情。与此相应的是底层市民对这一部分绍兴师爷也抱有深厚的好感，而绍兴师爷在官场的种种壮举也成为绍兴市民的充溢地域自豪感的一大原因。因此，绍兴的市民乐于传讲师爷的好事，遂成口碑。另外，师爷以布衣身份在官场左右行政，这给处于边缘地位的底层市民开拓了一个影响主流社会的新途，因此，在民间故事中，绍兴师爷能力被无限夸大，或成皇朝的核心力量，如"沈文奎应对皇太极"的故事；或为左右官场的超级力量，如"邬思道与田文镜的故事"；或为百姓的又一类清天，如"秋青天"故事等。这些故事无形中成了市民阶层的一种精神体操，通过幻想的手段表达来源于底层的心声，表达对历史人物与事件的好恶，以此达到心灵的满足。

第三章　晚清州县的财政收支

清朝地方县级衙门的经济收支如何？文人笔下只有大致记载，王春龄手稿比较详细记载了佐幕县衙的账目收支，较为完整地反映了当时的财政收支情况。部分原始凭证记录了有关官场规费的账目和票据，上级官员过境的开销，年节、寿诞等给上级的贺礼礼单，给下属的节规赏钱等，有助于我们掌握县衙的钱谷运营和认识师爷的生活境遇。梳理这些数据，分析县衙经费来源、百姓税赋和出支项目等，自然有益于推动晚清县级政府财政运作课题研究的深入。

一、晚清州县的俸禄制度

清朝为了维持政权的延续，使国家机器能够正常运转，制定了多种制度，中央政府和地方衙门的官吏都有相应的俸禄。根据史料记载，清王朝有多种俸禄，其中最主要的有四种：

一是向宗室贵族提供的宗室俸禄；

二是向有世职爵号者提供的世职俸禄；

三是向兄弟民族藩王提供的外藩俸禄；

四是官吏的俸禄。

这些俸禄相差很大，宗室的俸禄优厚，官吏的正俸很低。如皇族亲王年俸银万两、禄米万斛；世子银六千、米六千斛；贝勒银二千五百两、米二千五百斛；镇国公银七百两，米七百斛；辅国公银五百两，米五百斛。而官吏的俸禄，一品大员的年俸银一百八十两、米一百八十斛。宗室的辅国公俸禄比一品大吏的正俸高三倍多，与亲王的俸禄相比较，则亲王高于一品官的俸禄五十五倍之多。从俸禄就能反映出封建皇朝"朕即国家"的特点，这些大臣只不过是皇帝大家庭的仆从。官吏俸禄，是维护皇朝专制统治的重要工具，朝廷向官吏提供俸禄，保证他们本人与亲属的生活需要，并公开晋升封建等级的阶梯，使官吏效忠于封建皇朝，期望攀上高官厚禄之顶峰。毛佩琦、陈金陵所著《明清行政管理制度》介绍了京官的正俸，由俸银与禄米组成，各个品级官员的俸禄如下：

一品	俸银一百八十两	禄米一百八十斛
二品	俸银一百五十五两	禄米一百五十五斛
三品	俸银一百三十两	禄米一百三十斛
四品	俸银一百零五两	禄米一百零五斛
五品	俸银八十两	禄米八十斛
六品	俸银六十两	禄米六十斛
七品	俸银四十五两	禄米四十五斛
八品	俸银四十两	禄米四十斛
正九品	俸银三十三两一钱一分	禄米三十三斛一斗一升四合
从九品与未入流	俸银三十一两五钱二分	禄米三十一斛五斗二升[①]

地方官吏中的文职人员，照京官品级支付俸银，但无禄米。外官中的武官俸银正一品九十五两八钱一分二厘，从一品八十一两六钱九分三厘，正七品十二两四钱七分一厘。武官的俸银之所以低，是因为清廷允许绿营将领以亲丁食粮为名，冒领饷银，额有定制。

京官文职不论大小，按例全部都给双份俸禄。部、院的尚书、侍郎，例给双俸双米。乾隆五十三年以不兼部务的大学士，每年仅双俸、单米，而

<blockquote>
大学士领袖班联，职分较大，所得俸米比尚书较少，殊未允协。[②]
</blockquote>

特规定不兼部务的大学士给予双俸双米。官员除了俸禄，每年还有薪艮、蔬菜烛炭银，以及类似今天机关办公费的心红纸张银。这些额外俸银的总额，超过正俸。

顺治四年（1647）议准，知县每年薪银三十六两、心红纸张三十两，修宅什物银二十两，迎送上司伞扇银十两。雍乾时期地方七品知县一年朝廷发放俸禄细则如下：俸银四十五两；大米二十二石五斗；心红纸张银三十两；修宅什物银二十两；迎送上司伞扇银十两。共计一百零五两和实物大米二十二石五斗（约合378.25两，不包括养廉银）。

[①] 毛佩琦、陈金陵：《明清行政管理制度》，山西人民出版社1995年版，第200页。
[②] 代继华、谭力、粟时勇：《中国职官管理史稿》，法律出版社1994年版，第979页。

大清刑部规定，朝廷上下任何官员贪墨公款和收受贿赂共计达2000两者，斩立决。

乾隆四年（1739），浙江米每石1.7两银，乾隆五年（1740），一石米值1190文，每升12文。乾隆四年，各省普遍是一两值700文。在城镇，米价更昂，接近15文，按当时工资，乾隆六年（1741）山西雇农每日工资钱10文，浙江商旅雇佣市民工资钱12文，四川雇农工资钱8文。乾隆五十年（1785）后，铜钱、工资与乾隆六年一致，但米价由每石1.7两升高至2.7两，米价兑换铜钱价格飙升。因此，米价平均42文一升，以致人口生活水平大大降低，下层农工商户一年所得仅能养活自己。在富裕的清朝，在1700—1820年的经济高峰年代，底层市民、雇农、雇工，月工资仅能购买2—2.5斗米，不足以养活自己。①

除上述俸银和禄米之外，官员还享有相关的"津贴"公费、饭桌银、养廉银及各种恩给：

公费，支付官吏的办公费。京外官吏月有公费银，宗人府宗人、大学士、尚书为四两、侍郎、内阁学士为四两，七品小京官二两，八品一两五钱，九品为一两。

饭桌银，当为伙食补贴。内阁、军机处、理藩院都曾领取。对于修书各馆的总裁、直至誊录，都月支饭桌银：

正总裁	月支桌饭银	二十九两三钱有奇
副总裁	月支桌饭银	一十四两六钱五分有奇
提调纂修官	月支桌饭银	八两五钱有奇
满誊录校对翻译	月支桌饭银	四两五钱八分有奇
汉誊录	月支桌饭银	三两六分②

养廉银，清朝官吏的俸禄倘低，特给一种优厚的补贴，期以廉洁守法、效忠于封建王朝，称为养廉银。各地与各品级官员待遇不同，总督的养廉银，以云贵、陕甘地区边远为最高，都是两万两，两江总督事务繁重，一万八千两，直隶一万五千两，川督辖一省为一万三千两。巡抚，山东、山西、河南诸省为一万五千两，贵州、江苏、江西、安徽等省因上有总督，养廉银为一万两。提督

---

① 蔡伟强：《翔安本土作家文学作品选·红楼梦未完》，厦门大学出版社2013年版，第95—96页。
② 毛佩琦、陈金陵：《明清行政管理制度》，山西人民出版社1995年版，第201页。

的养廉银以地处边陲的乌鲁木齐提督为最高，二千八百两，一般省份为二千两。各省知县的养廉银也有等差，如贵州省知县有四百两至八百两之别。养廉银虽为地方官的职俸，但实际上既用在地方官的私生活上，也用于修理衙门及其他公务方面，主要用途有三：

一是日用薪水费，这一部分是养赡家口及其本身用途，占养廉银的三至四成；

二是幕友的束脩，即官僚辅佐人员的费用，这部分费用占养廉的四分之一左右；如王春龄遗留手稿中就有记载；

三是公费，这一部分主要为衙门的维持费、建筑的保养费以及人事费，主要用于衙门修缮、心红纸张、日常公务、征税、捕捉犯罪等项。

各种恩给，八旗官吏的喜丧之红白赏给，死亡恤金、高级官吏死亡付给祭银、葬费、建碑费等。对于八旗兵卒阵亡伤亡，而家属无人赡养，给予原兵卒饷银之半等补助。[①]

如《光绪丁丑乐亭县志》记录的乐亭县衙一年的薪俸支取情况如下：

> 知县俸薪银实支四十五两；
> 门子工食银，原额二名，实支一十二两，闰加一两；
> 皂隶工食银，原额十六名，减存十四名，实支八十四两，闰加七两；
> 作作工食银，原额二名，实支一十二两，闰加一两；
> 马快工食银，原额八名，实支一百三十四两四钱；
> 民壮工食银，原额五十名，实存食银原额八名，应支裁减后实支四十八两，闰加四两；
> 轿伞扇夫工食银，原额七名，实支四十二两，闰加三两五钱；
> 库子工食银，原额四名，实支二十四两，闰加二两；
> 斗级工食银，原额四名，实支二十四两，闰加二两。
> 典史俸薪银，原额仍旧，实支三十两五钱二分，闰加已裁；
> 门子工食银，原额一名，实支六两，闰加五钱；
> 皂隶工食银，原额四名，实支二十四两，闰加二两；
> 马夫工食银，原额一名，实支六两，闰加五钱。
> 儒学教谕、训导俸薪银，品秩额俸改正后实支共八十两，闰加已裁；

---

① 毛佩琦、陈金陵：《明清行政管理制度》，山西人民出版社1995年版，第202页。

斋夫工食银，原额六名，裁三名，实支六十四两，闰加五两三钱三分三厘三毫三摊三忽；

膳夫工食银，原额二名，实支一十三两三钱零，闰加一两一钱零①。

以上是乐亭县县衙一年的薪俸支取情况。在路工的《访书见闻录》中，可以看到徐世琏（1702—1762，正白旗汉军襄平人，曾任户部云南司主事，安徽和州知州。他从雍正四年开始，至乾隆二十六年止，撰写了一部《璞庵历记》，记录一生所经历的事情）在任安徽和州知州期间，所记录的乾隆二十四年（1759）一年和州衙门的出入账单。

乾隆二十年（1755），徐世琏奉旨补安徽省和州知州缺。这时他已成了中层官僚，选缺后，所用之银，他开了个账单，如吏部报喜、户部衙役门口喜钱、还有他自己买手本拜帖、朝帽等服装、送师爷夏三铭（即《野叟曝言》作者）等，连上路费，共花一千一百一十五两一钱零。在这张账单的前面，徐世琏写了当年州衙中出入银钱数目的说明，后面是账目，现将原文抄录如下：

> 二十四年衙中出入银钱数目
>
> 为牧令而不筹一年出入银数，或入不敷出，则误公；或入浮于出，则陷守。盖外官公项，惟有俸廉二项。而俸在必罚，其养廉一项，仅可供应幕友；至于赡家办公，悉属另项。其另项者能适符其亏，则为良吏；如少逾其格，则为劣员。予莅任以来，初年路费，次年大差，三年办运工米，计算出项，一望茫然，不知从何处筹起？惟于临时准情酌理，以公济公而已。至第四年，于岁首综核库项，始觉少清。于是设立银钱出入清册，各二本，逐日登记，至岁底查出数册内，共银八千七百两零，钱二千五百七十四串二百二十文，值银三千二百两零，通计出银一万一千九百零。此内于地丁项下开销银二千二百六十两零，耗羡项下开销银一千二百五十两零，耗米项下开销银一千二百六十两零，巢价项下开销银二千一百五十两零。以上四项，共有抵银六千九百二十四两零，尚余抵银五千两零。征银项下，约余银六百两零；征钱项下，约余银五百两零；征米项下，约余银一千两零，又共抵银三千三百两零，尚亏银一千七百两零。查有预发二十五年春季俸工等银四百余两，库存拆封钱一千一百余串，虽犹抵之不足，然所亏者无几矣。是以和州一缺，每岁除养廉外，原有另项银三千余两，奈需用浩繁，至岁底尽归乌

---

① 史梦兰纂，蔡志修等修：《光绪丁丑 乐亭县志》，成文出版社1969年版，第811—813页。

有。乃予初莅任时，尚欲裁盐项，删契款，盖未取一年出入银钱数目，细加筹等耳。（具体账目见路工《访书见闻录》，上海古籍出版社1985年版，第67—81页）

……

以上有款可销银六千九百二十两，无款可销银三千三百两。库存钱文，并予发俸工，抵银一千七百两。库存钱文，原系钱项下发出者，预发俸工，亦系银项下用出者。是一年所入，仅敷所出，原于官箴无伤，亦于公务不误。第每年公务，各有不同，如所遇公务，较此数克减，则有余资；倘所遇公务，较此数递增，则至亏项，惟随时筹划耳。至于前列各数，其中或将入数多写少开，或将出数多开少写，诚不能无。盖于既不谙持筹细核，又不晓奏案原委也。

附　说

一年出银万两，固见其多，入银三千，亦难云少。乃至岁底已归乌有，是数牧令多金，均属虚话。然四载以来，还路费，办大差，赔运工米，并每年家属衣食，以及是年所赠族姻诸物，未尝不于此一官出之。第三年亏项，至是始清，不识此后又有何项赔累？予所以时刻忧惧而存退志也。

次　说

为牧令当筹另项，从无此一论，乃予不悉，独著是言，诚为不经。然试问今日牧令者，孰是不以另项办私？夫办公私，既不能不以另项，则显言另项，与暗取另项，初有何殊？独是显言暗取，均兹另项。操权者胡不即以另项变为养廉，俾凡为牧令者，明目张胆，对各宪而治属民，讵不免却多少挟制，然而不能也。一叹！①

　　上述内容所记载的一年账目，后面附有徐世琏的说明。从这个账单可以看出，只有一年内付出的总数。正如他自己所说："至于前列各数，其中或将入数多写少开，或将出数多开少写，诚不能无。"同时账单中"无款可销"的"内买办账"，仅开付出项目，每项付出多少款，没有写数字，这当然是一笔糊涂账。但从一年的总账来看，还是比较清楚的，而且他把上级官员所讹款数、送礼数目，一笔一笔都记下来，作为研究资料，这个账目还是可靠的，有研究价值的。

　　上面的账单中有徐世琏的说明，可以看到乾隆中叶一个州的经济情况，为我们研究清代地方财政提供了相关的第一手资料。可见此时官僚机构中外放的中级

---

①　路工：《访书见闻录》，上海古籍出版社1985年版，第67—81页。

官员的花费已经非常大了。依据这个账目，现代学者路工在研究徐世琏的账单后总结出了十个方面的问题：

一、经济制度很不健全：……

二、各地政府自负盈亏：……

三、动用公款：……

四、各级政府中用多少人员也没有明确规定。……

五、上级官员可以任意讹诈，下级送礼送银子形成一股风。……

六、徐世琏的家庭开支浩大，入不敷出。……

图11　钱账收据

七、幕友的薪俸很高，每年三百八十五两银，还要给饭菜、点心、茶叶等费用。……

八、按照徐世琏的说法，"盖外官公项，惟有俸廉二项。而俸在必罚（按：不够用），其养廉一项，仅可供应幕友；至于赡家办公，悉属另项，其另项者能适符其亏，则为良吏，如少逾其格，则为劣员。"以这一观点去衡量，他自己属于"另项者能适符其亏"一类，因此可以说是一位良吏了。但是按照清政府没有规定另项款可以赡家，因此当时牧令都挪用另项款，应该是贪污公款的，这是没有严格的经济制度与规章造成的，它反映出封建制度内部的矛盾重重，无法解决。

九、开支中纯属封建迷信活动的，如文庙香烛、文庙春秋二祭、关帝庙、汤曹氏建坊等，共化费银一百四十二两六钱四厘。这项费用的目的是从思想上统治农民，巩固封建政权。这种信神崇鬼活动劳民伤财，是我国封建社会对人民长达几千年之久的精神统治的一种手段。

十、这个一年的开支账目中，仅有捕蝗一项与农民利益有直接关系，但所花费的钱，也并不都是真正为扑灭蝗虫，其中有的是为了满足贪官污吏的敲诈勒索，这说明封建官僚用剥削农民得来的钱财为农民办事实在太少，而压榨农民的血汗却非常凶狠。

从以上十个问题中可以看出，在乾隆盛世时期，作为一个中层政府机构的州，每年收入仅够付出，而没有一个钱化到发展生产上去，这样就仅仅能勉强维持现状，不能继续发展。乾隆盛世已经走到了它的顶峰，总崩溃的日子不远了。①

而王春龄所保存的档案资料中反映县级财政的档案约有二分之一，这批档案详细记载了衙门账目的收支，还附有部分原始凭证，大量的是有关官场规费的数目和票据，上级官员过境的开销，年节、寿诞等给上级的贺礼礼单，给下属的节规赏钱等。其中一份"光绪十二年鄞县全年收支簿"，共62页，内分应解藩库、府县存银、本县经费、县丞经费、捕厅经费、儒学经费等16类经费收支，较为完整地记载了当年鄞县的财政收支情况。这无疑是清代州县级地方财政研究的珍贵原始档案。这本鄞县账册，整理时，装订线虽已断落，但整册没有散乱，保存完好。只是现在权作封面的账页，是从别的地方找到的。因它纸张为蓝色直条格，与账册一致，就归一处。清光绪年间的县级财政账册，存世量很少，它对当时当地经济研究，具有相重要意义。王如尧把它作为《师爷手稿选》的一个章目，它的份量也是足够的。另外有一点可以肯定，它与钱谷师爷有关。当时的钱谷师爷，顾名思义当然管着钱粮，而钱粮是那时的主要经济来源。那么，州县衙门的财政收支，与钱谷师爷的关系就密切了。捕捉历史的瞬间，我们从这儿也可找到钱谷师爷的一些点滴细节。《光绪十二年鄞县全年收支簿》的具体记载情况见上篇第六部分衙账10—1至衙账10—62。

在摘录的"本县经费"中，没有写出人员全部，但从已摘部分，可以了解当时衙门的一些部门。从支出银两的多少，也可判断这个部门人员的多少。从衙门使用的经费分配，也可捕捉到不少历史细节。还有一个细节必须说明，这本账册是二任知县交接任时期所用。它注明前任廖已支出的数目若干等。

这本《鄞账》，是鄞县县衙一年的收支账，它使我们了解到那时衙门财政的实际情形。虽然我们没学习现代"会计"，更不懂清朝时的"会计"，所以对《账册》内的术语、项目，一无所知，也不敢信口开河。例如有一页这样写着：

  漕项
  应解
  粮运库本色月粮米一千九十四石九斗九升四勺
  每石折银一两二钱
  该银一千三百十三两九钱八分九厘

---

① 路工：《访书见闻录》，上海古籍出版社1985年版，第82—84页。

又如：
秋米
额征秋米六千四百九十五石六斗八升六合四勺

上述两例中，一支一收。虽然我们不懂何为"粮运库本色月粮"和"额征秋米"，但我们可以相信这本《鄞账》的历史意义和研究价值。例如那时县级衙门内，究竟有多少工作人员？又有哪几个部门？《鄞账》中就可找到答案。如"本县经费"一项中有（见上篇第六部分衙账10—9）

本县经费
知县俸银三十七两八厘　解
解摊荒银七两九钱九分二厘

上面所说的是"本县经费"支出，就是清时县级的财政支出，即知县的年薪，记录较清楚明白，有极珍贵的史料价值，不可多得。最后一页对全年的收入计算精确：

光绪十二年分（注：原件影印衙账10—62）
额征地丁并升课颜料抵课水手司府县存留共银二万五千九百三十九两八厘
内涂荡银一百七十一两九钱一分八厘
额征漕项银三千一百七十两九钱一分二厘
额征水乡盐课银六百三十二两八钱四分四厘
额征抵补各场灶课银二百八十七两三钱二分
并征各场灶课银二千三百六十九两五分一厘六毫
统共银三万二千三百九十九两一钱三分五厘六毫

第二件资料是个红摺，名为《呈送应缴各项油硃清单》。折内第一行写着："谨将内兵房各项船只换给照单应缴油硃费循旧逐一开后"。

从内容上看，我们知道这个红摺是一份"船只换证"的收费标准，其内各种换证及收费标准有四十余种。更有一些现在我们无法了解当时的情形，有着极重要历史价值的内容，如在"摺"中介绍："商船携带炮械请炮照，交上钱五千二百六十文"及"镇海税关每年每月应缴江平纹银捌拾两贰钱"。我们想上面这些内容都可成为佐证宁波经济发展的史料。更重要的是给研究宁波经济的发展、历史的人文的变化，留了确定的实据。

二、晚清州县的赋税制度

清代实行中央集权的财政体制，没有中央与地方之间的财政划分，也就没有独立的省级或县级地方财政。所谓县级财政，就是国家统一财政不可分割的一个层面。清代地方县衙财政的实际运作情况与中央政府原本制度设计之间存在着严重背离，因而各地正史官书几乎都不登载这种情况。我们尽管可以通过各种资料对清朝县衙普遍存在的浮收、陋规等问题得到具体的感性印象，但对清朝县衙财政的实际收支构成和运作机制究竟如何，却很难获得较为全面和理性的认识。

清朝的赋役制度沿袭明制，由土地所有者向国家每年按亩缴纳田赋和年满16—60岁的男丁（或称壮丁）每年无偿承担徭役（丁课）所组成。清朝统治集团力图整顿赋税制而借以保证封建王朝庞大的官僚机构、宫廷与军队的巨额开支之需，又要庶民百姓不致因赋税过重而不满起事，使其负担较以前有所减轻。顺治三年（1646），清廷明谕户部，稽核钱粮原额，"悉复明万历之旧"，[①]也就是以明万历年间的额征为课征赋役的原则，将各种钱粮项款赋税汇总为《赋役全书》[②]，将各项杂税列入。

县衙经济收支经费主要是指县衙门人员的薪俸和办公经费，薪俸指官俸役食，办公经费主要包括纸张以及办理公务等费用。经制性官员拥有微薄的薪俸，大量的编外人员则没有薪俸。除州县官外，其余办事人员也没有办公经费，县衙的经制性经费与实际所需出入很大。清代的县衙组织中，由于佐贰及儒学等官量少位卑，在县行政中无足轻重。知县不得不依赖书吏、衙役、幕友和长随等大量的编外人员处理政务。在县衙内部，除少数经制性官役之外，尚有大量的编外人员。因此，县衙实际上是一个庞大的管理系统。

清代县衙财政的收入主要有田赋、杂税和地租三大项。田赋包括正赋、耗

---

① 赵尔巽等撰：《清史稿》卷121，中华书局1976年版，第3527页。

② 《辞海》试行本第3分册，中华书局辞海编辑所1961年版，第92页：《赋役全书》也叫《条鞭赋役册》。明清记载各地法定赋役数额的册籍；是官府公布的田赋税制。明代施行一条鞭法后编订，首次纂修在万历十年（1582）。编制以一省或一府、一州县为单位。内容：先列地丁原额；继开逃亡人丁和抛荒田亩；次开失征数；再次开起运存留数；最后将开垦地亩、招徕人丁记入册尾。每一州县发两部，一部存官衙供查考，一部存学宫令士民检阅。清顺治三年（1646）照明万历间赋额订定刊行；顺治十一年再加修订，十四年刊行。康熙二十四年（1685）重修，但未发行。雍正十年（1732）再修，将各项杂税也列入。以后每十年修辑一次。

羡以及有漕运省份的漕折、漕项（漕粮征收费用）；杂税各地不一，有牙税、契税、当税等项；地租为户部及其他部寺所属各类官田地租。这些税租虽然是由知县组织征收，却全部属于国家财政收入，由户部制定具体、统一的税目、税额和减免政策加以集中管理。田赋的各项征收费用，通过定期修订《赋役全书》内容包括京师各衙门钱粮项款原额，收支销算数目；各省钱粮应征田亩数字。新垦地亩，招徕人丁，列于册民。将定额落实到每一个县乃至每一块土地，杂税则分别制定具体项目，附于各县《赋役全书》之后，规定"尽征尽解"。《赋役全书》成为控制政府各衙门、课征田赋丁银的概算与指令。清政府的制度规定，各县对于自己经手的这些财政收入，不得以任何形式形成自主的地方财政基金，也不能另立项目征收地方税或在这些国家税租基础之上征收地方附加税。

这种在中央集权的财政体制下由县衙征收的所有税租，作为国家财政收入，全部都要上解国库，然后再由国家下拨各项地方行政经费。但是为了避免上解下拨的烦琐手续，清政府采取了一种地方存留制度，即由县官在其经手的财政收入中预先坐支本县的办公经费，这些费用包括道、府以下各官的俸禄和养廉银；役食即地方各官所属之皂隶、马快、民壮等吏役之津贴；祭祀礼仪经费，各县用于社稷、关帝、文庙祭祀和乡饮酒礼、春牛花鞭等活动的费用；驿站经费；科举经费，如廪生饩银、岁贡生花红旗匾银、新中举人进士坊仪银、新中举人会试盘费等；其他开支，如养济院孤贫口粮、孝子节烈妇寿民建坊银等。

光绪初年的新乐县衙《田赋》和《徭役》账目，可以与"光绪十二年鄞县全年收支簿"的具体记载相比较，映衬当时的州县财政开支：

> 原额官民上中下并下下四等共折起科地一千三十顷三十五亩七厘夏税起存小麦九百六石九斗八升五合二勺并农桑丝绢各场折价不等
> 正项银九百五十两七钱一毫六丝脚价银三两一钱六分七厘九毫三丝六忽
> 共银九百五十五两八钱六分八厘七丝六忽
> 徭役
> 银力听三差正项银五千八百四十三两九钱七分九厘五毫七丝五忽
> 脚价银四两四钱九分五厘三丝三忽
> 共银五千八百四十八两四钱七分四厘九毫七忽①

---

① 王德乾：《新乐县志》（全），成文出版社有限公司1968年版，第127—143页。

在清代，县衙经费严重不敷，县吏们往往利用征税之便，多方罗掘，以弥补缺额，结果导致百姓负担日趋加重。师爷和长随是知县的私人助理和奴仆，其薪水和办公费用全部由知县自掏腰包承担。部分书吏和衙役有很少或者没有工食银，除他们自己想办法解决外，知县对他们的生活费和办公费也有部分责任。《清史稿·食货志》记载，为了防止官吏胥役征取赋税的营私舞弊行为，朝廷特制定一套较严密的手续，主要有：

（1）填写易知由单，使民知纳粮赋丁银各项目、额数。如有增减，须另写小单说明。

（2）设滚单，以次追比，每里五户或十户一单，逐户注明田地数，春秋应纳银米，分为十限，发给甲首，依次滚催。以里甲相互监督，保证赋税的缴纳。

（3）设截票（或称串票），一给纳户，一存有司。康熙二十八年（1689），曾改为三联：一存有司，一付差横，一付民执照。一度改为四联，纳粮时投入柜中销欠。三联串票，后成为定制。使纳粮银者、官府、差役，能相互对照，以收制约之效。

（4）有田赋地丁的奏销册，一省钱粮收支存留各项，汇造清册，年终报户部审核，如有不符，户部则加以指驳，要求总督、巡抚限期查明答覆。如超过四个月，便要受到议处。[①]

朝廷虽然有周密的征赋制度与烦琐的手续，但还是不能完全防止各级官吏与胥役的营私舞弊。

清朝对赋役制度的一大改革是，自康熙五十一年（1712）起"所生人丁，不征收钱粮"，也就是"盛世滋生人丁，永不加赋"。全国以康熙五十年（1711）的人丁数作为征收丁银的准则，以后达到成丁年龄的人不再承担丁银的负担。新增人丁，不再加赋，对于无地或少地的劳动人民是有益的，相对地减轻了他们的丁银负担。但由于没有取消丁税，经过一定时间，每户人丁因生老病故等原因而出现变化，丁税负担却不能随之变化。清朝规定年老六十以上得除丁，由本户新添人丁补足；不足由他的亲戚丁多的抵补。这样，又出现额丁子孙，多少不一，数十百丁只纳一丁之课，或一丁承担几十丁的丁银畸重畸轻现象。因此，解决丁银负担不均的问题，是统治集团面临的课题。

---

① 毛佩琦、陈金陵：《明清行政管理制度》，山西人民出版社1995年版，第208—209页。

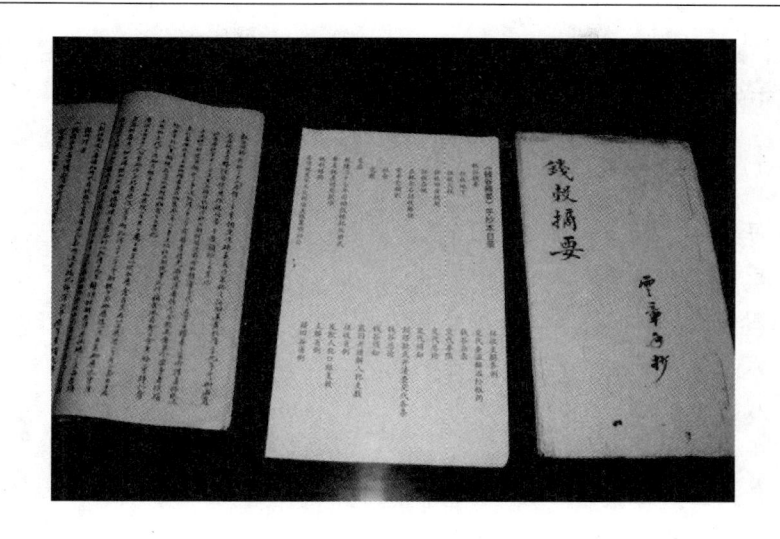

图12　钱谷摘要

雍正元年（1723），清廷推行"地丁"合一制，即将丁银摊入地亩赋内，即摊丁入亩。地赋与丁课合一，结束了两千年来封建王朝的人头税征收，这是我国赋税制度的一个重大改革，对少地和无地的农民是极大的利好，无疑是社会的一大进步。

雍正朝还对"火耗"进行整顿，将耗羡归公，由吏部统一调配作为各级官吏的养廉银，使各种名目的加派有所减少。雍正采纳山西巡抚诺岷等人的建议，于雍正二年在全国范围内实施耗羡归公政策。耗羡归公就是将以前州县征收的火耗合法化，明定征收比例，以省为单位，以公费和养廉银的形式统一分配给各级衙门。公费主要用于城垣和桥梁维修、仓廒建设、水利设施以及类似的开支。

由于各地的经济水平和公务繁简不同，因此，养廉银和公费的数额也有所差别。各州县养廉银的数量大致在600—1200两，公费在100—160两。这样，州县获得了较为稳定的衙门经费来源，有利于州县行政的顺利运作。虽然这一数字与州县的实际需求仍有差距，但它毕竟解决了部分衙门经费。①

由于清代县衙的各类经费都存在缺口，县衙的经费由国家的税赋提供，但仅限于部分经制官吏的俸薪，不包括办公经费。衙门的人员没有办公经费，知县必须想方设法解决经费缺口。在衙门内部，真正能拿到薪俸的人员没有几个人，且薪俸低微，大量的办事人员，如书吏、幕友、长随和一部分吏役没有薪俸。各县的存留数

---

① 岁有生：《清代州县经费研究》，大象出版社2013年版，第30页。

目有定量，由府衙按编外人员的费用以及所有衙门人员的办公费用确定。下面是王春龄手稿中的秀水县衙相关费用收支情况：

（一）秀水用印规目

  每月油硃费   五千文
  正、二月库房   三月银总
  四月南米   五月当税房
  六月盐法房   七月税契房
  八月牙税房   九月渔课、水谷房
  十、十一、十二月米总房
  艮米二串每张   乙毛半
  税契印费每两   半文
  杂税、牛身、季埠、渔课、水谷等串共洋十二元

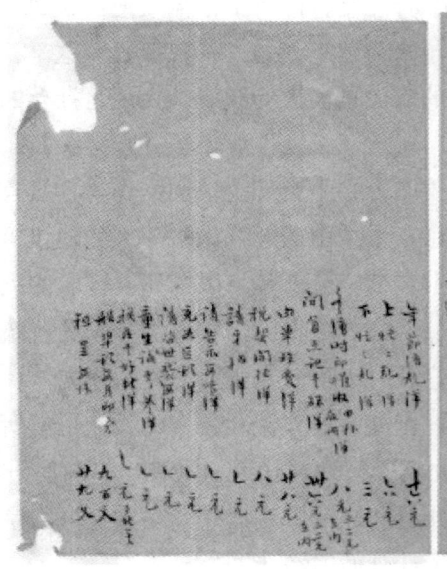

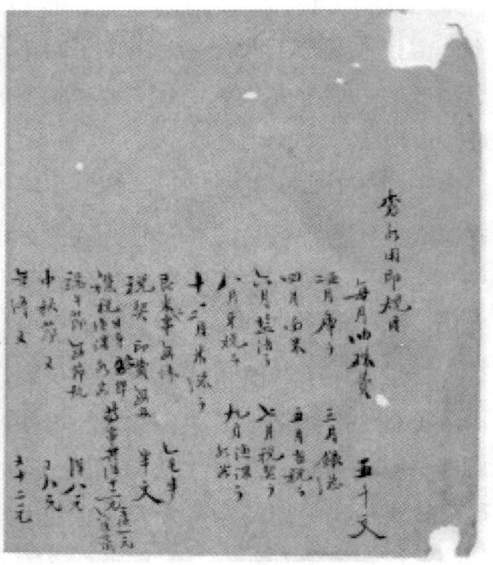

衙账6—2   衙账6—1

  三使一元六角在内
  端午节每节规   洋八元
  中秋节   又八元
  年终   又十二元
  年节漕规   洋十六元
  上忙忙规   洋六元

下忙忙规	洋三元
冬漕时印催收田粮、底册	洋八元三、二元在内
开仓点记书硃	洋三十六元三、二元在内
由单硃费	洋二十八元
税契开征	洋八元
请牙帖	洋乙元
请告示每张	洋乙元
充各匠头	洋乙元
请咨世袭每	洋乙元
童生补考卷	洋乙元
换庄书好地	洋乙元 歹地无
船埠头每月印费	九百文
租呈每张	二十九文
县式卷硃	钱一千五百文
监盐 外县交代	洋四元 又二元
新开当典请部帖	洋九元 三 一元

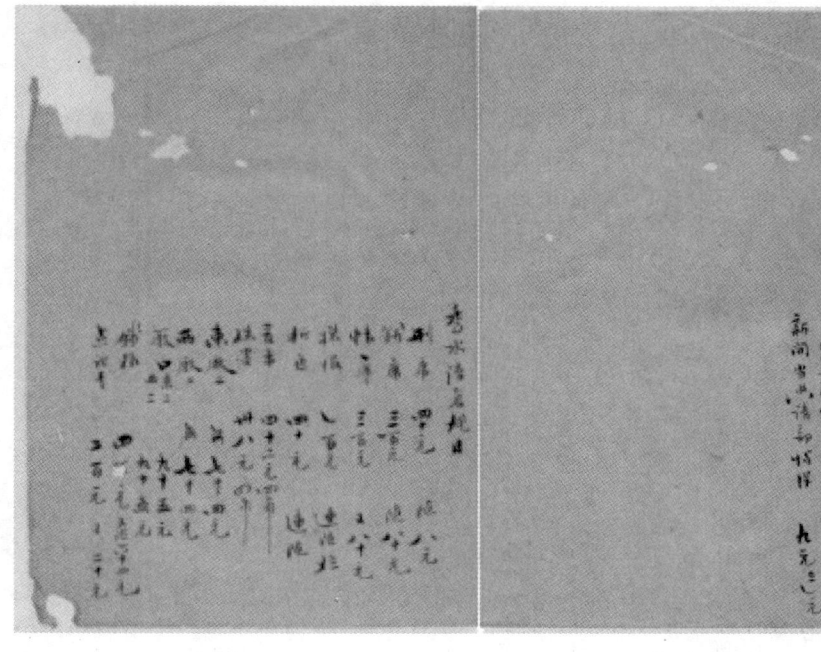

衙账6—4　　　　　　　　　衙账6—3

（二）秀水漕仓规目

刑席	四十元	随八元
钱席	三百元	随八十元
账席	三百元	又八十元
总报	一百元	连随四十八
折色	四十元	连随
管串	四十二元四角	
硃墨	三十八元四角	
东廒二	每七十四元	
西廒二	每七十四元	
廒口 东二	九十五元	
西二	九十五元	
钱粮	四百元	又随六十四元
点记书	二百元	又随二十元
内签	五十二元	四元
内印	三十二元	四元
验米 东 西	（二）八十一元 连随	
总巡	（二）九十六元 又	
头门	（二）五十五元 又	
收筹	（二）三十七元 又	
点袋	（二）三十七元 又	
巡风	（二）三十七元 又	
筛扇	（二）三十七元 又	
门稿 连随	九十二元 又	
执帖	三十九元 又	
值堂	三十八元 又	
杂务	三十八元 又	
用印	三十八元	
千押房	三十七元	
花厅	二十四元	
跟班	一百元	
管厨	二十八元	
茶炉	二元	

众友漕规　　　二百廿四元

衙账6—6　　　　　　　　衙账6—5

这方面的实际支出，大多数县衙都讳而不载，《民国东明县续志》卷四中记载东明县衙的财政收入与编外人员的费用及办公费，介绍了田赋、课税、差徭、皇差、规费、递马、官价采买、地粮留支、道府杂项、例差、增补条项、罚款等方面的财政收支情况，稍微弥补了这一方面的缺憾。该县光绪廿年后的《县署出纳款项》，数额大概如下：

向纳粮两钱以下的"小户"征收正银5000两，每正银1两，发给各柜书笔墨纸张饭食钱100文。此一时期，银钱比价大致是1两白银合制钱1516文，依次折算，各柜书共得饭钱329两左右。

发给花户串票820本，所收费用，每本给门子钱10文，库夫盖用戳记钱50文，柜书笔墨纸张270文，三项共钱270600文，折银162两左右。

"单头"费共钱670000文，其中征比幕友得规费90两，钱粮门丁随封银18两，两者俱有饭食钱335000文，另有吏役办公钱130000文，共合银387两。

"卷尾带毛"，凡花户银数有厘零者，俱作为分，钱数有个零者，俱作为十，收书共得钱约400000多文，合银264两。

东明县课程银每年按二季出票，凡集市共出谷300余石，每谷1石，1分7厘作门丁心红书班饭食，合银5两。

差徭自光绪八年（1882）改章之后，按地亩均派，归上下两忙随地粮银，责成各柜书经收，每年收制钱5000余吊，每收钱1000文，赏给钱20文。日收差钱归工房经管，汇缴署内，上下两忙各提出银500两抵解省城、郡城摊捐各款，其余钱文以八成作为号草、马匹、车辆、窝铺冬防及河工、办差、酬应、巡检、典史、津贴等用，以两成作为十分，管号门丁提出3分3厘，工兵两房3分2厘，健、壮、皂三班3分5厘，以资办公，永为定例。至知县徐某任内每季加送典史钱5000文，其各项用款，每月津贴典史牲口喂养钱4500文。戴某任内又加钱1500文，津贴典史办公费，每年100千文津贴巡检。此项差徭除抵解省城以及作为号草、马匹、车辆、窝铺、冬防及河工、办差、酬应外，余银642两，俱为衙门经费。

皇差分作三等，每次收制钱6000余吊，除赏给门印、书役、地方饭食花红银牌等项外，县署实得制钱5200余吊，除收支外，得盈余3000余吊，合银1979两。

马差共收制钱2900吊有零，除赏给门印、书差、地方饭食花红等项外，县署实得制钱2500吊有零，除支用外，得盈余钱1700余吊有零，合银1121两。

牙行规费中，柜书每年摊派规元银90两，门丁元银20两。牙行于每新任到换腰牌共银320至330两不等，门房、科房各一成，约实银50两。牙行规费中属于衙门经费的有160两左右。

以上为东明县州县衙门经费的非经制性部分，其数额总计为：

329+178+442+264+5+642+1979+1121+160=5120两。

光绪年间，东明县存留中额定的官俸役食无闰之年为965两，再加上知县的养廉银800两以及办公银160两，州县衙门经制性经费为1925两。如再加上非经制性的部分，该县每年实际衙门经费应为：

5120+1925=7045两。

各州县都存在大量的非经制衙门经费，但由于相关的记载较少，无法作一全体的或宏观的量化。如以东明县作为一个基准的话，那么，一州县之内非经制性和经制性财政经费之比大致为2.6∶1。①

---

① 岁有生：《清代州县经费研究》，大象出版社2013年版，第23—24页。

第三章 晚清州县的财政收支

清代县衙经费包括经制性和非经制性两部分。在清代的绝大部分时间内，清廷对县衙经费采取一种骑墙态度：既要缩减县衙的办公经费数额，又必须顾及县衙行政的实际。但从总的趋势来看，县衙经费逐渐在减少。清末虽然在县一级实行公费制度改革，但未能得到统一、彻底的执行。而下面王春龄师爷手稿所留存的《仁和县衙账目》和《桐乡县衙账目》，有关县衙财政收支情况的记录还是较详细的。

（一）仁和县衙账目

1. 仁和差总节规 月礼八元

  叶家埠   廿元
  黑北埠   廿四元
  马船埠   六元
  区船埠   弍元
  搭木夫   弍元
  执事夫头   弍元
  五色布常以夫头账宝二元
  坝上   四元
  桥边头   三元
  采结   四元

  蔡家埠塘栖 两元八金管手
  除赏号
  又节大众分派有规目照分余外无
  差总   廿四元
  又随   五元现三元
票二元
  门稿   十二元现陆
元 票六元
  又随   三元现两元

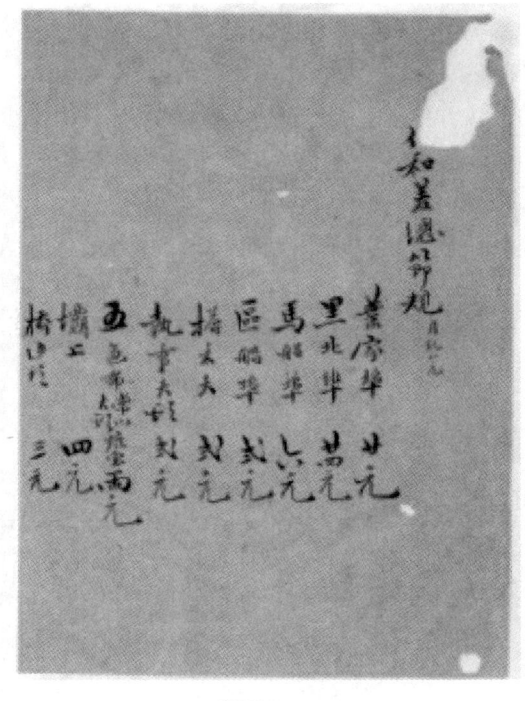

衙账5—1

票乙元

  递解   十二元现六元 票六元

  又随   二元现一元 票一元

  签稿   八元现四元 票四元

  又随   二元现一元 票一元

  接帖   四元现

  又随   一元现

  值堂   二元现一元 票一元

  铺垫   二元现一元 票一元

  用印   二元现一元 票一元

  管厨   二元现一元 票一元

  账房   二元现一元 票一元

  内跟班 两元现

  外跟班 四元现

  众三使 一元现付跟

  杂务   二元现一元 票一元

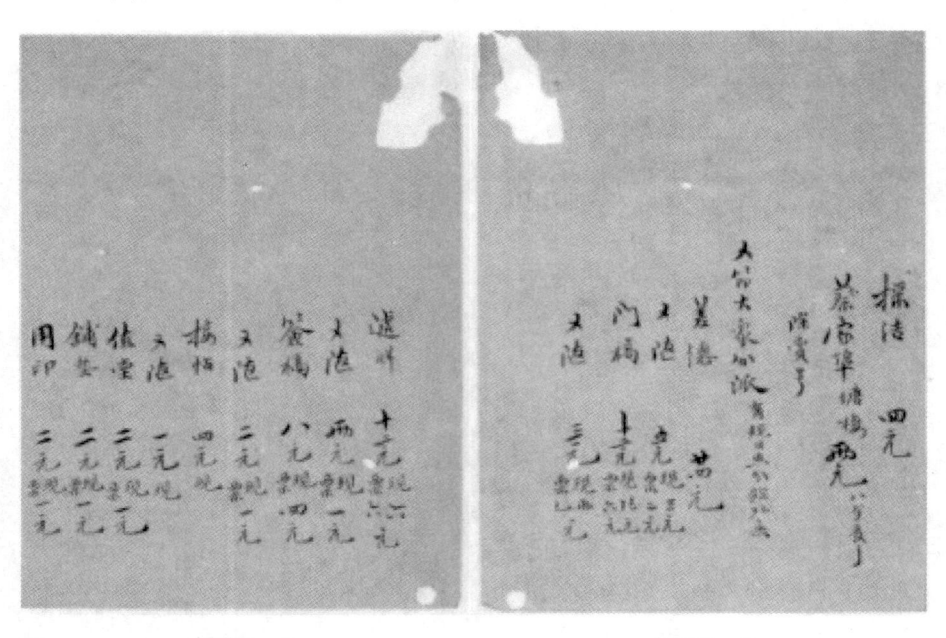

衙账5—3   衙账5—2

节收账	
马船埠	六元
抬木夫	二元
朱传耀	四元
彩结	四元
叶家埠	拾元
又票	拾元
坝边头	四元又十二月分二元
五色布	二元
桥边头	二元
翁九如	二元
补外收区船埠	二元
赏执帖　三爷	一元
赏钱　门签三爷	二千
本房　三爷	五元
把门听差	一千
下马头看管	四百
打扫夫	二百

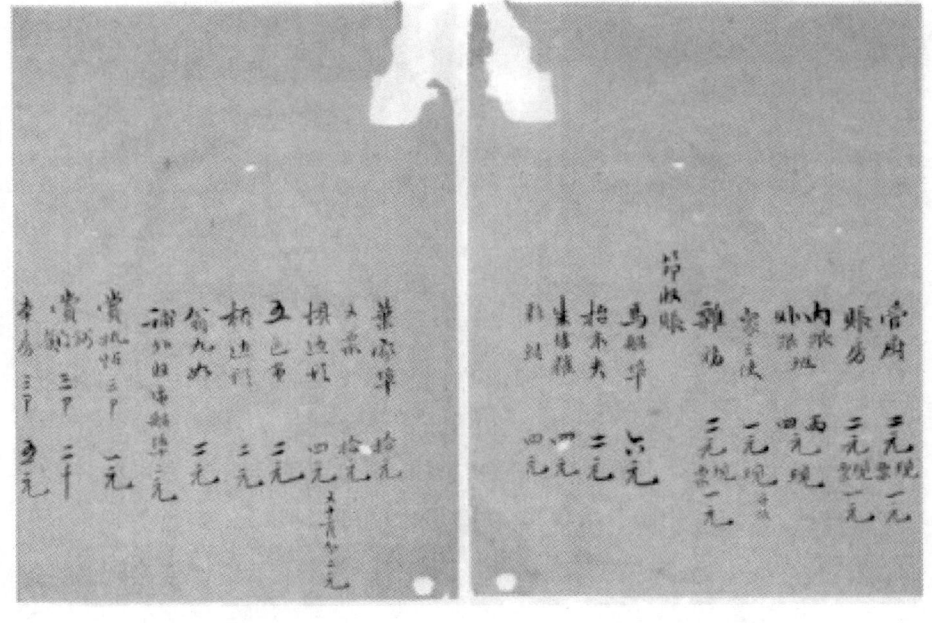

衙账5—4　　　　　　衙账5—5

挑水夫	四百
内 外更夫	二百
坐差	四百
茶炉	四百
厨房	一千

2.仁和用印款目

详请官基水阁一张	一元二角连随
户管一张	一元
详请赐袭	二元四角连随
牛税串	一元
详请佃户执照每户	八角
详请世袭银两	一元二角连随
详请钞照	二元四角连随
丝行给照	二元四角连随
点漕纪书	洋四元
漕串	廿五千文

衙账5—7　　　　　　　　　　衙账5—6

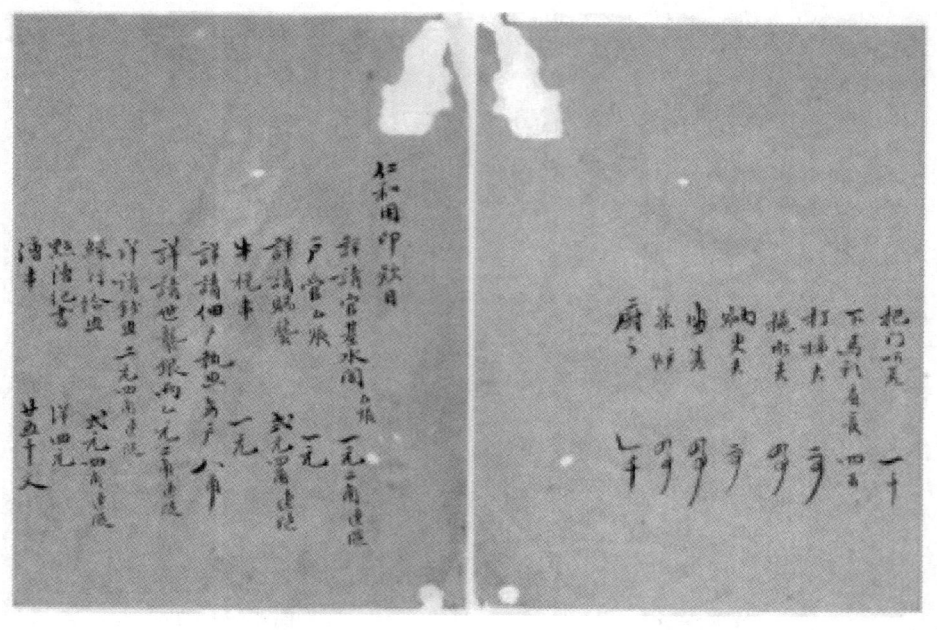

漕油单　共廿四千文连随

邢任内收二十千　　连年收不足数

漕米运毕各纪书共送　洋四元

鱼税册每只　　　　钱二百四十文

钱粮串每一百张　　钱十文

现拟定共拾元　　　邢任三年起三爷在外

钱粮油单每里　　　钱二百文

各庄目自向内取

报起复　　　　　　洋二元四角连随

详请当帖每乙张　　洋四元四角连随

下马头每节　　　　二元四角连随

牙税串每张　　　　五文

点牙钞粮各书共　　洋□六元开印边手签稿同送

文武考　每洋拾二元陈模任十二千　邢任改十二元

税契每两　　　　　一文

补考论贫富

以上共廿四项

盐印值堂房徐养泉经手

油硃费向归内账房领　每月四千五百文

请门禁告示随做每乙
一　二　三　四元

监船印
二元

衙账5—8

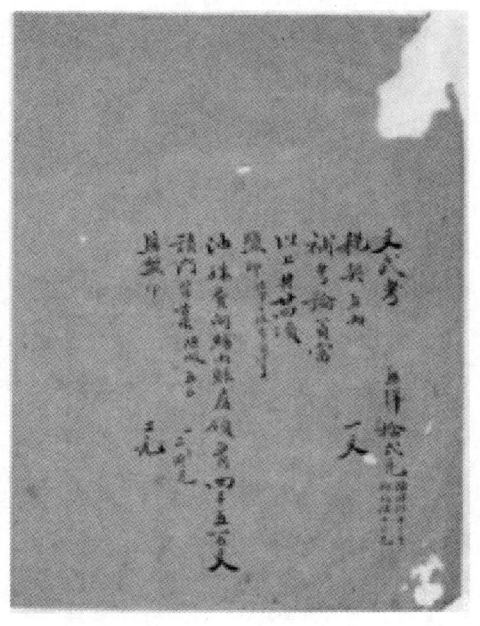

衙账5—9

(二) 桐乡县衙账目

1.桐乡账目

本城当典
  怡昌 公正   陈定甫
   太生   和辅周
青镇当典
  汇源   吴桐村
  宝生   石莲舫
  葆昌   严滨渔
濮镇当
  泰昌   朱万舵
  公义   夏蓉卿
屠甸镇当
  公和   又
  嘉泰   又
玉溪镇当
  公泰   沈砚乡
  大生   又
  季规 三 六 八 十二 四季
二十为塗
  怡昌典   洋三十二元
  汇源   洋三十二元
  宝生   洋三十二元
  公和   洋三十二元
  泰昌   洋二十四元
  葆昌   洋十六元
  嘉泰   洋十六元
  公义   洋十六元

  大生   洋二十四元
  公泰 大生共 洋四十元

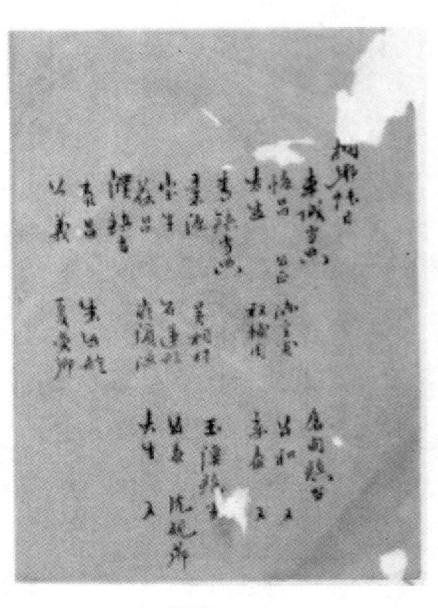

衙账7—1

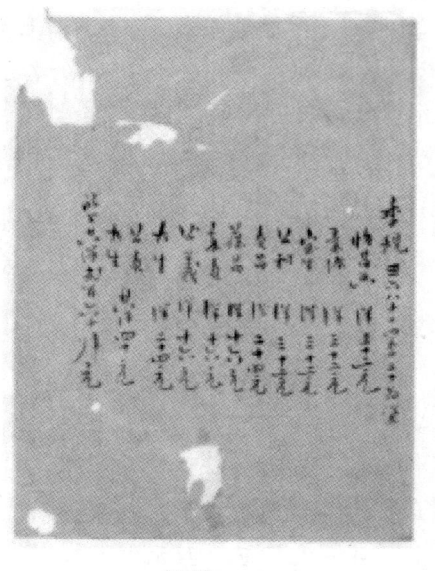

衙账7—2

以上共洋二百六十四元

外加门政洋二十六元四角

2.执帖进账款目

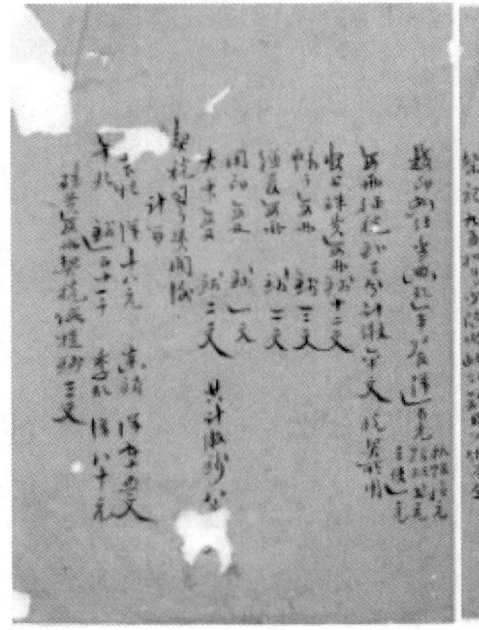

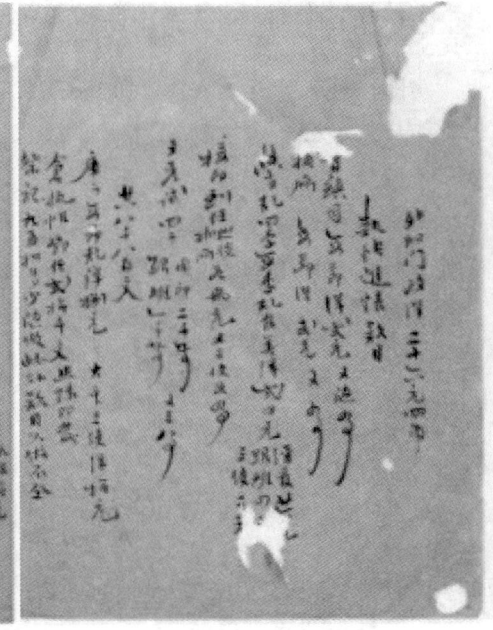

督镇司每节　　　洋式元又随四百
捕所每节　　　　洋式元又随四百
典当规四季每季规友美洋式百元
经管廿六元　跟班四元　三使二元
接印到任巡检 捕所各两元　又三使各四百
又考试四千　用印二千五百
跟班一千五百　又三八百
共八千八百文。
库房每节规　洋捌元　大串三使　洋拾元
仓执帖邓任　式拾千文　照账即发
祭祀九五扣　多少随做　此外款目久做不全
接印到任当典规　　一半归官 洋一百元

衙账7—4　　　　　　　　衙账7—3

执帖拾元 跟班式元　　　三使一元
每两征税钱三分　　　计缴六十文　税契所用
官上硃费每两　　　　钱十二文
账房每两　　　　　　钱三文
经管每两　　　　　　钱二文
用印每两　　　　　　钱一文
大串每两　　　　　　钱二文　共计缴钱八□□
契税司房费开后
计开
上、下忙　洋十八元　　典销　洋五十五元
年规　钱一百十一千　　季规　洋八十元
硃费　每两契税每提　　　　　钱三文
以上各款近年公事寥　照账六折交付
办漕记书等经费式千零八十千文
各任技头不定经手扣头不定
□邑库书　　　　　　每石钱七十文
漕串　　　　　　　　钱八十千　归经管约数
点记书点规　　　　　钱三百千　　数任
提上
　随　钱三十千文　　归经管　　洋水每元上钱二十文
　库房　钱十五文
　门口　一文半折 邑有
漕竣内给经管劳金　　洋一百元
另记书例帖　　　　　洋五十元
南米
库经费　　　　　　　钱七十文
账房　　　　　　　　钱十五文
大串　　　　　　　　钱廿文
经管　　　　　　　　钱十五文
区差　　　　　　　　钱一百五十文
地保　　　　　　　　钱二百五十文　洋水同
廒口家人每日给点　　　钱一百文　　　每人
正廒师爷每人原账　　　廿四元

副廒家人原账 廿四千 邓任给钱　廿千文
总巡一　二人　　　　　　原钱四十千
共三人　总给钱四十二千文
头门一人　　原钱十千文　　给钱六千文
内外巡风一　二人　　　　原钱八千文
签稿一　二人　　　　　　原钱六千文
执帖一　二人　　　　　　原钱十千文　给钱二十千
跟班四　五人　　　　　　原钱六千文
门稿　钱三十　　　　　　签稿　卅文
斗级卅八名　　　　　　　每名钱一百

廿文

则赏米两巴斗
满廒赏　　　　　　　　　钱六十四千文
□间　每间　　　　　　　钱四百八十文
□斛请赏　　　　　　　　洋四十八元
满廒赏　　　　　　　　　洋十二元
又另给饭食钱一百十七千文
廒差　大堂饭食　共二十二名　每名钱一百六十文

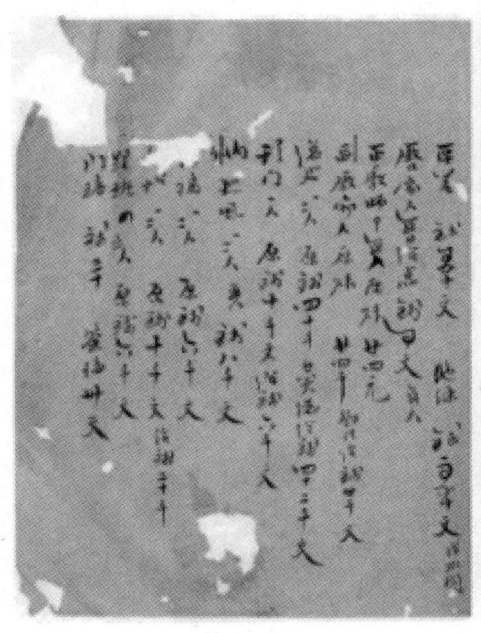

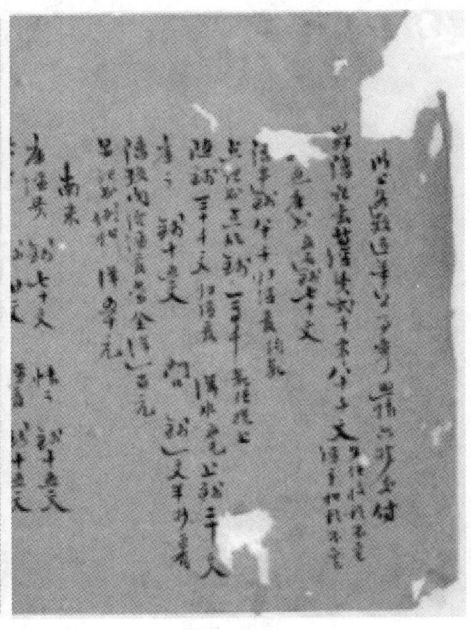

衙账7—6　　　　　　　　　　　　　衙账7—5

耿差五名　把门六名　筛扇八名　仓差五名
局差四名　厅差三名　茶房六名　转执等十九名
吹手炮　泥水木匠　更夫　饭食照旧章
漕米　用印　福账　照算　约钱九十千文　内外
斗级修解　　　　　钱三十九千八百文
府轿解　　　　　　钱五十六千文
道轿　　　　　　　钱一百廿三千八百文
铺厫柴草　　　　　钱一百廿四千四百文
色斗拷折　钱一百廿十文　仓差清备零星钱四十千文
钱粮项下无耗库书旧章册　初不设乡柜时
钱四十五文　　　　　　账房钱六文
经管钱六文　大串钱八文　洋□□
粮串票
征收　　　钱八十千文　实钱一百千文
经管　　　钱八十千文
新开当典请帖
入账分派　共五十五元　内

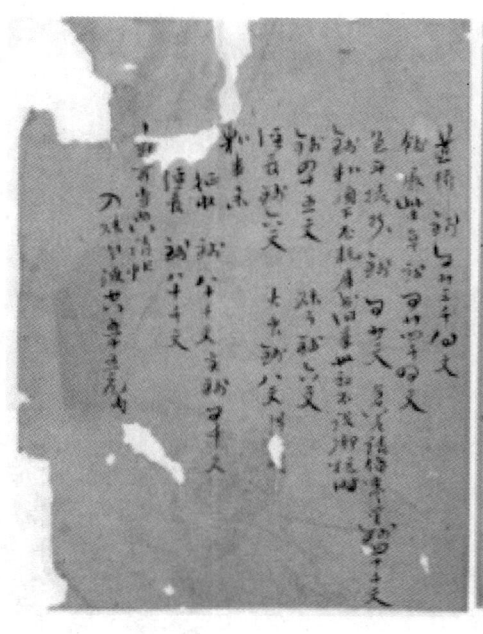

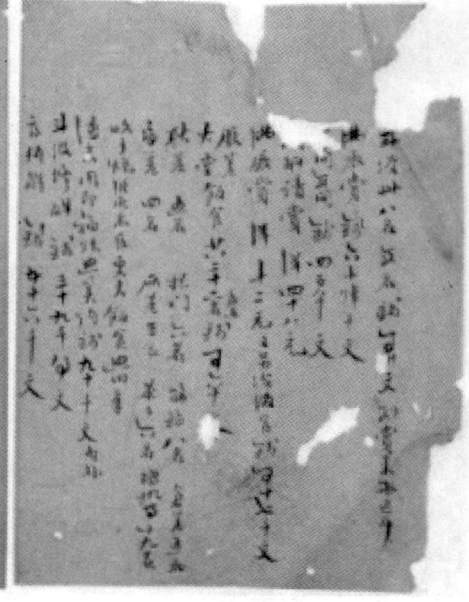

清代县衙经制性经费不足,受到后世诟病,国家虽然试图解决县衙经费短绌的病疾,但限于财力,始终提供不出有效的解决方案。"官吏之薄俸,公费之奇廉,直等儿戏。"官俸微薄,还得经层层克扣,"非扣罚,即公捐;非部规,即私例"。到知县手中时,已"有名无实,百不一存"。①官员们往往将吏役的薪水工食克扣不发,而听任他们去自己创收。如据有的地方志记载,许多州县衙署各办公机构,"均无薪给,纸笔亦由自备,惟借陋规以资生活",壮、快、皂三班衙役"官亦不给工食,惟鱼肉乡民以自肥尔"。②当时的县官为维持衙门运转而多方罗掘,其手段花样繁多,其中最主要的有三种,即田赋浮征、差徭以及杂税。

1.田赋浮征

在清代,田赋是国家的主要财政收入,而知县是钱粮的直接经征者,他们往往利用征收之权,采取种种手段获取盈余,如随粮浮征、操纵银钱比价、借验粮以浮收、奇零折算、串票费及其他杂项、遇闰加征、上下忙之区别、开征前后之区别等。县衙会利用一切可以利用的手段浮收钱粮,借以弥补经费缺额。

2.差徭

清代征收差徭是一种普遍的态势,但各地情况不一,北方较重。差徭分为皇差、马差和杂差等,最初是征收人夫、车马、柴草,后普遍按价折征银钱。县官倚差徭为利源,在办公经费不敷的情况下始染指此项。差徭作为办公经费,可分为两种情况:在差务殷繁之地,差徭征收除供应各种差务外,知县也分润其中的一部分;在无差务或差务较少之地,知县也会找寻借口,征收差徭,作为办公之资。

3.杂税

清代国家向州县开征的杂税主要有田房税、当税、牙行税以及牲畜税等名目。清代对杂税收入不太倚重,"载在官书者,但云'尽征尽解'而已"③。但州县却恃为利源,官员通过瞒报杂税收入和向征收者索取陋规等手段,将杂税盈余据为己有。县官私行征税解决了县衙的经费不敷问题,却为百姓带来了困扰。

---

① 岁有生:《清代州县经费研究》,大象出版社2013年版,第42页。
② 魏光奇:《今天与昨天 中国社会历史问题散论》,河南人民出版社2012年版,第120页。
③ 岁有生:《清代州县经费研究》,大象出版社2013年版,第54页。

所有的浮征都是建立在对百姓的剩余产品掠夺的基础之上，它必然会加重他们的负担，最终使百姓对国家产生敌对情绪。随着县衙事权的扩张以及对县衙经费需索的加重，百姓的离心倾向也日渐明显。官员通过浮收以解决县衙经费，本为维持地方社会的稳定，由于制度约束，百姓负担加重，反成为促使清廷灭亡的诱因。

清朝在县一级，经制性的官员数额有限，县官是正规官僚系统里最低级的官员，是亲民之官，督临着数百个村庄和平均25万的人口。[①]有限的经制官员在管理方面实在是力不从心。因此，为了保证县行政的有条不紊，州县官不得不豢养大量的非经制性人员，实际上州县衙门机构是相当庞大的。县官借助这些编外人员处理官方事务，但县官要为这些人的生活费和办公费埋单。在清代县衙办公经费奇廉，而又屡经摊扣的情况下，县官便借助于征税之权，通过谋取各种税收盈余和征收差徭等方式获取额外收入，弥补县衙经费的不足。

具体收支见上篇：《上虞用印款登记》和《鄞县县衙的账目》。

三、师爷手稿的经费收支

在王春龄的遗留手稿中，保存着几个县的县衙账目，我们称其为"衙账"，主要指清朝末年衙门里进出的账目。按照常规理解，"衙门里进出的账目"应该由账房师爷司理，但它不是衙门里"账房"所管理、记录进出的账目及账本，而是由衙门里其他部门经管、进出的一些账目。如：《兰署印上款目》、《暨阳稿案经管事件》、《海盐漕务账》、《海盐签稿账》、《仁和用印款目》、《上虞用印款登记》、《秀水用印规目》、《秀水漕仓规目》、《桐乡账目》等，还有一些零碎的记账纸，有的一张，有的仅一截。这些账目有"收"、也有"支"。从王春龄保存的手稿可以得知，衙门里这类账目的进出，不是由"账房"师爷经管，而是由其他师爷经管。这些账目留下了很多的历史信息，为清末县衙财政收支研究提供了极有价值的信息。以下是《师爷手稿选》中的相关账目资料。

（一）《兰署印上款目》

  兰署印上款目 光绪丙子年
  叁月分油硃　　　　　　　　钱五千文

---

① ［美］李怀印：《华北村治》，岁有生、王士皓译，中华书局2008年版，第1页。

第二次契税	钱弍千零八十文
详请铁照	钱一千文
过境照每张	四十文
请禁偷窃山花木告示二张	四十
第三次契税	钱弍千一百七十
第四次契税	弍千四百六十
五次契税	三千三百六十
六次契税	弍千一百八十一
四月油硃	五千

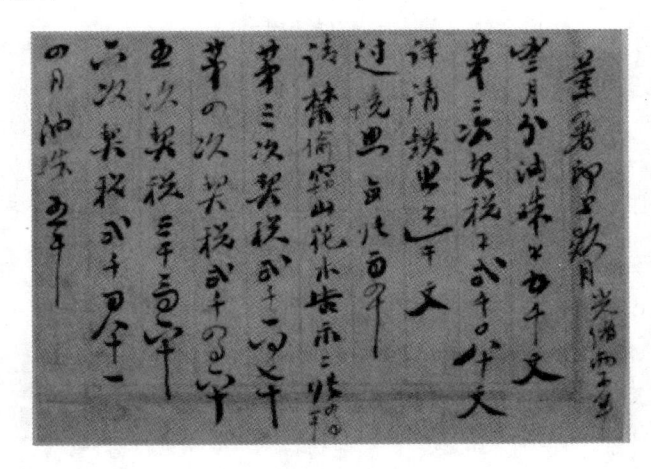

衙账1—1

遗稿中还有光绪丙子年（1876）三、四月，兰溪县衙的部分用款。

（二）诸暨县衙账目

1.暨阳稿案经管事件

传呈每张钱二千四百卅六文，进宅门内	
十月各处会赌暗三十元	自做
投红谕署四十元	
又实缺八十元	
三日龙虎饭各	一百六十千
下马饭各	一百二十千
稿案	钱七百卅八文

签稿	钱四百九十二文
用印	钱二十五文
钱粮	钱二十八文
差总	钱五十文
执帖	钱五十文
监狱	钱五十文
班管	钱五十文
值堂	钱五十文
税契	钱二十五文
堂	钱五十
号	钱二十五文
送批	钱一百文
过批	钱二十文
内外跟班	钱一百二十五文
账房	钱二十五文

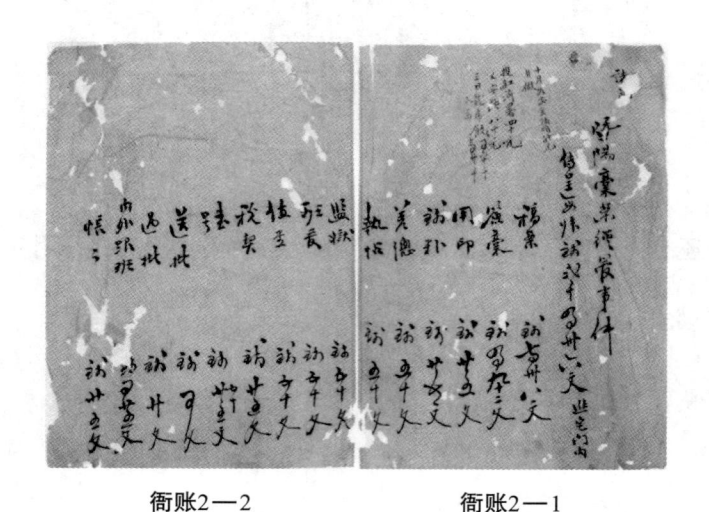

衙账2—2　　　　衙账2—1

这是一份稿案需支付的相关费用，共银元一百五十元，钱二百八十四千三百三十九文。除了官员的俸禄，还有其他吏员和勤杂人员的"节规"也要由县官解决薪酬，如下面的"诸邑执帖节规"和"诸邑每节开发节赏"的"赏钱"，现在也值得我们深虑。

2.诸邑执帖节规

诸粮厅	每节一元　顾任
又盐印	每印一文十千
范任银数	每两捌百文
社稷、神祇	领十六两
捕厅	每节二元
库房	四元又一元
盐公堂	每节二元
文昌、关帝	领各二十两　共四十两
又万寿归节送	每节拾二元又随一元
不做戏自做亦有	上项归礼房经手送
又吕祖	二两
乡间绅士来见	门包四百四十文
每月考月课奖赏钱	扣九五
每逢大考县考决课	奖赏钱

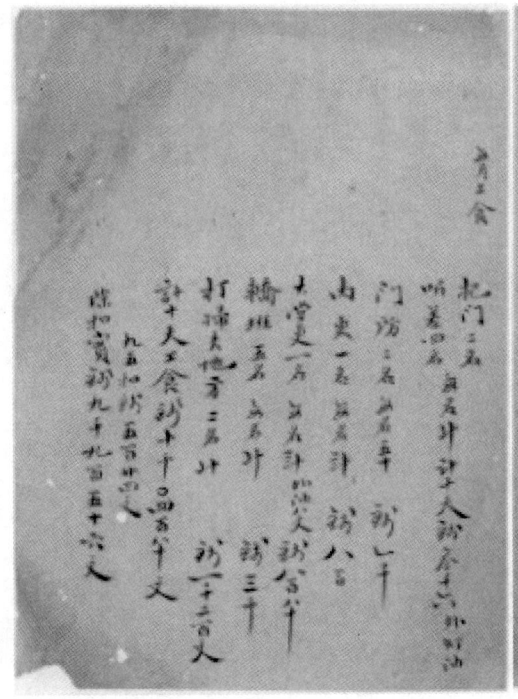

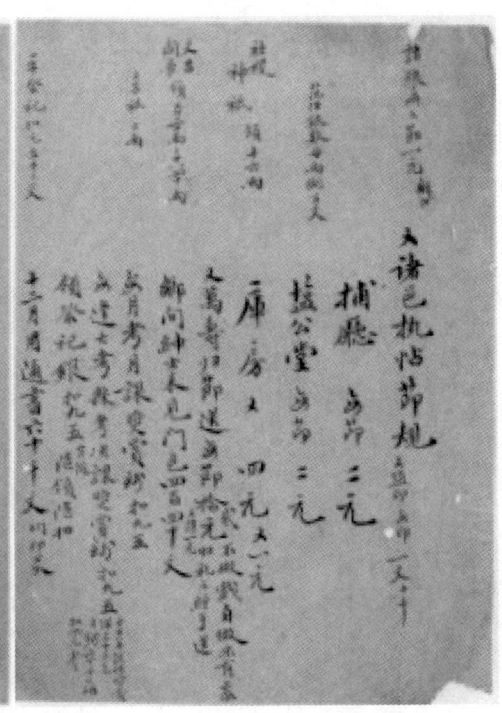

衙账3—2　　　　　　　　　　　　衙账3—1

扣九五（壬午年范任奖赏洋三十三元 又钱六十千零六百 扣四元零）

领祭祀银 　扣九五　 其余随领随扣

一年祭祀扣毛五千

十二月用通书　 六十千文　 均印上分

每月工食

把门二名　 听差四名　 每名六十

计十天　 钱叁千六百　 外灯油

门房二名　 每名五十　 钱一千

内更一名　 每名四十　 钱八百

大堂更一名　 每名四十（外油八文）钱八百八十

轿班五名　 每名六十　 钱三千

打扫夫地方　 二名六十　 钱一千二百文

计十天工食钱十千零四百八十文

九五扣钱五百廿四文

除扣实钱九千九百五十六文

九千四百卅　 发九天八千九百六十　 扣四百七十文

万寿戏不做共四十八元

每节各项赏钱　 吏简房严绩相请领

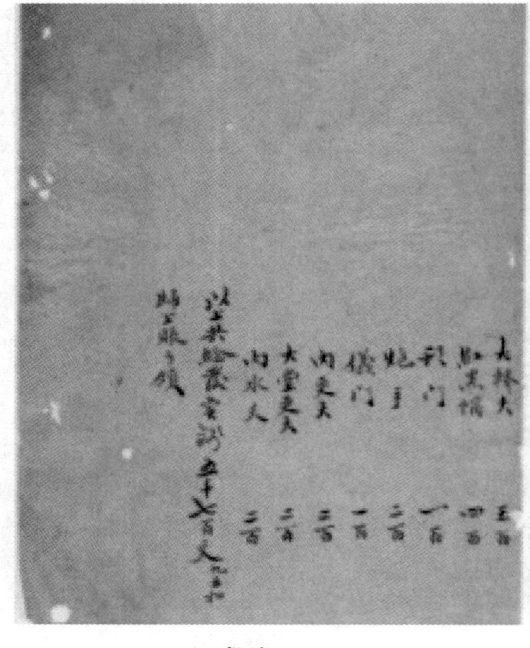

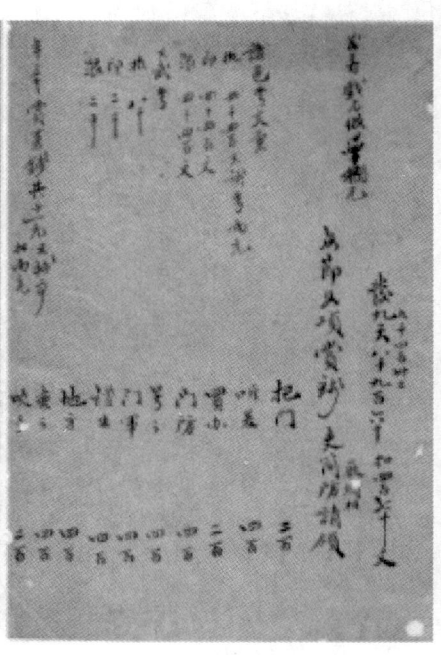

衙账3—4　　　　　　　　　　衙账3—3

诸邑考文童

执　　四千四百又补考二元
印　　　　四千四百文
跟　　　　四千四百文
又武考
执　　　　八千
印　　　　二千
跟　　　　二千
年三十赏菜钱共十一元又钱二百　扣二元
把门　　　二百
听差　　　四百
买办　　　二百
门房　　　四百
号房　　　四百
门军　　　四百
礼生　　　四百

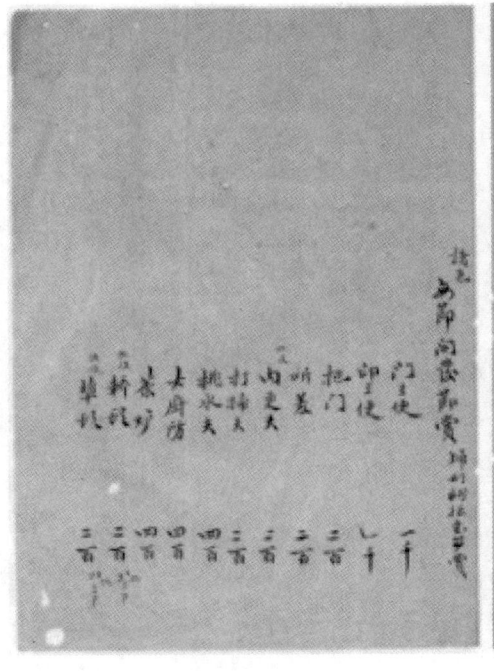

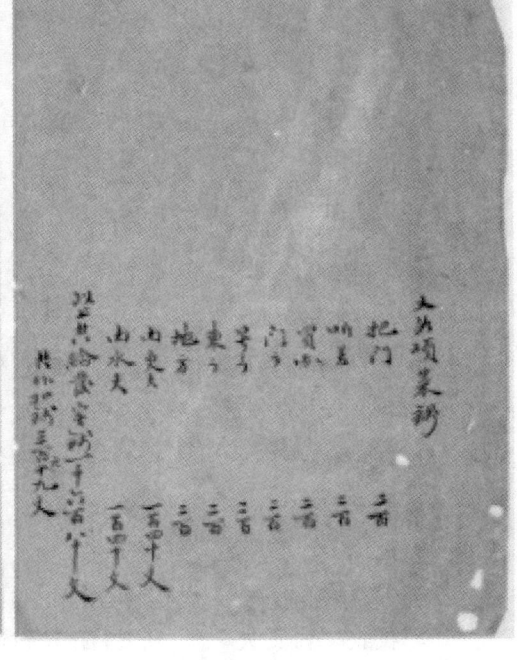

衙账3—6　　　　　　　　　　　　衙账3—5

地方	四百
柬房	四百
吹手	二百
大轿夫	五百
红黑帽	四百
头门	一百
炮手	二百
仪门	一百
内更夫	二百
大堂更夫	二百
内水夫	二百

以上共给发实钱五千七百文（九五扣）归上账房领

又各项莱钱

把门	二百
听差	二百
买办	二百
门房	二百
号房	二百
柬房	二百
地方	二百
内更夫	一百四十文
内水夫	一百四十文

以上共给发实钱一千六百八十文

共外扣钱三百六十九文

3. 诸邑每节 开发节赏 归刑 钱 征堂等赏

门三使	一千
印三使	一千
把门	二百
听差	二百
执收　内更夫	二百
打扫夫	二百

挑水夫　　　　　　四百
大厨房　　　　　　四百
茶炉　　　四百
执收　轿头　二百　归执三爷
执收　埠头　二百　归执三爷
共钱四千四百　作八股派　每股五百计
刑钱各派二股　一书　三征　每派一股
茶炉倒便桶各加赏二百文
以上之一切登记账归执帖上经手
执帖自记赏各项节赏
把门听差二百　向以同差总一并赏
差总四百　又执帖二百　共六百付赏
厨房茶炉各二百 共四百 执帖上赏
打扫挑水内更 各赏二百　共六百

逢年过节，县官也得派发给各位职员家丁勤杂人节日赏钱，各人数额不等。

4.诸邑用印款登

油硃费每月　　叁元　三十六
串票每张　　　　六毫　十七万一百十二千
户册每张　　　　六毫　一年三千
税契每两　　　　壹文　七万七十千
牙税　　　　壹元
请牙帖　　　　　四元
库房每节　　　　六元　十八元
盐公堂每节　二元　六元
盐印每印　　　　一文　十千
零件　　　四百四十文
船照　　　四千九百文

这是诸暨县衙官印使用的经费收入情况，共计银元六十五元、钱二十四万二百千三百四十文。

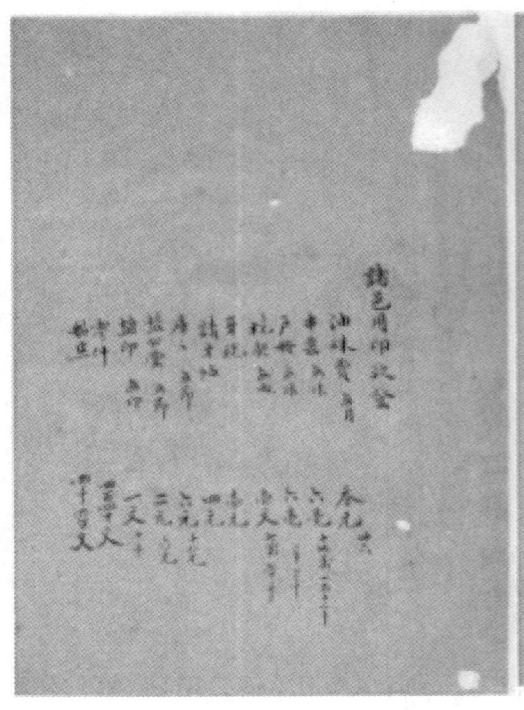

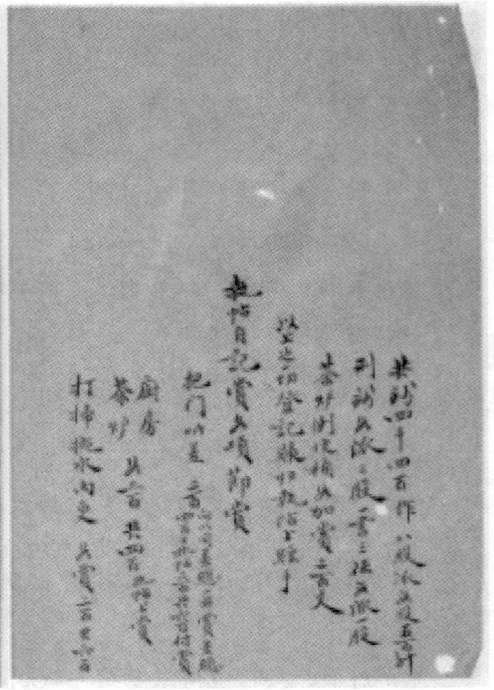

衙账3—8　　　　　　　　　　衙账3—7

四、晚清州县的漕务收支

漕务是明清两朝为京官和军队运送粮秣的官方事务。清朝末年浙江县级衙门的"漕务"，还是比较繁忙的，王春龄曾在浙江多县衙任幕僚（师爷）多年，留下不少关于"漕务"的资料，这些资料足以说明"京杭大运河"在清朝仍发挥着重要的"漕运"功能。

（一）海盐县衙账目

1.海盐漕务账

　　刑席　壹百元　　　又随拾元
　　钱席　贰百元　　　又随二十元
　　账席　贰百元　　　又随二十元
　　坐牌　每牌四十元　又随四元
　　漕门　贰百元　　　又随二十元

签稿　十六元　　　又随一元
坐厫　每厫四十元　又随四元
书启　十二元
硃墨　六元
稿案　二十元　　　又随二元
用印　十六元
对单　掣串　每四十元
核色（二分）每四十元
对掣核此三名目派师爷
仓头门　二十元
管仓　六元
总巡　十六元
巡风　十二元
风筛　六元
验米　　　　十六元
坐兑　押运　十六元
执帖　　　　九元

衙账4—2　　　　　　　　衙账4—1

差总	九元
杂务	九元
书禀	六元
号件	三元
内外跟班	十二元
签押房	六元
值堂	九元
花厅	六元
监狱班管	六元
流差	六元
管厨	六元
茶炉	二元

以上归漕总书承送　照例年内一半　漕毕一半

内外皆如	内给劳金
漕门	壹百元
稿案	四十元
签稿	二十四元
用印	十六元
头门	二十元
巡风	十六元
总巡	二十元
风筛	十六元
坐厫　每厫	三十二元
坐兑	八十元

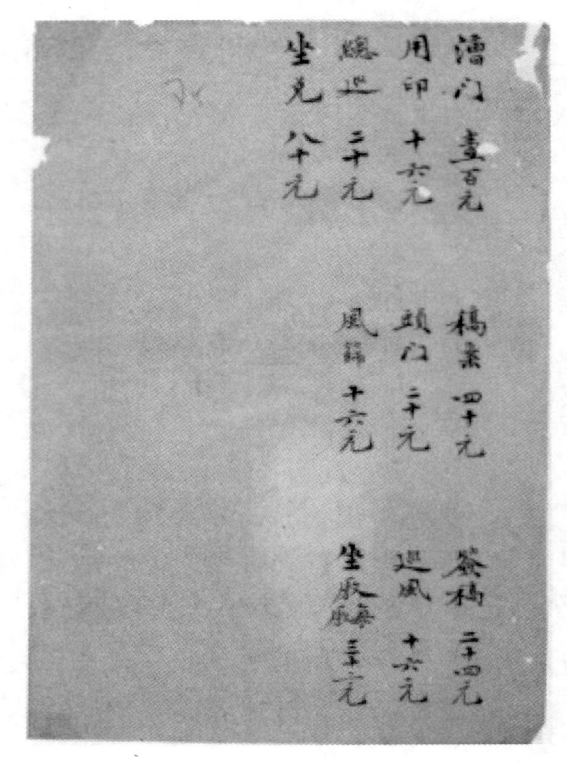

衙账4—3

在光绪廿六年德清县衙的"漕务"资料中，可以清晰地了解清末县衙"漕务"是如何运作的。首先是知县下"谕"，任命一年一度"漕务"的漕事总管。谕稿中写道：（参见上篇谕禀2—1）

　　漕事开仓在即，刻将各事由漕总开单、照章点验、着充仍取连环保，互相规索，以免疏怠。

第三章 晚清州县的财政收支

通仓各廒收放责成施逢元总管，着陶鹤松、沈瑞生等互保结呈。查六廒记书既举正办，其副办、帮办均着取具。同廒互保，各结呈查，如有疏忽、短数，即为正办是问。

小折柜书，系施逢源同事，深知其人，责成施逢元稽查，如有岔错，并著取保同赔。

十月廿九日谕

这份"谕"稿告诉我们，德清县衙的漕运是如何组成，由谁负责，以后又是怎样运作的。

然后又有一份"具"，这是必不可少的后续工作。如《施逢元的具》。办"漕事"要开支，有"好处"。这事又如何操办呢？"今将本邑冬漕应送各上房漕余等各项费用及漕记各书请款各数开后"的师爷文稿中也说明了这些问题。该文稿为：

> 今将本邑冬漕应送各上房漕余等各项费用及漕记各书请款各数开后
> 计开
> ——请漕余项下应送各上房费钱四百五十千文
> ——请地漕银科则费洋四十元
> ——请漕白科则费四十元
> ——请灾歉房费洋一百元　此款若仅办歉照此致送
> ——请递缓房费洋四十元
> ——请南米零户科则等费洋一百五十元
> ——请又外加减拨省南费洋四十元
> 以上各款均系由漕总书代请俟
> 藩粮巡府各上房来邑面送
> ——请漕总办公钱一千六百千文
> ——请六廒铺垫经费钱一千五百千文
> ——请副办记书办公钱一百二十千文
> ——请帮办记书办公钱六十千文
> ——请漕粮比书办公钱四百八十千文
> ——请漕稿书办公洋一百元
> ——请庄目书办公钱二十千文
> ——请六廒记书以及随同办公各书

暨笆夫斗级人等辛工米六百石
——请六厫在仓各书役饭食米九十石
——请又出仓米九十石
以上各款均系由漕总书请领转发
　　　　　　十一月　日

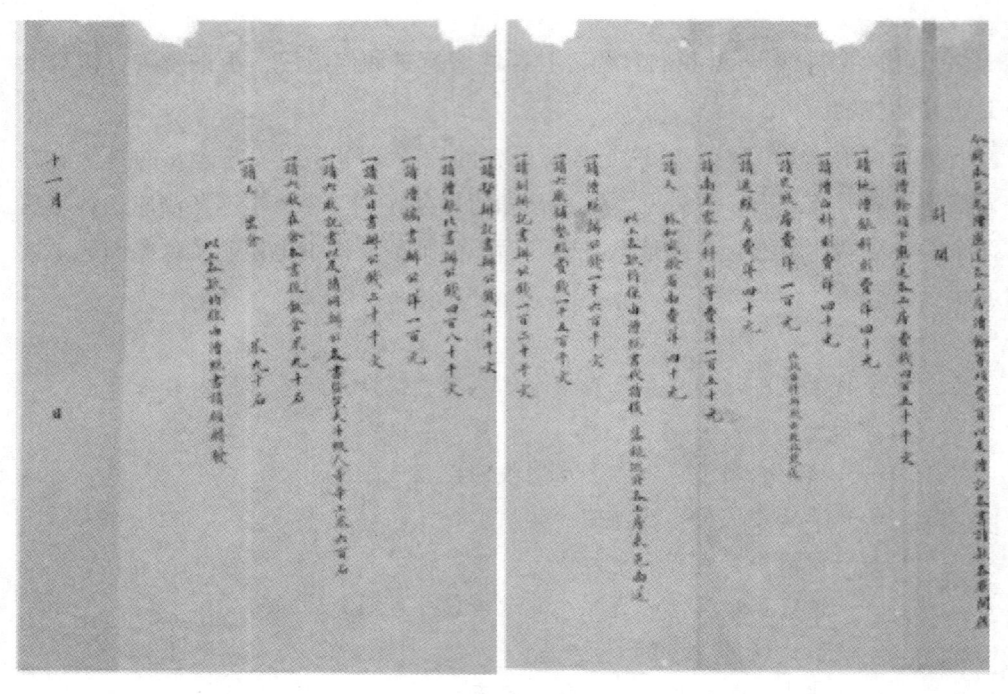

谕禀4—2　　　　　　　　　　谕禀4—1

这份漕总的"谕"十分明白地告诉我们县衙办漕的规模及其运作情形。一个县级漕务，短短的两三个月内，漕务人员光"饭食米九十石"。漕务收入的"漕余"送给上司的就有银洋五百一十元、钱四千二百三十千文，米六百石。

再有《漕总书施逢元谨禀》，是光绪廿六年十二月底的：

漕总书施逢元谨
禀
　　大老爷台下敬禀者：窃书荷蒙
恩主栽培，饬充冬漕总书。遵经、谨慎、从公，并将漕务记比各书，开单呈请。当堂点验，着充在案。当蒙谕饬，谨慎办公，不得稍有违误等因，现在征漕事务虽竣，而出运以及各庄滞欠，漕尾米石，迄未开办。其记比各书，皆有未完事件，责无旁贷。查有兵书，现充一截下正办比书姚锡年。因挟勒书，保充库书不遂之嫌，屡次缠扰公务。讵今，姚锡年擅将《漕米销照》携至书家，声称不愿充当，嘱书请退等语。伏思漕粮正办，比书尚有来春查销登注，各庄完欠户册。以备催征，漕尾米石，责重事繁。该书姚锡年既据不愿承充，理应具禀，请示。惟其半途，擅将销照丢在书家，非但视公事如儿戏。且将一截下，各庄所欠本年漕尾，数百石无从着追。若不禀请，从严斥革另派，恐各书效尤。将来公事必有误，理合将原交销照禀呈。伏叩

  大老爷　电夺施行

  上禀

  计禀呈

  漕粮销一捆：循字七千十百六十八张

  环字七千四百九十八张　系有字廒

文后附有上司的批复：

  着传姚锡年来署查讯因何挟制擅以销照等件抛送库承家岁余仅有一日实属不顾体面果自愿退俟开印后提究可也

  光绪贰十陆年拾贰月卅日

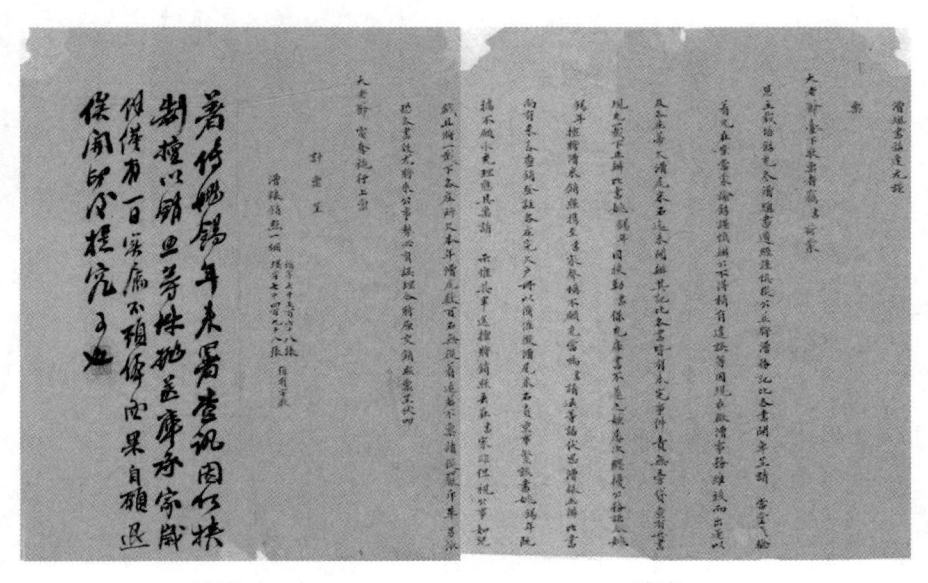

《禀》的内容主要状告同事姚锡年，但也道出了一些有关"漕运"的细节，如"禀"中说："……征漕事务已竣，而出运以及各庄滞欠漕米尾石，迄未开办，"这就清楚地交代了漕务的进程。再有一节，《禀》中提及："……各庄所欠本年漕尾数百石"，说明一个县及衙门漕运的规模和任务。

上述的几份"手稿"，均是光绪廿六年（1900）的德清县，其历史意义和价值就显得十分珍贵。

此外，还有一些资料，可以补充和丰富县衙关于"漕务"的财政收支情况。如：《秀水漕仓规目》中的经费收支情况如下：

2.秀水漕仓规目

  刑席　　　　四十元　随八元
  钱席　　　　三百元　随八十元
  账席　　　　三百元　又八十元
  总报　　　　一百元　连随四十八
  折色　　　　四十元　连随
  管串　　　　四十二元四角
  硃墨　　　　三十八元四角
  东廒二　　　每七十四元
  西廒二　　　每七十四元
  廒口东二　　九十五元
  西二　　　　九十五元
  钱粮　　　　四百元　又随六十四元
  点记书　　　二百元　又二十元
  内签　　　　五十二元　四元
  内印　　　　五十二元　四元
  验米东西　　（二）八十一元　连随
  总巡　　　　（二）九十六元　又
  头门　　　　（二）五十五元　又

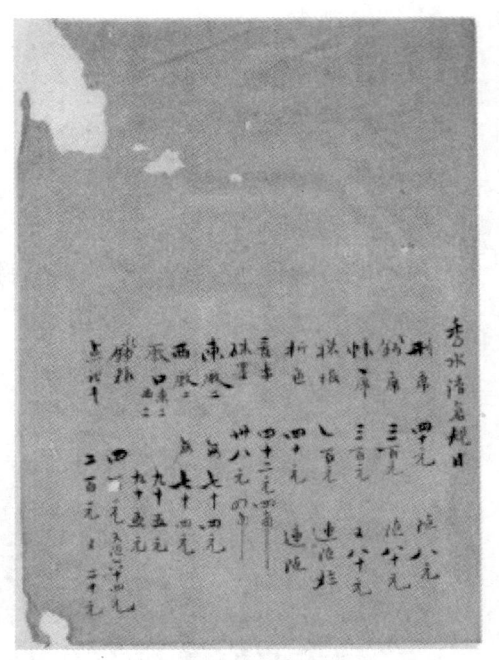

衙账6—4

收筹	（二）三十七元 又
点袋	（二）三十七元 又
巡风	（二）三十七元 又
筛扇	（二）三十七元 又
门稿　连随	九十二元 又
执帖	卅九元 又
值堂	卅八元 又
杂务	卅八元 又
用印	卅八元
千押房	卅七元
花厅	二十四元
跟班	一百元
管厨	二十八元
茶炉	四元
剃头	二元
众友漕规	二百十四元

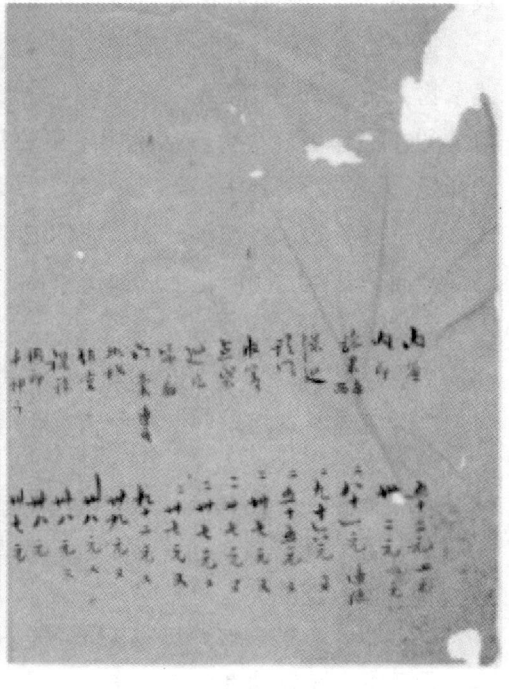

衙账6—6　　　　　　　　　衙账6—5

以上材料说明一百多年前，"漕运"仍然发挥大运河的重要功能。参与"漕运"的部门和人手，当然众多、繁杂，不能一一梳理明白，只是摘录一二说个大概。县衙师爷留下的一些文稿，更十分仔细如实地记载了当时"漕运"的细节，具有弥足珍贵的史料价值。

清光绪十二年（1886），王春龄在鄞县县衙做过师爷，但任何职，没有确凿根据可作依证。遗留的文稿，也仅存四件。即《账册》一本、《呈送应缴各项油硃清单》一份、《无名簿》一本、《记账纸》两张。是王春龄自己记录收款时的记账簿、记账纸。二件资料是研究宁波海运史的好史料。里面列举了各类船只的大小、功用等，在换给船照时，收取不同的费用标准。"手稿"条目明细，历史价值不能忽视。

鄞县账册在整理时，装订线虽已断落，但整册没有散乱，保存完好。清光绪年间的县级财政账册，存世量很少，它对研究当时当地经济，具有相当重要的意义。一方面，作为《师爷手稿整理》的一个章目，分量是足够的。另一方面，这些账册肯定与钱谷师爷有关。所谓钱谷，顾名思义当然管着钱粮，而钱粮是那时的主项经济来源。那么，衙门的财政收支，与钱谷师爷的关系就密切了。捕捉历史的流变，从这里可以找到钱谷师爷的一些点滴细节。账目记载详细、认真，反映了光绪十二年鄞县县衙的财政收支情况。

近代历史小说《官场现形记》描写封建官员出行，每到一处，要吃要喝、拿钱拿物，统称为"打秋风"。小说十分形象地画出了贪官的嘴脸。而师爷王春龄留下的遗稿驿函抄存更直接说明了历史是严峻的。这是一封师爷之间互通信息的驿函，讲的是藩台（相当于现在的厅级官员）的母亲过境，应接待的规格与方式。从王春龄的这些遗稿分析，清朝末年对官员的行贿，或官员的索贿、受贿，已经全面公开化、制度化。例如：

  四月初三日，石门来函，以青州满营官兵一百二十名，赴杭州补额。三月初十起程，由官兵一百二十员。眷口、壮丁等二百四十一名口。附车马夫价，清单一纸。

  计开：

  头起前站二名，短马二匹，引马在外，中席一桌。管带官一员，左翼五品军功骁骑校，同有。

  四套大车二辆，折一辆，轿车一辆，大马三匹，麸料折价。夫三名，跟役四名，差役油烛。上、中席八桌。兵五十名。

眷口一百六十名口。

每名口饭钱：尖（宿）制钱五十（一百）文。

眷三口 □尖、宿饭钱加倍，字识一名，护送官二员。

厢（镶）白旗部委，前锋校霍尼音。

厢（镶）黄旗，骁旗校催成庆。

四套大车一辆，折轿车一辆，跟役四名。上、折席各一桌。油烛足用。

前站二名，短马二匹，引马在外。中席一桌。

管带官一员。右翼世袭骑都尉，左领喜善，四套车四辆，折二辆，轿车二辆，四套大车一辆。上席八桌，折席八桌。大马五匹，夫五名，跟役八名。灯笼夫二名，字识一名，兵五十名。差役油烛足用。

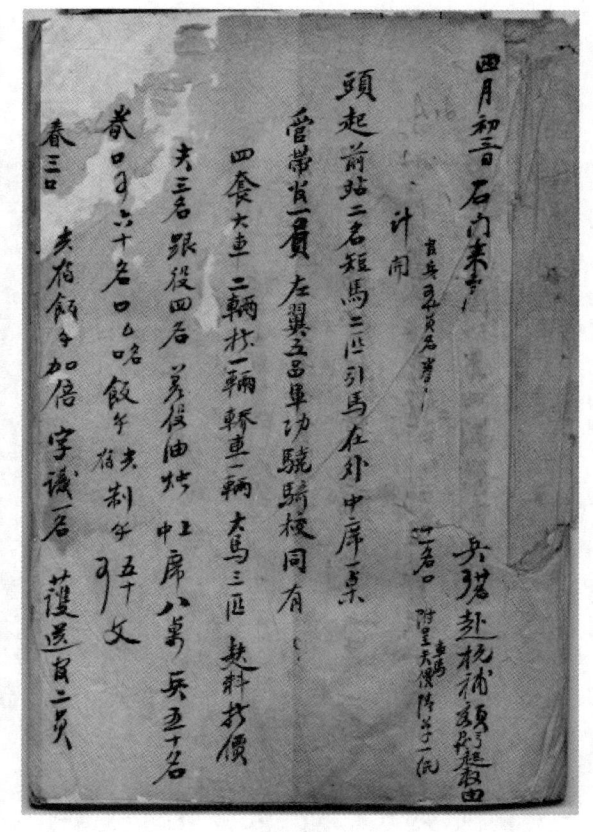

驿函1—1

眷口一百六十六名口，四套车五辆，每名口，饭食：尖（宿）制钱五十（一百）文。

官眷四名，尖宿饭食钱加倍。护送官员，正红旗前锋嵩龄。

四套大车一辆，折一辆，跟役四名，上、水席八桌。油烛足用。如遇孕妇，途次生产，夫足用。

又如：

四月十八申　准石门函开　并另有学宪回省差信一书

飞启者，顷接嘉、秀来函，准吴、震邑，特准三首县函开。以青州移杭旗兵五十名，连眷一百六十八名、口，乘坐大船十只，水脚等项，照　兵部章程，按名接站，发给所有管带官。同大兄一员，护送官成、霍二员，前站官二员，字识一名。程仪折席等项，昨特（派）专丁赴前站，抄录实账，另纸开送。等因。除敝处伺应外，照抄一纸送呈，即乞

尊处查照，向章应付，前进是荷。此请

均安

愚弟名正肃

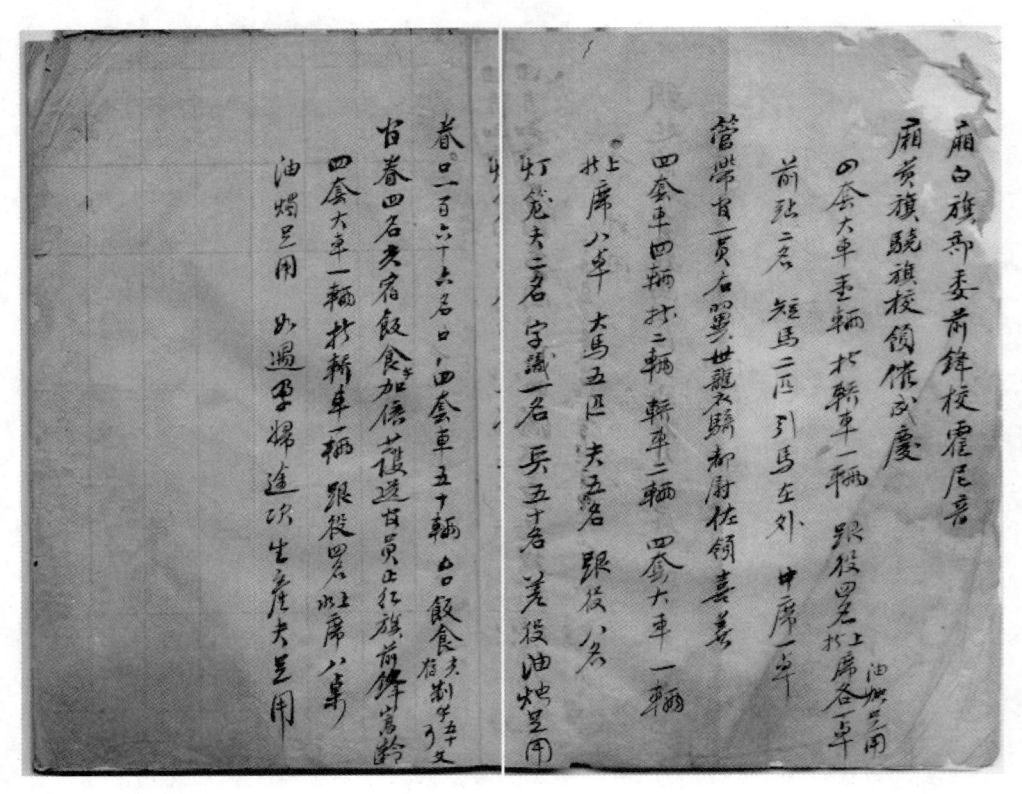

驿函1—3　　　　　　　　　　　驿函1—2

计开

　　管带官一员，程仪银四两，上席一桌（折制钱四千文），中席一桌（折制钱二千文）。跟役四名，（每名一百文）。护送官二员，程仪□每位二两，上席二桌，（每折制钱二千文）。中席二桌，（每折制钱一千文）。跟役四名，每名一千文。前站官二员，程仪每位洋二元，二桌（每折钱二千文）。字识一名，大钱一千文。兵眷一百六十八名、口，每站一百文。官眷三位，加倍。水脚每站每名银二□。纤夫足用，烛炭约送。船价系官眷护送，共一百七十四□。

驿函2—2　　　　　　　　　　　　　　驿函2—1

  这些可实际操作的原始资料，它的真实性，不可替代性，显而易见。它客观地记录了官员家属出行的排场及周边人员趋附的情境，也是社会现实画面的再现。清王朝的灭亡，虽说是历史的必然，而腐败的政治官僚特权制度也起了一定的催化作用。

第四章 晚清州县的对外交往

晚清时期,地方担负着一定的外交职能,既有专职的地方外交机构,又有兼理的行政部门。这些机构以督抚衙门为首,根据督抚的批示和指令处理各类交涉事件。洋务局、交涉局或交涉使司处于中心位置,所有外交事务都要禀报它闻知。以督抚为首,以专职地方外交机构为核心,通过各种关系联系在一起,共同履行地方外交职责,构成了一个比较完整的体系。鸦片战争前的各历史时期,虽然也有地方官办外交的时候,但从未出现像晚清各地方行政职能部门广泛参与外交事务的情况,处理对外交往事宜已经成为各地州县衙门经常性的行政事务。鸦片战争之后,西方列强用坚船利炮打开了清王朝封闭的国门,洋人深入内地,官衙普遍参与外交事务是晚清地方外交的一个显著特点。这种现象的出现,表明晚清时期的州县的职权范围发生了较大变化,处理对外交往事务成为州县行政职务的一个重要部分。

一、晚清州县外交事务

第二次鸦片战争后,随着外国人深入内地,州县外交事务日渐繁杂。从那时起到中华人民共和国成立,"中国一百年来的外交史是一部屈辱的外交史"①,中国的对外关系是不平等的。近代浙江的对外交往正是这一屈辱外交和不平等对外关系的生动写照。

知县掌管一县的治理事务,判决诉讼案件断定罪行,劝农耕种,赈济贫困,讨

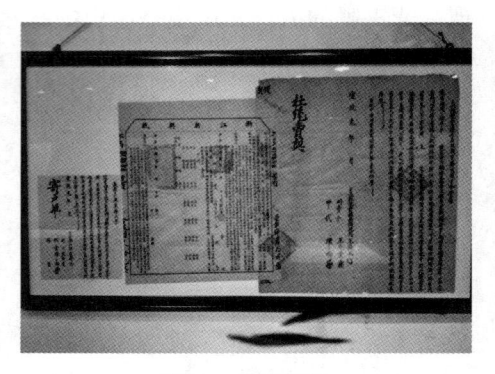

图13 房屋契约

---

① 《周恩来外交文选》,世界知识出版社1990年版,第5页。

伐狡猾，除去奸邪，兴起教养，树立教化，即一县的行政、财政、司法等都归他掌管，他既是县的最高行政长官，又是司法官。根据这一规定，进入知县管辖范围的外国人和发生的交涉事件也应该归他管理，处理地方交涉就成了知县政务的一部分。知县的对外交往职责包括收集本县范围内外国人的资料、情报，呈报本县内发生的交涉事件、查验并保护过境外国人等。不过，不同地区的知县存在较大差别。东南沿海通商口岸或附近的知县处理的交涉事务以商务为主，内地偏远的知县则以洋务教案为多，只有位于通商口岸的知县才经常参与外交活动，其他地方的知县则很少，偶尔处理一些保护过境洋人和传教士入境传教之类的事情。

县衙是清代最低一级地方政权机构，虽然不是专职的地方外交部门，却担负着重要的对外交往职能。平常，知县可以自主处理一般的交涉事件，对其他交涉事件，则要禀告上级，根据上级的批示处理。但是，由于交通不便、通信手段落后、路途遥远等各种原因，实际上很多知县并不能及时禀报道、府等上级政权。县衙的吏户礼兵刑工六房协助知县处理日常事务，故六房所司即为知县所应经理范畴。息讼、薄赋、兴教三项，是作为办理上述主要事务的基本原则而存在的，刑名的终极目标是为了息讼，户政的理想状态则是薄赋，而兴教能从根本上使广大民众的心灵得到升华。①

明末郑芝龙、郑成功父子联手建立当时世界上最强大的舰队，又继承了大明强大的造船技术。清廷把台湾郑氏政权叫作"海贼"，郑氏一向很重视海上贸易，可清廷自己对中国沿海经济的破坏比所有"海贼"加起来的总和还要大。清廷攻灭的不只是郑氏政权，也摧毁了中国强大的造船技术，同时也封锁了中国的海上贸易。导致清朝的闭关锁国达到历代的顶峰，对外部世界一无所知，与中国近代的落后挨打有着直接的关系。

康熙二十二年（1683），福建水师提督施琅率师收复澎湖、台湾，清朝灭掉郑氏政权后，再一次对海洋贸易大加限制，中国从此走向闭关锁国。清廷收复台湾后曾在宁波设浙江海关，一度开放对外贸易。但由于西方殖民势力的东来，到乾隆时关闭了浙江海关。此后到鸦片战争前夕，浙江的对外交往几乎处于禁绝状态。

1840年鸦片战争揭开了中国近代史的序幕，中国从此开始逐渐沦为半殖民地半封建社会。由于清朝实行闭关锁国的政策，清初实行"海禁"，不准片帆下

---

① 周保明：《清代地方吏役制度研究》，上海书店出版社2009年版，第83页。

海贸易，耶稣会传教士活动也因"礼仪之争"遭取缔。鸦片战争以前，浙江并无专门涉外交涉机构，有关事务由地方行政长官禀报朝廷处置。鸦片战争以后，东南各省门户洞开，对外交涉事务日渐增多，时由各省督抚协同两江总督兼五口通商大臣办理。光绪廿二年（1896）以后，浙江省与各省一样，设置洋务局，专理"洋务"，后又扩大职责范围，改设交涉司，专理本地除中央外交以外的涉外交涉事务。

浙江在鸦片战争及其后历次列强侵略中国的战争中，是受害最深的省份之一。清政府在战败后与列强签订的一系列丧权辱国的不平等条约中给予列强的种种特权，使浙江成为近代中国较早沦为半殖民地的地区之一。从鸦片战争中签订的中英《南京条约》，到甲午战败后签订的中日《马关条约》，浙江沿海三大城市宁波、温州、杭州先后被辟为通商口岸，列强各国纷纷派驻领事或建立领事馆，开辟有外国人居留地或租界；外国领事在那里实行享受"治外法权"的殖民统治，行政、司法、市政等主权丧失殆尽；在各口岸设立的由外籍税务司控制的"洋关"，不仅把持了关内行政、征税、税款保管等大权，实行掠夺性的低税率制，还控制了邮政、航运、港口引水等管理权；各国传教士深入内地传教旅行，行医办学，进行文化渗透，为列强在华利益服务，同时也传播了西方近代科学文化知识；外国商人出入港口内河，经常在军舰巡查、"保护"下进行所谓"自由贸易"，大肆倾销工业品，掠夺浙江丝茶等农副产品。

1895年《马关条约》签订后，帝国主义国家掀起了瓜分中国的狂潮，浙江成为老牌资本主义国家英国的"势力范围"；后起的意大利也一度想"租借"浙江的三门湾，作为其远东海军基地。各国对浙江的经济掠夺从贸易为主转向投资为主。于是，外国"洋行"大量出现，火油、烟糖、航运、金融、保险等行业被外国公司所垄断，抑制了浙江民族工业的发展；帝国主义国家还把魔爪伸向浙江的铁路、矿产等关系到国计民生的产业，遭到浙江爱国绅商和民众的坚决反对。

光绪廿一年（1895）十月，浙江巡抚廖寿丰奏准设立洋务局，布政使聂缉椝兼督办。1896年，浙江省省城杭州开埠通商以后，"一切华洋交涉事宜"[①]，由杭嘉湖巡道督理，并任命仁和县前知县、候补道任芝苏为提调，协理其事。1897年四月初一，因涉外交涉事务与日俱增，在浙江督宪行台正式设立洋务局，专理与外国相关的各类事务，并以杭嘉湖巡道王心斋为督办，候补知府徐承礼、道员

---

① 浙江省外事志编纂委员会：《浙江省外事志》，中华书局1996年版，第80页。

任学汇为提调，开局办公。不久，原提调任芝荪改任会办，候补州判万康、候补主簿陆应森奉调差办局内文案事宜。是年七月十六日，洋务局迁址到"屋宇宽敞"的金衙庄（现杭州市解放路与环城东路交会处）。光绪廿七年十一月，浙江臬司、候补道许豫生任督办。二十九年四月，许南友、毕畏三出任提调和会办。是年十二月，安徽候补道许九香任督办。三十一年三月、三十三年五月，世益三、王省三（丰镐）先后出任督办。

宣统元年底，浙江洋务局提出近来涉外交涉事宜日益繁多，而"洋务局范围太小，名义不顺"①，请于明年改设专司。次年四月，浙江巡抚奏准添设交涉使，仿奉天、吉林、云南等省例，裁撤洋务局，设交涉司，

"凡关洋务，均由交涉司办理"，"以修敦睦而保主权"。②

六月，清廷吏部电复浙抚，核定浙江省交涉司为正三品，位列奉天、吉林、云南之后，原任洋务局督办王省三留任交涉使。

清代以前浙江曾发生过不少涉外事件，如明代，"宁波发生日本勘合贸易船争贡事件"和台州官民援救朝鲜崔溥遇险漂海事件，清代舟山人民救援日本遇难渔船"春日丸"事件等。清代浙江各地相继发生了各类涉外事件，其中主要有涉外教案：如温州甲申教案、海门教案、诸暨教案、衢州教案、平阳教案、宁海教案等，③涉外房地产案：如杭州宝石山案、湖州海岛案等，④涉外商务纠纷案：如杭州日商滋事激民大哄案、宁波收回"白水权"案等，⑤以及涉外救援事件和涉外交通事故等。这些事件的发生，大多是列强殖民主义者在浙江横行霸道、欺压民众而引发的，因而具有侵略与反抗、压迫与反压迫的双重特性。在这些事件的处理过程中，由于列强政府或外国领事凭借通过不平等条约攫夺的领事裁判等特权，横加干涉，而地方官府又屈从外来压力，致使许多案件以妥协让步而告终。同时，在浙江人民及当事人的据理力争下，也使部分案件得到了应有的较为公正的处理，在一定程度上维护了浙江人民的合法权益和尊严。

清代知县"掌一县治理，决讼断辟，劝农贩灾，讨猾除奸，兴养立教。凡

---

① 浙江省外事志编纂委员会：《浙江省外事志》，中华书局1996年版，第80页。
② 同上书，第2—3页。
③ 同上书，第165—167页。
④ 同上书，第168—171页。
⑤ 同上书，第170—172页。

贡士、读法、养老、祀神，靡所不综"①。职权范围的体现是六房日常办理之事务：吏房事务包括稽察佐杂、聘用幕宾、统驭胥吏和约束差役四个方面，户房事务包括征收田赋杂赋、办理漕务、筹办救济、劝农与劝垦，礼房事务包括振兴学校、举办社教、端正礼俗和举行祭祀，兵房事务包括管理驿传、编查保甲二项，刑房事务包括民事刑事案件、盗贼案件、诉讼程序等，工房事务包括河工与水利、桥道与垣舍修筑，等等。

李乔在《中国师爷小史》中说道：

> 师爷中存在着一个重要现象，就是师爷之间由于血缘、地缘、业缘等关系，结成许多关系网，形成很多帮伙。帮伙中的师爷互相关照，互相牵引，互通声气，互为党援，成为一种集团势力。对于帮伙外的师爷，他们则加以排挤。这种帮伙可以称之为"师爷帮"，或曰"幕帮"。②

绍兴籍大名士李慈铭（1829—1894，初名模，字爱伯，号莼客，室名越缦堂，浙江会稽人，清朝学者。1850年，补县学生员，十一次应南北试未中，入赀为户部郎中，后至京师，长期居京，以诗文名噪士林。时朝政日非，他遇事建言，纠弹大臣，著述甚多。有《越缦堂读书记》《越缦堂日记》等）曾有这样的介绍：

> 吏皆四方游民无籍者充之，而吾越人更多。

此"越人"即绍兴府人。明清，特别是清代，在京师许多衙门中，绍兴人几乎垄断了书吏的职位。有一首竹枝词很淋漓地反映了六部书吏多绍兴人的情况："部办班分未入流，绍兴善为一身谋。得钱卖缺居奇货，门下还将贴写收。"意谓中央各部的书吏分几种班，都是未入流，绍兴籍的书吏最善谋划，并善于弄钱的。③

清代作家李宝嘉（1867—1906）在《文明小史》第三十回谈到绍兴籍师爷结帮的现象：

---

① 赵尔巽：《清史稿》第12册，中华书局1976年版，第3357页。
② 李乔：《中国师爷小史》，学习出版社2011年版，第93页。
③ 黄一鹤：《官系网》，河南文艺出版社2011年版，第67页。

那刑钱老夫子,没有一个不是绍兴人,因此他们结成个帮,要不是绍兴人就站不住。这余伯集怎么会在河南抚台里当刑钱呢?说来又有缘故。伯集本是个宦家子弟,读书聪俊,只因十五岁上父母双亡,家道渐渐中落。幸他有个姑母,嫁在汴梁,他姑丈就在开封府里当刑钱一席。伯集年纪到了弱冠之时,只愁不能自立,读书又没进境,知道取不得科名,成不了事业,只得去投奔他姑丈,找点子事体做做。主意打定,便水陆趱程的赶到汴梁。姑丈姑母的相待,倒也罢了,就带他在开封府里学幕。可巧抚台衙门里一位刑钱老夫子,要添个学生帮忙,姑丈便把他荐了进去。余伯集得了这条门路,就把那先生恭维起来,叫他心上着实受用,只道这学生是真心向着自己的,就当他子侄一般看待,把那几种要紧的款式,办公事的诀窍,一齐传授与他。①

清乾嘉时的昭梿(1776—1829,字汲修主人,又号檀樽主人。清嘉庆时曾袭礼亲王爵,后因满洲贵族内部互相倾轧,被削去王位。著有《啸亭杂录》正录十卷,续录五卷)在《啸亭续录》中就下过这样的定论:

各部署书吏,尽用绍兴人,事由朱赓执政,莫不由彼滥觞,以至于今,未能已也。②

据史料记载,历史上形成著名的"无绍不成衙"盛况,源于明万历年间朱赓辅政。朱赓(1535—1608),字少钦,号金庭,山阴人,隆庆进士,由庶吉士授编修。万历中累官礼部尚书兼东阁大学士,参与机务。极陈矿税之害,并奏请停营三殿。1606年,沈一贯、沈鲤去位,独当国。时朝政日非,内外涣散,力请增阁臣、补大僚、充言路。朱赓为人热诚,乐善好施,在辅政时任用了很多绍兴籍书吏。这些书吏互相牵引,互为党援,形成了"书吏绍兴帮",或曰"绍兴籍胥帮",由此也就产生了后来的"绍兴师爷"。清代京师书吏多绍兴人这种情况,正是由明代首辅朱赓开始延续下来的。

由于绍兴籍师爷在官衙中人数众多,于是结成师爷帮。陈森(1796—1870,清小说、戏曲作家。字少逸,号采玉山人,江苏毗陵(今常州)人。未曾出仕,长期以处馆或做幕为生。著有小说《品花宝鉴》和《梅花梦》传奇)在《品花宝鉴》第二十三回也说到师爷帮:

---

① 李宝嘉:《文明小史》,华夏出版社2013年版,第176页。
② 昭梿:《清代史料笔记丛刊 啸亭杂录》,中华书局1980年版,第512页。

若说作幕的，原有些名士在内，不能一概抹倒。有那一宗读书出身，学问素优，科名无分，不能中会，因年纪大了，只得改学幕道。这样人便是慈祥济世，道义交人，出心出力的办事。内顾东家的声名，外防百姓的物议，正大光明，无一毫苟且。到发财之后，捐了官作起来，也是个好官，倒能够办两件好事情，使百姓受些实惠。本来精明，不致受人欺蔽。这宗上幕，十分内止有两分。至于那种劣幕，无论大席小席，都是一样下作。胁肩谄笑，钻刺营求，东家称老伯，门上拜弟兄。得馆时，便狐朋狗友树起党来，亲戚为一党，世谊为一党，同乡为一党。挤他不相好的，荐他相好的，荐得一两个出去，他便坐地分赃，是要陋规的。不论人地相宜，不讲主宾合式，惟讲束脩之多寡，但开口一千八百，少便不就，也不想自己能办不能办。到馆之后，只有将成案奉为圭臬，书办当作观摩，再拉两个闲住穷朋友进来，抄抄写写，自己便安富尊荣，毫不费心。穿起几件新衣服，大轿煌煌，方靴秃秃，居然也像个正经朋友。及到失馆的时节，就草鸡毛了。还有一种最无用的人，自己糊不上口来，《四书》读过一半，史鉴只知本朝，穷到不堪时候，便想出一条生路来，拜老师学幕，花了一席酒，便吃的用的都是老师的。自己尚要不安本分，吃喝嫖赌，撞骗招摇，一进衙门，也就冠带坐起轿来。①

　　文中所说的"党"，就是师爷帮。师爷帮是存在于一般师爷中的普遍现象，不仅仅是劣幕中才有；但是，确以劣幕的结帮树党最为突出。这些劣幕结成的帮常常通同作弊，弄法营私，上下其手，蒙蔽本官，干出许多坏事。

　　"亲戚为一党"，指的是有血缘关系的师爷结成的帮；"世谊为一党"，指的是祖、父辈通好的师爷结成的帮；"同乡为一党"，指的是同乡师爷结成的帮。除此以外，还有因师徒关系结成的帮和同在一地的师爷结成的帮。

　　绍兴籍师爷结帮的历史颇久，且有过行帮性质的组织。绍兴帮是最著名、势力最大的同乡性师爷帮。同乡性师爷帮是以乡谊（乡土观念之一种）作为结帮纽带的。这一点，与官僚中的地域性朋党、工商业中的同乡行帮是一样的。在全国各地大大小小的衙门中，凡是有绍兴籍师爷的地方，他们大都结成帮伙，所以绍兴帮是遍布全国各地的，他们的势力也最强，往往某个幕友家族、亲戚，通过在一个省的上下级衙门当师爷，从而操控官府。

　　"亲戚为一党"的师爷帮以及包含血缘关系的同乡性师爷帮数量相当多。例如乾隆年间，有幕友浙江人徐掌丝、卢培元等弟兄亲戚长期盘踞在湖北省城，

---

① 陈森：《品花宝鉴》，人民中国出版社1993年版，第259页。

徐掌丝在臬司沈作朋署内，其弟徐登山在总督爱必达署内，其妹夫卢培元即在巡抚汤聘署内，他们结成帮伙，把持了湖北省司法审判的相当一部分权力，彼此串通一气，与地方官交接往来，致使"地方大吏承办重案，竟至颠倒是非，行私罔上"①，经乾隆帝亲自过问，才辩白了冤案，惩办了劣幕。清代著名小说《歧路灯》第105回曾写到一个叫盛希瑗的官员对手下的劣幕很讨厌，但又不敢将其辞退，因为此劣幕与自己上司的幕友是亲戚。他说：

> 将欲撵出去，他与上司有连手，又与上司幕友是亲戚，咱又不敢。②

这里所说的有亲戚关系的、互为党援的师爷，正是"亲戚为一党"的师爷帮。学幕中的师徒关系，是形成师爷帮的重要原因。陈天锡对此曾作过如下分析：

> 学幕必有师承，凡负重名而居津要者，即为学幕所归，结果广收门徒，分布官署，成为当然之趋势。而门徒中又复各自收徒，递相传授，因之幕中耆宿，不独门徒众多，即再传三传弟子，亦复繁衍，更由此演成派系之分，门户之见，党同伐异，互张声势。③

业缘性的师爷帮相对来说较为松散。师爷帮中还有一种是同在一地的师爷结成的帮。这种师爷帮实际可能包含着血缘、同乡、师徒等关系，但业缘关系是主要的。

"无绍不成衙"，绍兴师爷在当时社会中的特殊地位从这句话中可以得到了解。绍兴师爷身上，有很多宝贵的闪光点值得秘书开掘和学习，譬如他们的人格独立性，他们很强的综合业务素质，他们坚守的幕业道德，以及间接造福百姓的理想。绍兴师爷是一个具有很强垄断性的职业群体，他们将幕学作为家传之秘，子孙世业，通过结拜、攀援同乡官吏，呼朋引伴，互通声气，形成了一个个网结，造就了官移幕不移的历史事实，形成了一个相对独立、封闭的职业圈。《绍兴概况调查》中称：

> 绍兴师爷的特点是通文达理，处世接物机警圆滑，计策甚多，博得长官

---

① 吴吉远：《清代地方政府司法职能研究》，紫禁城出版社2014年版，第205页。
② 李绿园：《中国古典小说名著百部 歧路灯》，华夏出版社1995年版，第658页。
③ 陈天锡：《迟庄回忆录》第6编，文海出版社1974年版，第62页。

信托倚赖，一般老百姓到衙门里去，见了很是畏惧。①

人们一度把绍兴师爷看成是工心计、嗜钱财、多诡计的奸诈之人。但事实上，绍兴师爷通情达理，待人接物机警圆滑，是一流的处世高手，他们为人处世的方法很值得我们借鉴。师爷在衙门里深居简出，不事交游，与当地的士绅很少接触，更不用说当地的三教九流和衙门中的胥吏了。这样做的目的是在办案时不受人情的牵连。在自身品行修养作风方面的一些做法如洁身自好、匡扶正义、睿智精明、清正廉洁及非官而官、寄人篱下、弄权幕后，"合则留、不合则去"的心态。这些对今天的秘书来说无疑是一种提醒。

二、师爷协理交际庶务

自从清王朝闭关自守的大门被列强打开之后，再也无法截堵，流入的各种思潮事务中，当然也夹杂着有益的东西。因此，清政权运作的"部件"——衙门师爷，必然会更新一些知识，接受一些新东西。这是潮流所致，时势造就。随着西方势力的侵入和近代化的起步，仅靠传统的游幕经验已无法胜任幕职，即使是县级基层政权施政者的学识也得贯通中西，关注西学成了提高职业素质的时代要求，协理政务的师爷因此成为较早和较积极接触西学的群体。晚清时期幕府制走向没落，但体制外的师爷比体制内的官员更积极转变观念，努力成为社会体制下的新人。如王春龄手稿中《复 郡城偕我会教士苏》一稿，对县衙与外国传教士及教民的交往等情况有明确的要求：

> 复 郡城偕我会教士苏
> 谨复者，顷接
> 惠函，领悉种切，查请禁嵝峇村民人，不准勒派教民迎神赛会等费告示。先于本月初旬，柯正祥等具禀，

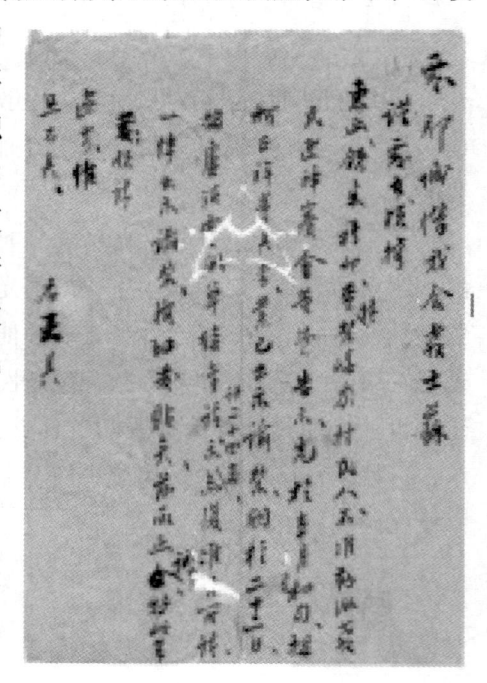

书启7—1

---

① 李海文主编：《周恩来家世》，党建读物出版社1998年版，第412页。

业已出示谕禁。约于二十二日，接卢绍云开单，续禀请示，计二十四册，亦复准其所请。一体出示谕禁。按址发帖矣！兹承函询，特此奉复。顺请
　　迩安！维
　　照不具　名正具

师爷学习"英语"势所必然，王春龄就留有一册英语读本，这是一个极好的例证。书名为《英话注解》，序言最后说："咸丰庚申（1860）仲冬（时间）勾章（古县名）泽夫（字）冯祖宪（姓名）撰"。此书今天看来虽属"粗拙"但在当时，仍不失为一本初学"英话"的好书。所以师爷拥有，实不足为奇了。

王春龄遗留的手稿中有一册《日记》，它是清光绪廿六（1900）年，德清县衙的"收发"簿，从农历八月十四日至十月初四日止（其中八月有闰月），逐日登录。我们从一个县衙的"收发"文件里，就能找出师爷日常工作中，与"外事"有牵涉的根据。例如：

　　八月二十二日
　　检眎获洋人教堂卷送
　　九月十九日
　　上条饬叙备价赴省购前膛枪十支倒换旧枪三支由
　　九月二十二日
　　禀请洋枪以备冬防稿夹卷
　　十月初三日
　　饬请申复教堂情形稿送

这些资料说明师爷的日常工作中，与"洋人"交互的关系。如果师爷们不谙外事，不懂外语，如何工作？旧有的知识还够用吗？在那时，一个干练称职的师爷，他具备怎样才智，可以想见了。

师爷们在衙门内做事，首先要有"信息"。"互联网时代"的今天，这一点当然不成问题，各种通信工具都十分便捷，哪怕是千里之外，也能了如指掌。但在古代，那是极犯难的事。如果一个人在外做官，不了解官场的事，师爷不了解衙门之间的事，不了解信息的变化，简直就是聋子和瞎子。而师爷们就有这种本领，他们能及时掌握信息，替东家做出准确的处置。

王春龄留有一本信稿（见上篇，可以说是衙门之间的"驿函"摘录），在一

定程度上说明了王春龄与其他师爷之间的来往。这本信稿虽已残损,没有封面,扉页也只存一角,但内页十分完整。共录31封函信稿,时从三月至次年十一月。内容非常丰富:有通报官员行程的,有托办事宜的,有开列招待规格的,也有求助解决燃眉之急的,对今天的秘书人员做好沟通协调工作仍有借鉴意义。师爷之间通过驿站传递的信息,就是师爷互通关联的重要手段。例如"驿函3—1":

  六月初三日戌刻 秀水差函 初五日卯刻到
  敬启者 顷接江震二县来信知
升廉访于本月初二日到苏即日开行约计明日可抵敝境 特此飞函奉
  闻即请
  印中、牧云仁兄大人升安
  愚弟名正肃

  这封函明白无误地告诉钱塘县衙有关"升廉访"的行踪消息,这是由秀水县衙差人送递至钱塘县衙的"驿函"。

  知县迎送上司出行,是件十分重大的事情。上司出行的日程、路线、目的等虽然先有预告,但具体的日期和落脚的地方,这一切都是知县必须尽早知道而做好准备的。师爷就通过"师爷之间的信息网络"——"驿函",从前一站了解到相关

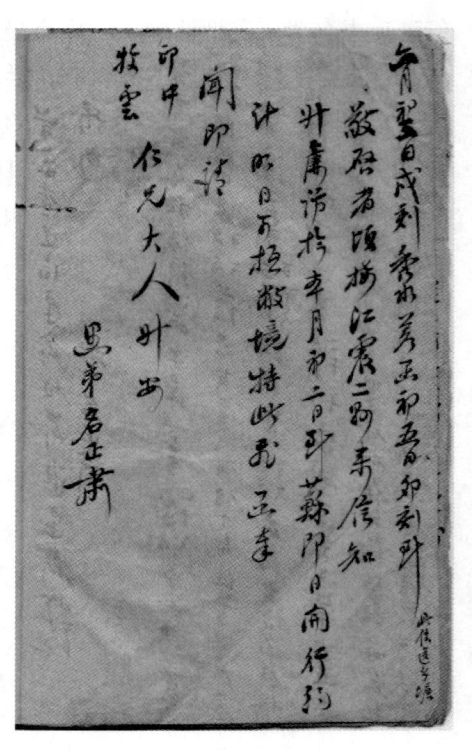

驿函3—1

内容,马上告知下一站自己知道的一切。重点要了解的是预知上司到站日期和招待规格,这才不会出错。又如下封信函:

  驰启者:顷接桐庐来函、接建邑来函,云。
  抚宪于初二夜离龙游马头,三十五里驻扎。初三日午后,抵衢,当即看操。于初四日下午开船趱赶直下,不许耽延。定于初六日赶到严郡等。特此专函飞佈,云云。约计初七日,必由严动发,江以下火轮可拖。初八、九即可到富。专肃佈闻。敬请

第四章　晚清州县的对外交往

印、牧翁仁兄大人尊安！惟希
察照不具
　弟　许嘉德　十一月初六日泐

到初七日，许嘉德又有一函送来，除通报巡抚行踪外，并附开销账一纸，详细列举了招待费用。我们从以上引述的信函中得知，师爷之间的联系相当紧密，不仅使县衙预知了上司出行的准确行踪、时间，也为招待上司作妥规格上的准备。

另外，师爷之间是如何帮助解决一些"燃眉之急"事情的？例如第二十六封信（驿函26—1）：

本府宪来信
印中、松仙仁兄同年大人阁下，迳
启者：二十八日，弟处公饯
竹宪，已容代列
芳衔用特奉布。是日共有四席，须
用银杯、箸等件。务乞
尊处各假（借）两桌，以便应用，
随当缴还。此泐。即请
升安不一
　年愚弟　龚嘉隽　顿首

这封信很明白，急需银质器皿，向其他衙门借用，求帮助。这当然是师爷的事了，因为这些具体事务的责任者是师爷。师爷办事能力如何，直接关系到任职的水平和处事的本领。师爷之间的关系，联络互助的重要性就显示出来了。

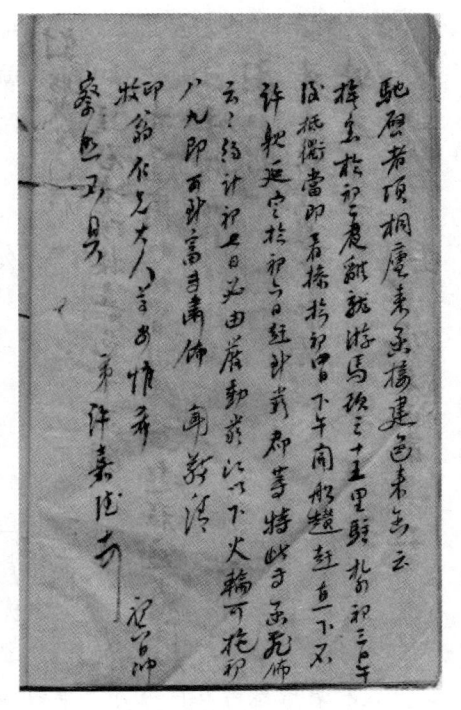

驿函7—1

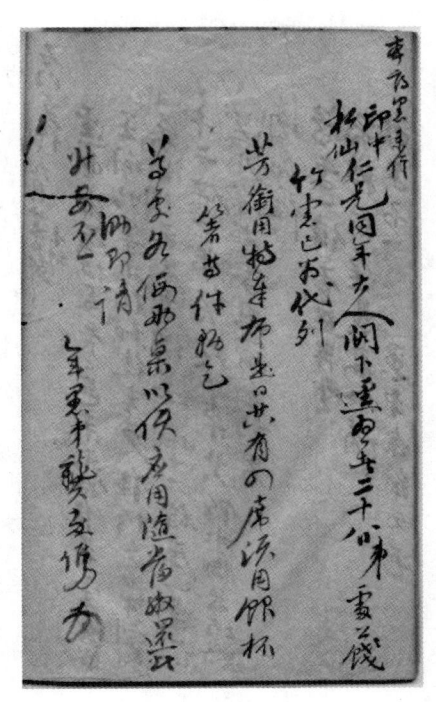

驿函26—1

师爷之间的互相帮助，精诚团结，它的意义也就不言而喻了。这种情况，实质上是由师爷的职业所造成的，也就是很好地体现了绍兴师爷互相帮助、精诚团结的可贵品质。又如《复 桐村同年大人》（私信2—1、私信2—2），反映了师爷之间注重交往的"同年"情谊：

> 桐村仁兄同年大人阁下，久违
> 芝宇，时切葭思！顷奉
> 琅函并，沈孝廉耆洛硃卷一本，读悉种切，就审，
> 履祉吉羊，（祥）
> 鼎祺安燕，引詹
> 乔莫馨颂私。弟昔年承乏
> 珂乡，于地方愧无裨益。虽于试士一途，不敢苟且，将事亦难，必老眼无花。今沈君芸窗砥厉，高捷贤书，皆由
> 令郎衣钵真传。俾弟藉增光宠，而乃过蒙
> 奖饰，益令颜汗增惭。所翼 沈君虎榜联登，凤池早到，此尤天末。鄙人私衷欣慰者耳！兹寄上苹敬洋蚨四元，
> 即乞
> 查收转交，并
> 代达贺忱，为祷！肃此布复，敬请
> 台安！兼贺
> 年禧不具
>
> 年愚弟余丽元顿首

清朝的幕友和书吏所以多是绍兴人，与绍兴人文化素养高、苛细精干、善治案牍等特点有关，这些皆适宜作幕为胥。绍兴人之所以不远千里入都为胥，又与他们不恋乡土的乡风和当地人多地少的经济状况有关。王士性《广志绎》说道：

> 绍兴、金华二郡，人多壮游在外。如山阴、会稽、余姚，生齿繁多，本处室庐田土，半不足供，其儇巧敏捷者入都为胥办，自九卿至闲曹细局无非越人。①

---

① 王士性：《广志绎》，中华书局1981年版，第71页。

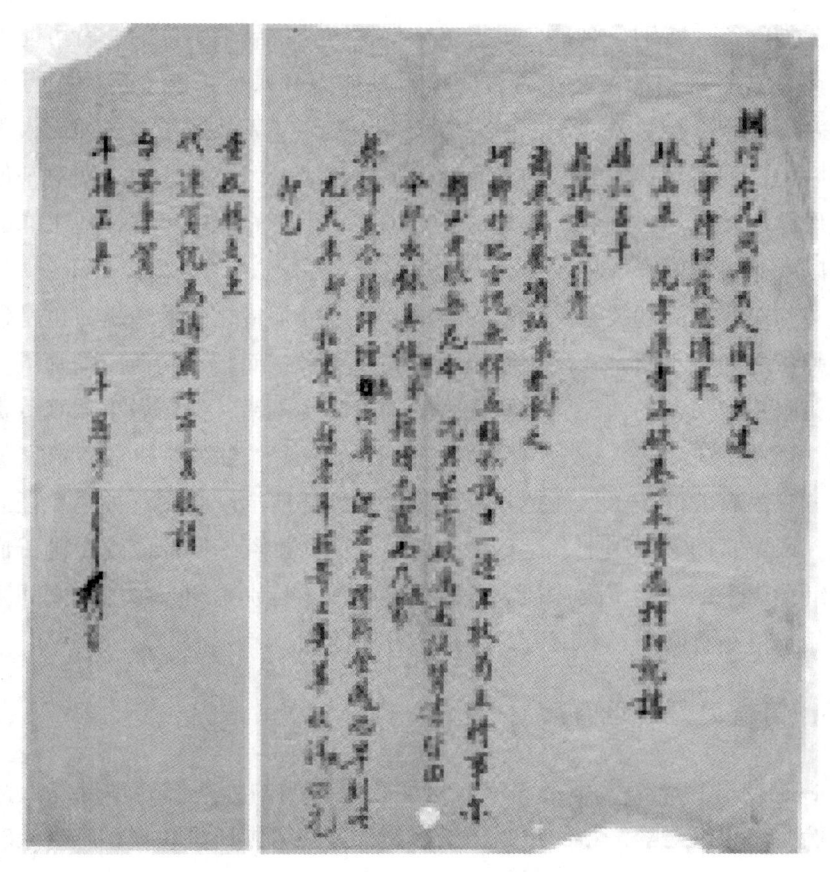

私信2—2　　　　　　　　　　私信2—1

  他们之间往往是亲朋、师生或同乡、同职等关系，形成盘根错节的关系网。这使他们纵横上下，互通声气，不仅控制地方很多公共事务，而且把持部分督抚、州、县衙的职权。在京师许多衙门中，书吏之职大多被绍兴人垄断。

  做官靠乡谊，当师爷、胥吏、书办也少不了乡谊，一些地区的幕友、书吏还以乡谊为纽带结成牢固的地域性行帮。如淮军幕府中虽引用各省籍的幕友，但仍偏重皖籍，故皖籍幕友的比例最高。李鸿章曾说："吾庐英俊多从游者。"[①]从游者即游幕者、师爷。四川的刑名、钱谷师爷，十分之九是浙江绍兴、湖州两地人，两地师爷各成一帮，各树党援，各自为本帮师爷得以入幕出力，衙门中的师爷系何帮之人，则何帮中人就业较易。

  总体来说，虽然师爷"谋馆"不易，但具体来说师爷之间又有所差别。"品

---

① 顾廷龙、戴逸主编：《李鸿章全集》29，安徽教育出版社2008年版，第163页。

学兼优"的师爷,特别是名幕,谋得工作就很容易;品学不佳的,就可能无人聘用。刑名、钱谷师爷的被聘与否,完全看其能力和操行,能力优而操行谨者,"自可席珍待聘,拥彗争迎",而无所长者,就会"无从插足",即无人聘用。各种幕席中,刑名、钱谷二席的专业性较强,各级衙门不可或缺,相对来说,师爷找工作就比较容易;书启、挂号、征比等工作由于专业性不强,找工作的人较多,所以就业较难。

师爷与东家之间的关系是比较融洽的,衙门内师爷之间的情况,也是这样。师爷与师爷之间,不只是在同一衙门内的同事关系,而是不同衙门的师爷,也存在着互相联系或帮助的情况。有些优秀的师爷确实不错,他们做事认真负责,处世干练,能得到东家(一般师爷称雇用他们的知县、知府等长官为东家)首肯和信用。东家有的调任了,还把师爷带走,在新任所继续聘用。如果离任后,不再继任,或罢官回家,则把自己认为"可靠"的,推荐给同僚。这是师爷们寻找位子或继续谋生的一条重要途径。各衙门的师爷(特别是绍兴师爷)之间互结友谊,互相支持;有联络,有交流,那是十分广泛的。

三、信誉良好处世有度

尽心、勤事、立信、不必深求,这四项是精明的师爷们处理世态人情的法宝。当然,对于绝对经济型的绍兴师爷来说,这一原则还是建立在凡事从利害处着眼,而无探本求源之立意,奉行绝对实用主义的原则之上的。他们懂得如何准确把握幕主的心理,洞察世事,从而给幕主留下好印象。

师爷不直接参与政务,而只辅佐幕主从事政务,所得收入实际是官俸的一部分,也就是国家的俸禄。在辅佐幕主治理政务时,应该把尽心尽力作为根本原则。尽心并不是让幕主的意见来左右自己,而是一定要说出自己想要说的话,然后才能够做到尽心。身在幕后而要处理好种种关系,自然需要很好的运筹能力,要明确与上下左右各类人物的利害关系,吏与幕虽同在衙门为职,而其地位和利益来源不同,吏的主要收益来源于利用或创造机会骚扰百姓,而幕友的收入则主要来源于官员在收税时依例取得的"银耗",虽然都是民脂民膏,但胥吏骚扰百姓会影响官员的声誉,所以要在每一件事情上都加以提防,尽量不给胥吏利用公务侵害百姓的机会,为国家和幕主创设良好的佐治环境。

汪辉祖指出:

入公门伺候者，不啻数辈。多延一刻，即多累一刻。如乡人入城控事，午前得了，便可回家；迟至午后，必须在城觅寓，不惟费钱，且枉废一日之事。小民以力为养，废其一日之事，即缺其一日之养。其羁管监禁者，更不堪矣，如之何勿急？①

师爷作为幕主事务的主要处理人，其处理事务得当与否，都与幕主的官名直接相关，若幕主因其幕宾而贤名在外，那么其必定对幕宾加倍敬之。所以，幕友办事勿分畛域。如果以事不己切，坐视其失，自恃聪明的话，那真可谓目光短浅了。俗话说："在大门外边，老百姓心目中的官就只有一个。"官声所系，须事事尽我本分，为之谋出万全。因此，师爷处于这个位置，必须把官家的事作为自己的事来办理，不要职责分得太清楚。

师爷应帮助幕主立"信"。有了信义，才可以规劝别人。汪辉祖指出：

　　官能予人以信，人自服帖。吾辈佐官，须先要之于信。凡批发呈状，示审词讼，其日期早晚，俱有定准，则人可倚期伺候，无费时失业之虑。期之速者，必致与人之诵，即克日稍缓，亦可不生怨言。第欲官能守信，必先幕不失信。盖官苟失信，幕可力争。幕自失信，官或乐从。官之公事甚繁，偶尔偷安，便愈期刻，全在幕友随时劝勉。至于幕友不能克期，而官且援为口实，则官之不信，咎半在幕也。②

同样的道理，幕主在外的口碑好坏在于师爷是否做到了尽心、勤事，是否为幕主树立了"信"的形象。于是，师爷与幕主之间不再是单纯的雇佣关系，开始建立了共同的目标——各取所需，为自己谋利。现代精神病医生巴特盖伊认为：集体依据由感情和理智结合在一起的成员们的相互关系而成立，并因此使他们的各个特定机能得以集合起来，朝着共同的目标共同发挥。"县衙"作为一个集体，师爷与幕主之间有了共同的目标之后，双方的依附性就变得更强，师爷作为这个集体中的主要成员，自然就有了不可替代的重要性。

乾隆中期曾发生一件轰动一时的大案。乾隆二十八年（1763），刑部向乾隆帝奏报了湖北的一桩疑案：张洪舜、张洪炎于上年因盗劫被拿获，二犯的名字与乾隆二十六年归州知州赵泰交"滥刑妄断"案内的张红顺、张红琰兄弟字音相

---

① 江辉祖：《佐治药言》，中华书局1985年版，第12页。
② 同上。

同，刑部怀疑张洪顺二犯与两年前的归州案内的犯人是同一伙人，那么，果真如此的话，去年刚刚拿获，何以又行释放？另外，就司法管辖权限而言，此案应题咨刑部，但湖北省并没有这样做。带着种种疑惑，刑部请皇帝下旨令湖北督抚另行查审。乾隆帝立即派刑部侍郎阿永阿为钦差大臣前往湖北审案。经过一个多月的调查，钦差的奏报验证了刑部的推断：张氏兄弟就是两年前归州盗案的主犯。

原来，张氏兄弟早在乾隆二十五年在本乡李作棋家盗得银160两及衣物，随后被拿获。但此案至二十六年审拟时，张氏兄弟全案翻供，随后被开释。知州赵泰交因对此案"滥刑妄断"被拟流，事主李作棋、保正袁志芳等反以诬人为盗罪分别拟军、徒。张氏兄弟获释后又故伎重演，在劫得赵启贤家90两白银后被知州秦大人拿获。原任按察使沈作朋此时已升任布政使，他唯恐前案翻改自己受到处分，坚持只将后案审结，而置前案于不问。知府锡占查审此案时，唯上司沈作朋马首是瞻，致使冤案未得昭雪。乾隆帝得到钦差奏报后命将张氏兄弟立即正法，被冤的李作棋、袁志芳等开释，赵泰交宽免。随后经乾隆亲自鞫审，沈作朋立斩，原任湖北巡抚周琬、总督爱必达改绞监候（后两人发往伊犁效力赎罪）。

此案至此还不算奇。在审理过程中乾隆帝对湖北大吏何以"上下一气"、众口一词深表怀疑。随即查出在总督、巡抚、按察使司做幕友的分别是徐掌丝兄弟及其姻亲。这几个幕友都是绍兴人，徐掌丝在臬司沈作朋署内做幕，他的弟弟在总督爱必达署内做幕，其妹夫卢培元又在巡抚汤聘署内做幕。他们盘踞湖北省的重要衙门多年，串通一气，与地方官交接往来。沈作朋纵盗冤良案各衙门公文往来，均出自这几个人之手。案发后，他们暗通声气，从中把持，因此才使沈作朋纵盗冤良案畅行无阻。

湖北省扶同作弊大案确实给清廷敲了警钟。乾隆帝得讯后震怒不已，命传谕湖广总督李侍尧等将徐掌丝兄弟等锁拿解交刑部，会同军机大臣审讯，明正其罪。乾隆帝还以此案为例，下令各省督抚严查幕友通同作弊之事，同时禁止新任督抚藩臬接用旧任幕友。但收效甚微。

嘉庆、道光时期，出现了幕友队伍普遍的劣幕化。甚至一个家族长期包揽一个地方上下各级衙门的幕友一职，编织了一个庞大的幕友网络。如道光时期，南昌府衙门师爷胡怀符，在江西十余年，盘踞府署，他与臬司幕友谢固斋交往很深，州县幕友，都由他一人推荐。胡怀符的亲戚家人，在江西做幕的也最多。其弟胡老五在建昌府衙门做幕，胡老七在安远县衙门做幕，他的妹夫章老七也在南昌府衙门做幕。遇有案件发生，州县幕友先与胡怀符往返商议，然后再上报。新任州县到省，胡怀符立即将自己的门徒推荐给他们，州县官无不延请，他本人也因此成为有名的巨富。更为出奇的是，省城里的候补佐杂，多数人也都与胡怀符交结。每到冬季，府署必有札委查夜差使，这些佐杂就向胡怀符营求差事。以至江西省远近盛传，出现了有名的"四大寇"、"二十八喽啰"名目。

此外，师爷佐幕还应做到处世有度，"衙门中事，可结便结。情节之无大关系者，不必深求"①。即不能恃仗自己的聪明，对问题的细枝末节进行追究，那会枝节横生，给别人带来很多牵累，也就是太过分了。但是当被上司驳回的案件，需要重新处理时，首先要搞清楚原来的处理究竟在什么地方不当。不能只看批驳的文字的表面意思，因为其中可能存在种种上司不便直言的隐情。汪辉祖认为：

> 盖驳法不一，有意在轻宥而驳故从重者；有意在正犯而驳及余证者。非虚心体会，易致歧误。至案可完结，而碎琐推敲，万勿稍生烦厌，付以轻心。若主人所持甚正，与上台意见参差，必当委曲措词，以伸主人之意。②

上司驳故从重，而其意却在轻饶；驳及余证，而其意图却在正犯。要能体会上司的真实用意，只要不违背道义，就应该委婉表明主判官的想法，使之上下意见一致。更重要的是处理好幕主与上司衙门的关系，此是幕主的前程所在，能够准确把握上司的意图相当关键。这种随机应变、圆滑周到的处世方法，也不失为聪明人的做法。

清朝后期州县官延聘的师爷，特别是刑名、钱谷师爷，大都是本省督抚和布按二司的师爷推荐的亲朋好友、门生故旧，他们互通声气，彼此关照，结为一体。如果一个州县官所延请的师爷不是督抚和布按二司的师爷所推荐的人，所办的上行公文就可能被借故驳斥或积压不办。③

因此，师爷在佐治时，必须要与上级衙门建立友好关系，同时也要与周边的州县及同事间和睦相处。简言之，要建立真正的人际关系，必须保持人格上的独立。这种观点与现代社会所尊崇的"主动、积极、融洽"的处世态度显然是存在矛盾的。但是，历史上恰有过这样一个群体，他们成功地运用了这个观点，并证

---

① 江辉祖：《佐治药言》，中华书局1985年版，第15页。
② 江辉祖：《续佐治药言》，中华书局1985年版，第5页。
③ 李乔：《中国师爷小史》，学习出版社2011年版，第98页。

明了它的正确性,从而在职场上纵横驰骋,游刃有余。这个群体就是清代幕府机构的主角——绍兴师爷。

四、人格独立自尊尊人

出于谋生困难,不得已才外出为幕,这是好几位留下过著作的有名师爷之共识。师爷之所以背井离乡,为的是谋生,对谋生的行为动机有着异常自觉的清醒认识,在任何时候都不会偏离为自我谋福利的人生目标。对此,著名师爷龚未斋说:

> 仆读书未成,家贫亲老,不得已俯首乞衣,敛眉就食耳!况幕之不足为荣,修身立品之不暇,而尚以人世之炎凉,不释于怀,此非侮人,乃自侮耳!愚民迫于饥寒,则流为盗贼;读书无成,迫于饥寒,则流为幕宾。语虽过激,实为确论。①

不过他们所谓"谋生"却不是仅仅为了获得或满足于温饱,而是为了利用自己的学识技能来满足高要求的生活。所谓"俯首乞衣,敛眉就食"只不过是龚未斋的自我评价,语言表达上有点牢骚味,并不是师爷在幕主面前现实表现的客观描述。实际上,以绍兴师爷之精明,自然懂得"自高则人高之,自尊则人尊之"的道理。

精明的师爷大都懂得这条规则。只要有真才实学,不怕得不到贤主的赏识。师爷们提倡"自立为主,不巴结权贵"、"不攀龙附凤"、"合则留,不合则去"等处馆要义。汪辉祖认为师爷辅佐自己的主人,所办理的事一般都是公事,办事的原则必须能折中地商量,不能带有私心。

> 私之为言,非必已有不肖之心也。持论本是,而以主人意见不同,稍为迁就,便是私心用事。盖一存迁就之见,于事必费斡旋,不能适得其平。出于此者,大概为馆所羁绊。不知吾辈处馆非惟宾主有缘,且于所处之地必有因果。千虑之得有所利,千虑之失有所累。小者尚止一家,大者或遍通邑,施者无恩怨之素,受者忌报复之端。所谓缘者,宿缘有在,虽甚龃龉,未必解散。至于缘尽留恋,亦属无益。且负心之与失馆,轻重悬殊,何如秉正自

---

① 龚未斋:《雪鸿轩尺牍》,湖南文艺出版社1987年版,第58页。

持，不失其本心之为得乎？①

他们认为师爷的名声虽然是靠权贵夸奖赞赏得来的，但这也要有人赏识你才行。其口碑如何固然离不开幕主的赞誉，但前程如何，最终决定权却把握在自己手里，无须进一步攀附幕主。

要生存，就必须有独立的人格，师爷人格独立的特点主要表现在他们与幕主的关系上。汪辉祖说：

> 合则留，吾固无负于人；不合则去，吾自无疚于己。如争之以去就，而彼终不悟，是诚不可与为善者也，吾又何所爱焉。故欲尽言，非易退不可。②

汪辉祖认为师爷与幕主之间是双向选择的关系，处馆不是件容易事，与其弄到后来不愉快，不如未就之前谨慎择馆。鲁迅也曾提到过绍兴师爷在外做幕时，箱子里总是放着几两银子，一旦双方意见不合，或感到受人轻视，随时准备走人。

师爷的这种性格可能与绍兴人"尚气多争"的性格有一定关系，但在其职业生涯中仍坚持这种性格、保持其独立性。师爷"合则留，不合则去"，他们与僚属不同，可以自由觅馆，这里有其现实需要的原因，从自身利益出发，他们把宾主关系看得非常透彻：用不着乞媚于上司。师爷和幕主之间的关系显然绝不是简单的雇佣关系。师爷是幕主聘请的专家顾问，没有了师爷，幕主简直就无法办公。因此在幕主和师爷之间存在着的是主人与宾客的关系，是朋友之间的关系，甚至是学生和先生、老师的关系。既然是宾客和朋友，互相之间就是平等的。

正因为如此，师爷在职业过程中进退自如，究竟把工作做到什么份儿上，并没有明确规定，可视各种客观条件而定：主人信任一分，则勇往一分，可以任劳，可以任怨。若主人有疑心隔阂，则退缩收敛，不必图功，立身于无过而已。汪辉祖说：

> 吾辈声名所系，原不能不藉当道诸公，齿牙奖借。然彼有相赏之实，

---

① 江辉祖：《佐治药言》，中华书局1985年版，第15—16页。
② 同上书，第2页。

自能说项。如攀援依附，事终无补。……怀刺投谒，徒为若辈轻薄，甚无谓也。总之彼须用我，自能求我；我若求彼，转归无用，故吾道以自立为主。①

师爷们的经验之谈，确实很有道理。师爷在衙门里举足轻重的地位绝不是靠与幕主拉交情、自卑依附维持的。相反，这种姿态反有可能招致幕主的猜疑与鄙薄，不但对于事情没有帮助，还会白白地受些羞辱轻视。"当道诸公"即是幕主，师爷的工作能力需要幕主欣赏，名声之毁誉也全由幕主说了算，但幕主之所以拿出银两高薪聘请师爷，非为点缀门面，而是为了解决官场上遇到的种种凭其自身力量无法解决或解决不好的问题。

师爷与幕主之间过分亲密的私人交往很容易破坏工作关系，一旦双方情谊过深，当处理问题的方法上出现歧见的时候，师爷或碍于情面不能据理力争；幕主虽心有不满亦不能坦言相告。最终不仅不利于工作，反可能弄到不欢而散的结局。盖情昵则狎，得意之际容易忘形亦是人之常情，况且世上真能做到虽远不怨、虽近不侮的君子极其少见。所以保持适当的距离自然是最明智的作风。据汪辉祖回忆：

> 余与光山刘君仙圃甚洽。仙圃令平湖时，欲联齿叙之欢。余曰："俟去馆日如命。"同事者多笑之。②

刘仙圃是河南光山人，当时任平湖县令，在为人处世的老练程度上显然不如汪辉祖，他提出与汪辉祖结拜，固然出于对汪的敬重与喜爱，并没有别的动机，但从人情世故出发，似有得意忘形之嫌了。而汪辉祖以"俟去馆日如命"作答，甚是婉转得体。

五、真才实学能力过硬

在绍兴，有句俗谚说："四书熟，秀才足。"可见，只有熟悉儒家经典四书五经，才能当个好秀才。换句话说，有个秀才的身份，也就具备了充当师爷的最低本钱。绍兴名幕汪辉祖认为幕友就业的原则在于自立，要做到自立，就必须掌

---

① 江辉祖：《佐治药言》，中华书局1985年版，第13页。
② 同上书，第6页。

握扎实的幕学知识,具备过硬的工作能力。这是"幕学要则"中最重要,也是最基础的一条。

才能是一个人品德的实践途径。幕主有治理地方的打算,但自己的才能却不足以实现这个计划,而幕主周围的人,就会想方设法架空他,这时就需要有才能的师爷辅佐。只有有才能的人,才能够反复权衡考虑,让事情有好的结果;而没有才能的师爷,就算他能以不变应万变,也处理不好事务。

汪辉祖提出幕友要精研律例,幕客佐吏,全在明习律例。

> 盖己不解,则宾之贤否无由识别,付托断难尽效。且受理词讼,登答上官,仓猝自有机宜,非幕宾所能赞襄。不能了然于心,何能了然于口?耳食之言终属"葫芦依样"。底蕴一露,势必为上所易,为下所玩,欲尽其职难矣。①

师爷就是凭自己扎实的幕学知识,辅佐幕主,使"上下相协,官声得著,幕望自隆"。师爷要生存,就得凭自己的真才实学,去获得幕主的器重。可见,这种独立的资本是建立在较高的幕学造诣基础上的,而不是虚张声势或恃才傲物;同时,汪辉祖还指出了师爷的职业特点:

> 宾利主之脩,主利宾之才,其初本以利交。②

师爷与主官之间的关系都因一个"利"字联系起来的。所以,师爷与主官的最佳结合就是双赢的关系。

此外,有才能也要含而不露,说话慎重,

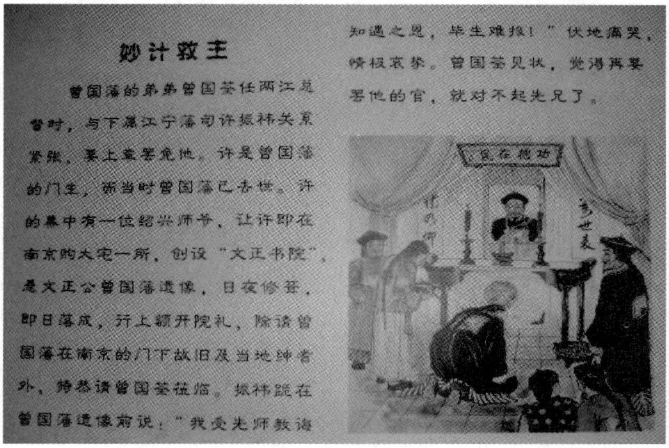

图14 妙计救主

---

① 江辉祖:《续佐治药言》,中华书局1985年版,第3页。
② 江辉祖:《佐治药言》,中华书局1985年版,第13页。

不该说的话不能说；该说也不宜把话说尽，要留有余地。所以，在任何情况下，个人的才能是双方赢利最可靠、最有效的法宝。

为了能立于不败之地，除了提高自身素质外，师爷还需要处理好各种社会关系，尤其是与主官之间的关系。纪昀在《阅微草堂笔记》中称绍兴师爷为"四救"先生，意味深长。所谓"四救"指的是

> 佐幕者有相传统口诀，曰救生不救死，救官不救民，救大不救小，救旧不救新。①

这"四救四不救"在师爷的处世秘诀中应该属于提纲挈领的部分，体现出他们的职业方针，有了这个方针作指导，在两害相权的时候无须思索就知道解决问题的基本原则，保证不会犯方向性的错误，也不会患得患失而不知所从。

汪辉祖得以出名，很大一部分原因在于他与幕主之间的良好关系。在为人处世上，汪辉祖很谦逊，与上官相处都非常融洽。

> "性情才略，不必尽同，无不磊落光明，推诚相与，终始契合"，②"形迹略存宾主分，情怀雅逼弟兄真"。③

汪辉祖自云：

> 择主而就凡十六人，俱有贤声。余性迂拙，不解通方，公事龃龉即引不合则去之义。幸主人敬爱，无不始终共事，留别同事诗有"一事留将同辈述，卅年到处主人贤"之句。④

常州知府胡文伯在写给汪辉祖的信中说：

> 民事为念，如吾兄者实。宦游垂五十年，所见幕友多矣。能立品端纯，尽心佐理，时时以国事为重，未见有第二人。⑤

---

① 纪昀：《阅微草堂笔记》，陕西旅游出版社2004年版，第169页。
② 汪辉祖：《佐治药言》，中华书局1985年版，第3页。
③ 同上书，第6页。
④ 汪辉祖：《病榻梦痕录》，江西人民出版社2012年版，第41页。
⑤ 参见鲍永军《汪辉祖的幕学思想》，《绍兴文理学院学报》2005年第6期。

浙江布政使刘体纯称赞汪辉祖

  志洁行芳，以恺悌刚直佐人治案牍，余耳其名熟。贤守令屈指幕中宾，余必首及之。①

  绍兴师爷在职场上的这些处世哲学，经实践证明具有可行性，同时还得到了现代心理学和人际关系学等科学理论的支持。人际关系并非只是沟通应对的技巧，还包括在自我与群体的互动之间建立一种正确的生活态度，即重视自我的社会性存在，建立真正的人际关系，这是秘书获得成功的必备条件。

六、手稿中的交往道具

  王春龄遗留的文稿中，有些特别的东西，那就是"名片、拜帖"与"驿函"。

1. "名片"

  "名片"有36张，所涉及的人有18位，何士循的名片最多，有8张；其次潘纪恩有6张。

  潘纪恩：字筱圃、小圃，安徽婺源桃溪人。咸丰进士，早年入左宗棠幕，曾任常山、仙居、德清知县，杭州通判，官至太守，颇有政绩，主修《仙居县志》，时任德清县知县；王春龄也有6张；周炳麟2张；其余各人都只有1张。

图15 师爷名片

  清末官场中的各类活动，现在的人们都已无从知道。虽有各种文艺作品在演绎，但大多不详。近年大量"清宫"电视剧，确也热闹，可惜多为"戏说"，真实的东西少而又少，更缺乏可信的细节。作为官场中的小"道具"，王春龄手稿中有清朝官场中的多份"名片"和"拜帖"，这些资料的文化功能，以及如何运作，对研究绍兴师爷的交际角色有作用。

  资料表明，王春龄曾任过"稿案"和"签稿"等职务。这在师爷行当中属于"文案"一类，负责衙门文稿的收发、登记等类的"小职员"。但他的职能不

---

① 参见鲍永军《汪辉祖的幕学思想》，《绍兴文理学院学报》2005年第6期。

止这些，还得草拟各类稿件，等等。但作为"师爷"似乎还有别的任务。如手稿中提到的"何士循"，他是光绪廿九年乐清县知县。王春龄在他手下做事，职务似乎为"签稿"。因此，王春龄留有乐清县衙的多件文稿，就不足为奇。其中有一件禀稿《乐清县差役可畏》，是王春龄草拟的手稿，由他保管是理所当然的。但是，乐清县知县何士循的"名片"，却也有多枚存留，这可说明，是师爷使用后留存的。王春龄拿着知县的名片，外出替知县奔波、办事……担当着知县对外联络、协调等工作。有时需代表知县出面，所以持有知县的多枚名片，就很自然了。师爷替知县经办公务，固然顺理成章，或说应该。但有时，替知县办理一些"私事"，也有依据。如有一件《护照》，是光绪三十年乐清知县何士循从乐清调任秀水县，从温州乘轮船到上海，由温州海防出具的证明，现在还保留着，这就更说明了师爷与知县之间的关系。关于何士循的名片为何有多张留着之疑问，就不难解答了。

潘纪恩的名片也有6张。留存的名片中，他的名片不仅多，"拜帖"也有21张（两种格式）。每人仅一张名片的有14人。它们大都是师爷与别人交往、办事、联络过程中相互交换。功能与现在名片相同。而其中有些反面还注着文字，表明名片人物某些方面。如"张廷藻"背面写着"捕厅"；"张汝衡"背面写着"粮厅"；而"黄树勋"的背面写着"举人"。从这一情况看，名片的功能显露无余。只是现代人的名片，提供了更多、更方便联系的信息。

这些名片的式样，极为原始，仅为长18厘米、宽8厘米的一张红纸，纸的中央就印"姓"和"名"，别无职衔和官阶。王春龄印制自己名片用的是一个"木戳"，只有"王春龄"三字，还留着。

2."拜帖"

所谓"拜帖"也是旧时官场交往中的一种礼仪形式，或者说是礼仪的一种产物。那时的礼仪名目繁多，格式复杂，仅相互的称谓就让你多得记不住。所谓"拜帖"就是去拜访上级官员、或平级同僚、或名人、闻人、达者时都得递上的一块"敲门砖"。

"拜帖"有62张。但涉及的人只有3位，印好姓名，无职衔，四种格式全是空白，没有填写好的成品。拜帖的运用，现代人大多不懂，官场中早绝迹多年。就连相关的电视剧里，也多被简化，更不被采用，因为不知道怎么用。所谓"拜帖"就是：去拜访上级官员、或平级同僚、或名人、闻人、达者……进门时都得递上一张"拜帖"（它被放置在一只小箱子内，称拜帖箱），因为它的使用率很高，多数用木刻印就，用时只需填上相关字样即可。

各式拜帖中文字大同小异，但有一词很重要，即"同年"二字。因为在科举时代只有同年考中者，才可互道"同年"，用上这个词，就成了拉关系的好手段。为何有这么多的空白拜帖在师爷手中呢？这就与师爷的职能有关。师爷担负着

图16　师爷拜帖

"公关"职责，有时要替知县协调各个部门、各方面的关系，打通各处关节。有时师爷还用知县名义出面去拜客，就是知县亲自出门拜客，或见上级官员，"拜帖"也得师爷替他填写拟制，放置于"拜帖箱"内上锁，由"跟班"捧着。知县出门拜客时，带了"跟班"。他们到了所拜访的客人门前，"跟班"上前叫门通报，递上"拜帖"……等候主人的回应。主人看到"拜帖"后，才决定请客进门，或拒客于门外。

3.信函

师爷们在衙门内佐治，特别注重掌握"信息"。当今社会，这一点当然不成问题，各种通信工具都十分便捷，哪怕在千里之外，瞬间也能了如指掌。可在古代，那是极犯难的事。如果一个人在外做官，不了解官场的事，师爷不了解衙门之间的事——总之，不了解信息的变化，简直成了聋子和瞎子。而师爷们就有这种本领，他们能及时掌握信息，替东家作出准确的处置。师爷之间通过驿站投递驿函信息，就是师爷互通关联的重要手段。

王春龄手稿中的整册驿函保存完整，计31封信函摘录，约三千余字。"抄存"中的第三封信，右下角有"此信送钱塘"五个小字，第五封信末尾也有"送钱邑"三字（详见上篇影印件驿函）。根据信中的其他内容反复推敲，初步认为这册"抄存"，是钱塘县衙的文本。属于任当时钱塘县衙师爷王春龄摘录的各处来函，便于工作展开，使其得心应手。师爷之间虽有帮派，但彼此相处，便于工作而联络，应是常事。由于这些信件，都是衙门师爷随手写就，留下不少当时书写者的习惯字形，这给后人的辨识带来一些不便。例如第三十一封"驿函"：

迳启者，顷接嘉秀两邑来函，特准各前途函开。以广西藩宪范大人，已于本月廿二日抵浦，不日开船，南下，等因。除敝处照例伺应外，即祈尊处一体查照伺应。并祈转致前途，为荷！即请

升安！惟照不一

　　　　　　　愚弟余丽元顿首
　　　　　　　十一月除二未刻到

这封信明白无误地告诉相关人员"广西藩宪范大人"的行踪消息，它是由秀水县衙差人送递至钱塘县衙的"飞函"。

各县的知县，迎送巡抚的出行，是件十分重大的事情。巡抚出行的日程、路线、目的等虽有预告，但具体的日期和落脚的地方，这一切知县是必须提早知道的。师爷就通过"师爷之间的信息网络"——"驿函"，从前一站了解到一切，然后马上告知下一站自己所知道的信息。其实师爷重点要了解的，是预知上司到站日期和招待规格，这才不会出错。

又如第七封信——富阳县衙许嘉德的信：

驰启者，顷桐庐来函，接建邑来函，云：

抚宪于初二夜离龙游马头之十五里驻扎，初三日午后抵衢，当即看操。于初四日下午开船趱赶直下，不许耽延，定于初六日赶到严郡等。特此专函飞布！云云，约计初七日必由严动发，江以下火轮可拖，初八、九即可到富。专肃布闻，敬请

　　印、牧翁仁兄大人尊安　　惟希

察照不具　　　　　　初六日泐

　　　　　　　弟许嘉德顿首

到初七日，许嘉德又来一函，除通报巡抚行踪外，并附一张开销账。我们从以上引述的信函中得知，师爷之间的联系是何等紧密，它不仅预知了上司出行的准确行踪、时间，也为招待上司作妥规格上的准备。

再次，师爷之间互相帮助解决"燃眉之急"。

例如第二十六封信：

本府宪来信

印中、松仙仁兄同年大人阁下，迳启者：二十八日，弟处公饯
竹宪，已容代列
芳衔用特奉布。是日共有四席，须用银杯、箸等件。务乞
尊处各假（借）两桌，以便应用，随当缴还。此泐。即请
升安不一
年愚弟龚嘉隽顿首

  这封信很明白，急需银质器皿，向其他衙门借用，求帮助。这当然是师爷的事了，因为这些具体事务的责任者是师爷。他办事如何，直接关系到任职的能力和处事的本领。从中师爷之间的关系，联络互助的重要性就显示出来了。

  师爷之间的互相帮助，精诚团结，它的意义也就不言而喻了。这一情况，实质上是由师爷的职业所造成的，也就是很好地体现了绍兴人互相帮助、精诚团结的可贵品质。

第五章　晚清师爷的文化追求

师爷文化其实是绍兴越文化的核心内容之一，我们目前的挖掘和研究还远远不够。作为一种复杂的群体现象，师爷文化完全可以进行多学科研究，并且不同的研究方向可以得出不同的研究成果，而研究的结果最终会越来越靠近历史的真相。

对于研究者来说，长期以来感到最为难的就是一手资料

图17　王春龄藏书

太少，我们应该抓紧开展田野调查，把很多像王春龄保留的实证材料提供出来，或者记录民间口耳相传的师爷故事，留下一手资料，毕竟这些东西会越来越少。其实绍兴应该还有很多家庭保存有祖上的师爷文稿，但因为各种原因，不愿拿出来。希望绍兴人都来重视这个工作，因为绍兴师爷的正面价值大于负面价值。

作为师爷的故乡，绍兴对于师爷历史与文化方面的研究，虽然起步较晚，但经过多年努力，已取得一些成果。如2005年9月在绍兴举行的"绍兴师爷与中国幕府文化"国际学术研讨会，很多国内外这一研究领域的专家学者与会，带来了他们的思路和观点。会后，结集出版了论文集。2006年9月，绍兴市举行绍兴师爷与廉政文化建设研讨会，《绍兴师爷与廉政文化研讨会论文集》于2008年5月正式出版；笔者从秘书学的角度撰写专著《幕友师爷秘书》，2007年10月中国科学技术出版社出版；2009年绍兴县政协文史资料委员会编印了《绍兴师爷》；裘世雄、娄国忠主编的《绍兴六百师爷》，2012年8月由中国电影出版社出版。此外，绍兴和全国已有不少专家学者发表多部论著。

一、师爷传承的文化内核

自从有了科举考试,读书人入仕做官的大门打开了,唐开科取士以来,考中进士才有官做,而进士的录取率很低。据统计,中国一千三百多年的科举制度,共录取十万余名进士,平均每年录取进士76人。杜佑在《通典·选举六》记载,开元时每年录取的进士,在100人上下。①

而《文献通考》载,玄宗时期每年录取的进士平均不到27人。②所以,能考中进士的,大致相当于现在各省高考前三名。被录取进士的读书人,大都被授予官职,不需为吃穿发愁,而那些名落孙山的读书人,或做了官又被贬或辞职的人,一无体力,二无专业,他们又是怎样生存的呢?一般的读书人走的是三条道路:

图18 王春龄藏书

一条是读书做官的道路。通过科举考试,可以升官,可以发财,个人身价百倍,家庭也随之受到世人的羡慕。这被认为是读书人的"正路"。在考试落榜者

---

① 杜佑:《通典·选举六》(上),中华书局1982年版,第131—132页:汉有孝悌、力田、贤良、方正之科,乃时令征辟;而常岁郡国率二十万口贡止一人,约计当时推荐,天下才过百数,则考精择审,必获器能。自兹厥后,转移烦广。我开元、天宝之中,一岁贡举,凡有数千;而门资、武功、艺术、胥吏,众名杂目,百户千途,入为仕者,又不可胜纪,比于汉代,且增数十百倍。安得不重设吏职,多置等级,递立选限以抑之乎?
② 参见李志刚《那些"落榜不落志"的"牛奋男"》,《羊城晚报》2012年7月1日。

中有很多具备真才实学。失败的原因有的是发挥失常，也有的是科举舞弊的牺牲品。他们中的有些人成了"知本家"，孔夫子尽管不属落榜之列，但他是这职业的开山鼻祖，他弟子三千，贤人七十，个个都收学费，收益不菲。自开科取士以来，落榜而有真才实学者纷纷效仿孔子开私塾，也有人偷懒，无须招三千弟子，选一个有钱人家的孩子教，就可丰衣足食。

还有一些弃官为民的读书人，尽管文笔一流，但不屑为五斗米折腰，以致生活难以为继。公元759年，杜甫抛官弃职，举家西行，居无定所，过着"生涯似众人"的生活。770年，杜甫因无钱治病，病死在湘江的一只小船中。这段岁月，他尽管也写下了大量的文字，但多是反映"先天下之忧而忧"或"居庙堂之高则忧其民，处江湖之远则忧其君"①的文章，比如《茅屋为秋风所破歌》、《闻官军收河南河北》等，"为稻粮谋"的文章一篇也没有。

当然，也有些落榜的读书人，屡考屡败，屡败屡考，比如李自成、洪秀全，屡试不中，不得功名，干脆一气之下走上造反的道路，做了起义领袖，不过这些落榜读书人的选择，几百年才出一个，没有代表性。

一条是经商的道路。假若前面的道路走不通，还可以去经商，虽然这被当时的官员所不齿，但到底可以发家致富，不致落到被侮辱、被损害的社会底层。有的人读书不行，干脆学经商。明朝沈万三、清朝伍秉鉴，家族殷实，虽有钱读书，但科举无望，跟随父辈学经商，成为当时的商业巨子。伍秉鉴事业巅峰时拥有财富2600万两（当时美国最富有的人也只有700万两），是名副其实的世界首富。美国《华尔街日报》统计了1000年来世界上最富有的50人，有6名中国人入选，伍秉鉴就是其中之一。②

一条是当师爷的道路。当不上官的读书人还可以去当某一个官员的幕僚——师爷，为这个官员出谋划策，奔走效力，接受这个官员的馈赠。借着这个官员的权势，自己也有了权势。这是明清时期读书人常走的另一条道路。那些名落孙山的读书人，比较体面、相对有保障的职业当属做师爷。因为师爷不是朝廷命官，

---

① 曾国藩编，熊宪光、蓝锡麟等注：《经史百家杂钞今注》，上海书店出版社2015年版，第1585页。

② 梁碧莹：《美国人在广州 1784—1912》，广东人民出版社2014年版，第65—66页；2001年在美国《华尔街日报》（亚洲版）刊登了一篇《纵横世界一千年》的专辑，统计了一千年来世界最富有的50个人，伍秉鉴是唯一凭借商业贸易，成为世界巨富的中国人。伍秉鉴继承父业与外商从事买卖，又进一步贷款给外商并以此获得巨富。他也是公认的慈善家，他为第一次鸦片战争签订的赔款约捐赠了110万银元。伍秉鉴名声远播，以至于如今他的肖像仍然在曾和他有过贸易往来的一些美国人府邸里悬挂着。

没有政府编制，也不占领导职数，缺少正常的上升空间，他们是官员自己出钱聘用的幕后参谋，主要职责是协助官员参谋处理政务。在历史上，能当师爷，是读书人落榜群体中的佼佼者。因为如果你是书呆子，没有实践经验，就没有哪个官员愿意出钱聘请你。师爷虽然属于官员私人聘用，但有固定的俸禄，还可以继续参加科

图19　师爷对联

举考试，或者当师爷"有重大立功表现"得以进入政府编制。如果不想再参加科考博取功名，也能活得很滋润。就像明清时期的绍兴师爷，"无绍不成衙"不仅说明绍兴盛产师爷，同时也反映出师爷职业也确实是令人羡慕的职业。

然而，在落榜的读书人中，能被地方官聘请为师爷的比例，比考中进士做官的高不了多少，大多数人不得不走上"著书都为稻粱谋"①这条路。比如唐朝的卢照邻、孟浩然、贾岛等一批极具声望的才子，他们"屡试不第"，又没法当师爷，只好沦为无业游民。他们大多靠写作谋生，有的依然贫困潦倒，但有的因此过上了小康生活，甚至成为百万富翁。

一般来说，各省道台以上官员所聘的师爷是高级师爷，至少是个举人。师爷名义上是"佐官而治"，实际往往是"代官出治"，幕后指挥，手中掌握了官府一部分的实权。高级师爷由于替代官员包办事务，实权很大，威风得很。左宗棠"三试不第"，本打算"长为农夫没世"，②但经不住老朋友郭嵩焘等人的劝勉，应湖南巡抚张亮基之聘出山，所有军政大事皆由他一手专断。樊燮身为正二品总兵，只因一句话得罪了左宗棠，就让总兵大人的乌纱帽丢了。马家鼎在奏折中，将"屡战屡败"改为"屡败屡战"，在战败之余，一字之差，精神和气韵完

---

① 龚自珍著，夏田蓝编：《龚定庵全集类编》，中国书店1991年版，第334页。
② 左宗棠撰，刘泱泱等校点：《左宗棠全集》（书信三），岳麓书社2014年版，第274页：自戊戌罢第归来，即拟长为农夫没世，于农书探讨颇勤。尝自负平生以农学为长，其于区种一事，实有阅历，师行所至，辄教将士种树艺疏，为残黎倡导，并课以山农泽农诸务，故劫馀之区，得稍有生意，兵民杂处，临去尚颇依依，亦当年为农之效也。

全不同，使东家转危为安，深得曾国藩赏识，流传至今犹称美谈。

晚清之际，地方县官聘请的师爷大多是饱读诗书的落第秀才，这些秀才同时具有州县衙门的办事经验，尤其是聘为刑名、钱谷师爷的，既要有相关的诗书礼仪知识，掌握文稿拟写与处理技能，也要懂得律法、财税等条规，更要学点英语，能够与外国人打交道。幕友入幕既无资格限制，也无从业年限，除学幕一般事先规定三年年限外，只要仪理优通，熟谙吏治，为主官所看重者，均可以受聘入幕。郭琳认为其来源较为复杂，主要有以下14种：

（1）朝廷指派。如乾隆三十三年（1768），广西镇安府知府赵翼奉命参阿里衮云南军幕。

（2）随长官出差。如乾隆十三年（1748），阿桂以吏部员外郎随兵部尚书班第赴金川兵营办事。

（3）特殊机会物色得来的。如毕沅在陕西见黄景仁《都门秋思》诗，十分欣赏，邀请其至西安任幕僚。

（4）国内著名学者。乾隆时，著名学者章学诚、戴震等同客宁绍台道冯廷垂署，廷垂甚敬礼之。毕沅、朱筠等也在幕府中广聘当代学者，用以修书、讲学。

（5）国内名流。乾隆十六年，卢见曾任长芦盐运使，又两年调两淮盐运使，四方名流咸集，极一时文酒之盛。邓廷祯绩学好士，幕府多名流，论学不辍。

（6）地方人士。清代文官不能官本省，教官不能官本府，退休官员及秀才不许干预公务。地方官为了了解本地情况，只有通过延请本地人士入幕这一渠道。

（7）丁忧人员。清制规定：汉官父母逝，均必须离职守制，称为丁忧。丁忧人员在离职期间可以入幕为宾。

（8）退休或失意官员。

（9）未补缺的亲信。清制未补缺的京官，允许请假，一般暂到各地入幕，过几年再回京。这类人政治阅历、经验丰富，其入幕主要是想借他人之位来发挥自己的政治主张，这在清末最多。

（10）新贵。多指新中的举人、进士或点翰林的人。在正式任官之前，多为他人佐幕。如林则徐举乡试后，入福建巡抚佐幕。

（11）秀才。

（12）门生故旧。

（13）亲属。这是很自然的情况，但清醒的人多认为"至亲不可用事，用亲不如用友"。

（14）专业幕宾即学幕之人，又称刑名或刑钱师爷，俗称绍兴师爷，以浙江学幕人员多、名气大而得名。这是师爷的主流。[①]

随着西学东渐和近代化的起步，仅靠传统的游幕经验已无法胜任幕职，即使是县级基层政权施政者的学识也要能贯通中西，关注西学成了提高职业素质的时代要求，操持政务的师爷因此成为较早和较积极接触西学的群体。王春龄供职期间已属晚清，因此中西文化交流日渐增多，除了传统文化，师爷也不可避免地要涉猎西方文化。翻看王春龄留下的实物资料，竟还发现了《英语读本》、《五大洲政治统考》等书籍。王春龄所使用的《英语读本》等工具书，我们在另一份名为《复郡城偕我会教士苏》的驿函稿中，看到了王春龄与外国传教士之间的交流，这也从另一个侧面印证了这个现象。

看来，尽管只是一个县级的小小师爷，而要当好这个地方管理团队中的二号人物，改变旧有形象，师爷还是下了一番苦功的。

从遗留的文稿记录看，王春龄最早的从幕时间是清光绪二年，最晚是宣统二年，时间跨度长达三十余年，到过的地方遍及浙江全境，有鄞县、乐清、秀水、诸暨、德清等。其担任的职务，又有稿案、漕务和刑名等多种。这些百年前的文字记载中，可以看到清朝师爷的很多职业信息，也为我们研究师爷文化提供了实物佐证。

我们从这些珍贵的一手资料中发现，王春龄的师爷生活非常节俭，办公用纸很多都是纸头纸尾或者废纸边纸，甚至还有包东西用过的包装纸。同时他又很忙，几乎各种与文案有关的活，王春龄都留有手迹。王春龄留下的文稿，所用纸张，都大小不一。有纸头，也有纸尾。如《请牙帖新章减半账》是记在一张仅宽10余厘米、长20余厘米的毛边纸上。而让人想不到的是，这张纸片，竟是"废物"利用，因为它是从一张票据上裁下来的，纸边的"陈合利号"红印赫然尚在。

在这堆页面泛黄、很多地方破损、已经发霉发酥的文稿中，有一笺文件草稿是由海盐县呈报给当时省政府的汇报材料《禀　浙江府县》（参见上篇谕禀8—1、谕禀8—2），上面列举了县衙当年准备录用的工作人员。

[①] 郭琳：《略论清代的幕友》，《淮南师范学院学报》2005年第5期。

从字面可以看出，作为文件起草人的王春龄身份是"稿签"外，还能证实幕府招用主要靠主官同僚推荐入幕。如"钱谷范宗烺，浙江山阴贡生，系正任平湖知县吴佑孙荐"，在刑名、书启、账房、征收等主要幕府岗位上，所用人员几乎都是通过这种方式进入当时的行政系统。就是王师爷自己，同样是经人推荐进入海盐衙门的，因为在"王某，上虞百官"后面写着"钱塘县知县束允泰荐"。王春龄与这位县官过从甚密，王师爷家里至今收藏着束允泰写给他的一副对联。这份手稿给我们提供了以下两点信息：

一是"家人"地位在晚清已有所改善。"家人"与"师爷"之间严格的等级关系在晚清似乎已经被打破了。著名的幕府制度研究专家郭润涛先生认为，"家人"是不可能成为师爷的。此折"家丁"栏中的"签稿"一职，是唯一的王姓绍兴府人，自然非王春龄莫属。《偏途论》说：

> 凡司稿签者，乃签押中之领袖，一切上申下行签稿，往来各色事件，无物不览，无事不知。①

"签稿"与"挂号师爷"的职能相当于办公室主任，故难从公文稿内容来考证王春龄是否当过"挂号师爷"。但这份往来函件可证明王春龄曾充任过师爷。该信函是前站师爷通告王春龄上司过境事宜，详细告知上司在前站的达到和出发时间、前站执行的开支细目。操办东家的上司过境事宜，特别是与前站师爷沟通上司往来信息，非"家人"之责，属师爷之职。当过"家人"的王春龄曾被允许充任师爷，可见晚清等级制度瓦解已波及幕府群体。

二是晚清仍在对"家人"和师爷实施"册服"制度。清政府于乾隆元年（1736）始对州县"家人"进行了行政管

图20 师爷对联

理，《大清会典事例》卷90载，《吏部处分例外任家人长随册报督抚》旗员之例

---

① 章伯锋、顾亚：《近代稗海》第十一辑，四川人民出版社1988年版，第651—653页。

定于雍正二年,是年议准:

> 外任旗员到任后,限三月内,将所带家人姓名、年貌,册报督抚。如管事家人有更换者,亦册报督抚。倘本官有亏空者,该督抚将该管事家人一并审讯。若有归旗追比、不能完结者,将管事家人照拖欠钱粮、家产全无之子孙治罪例治罪。若本官册报不实,任其饱扬者,照隐匿逃人例治罪;家人照三次逃人例发遣。其不行详查各官,照失察逃人例处分,得财者,计赃以枉法从重论。①

郭润涛先生在《清代的"家人"》中认为:

> "册报"云云,往往权一时之宜,久之不过具文而已。②

《卑县为延幕友暨所用家丁姓名籍贯呈饬开折呈送宪鉴》,是王春龄替知县誊写的一份把所请幕友暨所用家丁姓名和籍贯等情况向宪鉴册报的折子。这是迄今为止唯一一份有关清政府把幕友和"家人"人事档案纳入体制管理的史料。虽然这是一份没有标明年月日和公章的草稿,但足以证明这种"册报"制度在晚清仍在实行。

民间传说中,绍兴师爷之所以被贬得比较多,是有多方面原因的:首先,确实有部分从业人员素质不够,做了一些不光彩的事情;其次,现在有关绍兴师爷的文献资料流传下来的很少,最多的是汪辉祖和许思湄的几种幕业经验谈和游幕回忆录。因为是幕后人物,正史中几乎没有关于绍兴师爷的文献记录,因此可资研究的实证材料少。民国以后,坊间所出的集中贬斥师爷"丑闻"和劣迹的资料广为播散,越传越坏。其实,师爷特别是绍兴师爷身上,有很多宝贵的闪光点值得我们开掘和学习,譬如他们的人格独立性,他们很强的综合业务素质,他们坚守的从业道德,以及间接造福百姓的理想等,包括文书档案的管理,就是由师爷首创的。

晚清"家人"在主家的地位也大为改善,成为游幕人。清代"家人"系官员私人所雇佣,与主人是"仆"与"主"的关系。从《卑县所延幕友暨所用家丁姓

---

① 朱诚如、王天有主编:《明清论丛》(第一辑),紫禁城出版社1999年版,第392页。
② 同上书,第379页。

名籍贯遵饬开折呈送宪鉴》折中可知，该县知县招募的9位"家人"中，除了"用印"和"值堂"一职由该知县"旧仆"充任，其余的来源与幕友相同，属同僚推荐。可见，晚清的"家人"总体上不再是主家的仆人，与幕友同属游幕人，只是在衙门内的地位不及幕友而已。因此，笔者把既做过"家人"又做过师爷的王春龄称为"游幕人"。

《五大洲政治通考》一直珍藏在王春龄的书篮里，在清理时，它还完好无损。那是他随身携带，常看常读之书。师爷学习"英语"势所必然，王春龄就留有一册英语读本，这是一个极好的例证。书名为《英话注解》，序言最后说："咸丰庚申（1860）仲冬（时间）勾章（古县名）泽夫（字）冯祖宪（姓名）撰"。此书今天看来虽属"粗拙"，但在当时仍不失为一本初学"英话"的好书。所以师爷拥有，实不足为奇了。"师爷"相当于现在的一个临时"公务员"，他捧的不是铁饭碗，随时有失去职位的可能，或流落他乡，却如此敬业。

作为官员的私聘人员，师爷在幕府做事都需要相当谨慎，十分仔细。这从王春龄的遗留文稿中也可以得到印证。譬如有一本庚子年仲秋（1900）的《日记》（残缺），虽说是日记，其实写的不是现代人的博客或者QQ空间的内容，而是衙门每天进出的文稿记录。而这样做，跟钱谷、征比等师爷一样，为了有据可查，聊以备忘，同时也为了告诫自己始终审慎从事。这本《日记》，即今我们所谓的台账，一般秘书都知道做办公用品等领用台账，重要事务安排表，很少有做系统性的日常事务登记，这样不利于检查是否有工作遗漏、重复，或多或少都会影响工作效率。另外，还有很多王春龄起草的公文，都有一稿、二稿、三稿的记号，最后才是经过东家（县官）审阅后重新誊录的定稿。

文人墨客们，当他们完成一幅书画

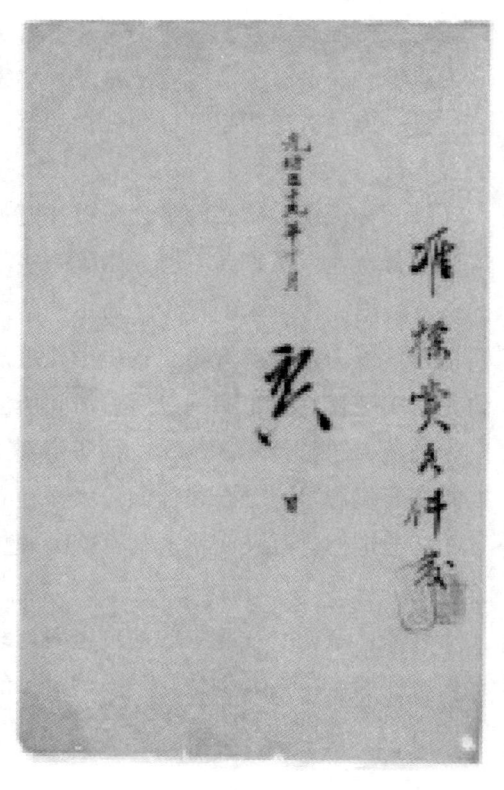

谕禀9—2

作品后,往往盖上一方"姓名章",以示认可。如果印章镌刻得妙,盖得又得体,确实能使书画作品增色不少。这样一来,"印章"也就成了书画作品的一个有机部分,作品也更完美了。而后,书画家们在自己的作品中,除盖上"姓名章"及"字、号章"外,又出现了另一类印章,即所谓"闲章"。用它来表明自己的志趣、喜好或自嘲等,如"澹泊明志"、"剑胆琴心"……

绍兴师爷也有自己的"闲章"。但他们的"闲章"与书画家的"闲章"用途不同,因为师爷们不是盖在书画作品上,而是盖在自己起草的文稿中。目的也不是"喜好"或"自嘲",而是警示自己工作中不能出差错。

为告诫自己始终审慎从事,王春龄与其他同僚一样,所用的闲章,也都是这类"座右铭"式的戒语,如有的印的是"谨慎",有的是"慎思",还有的是"专心"。最有意思的是一枚叫作"实事求是"的印章,被主人盖在一份光绪廿二年的批件上:

> 批
> 　尔系衙门书吏,应知理法。及以养猫细故,辄与妇女计较,已属不合。又敢来案妄渎,更属荒谬。着记过一次,以示薄惩。原禀掷还。
> 　　　　　光绪廿二年二月初四日禀

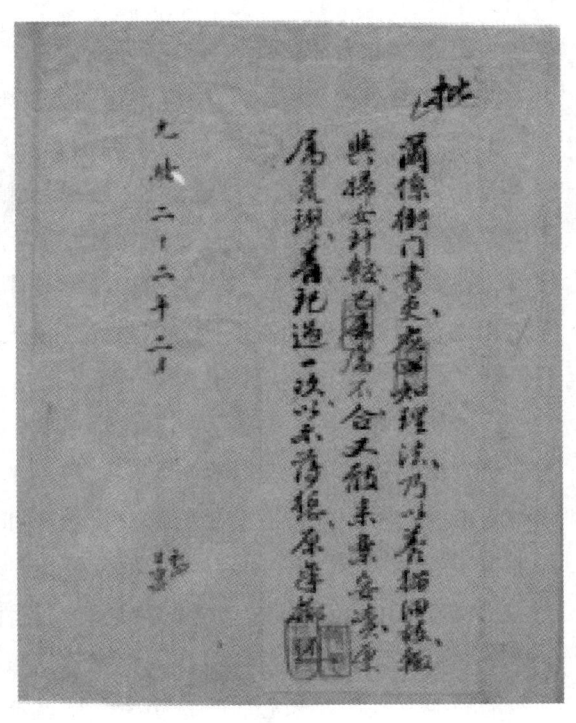

谕禀10—2

王春龄多年在外做师爷,也任过多种职务。在他遗留的文稿中,发现了数款"闲章"。如:"谨慎"、"专心"、"实事求是"、"慎思"等。这些闲章出现的文稿,也因文稿内容不同,而使用了不同的闲章。像《告示》稿,多用"专心";《状子副本》的"批"稿,多用"实事求是"。又有一处:师爷在给书办的"禀"作"批"稿中,一连用了三个"慎思"章。其中二个用在改正写错字的地方，最后一个用在末尾。可见师爷是多么谨慎，随时警戒自己，工作要仔细。这也是"绍兴师爷"的踏实作风及工作态度啊！这些"闲章"中，现在只有一枚"谨慎"的实物尚在，它时时提醒我们，对任何工作都应"谨慎"！

二、绍兴师爷的胆剑精神

绍兴师爷作为一种独特的历史和文化现象，当今的研究要突破原来仅局限于政法领域的现状，从传统文化的宏观和全面角度去发掘，探索师爷文化的内涵。通过对原始资料的研究，用史实还原绍兴师爷的本来面貌，给师爷文化这种独特的政治现象一个科学说法。

美国著名汉学家史景迁教授在《追寻现代中国：最后的王朝》中曾经以《浮生六记》的作者沈复为例谈到清代师爷的命运问题。从清初到清代中叶的一百多年间，全国人口增加了三倍，然而科举录取名额并未增加。大批如沈复这样的落第文人出路就是两条：当师爷或者做商人。

沈复这两条路都试过，但都混得不好。他家世代师爷，是祖传的手艺，他自己游幕一生也是顺理成章，能求温饱。后来有朋友拉他入伙，一起去琉球贩酒，赶巧两岸水路不通，酒全馊掉了，买卖赔得厉害。不过，沈复文章写得好，不带荤腥气，又娶了个好老婆，所以还是有名气。至于师爷和商人在相当长的时间里，这两个角色在中国的世家历史上是缺席的，上不得台面。和商人的日益主流化相比，师爷是更加边缘化、而且已经消失的社会群体。但是，这个群体的兴衰见证了一个古老王朝现代化的过程。在这个财富和权力发生大规模转移的过程中，一些属于师爷的生存经验和文化性格被中国人继承了下来。

绍兴出师爷的原因是什么？曾经写过剧本《绍兴师爷》的浙江文联作家杜文和对此很有感触，他说有些地方的文化氛围和绍兴是不好比的。举例说，绍兴一条小巷子能出六个尚书三个状元，海南能出一两个举人就了不得了，"师爷本质上还是文化人，绍兴有这个文化背景"。读书人多，真正能入仕的少，僧多粥少，做师爷不失为一条权宜之计。他认为地域性格也适合绍兴人做师爷："绍兴人和别的地方人比起来心思特别缜密，微调能力特别强，这种特质很适合官场的周旋。"

上虞市乡贤研究会会长、卧龙集团董事长陈秋强将这种"微调能力"总结为"胆剑精神"：

所谓胆就是刻苦勤奋；所谓剑，就是身上有一股硬气，不屈不挠。最典型的表现就是：师爷的一个职业准则就是合则留，不合则走，决不为了生计苟且。①

师爷在官场上是一个非常特殊的群体。他们虽然是文人，但是能够掌握法律、财政这些科举考试不涉及的专业管理知识；他们非官非吏，不占政府编制和俸禄支出，是体制外的力量，却又逐渐形成自己的帮派势力；他们虽然没有明确的政治地位，却是地方管理团队中事实上的二号人物。这些特殊性决定了师爷必须具备一些特殊的生存智慧。

图21 师爷对联

对于师爷来说，最重要的就是掌握处理人际关系的分寸，在和上级官员、下级衙役、同乡师爷、地方财富阶层的交往中不断权衡，在执行的过程当中寻求权力空间，堪称"方法论高手"。有人把这种方法总结为：

弄权而不掌权，佐治而不主治，到位而不越位。②

在师爷手稿资料中，有当年王春龄的顶头上司赠送给他的一副对联，可见关系相处得比较融洽。在所有的人际关系中，最敏感的是师爷和官员之间的关系。一般来说师爷和官员之间是"亦师亦友"的关系。官员八股文出身，并不懂管理事务，而师爷的阅历、人脉、见识可能都比官员资深。因此官员相当程度上倚重师爷的能力，必须对他有所忌惮。当时官员设宴，师爷不到场是不准举筷子的。过年的时候也是官员先上师爷的房间拜年，师爷随后才回礼。

师爷之间的相互关系也是师爷们牵制官员的力量之一。自清初师爷以降到曾国藩、李鸿章、左宗棠，所谓"以乡谊结朋党"的风气很盛。师爷的培养、推荐

---

① 雷晓宇：《中国商业老灵魂》，经济日报出版社2009年版，第67页。
② 同上书，第69页。

都依赖于同乡、父兄家传等方式。因此绍兴帮的逐渐形成也就不出奇。如果一个知县的师爷有同乡做着知府的师爷，那么知县自然要忌惮他三分。

师爷的办事智慧往往能够帮助官员处理和上层的关系，甚至化险为夷。在电视剧《绍兴师爷》中有这么一个段子。有一次皇上寿辰，一位知府打点贺礼，准备了一枚好墨，上面刻了四个镀金大字："万寿无疆"。师爷一见赶紧劝知府换下礼物——你想，墨是越磨越短的，等到最下面的"疆"字磨掉了，岂不成了"万寿无"的欺君诅咒？

这些办事经验比较微妙，很大程度上属于民间智慧的范畴。师爷注定是为他人做嫁衣的，即使成为世家也不可能成为大家，师爷永远不可能显赫。这在一定程度上扭曲了师爷的心态，他们都是很郁闷的。

> "不过能够扭曲自己这也是本事，而且能够扭曲得和东家的想法、周围的环境一致。"①

但是，对于师爷来说，如此殚精竭虑，有了功劳总是要算在东家身上。

在清朝的官场上，官员实际上扮演的是"儒"的角色，而师爷实际上扮演了"法"的角色。就这一点来说，中国的传统社会从来都是明儒实法的。将法家精神理解为"喜骂人"的东西，只能证明人的行为准则，却不涉及人的行为能力。这种行为能力是通过师爷在刑名、钱粮等方面的专业素质来进行弥补和体现的。周作人曾经如此解释"师爷传统"：

> 本来师爷与钱店官同是绍兴出产的坏东西，民国以来已逐渐减少，但是他那法家的苛刻的态度，并不限于职业，却弥漫及于乡间，仿佛成为一种潮流，清朝的章实斋、李越缦即是这派的代表，他们都有一种喜骂人的脾气。我从小知道"病从口入祸从口出"的古训，后来又想涵迹于绅士淑女之林，更努力学为周慎，无如旧性难移，燕尾之服终不能掩羊脚，检阅旧作，满口柴胡，殊少敦厚温和之气；呜呼，我其终为"师爷派"矣乎？②

这种相对隐蔽的法家精神也是由当时的社会状况所决定的。当时的大清是

---

① 雷晓宇：《中国商业老灵魂》，经济日报出版社2009年版，第70页。
② 参见钟叔河《周作人文选（1898—1929）》，广州出版社1995年版，第412页。

一个农耕社会，自给自足的小农经济，缺乏集约化、商品化的农业，并不需要特别复杂的知识来经营；处于萌芽阶段的城市工商业，并不依靠严密的法律制度和公开的会计制度来维持。在绍兴安昌镇保留着许多师爷的故居，师爷的生存经验源于民间的智慧。绍兴师爷的生存经验和文化性格被继承下来，也必将被当地人学习、模仿和继续使用。

图22　王春龄藏书

这些经验在"现代绍兴师爷"身上延续了下来。他们往往活跃在如今的企业家周围，以"外脑"、"咨询专家"的身份参与商业经营，出谋划策。曾经有人这样评价"现代师爷"和绍兴师爷传统的联系：

> 他们都有点文化，都有参谋意识，都有口才，而且瓜皮小帽再戴副眼镜，气派肯定不大。[①]

周作人早就把浙江人的个性分为浙西和浙东：浙西以杭州为代表属于吴文化比较柔婉，浙东则以绍兴宁波为代表，属于越文化比较硬朗，"满口柴胡，殊少温柔敦厚之气"。所以浙西出文人墨客，浙东出师爷、商人。

知识分子的出路大多是游幕全国，包办各地衙门事务；商人的出路则是在各大城市开杂货店。师爷传统和商人传统都是越文化的产物——冷静缜密的思维方式、多谋善断、谙熟人情世故。

尽管师爷和商人在处世性格尚有诸多相似之处，但是师爷从商大多如沈复一般不会成功。20世纪80年代辞职下海，现在是上虞当地上市公司卧龙集团董事长的陈秋强，他说这一点是自己的亲身体会：

[①] 雷晓宇：《中国商业老灵魂》，经济日报出版社2009年版，第68页。

知识分子做生意一个是清高、好面子，不会装孙子。再一个是患得患失，怕失败。那些草根浙商一门心思想的是如何把事情办成，知识分子首先想的是怎么不把事情办砸，对后路考虑得太多。①

　　随着西方工业文明的强势进入，清朝开始了它工业化和社会分工细化的过程。湖广总督张之洞废除了聘请师爷的习惯，改为委任官员处理相关事务并由国家支付酬金。以前一个刑名师爷、一个钱粮师爷能搞定的事情，开始需要公、检、法、财政、民政、税务等各个部门去分担。政府运作就好比一个大座钟变成了一只精工表，事务运作已经一牙咬一牙，还要师爷这个钟摆做什么呢？师爷这个钟摆被果断地甩下了。

　　张之洞莅鄂，第一改革，不聘刑名师爷，署中只有教读一人准称老夫子，另设刑名总文案。司道府县效之，皆改设刑名为科长。各省效之，绍兴师爷之生计，张之洞乃一扫而空；衙门从此无商榷政事之幕宾矣。子大世丈又曰：学无尊师，谁主风气？官无诤友，谁达外情？学者只钻营一官，僚从则唯诺事上；贤者尚不敢妄为，狡者得专行己意。分校汪康年等之捕拿，文案赵凤昌之递解，品类既杂，端由此变。不图大乱之兆，萌芽之洞，天下能治，其可得乎？追忆往事，为之慨然！②

　　但是，对师爷文化的研究并非没有意义，尤其是绍兴，它几乎是绍兴文化中一个不可回避的内容。它所形成的传统和经验毫无疑问会被"现代绍兴师爷"学习、模仿和继续使用。可以说，师爷传统的确在相当程度上代表了中国传统文化的儒家精神。

　　清代的著名师爷李塨，直隶蠡县曹家蕞人，37岁至39岁时，应郭子坚之

图23　王春龄藏书

请，两次南下，到浙江桐乡佐理政事。46岁时，应河南郾城知县温益修之请，往郾城佐政。51岁至52岁时，应汉军旗人杨慎修之聘，两次到陕西富平佐县政，

---

① 雷晓宇：《中国商业老灵魂》，经济日报出版社2009年版，第68页。
② 刘禺生：《清代史料笔记丛刊　世载堂杂忆》，中华书局1960年版，第49—50页。

曾建议实行选乡保、练民兵、旌孝节、重学校、开水利等措施，因而政教大行。54岁时，他又到济南，任知府幕僚，不久即归。60岁时，被选为通州学政，上任后不久，因病告归。李塨年轻时候曾经师从思想家颜元。颜元反对程朱理学，说：

  试观今天下秀才晓事否？读书人便愚，多读更愚；但书生必自智，其愚却益深。①

认为宋、明的灭亡就是提倡理学造成的，读书越多越有疑惑，处理实际事务越没有眼光，办理实际事务越无力。李塨也认为，

  纸上之阅历多，则世事之阅历少，笔墨之精神多，则经济之精神少。宋明之亡，此物此志也。②

所谓"经济之精神"，就是指经世致用的精神，而不是一味"格物致知"、"自证天理"。正是这种精神赋予了师爷群体以生存空间。在清末之前，朝廷科举都以八股文考选官员，"许言前代，不及本朝"，完全是空头文章。"这些道德规制度来维持并不需要文化人提供法律和经营上的服务。整个地方政府的机构设置因此也就相当的精简。"地方衙门没几个人，杜文和说：

  当时整个社会职能粗糙，不够紧密，师爷就是里面的填充品、润滑油。大框架是有的，但是修修补补的事情要师爷来做。③

中国的君主专制在满清时期发展到了登峰造极的地步，皇帝总揽军国大政，君权独断，

  一切用人听言大权，从无旁假，即左右亲信大臣，亦未有能荣辱人，能生死人者。④

---

① 参见曹聚仁《书林新话》，生活·读书·新知三联书店2010年版，第10页。
② 同上。
③ 雷晓宇：《中国商业老灵魂》，经济日报出版社2009年版，第71页。
④ 王先谦：《东华录》（乾隆朝）卷28，光绪廿五年（1899）石印本，第33页。

皇权高度集中，清朝中央政权空前巩固，职官制度也已经定形，并更加完备，官僚们都由朝廷任命。

> 凡内外大小官除授迁转，皆吏部主之。间有抚、按官以地方多事奏请改调升擢者，亦下吏部复议，再奏允行，无辟举之例。①

这样，长官和僚属都是朝廷命官，对皇帝负责。

官吏各有职掌，分工明确，只有公务上的配合协作关系，而没有私人方面的权利和义务，所以，"在官制上简直看不出幕职一种的性质"②。如此一来，传统的幕府制度便失去存在的可能性了。然而，清代独特的政治状况和社会环境，又决定了师爷是地方必不可少的一种非官僚行政辅佐。

明清时，由于科举出身拥有更多升官发财的机会，所以天下之士群趋而至，竞相角逐于科场之中。科举成为入仕正途，削弱了地方官员的行政能力和素质，迫使他们不得不依赖专业行政人才。《明史·选举志》和《清史稿·选举志》分别记载：

> 明制，科目为盛，卿相皆由此出。有清一沿明制，二百余年，虽有他途进者，终不得与科第出身者相比。③

而清朝又以八股取士，所考经义，顾炎武在《日知录》中说：

> 今之经义论策，其名虽正，而最便于空疏不学之人，若今之所谓"时文"，既非经传，复非子史，展转相承，皆杜撰

图24　师爷对联

---

① 王圻：《续文献通考》第1册，商务印书馆1936年版，第3198页。
② 杜衡：《中国历史上之幕职》，《再生周刊》1948年第216期。
③ 项文惠：《绍兴师爷》，南京出版社1991年版，第11页。

无根之语。以是科名所得，十人之中，其八九皆为白徒。而一举于乡，即以营求关说，为治生之计。①

当时以八股文考选官员，考试内容是演绎某一部经义，称之为"代圣人立言"，"许言前代，不及本朝"，完全是空头文章。所以士子唯以获取科名为目的，终日埋头故纸，揣摩高头讲章，而不涉猎其他学问，关注国计民生

> 上之所以教，下之所以学，惟科举之文而已。道德性命之理，古今治乱之体，朝廷礼乐之制，兵刑、财赋、河渠、边塞之利病，皆以为无与于己，而漠不关其心。及夫授之以官，畀之以政，懵然于中而无以应，则拱手而听胥吏之为，……无论文武，总以科甲为重，谓之正途；否则胸藏韬略，学贯天人，皆目为异路。……将一生有用之精神，尽销磨于八股、五言之中，舍是不遑涉猎。洎登第入官而后上自国计民生，下至人情风俗，及兵刑、钱谷等事，非所素习，猝膺民社，措治无从。②

由此可知，至明清时期地方政府执行政务的需要已经客观上为"师爷"的产生奠定了基础，只不过明朝官员没有"养廉银"的经济基础，雇不起"师爷"，当然亦无从产生"师爷"，所以，明朝的小说、戏剧中没有"师爷"的形象，明朝政府的文件中更没有出现"师爷"之类的字样。然而

及登第入仕之后，今日责之礼乐，明日责以兵刑，忽而外任，忽而内调，是视八股朋友竟为无所不知、无所不能之人。③特别是新科进士即派赴州县独当一面，毫无实际经验，确实难以胜

图25　师爷对联

---

① 顾炎武：《日知录校释》，张京华校释，岳麓书社2011年版，第680、681页。
② 许树安：《科举考试的八股文及其它》，《文献》1986年第3期。
③ 翁礼华：《财政·赋税·官吏·俸禄：中国历史漫谈》，中国税务出版社1998年版，第423页。

任。而其实他们

  一旦通显,当官之法守与朝廷之掌故,昧焉罔闻,就难免出现"操刀而不知割,制锦而失其裁"的毛病①,正所谓"盖刀笔簿书,既未学于平日,刑名钱谷,岂能谙于临时,全赖将伯助兹鞅掌,若所倚非人,则彼以滥竽而败事,我即覆疏而负咎矣。故筮仕方新,必求品行端洁,学问优长,既历练于事情,更精卓于识见者,延之入幕,与共晨夕,资其佐理,以勤夙夜,庶几宾主砥厉,相藉有成也"。②于是只好开幕府,聘请擅长行政理财、熟悉法令律例的幕友来协助自己。

  另外,地方官僚制度不健全,县级行政长官难以事事躬亲,须借助幕友处理公务。瞿同祖在《清代地方政府》一书中谈道,明清两代,地方官僚制度具有两个特点:第一是编制简略。如督抚作为一省或数省最高长官,署内不设佐杂属员,应办事务由书吏承担;而基层的州县虽有佐杂属员,但数量很少,据《光绪会典》记载,全国共有州县官1532名,佐贰官却只有522人,平均每州县0.34人。第二是实行长官负责制。督抚衙署因无属员,自然一切由自己做主;而州县的佐贰官虽是朝廷命官,但常被称为"闲曹"或"冗官",在地方政府中仅具有极少的功能,一切政务由州县官掌管。这样,地方长官大包大揽,诸政无不综理,必然力不从心,难以事事亲为。③著名师爷汪辉祖在《学治臆说》中说:官吏的职责,在于礼贤下士、勤政爱民、接待宾客、拜会上司、接待寮属等。每日都必须处理的公事,以及待处理的账簿、书册、公文一类,即使是很有能力的官吏,也必须借助于幕友才能做好。何况各省、各地规章不同,习俗也不同,只有熟习当地风情的人才知道。到了衙署,应当向当地的贤朋好友咨询、商榷民情官势,聘请他们做幕僚。如果同僚有推荐之人,最好不轻易许以其较高的职位。实在无法推辞时,宁可赠其厚礼,像对待客人一样对待他,切忌轻易相信所荐之人并随便委任职官,否则就可能误事。所以,地方官下车伊始,第一件事就是"谘访贤友,聘请入幕"④,为自己寻求助手。

---

① 李志茗:《晚清四大幕府》,上海人民出版社2002年版,第6页。
② 郭成伟:《官箴书点评与官箴文化研究》,中国法制出版社2005年版,第120页。
③ 瞿同祖:《清代地方政府》,法律出版社2003年版,第25—28页。
④ 汪辉祖:《学治臆说》,中华书局1985年版,第2页:"有司之职,礼士勤民。迎来送往,谒上官、接寮属,日有应理之公事,簿书鳞集,虽能者亦须借次幕友。况省例不同,俗尚各别。惟习其土者知之。故到省,先宜谘访贤友,聘请入幕。同寅推荐,不宜滥许上官。情势有必不可却者,宁如数赠修,隆以宾礼。勿轻信妄任,驯致误事。"

再者，吏弊严重，需要专人监督。清朝随着社会的发展，人口的增加，国家政务殷繁，吏员队伍大量扩充。然而，吏员的地位却日益式微，远远逊色于明朝。他们待遇微薄，升迁无望。为了养家糊口，遂自暴自弃，唯利是图，不惜上下其手，玩法妄为，敲诈勒索，欺官害民，使得吏弊空前严重。尽管朝廷也想方设法澄清吏治，但收效甚微。顾炎武说：

> 天子之所恃以平治天下者，百官也。故曰："臣作朕股肱耳目"，又曰："天工人其代之"。今夺百官之权，而一切归之吏胥，是所谓百官者虚名，而柄国者吏胥而已。①

各级衙门之中必定配备有六房专门承办各种文书的官吏，有关刑法的事，由刑书管理；钱财粮米之事，则由户书掌握。并不是官员不熟悉这类事务，而是有师爷可以作为依靠。因为设置师爷这一职位的根本目的就在于，辅佐每位在职的官员，并且约束其下属的行为。谚语说："清官难逃猾吏手"。意思是，无论你是多么清正廉洁的官员，也难于逃出奸猾似鬼的小吏的卑劣手段。这个道理很简单，一个官员统率着很多下属，而这些下属又各自凭借自己的经验和手腕，挖空心思，相互钻空子。在任的官员，政事本来就繁忙，必然难以事必躬亲，一一检查。唯有师爷诸人，每人都专门负责着不同的事务，因此可以监察出下属官吏的舞弊行为。这些下属的小官吏，没有官俸收入，但他们却有相沿已久的陈规陋习，作为自己的生活来源。这本不必过分地搜索挑剔。但是如果他们因舞弊而连累他人，则又不可不杜绝其源头。总而言之，师爷和小官吏，选择的方法悬殊有别。小官吏喜欢的是骚扰百姓，他们可以趁机渔利；师爷喜欢百姓安宁，他们也可以无事。假如小吏献上一条建议，事情好像有益于平民百姓，他们申述之词冠冕堂皇。如果没有透彻考虑盘算，轻信他们的话，率意而行、老百姓必定会受累无穷。所以约束好这些承办文书的小官吏，是师爷们第一重要的事情。为了监督约束吏员，也有设幕府、聘师爷的必要。

吏本来和士一起构成中国古代政府官员的两个主要来源，在历史上很受重视。但自明成祖重士轻吏以后，吏员的地位日益式微，远远逊色于前朝。吏是明初用人的三种途径之一，另外两种途径是荐举和科举。《日知录》卷十七"通经为吏"记载《大明会典》：

---

① 顾炎武：《日知录》，甘肃民族出版社1997年版，第409页。

洪武二十六年，定凡举人出身，第一甲第一名从六品，第二名、第三名正七品，赐进士及第。第二甲从七品，赐进士出身。第三甲正八品，赐同进士出身。而一品衙门提控，正七品出身；二品衙门都吏，从七品出身；一品、二品衙门掾史、典吏，二品衙门令史，正八品出身。其与进士不甚相远也。后乃立格，以限其所至，而吏员之与科第高下天渊矣。故国初之制，谓之三途并用。荐举一途也，进士、监生一途也，吏员一途也。或以科与贡为二途，非也。①

永乐七年，明成祖朱棣对吏员任官的资格进行限制，"吏员之与科第高下天渊矣"，吏与士"流品自此分矣"②。导致吏的地位低下，待遇微薄，升迁无望。为了养家糊口，遂自暴自弃，唯利是图，不惜上下其手，玩法妄为，敲诈勒索，欺官害民，使得吏弊空前严重。

尽管朝廷也想方设法澄清吏治，但收效甚微。胥吏之害常遭到士人的抨击，叶适（1150—1223，字正则，温州永嘉人。因晚年住永嘉水心村，故亦称水心先生。南宋哲学家，永嘉学派的代表人物。曾任兵部侍郎、工部侍郎、吏部侍郎兼直学士院等职。主要著作有《水心文集》《习学记言》等）发出"官无封建而吏有封建"③的感叹，顾炎武（1613—1682，明、清之际史学家、思想家。原名绛，字忠清。明亡后改为炎武，字宁人。江苏昆山人。与黄宗羲、王夫之并称"明末清初三大思想家"）对叶适这种观点极其赞赏，并根据以往人们对胥吏的普遍看法，将传统政治体制中的吏胥比拟为"养百万虎狼于民间"④，黄宗羲（1610—1695，字太冲，号梨洲，世称梨洲先生、南雷先生，浙江余姚人，明末清初思想家，被誉为"中国思想启蒙之父"，与顾炎武、王夫之并称"明末清初三大思想家"）也受到了叶适观点的影响，并对胥吏之害进行了批判。各级官员

---

① 顾炎武：《日知录》，甘肃民族出版社1997年版，第791页。
② 顾炎武：《日知录》，甘肃民族出版社1997年版，第791页："永乐七年，车驾在北京，命兵部尚书署吏部事方宾，简南京御史之才者，召来。宾奏御史张循理等二十八人可用。上问其出身，宾言：'循理等二十四人由进士、监生，洪秉等四人由吏。'上曰：'用人虽不专一途，然御史，国之司直，必有学识达治体，廉正不阿，乃可任之。若刀笔吏，知利不知义，知刻薄不知大体，用之任风纪，使人轻视朝廷。'遂黜秉等为序班，谕自今御史勿复用吏，流品自此分矣。"
③ 黄宗羲撰：《明夷待访录校释》，孙卫华校释，岳麓书社2011年版，第101页。
④ 顾炎武：《日知录》，甘肃民族出版社1997年版，第410—411页："叶正则之言曰：'今天下官无封建，而吏有封建。'州县之敝，吏胥窟穴其中，父以是传子，兄以是传弟，而其尤桀黠者，则进而为院司之书吏，以掣州、县之权。上之人明知其为天下之大害，而不能去也。使官皆千里以内之人习其民事，而又终其身任之，则上下辨而民志定矣，文法除而吏事简矣。官之力足以御吏而有余，吏无所以把持其官而自循其法。昔人所谓养百万虎狼于民间者，将一旦而尽去，治天下之愉快，孰过于此。"

若不甘心胥吏擅权，唯有求助于同样娴熟吏事的师爷。

汪辉祖在《佐治药言》"检点书吏"中说：

> 衙门必有六房书吏，刑名掌在刑书，钱谷掌在户书。非无谙习之人，而惟幕友是倚者。幕友之为道，所以佐官而检吏也。谚云："清官难逃滑吏手"。盖官统群吏，而群吏各以其精力，相与乘官之隙，官之为事甚繁，势不能一一而察之，唯幕友则各有专司，可以察吏之弊。吏无禄入，其有相循陋习，资以为生者，原不必过为搜剔，若舞弊累人之事，断不可不杜其源。总之，幕之与吏，择术悬殊。吏乐百姓之扰，而后得藉以为利；幕乐百姓之和，而后能安于无事。无端而吏献一策，事若有益于民，其说往往甚正，不为彻底熟筹，轻听率行，百姓必受累无已。故约束书吏，是幕友第一要事。①

可见，为了监督约束吏员，也有设幕府、聘师爷的必要。

明清时期，传统的幕府制度已经不复存在，但由于明清独特的政治社会环境，幕主私人设置的幕府成为地方不可或缺的辅佐机构。

与传统幕府制度相比，明清幕府制度有属于自身的特点，在清朝恢复了隋唐时期的辟幕之风，完成了幕僚制与正官制的分离，实现了幕僚的专业化，开始走向职业化。入幕者不拘于功名德行出身，非官非吏，协助幕主处理具体琐碎的政务公事。师爷与幕主是平等的私人雇佣关系，常处于师友之间，合则留，不合则去，但是在幕一日，师爷便要替主人担负责任。这种责任，不是单方面的，而是全方位的、披肝沥胆的。正如张纯明所言：

> 元明以后幕职和以前迥然不同。法定的佐治人员形同虚设，位卑禄微，不足轻重，人以杂流目之。地方官吏办事不能无人，法定的人员既然不中用，只好在法定以外谋补救的办法。②

明清时期设置幕府、延请师爷的原因很多，仅从上述分析来看，就很有必要，刻不容缓。张廷玉（1672—1755，字衡臣，号研斋，安徽桐城人。康熙三十九年中进士。康熙时曾任内阁学士、吏部侍郎。雍正帝即位，擢升为礼部尚

---

① 汪辉祖：《佐治药言》，中华书局1985年版，第4页。
② 张纯明：《清代的幕制》，《岭南学报》第九卷第二期，1949年4月29日。

书，入值南书房，任《圣祖实录》副总裁，又任《明史》总裁。乾隆初为总理大臣辅政，任《世宗实录》总裁官）在《澄怀园文存》中说：

> 夫督抚司道郡县，即有杰出之材，不能不待助于襄赞之人，故幕宾之不可无者，势也。然而幕宾之滋弊，实甚作奸犯科，串通关节，挟持短长，本官稍不觉察，即身受其累。①

幕府起源于何时，史不可考。但从明人笔记可以认定，明中叶起就已出现有关师爷的零星记载，如樊举人为寿宁侯门客，"凡侯之一切奏状，皆出其手"；宦官刘瑾"专用松江人张文冕者，记录誊写"等。随着明代督抚逐渐发展为地方行政长官，明清幕府开始兴起，并流行于地方衙门，到清初则迅速普及开来，且日益制度化，最终构成清一代地方行政的关键环节，"自督抚以下司道府州县，衙门虽自不同，俱各延幕宾"②，辟幕成风。

随着清王朝内忧外患的不断加剧，尤其是太平天国运动的兴起，晚清幕府实现了对传统幕府的回归，晚清幕府也超越了传统幕府。幕府规模大，幕僚拥有正式职衔，地位高，权力大。同时，晚清幕府呈现出许多独特特点：史无前例的事权扩张，前所未有的洋务外交运动，以及无法想象的以幕主为中心的派系割据之祸。明清时期，皇帝喜怒无常，大兴文字狱，使臣下无所适从，只能请人代为起草和处理自己的章奏文字。特别是清代，皇帝出于狭隘的民族自私心理，往往对汉族臣民的诗文奏折寻章摘句，咬文嚼字，甚至断章取义，稍不顺眼，便以"莫须有"罪名，大开杀戒，株连九族。因此，上书言事的官员诚惶诚恐，战战兢兢，害怕一有不慎，即带来杀身之祸。为了避免悲剧的发生，他们只有聘请善于玩弄文字游戏的师爷，来补苴弥缝，排忧解难。此外，传统社会注重繁文缛节，长官的公文写作及一切应酬交际通候往来文书也需要师爷把关，乃至代笔。就此而言，配备行家里手也是应该的。

三、晚清幕府是智库顶峰

清朝聘请师爷以致"幕府制度"成为古代智库发展的顶峰。清朝幕府制度的主要特点有以下几个。

---

① 张廷玉，沈云龙主编：《近代中国史料丛刊 澄怀园文存》，文海出版社1973年版，第283—284页。

② 宁欣：《中华文化通志·制度文化典·选举志》，上海人民出版社1998年版，第261页。

1. 私人聘请

师爷由主官用隆重的礼仪、一定的修金私人聘请，游离于官僚系统之外，不是公职人员。陈澧（1810—1882，清代学者、文学家、教育家。字兰甫、兰浦，号江南倦客，世称"东塾先生"，祖籍浙江绍兴，寄籍江苏江宁，生于广州城南木排头。道光年间举人，曾七次会试，均落第，遂绝科举之念，专心教育和著书立说，从事学术研究）在《山阴汪君墓表》中说：

> 古有幕职无幕友，今之幕友其人非官也，所为之事则官事也，幕友之贤否，所系岂浅鲜哉，天下幕友多矣，其贤者当不乏人，而传于世者则少；其所为皆官事，其名归于官，而幕友遂湮没不彰也。①

图26 明学远志

2. 主宾关系

主官和师爷非行政隶属关系，彼此是朋友，平等相处，以礼相待。师爷对主官尽心尽言，忠诚负责。汪辉祖说师爷行事准则是：

> 合则留，不合则去，是处馆要义。然有不能即去者，不仅恋馆之谓也。平日过受主人之情，往往一时却情不得。岁修无论多寡，气禀称事总是分所应得。此外多取主人分毫，便是情分。受非分之情，或不得不办非分之事。故主宾虽甚相得，与受必须分明。即探支岁修亦宜有节。探支过度，则遇有不合，势不得洁身而去矣。②

3. 地位高贵

师爷的地位得到国家承认。雍正元年，谕曰：

---

① 陈澧：《陈澧集1》，上海古籍出版社2008年版，第240页。
② 江辉祖：《佐治药言》，中华书局1985年版，第16页。

以各省督抚衙门事繁，非一手一足所能办，势必延请幕宾相助，其来久矣。……夫今之幕客，即古之参谋、记室，凡节度使、观察使赴任之时，皆征辟幕僚，功绩果著，即拜表荐引，彼爱惜功名，自不敢苟且。嗣后督抚所延幕客，须择老成深信不疑之人，将姓名具题。如效力有年，果称厥职，行文吏部议叙，授之职任，以资砥砺……①

尽管如此，师爷不仅长期未被列为正式官职，相反还受到种种限制，如不准外出衙署交结官绅，在馆时间不得超过五年，遇有劳绩也不能奖叙等。

4. 职责明确

师爷的职责是"佐官为治"。在幕府组织内部，大致设有刑名、钱粮、书启、硃墨、账房、征比等师爷。一般以前三者为主。师爷各有分工，承担一定的职责。由于师爷从事的都是事务性工作，必须具备专门的业务才能，所以，入幕前，需要经过一段时间的学幕训练，才能够胜任愉快。

综上所述，不难看出清代幕府制度与传统幕府制度既有共同点，又有不同点。共同点表现在师爷都由主官自行聘用，并竭诚为主官服务，他们的地位得到国家法律上的承认。

不同点集中在下列几点：

（1）幕府人员的称呼有别。正如清人陈文述（1771—1843，初名文杰，字谱香、隽甫、云伯、英白，后改名文述，别号元龙、退庵、云伯、碧城外史、颐道居士、莲可居士等，钱塘人。嘉庆时举人，官昭文、全椒等知县。）所指出的那样，

古有幕僚，今惟幕友。待之以宾，则有币聘之隆，尊之以师，则有束脩之奉。束脩者半分职官之养廉，半出地方之脂膏。②

一字之差，判若云泥。前者属于国家公职人员，后者则不是。

（2）职掌相异。师爷帮助主官处理具体的、琐碎的行政性事务，而幕僚除此之外，还在政治上有更大的影响和作为。

（3）地位悬殊。师爷处于幕后，为人作嫁，默默无闻，而幕僚声名显赫，

---

① 高拜石：《新编古春风楼琐记》第12集，作家出版社2005年版，第240页。
② 陈文述：《颐道堂文钞》卷6，嘉庆丙子刻本，第47页。

受人敬重。

（4）与长官关系上，幕僚同长官有上下级名义，拘于尊卑之礼，做事有所顾忌；师爷和主官是宾主平等关系，秉正自恃，敢于抗礼，不迁就主官，能够保持人格的独立完整。

可见，由于时代的变迁，封建官僚政治的发展，满清幕府制度与传统幕府制度"雕栏玉砌应犹在，只是朱颜改"。二者虽有一脉相承之处，但在很多方面已面目全非了。正如张纯明所言：

> 元明以后幕职和以前迥然不同。法定的佐治人员形同虚设，位卑禄微，不足轻重，人以杂流目之。地方官吏办事不能无人，法定的人员既然不中用，只好在法定以外谋补救的办法。明清式的幕友就是这样来的。在性质上明清幕宾与汉唐幕制为截然两事。后者姓名达于台阁；前者不过地方官的私人而已。①

可以说，随着传统幕府的沉寂，中国幕府制度又以满清幕府的形态获得了新生。这虽然是一种变形，但丰富了原有的内涵。

清朝是我国封建幕府制度发展史上的最后阶段。在这个阶段，幕府极度繁荣，除了终清之世一直存在的幕府形态外，自清朝中叶以后，又有晚清幕府形态的出现。它的产生及兴盛有着深刻的历史原因，主要有以下几方面：

第一，内忧外患导致社会政局不稳，晚清幕府应运而生。嘉庆道光之后，清朝江河日下，末世衰象日甚一日。西学东渐，列强入侵，咸丰光绪年间爆发的太平天国运动、捻军起义和义和团运动等内战接踵而至，令其雪上加霜，陷入困顿和危机之中。但即便是这种状况，清廷未能及时调整其政治体制来适应这种千古未有的世事变局，还是固守旧章、旧制。结果不仅无助于事情的解决，反而使事态进一步扩大，并且累及一些朝廷命官不得善终，要么身死，要么获罪。为避免重蹈覆辙，后来的官僚于是不得不借助更富有弹性、更灵活多变的幕府，通过广揽人才，赋予其更多的职能和权力，佐助自己，以免遭智勇俱困的折磨。因此，与传统幕府不同的新幕府形态就脱壳而出，应时而生了。

第二，乱世出英才，晚清幕府需要的各类人才出现，为用人提供了便利条件。明清时代，通过科举入仕是读书人的最好出路。从清初到19世纪中叶，全国

---

① 张纯明：《清代的幕制》，《岭南学报》1949年第9卷第2期。

人口增加了3倍以上，①然而官缺和科举名额却变动不大，因而导致了大量的士人不能进入仕途。受嘉道年间再度活跃起来的经世思潮的影响，很多失意士人面对现实，留心时政，或研讨经世之学，或从事各种社会活动，甚至学习和研究西方科技，使自己得到了切实的锻炼和提高，增长了实际的才干。他们各怀韬略，但报效无门，所以当晚清大员开设幕府不拘一格选人才时，他们也愿意入幕一展身手，建功立业。而晚清幕府也因之汇聚人才，成为天下才智之士流趋的中心。

第三，地方督抚势力受到倚重，是晚清幕府得以不断发展变化的重要保证。督抚为清代地方最高行政长官，看似位尊权重，其实处处受制于中央

> 国家承平余二百年，凡有大寇患，兴大兵役，必特简经略大臣及参赞大臣，驰往督办。继乃有佩钦差大臣关防，及号为会办、帮办者，皆王公亲要之臣，勋绩久著，呼应素灵。吏部助之用人，户部为拨巨饷，萃天下全力以经营之。总督、巡抚，不过承号令、备策应而已。其去一督抚，犹拉枯朽也。故督抚皆奉命维谨，罔敢违异。道光季年，海疆事起，经略大臣才望稍不如前，权力亦稍减焉，已与各行省大吏有互为胜负之势。咸丰之世，粤寇势张，首相赛尚阿与总督徐广缙，相继奉命督师剿贼，皆无远略以偾厥事。自时厥后，或用尚书侍郎及将军提督为钦差大臣，或用各行省督抚兼任兵事，而能有成功者，则在督抚为多。②

但太平天国运动、捻军起义的发生，逐渐改变了这种状况。
《清史稿》载：

> 时军机之权，独峙于其上，国家兴大兵役，特简经略大臣、参赞大臣，亲寄军要。吏部助之用人，户部协以巨穰，用能藉此雄职，奏厥肤功。自是权复移于经略，督抚仪品虽与相埒，然不过承号令、备策应而已。厥后海疆衅起，经略才望稍爽，权力渐微。粤难纠纷，首相督师，屡偾厥事。朝廷间用督抚董戎，多不辱命，犹复不制以文法，故能需施魄力，自是权又移于督抚。同治中兴，光绪还都，皆其力也。洎乎末造，亲贵用事，权削四旁，厚集中央，疆事遂致不支焉。初制内外群僚，满、汉参用，蒙古、汉军，次第分布。康、雍两朝，西北督抚，权定满缺，领队、办事大臣，专任满员，累

---

① 张岩：《对清代前中期人口发展的再认识》，《江汉论坛》1999年第1期："保守地估计，1700年左右的人口总量至少在1.5亿左右，……咸丰元年（1851）4.3亿。"
② 丁凤麟、王欣之编：《薛福成选集》，上海人民出版社1987年版，第290页。

朝膺阃外重寄者，满臣为多。迨文宗兼用汉人，勋业遂著。大抵中叶以前，开疆拓宇，功多成于满人。中叶以后，拨剧整乱，功多成于汉人。季世厘定官制，始未尝不欲混齐畛域，以固厥根本也。而弊风相仍，一物自为鸿乙，徒致疑贰，虽危亡之政，无关典要，亦必辑而列之，以著一时故实，治乱之迹，庶皎然若览焉。①

督抚的"多不辱命"，不仅使他们在战后进一步巩固、扩大内战中汇积起来的权力，而且使他们深受朝廷倚重，国家有危难，无不移尊就教。而诸如外交、洋务之类的新政，更是直接下放为他们的事权。作为督抚，既要保障地方的治理，又要从事前无先例的事业，自然捉襟见肘，难以为继，只能扩大幕府规模，多方延揽人才。正是在这个过程中，晚清幕府不仅进一步完善了传统幕府制度的特征，而且强化了其地方行政中枢的地位。

随着形势不断发展变化，清王朝陷入内外交困的窘境，晚清幕府是在中国近代社会的演进中产生的，并经历了一个从发端、确立、完善到转制的嬗变历程。嘉道年间，清王朝已经陷入衰败的泥潭，社会弊病比比皆是，尤其是盐法、河工、漕运三大政务腐败甚深。当时江南的一些督抚通达世务，关心国势民瘼，许多官僚士大夫，如林则徐、姚莹、龚自珍、魏源、包世臣、汤鹏等，皆不陌世俗，或"以经世自励"，或"善经世之略"，或"以经世自任"，或"慨然有肩荷一世之志"，或"慨然深究天下之利肩"，力主探究古今治乱兴衰之道，"以经术为治术"，拨乱涤污，匡扶天下。他们特意延请"善经世之略"的人才入幕，帮助自己出谋划策，推行改革，致力于解决盐法、河工、漕运等政务。这样，他们的幕府就有别于流行的明清幕府，成为晚清幕府的开端。

咸丰同治时期，太平天国运动爆发，地方督抚既要治理地方，又要统兵打仗，事务繁难，办理棘手，而中央政府却没能相应地为之提供经费和人员，他们只好广招师爷，扩大幕府，并以幕府为其参谋和后勤机关，解决新遇到的各种问题。由于战乱频仍，特别是战后恢复迫切需要人才，在朝廷求贤若渴、破格用人的背景下，曾国藩、李鸿章等屡屡举荐师爷出任实官，所举师爷多人在关键时刻曾为清廷分忧解难，政绩与口碑颇佳。江苏巡抚程德全说："我朝中兴人材，亦每于斯奋起。"②山东巡抚袁树勋甚至认为，师爷以其协助主官处理公文及政务

---

① 赵尔巽等撰：《清史稿·职官一》第12册，中华书局1976年版，第3264页。
② 《江苏巡抚程德全奏遵章设立幕职折》，《政治官报》第1022号，宣统二年七月二十九日，折奏类第5页。

的经验，较之科举出身的职官更能胜任职务。①但师爷的保举与破格荐才，往往需要凭借军功和劳绩的名义。此时"督抚可以奏调各种资格的官吏，充任幕僚，也可以自由聘请……督抚又有权设立无数局所，以位置这班人，不受中央铨选机关的干涉"②。直到新政改制前，尽管不少师爷通过各种途径获得候补官员资格，又有名目不同的派差，可是师爷出任实官，需借助其他渠道辗转进行，而且获得职官身份的合法性，仍不断受到质疑。刘坤一、张之洞、袁世凯等疆臣幕府中，师爷经荐举而被任用的数量虽在减少，但朝野舆论仍有微词。③

在平定内乱的过程中，各地方督抚逐渐认识到洋枪洋炮的威力，决定学习西方，以御侮图强。于是，战后他们大搞洋务新政，举凡开矿建厂、兴学修路甚至办理外交，无不涉足其间，这样他们出于办理新政的需要，不得不大量征聘国内外人才充实自己的幕府。在发展过程中，幕府人员剧增，师爷的社会地位得到了提高，同时幕府规模扩大，职能随之增多，而且在幕府中设立多种办事机构，使幕府工作行政化，幕府得到进一步的完善。

晚清幕府本是从明清幕府中分化出来的，开始时带有较多的传统幕府特征，如幕府规模较小，幕府人员称幕友，并由幕主支付薪水等。但是，随着清王朝内忧外患的加剧，尤其是太平天国运动的爆发，它与传统幕府完全分道扬镳。关晓红教授在《历史研究》2006年第5期的《从幕府到职官：清季外官制改革中的幕职分科治事》一文中说：

> 朝廷对职官与非职官的界限，一直严格控制，督抚欲突破规制的约束，所争者其实为人事任免权。这种纠葛，作为中央与直省矛盾的重要内容，几乎贯穿嘉道至光宣改制前的清代历史……
>
> 不过，新政前的直省督抚衙署，已经出现了多方面的重要变化，这些变化在不同程度上影响着后来的改制。具体而言，首先是体制外机构普遍而持续的增加渐成趋势。面对对外赔款、教案处理、兴办洋务等新事务日益增多，各地官吏不能改变原有建制，只好应急抓差，而新增事务不但结束无期，范围和数量反而继续扩大增加，临时性的局所渐渐成为非正式的常设机构。各地督抚一面忙于应付各种政令要求，一面悄悄突破人事权限，趁机扩

---

① 《山东巡抚袁树勋奏设立幕职分科办事折》，《政治官报》第545号，宣统元年三月十七日，折奏类第15—17页。

② 杜衡：《中国历史上之幕职》，《再生周刊》1948年第217期。

③ 《光绪宣统两朝上谕档》第21册，光绪一十一年闰五月初九日，第205页。

大权势。在此过程中,省府州县各级各类局所如雨后春笋般层出不穷,从不同方面分担或延伸衙署的功能。光宣改制前,外官制中的体制外机构,实际已形成两个相互关联与依赖的部分:一是人数和规模不断扩大的衙署幕府、文案处,二是衙署以外越来越具有行政机构功能的众多局处所。①由于局处所多为优差,无论正式或候补官员,纷纷以得差为目的,人情请托使得官场风气更加污浊,而局处所过滥,不仅扰民,也导致各地政务渐渐脱离朝廷控制,并冲击中央财政。②

其次,各地督抚幕友数量较此前大幅度增加,幕友修金大大超出官俸与养廉的承受范围,因此,转嫁幕友修金于各地财政,已为不成文之规。由于此项经费不能作正开销(即向中央财政报销),摊派的主要对象为道府州县,其余部分则由善后局、薪铜所或财政公所承担,结果使原来督抚个人养廉银支付的幕友修金,变成地方财政开支,修金的私人属性发生质变;另一方面,随着越来越多的督抚衙署以文案处取代幕府,以文案委员取代幕友,幕宾渐成属官,③其身份以及与督抚的关系明显变化。幕友通过捐纳保举变为僚属的情况逐渐增多,出现所谓"幕僚的职官化"。④这些身份与地位发生变化的各级幕友之间,原来患难与共的旧谊,加上利益相同的新知,使他们在共同对付朝廷以谋求私利的基础上很快地结成牢固同盟,彼此暗通信息,互商对策,遥相呼应,成为地方势力迅速膨胀的重要因素。

再次,在局处所不断扩张的同时,各级衙署内原来与中央六部对应的六房格局悄然改变,适应社会需要和督抚权力不断扩展的现实,多元化科房结构逐渐取代既往吏、户、礼、兵、刑、工的固定模式。⑤光绪末年赵尔巽任湖广总督时,其衙门内机构已达24房,除传统的六房外,还有咨房、承发房、缮文房、抄奏房、洋务房等新增的17房。⑥而光绪廿八年(1902)周馥

---

① 有学者列举过曾国藩幕府所辖局所,参见朱东安《曾国藩幕府研究》,辽宁人民出版社2014年版,第41—56、62—76、90—122页。
② 朱寿彝主编:《光绪朝东华录》第2册,中华书局1958年版,第1878—1879页。
③ 有学者认为文案委员是张之洞的发明,参见尹圣柱《张之洞文案委员制在晚清官僚结构改革上的地位及其意义》,收入陈峰等主编《张之洞与武汉早期现代化》,中国社会科学出版社2003年版,第106—115页。不过,参诸相关文献,文案委员及文案处至少在咸丰时期就已存在,详见关晓红《清季督抚文案与文案处考略》,《近代史研究》2006年第3期。
④ 杨国强:《百年嬗蜕 中国近代的士与社会》,上海三联书店1997年版,第95页:"朝廷命官檄调入幕和布衣幕客叙功得官,都显示了幕府人物的职官化。而连年内战中的军务又在把事权从别的地方一个一个挪过来,使幕府被锻造为官衙。"
⑤ 关晓红:《晚清督抚衙门房科结构管窥》,《中山大学学报》2006年第3期。
⑥ 《湖广总督部堂衙门事宜册》,中国第一历史档案馆藏,赵尔巽档案全宗,湖广总督类,文图庶务项,第264卷。

任山东巡抚期间,其衙门东、西两房竟共辖42房(科)。①

督抚衙署科房的增多,既是应对中央日趋繁杂的军政、财政要务的需要,亦与处理地方不断增加的事务相关,其中一项要素,便是与日渐扩张的局处所相对应。严格说来,清季的局处所并非单纯的行政机关,有许多还是政治或经济实体,但在实际运作中,衙署外的局处所和衙署内的房科相辅相成,扩张着督抚衙署的职能,越来越多地直接参与处理当地的各种政务,使得原来作为行政实体的藩臬两司,其功能地位进一步削弱,②而督抚衙署自身内外两套班底的协调问题日益突出。职官体制内外双重结构的矛盾,成为顺畅行政运作和提高行政效率的一大难题。③

与传统幕府相比,晚清幕府具有不同的特点:

首先,幕主都是坐镇一方的地方长官,具有高度自主的用人权,能够广开幕府,大肆招贤纳士,聘请师爷;

其次,地方幕府规模大,职掌广泛,无所不包;

再次,师爷拥有正式职衔,基本上可称为幕僚,由幕主委派在幕府中供差遣;

最后,师爷地位高,权力大,为人敬重,也深受幕主信任,由于他们的才能,往往替代正官。就这点而言,晚清幕府可以说是对传统幕府的回归。

晚清署衙的无节制膨胀以及师爷的隐性职官化,使清代地方行政系统的结构性矛盾,从体制外逐渐渗透到体制内,改变了以往"内重外轻"的格局。从平衡中央与地方各省关系的角度来说,体制调整的要求越来越迫切。解决体制内外双重结构矛盾的新旧纠缠,改变行政与财政系统的紊乱与效率低下,整顿官制体系已成为晚清政府的当务之急。

随着社会前进,时代不同了,晚清幕府许多独特的地方表现出来了:

其一,幕府事务上,师爷参与外交、办理洋务是前所未有的;

其二,幕僚师爷得官之快,升迁之速,官阶之高,人数之多,在以往也是不多见的;

---

① 《各房书史履历底册》、《各房书史点名册》,中国第一历史档案馆藏,山东巡抚衙门档案全宗,内政类,第17—20卷。

② 清初藩臬两司为直省最高行政机构,乾隆十三年正式确定藩臬为督抚的属官。咸同以后,由于督抚权势扩张,藩臬实际地位日趋下降。

③ 张玉法:《中国现代化的区域研究——山东省(1860—1916)》,"中研院"近代史研究所,1982年,第276页。

其三，晚清幕府师爷调理众务、事权扩张，帮助幕主担负起朝廷富国强兵的重任，这是史无前例的；

其四，因幕府膨胀而形成以幕主为中心的派系势力，没有给清末带来割据，并祸贻天下，是此前无法想象的事情。所以，我们说晚清幕府超越了传统幕府。

由于晚清幕府经过这样的发展后已成为督抚衙门中一个不可或缺的部门，于是在清末政治改革中，它被清政府作为改革对象之一，要求各省督抚将之纳入正规的地方官僚系统之内。据统计，从1907年8月至1911年7月，全国至少有7个总督、12个巡抚先后对其幕府进行改制，实行幕职分科治事。然而随着清朝的很快覆亡，晚清幕府虽未全部完成转制，但因失去了依附的载体，而彻底告别政治舞台，不复存在了。

纵观历史，养士之风虽然一直都有，但为何绍兴师爷格外出名？这其实与绍兴的地域文化有很深渊源。

> 大家都知道大禹治水的故事，大禹顺应水的特性来治水，这个传说其实显示了绍兴人的三大基因特性。一是人定胜天的刚性，二是救灾恤民的柔性，三是因势利导的知性，而这三种特性，在越王勾践时期更是发挥得淋漓尽致。勾践卧薪尝胆，无不是智慧、坚韧的表现。这便是绍兴人自古以来的特性。[①]

绍兴师爷的兴起与发展，在一定程度上是被外部环境逼出来的。崇尚读书、追求功名，是绍兴的传统社会风尚；通过读书，求得功名，是一代又一代绍兴人的奋斗目标。到清代，这一风尚和目标得到了进一步的强化。绍兴师爷在刑名、钱谷、摺奏、书启等领域有出色的历史功绩，他们是当代传承的突出素质——"知识资本"的早期实践者，主动变革自身以适应社会转型的成功者，是既恪守职业道德又具高效处事能力的政府、社会、经济和民生管理者，是宏观清醒、微观精细灵活的创新者，也是性格低调内敛、谨于言、慎于行的工作作风的典型。绍兴文理学院吴国群教授说："到清代，这一风尚和目标得到了进一步的强化。"据统计，从顺治元年到宣统三年，绍兴中举人者为2361人。从顺治三年到乾隆三十九年，绍兴府的举人数达656人，占全省总数的15.5%，居全国科甲排行榜的第六位。这些数字的背后，至少说明了几个问题：

[①] 参见林佳萍《绍兴师爷为何能"火"近300年？》，《绍兴晚报》2015年4月14日（02）。

第一竞争激烈，一个绍兴人要考中举人、进士，比起其他地方来，要困难得多；

第二励志效应，如此众多的人中举人、进士，刺激了更多的人去苦读书；

第三官职有限，不少中举人、进士者不得不做"后备干部"，先为人作幕僚，再等待机遇。当时，由于科举考试中绍兴人过多，朝廷开始限考，绍兴人功名受阻，只好开辟新路，转为幕僚。所以说，一部分原因也是受客观条件所迫。

绍兴人的文化性格三大基因特性：刚性、柔性、知性，在越王勾践时期发挥得淋漓尽致。从勾践的发愤图强到历代越中先贤彪炳史册的事迹，直至鲁迅的"韧"的精神，以及绍兴师爷的德才风貌，无不体现了这种一以贯之的三位一体的文化基因。当代绍兴人的文化性格中可以觅得古今承传的佐证。吴国群教授认为，

"可以毫不夸张地说，绍兴师爷在中国历史上'火'了近300年，尤其是在清朝更为鼎盛。"清朝几乎已是"无绍不成衙"，绍兴师爷成为当时必不可少的一个群体。①

王春龄光绪廿一年在海盐县衙做师爷，从《呈今将卑县所延幕友暨所用家丁姓名籍贯并饬开折呈送》，手稿可以确定他任"签稿"一职。这份手稿是王春龄的笔迹无疑。手稿中，其他任职者都写明姓名，唯独"签稿"一职下面写："王绍兴人……"这是他起草此稿时，把自己的名省略了。王春龄是由钱塘知县束允泰推荐，与此人关系极好，至今家中尚有束允泰落款的书法留存。"签稿"一职的职责是既要起草文稿，又要管账，还得为知县的升迁而忙碌。王春龄携带回家的手稿，大多散失，其中属于海盐县衙的手稿所剩无几，但确凿有《残稿七页》、《札》、《考语》、《账目》。留存的文稿不多，内容却十分重要，对师爷文化研究具有现实意义，因为由师爷草拟的手稿，存世者凤毛麟角。对历史的研究，特别对地方史研究，价值很高。

《残稿七页》原来是一册稿本，在整理时是从废纸堆中找到的，东一张西一张，根据它们纸张大小，颜色相同，字体相似，然后再读内容，归纳而成。仅四张八面，有一面为空白，七面有文字。它含有《正堂何谕：条规六条》、《照会》、《夹单》三份完整的文件。（详见上篇谕禀6—1、谕禀6—2和谕禀7—1）

---

① 参见林佳萍《绍兴师爷为何能"火"近300年？》，《绍兴晚报》2015年4月14日（02）。

第三个文件《夹单》，它的全称为：《禀 澈防统领侯補道宪丁夹单》，内容是回禀"抚台电问徐小翁事件"。（详见刑案12—1、刑案12—2）

这三个文件是研究地方史的好材料。它是根据当时、当地的具体情况，为维护当地治安而作出一些措施。例如《正堂何谕：条规六条》与《照会》有关，是处理兵勇巡逻事项的六条细则，非常具体、明白。《照会》发给的对象是："沈荡汛，左营，客民局"三个单位，因治安不佳而要求他们派遣兵勇共同巡逻。至于手稿中还有一件《夹单》，即《禀澈防统领侯補道宪丁夹单》是海盐县衙抄录的"抄件"，因与他们县衙有牵连，是他们县衙经办的案件。但有关此事的其他文件，手稿中什么都没有，所以不能进一步评述"是窃、是强？"《手稿》留给后人的文化分量，很难估评，让有识之士去慢慢品味吧！

在这些仅留的文稿中，极具历史价值的是《乐清县差书可畏》，这件手稿非常鲜明地表明了师爷的立场和态度。有力地揭露了旧衙门中差役和书办的贪婪，以及欺榨百姓的事实。它有事例，有数据，并列举了众多差役、书办等人的姓名。有理有据，真是不可多得的好资料，也给师爷在清代留下了难得的"注脚"。

整理这批文稿时，我们发现"信"稿及"告示"稿有多件，稿中都不落"年款"，也不具"县衙"，因而很难确定时间与地点，这给文稿的整理带来极大的困难。但起稿的师爷，在文稿的末尾落笔"时日"处，都盖有一枚闲章——"专心"。于是整理时把有这一标记的稿件，统统归成一类，而其中有两封信稿是写给"大荆粮厅"的，这就不难推断，这类文稿是属于"乐清县衙"的。

四、作画写诗与著书立说

绍兴人外出做师爷多系读书人。那时学而优则仕，如果不能入仕，则为幕。这是绍兴读书人的出路之一，也是"绍兴师爷"闻名天下的一大原因啊！清朝时衙门内的"绍兴师爷"确是一支不可小视的队伍，那时充斥衙门的文化氛围也可想而知了。

光绪十七年，曾在上虞县做过知县的王子暄，他在刊出《诗稿》的自叙中写道："……每校士衡文，未能忘结习。又兼幕中诸君子，皆风雅士。得于公余之暇，联文字交。因出旧作，就质乃谬……诸君忻然乐任其役，为之参酌，校订，择其稍可……"这就是说，师爷还得帮助知县修改、抄缮诗作。这段话明白地告诉我们，旧时衙门内的主人知县及师爷都是读书人，有他们的共同"雅趣"，即饮酒作诗。当然那时读书人的诗，作为"科举制度"的产物，大都形式呆板，内容空洞，无足一取。但也偶有一两句清新之语，因为毕竟是读了十多年书的人。这本诗稿全为"歌功颂德"的旧体律诗，但抄写的"台阁体"文字却十分清秀。

"师爷"是学而优不能仕的入幕者。他们的"雅好"，除了"联文字交"之外，还有些什么呢？各人有各人的个性，那么，喜爱也各有不同了。可以说"书画"是他们共同的雅好。先说"书"，王春龄遗留下的师爷手稿，就是书之宝库。手稿中的字体，"楷"、"行"、"草"都十分精妙。王春龄家中还收藏着一些书法作品，有的是"字轴"，也有的是"对联"，而落款大多不能考证，也无法知道作者的生平。但也有可知的：曾做过德清县知县的潘纪恩有一"对联"；曾为钱塘县知县的束允泰也留有墨宝。另有四条屏行草一轴，作者是曾任苏州知府的王仁堪。更有些不曾落款的，也不裱装的空白"对联"，就不知是谁人的作品了。再说"画"，王春龄还留下一些与作画有关的实物："二本石印画册、一张工笔画画稿"、一幅没有落款的"工笔花卉"小品。

工作之余，著书立说是那些有才气、有学问的文史大学者和师爷一种重要的精神生活。做师爷，不仅要有才智，更要博学，具有多方面的知识。一生中，他们也有"得志"与"不得志"的遭遇，做师爷，有时也得"雅"一下。王春龄书读古今，事通中外，至今家藏书籍有：《纲鉴易知录》、《五大洲政治统考》、《英语读本》等。他书法俊秀，文字通达，能写奏、禀、启、示、告、信等文体，还精习会计。

师爷撰写的书类型很多，首先是"在幕言幕"，著述幕学著作最多，这些著作构成了师爷文化的基石，有的是学幕者必读之书。比较著名的要推张廷骧编辑的《入幕须知五种》。这是一套丛书：第一种为《幕学举要》，系乾隆年间万枫江所著；第二种是《佐治药言》和《续佐治药言》，系与万枫江同时期的萧山汪辉祖所著，是幕友佐治的重要指南；第三种是《学治臆说》和《学治续说》，亦系汪辉祖所撰，为佐理政务之体会；第四种是《办案要略》，是乾隆中叶王又槐所撰，主要是介绍办案方法与经验；第五种是《刑幕要略》，作者佚名，内容为当师爷的经验教训。此外，还有王又槐著的《刑钱必览》、《钱谷备要》、《政治集要》，汪辉祖的《病榻梦痕录》、骆照的《清理积案规条十则》等，都是以实带虚、辩事论理之作。

很多学识渊博、志存高远的师爷，往往以创作诗文自娱自乐，陆以湉在《冷庐杂识》中撰《孙瀛帆诗》，论述仁和籍刑名师爷孙瀛帆的成就。孙瀛帆闲暇时倾意于诗，"博学能文，中年弃帖括为申、韩家学，暇则恣力于诗"，著成《树萱草堂诗钞》：

> 茂才光裕，博学能文，中年弃帖括为申、韩家学，暇则恣力于诗，才藻艳发，倾倒一时。道光癸卯，客台郡滋阳张兰台太守庭桦幕中，一见如故，遂订交焉。以所著《树萱草堂诗钞》见示，佳句如《南山古寺题壁》云："落花满径鸟啼寺，斜日半肩僧上楼。"《箴作诗者》云："花到半开香正好，酒经重酿味逾醇。"尤长于乐府，道光辛丑、壬寅间英夷扰浙，曾赋《从军咏》十章，激昂悲壮，于行间情事描写曲尽，可称诗史。①

在著书作文的师爷当中，有些人本来是学者，如戴震、汪中、章学诚、梅文鼎、李善兰等都是以学者的身份入幕。这些师爷的著书实际是学者著书，与一般刑名、钱谷等职业师爷著书立说是不尽相同的。师爷常年奔走于各地求幕，把当地的风俗人情和自己从幕的经历记载下来成了很好的笔记。如邬思道的《游梁草》、《抚豫宣化录》记载河南的风土民情；《全庶熙日记》则记载滇黔两省的民俗人情；宣鼎的《秋雨夜灯录》详细记载了清末社会的各种丑恶现象；吴炽昌的《客窗闲话》、《续客窗闲话》则是他作刑名师爷经历的真实记录。这里所说主要是职业师爷的著书作文。

除了幕学著作之外，律学书、史学书、笔记小说、尺牍、日记以及诗词散文都是师爷在佐幕之余乐于涉及的领域。如龚未斋所著的《雪鸿轩尺牍》和许思湄所著的《秋水轩尺牍》，都是文笔优美的骈文，为书启师爷的必读范文。《秋水轩尺牍》二卷，是绍兴安昌人许思湄所著，《雪鸿轩尺牍》是绍兴城里塔山下人龚未斋所著。他们两人，同时同邑，同在华北各地游幕三四十年，彼此交好，书信往还多，而且这两部尺牍中所往来的人，大都也是越中师爷，可以考见当时绍兴师爷一部分人的姓氏和生活。书中一鳞半爪的记载也可窥见绍兴师爷这个行业的情况。如《雪鸿轩尺牍》载"吾乡之业于斯者，不啻万家"②，"斯"指的是佐幕，"万家"说明了在乾嘉时期绍兴师爷的盛况。

汪辉祖在《史姓韵编》自序中说：

---

① 陆以湉：《历代笔记小说大观 冷庐杂识》，冬青校点，上海古籍出版社2012年版，第72页。
② 龚未斋：《雪鸿轩尺牍》，湖南文艺出版社1987年版，第361页。

五六年来，佐吏余功，以读史自课……摘二十三史中记载之人，分姓汇录，依韵编次，以资寻觅。……期有七月，手录甫竣，邵编修二云以新茸《旧五代史》钞本见寄，复次第增补之，为卷六十有四，而题其端曰《史姓韵编》。①

　　汪辉祖一生佐幕，并为州县官四年，但竟然能在史学上做出重要贡献，其中元史研究尤其突出。汪辉祖所写姓名录专著有《史姓韵编》、《九史同姓名略》及《三史同名录》等。其一生孜孜不倦做学问，这是很令人赞叹的。毕生大部分时间为幕僚，留意钱谷、狱讼等事。著述甚多，有《九史同姓名录》七十二卷及《补遗》四卷、《辽金元三史同姓名录》四十卷。还有《病榻梦痕录》、《佐治药言》、《学治臆说》、《学治续说》等。

五、师爷著述的职业特色

　　清朝，师爷是在作幕余暇治学、创作、著书的，所写诗文、篆著书籍的种类和数量相当可观，包括笔记小说、尺牍、日记、诗词、律学书、史学书、幕学书等多方面的内容和体裁。这些诗文书籍的著述和创作有一个鲜明的特点，就是具有较浓厚的幕学职业特色。这种职业特色是他们的精神生活的职业特征的一个重要表现。

　　师爷所撰著述的职业特征，归纳起来有以下几方面。

　　1．在幕言幕

　　由于师爷从事的是幕业，对佐幕知识最熟悉，所以在师爷所编、所著的书籍中有不少是佐幕之书。如汪辉祖的《佐治药言》、《续佐治药言》，《病榻梦痕录》虽是自传，但介绍的内容多是自己处理的案例，记述了大量佐幕的经验和定案推理的方法。万枫江的《幕学举要》，朱子勋记录、张廷骧校勘的《刑幕要略》，王又槐的《钱谷备要》，张廷骧编辑的《入幕须知五种》等。刑名师爷张廷骧在他编辑的幕学名著《入幕须知五种》中深有体会地说："幕学固以例案为本"，但如果想在办案时胸有成竹，明白事理，文词畅达，论理精密，还是要在平日"多看书史，以广其识"②。江苏无锡许同莘，是庚子辛丑并科举人，早年

---

　　① 汪辉祖：《史姓韵编》，双节堂藏版，乾隆四十九年锓，自序第1—2页。
　　② 张廷骧编：《入幕须知五种》，文海出版社1968年版，第644页。

曾东渡日本，毕业于日本法政大学速成科。归国后入张之洞幕，为文案委员。民国后曾任外交部佥事、河北省政府主任秘书等职。许同莘长期从事幕职，出自幕职，对幕职生活有深刻的体验，通晓历代章奏文移，对历代幕职的论述也较多。所著的《公牍学史》虽然不是专门的佐幕之书，但其中有许多关于幕业历史的内容。《公牍学史》用较多的篇幅介绍了历代善为章奏文移的名家，如陆贽、韩愈、王安石、欧阳修、朱熹、陆象山、王守仁、海瑞、曾国藩等。该书论其文而及其人，其宗旨是通过对这些名家的评论，首先阐明公牍与文章熔为一炉，政事与学问合为一体的道理；其次阐明历代名臣循吏，治牍各有其独特个性，不可一概归为官样文章。除了名家作品外，该书还从不同角度选录了历代有代表性的文书，分析优劣得失，说明当时公牍之文的主要倾向及特点，使读者有一概括的了解。

2．执法言法

刑名钱谷师爷是佐官办案、重权在握的执法者，他们具有丰富的法律知识，有的人还对法律之学深有研究，所以在师爷所著的书籍中，有不少是有关法律的著作。著名律学家沈之奇、汪辉祖、万维翰、沈辛田、王又槐、李观澜等人，均为一代名幕。他们所写解释律意和应用律例的著作，既是学幕秘本，又是佐治司法的指南，在司法实践中被广泛援用。刑名幕友的律例注释虽为无权解释，但却受到朝廷的关注，视为"备律所未备"[①]。在官府的支持下，师爷们纷纷以个人名义刊印发行其注律文本。著名的有：康熙时，江苏吴兴钱之清撰《大清律例笺释合钞》，嘉兴秀水沈之奇撰《大清律辑注》；乾隆时，山东莱州吕芝田的《律法须知》、浙江钱塘王又槐撰《办案要略》，江苏苏州万维翰撰《大清律例集注》，浙江武林鲁廷礼撰《律例掌珍》，浙江萧山汪辉祖撰《佐治药言》，江苏澄江夏敬一撰《律例示掌》；嘉庆时，浙江山阴李观澜撰《大清律例全倡议和推动中国法文化史研究纂集成汇注》；道光时，山阴姚润、胡仰山撰《大清律例增修统纂集成》，江苏常熟邵春涛撰《读法图存》；同治时，会稽任彭年重辑《大清律例增修统纂集成》；光绪时，会稽陶东皋等撰《大清律例增修统纂集成》；光绪时期周守赤的《刑案汇编》等。师爷运用图表型、歌诀型编写的工具书多为帮助州县官理讼决狱的司法应用手册，如乾隆初年苏州师爷万维翰《律例图说》、吴兴沈辛田《明法指掌》、程梦元《大清律例歌诀》、宗继增《读律一得

---

① 《大清律例汇辑便览·凡例》，同治十一年，江苏皋署刻本。

歌》等。

沈之奇在康熙五十四年之前曾"做客"（即为师爷）三十多年，所经历的衙门包括"院、司、府、州、县"。司即按察司，院为巡抚衙门。许多相关文献中并无关于沈之奇的记载，所以，沈之奇终其一生都是一个"佐治"的师爷，并未踏入宦途、担任正式公职。关于沈之奇师爷生涯的具体情形，由于其师爷的身份，今天可看到的有关沈之奇的文献极少，所以我们对沈之奇很难有全面的了解，不过有时也可得知其一二，如根据蒋陈锡（1653—1721，江苏常熟人，字文孙，号雨亭。康熙二十四年进士，先后历官河南按察使，山东巡抚、云贵总督等职）"序"，我们可以推测沈之奇的一段幕友生涯，即据蒋陈锡"序"所言，沈之奇"曩者与余同事于淮徐"。而根据《碑传集》，蒋陈锡曾于"（康熙）四十二年调天津驿盐河道一载……调淮徐河道。……四十六年，迁河南按察使"①。当时淮徐河道兼管地方，即兼管淮、徐二府分巡事，驻地为淮安。河道监察地方，故亦须幕友襄赞刑名事务。所以沈之奇当在康熙四十二年至康熙四十六年间或在此期间的一段时间中曾于淮安淮徐河道衙门作幕。因此沈之奇后来将其所著《大清律辑注》寄与旧日主翁蒋陈锡。而此时蒋陈锡已升迁山东巡抚兼都察院右副都御史。此外，在师爷所著的笔记小说中，司法办案方面的内容也是相当多的。

3．缜密治学

办案治律，最需要缜密的精神和方法，又需要细致、认真的办事态度，所谓"老吏断狱"，其特点和长处就在于此。以治律的缜密精神和方法治学，对于学问的精密有重要的作用。汪辉祖就是以这种精神和方法治学的典型。胡适在演讲中称赞汪辉祖是"以幕府判案的方法和整理档案的方法，来整理学问的材料"②，指的就是汪辉祖以治律的缜密精神和方法治学。最能体现汪辉祖这种治学特点的是他的几部史学著作，即《史姓韵编》、《九史同姓名略》、《辽金元三史同名录》。其中《辽金元三史同名录》将《辽史》、《金史》、《元史》中不同的人而译音所用汉字相同的姓名一一摘出、排列，注明其出身、官职、出处等，其工作之缜密、细致，的确就像汪辉祖在判断一桩疑难案件。前人读《元史》，在书中找出9个叫"伯颜"的，就被认为极为详备，而汪辉祖却从《元

---

① 闵冬芳：《〈大清律辑注〉研究》，社会科学文献出版社2013年版，第10页。
② 姚鹏、范桥编：《胡适讲演》，中国广播电视出版社1992年版，第198页。

史》中找出了近20个叫"伯颜"的，足见他治学的缜密、细致。清代著名史学专家章学诚曾以"精详"二字作为《辽金元三史同名录》的评语。

在这些师爷所写的律例中，1715年刊行的沈之奇的《大清律辑注》得到清代读者颇高的评价，并对清律的发展产生了重大影响。该书包括沈之奇自己的"总注"与"上注"。他的总注——对律文逐词之解释——出现在律典每一门的律与条例之间。如果沈之奇觉得律意仍不清晰，他会进一步诠释它，并将自己的解释置于上注——印于页面顶端的一系列注释。许多相关条例的要旨亦出现在上注中。沈之奇的《大清律辑注》被清代学者认为是最权威的私家注律，且经常被司法判决所引用。祝庆琪、鲍书芸于1834年刊行的《刑案汇览》及其三个续编汇集了相似性质各种著述中的数百个案例，是审理刑事案件时重要的法律参考依据。

4.幕居风情

邬先生是绍兴师爷的祖师，这是越中老幕友所公认的。可是关于他的生平，却人异其说，甚至有说邬先生佚其名。全庶熙的日记里讲起邬先生的事迹很详细，全是道光年间的人，他根据前人口述，笔录于日记。邬先生名思道，字王露，以字行，绍兴人。自幼好读书，科举不得意，家贫，以游幕为生，长年游幕于河南，寓居河南开封。所著的《游梁草》、《抚豫宣化录》都是说河南的事情。

师爷全庶熙，绍兴东浦乡人，名懋绩，又字益三。他的父亲全淇，曾任云南开化（今文山）知府，全庶熙从小住在云南。在同治末年，全庶熙入云南巡抚岑毓英的幕府，后又随岑毓英到贵州。光绪年间，又跟岑毓英到台湾。一直至光绪十二年（1886），他脱离幕府生涯，任云南东川知府，后来升任云南省迤西道署督粮道，又擢升云南按察使，调贵州按察使，擢贵州布政使。全庶熙的一生，有一件难能而可贵的工作，就是他写的一部日记。他的日记，从同治十二年（1873）癸酉阴历正月初一写起的，那时他在岑毓英幕府，可以说是他的从政伊始，一直写到民国十年（1921）去世前十数天为止，一共有49年，积稿达数尺，除了他生病卧床中断若干时日以外，每日必有记载，从无间断。这部日记的内容，丰富多彩，对滇、黔两省在清季发生的许多事件，他亲历其境，记载所见所闻，和当时的官文书大有不同，这是这部日记最可贵的地方。还有云南、贵州是我国少数民族聚居的省份，日记于他所到之处的各民族地区、名称、土司姓名、风俗习惯、奇异的服饰、不同的语言等，均不惮烦地一一详细记了下来。这部日记作为滇黔两省的少数民族史料，也是有参考价值的。

俞蛟（1752—1811后），字青源，号梦厂，山阴人。一生功名不遂，在南北各地作幕，在其所著的笔记《梦厂杂著》谈到了桂林、扬州、杭州、南昌等许多地方的情况。《梦厂杂著》十卷，清刻深柳读书堂印本，前有姚兴泉嘉庆五年（1800）序、孙鉴序及自序。书中共收笔记七种：《春明丛说》二卷，记北京事；《乡曲枝辞》二卷，记本乡山阴之事；《游踪选胜》一卷，记山川名胜；《临清寇略》一卷，记乾隆三十九年王伦叛变事；《读画闲评》一卷；《齐东妄言》二卷，记神怪之事。《潮嘉风月》一卷，记潮州、嘉应妓女之事：潮州当地的妓女营业的方式非常别致，乘坐一种六篷船，船形独特，昂首、巨腹、缩尾，前后一共五舱，布置精美紧凑。她们平时待客的饮料就是工夫茶。工夫茶最早是武夷茶中的一个名贵品种，按照1717年王草堂《茶说》中谈到岩茶采制方法，茶采后，把叶子匀铺在筐中，置于架上，放日下经风吹日晒，称为"晒青"，然后加以炒焙。武夷茶要经过晒、炒、焙三个主要工艺过程，泡出时，叶底成为半青半红，青的是炒色，红的是焙色。特别指出：

> 茶采而摊，摊而掩，香气发越即炒，过时、不及皆不可，现炒现焙，复拣去其中老叶枝蒂，使之一色。

把武夷岩茶加工方法简练地写出，殊为可贵。1734年崇安县令陆廷灿《随见录》中写道：

> 武夷茶在山上者为岩茶，水边者为洲茶，岩茶为上，洲茶次之。岩茶北山者为上，南山者次之，两山又以所产之岩名为名，其最佳者，名曰"工夫茶"。工夫之上，又有"小种"，则以树名为名，每株不过数两，不可多得。洲茶名色有莲子心，白毫，紫毫，龙须，凤尾，花香，清香，选芽，漳芽等类。

陆廷灿又说：

> 凡茶见日则味夺，唯武夷茶喜日晒。武夷造茶，其岩茶以僧家所制者最为得法。[1]

---

[1] 庄晚芳：《乌龙茶名考及其演变》，《农业考古》1984年第1期，第157页。

由此可见，武夷岩茶的采制与现行乌龙茶名色品种的采制方法，基本上是一致的。

俞蛟笔下的工夫茶已经扩展为一种饮茶方式。俞蛟认为，潮州工夫茶的烹制方法是沿用了陆羽《茶经》中的方法，果真如此，这便是连接古今茶艺的难得的一条纽带。从俞蛟的记述来看，工夫茶的茶具数量不少，茶炉、茶壶、茶盏、茶夹、茶盘等，制式古朴，品质精良，价格不菲。一条六篷船上的饮茶设备，比起一个讲究饮茶的官绅的茶室毫不逊色。精心烹制的茶水，气味芳烈清绝，兼之环境清幽，茶具典稚，主人美貌，如此种种，六篷船上的一盏好茶当然价格高昂，不是谁都能享受得起。

祖籍浙江松江，随祖父入云南的师爷倪蜕，本名羽，因仰慕唐代刘蜕为人，改名蜕。字振九，晚年自号蜕翁。原籍江苏松江（今上海）人。出身文士之家，自幼勤奋聪颖，熟读经史。无意仕途，未赴科考，青壮年时期布衣简宿，足迹几乎遍及全国，深识民间疾苦，饱览世事风云。康熙中期，随调任云南巡抚的甘国璧入滇，成为甘国璧幕友。受甘之托，倪蜕致力于收集云南地方史料，得以遍游三迤，历数年艰辛，获得大量云南山川物产、政治军事、经济文化、社会掌故等资料。甘国璧离滇后，倪蜕决定以云南为第二故乡，在昆明西郊宝珠山麓（今马街中村）置地一方，建房居住，自称蜕翁草堂。此地苍松翠柏，涧水长流，地势稍高，故倪蜕晚年在其著作中，自题为契皋老人。倪蜕在此从事著述，余暇耕耘菜园。他在门柱自书一联云：茅草房三间，出由我，进也由我；丑老婆一个，主是他，仆也是他。①倪蜕与乡民为邻，凡有求他书写契约文书等事，无不爽快答应。遇有疑难事故，乡民也乐于找他帮忙。倪蜕生性孤傲，不畏权势，甘于淡泊。雍正年间（1723—1715），当政者三邀他出仕，倪蜕屡次谢绝。府县官员每遇疑难事务，登门恳请短时出山，倪蜕自订三个条件：一是凡手拟文稿，他人不得删改；二是当日酬金，当日兑现；三是每到一处，清晨起床便捆好行李，随时准备辞归。时人以此称倪蜕有"三怪"，"倪三怪"之名，一直流传至今。

倪蜕在草堂定居期间，见附近乡人知书识字者甚少，便把平时俭朴所积捐出，倡办石峰义学，这成为马街地区办学之始。后人铭记倪蜕功绩，立《石峰义学碑记》石刻以表彰。倪蜕长年游幕于云南各地，对云南的历史、风俗、人物、事件非常熟悉，在草堂寓居，闭门著述，其主要著作有《滇云历年传》、《滇小

---

① 政协昆明市西山区委员会：《西山区文史资料选辑》第2辑，1987年，第144页。

记》、《蜕翁文集》、《蜕翁诗选》等。云南按察使张允随敬重倪蜕为人,登门拜访,倾听其议,为其付印书稿,并在倪宅门前立石一方,上镌刻"蜕翁草堂"四个大字。

5.社会百态

师爷接触下层社会较多,因此他们的笔记小说中经常触及社会百态、三教九流,又因他们身在官场,所以笔记小说中又常谈及官场之事。刑名师爷吴炽昌,号芗厈居士,浙江盐官(今海宁)人。原本专心科举,但因贫困所逼,只好"谢制举,专读律",做了刑名师爷。吴炽昌先后用60年时间,完成笔记小说《客窗闲话》和《续客窗闲话》各八卷。他的朋友在《客窗闲话序》中惋惜地说:"吴生……因贫改途,深为可惜。"[①]吴炽昌喜欢设酒席邀集谈客,听他们谈古今逸事,遇有可惊可喜的故事,就笔录下来。《客窗闲话》记述了形形色色的社会人物,包括官吏、士人、太监、讼师、盐商、布贩、农户、医生、车夫、船老大、乞丐、僧尼、盗匪、卜者、娼妓、骗子等,既说到了他们的社会活动,又道及了他们的精神状态,可谓一幅斑驳陆离的社会百态图。其中的《某驾长》,用简练的语言描述了驾长的武功和为人,生动形象。[②]《金山寺医僧》运用对比衬托的手法,成功塑造医术高明的叶天士。叶天士能从某孝廉的脉象得出其将患消渴症的结论,可见其医术的高明。而金山寺医僧不仅能看出病症,且能救治,其医术便更胜一筹。作品主要笔墨并不是塑造金山寺医僧,而在于描写清代著名医生叶天士。对叶天士的描写,又不是按照历史人物的真实面貌亦步亦趋去进行刻画,而是加以作者的虚构和创造。因此,此篇作品脱离了史实的局限,而成为一部很有趣味和教育意义的短篇文言小说。作品中叶天士医术高明,当"某孝廉"因感冒风寒就医时,叶天士从其脉象中就已经看出其必患"消渴症",此后故事的发展也证明了叶天士判断的正确性。在为某孝廉治病之后,他即让门徒将此一病历登录在医案之中,即可看出其敬业精神和谨慎态度。后来,当金山寺医僧质问他为什么不自立门户时,他所说的"必须精益求精,万无一失,方可救人"一段话,更让我们看到叶天士对患者的极端负责精神。正是这种敬业和负责精神,使他一旦得知自己的医术有所缺陷,当即表示"吾将停业以请益",并立刻"摘牌散徒","轻舟往投老僧,求役门墙,以习医术"。当然,在叶天士身上,同样

[①] 吴炽昌:《客窗闲话》,河北人民出版社1987年版,叙。
[②] 同上书,第32—33页。

有着人性中爱面子、好虚荣的特点。因此，前去投奔老僧之前，他不惜改换姓名，"衣佣保服"。在求师过程中，他每天都侍立在老师身边，细心观察，但一直治过了百余人，却感觉自己和医僧"道亦不相上下"。在困惑之中，他请求代开处方，以验证自己的不足。直到医治虫蛊病人，他才在彼此对同一病例的不同的处理中，发现自己的差距，并为医僧的医术而"心悦诚服"。于是，他说出了自己的真实姓名，并不耻下问，进一步求教，终于达到了"学益进，无棘手之症"①的高境界。看完这篇文字，一位虚心好学、不耻下问、对医术精益求精、对患者极端负责的名医形象，就站立在人们面前。

晚清师爷宣鼎（1832—1880），字子久，号瘦梅，安徽天长人。出身于书香门第，自幼博览群书，工书善画，闻名于乡里。青年时代家道中落，病难迭起，19岁时得了咯血病，20岁时母亲去世，嗣父又去世，于是日见枯窘。24岁时遭逢灾荒，几乎饿死在破庙中。26岁时奉生父之命赘入外家，才得苟延残喘。第二年，太平军

图27　师爷作品

攻占天长，宣鼎一家逃亡他乡。又曾一度从军，几死锋镝，后又到上海等地以写字卖画谋生。31岁至40岁的十年间，辗转于山东兖州、济宁等地充任当道幕僚，"奔疲蹇涩，近于托钵"（《夜雨秋灯录自序》），感慨于沦落如是。40岁生日那天，宣鼎悲从中来，大恸之后，不语亦不哭，大病15日，忽蹶然起，裁笺为阄，取生平目所见、耳所闻、心所记忆且深信者，仿稗官例，先书一百余目，每夕作文一篇或两篇，发愤著书，两年间得文115篇，题《夜雨秋灯录》。三年后，即光绪三年，由上海申报馆出版。又三年，《夜雨秋灯续录》115篇也由上海申报馆出版，但此时宣鼎已去世。这两部小说集，是宣鼎晚年的发愤之作。

宣鼎一生，"少膺屠弱，壮值乱离"，"挟瑟无门"，抑郁不得志。但他不苟流浴，清高自守，《夜雨秋灯续录》卷六《耕砚图》曾自题肖像：

> 不廊庙，不山林，不市井。有砚田，三十顷，可以耕，可以隐。翳何人，曰宣鼎。②

---

① 吴炽昌：《客窗闲话》，河北人民出版社1987年版，第178—180页。
② 宣鼎：《夜雨秋灯录》，上海古籍出版社1987年版，第714页。

他多才多艺，"工书擅诗名"（何镛：《夜雨秋灯录·后序》），既是小说家、诗人，又是剧作家和书画家。上海申报馆丛书中有宣鼎以香雪道人署名的剧本《返魂香传奇》。申报馆丛书中的《异书四种》，还载有宣鼎的《天长宣氏三十六声粉铎图咏》。

穷困抑郁于下层，与蒲松龄的生平际遇有相似之处，思想感情颇多相通，而又同为多才多艺的读书人，一旦将胸中积郁发而为文，便有了追步《聊斋志异》的《夜雨秋灯录》和《夜雨秋灯录续录》，成为晚清文言小说的压卷之作。问世之后，称盛一时，影响极大。《夜雨秋灯录》和《夜雨秋灯续录》是宣鼎倾注毕生心血写成的。他在《铎余逸韵》这首诗中写道：

夜雨秋灯手一编，寓公身在奈何天，蹉跎不上凌云赋，且与稗官结幻缘。①

作品反映现实生活内容之宏富，艺术构思之精妙，是追踵《聊斋志异》，冲破笔记小说的束缚，自觉地进行文言传奇小说的创作。《夜雨秋灯录》的杰出成就，在于它以宏大的题材结构，广泛现实地反映了作者所处时代的社会生活，描述了大量清朝末世的丑恶现象，如船妓诱客荡尽资囊，骗子公然诈骗于官署，善于拍马屁的官吏得到升迁，考官视录选为儿戏等，"夜雨秋灯"正是对清朝残灯破庙状态的写照。为我们展开了一幅活生生的晚清社会的生活长卷。

另一晚清师爷许奉恩，字叔平，安徽桐城人。生活于道光、咸丰、同治年间。有隽才，诗文皆知名。一生科举不达，为幕僚以终。著有《兰苕馆所著十馀种》，存世的有《里乘》十卷，《兰苕馆诗抄》十一卷，《桐城许叔平文品论诗合钞》二卷，以及由他口述、别人记录的《转徙馀生记》几种。笔记小说《里乘》作于道光二十三年（1843）至同治十三年（1874），描绘了一幅清末社会的图景，特别是其中对官场的描述尤为深刻、生动。如写到滥杀无辜、草菅人命的县令，侵吞赈济金、不顾饿殍遍地的"父母官"，昼为高官、夜为绿林盗魁的按察使等，犹如一幅官场百丑图。故事《褚祚典》，描写了褚祚典虽贵为山东按察使，但盗性不改，仍然与盗贼交往。盗贼"遇大腹贾挟重资，必邀褚同猎取之，褚亦自鸣得意，乐与从事"②，最终案件被名捕梁科侦破。在封建社会中，官盗

---

① 沈世荣：《异书四种》，广益书局1936年版，第84页。
② 许奉恩：《清代笔记小说丛刊 里乘》，齐鲁书社1988年版，第91页。

勾结，狼狈为奸，所在多有。这篇写盗即官，官即盗。表面看来，褚祚典仅是个别人物，但从实质上讲，这是腐败社会的一种普遍现象。官吏搜括民脂民膏、巧取豪夺，与盗贼有何两样？只不过他们是当权者，拉大旗作虎皮，可以名正言顺地夺取；盗贼是在野者，名不正言不顺，靠强力来夺取，其名分虽不同，夺取也一样。

6.生活实录

上述师爷著书作文的种种职业色形，可以使我们清楚地领略到师爷丰富的精神生活的职业特征。而他们的物质生活，却是比较艰辛的，龚未斋在《答韫芳六弟》中语重心长地进行劝说：

    接来字，以百亩之产，入不敷出，将来有冻饿之忧，欲来保阳学幕。吾弟所虑甚明，而所谋甚拙也！

    丈夫生有四方之志，本不应该终身牖下。即有可守之产，亦当自奋于名利之途。

    至所谓幕者，乃家无负郭之田，而有兄弟之养，菽水无资，饘粥不继，读书无成，困穷立至，不得已而以幕救贫也。

    然吾乡之业于斯者，不啻万家，其能温饱者几何？分作孽之余金，而欲为身家久长之计，此天理所不容，梦梦者入其途而不知悔，而穷极无聊者，虽悔而亦无可如何！

    且幕而贫，尚不失幕之本来面目；若幕而富，则其人必不可问，而其祸亦必旋踵！是幕也者，不特无名之可成，无利之可图，并欲免祸而亦所不能也。

    况幕之一道，亦非我学之断无不成，如涂墙抹壁之易为也。亦非学成之断无不行，如抱布贸丝之可必也。

    千人学幕，成者不过百人；百人就幕，入幕者不过数十人。缘幕虽较于读书为易，然亦须胸有经济，通达时务，庶笔有文藻，肆应不穷，又必须二十内外，记诵难忘，举一隅而三反。更须天生美才，善于应酬，妙于言论。若无此三者，断不超群轶伦，到处逢迎，不过藉曹邱之揄扬，时运之偶合，庸庸碌碌，终其身而已。幕至于庸，则穷亦不可救！

    至于就幕，则又有甚难者。一省只此百十余馆，而待聘者倍焉，此中夤缘以势，结纳以利，捷足者先登，下井者投石，人情叵测，世路崎岖，盖有不可胜言！而学不足以服人，品不足以信人，虽居宾朋之列，无殊门客之容，其中委曲周旋，病于夏畦之苦，更有不可以言喻！此学幕就幕之大概情形也。

吾弟年已及壮，自问其才能学幕否耶？略乎能不能之间，而冒昧以从事，如果穷极无聊，出于势之所不得已，姑不具论；若有产可守，而愿弃之为侥幸之图，田园托之亲友，家务委之女流，十年不返，一信聊通，百两未来，千金已去，得不偿失，后悔何追，曾有何逼而必欲出此？不过以百亩之产，所获甚微，未能锦衣玉食，呼奴使婢耳！不知生无豪杰之才，又无富贵之命，享先人之余泽，以菜饭布衣终老，亦人生不易得之境矣！世上浮华，眼前快乐，惟让有福者受之。羡之无穷，学之不尽，何足以动我虑念哉！

兄二十岁而孤，无半亩之产，而有二百金之券。慈母在堂，两妹未嫁，不得不为西秦之行。迨年已三十，蒙伯父分金，买得薄田二十余亩，八口之家，未能仰事俯畜，又不得不作燕赵之游。二十余年，佣值已逾万金，皆随手散去，不特一贫如故，并将薄田亦尽出售，而眷属寄住他乡，欲归不得，然则幕果可以救穷否耶？殷鉴不远，吾弟曷不熟思之？

惟望守其所当守，而不必为其所不可为。此札语语真情，言言确论，不异剖心刺血而书者，幸时时省鉴，当善法守之，暮鼓晨钟，则现在之薄产可留，将来之饥寒可免也。①

现实社会中，不少学子为了更好生活，出人头地，光宗耀祖，多次参加科举考试，即使在佐幕时，也不忘仕途。然而毕竟是"僧多粥少"，尤其在江浙，能真正风光体面者，可以说是凤毛麟角！

六、积德行善与因果报应

在佐幕的过程中，每个师爷都会有自己的信仰支持他们的言行。封建社会的文化主流是儒家、道家、佛家三教合流，这是中国传统文化的主干。师爷们身处衙门的"大染缸"中，能洁身自好，确实是件不容易的事，这和他们所受的儒家教育有关，仁是他们心中灵魂。佛家鼓吹因果报应，道家倡导天道轮回，这种宗教色彩颇浓厚的宿命论，对清朝官员影响极大，包括师爷在内的幕友也是深信不疑。

天道轮回说与因果报应论的核心精神很简单——举头三尺有神明，天人之间

---

① 龚未斋：《雪鸿轩尺牍》，湖南文艺出版社1987年版，第360—362页。

有感应，善有善报，恶有恶报。这套说辞虽然充满了封建迷信色彩，但也从另一方面劝导世人积德行善，不要作恶，就算不信因果轮回的人，大多也不否定这种神秘号令的社会思潮。师爷一生积德修阴功，除了本心刚正良善外，信奉祸福报应也是一个重要原因。

王春龄遗稿中有一本光绪三十年的"通书"，翻阅这本"通书"，似乎多了些别的功用。其一，用作了记事本。如二月初六日下有"秀卜"二字；初八日下有"午邮"二字；三月初七日下有"新任到"三字；十一日下有"回拜"二字。还记有一些，别人无法知道的数字，或记号。其二，用作气象记录。从农历的正月初一开始，到三月二十五日止，每天的条目上端，都记上："晴、阴、雨、或晴……夜雷雨、或晴……下午响雷无雨……"比较详细地记录，每天的气象情况。在历书上记录阴晴雨雾，可以肯定王春龄对工作的缜密和仔细。

所谓"皇历"即现在的历书，也称"通书"。我国使用历书，已有很久的年代，但到了清一代，使用中多了许多神密色彩。衙门官员外出办事，会客，访友，拜见上级……都要翻看历书，挑一个好日子，或好时辰，然后才行动。我们说这些的根据：王春龄留下的《账记》中有："十二月用'通书'六十千文"的一项开支，时间为清光绪八年。哪个衙门？无法认定。但一个衙门买"通书"用去六十千文。可不是个小数目。"通书"在当时的衙门中，已成了必备的工具书，师爷们人手一册。

王春龄在乐清县衙做过师爷，他担任的职务，可能是"签稿"，即清县衙"签押房"的负责人（相当于现在的办公室主任）。这个办公室主任可不好当，主任不仅只管公事，知县的私事你也得办。他拿着知县的"名片"外出替知县奔走、拜客、会名人……在内，知县的私事，他也照样服务。如当时的知县何士循，从乐清调任秀水县，从温州乘轮船到上海，要过"海关"，须有护照。这一切事，不仅由师爷替他办理，甚至他通过海关的护照，也一直由师爷保存着。这张何士循乘船用的护照，现在它还在师爷后人的手中。说起这张护照，它的历史价值也不能忽视。出具护照的是："钦命头品顶戴浙江分巡温处海防兵备道兼管水理事务监督瓯海关童"。护照的持有者："乐清县何士循"。给护照的事由："调赴秀水任。由瓯搭丰顺轮过沪"。护照还开列所带物件："衣箱五十只、书画箱廿八只；行李网篮等一百十件"。像这样知县因调任，而开列的护照，怕不多见吧！这就是它的历史价值所在。还有，护照上端有英文签名，这就说明清末海关，是由外国人把持的，实权落在他人手中。

有关乐清县衙的师爷手稿，共有十多件。手稿中大多不表年月，也不落地名，更不具姓名。那凭什么判断它们是属于乐清县衙的呢？在整理时发现，一些"信稿"和三张"布告稿"中，师爷的草拟习惯在稿末落脚处，落笔"时日"，并盖上一个"专心"二字的闲章。而他起草给"大荆粮厅"的"信稿"习惯与其他手稿完全一致。可以断定，这些手稿出于同一师爷之手，它们应是乐清县衙的无疑。这些手稿对提供乐清的历史档案，一定有价值。

　　王春龄曾说，衙门好修行，是他同情弱小的写照。王如尧的姑婆曾说过："他非常同情无辜的人。像衙门关押着很多证人（与案件有关的左邻右舍，或行人目击者……）在夏天，夜里又热又闷，蚊子也很多，真是苦不甚言。你太爷爷王春龄就自己出钱，去买扇子，送给他们扇凉，驱蚊……"这与绍兴人的性格有着极大的关联，处事待人的平和，与人为善的心态，是他们立世的准则。绍兴地处东南，物产丰富，人杰地灵，因做官而大兴家业的比比皆是，然而因做师爷而兴家业、置田地、买豪宅者，极少。大多回乡后仍过着清平的生活。王春龄一生做师爷，仍是一肩破书碎纸回家。而全家居住的一间半楼房，还是王春龄借钱购买的。

　　王如尧十多岁时，祖父对他说过这样一件事。祖父小时候与曾祖父王春龄一起去岳庙看戏。因时间尚早，戏还没有开演，两人就在岳庙大殿观看。突然，曾祖父指着岳王爷神像身边一尊判官说："我死后，这个位置是我的……"祖父当时才十多岁，不能理解曾祖父这句话的含义，而祖父对王如尧说这件事时，王如尧也只有十多岁，也不能明白这话的意思。但现在王如尧能理解曾祖父这番话的含义。因为说这番话的含义，全在印证他身前的作为。活着的时候，堂堂正正，公公平平，没有为私利忙碌，更没有徇情枉法，何惧死后？正直的一生，死后在岳王爷身边做事也当之无愧。

　　王如尧的姑婆曾给他讲过一个故事，更能说明师爷无愧于神，无愧于人，无愧于良心，对得起一切。姑婆说："那是民国二年六月初的一天，我正好回娘家百官，父亲（王春龄）还很硬朗，早上喝了一碗粥，中午也吃了大半碗饭。饭后，突然对我说，要我替他烧些热水，准备清爽的衣裤。快些，马上要用。我一时摸不着头脑，做什么用呢？就问曾祖母。她说：'脑筋不清。昨天他说，今天下午未时要死了，限时去赴任，到城隍庙作判官。我才不信呢！哪有知道自己在何时辰死的？刚才不是吃了饭，会死？我不信他……'我只得去烧水，拿衣裤。未时一到，他梳洗后，穿着洁净的衣裤，静静地躺在床上。未时过了二刻，还睁着眼。我母亲走过去说：'怎么，还没有来？'（意思是怎么还没有死），王春龄睁着眼说：'外面下阵雨了，水缸盖，有没有拿进？'这时天确实变了，下起雷阵雨。忽然，王春龄用手拍了拍脑门，说：'呀！算错了时辰，不是未时，而是申……'将近下午四时，他眼睛慢慢细眯，气息也渐渐微弱，轻轻地说：'来了，鼓乐声到二台门口'（当时家居住在王家台门内），母亲走近一看，已没有气息……去世了。"他构筑身后的事业，正是他一生的总结：只有在世时，堂堂正正做人，清清白白做事，去世后，才能真真实实地继续延伸自己的追求。

师爷中的汪辉祖毕生敬畏鬼神，常常算命求签，但他始终牢记一点——做人以修德为先。平时积德行善，自然能得到福报。有趣的是，他对普通人极为重视的风水堪舆之术反而不太相信。他认为：吉凶在人事，而不在风水。先世阴德积得多，子孙才会繁荣昌盛。为恶之人就算选到风水大吉的墓地，也不能得到什么善报。

汪辉祖在《双节堂庸训》中说道：

> 天之生人，原不忍令其冻饿，虽残废无能，尚可名一技以自活，况官体具备乎？上之可为圣、为贤；下之至为奸、为慝；贵之可为公、为卿；贱之至为乞、为隶。在人之自为，而天无与焉。父母之于子亦然。流俗妄人乃谓祖、父未有资产，以致子孙穷困。此大悖之说也。必有资产而后可为祖、父，则成家多在中年以后，娶妇生子非五六十岁不可。有是理乎？不能为祖、父光大门闾，而以不肖之身归罪祖、父。为此说者，全无心肝，靦然人面。而袭其说以自宽，吾知其能为祖、父者罕矣。[①]

人一生的功过是非，都是自己努力的结果。上天是公正的，不会随便给人福报。人必须顺应天道，惩恶扬善，才能得到真正的福报。倘若不思修德改过，只是一味地烧香拜佛，根本得不到上天的庇佑。

汪辉祖的人生哲学，熔儒、道、佛三家精华于一炉，在笃信天命的同时，立足于人事为本，不坐等天命，不逆天而为。可以说，既有积极进取的事功精神，又有洒脱旷达的超然心态。他的人生哲学是以天道宿命论为基础的，只不过他在幕学方面的成绩太过耀眼，以至于让他的哲学思想俨如布帛粟菽一般朴实无华，

---

① 汪辉祖：《双节堂庸训》，王宗志、夏春田、穆祥望注释，天津古籍出版社1995年版，第204页。

被后人忽视。

汪辉祖自然也脱离不了时代背景带来的局限。一方面,他笃信天道宿命,认为自己一生的功过祸福早有定数;另一方面,他又相信公道自在人心,个人努力可以让自己活得更好、更有价值。总而言之,汪辉祖的人生哲学是以天道宿命论为基础的。天与人之间的关系,是古代哲学的一大命题,诸子百家曾经围绕此题展开激烈论战。古代农耕社会靠天吃饭。人们既控制不了风雨雷电,也防不住旱涝虫灾,无法掌握自己的命运,使古人常常祈求皇天上苍与各路神祇的庇佑。历朝历代的统治者,以天命自居,让人民相信自己的皇位是上天所授。而那些反抗朝廷的势力,也常常制造出各种天命预言,以动摇当局的统治根基。因此,天道宿命、因果报应等思想,在古人的精神世界中根深蒂固,甚至直到今天还在以不同的形式影响着民众。

与此同时,汪辉祖认为读书人参加科举考试,也是"功侯即到,得失有命"。当官的人能不能升职,是"饮啄前定","谋而得,不谋而亦得,愈谋而愈不得,有定命焉。知其为命而勤勤焉,求尽其职,则得失皆可不计,即不幸而遇公过挂碍,可质天地祖宗,可见寮友姻族,不足悔也"①。一切皆是命中注定,不可不努力追求,但也不可强求。天决定着人的命运,能不能成功全由上天决定。

在汪辉祖看来,上天对人为努力的褒奖也许难以预料,但对作孽之人的惩罚却更容易显现。"福善祸淫,天有显道。"②多行不义必自毙。只有自身行为不善,才会导致上天的惩罚。汪辉祖在《学治说赘》中指出:

> 求治之上官,非惟不挠其权,抑且重予以权。牧令之所是,上官不能意为非。牧令之所非,上官不能意为是。天之报施,捷于响应,果尽心奉职,昭昭然造福于民,即冥冥中受福于天,反是则下民司虐,自作之孽矣。③

读书人在官场上能不能官运亨通,最后能不能名留青史,看的就是自身修为

---

① 汪辉祖:《学治续说》,中华书局1985年版,第15—16页。
② 汪辉祖:《学治说赘》,商务印书馆1937年版,第16页:趋吉避凶,理也。公尔忘私,不当存趋避之见。惟贪酷殃民、丛脞旷职及险诈阴谋因而获罪者,咎由自取,外是,则皆命为之矣。然福善祸淫,天有显道,以约失鲜,至竟不罹大戾,恣行威福之人,幸保令名,百无二三,不败则已,败则不止废黜。能辨吉凶者,为吾之所当为,而不为吾分之所不当为,自符吉兆,而远凶机,趋避之道,如是而已。
③ 同上书,第5页。

如何，对百姓的态度如何。对百姓好的官吏，上天自然会在其中帮助他，施福于他，名留青史被百姓赞扬；反之，即使得到了一时的好处，最终的命运也是遗臭万年，上天自然会惩罚他。自身命运的如何，是由自身行为的好坏决定的。

汪辉祖不但信天道，还颇迷信鬼神。他常常自谓平生无所畏惧，唯独敬畏"鬼神"。

在做师爷的数十年里，每次到馆的第二天，汪辉祖都会斋戒沐浴，然后到城隍庙祷告。他庄重地向本地的城隍老爷诉说自己入此府为幕僚的原因，然后在神像前暗自发誓——假如自己有一点点苟且侥幸的念头，就让神佛夺走自己的魂魄。所以，他在幕府工作时一直兢兢业业，从来不做那些不能入庙的龌龊事。

图28　师爷馆藏书

算命之术的最大缺陷是模糊性，成也说得通，败也说得通，不成不败还是说得通。换言之，怎样解释都可以穿凿附会，自圆其说。然而，对于笃信天命的人来说，这种模糊性也许更有利于保持信仰稳定。

汪辉祖经历了许多事后，认为自己求过的签都十分灵验，更加证明了天道宿命的存在。当然，也不是没有算势失准的情况。鲁仕骥（1732—1794，字絮非，后改名九皋，江西建昌府新城县人。乾隆三十六年进士，官至夏县知县）曾为汪辉祖占卜算命，说他在嘉庆五年（1800）九月辞世，享年71岁。然而，那一年十二月，他还与当朝首辅王杰书信来往，直到嘉庆十二年（1807）三月他才去世，享年78岁。

通常而言，卦辞越具体就越容易出错，预言不准之时，求卦者往往会质疑占卜问吉凶的可靠性，或者质疑算命先生的业务水平。汪辉祖倒是有趣，认为鲁仕骥算的卦象原本是准确的，只不过自己坚持行善积德，家人也分担了一部分天谴，故而上天延长了自己的寿命。正是这种思考方式，使汪辉祖无论看到多少卦象不准的情况，都没有动摇对求神问卦的信赖。

不过话说回来，汪辉祖虽然相信天命有定数，却又同时认为一辈子做好人就是顺天应命，而为非作歹祸害他人就是逆天抗命。他对家人说：

> 贫富贵贱，降才已定。但天不与人以前知，听人之自尽所为。人能居心仁恕，作事勤合，久之必邀天鉴。机械变诈之人，剥人求富，倾人求贵，幸得富贵，辄谓人力胜天，可与命争，不知营谋而得亦有命所当然。心术徒坏，天谴随之。向使循分而行，固未尝不得也。①

这套理论让汪辉祖的天命观比普通人又多了一份积极进取之心。普通人只知富贵在天、命数难改，却不能心怀仁慈、勤奋敬事，以求顺应上天好生之德。许多人只是被动地随波逐流，虚度光阴，更有一些狡诈邪恶之人，为求自己富贵，不择手段地迫害他人或掠取财富。可笑的是，逆天行恶之人往往非常重视祭拜神佛，企图以上佳风水来护住自己不应得的运势。这样的人在汪辉祖看来恰恰是妄与天命抗争，必遭天道谴罚。

天命不可强求，贫富贵贱皆有定数。天道不可违背，唯有遵循公理道义来做人做事，才能得到上天护佑，这比求神问鬼看风水，更能得到福报和善果。举头三尺有神明，为恶之人烧香再多，鬼神也会对其罪行明察秋毫。因此，一个命数不好的人唯有迁善改过，才能改变自己的不利运势，减少自己的劫厄；即使是命运皆好之人，也不可以弃善从恶，惹得天怒人怨。汪辉祖认为，"神不自灵，灵于事神者之心"②。只要不断学习，不断积德，普通人也可以向圣贤的境界靠拢。

尽管许多人相信天道宿命论，但谁也不知道自己的人生剧本究竟写成什么样，不会提前知道自己的最终结局，如此一来，无论是否笃信天命，实际上都免不了要通过人为努力来生存和发展。既然天意难料，何不恪守人间正道，在尽心尽力之后，坦然接受一切命运呢？

汪辉祖告诫幕友，佐治不但要依法行事，而且要做到不在其位不谋其利。职责之分就是因为担心不懂此事的人会犯错误，耽误了别人。不是这个职位的人，一时之间难以明白其中的是非曲直，所以一定要口舌谨慎，不能挟怨报复，以免

---

① 汪辉祖：《双节堂庸训》，王宗志、夏春田、穆祥望注释，天津古籍出版社1995年版，第42页。

② 汪辉祖：《学治臆说》，中华书局1985年版，第22页。

恶祸随身。除此之外，有善事却不去做，也可能会造成冤屈。

汪辉祖在《善俗书》中说：

> 幕修，刑名最重。吾幕食三十余年，何敢为过桥坼桥之语？然谚言"刑名吃儿孙饭"，吾母尝不许。吾立誓"入幕，尽心力为之，如非义财，祀吾父不享及不长子孙者，必不敢入橐"，故游幕以来，必诚必慎，念念以百姓为事，怨劳不辞。汝随吾读书十年，眼见耳闻，同事诸君才多胜吾，诚慎似少不及，甚有数年间家即饶裕，不数年而或老病死亡或嗣绝家破，吾目见而心惧焉。①

汪辉祖信奉的因果报应之说，对其后世幕业的影响颇深。许多刑名师爷在执法治狱之时，也多本着修德以获善报的心思来办事。

汪辉祖佐治为官一辈子，常以因果循环、轮回报应之说为处事依据。正因为相信报应的存在，所以他严正律己，立品清心，忠恕待人。需要明确的是，汪辉祖并非把对人生的期待，完全寄托于上天的赐予，而是在心中确立"惩恶扬善"的道德准则，并使之成为自觉的内在价值观，约束自己的一言一行。

师爷的生活往往类此，得意时深得主官之利，一时失意又不免沦于底层生活，倍尝生活的艰难。"爱民"本是儒家传统文化治世的根本要义，但绍兴师爷的爱民并非得之于对"民为本，君为轻"的认知，而是基于共同的生活体验，因而具有更真切的情感认同。

师爷中也有人因过分看重因果报应，为了积阴德，不惜篡改案情，大行仁恕之道。他们觉得做刑名师爷要以"求生"、"平恕"为本，否则就会遭遇到"阴谴"。纪昀《阅微草堂笔记·如是我闻》就载有这样的例子：

> 余某者，老于幕府，司刑名四十余年。后卧病濒危，灯前月下，恍惚似有鬼为厉者。余某慨然曰："吾存心忠厚，誓不敢妄杀一人，此鬼胡为乎来耶？"夜梦数人浴血立，曰："君知刻酷之积怨，不知忠厚亦能积怨也。夫茕茕孱弱，惨被人戕，就死之时，楚毒万状；孤魂饮泣，衔恨九泉，惟望强暴就诛，一申积愤。而君但见生者之可悯，不见死者之可悲，刀笔舞文，曲相开脱。遂使凶残漏网，白骨沉冤。君试设身处地：如君无罪无辜，受人

---

① 汪辉祖：《汪龙庄遗书》二，华文书局股份有限公司1970年版，第626页。

屠割，魂魄有知，旁观谦是狱者改重伤为轻，改多伤为少，改理曲为理直，改有心为无心，使君切齿之仇，纵容脱械，仍纵横于人世，君感乎怨乎？不是之恩，而诩诩以纵恶为阴功。彼枉死者，不仇君而仇谁乎？"余某惶怖而窘，以所梦备告其子，回手自掴曰："吾所见左矣！吾所见左矣！"就枕未安而殁。①

汪辉祖说：

> 吾言"不合则去"，非悻悻也。人之才质各有所偏，宾之于主，贵相其偏而补之，审于韦弦水火之用，始尽佐治之任。"不合"云者，必公事实有不便，不可全以意气矜张。主人事有未善，分当范之于善；不能就范，则引身而退，是谓"不合则去"。若吾说虽正，而主人别有善念，此则必须辗转筹画，以成其美，方于百姓有益，断不宜坚持不合之义，恝然舍去，即谚所云"公门中好修行"矣。②

"公门中好修行"，这是官场中人尤其是幕友的座右铭，此言衙门中人应行善积德。民间风俗习惯对绍兴师爷处世多有影响。在传统的法制观念中，因为佛道因果的影响，使得许多执法之人斤斤于福孽之辨，害怕因无心之过而遭无辜报应上身，执法者往往以救生为阴德，不肯轻易断人以死。遇有可以开脱之处，无不曲为开脱。

汪辉祖在其幕学、吏治、家训、年谱中，屡次提到因果报应之诫训。刑名师爷在职业道德上，特别强调"慎"的行为规范，甚至有"救生不救死"的极端准则。

> 宋清远先生言：昔在王坦斋先生学幕时，一友言梦游至冥司，见衣冠数十人累累入；冥王诘责良久，又累累出，各有愧恨之色。偶遇一吏，似相识，而不记姓名，试揖之，亦相答。因问："此并何人，作此形状？"吏笑曰："君亦居幕府，其中岂无一故交耶？"曰："仆但两次佐学幕，未入有司署也。"吏曰："然则真不知矣。此所谓四救先生者也。"问："四救何义？"曰："佐幕者有相传口诀，曰救生不救死，救官不救民，救大不救

---

① 纪昀：《阅微草堂笔记》，中国戏剧出版社2000年版，第198页。
② 汪辉祖：《续佐治药言》，中华书局1985年版，第6页。

小，救旧不救新。救生不救死者，死者已死，断无可救；生者尚生，又杀以抵命，是多死一人也，故宁委曲以出之。而死者衔冤与否，则非所计也。救官不救民者，上控之案，使冤得申，则官之祸福不可测；使不得申，即反坐不过军流耳。而官之枉断与否，则非所计也。救大不救小者，罪归上官。则权位重者谴愈重，且牵累必多；罪归微官，则责任轻者罚可轻，且归结较易。而小官之当罪与否，则非所计也。救旧不救新者，旧官已去，有所未了，羁留之恐不能偿；新官方来，有所委卸，强抑之尚可以办。其新官之能堪与否，则非所计也。是皆以君子之心，行忠厚长者之事，非有所求取巧为舞文。亦非有所恩仇私相报复。然人情百态，事变万端，原不能执一而论。苟坚持此例，则矫枉过直，顾此失彼，本造福而反造孽，本弭事而反酿事，亦往往有之。今日所鞫，即以此始祸者。"问："其果报何如乎？"曰："种瓜得瓜，种豆得豆。夙业牵缠，因缘终凑。未来生中，不过亦遇四救先生，列诸四不救而已矣。"俯仰之间，霍然忽醒，莫明其入梦之故，岂神明或假以告人欤？①

　　许思湄生活在道光、咸丰年间，许思湄从小就很勤奋，读过不少的书。他家里很穷，父亲死得较早，主要靠母亲抚养长大。为了糊口，他后来"弃书读律"，务刑名之学，因而一直在外当幕客，游食于幕府之间。这是一个"为人作嫁"、"仰人鼻息"的差事，俸钱极其微薄，"内而顾家，外而应世"，②"砚田所入，难补漏卮"③，常常是"一囊秋水，顾影生寒"④。中间他曾想弃此"鸡肋"，另谋出路。于是忍心把自己仅有的一所破房子卖掉，并向亲友求借，凑足一笔款子去作"捐职"之举，希望得个"五斗米折腰之吏"。可是，由于"赋性介介，不工趋附"⑤，只弄到一个九品以下的小职员；而"弟赋才碌碌，应世庸庸。前此援例纳赀，本属捕风捉月。且一官似芥，并无五斗之糈；而半职如鲍，已负两肩之债。誉真过矣，愧何如之！"⑥偷鸡倒蚀了一把米。从此，他的处境更困难了，有时竟穷得无米下炊！老母亲死在馆中，就因为"奉归无

---

① 纪昀：《阅微草堂笔记》，中国戏剧出版社2000年版，第498—499页。
② 许葭村：《秋水轩尺牍》，湖南文艺出版社1987年版，第8页。
③ 同上书，第153页。
④ 同上书，第52页。
⑤ 同上书，第136页。
⑥ 同上书，第177页。

力",灵柩停在庵寺里,"慈梓孤悬",长年不得入土。①有一年,他的一个儿子和两个女儿,都因为出天花,四十天内,相继夭亡,以致"行年五十,嗣续尚虚"②。这一沉重打击,使他多年伤感不已。

在四十多年的游幕历程中,他饱尝了势利的冷眼和失意的苦味,并曾遭受过冤屈。种种的社会病态使他对现实颇为不满,多次慨叹过他们这些入幕之人,等于"置青毡于荆棘丛中","出苦海而登彼岸者则绝无仅有也"。并且辛辣地嘲笑那些势利者是"平日敦气谊,重然诺,一语通财,反眼若不相识",无情地鞭挞那些"落井下石"之辈,"翻手为云覆为雨",如同"獭犬横噬"。而他自己则颇有一点儿骨气,并不随波逐流,"因人为热"。用他自己的话说,叫做"守拙径砭","不愿以铮铮者作绕指柔"。他为人正直,洁身自守,待人以诚,办事一丝不苟。有一次,一位朋友送给他一笔回家探亲的"程仪",后来他改变了计划,没有回家,又自动地把"程仪"如数奉还赠送者,并说:"馈赆之雅,不敢拜登。"③从这件小事也可看出他的心地善良。

还有一些师爷则滥用恻隐之心。《折狱奇闻》载:

某县有刑名、钱谷两位师爷,分住东、西两房,中间隔一间共用的办公书房。某天晚上,东家有喜庆事,大摆宴席请客,晚上还请朋友们在内衙看戏。钱谷师爷正巧得了疟疾,一个人躺在床上。到了半夜,他觉得浑身热不可耐,便挣扎着站起来走几步以发发汗。结果当他硬撑着走到门口时,突然听见隔壁办公书房里有声音,便从墙缝中张望。只见书房里燃着一盏灯,灯火才豆粒大小,半明半暗,有个人借着这一豆灯光,正在翻阅桌上的卷宗,并连连发出叹息声。钱谷师爷再定神一看,赫然发现那人肩膀上竟没有脑袋,顿时大吃一惊,脚底一软,扑通一声就倒在地上。由于房间铺着杉木板,倒下时声音很大,看戏的人都被惊动了,赶紧跑来问出了什么事,但钱谷师爷只推说自己头昏眼花、站立不稳,把这事遮掩过去了。第二天早上他把刑名师爷叫来,问他桌上堆着的卷宗是哪一项案件。刑名师爷说是一个抢劫杀人案,"我觉得此案应枭首的犯人太多,想开脱几个死罪。"钱谷师爷赶紧把昨晚的情景告诉他,并劝道:"那个无头鬼,肯定是被害人,他不满

---

① 许葭村:《秋水轩尺牍》,湖南文艺出版社1987年版,第248页。
② 同上书,第348页:弟为方来青制府接延,仍司前席,况味亦复如初,元足告慰。而行年五十,嗣续尚虚,昨春虽置一姬,无非了此人事;其或田能种玉,或竟蚌不生珠,一任悠悠之数而已。
③ 同上书,第85页。

意你的拟稿，恐怕你的拟稿不妥。"但刑名师爷却说："我从来只听说办案要'求生'，没听说要'求死'的。我自用我法，你别来打扰。"仍旧以原稿交给主人。可是当天他就得病，不到一个月就莫名其妙地死了。①

师爷以私人阴德代替国家、社会公德，在为国家、社会执法时顾忌个人阴德的观念，又是民间文化"公私不分"特色的典型。于是，法律在具体执行中营私舞弊、枉法擅断，成为不可避免的现象，同时也使法律更难成为公平、正义的代表，难以发挥"保护好人，制裁坏人"的作用。

生前的作为，是身后构筑的基础。很难想象一个生前胡作非为的人，死后想着上天堂？师爷们在世时兢兢业业地做事，堂堂正正地做人，才会有死后也步入正直行列，去从事无限向往的职位与事业。可以说，相比于官吏，师爷多数比较清廉。其中的原因主要有三：

一是师爷同吏胥不一样，他们与主官之间是真正的聘任制，有着"人才市场"的制约，一旦某个师爷名声不佳，就等于自己断送在这一行当的生路，辞幕以后无人再聘。尤其是如果主官因为师爷的不当行为丢了官职，这个师爷的职业生涯就等于终结。

二是师爷本身有自己的前程追求，他们往往不满足于一辈子当师爷，或科考，或捐纳，他们最后往往会正式进入仕途，所以不能在为幕期间败坏了自己的前程。

三是师爷的待遇相对优厚，基本可以做到生活无忧。多年为幕的汪辉祖承认，自己正式当了知县以后，收入还不如过去当师爷时。

这三条原因的作用，基本保证了师爷队伍的职业素质和师爷为人处世的态度。

这些事件，不是宣扬幽冥世界，而是为师爷正名。他们在世时忙着找饭碗，匆匆去赴任，干着自己的事业；死后也忙着去继任，履行自己的职责。这些都说明了师爷们对自己一生事业和行为的肯定，在衙门的大染缸中何等自信。没有生前的自信，何来身后的事业。身后的事业，那是对生前作为的肯定。

---

① 参见葛建初《折狱奇闻》，上海会文堂新记书局1932年版，第93—94页。

第六章 刑名师爷的诉讼手法

清朝建立之初，社会秩序动荡，大多数的法规沿袭前朝。在清代的地方政府机构中，正印官均兼行政司法于一身。繁杂众多的事务，只靠主官一人是无法处理的。于是，这样就为师爷的发展提供了很好的机会。清朝中叶之后，刑名师爷在社会上发展很快，地方道府州县府衙中都有他们活跃的身影。他们协助地方政府衙门主官操纵刑事大权，执行着官府的决定，在清代的政治生活中是一种不容忽视的力量。因此，要想研究清代各级政府的有效运作，必须研究刑名师爷。师爷手稿中的不少资料，为我们认识清代聘请刑名师爷的社会原因、性质、来源等问题提供了依据。

一、师爷佐治的律法依据

按照"劳心者治人"的传统说法，师爷也是劳心者，当然也就是治人者。清朝官场上一直有这样的说法：主官是"主治"，而师爷是"佐治"，是帮助主官治理民众的。清朝的政治制度将地方大权集中到主官一人之手，州县主官要管司法审判、财政税收、治安警备、风俗教化、文化教育等各类事务，实在是应付不过来。而且清朝时读书人一旦考中了进士就派到地方上去当知县，平时所学所考的和州县衙门的日常事务毫无关系，对于如何施政两眼一抹黑，势必要有人辅佐。好在从科举考场上淘汰下来的读书人多得很，有些人就转而学习做官的实务，帮人佐治为生，总比教书、算命好。

王士俊（1683—1750），贵州平越（今福泉）牛场渚浒人。字灼三，号犀川，出身书香门第、官宦世家。康熙六十年进士。历任河南许州知州、广东布政使、湖北巡抚、河东总督兼河南巡抚、四川巡抚，因疏陈时政弊端，触帝怒，免官。王士俊历任数省督抚，政绩声誉皆佳，也很有学术成就，著有《河南山东古吏治行》、《河东从政录》、《困之录》等书稿行世。王士俊在《律令》条"御制大清律集解序略（雍正三年）"说：

先王立法定制，将以明示朝野，俾官习之而能断，民知之而不犯，所由息争化俗而致于刑措也。凡士之注名吏部，将膺民社之责者，讲明有素，则临民治事不假于幕客书吏，而判决有余。①

清代的教育以学而优则仕为目的，大多数地方官员是经过科举走上仕途的。清代科举考试取消了明法科，仅考经义、策论，不考书判，因而通过科举考试正途出身之官不通律例。在求取功名的过程中，他们的必修课是四书五经，不包括专门的法律知识。按照以往朝代传统政治的要求，各级官吏必须做到清正廉明，而且能够弭盗安民。然而考取功名，步入仕途之后他们想要博得清正廉明的官声，做到弭盗安民，决不能逃避理讼决狱。面对层出不穷的各种刑事案件和民事纠纷，没有法律知识准备的官员往往感到无从着手，因此，依靠师爷是解决问题的最现实的办法。但是，朝廷并不希望地方事务由体制外的人控制，因此要求官员学习法律知识。

从治理地方刑案的实际情况来看，官吏对法律知识也有着客观需求，这种需求不会因为师爷的存在而消失，只能得到一定程度的缓解。因为要找到合适的师爷并非易事，这是由于幕学体制采取传统的拜师学艺的教育教学模式，讲究乡情地域和血缘亲友关系，培养出来的师爷数量不会很多，精通刑名幕业者就更少。师爷的水平参差不齐，官员不能够高枕无忧。另外，官员不可能事事都由师爷代理，总有自己独立办事的时候，就会陷入被动。

律例虽不能全记于心，亦必记其大概，遇有案件将来约是何罪即可先知。每有新改之例，一经奉文，当即抄录或令伺候签押家人抄写粘于律例内本条之上，以便翻阅。可学而不用，不可不学。设遇紧要之件适值幕友回家或旧友辞去新友未来，则临时不致束手矣。"②汪辉祖在《学治说赘》中的"律例不可不学"条认为：官员如果平时不熟悉，思想毫无准备，尤其在公堂问案之时，"猝难质诸幕友者，势必游移莫决，为讼师之所窥测"。

而如果熟谙律例，则

可因事传例，讼端百变，不难立时折断，使讼师慑服，诬状自少，即获

---

① 陈生玺辑：《政书集成》第9辑，中州古籍出版社1996年版，第751—753页。
② 穆翰：《明刑管见录》，见《丛书集成续编》52，新文丰出版公司1988年版，第619页。

讼减刑轻之益。①

出于治事升迁的需要，清代官员中亦有一些人重视法律知识，黄可润认为：

> 大要权不尽在幕友，专在本官。平日须将刑名钱谷本省事例一一熟筹胸中，临事方有把握。②

然而官员们又强调，他们对法律知识的需要与幕友不同，他们不能也不必精通全部律例。汪辉祖从既做师爷又任过知县主官的经历指出：

> 听讼不协情理，虽两造曲遵，毕竟是孽。断事茫无把握，以覆讯收场，安得不息？原其故，只是不谙律例所致。官之读律，与幕不同。幕须全部熟贯，官则庶务纷乘，势有不暇，凡律例之不关听讼者，原可任之幕友。③

穆翰（生卒不详，字虎臣，吉林长白人。道光年间知直隶、承德等州县。道光二十五年赋闲著书）在《明刑管见录》中"讲求律例"一条上注：

> 律例不可不读，然官之读例非同幕友，幕友须全部熟习，官则初本未学，及至出仕，要能了然谈何容易？况官之事务纷繁，一日读之，三日忘之，有何益处？要将律例与幕友虚心讨论，于办过案件自然牢记于心。④

这句话说明，官吏只需掌握常用律条和典型案例就足够了。

清代地方官员审理刑事案件时最重要的法律依据是《大清律例》。《大清律例》一书是清朝确定的法典，制定过程中参阅了历代流传的法律、规章制度。

> 弼教在于明刑，陈法因而布令，《大清律例》一书乃本朝之定典，万世

---

① 汪辉祖：《学治说赘》，商务印书馆1939年版，第7页：若田宅、婚姻、钱债、贼盗、人命、斗殴、诉讼、诈伪、犯奸、杂犯、断狱诸条，非了然于心，则两造对簿，猝难质诸幕友者，势必游移莫决，为讼师之所窥测；熟之，可以因事传例，讼端百变，不难立时折断，使讼机慑服，诳状自少，即获讼简刑清之益。每遇公余，留心一二条，不过数月，可得其要。惮而不为，是谓安于自怠，甘于作孽矣。
② 张原启、陶毅：《为官之道：清代四大官箴书辑要》，学习出版社1999年版，第123页。
③ 汪辉祖：《学治说赘》，商务印书馆1939年版，第6页。
④ 穆翰：《明刑管见录》，见《丛书集成续编》52，新文丰出版公司1988年版，第619页。

之成宪也。蒙我皇上圣明鉴定，归于允协，特赐颁发，以昭遵守。①

但《大清律例》的条文只有经过解释才能应用，因此经常得到利用的实际上是律学著作。清代律学著作分为以下几种类型：

一是辑注本类型，康熙年间沈之奇所著《大清律例辑注》是代表作、还有乾隆年间万维翰所著《大清律例集注》；

二是考证本类型，代表作最著名的有乾隆年间吴坛所著，对《大清律例》作系统注释的《大清律例通考》，以及光绪年间薛允升所著《读例存疑》；

三是应用本类型，代表作有康熙年间王明德所著《读律佩觿》、于琨所著《祥刑要览》；

四是图表本类型，代表作有乾隆年间沈辛田所著《名法指掌》、万维翰所著《律例图说》；

五是歌诀本类型，光绪年间程梦元所著《大清律例歌诀》和梁他山所著《读律琯朗》是代表作；

六是比较研究类型，代表作是薛允升所著《唐明律合编》、沈家本所著《汉律拾遗》。

从大范围讲，图表本、歌诀本可以归入应用本类型，而比较本可以归入考证本类型，实际上清代律学著作就由三个部分组成：以解释律例为特点的辑注本类型、以考证律例源流为特点的考证本类型，以方便司法实践为特点的应用本类型。还有一些判例汇编，大多是按律例的内容和顺序编排的，可以将它们归于应用本类型，如乾隆年间全士潮校刊的《驳案新编》、道光年间祝庆琪纂、鲍书芸订的《刑案汇览》等。

清朝入关不久，皇帝就在颁布的"上谕"中承认各地州县官员"文移招详，全凭幕友代笔"②。后来雍正皇帝颁布谕旨，在《钦颁州县事宜》中专列"慎延幕友"一条：

雍正

---

① 张希清、王秀梅：《中国历代从政名著全译　官典》第二册，吉林人民出版社1998年版，第831页。
② 参见章中如《清代考试制度资料》，山西人民出版社2014年版，第138页。

> 按唐之节度观察等使赴任之时，皆自征辟幕僚，所谓恭谋记室，即今之幕宾也。我圣上加意吏治特颁上谕。"嗣后督抚所延幕客，须择历练老成、深信不疑之人，将姓名具题。如效力有年果称厥职，行文吏部议叙，授之职位，以示砥砺，钦此。"仰见睿虑周详，明无不照。盖以外吏之幕宾，共勷政治，务在得人。天语煌煌，诚慎之也。然自督抚以下，司道府厅州县衙门虽自不同，俱各延有幕宾，均宜仰体圣意，择交维谨。而初任之有司，更当慎重其事。盖刀笔簿书，既未学于平日，刑名钱谷，岂能谙于临时，全赖将伯助兹鞅掌，若所倚非人，则彼以滥竽而败事，我即覆餗而负咎矣。故筮仕方新，必求品行端洁，学问优长，既历练于事情，更精卓于识见者，延之入幕，与共晨夕，资其佐理，以勤夙夜，庶几宾主砥砺，相藉有成也。但幕宾之慎其选，人犹知之，而于挂号一事，则多视为末节，不知州县公务，头绪繁多，凡一应正杂钱粮，文移牌票，各宜立簿稽查，俱须登记明白，乃百事之条目，庶务之纲领也。必择其熟练精细者，为之职掌，分门别类，眉目毕清，然后事之应行应覆，应比应催者，一览可查，均得依期完结，按限督销，而书役混朦之弊技无所施。否者徒有一簿，而不知缓急何事；空有一号，而不查迟早何时。案牍纷纭，定滋丛脞。所以幕宾需人，固不可不慎其选，而挂号一项，又不可不重其事也。①

朝廷从事实上承认地方各级主官可以聘请师爷帮助处理政事。

州县主官请师爷帮忙佐治的风气从明朝开始，而到清朝大盛。清朝号称"无幕不成衙"，从道府到州县各衙门都聘请师爷，而州县事务最杂，几乎没有不请师爷的。能力差的州县官员要请十几个师爷，一般的州县官员请五六个师爷，至少也要请两三个。

（一）官府衙门的左右手

由于地方政务繁简不同，这些幕职、师爷的设置并非每个幕府都有的，主要是根据各级官吏的所需而设的。如"奏摺"，是地方主官总督、巡抚幕府中才设有的幕职；"征比"是地方基层官员知州、知县的幕府才有的设置；而发审，则只有发审才设置。清代师爷种类繁多，但各司其职，而刑名、钱谷实总其要。这是由清代地方政权的主要职能决定的。设刑名师爷负责治民（治安）——维护政

---

① 张希清、王秀梅：《中国历代从政名著全译 官典》第二册，吉林人民出版社1998年版，第825—826页。

权的存在与稳定；钱谷师爷负责赋税——从人民那里获得政治运作的资本。因而帮助地方主官处理此二务的幕友，地位也因此而尊贵。在王春龄遗留的手稿中有一份《告示　净屠一日》，记载了当时地方官的治理情形：

　　正堂黄　全衔
　　为查案示，谕事。案据，生员施涵等禀，称：各处被灾日期，向由各处绅耆禀请地方官口示。谕饬屠户及渔户人等，净屠一日。并议设一"警心会"，每年轮派两人为会首。先于被灾前五日，传知乐善诸人，与被难子孙，及绝嗣亲族。听其随便，各出分金，不计多寡。供设已沐，
　　恤典男妇牌位。请官致祭，一面礼忏施食，藉慰幽魂。查，德邑自咸丰庚申年二月二十六日，暨辛酉年九月二十一日，两遭兵灾。杀戮情形，惨于他处。环请每年二月二十六日，九月二十一日，均禁止屠宰，永为定章。公禀立案给示等情，历经出示晓谕，并禁屠户及渔户人等知悉。尔等务于二月二十六日，禁止屠宰一日。所有设位致祭，以及礼忏施食各事，宜悉照旧举行，毋违，特示！
　　县正堂黄示
　　二月二十六日，昔年曾遭兵劫。
　　务宜安勿忘危，各自扪心警惕。
　　合邑禁止屠宰，共以物命是惜。
　　如敢故违不遵，定即提案究责。
　　光绪廿六年二月廿三日
　　　　　　　　礼房　　承稿

　　师爷是旧日官府衙门中极为活跃、极为重要的一群人。他们被主官"倚为左右手"，不可或离。他们本身虽然不是官，却"操三寸管，臆揣官事，"[①]手中掌握了相当一部分官府的实际权力。他们名义上虽是"佐官以治"，实际在很大程度上是"代官出治"，因为封建仕途，主要是科举、捐纳、门荫等途径，而无论从哪一个途径进身的人，都基本不具备刑名、钱粮等方面的知识，因而不得不依靠幕友即师爷来处理相关事宜。在社会上，师爷给人们的整体印象是逐渐变坏的，如曾任内阁中书、礼部主事等职的龚自珍论到师爷与主官的关系时说：

---

① 汪辉祖：《佐治药言》，中华书局1985年版，第3页。

是有书之者，其人语科目京官来者曰：京秩官未知外省事宜，宜听我书。则唯唯。语人资来者曰：汝未知仕宦，宜听我书。则唯唯。语门荫来者曰：汝父兄且慑我。又唯唯。尤力持以文学名之官曰：汝之学术文义，皆不中当世用，尤宜听我书。又唯唯。今天下官之种类，尽此数者，既尽驱而师之矣。

所以龚自珍认为师爷是

其乡之籍同，亦有师，其教同，亦有弟子，其尊师同，其约齐号令同。十八行省皆有之，豺踞而鹗视，蔓引而蝇孳，亦有爱憎恩仇，其相朋相攻，声音状貌同。官去弗与迁也，吏满弗与徙也，各行省又大抵同。①

师爷完全以私人身份应聘，和长官的关系也是私人关系，一般不会出现在公开的场合，就像成语"入幕之宾"所说的那样，师爷平时是在自己的书房处理各类文件的，并不抛头露面。清末有的师爷住在衙门外，但也不会随同长官坐堂审案。

明清时江浙一带文才荟萃，考科举出来的官多，落榜者更多，很多的落榜者转而学习为人佐治的本领。靠着作官同乡的提携，他们跟着主官上任"佐治"，江浙的师爷遍布天下。其中又以绍兴人居多，他们互相介绍，把持各地州县衙门。早年为幕僚，游幕四方，生平足迹遍天下，后来得到提拔成为官僚，73岁被罢官的许仲元在《三异笔谈》中记述了绍兴师爷"王二先生"把持云南衙门的故事：

王立人，忘其名，越之山阴人。工摺奏，刑钱均擅。居滇久，尤熟其风土人情，遂执梃为幕宾盟长。馆于近花圃，园林戏台咸备，督及抚尚可折简招。道府以下，有君前，无士前也。

承宣为德清许君祖京，提刑为江夏贺君长庚，皆其儿女姻亲。首府为武林庄君肇奎，缟纻尤笃。左鞬贮刑名，右鞬藏钱谷，视王二先生点定。即遣奴呈两府施行，无烦斟酌也。一缺出，官须两司议详，两院商定，幕则立翁片言而决。当局者不敢参一词。滇省脩脯最优，即至薄者亦六百金，繁缺倍之。皆其门下士，然亦甚公。以技之长短分高下，不少轩轾也。各府厅州

---

① 龚自珍：《龚自珍全集》，上海人民出版社1975年版，第3页。

县衙参大府后。午必麇集，谒贵者于斯，访友者于斯，审案者亦于斯，娱戏者尤必于斯。一厅则敲扑喧哗、一厅则笙歌婀娜，不相闻，不相混。夜必设筵，器物多创造，如大方机，阔茶几，皆其新制，人占一机一几，进食单以笔点之。一壶一簋，不并案，或欲遍尝，或不兼味，惟其便。绍酒大尊价纹银十二两，夜必罄一尊。

同乡之赋闲者，悉馆谷之。故王二先生；大府有投赠，司道有缟纻，府厅以下有进奉，而终不足供其挥霍。于是谋于当事，点办各省铜运。除京运八起，及粤省以盐交易外，其余各省以铜本交藩库，即以运本交王寓。届期则于百色兑铜，既速且逸，运员以恬以娱。省之近者，且可暂假归省，计运本羡余，一年原可数万金。奈何面愈宽，酬应愈广，办十余年，总计短二十四万。乃告两司曰："公等以铜厂钱局膏润，多者七八十万，少者亦不下二三十万，非臣力不及此。今与公等约。若助我十六万，若助我八万，宦囊太丰，非福也。以济我急，减君装也。见机而作，予亦从此逝矣。"

召诸委员代草公禀，讼已；复为两司代草详稿，罪己。以边省犯事，调戍四川，搜合余烬，尚存万余金，挟之走成都。曰："予本婺人子，还我本来面目，亦大不恶。"不见一客。年八十余，卒于蜀。近闻其幼子聘于许者，以军籍举秋试，次子赟贺者，亦以县佐分发。至今越人幕于滇者，犹啧啧称王二先生不置云。若其一传而为金钢钻，再传而为金玉堂。所谓画虎不成，反类犬者也，王二先生岂易学哉？①

师爷就这样在各地州县衙门里把持弄权，以至于后来"绍兴师爷"成了师爷的代称。习惯上各地师爷行当在春节团拜时，往往是在当地的仁钱会馆、宁绍会馆等的浙江人的同乡会社里进行的。

（二）刑名师爷的幕道

刑名师爷的地位最高，报酬也最多。清朝时一个刑名师爷每年的束脩总有千两左右。如《儒林外史》中的人物倪廷珠说：

> 我自从二十多岁的时候就学会了这幕道，在各衙里做馆。……我这几年，亏得遇见了这位姬大人，宾主相待，每年送我束脩一千两银子。②

---

① 许仲元：《三异笔谈》，重庆出版社1996年版，第41—42页。
② 吴敬梓：《儒林外史》，北方文艺出版社2013年版，第160页。

而该书的另一个人物周进在乡村开馆教学，"每年馆金十二两银子"。乾隆末年出版的幕学指导书《佐治药言》说刑名师爷"月脩百两"，而私塾教师"岁脩不过数十金（几十两）"。《三异笔谈》说云南即使边远地区的州县，刑名师爷岁脩至少也要有五百两。而富裕地区州县刑名师爷的收入更高，如《皇朝经世文编·吏政·大吏》所载，"如福建之漳浦、侯官，广东之番禺、南海"，刑名师爷的岁脩高达"千五六百两，千八九百两不等"①。所以刑名师爷可说是作官以外读书人最有"出息"的职业了。

刑名师爷是要凭本事居首席幕席、拿最高束脩的，他们要经过几年的"专业"学习，熟悉"刑名之学"，才可以出来做事。"刑名之学"也就是"幕道"，包括熟读各类法律条文，掌握各种司法文书的格式，熟悉各地官府办案的惯例、成案，还要把这些都融会贯通，比起写作八股文章更难。而且刑名师爷作为州县衙门席位第一的师爷，在必要时还应能代理其他师爷的事务，在"习幕"时还要熟悉衙门里其他的各类事务。很多清代的幕学著作都强调刑名师爷不是人人都可学会的，曾有师爷和知县经历且经验丰富的汪辉祖在《佐治药言》中说：

> 故亲友之从余习幕者，余必先察其才识。如不足以造就刑钱，则四五月之内即令归习他务。盖课徒可以进业，贸易可以生财，作幕二字不知误尽几许才人。量而后入，择术者不可不自审也。②

《官箴书集成》中的《刑幕要略》说：

> 自古全才难得，习幕而可以佐人者约有三等：识力俱卓、才品兼优、例案精通、笔墨畅达者，上也；人品谨饬、例案精熟、笔下明顺者，次也；人品不苟、例案熟练而笔墨稍逊者，又其次也。此三者，上等半由天资，半由学力，固未易得。中次二等，皆可勉为。是在立志，以求循序渐进。自可出而问世物，苟成器不患问价无人。若因循浮躁，浅尝辄等则非。余之所知，其他文理太陋，资秉太钝，似亦不必误入此途，不如早寻他计。故凡有心习幕者，当先自量其材力，而后从事于此，庶不至自误生平。即世之延友者，亦可准余所言，量缺繁简以物色人才，自收得人之益。③

---

① 魏源：《魏源全集》第14册，岳麓书社2004年版，第249页。
② 汪辉祖：《佐治药言》，中华书局1985年版，第14—15页。
③ 官箴书集成编纂委员会编：《官箴书集成》第5册，黄山书社1997年版，第26—27页。

著名师爷万枫江也在《幕学举要》中说：

> 当幕僚的本领，本来就不容易。必须志向高远，胸怀坦荡，文笔通达精练，善于观察、分辨事物的发展变化，训练有素，然后才可以独当一面。如果只是仗恃聪明，恃才傲物，放纵任性，就常常坏事。①

清代并没有专门教授"刑名之学"的学校，而且这是实践性很强的学问，当时的学校也没有办法教，要学习这"幕道"，就和工匠"师傅带徒弟"一样，跟从老资格的刑名师爷见习。这种见习期一般都要两三年，在习幕期间非但没有束脩可拿，还要给老师按年送上百两的束脩，逢年过节还要送节礼。真正一贫如洗的读书人是没有办法学这"幕道"的。

刑名师爷攻读、研究的这个"幕道"主要内容是法律，所以在某些程度上似乎相当于现代的应用法学。他们在实践活动中的言行，颇有历史意义：

一是注重熟悉律例。认为"律文解误，其害乃延及生灵"②。

二是注重搞清事实。强调"要识得何处是真，何处是伪，何处是起衅情由，何处是本人破绽"。办案"不可先有成心，又不可漫无主意"③。

三是注重办案效率。强调"随到随审"，以既防"前事未去，后事又来，百事丛集，忙中有错"，又能使当事人尽快脱离官司，免除"穷民守候缧绁之苦"④。被称为

图29　访察纠错

---

① 万枫江、张应俞：《幕学举要　杜骗新书》，伊犁人民出版社1999年版，第18—19页：入幕本领，原非容易。必胸怀高朗，笔力明通，参观事变有素，然后可当一面。若徒恃聪明，矜才使气，每多偾事。

② 汪辉祖：《佐治药言》，中华书局1985年版，第8页。

③ 万维翰：《幕学举要》，清光绪十八年（1892）浙江书局刻本，第1页。

④ 同上书，第2页。

"骆大师爷"的骆照不仅办案干练利索，其所订的《清理积案规条十则》，后来还为曾国藩任畿辅时所应用。①

四是注重宽仁省事。

> 事非急切，宜批示开导，不宜传讯捉人。非紧要，宜随时省释，不宜信手牵连他人……少唤一人，即少累一人。可息便息，亦宁人之道，断不可执持成见，必使终讼，伤闾党之和，以饱差房之欲。②

五是注重释律汇例。结合刑名实践，注释《大清律例》，汇编典型案例。

师爷的这些思想与实践，为清代的地方法治建设、为民国司法制度的创新、为现代司法制度的延进发展，作出了巨大的贡献。直至今日，也仍颇有现实意义。不过需要注意，和现在不一样的是，刑名师爷并不以法律为自己的终极目标。"幕道"的精髓是要保证东家能够顺利结案，至于法律的尊严、社会的公正却是在其次的。如汪辉祖《佐治药言》所说的，刑名师爷研究法律，

> 故神明律意者在能避律，而不仅在引律。如能引律而已，则悬律一条以比附人罪，一刑胥足矣，何藉幕为！③

所谓的"避律"，是指能够"活用"法律条文来解决司法难题，无须将法律奉为神圣、严格遵守。汪辉祖在《学治臆说》中举例"避律"如下：

乾隆年间江南长洲县（今苏州市一部分）曾破获一起私铸铜钱案，被捕的几个罪犯都供称在逃的某某人是主谋首犯，按当时法律私铸铜钱首犯绞立决，从犯发遣边疆。通缉多时未能抓到那个首犯，知县就将抓获的几个罪犯按从犯处理，几经复审后，判决生效，那些罪犯被发遣新疆。过了两年，在追查另一宗案件时，捕获了那个被称为私铸铜钱首犯的某某人。可那人无论如何不肯承认自己是私铸铜钱的首犯，反咬已被发遣的某某是首犯。该县无法把同案犯解回来对质，而且如果翻案，就会影响原审各级官员的考绩。知县急得没办法，他的刑名师爷只得邀集附近各县的刑名师爷商议。松江老夫子韩升庸为他们出了个好主意：将那个后来捕获的在逃犯情节改为"闻拿自首"，并劝告他合作，承认自己是首

---

① 民国《绍兴县志资料》第一辑16册，广陵书社2011年版，第55页。
② 汪辉祖：《佐治药言》，中华书局1985年版，第6页。
③ 同上书，第9页。

犯。按照当时法律，案发后自首可以减罪一等，那人承认首犯虽得一死罪，可是有自首情节又可减一等为发遣，结果和从犯一样。这样一来，案件就可以圆满完结。长洲知县按计而行，果然皆大欢喜。

不管是引律还是避律，都要求刑名师爷必须要能够熟悉法律，业务不精强就会被东家解聘。几次解聘，就再也找不到东家了。生于乾隆朝曾任兴宁县典史，长期充任师爷和佐杂小吏的山阴人俞蛟在《梦厂杂著·纪西粤幕》里记载有这样一个故事：广西地处偏远，清代被认为是穷困省份，在广西从幕的刑名师爷不多，难免鱼目混珠，于是有些半路出家的刑名师爷也敢在广西混。嘉庆年间，有个在广西经商的商人因亏损折了本钱，无法返乡，居然弃商经幕，改作刑名师爷。他在自荐信后面写上：

> 晚生赋闲日久，资斧不给，求老先生培植一席之地，举家衔感。

靠着一个当桂林知府的同乡推荐介绍，得了两次州县幕席，可都被主官中途解聘。他厚着脸皮第三次又去知府那里求荐，不料到了知府内宅门前，只见墙上题诗一首：

> 改将贸易学刑名，不用功夫哪得精？培植两番梓谊尽，不须再渎老先生。①

那半路出家的师爷只好悻悻而退。

师爷这种"避律"如果说是出于"仁人之心"的话，则其他师爷为保东家过关的"避律"就离法律更远了。乾隆时期的大文豪纪昀在《阅微草堂笔记》里记

---

① 俞蛟：《梦厂杂著》，文化艺术出版社1988年版，第170—171页：幕友，惟刑、钱为最要。就二者而论，刑名尤重焉。盖钱谷所司，惟出纳，而刑名则按律引例，以判罪人生死，所争在毫厘间。欧阳公谓："求其生而不得，则死者与我皆无恨。"所谓求者，即在按律引例之间，岂细故哉。故习是业者，必求申韩老手，北面师事，朝夕切磨，积数年之久，方可出而应世，各省皆然。惟粤西去京师稍远。一切刑政简易，稍有出入，当事亦不甚苛求。故莲幕捉刀人，往往有未经师传，逞其私智，抄撮成案，藉有力者为之推毂，即踞案指麾，顾盼自喜。有某姓者，行货于粤，资本耗去，改业为幕，矜予众曰："此何难事，而亦如学者负笈从师，迁延岁月乎？倘予汲引有人，断不贻讥幕府。"于是，遇新除州县至，必先怀刺求见，曰："晚生赋闲日久，资斧不给，求老先生培植一席之地，举家衔感。"同人皆鄙之，不与往来。桂林郡守，与有桑谊，推毂两次，俱不胜任。东人辞焉，因复往求荐。见壁上大书一绝曰："改将贸易学刑名，不用功夫那得精？培植两番梓谊尽，不须再渎老先生。"某大惭而去。

载了一个"四救先生"①的传说，就是把这种"避律"技巧发挥到极致的绝妙描写。"四救四不救"之说显示了把"避律"推向极致后的结果：

有个"师爷"晚上做了个噩梦，梦见自己游历阴曹地府，看见几十个衣冠楚楚的人被拖进阎王的大堂去受审。他悄悄地向一个地府的书吏打听这些人是谁？那书吏说这些人是"四救先生"。师爷听不懂，地府书吏就给他解释：那些做刑名师爷的人有一个"救生不救死，救官不救民，救大不救小，救旧不救新"的口诀，因此被人称作"四救先生"。所谓"救生不救死"，就是在处理杀人案件时，反正被害人已经死了，再处死罪犯又要多死一个人，多一个死鬼，于被害人和人间何益？又要损东家和自己的阴德，还不如不让他抵命的好。所谓"救官不救民"，就是在处理民间上控的案件时，尽量不要翻案。一翻案，原审官员就要倒霉，于官场交情大有妨碍。而不让翻案，上控的百姓最多不过是背一个"诬告"的罪名，不至于被处死。至于是否真是冤案就别管它了。所谓"救大不救小"，是指处理官员之间的连带罪责，要尽量把罪责推给第一线的基层小官。因为大官涉及面广，会引起官场大振荡，难以结案，于东家不利，还不如让小官顶缸方便。所谓"救旧不救新"，就是在官员交替时，如有罪责，要尽量推给新任的官员，因为旧任如有罪责就无法离任，清偿不了欠账、赔不足罚款。还不如让新任官顶下来，将来再设法补偿。地府书吏说这些还都不是私相报复、有所恩仇，还算是"出于君子之心，行忠厚长者之事"。师爷问："这些人的报应是什么呢？"地府书吏笑笑："就是来世也被一些四救先生列入那四不救之列而已。"

有人说师爷是一群没有官品、官位的实权人物，确实是体贴精当。嘉庆时曾任邵武、南靖、安溪、南平、彰化及台湾、嘉义和安徽教谕的谢金銮在《居官致用》中说：

> 州县首重刑名钱谷，然其实有不同者，有公式之刑名钱谷，有儒者之刑名钱谷。公式之刑名，有章程可守。按法考律，不爽而已，此幕友可代者也。儒者之刑名，则准情酌理，辨别疑难，通乎法外之意，此不可责于幕友者也。公式之钱谷，清理款项，会计当而已，此幕友可代者也。儒者之钱谷。则为民殖生，为国理财，量入为出，经权在手，此非幕友所可代者也。今例乃于家丁中依仿此例，甚则名目更多，如曰门上，曰签押，曰跟班，曰

---

① 纪昀：《阅微草堂笔记》，上海古籍出版社1980年版，第457—458页。

仓场，曰税务。其所分已不少，乃即门上一项，其中多至七八人或十数人，其中又分门类则曰案件也，钱粮也，呈词也，杂税也，差务执帖传话也，即签押一项，又依此分之，其中名目甚多，且竟添出号件书禀二项，其称号与幕友同，而职事更多于幕友。①

汪康年（1860—1911），清末浙江钱塘人，字穰卿，出身没落封建家庭。27岁中秀才，28岁补廪生，此后入张之洞幕府，任两湖书院分教席。37岁以前，他一直在张之洞幕中，颇受器重。汪康年在他的《汪穰卿笔记》记载了这样一个故事：

> 绍兴人金某，尝习申韩术，为无锡县令钱某所延致。金年少好游，暇时常至惠泉山尼庵栖止。居停主人偶以要案三日候之不得，因怒，自言曰："吾延人主刑名，为官事也，今吾以要案候三日，而不见人所在，如官事何。"金归，仆以告，金大怒，掷砚地上，遽拂袖去。居停慰留不得，乃赠赆百金。金挟金住所欢尼庵中。数日，初未言，尼怪其携行李至，若无所事，因问将何往，金言殊无所诣，且住此。尼亦留之。忽忽两月，金犹无去意，尼因问将何作。金凄然曰："吾辛苦方得一馆，今见辞，欲他就固难，且吾素无积储，又无妻，去此将安之？"尼遂曰："汝愿为官乎？"金骇然曰："吾囊中无余资，安得为官？"尼曰："汝能妻我者，吾所储尚可捐一大八成州县。"金欣诺。遂持尼金捐知县，至江苏，后升镇江府。前居停适为某县，忤上官将获罪，金亟为解，乃已。后尼偶不得意，辄大骂曰："汝忘功名所自乎？"闻者初惊异，询知其故，咸大服尼之知人云。②

从这个故事可以知道，师爷并不是衙门的公职人员，也不是长官雇用的帮手，师爷来去自由，而长官离了师爷好像就不会做官了。这就是晚清州县衙门的一个奇妙现象。

其实师爷是有良莠之分的。在清代文献中，那些幕德好、能力强的师爷被称为"上幕"，而那些缺乏幕德、谋私作恶的师爷则被称为"劣幕"。清人金安清（1817—1880，原名国琛，字眉生，号傥斋，浙江嘉善人。国子监生。弱冠丧父，弃科举，在苏皖游幕。曾入曾国藩幕，官湖北督粮道、署两淮盐运使、湖

---

① 楚兴国、李炜校刊：《牧令书》卷一，道光戊申秋镌，第27—28页。
② 汪康年：《汪穰卿笔记》，中华书局2007年版，第159页。

按察使。）曾对乾隆时和道光以后的师爷做过比较。他说，乾隆时的吏治因有老吏、老幕、老胥而蒸蒸日上；道光以后，则变为老贪、老滑、老奸，无人敬礼，科考之士全都唾弃之。可见对师爷不能一概而论。

然而师爷们很少将自己的办案主张和经验写作成书，也许是因为他们经常埋首于实际的事务中无暇及此，也许因人微言轻而未想作书传之后世。总之，此类书写作的少，流传下来的更少，即使流传下来，有的也失去了作者的姓名。然而，了解封建王朝的法制状况，不仅仅要从中央政府和各级官吏的记述中获得，这些活跃在最基层的师爷的经验谈，也是不容忽视的一个方面，具有重要的文献价值和意义。有法官之实，而无法官之名，隐藏在幕后的刑名师爷，可以说是中国传统司法中的看不见的法官。

二、延聘师爷的社会需求

清代官衙中的师爷由官员私人聘请，是官府衙门中极为重要、极其活跃的人物。他们往往被官员倚为左右臂膀，须臾不可分离。虽然名义上是"佐官以治"，但实际上在很大程度上是"代官出治"。乾隆年间先后任职满城、行唐、无极、大城等县知县，后任宣化、易州知府，在畿辅任职20余年的黄可润说：

> 作令不能不用幕友，然幕友不但取其谙律例，亦当与讲存心行政之体。至于奉行文书，但单发该房照办字样。书吏无本领者，不过率混了事，至于驳饬至三，而本官已干迟误之咎矣。故幕友好者，当初奉文时即将主意摘出，使吏遵办，则事毕举也。然大要，权不尽在幕友，专在本官，平日须将刑名钱谷，本省事例一一熟筹胸中，临事方有把柄。①

虽说有这些名目繁多的师爷，当中刑名和钱谷师爷显得尤为重要。清代著名小说家李伯元在《文明小史》第三十回写道：

> 且说这位刑钱师爷姓佘名豪，表字伯集，是绍兴府会稽县人。原来那绍兴府人有一种世袭的产业，叫做作幕。什么叫做作幕？就是各省的那些衙门，无论大小，总有一位刑名老夫子，一位钱谷老夫子；只河南省的刑钱是一人合办的居多，所以只称为刑钱师爷。说也奇怪，那刑钱老夫子，没有一

---

① 张原君、陶毅主编：《为官之道 清代四大官箴书辑要》，学习出版社1999年版，第123页。

个不是绍兴人,因此他们结成个帮,要不是绍兴人就站不住。这佘伯集怎么会在河南抚台里当刑钱呢?[①]

师爷也存在高低之分,府、县两级的是低级师爷,主要经营刑名、钱谷等基层政务。道台以上府衙所聘的是高级师爷,所经办的多是军政大事。

每个州县主官所聘请的师爷数额不限,有的只聘请一个师爷,有的聘请两三个,有的聘请十几个,师爷数额的多少,主要是依据州县主官个人经济能力来确定,但不论聘请师爷数额的多少,每一个州县都不能缺少刑名师爷。究其原因,不外乎有这样几种:

首先,清朝政权是一个以满洲贵族为核心、以满汉地主阶级联合为基础的封建专制主义政权,"首崇满洲"是它的基本国策,也是它的政权命脉所在。随着清朝政权的巩固,从中央到地方必然建立起一个以满洲贵族为核心的庞大的官僚体系。在这个官僚体系中,汉族官员的各种辅助人员不需多言,但就满族官员而言,初到中原不懂语言,不通风俗,不谙政务,急需有人辅助才能处理各种事务,这为清代刑名师爷的发展提供了很好的发展机会。

其次,清初社会动荡,制度草创,为了稳定社会,在立法方面,除了维护满清贵族特权的法律外,清律基本沿袭明律,但随着社会形势的发展,清律开始大量地增修条例,如乾隆五年(1740)《大清律例》正式颁布之时,律文后附例1049条,到同治九年(1870)条例已有1892条。律例的增多,造成司法审判的困难,这也要求审案者必须经过专门的法律训练,于是刑名师爷就有了充分的生存空间。

另外,清代的学校教育几乎完全是为科举考试而设计的,从官方的太学、府学、州学、县学到私立的家塾村塾、乡塾、义塾等各级学校都没有设律学专科。虽然在学校的科目中有《大清律例》及历代名臣有关政治经济的奏议等内容,但在考试中与法律有关的只有"判"这一项,虽说试"判"是以《大清律例》的科目为题,实际上考生在答题时无须引用律文就能作出判断。到了清代中叶,这一项考试也被取消了。由前清官府幕僚后投身国民革命,曾任国民军政府外交部秘书、考试院秘书的陈天锡在《清代幕宾中刑名钱谷与本人业此经过》一文中说:

清代刑钱建制,普及全国,其为迫于需要,显无可疑。何以有此需要,

[①] 李伯元:《文明小史》,熊飞校勘,江西人民出版社1996年版,第252—253页。

> 追本溯源，实由地方行政主官，尤其州县亲民之官，在科举盛行时代，皆以制艺帖括取士，士不经科举，即无从进身。当未仕之时，士之所务，类只制艺帖括，而于管理人民之政治多未究心，至于国家之法律，更无从探讨。①

因此，通过科举考试的官员

> 一旦身膺民社，日与民人接触，即日与法律为缘，即未习于平时，自难应付与临事，有是非求助于夙有钻研之人不可，而刑钱幕宾遂成为饥渴之于食饥，寒暑之于裘葛，而不可离矣！②

官员法律素质的低下，为清代刑名师爷的发展提供了很好的发展机会。

（一）刑名师爷的学识能力

刑名师爷的来源很广，有些是落第书生，有些是书吏出身，有些是犯错而被黜的前任官吏。由于刑名师爷职业的性质要求他们都是文化人，所以绝大多数刑名师爷都是秀才出身。他们既要学习儒家经典知识又要学习法律专业知识。如著名师爷汪辉祖，在担任"书启"时曾向一位刑名师爷学习法律，曾经得到处理公文的机会，并在六年期满后，受聘为刑名师爷。有些秀才在科考之前为了养家糊口不得不去作师爷，一旦考中举人，就会辞职，如若没有及第，他们还会回到原来的衙门或到另一衙门就职。这里也以汪辉祖为例，他在任幕府期间曾参加六次乡试，直到第六次才中举，几次参加考试后，他基本上都回到原来受聘的衙门。他参加了四次京试，失败了三次，从京师回来后他就到另一衙门任职。③

清代的绝大多数刑名师爷都是秀才，他们中很多人是学有专长，自荐到州县衙门当师爷的情况很少，有的是同窗好友推荐，有的是州县官的前任推荐，有的是上级举荐。但无论刑名师爷何种来历，只要他们学有专长，历练通达，见识精

---

① 陈天锡：《清代幕宾中刑名钱谷与本人业此经过》，见缪全吉《清代幕府人事制度》附录二，台北中国人事行政月刊社1971年版，第283页。
② 蔡申之等：《清代州县四种》，文史哲出版社1975年版，第98页。
③ 汪辉祖、蒯德模：《病榻梦痕录 双节堂庸训 吴中判牍》，江西人民出版社2012年版，第10—15页："十七年，壬申，二十三岁……外舅署松江金山令。三月十五日赴金山，自此入幕矣。然余颇不欲以幕为业，掌书记外，读书如故。月脩三金而已。……二十年，乙亥，二十六岁 二月，馆常州。公事暇，从同年诸暨骆炳文先生（彪），究心刑名之学。……七月，余归应乡试，师亦返山左，同至苏州，过余舟握手言曰：'子技成矣，然得失不可知。吾此行，服阕候选，万一南来，子尚佐幕，当虚席以待。'余谨对曰：'二母多病，不能远离，若吾师官在千里左右，必当应命。'各挥泪而别。"

辟就行。当时的幕中人士,以绍兴籍最多,故有"绍兴师爷"之称。

优秀的师爷确实不错,他们做事认真负责,处事干练,能得到东家的首肯和信用。有的东家调任了,还把师爷带走,在新任所继续聘用。如果离任后,不再继任,或罢官回家,则把自己认为"可靠"的,推荐给同僚。这是师爷们寻找位子,或继续谋生的一个重要途径。一般来说,大多数师爷都重视人际关系,他们不但与上级衙门的师爷有很好的私人关系,而且他们与州县官也关系密切,他们手中有一定的隐形权利。

至于刑名师爷的服务年限没有特定的日期限制。刑名师爷既为州县官私人聘用,原则上是能为州县官所赏识则留,反之则去。师爷替知县经办公务,固然顺理成章,或说应该。但有时,师爷替知县办理一些"私事",也有依据。如王春龄手稿中有一件《护照》,这张护照长40厘米、宽32厘米,它生动地再现了一个知县赴任的故事。说的是光绪二十九年三月(1903),时任乐清县知县何士循,调赴嘉兴府秀水县任知县。温州瓯海海关颁发了一张通关护照,于是,知县一行从瓯海搭船到上海,转道赴秀水县,凭护照所经过关卡一路绿灯。这份护照现在还留在王春龄

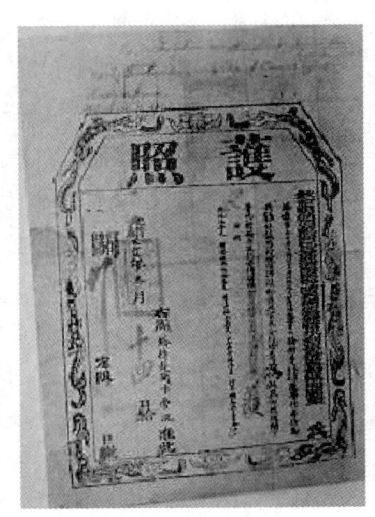

图30 手稿《护照》

家,最能说明师爷与知县之间的融洽关系。有时一个刑名师爷会跟随州县官十年左右。清朝在1772年推行了一项法令,将师爷的供职年限定为五年,但这一法令并没有得到有效执行。

(二) 刑名师爷的地位作用

在清代地方官府衙门诸多师爷中,"刑名师爷"的地位最高,职务也最重要,是知州、知县的主要帮手,协助管理地方州县的刑案审理。刑案中的"状纸",是案件审理不可缺失的部件:告状,讯侦,审理,判决等都少不了。每件案子审理判定后,"状纸"作为"宗卷"需报送上级府衙,地方衙门留有"副本",这是师爷留下来,以后做相关"案件"处理的依据。在王春龄留下的手稿中,有"副本"数件,每件"副本"由两部分组成,前部分是"状词"抄录,后部分为"批"。如下面这份案稿:

李大乐五十二岁，住十五都，南山村，离城四十里。

为喊报藉庇捣抢，求县勘验通办，事切。男长子安荣娶邻地南坪村，民人吴伊田三妹为妻，过门多年，生育男女，至孝翁姑，夫妇相敬如宾。全家和睦相安无异。实系本月十二日下午，男媳吴氏发痧痛迫，当即延医朱□进救治，莫效。至未时殒命。不料吴氏之兄吴伊田等，欺弱恃贫，恶计心生。坚称妹尸指甲紫黑，系遭威迫服毒身死，状系痛毙等语，希图勒诈。男失媳之苦，宛烈切骨，□□□□□□□□□□，同邻戚：吴志宝、伊辉康、伊士照、吴伊永、伊艮、伊郎、国焕、伊□瑞、小瑞、上国柳、国贵成、米春梅、成连洪、贵□为、吴国光等，并不识姓名共有二百余凶，蜂拥而来。男等见势凶狠，避不缨锋，所有家内应用谷石，并作就造屋瓦木料等，什物均被田等悉数□搬一光，并捣碎门窗板壁等物。地保弹压理论，令□失单抄电，叩恩，威迫难瞒邻佑，病毙相验而明。惟求仁宪视诣勘明，捣搬物件形迹，或者属实，抑系虚诬，并验明尸身，或因毒逼毙命，或因发痧致死，究明按名例办，迫赃□□，不特生者感载，死者亦冥目于泉竟矣！为此，喊叩伏乞

大老爷电怜作主，具迅勘验追办，以明宽抑而致效尤，诚然公侯前代上报。

正堂何

批

尔媳吴氏，既因发痧身故，其兄吴伊田妄以服毒为词，纠众捣抢。果有其事，大属玩法。候亲诣分别勘验，一面饬提吴伊田等到案，讯明究追。失单附。

光绪卅二年 戌月十三日 具

这个"批"很重要，反映出对案件提出的"看法和处理意见"。这是师爷佐助主官审理，决判案子的依据，也是"刑名师爷"工作的见证。

清末名臣左宗棠，原先也是湖广总督张亮基的师爷，主持督府的文案处，统管督府申上饬下的文件。但他干了不到一个月，上报朝廷的奏摺、咨文就连连受到有关部门的驳诘，有的是程序不对，有的是文体不符，特别是司法审判方面的咨文连遭刑部驳诘，使得自恃甚高的左宗棠灰心丧气。荐主胡林翼（1812—1861，湖南益阳人。字贶生，号润芝。湘军重要首领。官至湖北巡抚）听说了，

赶紧写了封信来给他打气。信中说，应该赶紧找一位"精通刑名之幕友"[①]专管奏咨文案的起草，你集中精力起草关于军国大事的奏摺。这样就会精力有余，智能更大，谋画更镇定而有余。

胡林翼所指的"精通刑名之幕友"，就是刑名师爷。在清代，从督抚到司、道、府、州、县各级主官无不有师爷。师爷是受官府中官员聘请，帮助主官处理行政事务的私人助手。在各种师爷中最重要的是辅助官员处理司法审判事务的刑名师爷。

行使司法审判权是清代行政机构最重要的功能之一，主官的职责包括了广义上的与司法相关的一切事务，须要具有高度专业技术和丰富的实践经验的法律人才，高度集权极端专制的清代理应建立一个更完善的法律人材培养体制，加强法律人材培养教育。但在当时"谋生致用之道，最佳莫过于入仕"的情况下，清代官方教育和科举考试都不重视法律教育，其法律教育基本上处于空白状态。

我们目前可见的清代官方科举考试中的法律科目设置是乾隆二年，将太学学生分属"明经"、"治事"二科。"治事"科中包含有律令内容，但在科举考试的指挥下，与考试无关的其他一切学问，包括法律，都是无关紧要的，因此"治事"科中的律令一学形同虚设。清代官办法律教育既废，清代官员绝大多数经科举出身。而以四书五经、八股文为考试内容的科举制度，使读书人埋头于儒家经书，在这种制度下培养出来的清代官员就是先天性法盲，更不懂依法断案，一旦升堂审案，便手足无措，不知如何下手，无所适从。有"诸葛亮"之称的左宗棠碰到法律案件都灰心丧气，何况其他人呢？所以，清代主要靠师爷辅佐的形式来维系其法制体系的运转。根据清代的律法规定，在州县的司法审判中，刑名师爷的工作内容主要有以下几个方面：

（1）刑名师爷要审阅"控词"。刑名师爷在审阅"控词"时，要看"控词"是由本人亲自书写或是由他人"代书"，是否"照本人情实据实誊写"[②]，"控词"内是否波及无辜；控告者是不是被囚禁之人，然后在三日之内刑名师爷对此状作出准或不准受理的决定。

（2）刑名师爷要决定开庭日期。按照清代法律规定，开庭日期的选择要避开法定的"不理刑名日"，如喜庆日（皇帝、皇后生日、亲政日、结婚日等），祭祀日（皇帝祭拜天地的日子），哀悼日（皇帝、皇后的忌日和服丧日），民间

---

① 郭建：《中国法文化漫笔》，东方出版中心1999年版，第25页。
② 《大清律例》，天津古籍出版社1993年版，第525—526页。

节日，如正月十五、端午、中秋、重阳等，以及每月的初一、初二和每年的封印日。除此之外，刑名师爷还要根据案情的缓急，涉案人员的多寡，犯罪现场的勘验情况等来决定开庭日期。除去这些日子，每年可供刑名师爷选择审理案件的只有100天左右。

（3）刑名师爷要制作详报。开庭审理之后，如果是轻微的笞杖刑案件，刑名师爷代州县官作出批答，如果是涉及徒刑、流刑、死刑判决的案件，刑名师爷还要准备向上级呈报的关于案件的详细报告。在这个报告里要有控诉人或地保的控词，州县官庭讯的记录，证人证言、物证，以及犯罪嫌疑人或犯人的供词，拟判，等等。

（4）准备一个回答上级驳审的详文。由于在州县的司法审判中，刑名师爷并不亲自参加庭审，他们只能根据控告人的陈述，被告的供述等情况来作出判断，这在一定程度上妨碍了刑名师爷对案件的正确判断，因此，有时刑名师爷作出的判断可能会有失当之处，从而遭到上级的驳诘。这时师爷就要准备一个回答质疑的详细材料，在这个材料中，刑名师爷对上级的质疑要一一作出回答，以便结案。

刑名师爷是清代的政治体制中极特殊的社会阶层，他们不是政府官员，没有政府发放的薪俸，但他们却享有较高的社会地位，他们以布衣之身受聘于各级衙门，以己所长弥补官员在专业领域的欠缺，受到官员的尊敬，且来去自由。他们享有较高的社会地位，是由这样两个原因决定的：一方面是清代早期的几位帝王，为了达到"满汉一体"的统治目的，笼络人心，非常重视儒家文化，而备受儒家文化熏陶的充当地方官刑名师爷的秀才们，由于他们所受到的教育，自然就拥有比普通老百姓高的社会地位；另一方面由于刑名师爷懂得一些法律专业知识，能处理一些有关民生的事情，特别是那些秉性正直，为人厚道，办事公正的刑名师爷更能得到州县官员及老百姓的爱戴，刑名师爷是州县官员聘请来的"宾"或"客"，州县官员就必须非常谦恭地对待他们，供给他们精美的膳食，隆重地下聘函，传统节假日州县官员要亲自登门拜访，由此可见刑名师爷的社会地位之高。

（三）刑名师爷的职责权限

刑名师爷的职责是专门协助幕主审理刑事案件。书启师爷所擅长的是骈体文骈四俪六的裁剪功夫，而刑名师爷则是以精通律例、法令、成例及公文程式、办案程序著称，工作中的补阙、正误、救弊之类，更是他们的特长。

著名师爷汪辉祖曾在数县佐幕，先是当一般的师爷，后来成为刑名师爷。他

办事认真谨慎,力求有补于百姓,既力行自勉,又著写《学治臆说》、《佐治药言》等书勉励同人,自撰对联悬于办公场所:

> 苦心未必天终负,辣手须防人不堪。①

浙江桐乡人,道光十六年进士陆以湉在《冷庐杂识》里收有"刑名幕联"一副:

> 求其生不得则无憾,勿以善之小而弗为。②

大意是说,刑名师爷这一手文章刀笔,可以陷人以死地,也可以救人得生存。清代缪艮的《集俗语竹枝词》中有首诗说:

> 公门里面好修行,半夜敲门心不惊。善恶到头终有报,举头三尺有神明。③

"公门里面好修行"这句话,主要就是针对刑名师爷而言的。《偏途论》中有《送刑名核办事件》一节,说的是家人长随应该将哪些事件文牍送给刑名师爷处理,刑名师爷的职责由此可见。原文是:

> 到任通报,印信关防,访拿讼师,地棍土豪,师婆邪教,蛊毒害人,地师引诱,庸医杀人,结盟拜会,强盗硬丐,僧道鏖化,符箓度牒,义鸡剪绺,贼舟匪船,聚众赌博,窝赌窝娼,奸占拐骗,土妓流娼,诬良为盗,买良为娼,婚姻休妻,买休卖休,强奸和奸,嬲奸幼童,私宰耕牛,吸食鸦片,六房典吏,书差舞弊,报捐查籍,封赠旌奖,贞女教子,义夫节妇,丁忧启服,承祧过继,阴医僧道,抛弃尸骸,开棺盗斗,毁坟掘墓,命盗抢劫,书差乡保,书院观风,夹带枪手,文武考试,公出公回,词讼月报,大计考语,越城犯夜,编查保甲,到配安置,接递公文,兵牌火票,遗火放火,私挖官堤,假官假印,假票假银,窃取木植,偷伐茔树,私造鸟枪,器械炮位,贩卖烟土,硫磺私硝,疏失饷鞘,索扰图赖,讹诈滋闹,斗殴

---

① 汪辉祖:《佐治药言》,中华书局1985年版,第4页。
② 陆以湉撰,冬青校点:《冷庐杂识》,见《历代笔记小说大观》,上海古籍出版社2012年版,第257页。"汪龙庄大令为刑名幕宾时,书联座右云:'苦心未必天终负,辣手须防人不堪。'近有人赠刑名宾联云:'求其生不得则无憾,勿以善之小而弗为。'语亦警迫。"
③ 顾国华编:《文坛杂忆》全编四,上海书店出版社2015年版,第233页。

打降，抬验伤痕，叛逆灭伦，违悖殴尊，割夺偷窃，娼优隶卒，监狱班房，差保私押，私刑勒诈，疏脱人犯，各犯报病，犯人拒捕，夺犯殴差，钦查案件，赃私缓赎，十要减等，秋审立决。①

上述事件内容可以归为四类：

第一类，纯粹的刑事治安案件，如江洋贼匪、强盗窃盗、抢劫、杀人放火、斗殴伤害、买卖拐骗人口、盗掘棺木、蛊毒害人、赌博犯夜、强奸卖淫等。

第二类，婚姻休妻、承祧过继、义夫节妇、贞女教子等涉及"纲常名教的一切重事"，其中有一些属于州县自理的民事案件。

第三类，监狱班房、人犯管理等狱政也在刑名幕友的分内，可见其职责不光是办案审判，还要介入到有关司法行政管理中去。

第四类，大量的司法审判、司法行政之外的事务，也要由刑名幕友来管。

州县衙门刑名师爷的工作职责基本是一样的，以上所列的80余项事情，几乎包括了所有刑事案件及部分民事案件，他们还要参与一定的治安、教化等方面的事务。各级官府的司法活动虽有不同，但州县一般管得最宽、最多，最具典型性和代表性。

王又槐，字荫庭，清代浙江钱塘人，精熟律典且有丰富的实践经验，曾入幕多年，并参与修订《大清律例统纂集成》。《办案要略》是他所著的一部法律著作，对研究我国清代法治状况及其实施有重要的历史价值。王又槐有多种著作行世，除《办案要略》外，尚有《刑钱必览》《钱谷备要》《洗冤录集注》等。按王又槐的概括

> 驿站公文迟延，勘合错失；引盐、硝磺过境，递解人犯差员及过往官员患病，监犯、军流口粮，并届限起解遣配人犯，内有应追钱债、应变房产，与夫官员到任履历、谢禀、级纪、参罚、丁忧、告病、病故、乡饮、请旌，诰封，荫袭、名宦、乡贤、考试、书籍、义学、捐官、在籍绅衿事故，保甲、烟户、庵观寺院、阴、僧、僧道、书役、门军、禁卒、更夫，一切巡查防范、整饬风俗、宣施教化之事，统归刑名。②

---

① 章伯锋、顾亚：《近代稗海》第11辑，四川人民出版社1988年版，第646—647页。
② 王又槐：《一个师爷的办案经》，九洲图书出版社1998年版，第38—40页。

具体来说，刑名师爷要参与司法审判的全过程，从拟批呈词、勘验详案，到定拟招解、审转复核，都是刑名师爷要做的事。这就要求刑名师爷必须精通律例。汪辉祖在《佐治药言》"读律"条中说：

> 幕客佐吏，全在明习律例。律之为书，各条具有精蕴，仁至义尽，解悟不易。非就其同异之处，融会贯通，鲜不失之毫厘，去之千里。夫幕客之用律，犹秀才之用四子书也。四子书解误，其害止于考列下等，律文解误其害乃致延及生灵。昔有友人，办因奸拐逃之案，意在开脱奸夫，谓是奸妇在逃改嫁，并非因奸而拐。后以妇人背夫自嫁，罪干缳首，驳诘平反，大费周折。是欲宽奸夫之遣，而几入奸妇于死，所谓知其一不知其二也。故神明律意者，在能避律，而不仅在引律。如能引律而已，则悬律一条以比附人罪一刑，胥足矣，何藉幕为。①

师爷使用法律条文，与秀才使用"四书"不一样。对"四书"理解或解释错误，其害处只不过是在应考时列入下等成绩；解释理解错了法律条文，就会祸及生灵百姓。汪辉祖有个朋友，办理一个由于通奸而拐逃的案件。朋友的意思是要为奸夫开脱罪名，认为是奸妇自己逃离家庭后再改嫁，并非是由于有了奸情才拐逃。这个妇女就以背夫自嫁罪而判为绞首，后上报被驳诘，予以平反重审，颇费周折。这个朋友想要宽容奸夫使其免受谴责，却差点置奸妇于死地。这就是所谓只知其一，不知其二。真正理解法律本义的吏胥，能够灵活运用律例，而不是只会生搬硬套法律条文。如果只能做到引用法律条文，摘引法律条文来比附所犯罪行，一个小小的刑吏就足够了，还需要师爷来干什么呢？

三、刑名师爷的办案要诀

师爷辅佐官员，要熟习法律条理。

法律作为法定文件，各个条款都具有精确的含义，要彻底理解很不容易。只有对法律条例中的相同相异之处，加以融汇贯通，才不会失之毫厘、差之千里。

1. 呈词的撰拟

拟批呈词，是刑名师爷针对原告呈递的诉讼状文拟写决定受理与否的意见，

---

① 汪辉祖：《佐治药言》，中华书局1985年版，第8—9页。

一般写在呈词副状的末尾，然后交主官定夺。如果主官同意，再将刑名师爷所拟的意见誊录到呈词的正本上，批词遂发生法律效力。由此可见，刑名师爷在相当程度上影响一个案件是否能够进入司法程序。一个称职的刑名师爷能够根据诉讼状准确判断案件的性质，是否需要立案以及在哪个环节终结案件。

主官批准呈词要注意两个环节：一是审查诉状的形式，即审查诉状是否是原告真实意愿的表达，同时警示原告对自己的行为负责；二是审查原告的诉讼条件，包括原告是否具备控诉的能力、案件是否应由本地管辖等，于三日内对"呈词"作出准与不准的决定，即所谓的"批词"。放告之日，值堂书吏将呈词收上，然后送交签押房，由"稿签"交"挂号签押"登记，分出刑名、钱谷两类，再交房吏抄出"副件"。然后将"副件"分送刑名或钱谷师爷"拟批"。"拟批"后再送主官核定，核定后再送墨笔誊写，誊写后再令经承填写状榜，可见主官的批词是以师爷的拟批为基础的。

勘验详案，是对案件的正式审理程序，包括审讯被告人，讯问被害人的亲属、证人，必要的勘验、检查等活动。由于诉状和报词真假难辨，轻重难分，牵连多人，因而要求刑名师爷明辨是非，理出轻重，将与案件无关系之人排除在外，才能保证案件审理不被幕后的讼师所诱导，从而在规定的期限内结案。

从法律上讲，这些事情都要由主官来做，但如此专业的要求对于大多数不通晓律例的州县官员来说是难以胜任的，因而刑名师爷必须跟踪每个重要案件的全过程，才能掌握真实情况。有的刑名师爷干脆在大堂后面拉个幕帘，在幕后听主官问案，然后提出具体意见。初审关系到原被告的性命和主官政绩的考核升降，所以，对于幕后的刑名师爷压力不小。汪辉祖在《梦痕录余》中曾表示自己不愿在州县以上官府中作幕，他的理由是：

> 太守去州县不远，然亦未尝就者，此则别有苦衷：以为幕之佐吏，专为治民，民之利弊，惟牧令当周知之，亦惟幕州县者有以熟察而详审之。事无巨细难易，无一不权与州县牧令真知确见，其所可否，大吏不得而夺之。狱有关系，牧令鞫于庭，幕属耳焉，情实情虚不难立时剖辨，尽得其真。居太守幕，只据详供核办，设有丝毫点缀，便成枉纵。以人之失，成我之孳，可已乎不可已乎？①

---

① 《续修四库全书·史部》555册，上海古籍出版社1996年版，第716页。

第六章 刑名师爷的诉讼手法

刑名师爷万枫江认为，所有案件的最初意见，都是州、县一级写出来的，上报到府、监司、都察院，事情都已成为定局，只需要核实清楚案件情节，斟酌法律例条的使用与案件性质的认定是否一致，查缺补漏就行了。府、监司、都察院做的事情看起来比较容易，但他们的责任更为重大。他们汇集了下属各州、县的案卷，头绪非常多，检查核定的时候如果稍有疏忽，就会造成差错，因此必须谨慎行事！拾遗补阙，州县刑事案件的初审至关重要。这就决定刑名师爷要具备很高的业务水平和公正负责的态度。①

按照清代司法层级管辖的规定，州县审理的案件虽然比较少，但由于"逐级审转复核制度"②的存在，即使是最轻的寻常徒刑案件也要经过府、司、院三级，由督抚作出判决，还要再报刑部备案；至于流、军、遣则要经由若干审级后，由刑部批结。死刑案件由督抚向皇帝具题，请皇帝再发下三法司核拟办理。因此，案件审理完毕后，如果是徒刑以上案件，州县官员无权作出判决，但作为第一审级必须根据律例罪行初拟，详细呈报上级审核，这就是定拟招解。司法文书的呈拟工作通常由刑名师爷完成。司法文书有叙供、详文、初拟、招解等多种。

"叙供"对于主官很关键，一般而言，上级衙门就是从"叙供"中找出蛛丝马迹推翻"初拟"的。如果"初拟"一旦被推翻，主官轻则要受"出入人罪"的处罚，重则被降级革职。"叙供"是对审讯笔录和其他相关物证、书证、勘验结果进行整理的文件。包括前后若干次被告的供述、邻里证人的证言，以及据此拟定的适用法律，因此是整个案件判决的基础，是对刑名师爷法律知识和文字能力的最重要检验。王又槐在《刑钱必览》里，具体说明了刑名师爷在叙供时剪裁供证的要点：

> 一是"口供要确"，这个"确"是指口供要符合情理（情理是指事物的一般规律、常识性的逻辑），没有破绽，足以使人相信；

> 二是"情形要合"，情节的发展与当时当地的情况要能够互相对证吻合；

---

① 刘修治：《天下藏书》第4卷，文化艺术出版社2002年版，第250页："万事胚胎皆在州县，至于府司院，皆已定局面，只须核其情节，斟酌律例，补苴渗漏而已。然其事稍易，而其责更重；且汇各属之案牍，则事绪愈多，检点偶疏，每致舛错，可不慎哉？"

② 倪正茂等：《中华法苑四千年》，群众出版社1987年版，第315页：所谓逐级审转复核就是：从基层县级开始，每一级对案件审理后，凡不属自己权限之内的案件，就要呈报上一级审理，层层转报，直到有权作出决断的那一级批准后，该案的判决才生效。

三是"情节要明",对于案件的起因、发展的先后层次要明确交代;

四是"针线要清",一个人的供词能够和其他人的供词对照,就好比是针线缝衣,横缝、竖缝都能够"路数碧清,无不贯串";

五是"来路要明",所有的情节来龙去脉都要交代清楚,能够使人了解案情的发展脉络;

六是"过桥要清",在叙述案情发展时有自然过渡,前一情节自然带出后一情节;

七是"叙次要明",要求叙供整体结构完整,层次分明。①

办案审讯之后,将犯人的口供有条有理、一五一十地整理,并根据自己以往的实践经验做详细的解释,向上司呈报,此为"叙供"。"叙供"的要点是使上司一目了然并且不产生任何疑问。"叙供"十分讲究文字表述。在刑名师爷的笔下,叙供写作与作文无异,同样要讲究文法。名幕王又槐在《办案要略》中提出"叙供"该遵守"六法"、"九不可"等原则。"六法"即:

> 作文者,代圣贤以立言。叙供者代庸俗以达意,词虽粗浅,而前后层次、起承转合、埋伏照应、点题过脉、消纳补斡、运笔布局之法,与作文无异。……
>
> 叙次,先地保而后邻证,及轻罪人犯,末则最重之犯,乃常格也。然内中有先后深知之要证,经手之要犯,必须于地保、邻证之下先行叙出,提纲挈领,然后各犯照供分认,方有眉目,又不可拘泥常格,此即案中前后层次之法也。……
>
> 一事必有一事之情节,一人必有一人之情形。……
>
> 所谓埋伏照应者,何也?如从前并无此人,后忽添人,必须将何人供出,如何查出,差拿到案之处,于供前埋伏,或于他处点明,方不突如其来。……
>
> 所谓点题过脉者,何也?如尸伤内注明:委系因何身死一语,是验伤之点题也。……
>
> 何谓消纳?遇无关紧要之供,可以一语数字该括是也。何谓补斡?如情有可疑,供有未周处所,及案可敲进一层,并防别有所犯,与夫有无知情容留、窝藏等类,均须逐一补叙,或加诘驳申明,或于供尾声说。

---

① 《四库未收书辑刊》肆辑·拾玖册,北京出版社1997年版,第364—366页。

布局运笔，乃办案之要诀也。善布局者，筹算通案之去留向背，安排众人之线索贯接，紧而不慢，整而无遗。善运笔者，爽畅而不纠缠，老辣而不游移，字字无间，句句有骨。若不得其窍，如束乱柴者，不能整齐而归一耳。①

所谓"九不可"原则，即供词不可文、野、混、多、繁、偏、奇、假、忽等：

供不可文，句句要像谚语，字字人皆能解，方合口吻。曾见有用之字，及字而字，并经书内文字者，非村夫俗人口气也。

供不可野，如骂人污辱俗语及奸案秽浊情事，切勿直叙，只以"混骂"、"成奸"等字括之，犯者必于申饬。

供不可混，半茹半吐、似是似非，以及左遮右掩者，大病也。

供不可多，多则眉目不清，荆棘丛生。若蔓衍支离，重叠缠扰，无不干驳。苟遇紧要关键处所，必须多句而始道得透彻者，则又不妨多叙。

供固宜简，必简而该，方得其当。若辞不达意，语不中肯，枯窘疏漏者，病也。

供不可偏，顺乎情理则信，不顺乎情理则不信也。

供不可奇，履于平坦则安，悬于虚险则危也。

供不可假，事有根基则固，话不真实则败也。

供不可忽，一二字句不细心磨勘，微有罅隙，则驳诘至矣。②

最终将案件情由简洁明了全盘托出，自然而然地得出判决的结果。"叙供"写作是说来容易做来难，文字上需要硬功夫，更是实践经验的积累。王又槐从正、反两面具体论述了叙供所应讲究的"六法"和"九不可"原则。王又槐对几种重点案件如谋杀、斗殴、自尽、疯病人犯的叙供作了着重说明。最后，王又槐指出叙供时要注意的一些细节问题，如叙供内有"本年"、"本月"、"前年"、"上年"等字，必须逐一标明某年某月。

"详文"也称"详报"，是下级就有关案情呈报给上级、等待上级批示的司法公文。"详文"有"通详"、"申详"之分。各地盗案、命案初次禀报，州县官员在勘验后应立即向府至督抚各级通禀，以后随着案件审理的进展还要随时详细禀报，即"通详"；下级向上级报告审转案件的审理经过及判决意见的为

---

① 王又槐：《办案要略》，华东政法学院语文教研室注译，群众出版社1987年版，第94—95页。
② 同上书，第95—96页。

"申详"。

《办案要略》共有14篇，依次分为：论命案、论犯奸及因奸致命案、论强盗案、论抢夺、论杂案、论批呈词、论详案、叙供、作看、论作禀、论驳案、论详报、论枷杖加减、论六赃。从目录就可以看出这部著作所涉广泛且细致。比如在"论命案"中论述了斗杀、谋杀及其他三类命案，对误食毒药、因病而死、戏杀而死、自杀而死、私自拷打监禁他人而死等情形的描述，包括许多法医学的知识；因霍乱和男女房事而死的人，体征与服毒而死之人极相似，须加以详细辨别；

> 银针试毒，必须用真纹银打成方可信用。银匠每多抽真换假，或以低色搭配，即当面目击，亦能弄弊，有司不知而误用，难以辨伪。惟有多发纹银，饬令造成二三条，另换工匠，抽出一条入炉倾熔，仍成原色，其针才可备用。①

这一段文字说明了当时司法实践活动中的弊病、可能带来的后果，以及解决的办法。

《办案要略》作为一个地方上的刑名师爷的经验之谈，既有个人对法令法规的理解和诠释，又有其在断案拟供时的方式方法，对于我们考证当时的刑狱情况极具价值。这是刑名师爷的基本功，最能检验其水准。王又槐这方面经验丰富，有独到的见解。《办案要略》被学幕者奉为"叙供"的要诀。

清代另一部刑名幕学专著《刑幕要略》里，明确表示师爷们办案起草"叙供"时要注重"剪裁"：

办案全要晓得剪裁，其某处应实叙，某处应点叙，某处应并叙，详略得宜，位置不乱，方为妥当。剪裁的目的是要把供词理出一个逻辑关系，有利引出结论。论著着重说：

> 办案要预先打算出路与结穴。某某情节应删应补，庶免歧出之病。如下此数语似与某律相近，则划开以清界址；或不下此数语似与所引律例不足，即当添补以完其意。案犹龙也，律犹珠也，左盘右旋，总不离珠，斯得

---

① 王又槐：《办案要略》，华东政治学院语文教研室注译，群众出版社1987年版，第5页。

之矣。①

即是说在"叙供"里供词所反映的"事实",要围绕将来适用的法律展开。

2.案件审核驳诘

"招解"类似于司法判决书,包括对犯罪事实的认定、适用刑罚的拟定,是叙供后的法律判决意见书。比较简单的案件,自审理结束后,由当事人或其监护人、调解人出具甘结、保状、决呈,表示悔过、服输或和解,州县主官作出批示,即可结案。这种批示就是判决,通常称为"判词"。

复杂的案件还需要审转复核。审转复核是按照司法管辖的规定,对案件实行的逐级审转复核的一种制度,由此而产生若干种司法文书。其中重要的是"驳案"、"上控"。"驳案"是上级衙门对上报的各种法律文书提出的质疑和不同意见,呈文衙署要据此予以答复。这方面最见刑名师爷的功夫,既不能不坚持呈报的意见,又不能不给上级衙门留脸面,同时还要为将来一旦翻案留下转圜的余地,因此要求字字老到。王又槐说,州县刑名师爷在指驳中要体现中肯,方称老手。如果作上级衙门的刑名师爷,不但要能办案,还要有见识,必须高人一筹,方堪此任。"上控"就是上诉文书。

审核驳诘案件,是府、司、院三级官府中师爷的职责。按清代司法管辖,府一级的职责是复核州县上报的刑案,复审州县解送的人犯,查核案卷,查实有无翻供,是否需要驳回重审,人证、物证是否准确。如果复审通过,上报按察司。按察司作为一省"刑名总汇",专门负责对徒刑案卷进行复核,对充军、流放、死刑人犯进行复审。复审不能通过的,或驳回令原州县重审,或发首县、他县再审。通过的,加上"审供无异"的批语报送督抚。督抚负责对徒刑案件作出执行决定,复核充军、流放刑犯案卷,对死刑人犯进行复审后作出批语,奏报皇帝,同时咨送刑部。府、司、院的这些工作亦由刑名师爷经办,所以经常有案件被驳,州县刑名师爷不满而"多咎上司师爷"的情形出现。

清代有种现象,即当时无论通过何种方式作官的人都不懂得律例、案牍,只懂得儒家诗书。于是所有的司法公务都交给刑名师爷去处理,这就为刑名师爷擅权提供了机会。刑名师爷出任的目的在于辅佐州县官审案和处理司法文书。因此他作为专业人才不仅直接参与整个断案过程,而且对州县的司法行政运作产生直

---

① 官箴书集成编纂委员会编:《官箴书集成》第5册,黄山书社1997年版,第3—4页。

接的影响。

清代刑名师爷盛极一时，各州县衙门都聘请刑名师爷来帮助自己处理日常政务。绝大多数刑名师爷被主官视为君子而得到尊重，但也有一些人因不检点玷污了刑名师爷的名声。也有一些在州县衙门的刑名师爷，利用亲戚关系，仗势欺人，把州县官员玩弄于股掌之上；或者与州县官员狼狈为奸，贪污受贿，中饱私囊；或与书吏沆瀣一气，蒙蔽州县官员。由于主持庭审的州县官员多不懂司法程序，于是地方司法权的行使基本都操纵在刑名师爷手里，刑名师爷本身没有司法权力，但他们在背后操纵审判，可以实施权力。

清朝庞大的官僚队伍成员，主要来源是历科进士，举人经过三次会试落榜，边远省份一次即可，可以在吏部注册请求授官。另外，经国子监培养的贡生、荫生也可以得到授官，有的人则通过捐钱纳赀得到官职。刑名师爷在清代地方政府中扮演着重要的角色，他们以参谋者的身份出现，为地方官员出谋划策，处理政务，但他们都处在一个强大的关系网中。在这张网中，刑名师爷之间有同乡之谊、师徒之谊、同窗之谊等。因此，他们中的一些人就难免互相勾结、上下串通，做出一些违法乱纪的事情，而州县官作为当地的行政首脑却要对这些违法乱纪的事情承担责任。但对大多数刑名师爷来说，由于他们被州县官所聘，自然就很重视和州县官员的私人友谊，他们必然把自己的日常行为和州县官员的前程联系起来，不至于作福作威。

知州知县是清代地方基层官，他们身为父母官直接与百姓打交道，官职虽低却责任重大，凭他们一个人的能力是无法周旋于各种事务的，为避免工作失误，知州知县只好把诉讼案件交给刑名师爷来处理。在清代的地方政府中，州县官员拥有权力，但权力的行使却操纵在刑名师爷手中，为刑名师爷提供了擅权的可能性。所以，清代地方政府要想有效地运作，就必须得有刑名师爷的存在。但要想廉洁高效运作，也必须遏制刑名师爷的擅权。

为防止刑名师爷的擅权，清朝统治者采取了一些措施来遏制刑名师爷的贪权腐败。清政府三令五申严禁上司为下属推荐幕宾，为严防师爷勾结舞弊，州县官员有责任监督自己的刑名师爷忠于职守，如果州县纵容刑名师爷结党营私，将有被革职的危险。虽然清政府为了孤立刑名师爷，制定了一些条规则律，但收效不大，究其原因还是与当时的政治体制有关。

当然，地方治理的好坏，不全是由官员和师爷自己说了算，还得经民众评价：

> 官声贤否，去官方定，而实基于到官之初。盖新官初到，内而家人长随，外而吏役讼师，莫不随机尝试，事事投其性之所近，阴窃其柄，后虽悔悟已受牵持，官声大玷，不能钳民之口矣。故莅任时必须振刷精神，勤力检饬，不可予人口实之端。非甚不得已，止宜率由旧章，与民休息，微特孽不可造，即福亦不易为，不然如社仓、如书院，岂非地方盛举，而吾言不必创建，独非人情乎哉！社仓之弊，前已言之；书院之名，经始劝捐，于民总不无所费，及规模既定，或倚要人情面，荐剡主讲，其能尽心督课者什不得三四，师既仅属空名，弟子亦无实学。以闾阎培植子弟之资供长吏应酬情面之用，已为可丑。其尤甚者资不给用，则长吏不得不解囊以益之，而归咎于始谋之不臧，是何为乎！夫书院犹有遗累，况其他哉。故善为治者，切不可有好名喜事之念，冒昧创始。①

为官者名声好坏，全在于民众的反应。为官者在任何时候都可以以高压钳制民口，但却无法钳民口于离任之后；可以一时欺骗民众耳目，但不可以永远欺骗。想了解一个为官如何，只要信步走到田间，随便问几个老农，就可一清二楚，民心如秤一样准确。

汪辉祖在《佐治药言》中也说：

> 官之得民与否，去官日见真；幕之自爱与否，去馆日毕露。佐主人为治，须算到去官日，不可令恶声至耳。与主人相处，须算到去馆日，不可有遗议败名。总之，官之得民要在清、勤、慈、惠，故苛细者与阘冗交议；幕之自爱要在廉、慎、公、勤，故依回者与刚愎同病。②

四、师爷辅佐办案三重点

清代的司法审讯制度有固定的步骤，特别是独到的律例规范，更是要求地方官府在办案时不能出现差错。刑名师爷在辅佐主官办案时，必须完全熟悉并掌握整个操作程序。

清代的刑事诉讼是纠问式诉讼，州县官集司法权和行政权于一身，刑事案件审前程序是刑事诉讼审判前的程序，需要掌握第一手资料。所以州县官员在审理

---

① 张原君、陶毅：《为官之道：清代四大官箴书辑要》，学习出版社1999年版，第83页。
② 汪辉祖：《佐治药言》，中华书局1985年版，第16页。

刑事案件时既要行使审判职能，也得负责侦查勘验，同时需要通过采用各种侦查手段来查清刑事案件中的各种事实，为审判程序的顺利进行奠定基础。整个案件的处理过程包括：立案、侦查、审讯等。

（一）立案

清代案件的确立是要有人控诉、投状、呈告，不告不立案。人身权利和财产权利遭受侵害时，被害人、事主、当事人等到州县衙门提起诉讼，在当时称为呈告或自控。《清代档案史料丛编》（第五辑）中的"徐乾学等被控鱼肉乡里荼毒人民状"选择了康熙二十九年至三十一年期间，百姓控告徐乾学、翁叔元、王鹭、王掞、叶廷玉等官员与家属倚势横行、鱼肉乡里的呈状34件，其中有关徐乾学的22件，有关翁叔元、王掞、王鹭、叶廷玉等的12件。这些呈状以饱含血泪的事实，具体而深刻地揭露了显官巨族与省府州县官吏交通勾结，操纵地方，草菅人命，夺人妻女，霸人田房，养奸蓄盗，敲诈劫掠，"苞苴通四方，荼毒遍桑梓"，致使"江南汤火，天日俱黑"，"鬼哭人嚎，怨声载道"①。清代统治者秉承中国封建社会的传统，提倡省讼，严禁健讼，把地方讼狱的多少作为当地官员政绩是否清明的标准，老百姓由于害怕诉讼拖累也有厌讼心理，但是一旦自己及其家庭成员的人身权利、财产权利遭受到了严重侵害，老百姓还是会挺身而出，诉之州县衙门的。如康熙二十九年苏州府昆山县民邵德在控告当朝刑部尚书徐乾学的子侄姻亲勾结官宦屠民诈财的诉状中写道：

> 以上官宦蠹棍，恶迹真赃，身系小民，不应上诉。但命在须臾，不得不冒病号冤，以冀万死一生，直陈情节。字实繁多，哀哀叩候大老爷俯赐鉴怜，亲提爷断。邀蒙批审，必被弥缝，且身至穷力极，负病伤残，亦无生路。倘蒙不准，贴出必遭毒手毙命，并父母妻子亦被惨戮。伏恳宪天作主，

图31　章氏遗书

---

① 中国第一历史档案馆：《清代档案史料丛编》第五辑，中华书局1980年版，第1页。

垂救蚁命，以正王法，以垂不朽。不特德一家世世焚顶也！①

为了保持一个和谐的社会秩序，清代法律规定"诬告反坐"②，这是确保百姓确有冤抑而不是出于一时之忿或者口角微嫌而滥兴诉讼，避免他们因打官司而废时失事甚至导致怨毒伤残，同时也减轻州县官员的案牍之劳。《大清律例》规定事主必须自己到州县衙门亲告，不得让老幼、残疾、妇女、家人代为起诉，否则不仅案件得不到受理，事主本人还要受到法律的惩治。州县官员为了减少案牍之劳，通过"词讼条约"告示等方式，规定代百姓撰写诉状的"代书"要预先甄别。康熙末年徽州府知府吴宏发布《词讼条约》告示：

> 凡民间口角细事，亲邻可以调处，些微债负，原中可以算清者，不得架词诳告。其有户婚、田土不明，必待告理者，代书务宜问明原告，照依事情轻重，据实陈诉。③

经过"代书"的诉前甄别，由事主通过呈告方式呈递给州县官的主要就是刑事案件了。

（1）首告。清代主张"德主刑辅"的轻刑思想，在朝廷的鼓励和授权之下，各类民间组织积极参与民间纠纷的解决。乾隆时徽州府歙县盐商和诗人方西畴在《新安竹枝词》中写道：

> 雀角何须强斗争，是非曲直有乡评；不投保长投文会，省却官差免下城。④

诗中的"雀角"即指民间纠纷，民间调解纠纷有保甲组织和文会。文会是明清时期乡村的一种文化娱乐性结社组织，有点像今天的文化沙龙或俱乐部。朝廷

---

① 中国第一历史档案馆：《清代档案史料丛编》第五辑，中华书局1980年版，第11页。
② 《大清律例》，天津古籍出版社1993年版，第516—517页：凡诬告人笞罪者，加所诬罪二等；流、徒、杖罪，加所诬罪三等，备罪止杖一百，流三千里。所诬徒罪人已役，流罪人已配，虽经改正放回，验日，于犯人名下追征用过路费给还。若曾经典卖田宅者，著落犯人备价取赎，因而致死随行有服亲属一人者，绞将犯人财产一半断付被诬之人。至死罪，所诬之人已决者，反坐以死。未决者，杖一百，流三千里，加役三年。
③ 田涛、郭成伟：《明清公牍秘本五种》，中国政法大学出版社1999年版，第220—221页。
④ 张海鹏、王廷元：《明清徽商资料选编》，黄山书社1985年版，第21页。

将发现犯罪的责任转移到百姓身上,除了律典规定应该"亲亲相为隐"的案件,对于其他严重违反封建伦理关系的犯罪行为以及危害封建国家的犯罪行为,要求亲属或知情人应当向官府告发。如涉及谋反、谋叛、被追捕的罪人等情况,知情不报都要按所隐匿的罪名减等处罚。清圣祖康熙十四年(1675)十月初九日,以钦奉上谕的形式补充规定:

> 有投帖匿名事犯者,将投帖之人,及知而不首者,俱着即行处死,载入现行例内,比照律文,更加严切。①

(2)呈报。朝廷还将发现犯罪的责任压在地方上具有一定管理职责的里长、甲首以及捕役身上。徽州知府吴宏针对境内匿名揭帖活动扰乱治安的问题,要求当地保甲等凡遇有"捏造歌谣、隐匿姓名、布贴街市者","即时举首",以便依照律例处治。同时强调如果"保甲不行举首,一经本府目击,定拿该地保严刑根究",予以严惩。②里长、甲首对于管辖区内发生的案件,如命盗、斗殴等案件应立即将人犯等一并扭送禀告给州县官员。捕役在办理公务过程中发现了其他案犯可即行抓获,并用禀状的方式报告给州县官员。在辖区内发生了应该禀报的案件而里甲、捕役没有禀告,他们就要承担相应的法律责任,有的还要一并判罪。吴宏在《纸上经纶》卷五"告示·禁匿名帖"条说:

> 无论被打之人,成伤不成伤,责在该处总约保邻,即时协扭赴县,以凭大法惩处。若总约保邻明知打降,通共隐瞒,不即首报,定行并拘,一体坐罪。③

(3)自首。清代官衙鼓励犯罪者主动投案自首,自首可以减轻官府处理案件的成本,提高衙门办案的效率。自首的方式有多种:一是本人到官府自首,二是委托他人或亲属代为自首,三是清代不是所有的罪行都允许自首,罪行严重的不准自首,如杀死人命、奸人妻女、烧人房屋等行为。

> 若于法得相容隐者为首,谓同居及另居大功以上亲,若奴婢、雇工人为

---

① 田涛、郭成伟:《明清公牍秘本五种》,中国政法大学出版社1999年版,第223页。
② 同上。
③ 同上书,第234页。

家长首及相告言者，皆与罪人自首同，得免罪。①

《大清律例》的规定与当代的自首制度有不同，罪行轻微的案件官府不甚重视，罪行严重的案件不准自首，律例中有"干名犯义"②的限制，所以，清代通过自首而产生的诉讼案件数量很少。

（4）上级、外地案件的移送。《大清律例》卷三十"诉讼·越讼"条规定：

> 户婚、田土、钱债、斗殴、赌博等细事，即于事犯地方告理，不得于原告所住之州、县呈告。原籍之官，亦不得滥准行关。彼处之官，亦不得据关拘发。③

清代州县官员在刑事诉讼的管辖上实行犯罪行为地管辖原则，发现不属自己管辖的案件，州县官员就要将案件移送到有权受理的州县。另外，州县官员还必须接受上司饬发来的案件，包括钦定案件、六部案件及各个上司衙门交发的案件。

清代刑事诉讼的立案程式，事主呈告是主要来源。州县是最基层的司法机构，在一人集权的政府模式下，州县管辖的人口从几万到十几万不等，所管辖的面积有几千甚至上万平方公里，很难即时发现犯罪行为，刑事案件的诉讼启动主要依靠事主的呈告。

（二）侦查

清代办案重视的是能否及时抓获真正的罪犯，以最快的速度来惩处罪犯，按州县官员的话，就是能否将刑事案件办成"信案"。王又槐在《刑钱必览》中说道：

---

① 马建石、杨育棠：《大清律例通考校注》，中国政法大学出版社1992年版，第278页。
② 蒲坚：《中国法制史大辞典》，北京大学出版社2015年版，第327页：干名犯义旧制指控告尊长的行为。名指名分：义指情义。《大明律·刑律·诉讼》"干名犯义"条规定："凡子孙告祖父母、父母，妻妾告夫及夫之祖父母、父母者，杖一百，徒三年。"但唐律规定："若告谋反、逆、叛者，各不坐。"明律规定："其告谋反、大逆、谋叛、窝藏奸细"等，并听告，"不在干名犯义之限。"即尊长违犯统治阶级根本利益时，卑幼告发尊亲长，则为"大义灭亲"，不属"干名犯义"之类。
③ 《大清律例》，天津古籍出版社1993年版，第507页。

情形合，则信案成；情形不合，则驳诘至矣。①

办案过程中发现线索、收集证据、讯问犯罪嫌疑人和相关的人证等都不是统治者关注的重点，也不是百姓瞩目的焦点。清代法律强调州县官员在刑事诉讼过程中要尽快获得证据，缉拿罪犯，州县官员就必须进行刑事案件的侦查。州县有审判权的自理词讼案件，只需于案件审结后填注"循环簿"，在月底报送府道司督抚查核即可，这类案件的证据要求程度相对较低。但是杀人等重案则不同，州县只能初步审理，最后由上级衙门裁定，这些案件证据要全，州县衙门必须重视证据的收集和获取，所以州县刑名师爷在人命案件中的侦查活动极为重要。

1. 现场勘验

清代统治者非常看重对命盗案件的审理，对于人命案件，要求州县的正印官遇到关涉人命的呈告时，审明确实是因为斗殴、故意杀人、谋杀而导致被害人死亡的，必须马上讯问被害人的亲属、其他人证以及凶犯，审实致死的原因。然后供述，立即带领仵作、刑名师爷、皂隶亲自到尸体所在的现场进行勘验。为了避免州县官员及其随员借此骚扰地方甚至需索差钱，《大清律例》规定：

> 凡人命呈报到官，该地方印官立即前往相验，止许随带仵作一名、刑书一名、皂隶二名，一切夫马饭食，俱自行备用，并严禁书役人等，不许需索分文。其果系轻生自尽，殴非重伤者，即于尸场审明定案，将原、被、邻、证人等释放。如该地方印官不行自备夫马，取之地方者，照因公科敛律议处。书役需索者，照例计赃分别治罪。如故意迟延拖累者，照易结不结例处分。②

为了避免州县官因为不懂相关法律的规定而影响到仕途的发展，刑名师爷就要及时提醒，有经验的刑名师爷往往会把现场勘验经过和经验记录下来以便于有志于习幕之人学习。

---

① 《四库未收书辑刊》肆辑·拾玖册，北京出版社1997年版，第365页。
② 田涛、郑秦点校本：《大清律例》，法律出版社1999年版，第593页。

2.缉捕罪嫌

现场勘验完毕,州县官员还要将相关人犯带回县衙,当堂进行初审,务必问清事件的起因,谋杀、故杀等情由,州县官员还须据此立即向上司递交一份详细的报告,延迟呈报会受到上司的惩罚。尽管上司要求的是一份详细的报告,但是县官递交上去的报告却往往是十数句而已。因为现场勘验所获得的案件情况毕竟是很有限的,而且也不能确保被害人亲属等有关人证的陈述符合事实,如果案件侦查审问下来的情况和初报的情形相差过大,就会遭致上司的驳诘,徒费无数言词解释。还有,如果初报过于详细繁杂,不仅导致州县官员处理案件的回旋余地大大缩小,而且还会因阅读不便给上司留下能力低下的不良印象。初报呈交后,州县主官还要进一步传讯犯罪嫌疑人及其他人证或者搜查有关物证。一般案件的审理,传讯人证和传讯当事人由州县主官签票饬派衙役去拘提。拘提到州县衙门的犯罪嫌疑人及人证要分别安置。

州县衙门对命盗重案的审判只有建议权,所判是否妥当,需要根据法律的规定层层呈报至上级衙门定夺。上级衙门在审核州县奏报上来的案件审理情况时,还可以就存在疑点之处将犯罪嫌疑人及其他证人转解过来予以审问。案件的审结,州县衙门的审限至少有四个月,加上展限和扣限的时间,犯罪嫌疑人和重要人证在州县往往被羁押很长一段时间。为了确保这些人员不致在监牢里生病身亡,法律规定了监禁场所应当具备的条件和给被监禁人员的生活待遇,《清史稿·刑法三》:

> 监狱与刑制相消息,从前监羁罪犯,并无已决未决之分。其囚禁在狱,大都未决犯为多。既定罪,则笞、杖折责释放,徒、流、军、遣即日发配,久禁者斩、绞监候而已。州县监狱,以吏目、典史为管狱官,知州、知县为有狱官,司监则设按司狱。各监有内监以禁死囚,有外监以禁徒、流以下,妇人别置一室,曰女监。徒以上锁收,杖以下散禁。囚犯日给仓米一升,寒给絮衣一件。锁扭常洗涤,席荐常铺置,夏备凉浆,冬设暖床,疾病给医药。然外省监狱多湫隘,故例有轻罪人犯及干连证佐,准取保候审之文。无如州县惧其延误,每有"班馆""差带"诸名目,胥役藉端虐诈,弊窦丛滋。虽屡经内外臣丁参奏,不能革也。[①]

---

① 赵尔巽等撰:《清史稿》第十五册,中华书局1976年版,第4217页。

然而，地方官吏对于守法百姓的权利并不重视，官员无法要求他们按照法律的要求保障这些涉案人员的权利。

3.侦缉期限及逾限责任

为了加快打击犯罪行为的速度，尽早消弭犯罪给社会秩序造成的破坏，清代根据案件轻重性质的不同，规定了州县官员审案的期限，逾限的不仅审案官员要承担责任，上级的府道司督抚等官员也要承担失察的责任。法律对审案的期限规定主要是对案件的侦缉期限的规定，《大清律例》中的"盗贼捕限"条对抢窃盗贼及杀人贼的捕获规定了法定期限：对于抢窃盗贼及杀人贼，从案件告到官府之日开始，担任捕获任务的捕役汛兵必须在一个月内捕获。如果未能在一个月内捕获强盗的，捕役汛兵们要受笞二十的惩处，二个月内未捕获就笞三十，三个月及三个月以上也未能捕获的，皆笞四十；捕盗官则无论逾限多久，都罚没二个月的俸禄。如果未能在一个月内捕获窃盗的，捕役汛兵们处以笞一十的惩处，二个月内未捕获就笞二十，三个月及三个月以上也未能捕获的，皆笞三十；捕盗官则无论逾限多久，都罚没一个月的俸禄。但是，对逾限的处罚要在三个月的追缉期满后才会进行，因此，事实上，只要最后能够捕获案犯，捕盗官员自然可以通过将受案时间相应延后的方式来规避这样的处罚。如果窃盗案件的被害人在案件发生二十日之后才到州县官处，由于时间久远，侦缉的难度不小，捕役汛兵也就免除了相应的逾限责任。

对于发生在外省的普通命案，必须在六个月内审结，这六个月期限是要在州县、府州、司及督抚之间进行配置的。具体分配情况是：州县必须在三个月内审结并将案犯解到府州，府州复核后在一个月内解往提刑按察司，提刑按察司复核后在一个月内解到督抚衙门，督抚衙门复核后则在一个月向刑部咨题。而审限四个月的案件，分配到州县的时间也就只有二个月而已。对于侦查期限的规定，外省各级官员自有其法予以突破。《大清律例》及《六部处分条例》都没有明确规定将封印日期以及解徒程限从上述办案期限内扣除，外省官员为了争取到一个更宽泛的缉捕期限，往往由督抚在奏报给刑部的咨题中声明应扣除。由于法无明文，刑部对于这样的咨题也难以拿捏，最后只好在各省督抚的要求下一概准许扣除。

4.展限和扣限

尽管法律规定了严格的侦缉期限以及逾限责任，但是，由于犯罪嫌疑人过于狡猾或者其他一些特殊原因，一些案件在客观上是无法在上述期限内侦缉完毕的。对此，《清史稿·刑法志》规定：

> 如案内正犯及要证未获，或在监患病，准其展限或扣限。①

如果不是因为上述原因而滥请展限，主办官员就要被革职。承缉官员在期限内不能拿获罪犯就要被罚俸、降级任用甚至被革职，上司也会受牵连。

> 上司徇庇不行题参，及下属已经解审，混行驳查，以致承审官违限，并知属官例限将满，借端故为派委，希图展限者，一并交部议处。督抚参迟延时，将何月日解审、驳查次数声明，听部查核。②

因此，其上司往往会在限期将满之际将主办官从岗位上调离，任用另外的官员接手案件的侦查和案犯的缉拿。其他官员接手案件的缉拿之后，根据法律规定可以争取到一定的期限，清嘉庆年间佚名作者所著的《招解说》则提出：

> 盖以接缉之员，应以到任之日起，扣限一年。③

即使接任官在限满前仍未能拿获案犯，上司还可以将他调离，另委一名接任官继续，经过两次接任官的任命之后，法律对再接任官就没有期限上的规定了，只要照案缉拿即可。

---

① 赵尔巽等撰：《清史稿》第十五册，中华书局1976年版，第4214页：凡审限，直省寻常命案限六阅月，盗劫及情重命案、钦部事件并抢夺掘坟一切杂案俱定限四阅月。其限六月者，州县三月解府州，府州一月解司，司一月解督抚，督抚一月咨题。其限四月者，州县两月解府州，府州二十日解司，司二十日解督抚，督抚二十日咨题。如案内正犯及要证未获，或在监患病，准其展限或扣限。若隔属提人及行查者，以人文到日起限。限满不结，督抚咨部，即于限满之日起算，再限二月、三月、四月，各级分限如前。如仍迟逾，照例参处。按察司自理事件，限一月完结。州县自理事件，限二十日审结。上司批发事件，限一月审报。刑部现审，笞杖限十日，遣、军、流、徒二十日，命盗等案应会三法司者三十日。每月奏报，声明曾否逾限。如有患病及查传等情，亦得依例扣展。速议速题，均限五日覆。死罪会核，自科钞到部之日，立决限七十日，监候限八十日。会同题覆，院寺各分限八日。由咨改题之案，展限十日。系清文加译汉十日或二十日，逾限附参。盗贼逾月不获，捕役汛兵予笞，官罚俸。吏兵两部《处分则例》，尚有疏防及初、二、三、四参之分。命案凶犯在逃，承辑、接缉亦按限开参。然例虽严，而巧于规避者，盖自若也。

② 《大清律例》，天津古籍出版社1993年版，第596页。
③ 参见郭成伟、田涛《明清公牍秘本五种》，中国政法大学出版社1999年版，第584页。

5.逾限责任

法律规定了不同案件相应的追缉期限，包括初参期限、二参期限、三参期限以及四参期限。未能在相应的期限内抓获案犯，承缉官、协缉官、疏防官、捕役汛兵、接缉官以及同城或不同城的同知、知府、通判和负有督缉责任的上级府、道、督抚都要承担相应的法律责任。一般而言，对于在初参限内未能缉获案犯的，承缉官和其他责任人员的主要是被罚俸二个月到一年不等。在二参限内未能缉获案犯的，一般是被罚俸一年，然后再给予一年期限缉拿。在三参期限内仍未能拿获案犯的，则要被四参，降一二级留任继续缉拿。在四参限内仍未能拿获，则不仅承缉官要被革职，其他负有疏防责任的官员以及负有督缉责任的上级府道督抚等官员则要被一道汇参。当然，并不是所有的案件都给予如此长久的期限缉拿，如系失察人命的，则是直接给予降一级留任的处罚，而对于杀死人命案件知情不申报的主管官员，则直接革职。①

6.确定审理日期

案件决定受理后，刑名师爷需斟酌原被告双方的情况，确定一个审理日期。

确定审理日期时，刑名师爷还要按照案情的复杂程度，如所涉被告、证人的人数及其住所距县城的远近，命盗案还要视尸体检验、现场勘察、被告是否已捕获到案等情况来确定审期。此外还要判断主官是否能够审清此案、是否已做好审案的一切准备。遇到复杂疑难案件，刑名师爷还要为主官分析需要审清的关键问题，列出审讯重点和提问程序，并与主官商量妥当，方可确定审期。

（三）幕后参与庭审

清代州县官员，大多是直接从科举入仕，他们对法律知之甚少，又缺乏从政治民的实践经验。特别是听讼治狱，既要精熟律例，又要识奸辨诈，仅凭《四书》与《五经》的知识，实在无济于事。师爷与之相反，游历于官场之中，老于世故，工于心计，比官员更具经验和专业上的优势。通过幕后听审，师爷可以随时发现问题，及时提醒主官弄清真相，作出正确判断。刑名师爷没有官方身份，只能躲在大堂后面凝神静听，一旦觉得有什么不对，立即传话给前堂审案的官

---

① 郭成伟、田涛：《明清公牍秘本五种》，中国政法大学出版社1999年版，第586页：捕盗同知、通判、同城知府：俱停升，罚俸六个月。盗犯限一年内缉拿。小同城之知府，直隶州，与道员同。统兼辖道：罚俸六个月，免其提升，仍限一年催缉，如离任、调任，于补官日或现任内罚俸六个月，逃犯交与接任官，照案缉拿。

员，提醒他应注意什么事项、抓住什么漏洞，一举突破案犯的心理防线。在戏曲电影中常有这样的镜头：官员正襟危坐大堂之上审讯犯人，案犯百般狡辩，官员一筹莫展。这时一只带盖的茶碗送到手中，掀开一看，里面装着一张写了字的纸条。官员看过内容，茅塞顿开，连连追问，终于水落石出，真相大白。茶碗就是前堂审案官员与堂后听审师爷之间的联络工具。

躲在幕后听审虽然远不如在大堂之上面对面地观察犯人来得真切，但终归比阅读书面供词更进一步。特别是清代书吏增删供词、向当事人索贿受贿现象十分普遍。要防止受书吏的蒙骗，刑名师爷在无法亲自审案的情况下，幕后听审无疑是介入庭审的最佳方法。所以稍有责任心的刑名师爷都会对幕后听审加以关注，而不满足于从主官的叙述和书吏的记录中了解庭审情况。

图32　官衙审案

由于师爷没有任何官方身份，因此是不能出庭干预审讯的。师爷至多只能在大堂后面旁听审讯，有的师爷连堂后听审都不屑为之，因为听审并不是师爷的职责。但是通过幕后听审，师爷可以随时发现问题，及时予以提醒，帮助主官弄清真相，作出正确的判断。刑名师爷观察问题、捕捉疑点的智慧和机敏，由此也得到充分展示。

衙门正式审讯的地点，可以是大堂，也可以是二堂，有关奸情暧昧或涉及地方士绅的案件，则可以在二堂两侧的花厅或内衙审讯。大堂、二堂审讯形式相当隆重，官员必须身装官服，正襟危坐，而花厅、内衙审案则比较随便。一般大堂、二堂审案允许百姓入衙旁听，但不准喧哗。到了预定开审的那一天，一大早衙役就在照壁前召集原告、被告、证人及其他涉讼人员，填写"到单"交给把门的门上，由门上传入内衙。官员一般到午时才升堂，升堂前的敲梆传点一如呈控放告日。喊发三梆时，衙役举着"听审板"将第一桩案件当事人带入庭院，跪在阶前，一般原告跪东阶，被告跪西阶，证人跪中间。有功名的秀才、举人，退休的"乡官"之类的绅士免跪，站立听审。跪齐后，衙役才高声齐喝"升堂"，俗称"喊堂威"，官员这才升堂就坐。官员身旁站一名值堂的长随，身后站一两个伺候倒水、点烟、磨墨的门子。大堂两侧各站一排皂隶，在公座下方近门处，摆一张长桌，刑房书吏坐在桌后，准备记录口供、证词。官员的公案上摆着插堂签的签筒及文房四宝，不过官员很少亲笔记录供词。师爷在堂上并没有座位。对于一般案件，师爷只需在审后审阅供词记录就可以了。

而徒刑以上要申报上级司法机关的案件，师爷往往会到大堂屏风后听审，如发现供证有漏洞，即唤门子传话给官员，提示如何抓住漏洞，一举击破被告防线，或提醒官员用刑适度，不要意气用事。中国古代对于司法审讯历来有"五听"之说，即"辞听"（分析被告供词）、"色听"（观察被告脸色）、"气听"（观察被告呼吸）、"目听"（观察被告眼神）、"耳听"（观察被告听力，即观察被告的注意力是否集中）。"五听"之中，刑名师爷仅有"辞听"一听，况且记录供词的书吏还可能从中作弊。所以汪辉祖在《佐治药言》中说自己在作刑名幕友时，凡徒刑以上案件，在主人庭讯时，都要在堂后凝神细听，发现供词有勉强之处，就在主人退堂后嘱咐还要再次提审，有时会审上四五次、甚至七八次。并且还嘱咐主人不要轻易用刑，力求从被告供词中发现矛盾破绽之处，求得真情。

刑名师爷以幕后听审的方式介入司法审判，虽然有助其了解熟悉案情，但介入的深浅程度有时确实不好把握，浅则为参谋指导，深则为越俎代庖。像那种官员按刑名师爷提供的重点和要点进行审讯，避免不着边际地问供的做法，极容易演变成舞台上的双簧戏，官员成了被刑名师爷牵线的木偶，刑名师爷反客为主自然轻而易举。清代地方官府的生杀大权，实际上由刑名师爷在操纵，这也是很重要的原因之一。

五、剪裁叙供材料

审案结束后，刑名师爷便开始整理案件的全部文字材料。定案除需"口供"外，还要有确凿"证据"。"证据"既指证人证词，也指书证和物证。刑名师爷根据这些供、证材料，结合各类勘验结果，还原案发经过，整理成一份材料，作为判决依据报上级衙门复审。

为确保供词真实准确，清律严格禁止删改供词。每次审讯时，刑房书吏必须照录问答原句，审讯结束后即将供词笔录交给官员过目，待官员亲笔批上日期，即卷起交由值堂长随带入内衙。刑名师爷在内衙详细阅读供词时，会在每页接缝处用红笔勾画骑缝暗号，以防书吏抽换。紧要词句处，还得在纸背加盖私章，以防书吏或衙役剜补改换,然后交书吏存档。

一个案件常常需要经过反复多次审理才能结案。对于前后几次审讯笔录,刑名师爷都要认真审读,然后在此基础上整理成文,是为"叙供",以备定案使用。在整理叙供材料时不可避免地要进行综合、归纳。某些情况下,甚至还要删改供词,有关严格禁止删改供词这条法律,早已被刑名师爷们视为具文。

叙供既为以后的判决基准,所以重在"剪裁"。清代幕学专著《刑名师爷要略》云:

> 办案全要晓得剪裁,其某处应实叙,某处应点叙,某处应并叙,详略得宜,位置不乱,方为妥当。又云:案犹龙也,律犹珠也,左盘右旋,总不离珠。①

也就是说要将供词反映的案件情节"剪裁"的和法律条文规定适用的情节完全一致。这一环节是对刑名师爷文字功底的重要考验。

除被告口供外,证人证词也要注意剪裁,甚至有些证人姓名也要剪裁掉。古代上衙门作证与被告无异,一样要长跪答话。一旦官员认为证人在作伪证,一样要挨板子,甚至上夹棍,所以老百姓一般不愿意当证人,官员也希望案件涉及的证人越少越好。汪辉祖在《佐治药言》"慎初报"条中说:

> 狱贵初情,县中初报最关紧要。驳诘之繁,累官累民,皆初报不慎之故。初报以简明为上,情节之无与罪名者,人证之无关出入者,皆宜详审节删。多一情节,则多一疑窦;多一人证,则多一拖累,何可不慎?办案之法,不唯入罪宜慎,即出罪亦甚不易,如其人应抵,而故为出之,即死者含冤。向尝闻乡会试场,坐号之内,往往鬼物凭焉。余每欲出人罪,必反覆案情,设令死者于坐号相质,有词以对,始下笔办详,否则不敢草草动笔。二十余年来,可质鬼神者,此心如一日也。②

意思是说烦冗的驳问反话,既拖累官员也劳累百姓,这都是因为初报时不够审慎的结果。初次案情报告应该简洁明了,与犯罪无关的情况,和案情无关的人证,都应该详细核查,确认无误后加以节删。多一个情节,就会多增加一处被怀

---

① 官箴书集成编纂委员会编:《官箴书集成》第5册,黄山书社1997年版,第4页。
② 汪辉祖:《佐治药言》,中华书局1985年版,第7页。

疑的线索；多一个人证，就会多添一处麻烦。所以在被告已认罪的案件中，只需列入确实能够指证罪犯的证人，其余证人证词都要删除。

口供、证词要经剪裁，物证、书证也需剪裁。如整理盗案材料时，虽"贼以赃定"——赃物是定案要件，但刑名师爷对盗窃的赃物也会多加剪裁，无须全部罗列。究其原因，一是因为定案时只需若干正赃便可。二是盗案破案后很难起获全部赃物——除被盗贼挥霍外，还有可能被捕快据为己有。三是事主也有可能虚报失盗物品。所以刑名师爷不可能将赃物与事主的"失单"——对照，强求完全相符。

经过刑名师爷一番精心剪裁，该虚处则虚，该实处则实，案件的供词、人证、物证都已高度统一，"铁证如山"，不可改变。刑名师爷的看家本领毕现于此。

六、制作司法文书

刑名师爷的工作到此并没有完，还有两件重要事情需要处理。一是代拟判词，二是撰写送交上级衙门的汇报材料。

清代地方司法，由低到高分为州县、府、省按察使司、督抚四级。州县为第一审级，长官为知州、知县，有权决定笞、杖刑。府为第二审级，长官称知府，负责复审州县上报的案件，并就案件处理提出自己的意见，再上报省按察使司。府一级只是承上启下，没有任何定罪权。省按察使司为第三审级，长官称按察使，负责复审各个地方上报来的徒刑以上案件，同样没有定罪权。督抚为第四审级，长官为总督、巡抚，有权批复徒刑案件，复核军流案件，复审死刑案件，徒刑可结案，流刑以上咨报刑部。可见，总督或巡抚只有徒刑以下的决定权。

对于判处笞、杖刑的轻微刑事案件和大量民事案件（自理词讼），一般要求州县长官当堂直接判决，这种"判词"在当时被称为"堂谕"。但清代地方长官很多不懂法律，有的甚至是法盲，哪能当堂发出堂谕？所以只能等案件审理完毕后，暂时休庭，退入内衙，由刑名师爷先行分析，然后查明律例或成案，代其草拟"判词"。长官看过判词，表示认可后，在下一堂起始宣判，或直接誊录、盖印、画硃后贴于照壁。简单的户、婚、田、土及笞杖案件，都是一审宣判终结；徒刑以上的刑事案件，州县必须侦查破案，反复审理，搞清事实并提出判决意见，然后将案犯、卷宗一起解送到知府衙门。但不管是哪种案件，一审结束后，撰写判词的任务都会落到刑名师爷身上。

为了尽量避免和减少上告事件的发生，确保审转过程中不出意外，任何案件的判决都必须做到稳妥可靠，足以使原告和被告双方心服口服，或者至少不能出现较大漏洞，让当事人借此再次起诉，缠讼不已。这就要求判词一定要写得稳妥可行，在礼教、舆论、法律上都能够站得住脚。刑名师爷除了要写好判词外，还必须具备起草详文的本领。如果几个案件接连遭到驳诘，或一段时期内数个案件遭到驳诘，州县长官就会给上级留下"无能"的印象，严重影响其考绩。但如果申详公文上报后，一路通行无阻，又会显得上司无能，所以一般总会被驳诘。为此，刑名师爷在起草详文时必须估计到哪些方面会被上司驳诘，并设想好该用何种方法"禀议"才能取得较好效果。

清代官府是向上级负责的，刑名师爷在草拟禀议答复上司驳诘时，如果完全"以事实为依据、以法律为准绳"，往往会碰钉子。因为这样做等于打了上司的耳光，不仅在说他们不懂法律，而且批评他们不尊重事实，往往会使上司感到难堪和愤怒。这时，刑名师爷就要仔细揣摩上司驳诘的原因，正确领会、看透上司的意图所在，然后见招拆招撰写报告。在这种情形之下，刑名师爷不得不学会与上级官府玩猫捉老鼠的游戏，或像打太极拳那样推来挡去，只有这样，才能避难就易，避重就轻，愈驳愈定，最终让上司找不到继续驳诘的理由。当然，也有一些正直的刑名师爷不愿迎合上司的意图，一旦遭到驳诘，他们就在指证事实的基础上，援引律例或经义，一一顶复，直到将上司顶得哑口无言为止。

清代刑名师爷主要负责司法公文的办理，他们整日足不出户，与笔墨打交道。尽管以今人的眼光看，他们在参与司法活动过程中的一些做法未必合理合法，但其对待工作的态度确非常人所及。正如清代著名刑名师爷龚未斋在写给侄子甘林的信中所说：

> 愚漫游燕赵，几三十年。到馆以后，足不出户庭，身不离几席，慎往来所以远侮慢，戒应酬所以绝营求，而自早至三更，不使有片刻之暇，以期无负于己者无负于人，亦惟吾侄师此意焉！[①]

从某种意义上看，深居简出、案牍劳形、谨慎交往、远离应酬，确是当时刑名师爷的真实写照。

除幕后听审外，写判词（即宣判书）和给上级的所有汇报材料，都是刑名师

[①] 龚未斋：《雪鸿轩尺牍》，湖南文艺出版社1987年版，第354页。

爷义不容辞的工作。

师爷在堂后如能仔细听审，用心分析，确实可以像汪辉祖这样对审理案件起到重要作用。不过"犯证非亲鞫"，总是"隔膜一层"，只能听声想象，无法当面察言观色。如果主人不耐烦一而再、再而三地多次复审，师爷也就没办法了。汪辉祖自己也说，"五听"之中最重要的是"目听"，他当官后，审案时总是先不言语，盯住被告看上一阵子，实际上这是因为他是个近视眼，总想看得清楚一点。可是被告却被他看得发毛，先慌了手脚。所以他在回忆录中再三强调"目听为上"。师爷没有"目听"这一便利，只能根据"辞听"定案。

中国古代司法审判以犯人的口供为定案的主要依据，所谓"案以供定"。清代法律规定：

> 内外问刑衙门审办案件，除本犯事发在逃、众证明白、照律即问狱成外，如犯未逃走，鞫狱官详别讯问，务得输服供词。毋得节引众证明白即同狱成之律，遽请定案。①

也就是说任何案件，只要抓获主犯，就必须有主犯的认罪口供才能定案。只有在主犯逃走未能缉获时，才可以用证人的证词及物证、从犯的口供定案。所以口供是定案的关键。

"供"是一个统称，清代凡原告、被告、证人的陈述都可称为供。被告的认罪自白也称"招"。证则除了指证人的证词，清律要求一定要是"众证"，即三个以上证人的证词才可定案）外，也指书证、物证，一般前者称"活干证"，后者称"死干证"。物证中最重要的是盗案中的赃物，没有赃物就不能定盗案。对于这些供、招、证，刑名师爷必须结合各类勘验结果整理成一篇文章，再现案件经过，作为判决的依据，报上级衙门复审。

两广总督有一次在奏折中用了臬台刑名师爷所撰公文，说因看戏相撞，相互斗殴，以致丧命。结果被刑部抓住把柄，因为这天恰好是忌辰，按大清律不得行乐，省会怎能做戏，岂非大不敬，一封书信来向广州各大小衙门借十万两银子。于是总督狠命地埋怨臬司，臬司受了埋怨，便回去埋怨刑名师爷。那刑名师爷一检查，果然不错。因笑道："我当是甚么大事，原来为了这个，也值得埋怨起来！"臬司见他说得这等轻描淡写，更是着急，说道："此刻刑部来了信，要和

---

① 胡星桥、邓又天主编：《读例存疑点注》，中国人民公安大学出版社1994年版，第81页。

合省官员借十万银子。这个案是本衙门的原详，闹了这个乱子，怕他们不向本衙门要钱，却怎生发付？"那刑名师爷道："这个容易。只要大人去问问制台，他可舍得三个月俸？如果舍得，便大家没事；如果舍不得，那就只可以大家摊十万银子去应酬的了。"臬台问他舍得三个月俸，便怎么办法。他又不肯说，必要问明了制台，方才肯把办法说出来。臬台无奈，只得又去见制台。制台听说只要三个月俸，如何不肯，便一口应承了。交代说："只要办得妥当，莫说三个月，便是三年也愿意的。"臬司得了意旨，便赶忙回衙门去说明原委。他却早已拟定一个折稿了。那折稿起首的帽子是："奏为自行检举事：某月日奏报某案看戏肇事句内，看字之下，戏字之上，误脱落一猴字。"照例奏折中错漏一字，罚俸三个月，这件泼天大事，遂冰消瓦解。①

七、整理案卷文书

对案情卷宗的整理，也是刑名师爷的重要工作之一。表面看整理案卷有点屈才，然而这项工作确实是很重要的。刑名师爷对案卷的整理，不只是像档案保管员的纯整理，更重要的是对案卷中的疑点进行分析。审案离不开"状纸"，大家都知道在刑案中，"状纸"是不可或缺的部分，但每个案子审理判定后，"状纸"就要作为案卷而上报了。遇上复审的案件时，很多刑名师爷就特别爱看案卷，然后给送案件的官员挑毛病。有的师爷还真能从案卷里发现问题，并推理出真凶的案件。

清代浙江的衢州曾发生一起"弑父"案件：有个母亲向官府告发儿子杀死父亲，说是某月二十七日深夜四更时分，见一青衣人从窗口跳入卧室，将自己的丈夫杀死，而自己儿子当天穿的就是青衣，当天白天儿子又曾和父亲大吵过一架，因此她怀疑是儿子杀死了父亲。儿子被抓到县衙审问，很快就对杀父大罪供认不讳。按照清代法律，儿子谋杀父亲罪列"十恶"的"恶逆"之罪，要处以"凌迟处死"的酷刑。从县到府、省按察使司三级复审，都没有异议，于是报到省巡抚衙门复审。

按照惯例，这种案子在巡抚衙门只是转一转手，就要转报朝廷。大多数情况也就是走个过场。可是就在浙江巡抚的幕府中，有这么一位刑名师爷，李登瀛，字俊生，又字天山，号梅溪。他在巡抚幕府，帮助审理一案：衢州有一桩母告子

---

① 吴趼人：《二十年目睹之怪现状》，方玮校点，文化艺术出版社1995年版，第261页。

杀死生父的命案，已经定谳上报于省。他在仔细研读卷宗后，总觉得这件案件有疑问。虽然"天下没有不是的父母"，母亲告发儿子弑父，儿子也承认了。可是儿子谋杀的动机却只是与父亲口角而已。如果确实是为了吵架而杀死父亲，在当场动手或许有点可能，怎么会夜半时分入室弑父？李登瀛虽然没有到衢州案发地再去察看，却仅凭卷宗里的勘验记录找到漏洞：农历的廿七日是月末，只有凌晨时分会有细细的一弯残月，而夜半四更并无月色；一贫如洗的这户人家自然也不可能通宵点灯，查勘现场的通详里也没有记载室内点灯，那母亲怎么能够在漆黑的房间里看清凶手衣服的颜色？他建议巡抚亲自提审此案，就此疑点追问这个告发儿子的母亲。

巡抚就此一审，案情果然大白：原来是这个母亲另有奸情，奸夫当晚入室杀害亲夫，和母亲商量嫁祸儿子；而那个孝顺的儿子不愿暴露母亲丑行，情愿顶罪受死。如何定这个母亲的罪，也成了当时的争议焦点。有的认为母子天性攸关，于情于法两有抵触，如果给儿子坐罪，则放纵了父仇；如果给其母坐罪，则有伤孝子之心，宜减母之刑不以论斩，发配其子以尽情法。巡抚犹豫不决。李登瀛判曰：

> 鲁庄公母文姜杀桓公，春秋绝不为亲讳；后汉贾彪按事先决杀子之妇后决盗，以为贼寇害人乃常理，母子相残为逆天违道。今此妇既忍杀其夫，又忍害其子，反纲灭嗣，人伦道绝，母固天属，而父尤重。朝廷制法以裁民情，母不得减，子不容坐。[①]

也就是说母亲不能减刑，还是要被判凌迟处死，而儿子无罪释放。

故事传奇色彩很浓，从已有的材料去推导案件发生的可能性，这位师爷的敏锐值得学习和借鉴；但从另一方面看，如果当初做这份现场记录的人，没有这么认真准确，一个细节都没有落下，连蛛丝马迹全部记录在案，就不可能最终将案件破获。

师爷帮助官员制作整理档案，有时也是为了应付上级检查。因为清代实行"逐级复审"制度，杖一百以上的案件要经过层层衙门的复审，为了能够顺利通过各级上司的复审，师爷在帮助主官制作案件文件时，要注意"锻炼"和"剪

[①] 政协浙江省委员会文史资料研究委员会：《浙江文史资料选辑》第26辑，1983年版，第150—151页。

"裁"案件当事人的供述及证词，使之前后一致，尤其是要能够引申出最后提出的判决意见。这是刑名师爷的看家本领之一，所有的幕学著作对此都非常的重视。可是清朝时，苏州师爷万枫江胆子有点大，在他的《幕学举要》里公然说他曾多次修改过这些呈堂的笔录。按说这些东西都是不应该删改的，这叫原始的凭据。

> 删改供词久有例禁。然闲冗处不必多叙，令人阅之烦闷。并意到而词不达者，必须改定；土语难晓者，亦须换出，但不可太文耳。[①]

他说在上报案件时对案件审理记录"叙供"部分（也就是庭审记录），不必完全按照庭审记录，只是要注意不要太文言化，保留口语的风格。

八、手稿案例选读

师爷属于"非正式的国家工作人员"，他们不是朝廷为官员选派的工作助手，而是官员们为工作和交往需要集结的一些文人学士，是官员工作和生活的智囊团。满清时期，师爷成了官员的"必备良药"，由于师爷能够帮助地方官员审判一些简单的案件和处理一些民间纠纷。这样一来，师爷就成为清代诉讼的参与者。

（一）王春龄手稿刑案拾缀

王春龄手稿中相关案件的资料，有不少记录了当时案件审理的情形，如下面的《报案记录纸》、《案件登记一纸》、《各案备查》、《收呈簿》等。

1.报案记录纸（见上篇原件影印刑案1—1）

> 王金贵 绍兴人撑船为业 廿九岁 系方起凤片送贼犯 在所脱逃
> 南外西坊新街 吴阿印伙房聚赌 拿获赌犯徐庆 温州人并赌具 协营送即片交巡司究讯
> 七月十六
> 在本署东辕门 团勇获住窃贼吴得胜一名 海宁硖石黄山人年三十八岁并赃一包系南门外邹小山成衣店所窃搭膊土布的共二十八只土布廿白柳条等衫裤共二十三件家有妻子儿子两个大儿子今年十六岁小儿子十三岁 均在种田

---

① 刘修治：《天下藏书》第4卷，文化艺术出版社2002年版，第246页。

十八

请巡司堂讯赃给失主当堂领去

2.案件登记一纸（见上篇原件影印刑案2—1）

三月初二日
林寿来拱冯行 抬验
初八日
陈廷桥拱周方志 抬验
初九日
徐正桐拱徐丙权 谋杀伊弟
十五日
马贤浩拱马广元 抬验
十六日
娄建辰拱徐厥人 吞噬银洋
十九日
柳广植拱柳荣观 戳死伊弟
廿一日
沈先蒋拱吴良计 威逼伊侄
廿五日　未审
王阮氏拱王与伦乙案

3.收呈簿（见上篇原件影印刑案5—1）

正堂潘
存案　舒嵇氏 不到　一件媳逃无踪事由
有案　许马氏　　　一件藐示佔住事由
有案　陈作楫　　　一件复讯无期事由
六月廿八日
有案　张金山　　　一件官催私宕事由
有案　林平氏　　　一件诱骗拐逃事由
存案　章珍生不到　一件恃强殴辱事由

存案　赵武周等不到　一件族蠹萍飘事由
存案　祝福堂等不到　一件横行乡里事由

4.光绪廿九年各案备查（见上篇原件影印刑案3—1）

已报各案
一起事主谢继龙禀报被抢一案　于光绪廿九年十月二十七日失事
一起事主赵大昌禀报被抢一案　于光绪廿九年十一月初四日失事
一起事主盛尔铉禀报被抢一案　于光绪廿九年十一月初九日失事
一起事主徐士谷禀报被抢一案　于光绪廿九年十一月初九日失事此案拿获伙犯两名
未报各案
一起事主陈冯氏禀报被抢一案　于光绪廿九年十二月二十八日失事
一起事主钮瑞珍禀报被抢一案　于光绪廿九年十二月二十八日失事
一起事主贾阿二禀报被抢一案　于光绪三十年正月二十五日失事
一起事主朱倍山禀报被抢一案　于光绪三十年正月二十八日失事
一起事主钮正山禀报被抢一案　于光绪三十年正月二十八日失事
一起事主朱桂金禀报被抢一案　于光绪三十年二月二十七日失事
一起事主计永才禀报被抢一案　于光绪三十年二月二十七日失事
以上各案均归书计元祥承办　理合登明

如王春龄所留的状纸副本：（见上篇原件影印刑案9—1、刑案9—2）

告状徐夺标　为匪徒连夜放烧　意在乘机前抢　急求恩赐勘明　访拿法办　以靖地方事窃　生于本月十七　十八连夜被匪徒烧毁房屋　稻秆亭等项　急叩伏乞
公祖大人电察下情　作主　迅赐会拿法办　顶祝上呈
批
该武生家房屋 是否系被匪徒放烧 前饬差查拿办

由于师爷做事谨慎，在衙门内留下了一纸副本。其中的"批词"是师爷佐助主官审理、决判案子的依据，也是刑名师爷能力水平的见证。如下面这份王春龄

留下的状纸副本,对我们认识当时复杂社会有很好的借鉴作用:

(见上篇原件影印刑案11—1、刑案11—2)

  告状 叶仁宝 林大富
  为祀父病危 生离死别呼嚎见面 叩恩准保超释 以全死别送终 事切 地人范老杨赴大田市购买蕃莳藤芽 被兵怀疑误拿 送案讯看为验不法 暂押六载 现在老杨祀父创兵 病重呼侄一见 惟求青天怜悯,准保起释 为此 叩乞
  大老爷宽怜恩准保释 以全死别送终 上呈
  批
  查范老扬系准
  前协台移送拦抢行人之匪犯 经系前特禀定羁押年限甚重杜前县于上年八月间减为羁押二年再收所习艺三年禀章府宪批准已属从宽何得饰词混请保释!
     宣统二年五月   日呈

关于"黄焕郎"案综(见上篇原件影印刑案4—1、刑案4—2)
①条谕:

  黄焕郎与黄孝节等互争淡水 并黄孝全吞烟自尽一案 迭饬提究该承何竟置之不闻至今并不送稿 着速妥叙送核毋再玩延
    廿八日

②书禀及批:

  敬禀者切黄程氏及黄李氏先后报抢命各呈已蒙勘验在案书(行批 并未见该书请发禀条 何云迭请耶经迭请)未蒙发房 现据黄焕郎并黄李氏呈催 批饬提集究等因沐将此案催词发房 并蒙条谕 着速叙稿等因 书遵照此两词叙稿送
  核
  此案验讯以后 延宕多日 迭批提讯而未饬差著一上拱赇延 该书差固不肯任咎 即署内执事人等 亦未便以疏忽咎之 所有两造先后呈词 及一切稿件 应再由该书详细查检齐全 挨次粘连做卷 以免散失 为要
    五月卅日 经书禀

绝大多数刑名师爷都十分重视通过批词了断词讼，让官司消弭于萌芽之时。清代名幕汪辉祖为此谆谆告诫从幕者："下笔时多费一刻之心，涉讼者已受无穷之惠。"①清人王又槐甚至认为批词的重要性丝毫不亚于审案听断："善听者，只能剖辨是非于讼成之后；善批者，可以解释诬妄于讼起之初。"②批词批得好，确实可以终结一个案件，节省许多人力物力；批得不好，有可能引发一连串的麻烦。如王春龄手稿中的这张批文，就能看出师爷对述状的熟练和处理案件的功底：

具禀书办周屏藩为损人利己寡妇害烈禀祈饬提究惩杜祸法办事切缘 泼妇傅赵氏同孙东生欺书懦弱特已泼赖乘己养有白鸽书养有家豹被其咒骂不堪可恶泼妇傅赵氏凶泼异常同孙东生硬将书之家豹活活打死就己所养白鸽 书理论诓傅赵氏同孙东生反敢临门拨摔 叩思所养生类人皆有之岂期傅赵氏妄顾他人之物损人利己不蒙 仁宪恩赐饬提究惩非但恃泼得计而且烈祸踵至矣 为此不已 禀叩伏乞

大老爷恩赐饬提惩究杜泼除祸 大德上禀
批
尔系衙门书吏应知理法乃以养猫细故辄与妇女计较已属不合又敢来案妄渎更属荒谬着记过一次以示薄惩原禀掷还
光绪廿二年二月 初四 日禀

批词由师爷起草后，经主官同意、盖章，由稿案交主管房科书吏誊清、送印、公布在衙门前揭示牌上。一方面算是给原告的一个答复，准或不准；一方面也是给其他人的一种教育——告诉他们一个案子的情理之所在。批词做得好，将事情剖析得明白，道理陈述得中肯，公布之后或许可以说服当事人不再涉讼，师爷所花的心力便很值的了。

---

① 汪辉祖：《佐治药言》，中华书局1985年版，第5页。
② 王又槐：《办案要略》，华东政法学院语文教研室注译，群众出版社1987年版，第69页。

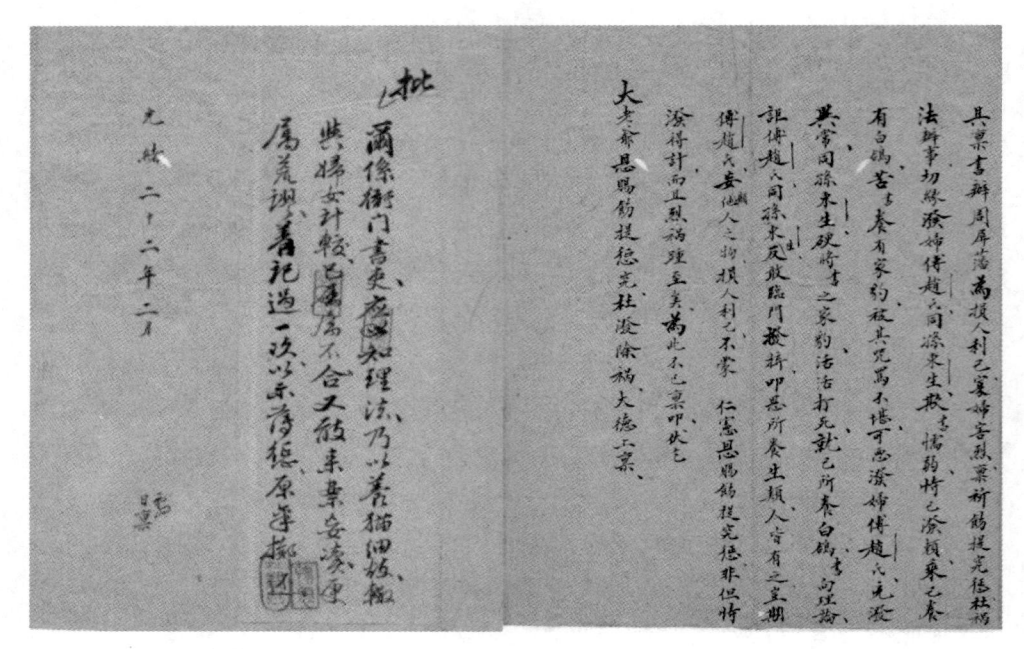

谕禀10—2　　　　　　　　　　　　　　谕禀10—1

（二）陈天锡办案要略

清代有很多的刑名师爷，但是在现存的资料中，却很少有他们的活动记载。我们看到的案件审讯和诉讼解决的例子不多，难以全面了解当时的情形。而陈天锡所写的《迟庄回忆录》较详细地展示了清末州县衙门的办案程序。

陈天锡，字伯稼，谱名作甘，祖籍福建省侯官县，1885年4月7日生于广东省东安县，6岁起便启蒙读书，因随父留居湖南任所，没有回福建应过科举。18岁到湖南省华容县三哥天骢处学幕。21岁，拜湖南名幕邬筱亭为师学幕。22岁这一年九月，陈天骢另就辰溪县馆务，陈天锡正式就馆武冈州城步县刑钱业务，独立作师爷之始。1912年4月陈天锡结束了五年的师爷生涯，后在税关监督署及地方政府、中央银行等处工作，1929年起在考试院任秘书及院长办公处主任、考试院参事、首席参事等职，至1960年退休。以下是陈天锡对清末州县衙门办案程序的叙述和分析。

1. 作状

一个有两边相争的民、刑案件发生后，如果一边要请求官方处断，就得先到所属州县衙门递上呈词。呈词原则上都要用书状。即使是控告现行犯来不及写书状，也要在州县官员准许之后补状。书状通常要写在状纸上，同时要遵守一定的格式。状纸要到州县衙门里买。格式大体上首行写：告状人姓名、年岁、住址，次行先写：为某案由事，以下简述案情。然后请求准理，究办对方。再以感激话结束，最后写年月日（参见上篇刑案9、刑案10）。

2.递呈

状子写好后，通常由原告亲自到州县衙门递呈。年老的人、残废的人以及妇女为原告时，可以请共同居住的亲属或确实知悉所告案件的人代告。

递呈除了所控的是现行犯外，应该遵守规定的时间。清代地方官定逢三、逢八的日子收呈。所以初三、初八、十三、十八、二十三、二十八，便称为"三八放告日"。在这六天，州县官员定了时间，坐堂收书状。

3.批词

州县官员收到书状后，便要决定准与不准予以审理。这种决定和它的理由都批在书状上，所以叫做"批词"。批词是一件很重要的事，假如该准的案子不准，不该准的案子准了，对于官府的威信和人民的权利义务都有很大的影响。该准而不准可能使冤屈不申，也可能使当事人依清律中告状不受理的规定上控到上司衙门，其影响是显而易见的。

4.勘验

诉状批准之后，要做的两件工作是勘验和拘传。最重要的是命案的相验尸身和盗案的覆勘现场。命案需要验尸，斗殴杀伤案件需要验伤。因为在清律上用手足、金刃或其他器物伤人，其罪轻重不同。因为伤未致死，所以不一定要仵作去验，而由州县主官命书吏看了作个记载便可。若是验伤之后，又因伤致死便仍须由仵作验尸。

命案除了要验尸，还要勘查现场，仔细查看打斗痕迹、搜寻凶器等。假如尸体并未停放在现场，而已移置他处，州县官验尸后就该特地再去现场查勘，借以进一步了解案情的真相。还有盗案的现场和田土纠纷的现场要勘查。

5.拘传

命盗案件在诉状批准后，要立即勘验以免证据消失，同时为怕罪犯逃逸，应该从速拘拿。凡状中指明罪犯姓名的，便立即签发拘票按名拘捕。书状中没有指明姓名，也可发票访名拘捕。假如获悉案犯逃匿在邻县，便行文请其协助捕拿押解到案。案犯的下落不明，便当悬赏、购线、通缉。

非命盗案件因为比较不怕被告逃逸，处理的程序也不相同。凡情节轻的，都以传票传唤被告到案受审；情节较重的，才发拘票。传票与拘票由房科书吏草拟，经师爷核稿后送州县主官判行、缮印、加碛、签发。书吏草拟时一般有格式可循。传票与拘票格式差不多，只在字面上略有一些不同。

6.羁押

凡是命盗案件，犯人拘拿到案，在未判决前皆先予收押。寻常讼案当事人到了州县衙门，经过审问后，如果发现确是犯法，应予治罪，在未判罪前也可暂时收押。押所，或称看守所或拘留所，与监狱不同。监狱用来关已经定罪的人，由典史管，有一定囚粮。押所用来关未定罪的人，由州县主官派门丁来管，虽也拨给囚粮，但是很少，被收押的人大多要靠家属每天送食物来吃。

7.保释

押所是不分轻重将罪嫌关在一起的，而且往往拥挤不堪，其中的设备十分简陋，卫生情况极其恶劣，很容易生病，一旦得病，不仅不易获得医治，而且常常传染给别人。所以被告在候审时，病毙在押所是常有的事。当事人为了避免住到收押所里去，可以申请交保外释候审，由主官依其情节轻重决定准与不准。

宣统元年（1909），陈天锡在湖南新宁县知县吴兆梅处任刑钱幕席，新宁的巨室有江忠源的后裔及刘长佑、刘坤一的后裔两大家，世通婚姻。当时有位江刘氏和夫族一支的侄辈江某不洽。江某因江刘氏常和一位陈某来往，便写了一张陈某再来以"奸盗论"的条子贴在江刘氏门上。江刘氏认为江某侮辱了她，刘氏族人也极不平，支持她去衙门告状。她便写了状子亲自到县署鸣鼓呼冤。吴知县收了书状后，和陈天锡商量。鉴于此事涉及本县两大世家，而且名节攸关至要，两家都很激动，陈天锡认为不宜公开审判，而以谨慎消弭为上策，建议吴知县不要坐堂讯问。吴知县便请江刘氏到客厅分宾主坐定，告诉她这事如果公开审理，不仅两家面子有损，县官也没光彩，劝她不要走极端，先回去等候，三天之内由县方批示解决。江刘氏回去后，陈天锡便代吴知县起草了一份批词。批词首先剖析"奸盗"的"奸"可以作"奸回"，"奸慝"、"奸猾"、"奸伏"、"奸宄"等解，江刘氏不可专从狭义"奸淫"来自诬自诣。这段是用来防止刘族借词生风的。第二段告诫江某的亲睦族，不应妄书揭帖，滋生事故，初次姑予申斥，以后如不悛改，决不宽恕。第三段指责陈某与江刘氏非亲非故，参与别家事，以致亲属不和,即令驱逐出境。批词共三百余字。次日告示于众,传抄甚广,不独江刘两家无有异言,阖县父老也认为合情合理。一场可能轩然难于收拾的大风波,便这样未经公开审理而平息下去了。①

好的批词不仅能够息事宁人,往往脍炙人口。清代学者褚人获所著《坚瓠四集》中就记载了这样一个故事。长洲县一对夫妻经常吵架,扰得邻居不得安宁,于是告到衙门。知县梁廷桂收到呈词后,很快做出批示,对本案不予受理。梁的批词(很可能是梁的刑名师爷所写)是:"夫妻反目,常事;两邻首告,生事;捕衙申报,多事;本县不准,省事。"②看了这则批词"妙文",真是让人拍案叫绝。

由于批词应在收到呈词(状子)后两三天内写出,且批得既要得体,又要合情合法,还要尽可能达到"息讼"的目的,因此对刑名师爷的能力和水平都是一个极大的考验。批词起草完毕后,须送主官核定。虽然师爷代为决定"准"或"不准","本官尚不知呈中所告何事"的情景时有发生,但这道程序不能省略,于是便形成了"批出内幕之手,官画诺"的现象。

某大盗大白天入室行劫,被抓获后送至官府,其家人出重金请刑名师爷代为周旋。刑名师爷面对着诉状沉吟良久,提笔在诉状上加了一点,将诉状中的"大门而入"改为"犬门而入"。坐堂听讼时,师爷说:苦主具状,既由犬门而入,属偷盗而非抢劫,你听说过钻狗洞抢劫的吗?具状人明知师爷做了手脚,也只能唯唯称是了。

清代末年,清政府高唱"变法",陆续颁布并实行一些"改革"措施。政府整顿官僚体制,撤销一批重叠和虚设机构,地方政府相应裁撤了不少衙门与人员。各级官吏的裁减,迫使大量绍兴师爷离开官场另谋出路,他们的活动和影响随之弱化。

当时西学东渐,清政府实行废八股、停科举、兴学校、奖游学等政策,各地兴办新式学堂和出国留学蔚然成风。据资料统计,全国各地1911年已有新式学堂近5万所,学生人数达100多万。魏善玲在《清末出国留学生的结构分析(1896—1911)》一文中统计了清末出国留学归来的学生人数有5万多人。他们构成了一个新的知识群体,用在国外或新式学堂中学到的知识武装自己,逐渐获得各级政府官员的认可,取得了在政治舞台上的立足点,从而影响绍兴师爷在清

---

① 陈天锡:《迟庄回忆录第1编、第2编》,文海出版社1974年版,第96页。
② 褚人获辑撰:《坚瓠集》,李梦生校点,上海古籍出版社2012年版,第299页。

朝政坛的地位，极大地冲击并削弱了绍兴师爷的作用。

在改革官僚政制和提倡新型文化的氛围中，清朝政府实行司法独立，在北京设立大理院，号召各地各省设立高等厅，各府、县设立地方厅，审理讼事案件由法院专使司职。并且起用归国留学生和法政学堂、法政速成班的毕业生充实地方各级衙门，运用新型的法律手段代替绍兴师爷的传统审判方式，以新型的司法专门人才取代刑名师爷，从根本上动摇了刑名师爷垄断司法审判的基础。

各地各省的法政学堂、速成班除了传授法律专业知识外，还要求学生兼修经济、财政、会计、统计等课程，其毕业生便以其所学广泛渗入行政机构的各个层面，使绍兴师爷师徒相授的刑名、钱谷秘诀逐渐归于淘汰。绍兴师爷随着刑名、钱谷两大优势的渐次丧失，群体土崩瓦解，作用和影响也就由衰微而至没落。但是，今日的我们无论如何看待"师爷"这一历史群体，我们都无法否认，他们的存在极大地丰富了古人的生活方式，他们的存在也是中华民族历史上的一个独特景象。

（三）诉状语言的影响

清代衙门审案，诉状中语言词句运用的技巧对案件判定有很大影响，甚至是最关键的。虞山襟霞阁主编的《刀笔菁华》对诉状写作提出了许多经验之谈。其中的"灵机四要"认为：

> 凡作讼词，尤宜明辨事原，精度一案之情势缓急轻重大小，而后探本立论，想出从何入手，从何攻讦；而自己所处之境，尤宜如兵家之虚者实之、实者虚之，不示人以究竟，方为老讼。作词既依上法，尤当别出新裁，句斟字酌，以锐利之笔峰，一语入罪，或一字定论，或半字翻案，或一笔反复，是则神而明之，相机行事，不可形之于楮墨间矣。总言之，心机灵动者，随意可入人罪地，随意可脱己罪案。只在一二字间，初视之轻描淡削，无足为奇，细思之而有不足为外人道也。
>
> 一语灵机：
>
> 同一语也，足以生死人。其要诀端在握笔时将全案关键，默识于心。炼为数语，再炼为一语，然后更推敲数四以定之。则字字从锻炼而得，欲生之、欲死之，端在我之笔尖，诚足以横扫千军也。
>
> 一字灵机：
>
> 同一字也，或重如泰山，或轻如鸿毛，或毒如信石，或猛如豺虎，其要诀则在深思静念，玩索得之。而不可以语授，或随口得之，或随念得之。下此一字，实有千钧之力焉。

一笔灵机：

状词中偶有加一笔而生，减一笔而死者，是诀诚不可以言传已。机警者每于无意中得之，如画龙之点睛然。若从大门而入，与从犬门而入，实足以生死人耳。

一转灵机：

讼词中有因一语颠倒，而全轴为之变动者，亦玄之又玄矣。如有人以"驰马伤人"改"马驰伤人，竟以自脱于罪者，又有人以"屡败屡战"改"屡战屡败"；而语意截不相同者，抑亦神乎其笔矣。①

1. 调换字词顺序，会影响人的生或死

在诉状中，一段话、一个词、一个字都有可能影响案件的审判结果，有时一个关键的字或词会影响主审官员的判断，从而作出准理、不准理两种决定。涉案人甚至有可能因为一个关键的字或词而生，也有可能因为一个关键的字或词而死。衡阳秋痕楼主在《刀笔余话》中用这样一段文字形容诉状：

观其笔下妙文，虽一字一笔，俨若刀剑，在在足以左右其事，生杀其人。②

此处将诉状比喻成"刀剑"，其实一点都不为过。在《刀笔菁华》中讲述了一些典型案例：

吴中李某，年只十四，已崭露头角。会某年有邑绅之女将嫁，忽被无赖钻被逼奸，并勒其金条脱而遁，女则痛欲自戕。某绅更愤怒异常，捕得无赖送之郡署，必欲置之死地。无如投鼠忌器，又不忍明言逼奸情形。状中初书"揭被勒镯"字样，又恐不能入无赖于死罪，不能决。闻李某年少多智，往求指教。李曰："勒一镯，讵足以死一人？依吾计议，不如将此四字倒置，改为'勒镯揭被'"，绅从之。状下，判处死刑。后有不解其意者询之李某，李曰："揭被勒镯者，意在镯，故揭被不过取财耳！其罪一也。勒镯揭被者，则既劫其镯，复污其身，是盗而又益之以奸，两罪俱发，无生望

---

① 虞山襟霞阁主编：《刀笔菁华》，中华工商联合出版社2001年版，第66—67页。

② 同上书，第59页：清季讼师中，不乏奇胜之材，惜为功令所严禁，不能明目张胆出人头地耳。观其笔下妙文，虽一字一笔，俨若刀剑，在在足以左右其事；生杀其人。

矣！"众皆拜伏。李某真能不着点墨生杀人命者，良可畏也。①

《大清律例》中明确：

"凡恐吓取人财者，计赃，准窃盗论，加一等，免刺。"②并且规定"凡窃盗，已行而不得财，笞五十，免刺；但得财……三犯者，绞。"③对于"强奸者，绞。"④

清代的法律中关于强奸与恐吓取财两种犯罪在惩罚力度上是不同的，恐吓取财不一定判死刑，要比照盗窃罪来论处，与盗窃的钱款数量和次数有关，而犯强奸罪则必死无疑。所以，虽然"勒镯"和"揭被"两个词仅是调换了一下顺序，但其意义大不相同，结果使无赖由一个恐吓取财罪变为恐吓取财罪加强奸罪，故此这个无赖定死无疑。

又如：

又有人为马足践伤者，控其主人，用"马驰伤人"四字，屡控不准。求教于某讼师，某曰：马驰伤人者，罪在马不在人。君则可控马不能控人。依我之见，只须倒置"马驰"二字，改为"驰马伤人"，则语意与前绝不相同，以罪在人不在马，必能准也。"其人从之，上果责被告"太不小心，应赔偿医药之费结案"云。⑤

调换一个字就使犯罪的主体发生变化，当然马的责任与人的责任不同，"马驰"只能说明马跑得太快而伤人，驾马人没有尽到注意义务，驾马人主观不存在过失，而"驰马"当中就包含着驾马人的主观故意，自然调换"马"和"驰"字就可使一篇诉状获准。

2. 添上一笔，改变案件事实

《刀笔余话》中有一例：

---

① 虞山襟霞阁主编：《刀笔菁华》，中华工商联合出版社2001年版，第59页。
② 田涛、郑秦点校：《大清律例·刑律·贼盗下》，法律出版社1999年版，第401页。
③ 田涛、郑秦点校：《大清律例·刑律·贼盗中》，法律出版社1999年版，第391页。
④ 田涛、郑秦点校：《大清律例·刑律·犯奸》，法律出版社1999年版，第521页。
⑤ 虞山襟霞阁主编：《刀笔菁华》，中华工商联合出版社2001年版，第59页。

> 苏郡阳澄湖口浮起一尸，地方保甲循到报验。呈报单上有"阳澄湖口发现浮尸"之语，乃为口岸人家所见，大不为然。盖恐涉及谋毙情状，多所周折耳。中有讼师某工刀笔者，即于呈文内口字加一竖，则成"阳澄湖中"矣。湖中尸首，固不涉口岸人家，众大加赞赏。①

改一个字就改变了发案地点，由"湖口"成为"湖中"。"湖口"处出现浮尸很有可能让人联想到杀人者可能与这一带的百姓有关，自然都要受牵连，而"湖中"就有可能是从上游漂来的，与湖口的百姓关系就不大了，从而洗脱干系。

还如：

> 有告盗窃者，状中有云："从大门而入"，后盗贿通撰状者，求笔下超生。撰状者钱既入囊，即将"大门而入"之大字加上一点为"犬门而入"。状进，邑令以宵小论薄责了案。②

从大门进入家中盗窃不免使人感到太明目张胆，本来偷窃是见不得人的事，窃贼却从大门大摇大摆而入，让人痛恨。改"大"字为"犬"字后，就使人感到窃贼钻狗洞偷盗很自然，情感上可以接受，于是窃贼的责任也会减小。

另外，徐珂在《清稗类钞》中也讲述了通过诉状词语来改变犯案者命运的事件，如：

> 王振斋与李子仙善，旬日必相见，振斋好武艺，善舞刀，子仙欲就学之。一日，访振斋，留饭，餐毕，振斋出新购楼刀与观，刃犀利，盖新出于硎者，相与摩掌玩赏。振斋乐甚，持而舞之，旋转如意，寒芒逼人。子仙心羡不已，自其手夺之而效颦焉，用力过猛，偶不慎，及振斋之颈，殊焉。振斋之家属以子仙用刀杀人控于官，将论抵，子仙知之，谋于讼师，讼师为改用为甩，狱上，遂减等免死。盖用刀为有心故杀，甩刀为无心误杀也，甩者，手不经意而滑，以致伤人也。③

---

① 虞山襟霞阁主编：《刀笔菁华》，中华工商联合出版社2001年版，第60页。
② 同上。
③ 徐珂编撰：《清稗类钞》三，中华书局2003年版，第1194页。

《大清律例》中规定，"故杀者，斩"①而：

> 过失杀伤人身，各准斗杀伤罪，依律收赎，给付其被杀伤之家。（过失，谓耳目所不及，思虑所不到）②

"用刀"与"甩刀"的更改使杀人的动机发生了根本的变化，从故意杀人变为了过失杀人，由于过失杀人比故意杀人罪轻而不致于判死刑。因此，这个字的更改的意义就变得非常重大。

3.增删一句话，改变人的命运

《清稗类钞》记载了这样一件事：

> 知县某需次浙江，受知于巡抚而积忤于将军，将军思以中伤之，则非其属，屡讽于巡抚，辄左袒。某年元旦，行朝贺礼归，将军即具章劾知县朝贺失仪，当大不敬，以为巡抚且负失察之咎，不敢回护矣。事闻，朝旨果以诘巡抚，巡抚愤怼而无可奈何。其从者偶语于酒肆中，为某讼师所闻，即大言曰："了此，八字足矣。"从者惊询之，则曰："何易言耶！予我三千金我即传汝。"从者阴以白巡抚，巡抚喜，诺之。讼师曰："试于奏牍中加'参列前班，不遑后顾'八字，则巡抚无事矣。"巡抚思之良然，遂入奏牍，而朝旨果又转诘将军。盖巡抚、将军朝贺皆前列，不能顾及末吏，若将军亲见此令失仪，则将军亦自失仪矣，将军遂以此失职，而巡抚与知县皆无事。③

一句话就使这个巡抚化险为夷，巡抚由此从被动变主动，可见奏牍中运用措辞而体现的威力。

4.添加一词，可改变诉状的力度

清代审案重视别出心裁，句斟字酌，在既无论辩，又无证据查证的情况下，一字一词之差，便可使案件的判定差之千里，生死顿殊。诉状要引起审案官员的关注，就显得极其重要。在《刀笔菁华》中，诉状用语技巧也可有例证，如《调

---

① 田涛、郑秦点校：《大清律例·刑律·人命》，法律出版社1999年版，第430页。
② 同上书，第433页。
③ 徐珂编撰：《清稗类钞》三，中华书局2003年版，第1195页。

戏致死之恶禀》①中，主人公王士秀女儿舜英之死，是自杀，而非谋害，本属秽亵羞愤致死，但律法无明文规定，又没有证据证明胡维仲的其他罪行。胡维仲的猥亵，谓之调戏，并无语言；谓之勾引，却非手足，律例难让其承担杀人的罪名。但是，诉状在语言调戏及手足勾引中只加入了"虽无"及"甚于"二词，实有千钧之力，将当时胡维仲调戏舜英的情景描绘出来，这样他便死罪难逃。

汪辉祖说他在放告之日所收下的诉状中，有一大半属辩词和催呈，受理的新案件通常不超过十件。可以说要在申诉中获胜，把握受理案件官员的心理是很重要的。清代的案件诉讼，州县的官员有自由裁量权，无须援引律例。师爷无法在法庭上出现，更不能与对方当事人进行激烈的辩论，一篇诉状通过措辞可以改变案件当事人的命运也就不足为奇。

清同治年间，鄞县知县段广清所判"斗米斤鸡"案，反映了主官对弱者的关爱，得到民众的赞赏。案情是：一乡人进城不慎踏死店主雏鸡一只，店主称雏鸡虽小，厥种特异，饲之数月，重可达九斤。依时价，一斤值钱百文，故索偿九百钱。段氏问明底里，以为索偿之数不为过，令乡人遵赔。事毕段忽又唤回二人，曰：

> "汝之鸡虽饲数月可得九斤，今则未尝饲至九斤也。谚有云：斗米斤鸡。饲鸡一斤者，例须米一斗，仿汝鸡已毙，不复用饲，岂非省却米九斗乎？鸡毙得偿，而又省米，事太便宜，汝应以米九斗还乡人，方为两得其平

---

① 虞山襟霞阁主编：《刀笔菁华》，中华工商联合出版社2001年版，第14—15页：邑绅王士秀之女舜英，及笄有艳名。少年胡维仲涎之已久，数次委禽，不许，心衔恨之。一日见舜英倚楼窗作远眺，维仲恶念顿起，即对窗解裤，作种种秽亵状。舜英游目见之，羞愤不能自容，即唤小婢入房语以故，旋即雉经死。其父士秀屡控胡维仲调戏致死，皆不准。客以嘉兴钱延伯荐，士秀许以二千金作一状。状成，视其中只有两要句，维仲卒以大辟论罪。延伯刀笔之名大谋。原禀云：
为秽亵调戏羞愤自杀，请求雪耻正法事。
民女舜英，生年十七，未出璇闺，忽于某月某日，无故雉经自尽。事后询之婢子翠芳，始知为胡维仲秽亵调戏，愤羞自尽。窃维仲调戏虽无语言，勾引甚于手足。种种秽亵情形，有难以形诸楮墨者，婢子翠芳亦所目睹。言之足羞，思之可恨。小女含冤入地，则亦已矣，惟淫棍如此猖狂，实干法纪。伏乞宪台严办，以慰幽魂而肃风纪。不胜衔结。上告。

也。"店主语塞，只得遵判而行。①

总之，诉状中的一个字、一个词或一句话都有可能影响案件的结果，决定一个人的生死，这在现代司法体制下当然是完全不可能的。因为无论犯人的口供，还是证人的证词，都要经过核实查证，甚至用科学的手段对案情作出鉴定，审判尊重的是用证据证明案件的事实及律师在法庭上的辩论，一字一词的改动并不能影响法官最终的判决。

（四）判词的师爷笔法

清末民初浙江慈溪的柴萼（1893—1936，又名紫芳，字小梵，慈溪人。曾在日本留学执教七年。1931—1936年任河南省政府秘书）在《梵天庐丛录》中的"绍酒"条说：

> 至清末，……"绍兴师爷"之名，犹妇竖皆知也。②

这里绍兴师爷竟然成了妇女哄孩子睡觉时挂在口边的"大老虎"。究其原因，一方面是"刑名掌生杀之权，案情轻重、罪名出入皆系于此"而使然；另一方面是其特有的苛刻性格。周作人在文章中多次提到师爷的这一性格特点，在《雨天的书自序》一文中，他说：

---

① 天台野叟：《大清见闻录》中卷，中州古籍出版社2000年版，第557—558页：段广清苏人也，前清同治间知浙江鄞县时，以廉明称。一日驺从偶出，远见人如蚁簇，环立某米店门首，众口喧腾，似有哗辩。段颇以为诧，命二快隶往问，旋偕二人来伏舆前，一自称乡中人，一则米店东也。乡人供以父病来城延医，道经某米店，误践其雏鸡致毙，店东索赔钱九百，小人囊中仅得铜钱二三百枚不足以偿，因与争论耳。段曰：雏鸡值几何，乃索偿九百乎？乡人曰：店东言雏鸡虽小，其种特异，饲之数月，重可九斤，以时值论，鸡一斤者其价百文，故索偿九百，小人无以难也。段顾米店东曰：乡人言真乎？店东曰真。段笑曰：索赔之数，殊不为过，汝乡人行路不慎，毙人之鸡，夫复何言，应即遵赔。乡人曰：吾非不遵，奈囊资不足耳。段曰：汝可典衣以足之，再不足，本县为汝足之可也。时环观者啧啧骂县官之昏愦，以一雏鸡断偿九百，胡有是理。然其时官威重，不敢诘难也，乡人亦唯听命，解衣付典，得钱三百，合囊资共得六百，段以三百补之，立以付米店东。且笑语曰：汝真善营生哉，以一雏鸡而换钱九百，如此好手段，不愁不致富也。店东面有喜色，叩首称谢，携钱而起，段忽命之回，两人复跪舆前。段曰：吾顷所判尚有未妥当处，汝店东之鸡，虽饲数月而可得九斤，实则未尝何至九斤鸡也。谚有云，斗米斤鸡，饲鸡一斤者例须米一斗。今汝鸡已毙，不复用饲，岂非省却米九斗乎？鸡毙得偿，而又省米，事太便宜，汝应以米九斗还乡人，方为公允。店东语塞，乃遵判以米与乡人，乡人负米去。时观者一片声喧，颂神君妙断，又嘲骂店东。店东颜色颓然，不敢驻足店中矣。

② 柴萼：《梵天庐丛录》十八册，（番禺叶恭卓署影印本）1926年版，第6页。

我的浙东人的气质终于没有脱去。我们一族住在绍兴只有十四世，其先不知是哪里人，虽然普通称是湖南道州，再上去自然是鲁国了。这四百年间越中风土的影响大约很深，成就了我的不可拔除的浙东性，这就是世人所通称的"师爷气"。本来师爷与钱店官同是绍兴出产的坏东西，民国以来已逐渐减少，但是他那法家的苛刻的态度，并不限于职业，却弥漫及于乡间，仿佛成为一种潮流，清潮的章实斋李越缦即是这派的代表，他们都有一种喜骂人的脾气。我从小知道"病从口入祸从口出"的古训，后来又想混迹于绅士淑女之林，更努力学为周慎，无如旧性难移，燕尾之服终不能掩羊脚，检阅旧作，满口柴胡，殊少敦厚温和之气；呜呼，我其终为"师爷派"矣乎？虽然，此亦属没有法子，我不必因自以为是越人而故意如此，亦不必因其为学士大夫所不喜而故意不如此：我有志为京兆人，而自然乃不容我不为浙人，则我亦随便而已耳。①

绍兴师爷"满口柴胡，殊少敦厚温和之气"，"专以苛细精干见长"。所谓苛细，就是办事精细、琐细而刻板。其实这属于师爷的职业特点。许同莘曾说，刑名之事精密，钱谷之事虽不及之，但缴绕繁碎过之。佐幕这份职业要求从事者具备敏锐、细致、铁面无情的作风，而绍兴人"儇巧敏捷"②和精干，正与这一要求相吻合，所以苛刻从行业特点变成了师爷群体的特点。

有些案例在特殊情况下，或陷人于罪，或救人于危，似乎并无一定客观标准，全凭"刀笔吏"持心公允与否和技巧的高低优劣。清代官场"刀笔吏"的此种作用，可谓发挥得淋漓尽致。这与当时的诉讼程序不完备，重口供而轻调查，缺乏辩论程序大有关系，于是在"刀笔吏"的刀笔之下，往往发生以一词一句定乾坤的效果。康熙年间当过刑部尚书的姚文然也说："刃杀人有限，例杀人无穷。"③这就是人们常说的"刀笔"，可以活人，也可以杀人。我们从《异辞录》中的《奸案判词》条中写到的两个案例就能了解到"师爷笔法"的厉害。

其中一个案例说：按照清代法律规定，"奸案格杀勿论"这一条款仅适用于"（通）奸（场）所登时捉获"这一情节。也就是说，丈夫发现妻子与别人有了奸情，如果能在他行奸时将奸夫、奸妇立刻杀死，就不需要承担任何法律责任。

---

① 张菊香、张铁荣：《周作人研究资料》上册，天津人民出版社1986年版，第170页。
② 邓之诚：《中华二千年史》卷五下（第一分册），中华书局1958年版，第459页：绍兴……多壮游在外，如山阴、会稽、余姚……其儇巧敏捷者人都为胥办。
③ 天台野叟：《大清见闻录》中卷，名人逸事，中州古籍出版社2000年版，第149页：姚端恪公文然掌刑部日，方更定条例，公曰，刃杀人有限，例杀人无穷，吾曹可无慎乎！

俗话说的"捉贼捉赃、捉奸捉双",指的就是这个意思。但如果丈夫没有在通奸场所将这对野男女当场抓获并杀死,而是将其告到官府,官府能够给予奸夫、奸妇的处罚,顶多只能是徒刑;丈夫如果不是捉奸在床而将奸夫、奸妇杀死,反而要承担故意杀人的法律责任。然而法律规定是死的,精通"师爷笔法"并对"通奸"行为有着本能反感的刑名师爷们,对法律条款的解释和运用,有时却是活的。

光绪某年,有一男子,其妻与人私奔,逃走两年了。他长期四处查找,终于有一天,在几百里外的一个地方,找到了逃走的二人,一怒之下,他把两个人全杀了。按律,他是必死无疑,但判案的官员觉得他是追杀奸夫淫妇,其情可悯,找了个案例来判他无罪。案件报到中央刑部后,刑部官员觉得援引律条与案情不符,部员认为,这不是在"奸所""登时"格杀,因为按律例所载,律例规定杀奸夫淫妇免罪应该是在通奸的现场,如果不是在现场抓获,则不能援引这一条款,因而不能以此结案。就将案子打回广东,要当地按故意杀人罪惩处这个本夫。案子发回到广东,晚清高官、曾任山东巡抚和直隶总督的杨士骧,年轻时在两广总督李瀚章幕府做刑名师爷,他是个极有经验、文字功夫极好的人,大笔一挥把判词写出了最关键也最经典的两句话:

窃负而逃,到处皆为奸所;久觅不获,乍见即系登时。①

判词意思是说,奸夫淫妇两个人是私奔,所以他们逃到什么地方,什么地方就是发生奸情的场所,这是上半句话的意思;下半句话说,她的丈夫找了很长时间都没找到,所以,找到他们的那一瞬间,也就是刑律上规定的"登时"。于是,这个案子也就迎刃而解了。这两句话,不仅对法律条款的解释有过人之处,而且文句特别优美简洁,在崇尚文句优雅的时代,这样的判词自然会得到上级的首肯甚至激赏。刑部尚书、著名法学家薛允升看过之后,对这判词大加赞赏,立刻就批准了这一判决。

另一个案子是有位在墙外小便的男人,在他小便时,忽然看到楼头有一个女子无意间正朝此处张望,男人轻薄之心顿起,就用手指了一下自己的私处。古代的女子脸皮很薄,认为对方那是调戏行为,自己受了侮辱,故而羞愤难当,就上吊自杀了。她的家人自然很愤怒,就将该男子扭送到官府。当时,官府也觉得

---

① 刘体仁:《异辞录》,见《民国笔记小说大观》第二辑,山西古籍出版社1996年版,第116页。

其人相当可恶，想要治他的罪，但一时间谁也找不出罪名来。这个男子的行为应当是属于调戏妇女，并导致妇女死亡，也就是所谓的"调奸致死"。但根据清代的法律，"调奸致死"有几个要素，要有"手足勾引"和"言语调戏"等情节，也就是要动手动脚和说些脏话。不过，上述这位男子举止虽然轻薄可恶，但他既没有言语调戏，也没有手足勾引。所以要想重判他，也还真拿不出什么法律依据来。不过，有位师爷却下了这样的判语：

> 调戏虽无言语，勾引甚于手足。①

这两句话是说：他的调戏方式虽然没有言语，但他的勾引手法之卑鄙远远超过了动手动脚。此处的"虽无"和"甚于"四字，用得真是巧妙！巧妙之处就在于虚词的连缀和判词的起承转合。在古汉语中，虚词的意义通常比较抽象，也最有奥妙。以"虽"字为例，它的用法有两种，所讲的事，既可以是事实，也可以是假设，随你怎么理解。正因为存在这种朦胧感，论者便可虚虚实实，闪烁其词。于是在虚词的点缀之下，在判词的起承转合之间，一个调戏妇女并致其"羞忿自尽"的罪名也就顺理成章罗织而成了。因为从字面上看，"言语调戏"与"手足勾引"两个要素一应俱全，依照律例之规定，也就符合"杀无赦"的要素了。

以上两例说明，清代官衙判案的轻重并无固定的标准，判词的内容，全看刑名师爷良心的公允和写作技巧的高低优劣。这就是所谓的"师爷笔法"。周作人对这个情况非常熟悉，曾经说过：

> 老师爷讲述办事的经验，诉讼要叫原告胜时，说他如不真是吃了亏，不会来打官司的，要叫被告胜时便说原告率先告状，可见健讼。又如长幼相讼，责年长者曰，为何欺侮弱者，则幼者胜，责年幼者曰，若不敬长老，则长者胜，余仿此。②

周作人认为：

---

① 刘体仁：《异辞录》，见《民国笔记小说大观》第二辑，山西古籍出版社1996年版，第116页。
② 周作人：《知堂集外文·〈亦报〉随笔》，岳麓书社1988年版，第442页。

俗语云，尼姑本是女人做，师爷虽是为后世诟病，毕竟也是从人民中出来的，他本身传受了师爷事业，其从父祖遗下的土气息泥滋味还是存在，这也是可以注意的事。师爷笔法的成分从文人方面来的是法家秋霜烈日的判断，腐化成为舞文弄墨的把戏，从人民方面来的是人生苦辛的经验。①

除了文字上的游戏外，在绍兴师爷的断案中，徇私舞弊、贪赃枉法的事情还相当之多。有时，师爷串通衙役，想把监狱中的某人弄死，他们会先叫某人的家属写一份"有病保外"的具结，让家人大喜过望，以为某人可以保外就医，很快就会放出来了。殊不知实际上，师爷与衙役拿到具结后，就悄悄地弄死该人，然后通知家人，说是"暴病身亡"。此时的家人虽然明知上了当，却有苦说不出。为什么呢？因为事先自己出过具结，如果某人无病，家属出此具结，不就是在欺骗官府吗？如果确实有病，那暴病身亡，也就顺理成章，家属还有什么话可说的呢？想来想去，他们也就只好咽下这颗苦果。

刑名师爷玩弄司法，许多主官并不是不知情。不加以制止或揭穿是有多方面原因的，一则师爷收入菲薄，主官心知肚明，就聊当成"灰色收入"了，只要不搞出大事危及主官乌纱帽，也就听之任之了。更有甚者，一些主官原本存了贪赃之心，只是不便自己出面，而由师爷全权代理而已。

于是，封建司法的黑暗也就成为一种制度化的必然，在这种官场氛围中，从政之人，即使想当清官也不可得，最后只能同流合污了，换句现代经济学术语，叫"劣币驱逐良币"。今天的秘书，也离不开文字工作，当然不必像封建时代刑名师爷那样舞文弄墨、翻云覆雨做文章，而是要实事求是，对文件撰写、用字遣句要确切、明白；谋篇不但要精短，并要突出主题，这就要求我们必须加强文字基本功的训练。

---

① 周作人：《知堂集外文·〈亦报〉随笔》，岳麓书社1988年版，第443页。

第七章　晚清师爷的生活状况

清代有一句俗话："无绍不成衙",因为在拗硬尖刻之外,绍兴师爷留下了一笔巨大的精神财富,他们在中国漫长封建社会最后的二百多年,以一种特殊身份,在文山牍海中,精读了整个封建社会结构,绍兴师爷以他人无法企及的深度和广度介入了那架古老机器的运作。正是这些为官员奔走谋划的师爷,和处理具体事务的胥吏一起,维持了庞大国家的机构运转。尽管师爷在官场中极为活跃,但是长久以来,他们的地位一直徘徊在夹缝中,既有为政的才干,不同于胥吏,却又很难更进一步,走上堂堂正正的金榜题名、封妻荫子的光明大道。为大清帝国这部庞大国家机器正常运转而努力的师爷在生活上情况如何?

师爷除了辅佐主官治理地方事务,他们的日常生活内容也是多方面的,既包括物质生活,也包括精神生活,既包括日常工作状态,也包括闲暇时的活动,其中很多生活内容具有很强的职业特征。本章择要介绍以下几方面的情况。

一、贫富观念与俸脩收入

虽然师爷有固定的俸脩,有时还会收到"外快",但养家糊口其实还是相当窘迫。王春龄的遗稿也反映了这一现实,手稿中的一份"移交清单"有助于我们认识普通师爷的生活境遇。这是一份王春龄离任时向主家移交所借个人生活用品移交清单,内有物品24件,都是如碗筷之类的日常生活用品,连一顶草帽也在移交之列。

《清单》
饭碗　　　　　　一只
象牙筷　　　　　一双
洋磁小菜提盒　　一只
洋磁洗衣盆　　　一只

锡炖酒壶	一杷
锡瓢羹	一只
锡瓢托	一个
大小闷碗	三只
茶杯	二只
磁笔筒	一个
砚池	一个
铜墨盒	一个
玻璃灯	一盏
草帽	一个
紫铜手炉	一个
易知录	一册
树圆管	二盒　其底盒存在施美翁处
磁酒瓶	二个
大小洋瓶	数个
画报	数册
水烟袋	一只
潮烟管	一支
洋铁箱	一只　系盛米
洋铁瓶	一个　盛海米糖

杂记8—1

第七章　晚清师爷的生活状况

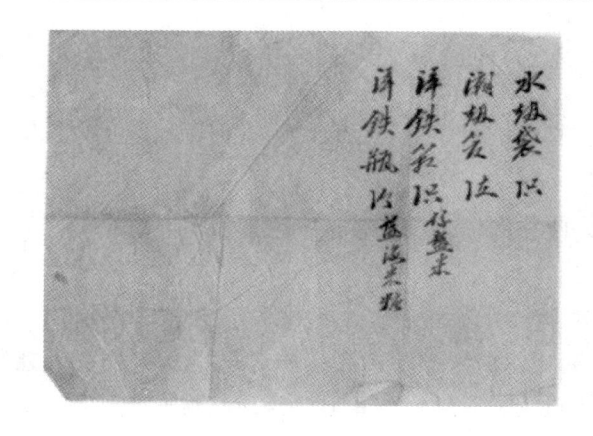

杂记8—2

这纸《清单》虽然无任何可佐证其身份的符号或文字，但根据内容可确定是王春龄离开县衙时的记录文字。这份"移交清单"侧面反映了普通师爷生活的清苦和清廉，因而晚清以来文史学者描述中的贪婪和腐败的师爷刻板形象值得商榷。连草帽都无法自备，这说明王春龄这个师爷生活相当清苦。另外这份清单也说明，师爷对主家的物品是丝毫无犯的，连草帽等便宜的易耗品也得有借有还。

龚未斋（1738—1811），字萼，号雪鸿，山阴人。出身于师爷之家，20岁时父亲病故于幕馆，龚未斋随伯父去渭阳经管衙门事务，为一生入幕之始。乾隆三十三年（1768）回山阴应试，屡试不第。后于乾隆三十七年和四十五年两次北上河北，在深泽、保定、河间、任丘、张家口、滦州、广川、饶阳、蒲城、博野、定县以及蓟县等地，南下广东顺德、东莞、番禺、龙川、高鹤、潮安等地，终生以幕为业，做师爷50余年，刑名、钱谷师爷都做过，是一个地道、正宗的绍兴师爷。

龚未斋写过一本《雪鸿轩尺牍》，他的幕道贫富观就反映在这本尺牍中。龚未斋的贫富观可以概括为两条：一条是宁要清贫，不要浊富；一条是清贫为贵，浊富为贱。他在《答丁仙槎盐大使》的信中感叹道：

> 生平最畏显者，而又不得不与显者为缘。乞馀不足，顾而之他之状，真有不堪令妻妾见者，更有何面目复见友朋！足下乃以为高，岂有高人逸士，曳裾侯门者乎？冯驩弹铗而歌归来，与钟期绿蓑青笠，鼓瑟而歌，其高下之相悬，奚啻霄壤！足下不求热官，而求冷吏，固已高人一等矣。然则所谓高者，乃在子之自道耶？仆有寒疾，不可以风。希夫子惠临，发我惭汗，铭泐

无既！①

其中所言："真有不堪令妻妾见者，更有何面目复见友朋"，反映了师爷生活的清苦。

龚未斋在给许葭村的信函《又答》中说道：

> 弟才不通古，性不宜今，生无傲骨，而苦乏媚容，人本清贫，而翻嫌浊富。倘逢范叔，亦尝赠以绨袍；若遇子华，竟未益之裘马。每取汛于有道，辄见憎于通人。是以漫游冀北，淹滞已逾廿年，侨寄保阳，困顿亦将十稔。八口之隶，仍蹈饥寒，五湖之归，空劳魂断。徒使年年寒食，洒血泪于东风；岁岁烝尝，拜遗容于北地。人固笑夫庸庸，己亦羞夫碌碌。嗟夫！天生我以不愚不智之身，而困我于不死不生之地！抱牍非吏，佣笔非胥，俯首求衣，敛眉寄食，良可哀哉，不足道耳！然承下问，敢不献言？昔梁鸿庑下，曾赖伯通；杜甫草堂，幸依严武。今作客已歌行路，岂移家不痛穷途？要惟俭以养廉，庶免贫而斯滥。仲氏名贤，不羞缊黂；晏婴当国，不掩豚肩。崇阁华幪，未必久于蓬门，驷马高车，窃恐后难安步。挥金任侠，身上债台，沽酒款宾，衣存质库。笑炎凉之忽变，翟廷尉空自杜门，愤缓急之莫通，刘孝标徒然作论。凡此硁硁之谈，宜在卑卑之列。或高明特具赏心，则培塿未始无补也。寓函往返，既费清心，持送驰驱，又劳赤脚，感其有极，谢何可言！首夏清和，君子蔼吉，落花点点，芳草萋萋，触物兴怀，能无延伫？专泐奉复，顺候近佳！先生往矣，付之玉烛光中，后学重来，罚依金谷酒数。②

"弟才不通古，性不宜今，生无傲骨，而苦乏媚容，人本清贫，而翻嫌浊富。"这句话的内容，他在另两封信函《答朱桐轩》和《辞宁津明府刘三标》中也说过。其中《答朱桐轩》这句改一字，为：

> 弟才不通方，性难谐俗，生无傲骨，而苦乏媚容，人本清贫，而翻忧浊富；一生心血，消磨于簿书钱谷、长笺尺牍之中；半世佣资，耗费于仰事俯

---

① 龚未斋：《雪鸿轩尺牍》，湖南文艺出版社1987年版，第84页。
② 同上书，第120—121页。

畜、雪炭绨袍之际。①

一句话三次出现在信函中，说明这绝非不经意之笔，而是很郑重的自述。翻，反而也。浊富，即不义之富，也就是宋代人所说"奸富"。而《辞宁津明府刘三标》则说：

> 某赋性迂拘，与人落落，生无傲骨，而苦乏媚容；人本清贫，而翻嫌浊富；遇事则宁方无圆，宁拙无巧，宁为众恶而不随私好，此心不肯自负，而尤不忍负人。故不知者以为难亲，而知之者未尝不喜与共事。即宣郡太守之所以不我退弃者，亦深信其心之无他，而某之所以不敢复往者，实因谏不行，言不听，未敢素餐也！②

人本来很清贫，却厌恶不义之富，这说明龚未斋具有不为贫贱所移，不因穷苦所逼而谋不义之财的宝贵品质。

龚未斋在另一封《答王兰畦》的函中又写道：

> 抑且失侣鹡鸰，无近枝可托，翱翔乎千百里以外，只影自怜。客游至此，真况而愈下矣！每读白太傅诗："欲作云泉计，须营伏腊资"之句，辄废焉兴叹。然贫者士之常，阿堵物适足为身心之累。苟得箪食瓢饮，息影潜踪，啸傲于稽山镜水之间，于愿足矣。③

不以清贫的生活为苦而安之若素，不以追求金钱（阿堵物）为生活目的而视其为身心之累，这段话是他宁要清贫、不要浊富的一种具体表述。

龚未斋宁要清贫，不要浊富，他极重做人道德，重节操，重立身。他在《与徐克家》中写道：

> 深泽之行，得附骥尾，月馀领教，增益良多。控案已寝，无不欣然，而蕚因之有感也。士贫不能自主，觅衣食于奔走，而所为衣食者，不以文章，不以书画，而取给于申韩之术，是衣食也，而器孽生之矣！欲仪之弃去，而

---

① 龚未斋：《雪鸿轩尺牍》，湖南文艺出版社1987年版，第212页。
② 同上书，第226页。
③ 同上书，第347—348页。

文章书画，无一长可取，即可取，而世亦不尚。纵甘为翳桑之饿犬，而高堂无菽水瘤之奉奈何！因思贫者士之常，洁己自守，直道而行，勤慎自持，不图逸乐，或可稍轻罪孽，免于配报。素仰老表叔灵心慧眼，尚祈有以教之，感甚，幸甚！①

在龚未斋眼中，立身、节操是最重要的，越是贫穷越能显出节义，而无德才是最可鄙的。

在《答甘林侄》中又写道：

接来字，颇以贫为忧。士穷见节义；古人有三旬九食者，贫亦何害？余成童时，学为诗，有"丈夫当自主，不受世人怜"之句。及二十年而孤，家益贫，衣食于奔走，但不乞怜于人，而人亦无有怜之者。淮阴为中人之雄，其受漂母一饭，报以千金，至今传为盛事。然丈夫义不受怜，千古一怜字，吾为吾侄惜也。余惟以碌碌终身，不能自立为愧。吾侄当求其所以自立者，贫不足为忧，且断不可忧焉！②

他告诫自己的侄子："吾侄当求其所以自立者，贫不足为忧。"他还斥责那些无德的师爷"素餐负德，谋事不忠"。他还认为，在德与富发生冲突的时候，绝不能为了致富就不要德行。

龚未斋认为浊富多忧，浊富虽能痛快于一时，但必会遗祸终生。在《答姜云标》一函中写道：

小暑方酷，正抱采薪，忽清风徐来，知芳函飞到。开缄把读，顿解烦臆，一服清凉散，恐尚无此功效也。人生六十曰衰，吾辈神为形役，其衰更易。弟年未六十，而齿豁头童，须发早白，平生壮志，早已消磨。只以苦债未完，犹作场中傀儡，秋风短笛，粉墨登场，此更桑榆景迫，所黯然神伤者，盖亦心怜之而不得不作如是云尔！足下一生游历，未染世情，独往独来，不与时贤为伍，此弟二十年来，亦以此硁硁自守者。坐是，四壁仍空，一贫如故。窃以为幕而贫，清且贵也；幕而富，浊且贱也。良田美宅，肥马轻裘，仅只快于一时，必致贻祸于没世，曷若以贫始者以贫终，仍不失本来

---

① 龚未斋：《雪鸿轩尺牍》，湖南文艺出版社1987年版，第44页。
② 同上书，第359页。

面目之为愈！惟足下先赋归与，弟须三四年后始能践约。耕山钓水之乐，请先独得之。陆放翁诗云："斟酌平生如意事，及身强健早还乡。"能不羡而且妒？

"良田美宅，肥马轻裘，仅只快于一时，必致贻祸于没世"，"人本清贫，翻忧浊富"，①尺牍中的这些话，就是他的浊富多忧思想的反映。

清贫为贵，浊富为贱，这是龚未斋贫富观的重要观念。龚未斋在尺牍中写道：

> 窃以为幕而贫，清且贵也；幕而富，浊且贱也。②

清代社会管师爷叫"造孽的师爷"，捞的钱叫"孽金"，清代当师爷的如果致富，一般都是捞昧心钱的结果，所以龚未斋说贫则清，富则浊；龚未斋在这段话中还对清贫和浊富做了价值判断，即认为清贫为贵，浊富为贱。贵，指宝贵、高尚；贱，指卑下、渺小。这种清贫为贵，浊富为贱的观念，在只以贫富为标准论人的价值之高下的社会里，是极为难能可贵的。关于这一观念，龚未斋在尺牍中还有另外的表述，《答陆默庵》函将此想法淋漓尽致地表达无遗，即：

> 别后正切离索之感，接手书倍增感叹。一车孤寂，千里间关，夕阳古道，衰柳长堤，无一非助人愁思。平时诗兴，不知消于何处！昔人云：穷而益工，斯言未可信也！
>
> 富人饱欲死，贫人饥欲死，自昔为然。惟饥死者系干净菜园，尚有清气；若饱而死，酒肉腐肠，死有余臭！
>
> 足下尚不甚贫，何至患饥？既为齐人，则东郭墦间之地，必有一席以待者，更何患之有？
>
> 第齐人之在当日，尚可伸足狂歌，酒酣骂座，即随意唱莲花落数套，亦足动人观听。今则显者之门，曳裾者多，残杯冷炙，到处辛酸，若令妻妾见之，不仅讪且泣也！
>
> 足下豪气未除，固是英雄本色。然年将望五矣，向后光阴，更觉白驹易过。处今之世，似当不亢不卑，立身于廉让之间，可以止则止，可以久则

---

① 龚未斋：《雪鸿轩尺牍》，湖南文艺出版社1987年版，第172页。
② 同上。

久，苟得陋巷箪瓢，首邱没世，胜于乞食侯门万万也。仆景迫桑榆，家随蓬梗，一贫如故，八口难归，业已付之无可如何。足下尚有可为，又与仆同病相怜，故不惜出此肺腑肝肠之语！①

饥死者当指清贫者，饱死者当指浊富者；说清贫者死有清气，浊富者死有余臭，亦即谓清贫者贵，浊富者贱。

龚未斋浊富多忧的思想渊源于古人的佛教思想。禅宗认为，过多地追求欲望，不能赋予生命以积极的意义，反而会空费宝贵的时间，这就错待了生命。五代时期的招庆道匡禅师，俗姓李，长成后出家，到福建泉州参学禅法，师事长庆慧棱禅师。长庆慧棱当时住持泉州招庆院，道匡入室参侍，多年后终于大彻大悟，为了感恩，也为了磨炼自己，自愿做了寺里的"桶头"。"桶头"是寺里一种苦行职事，与"浴头"差不多，即管理浴桶，打扫浴室，为僧众沐浴服务的一种差使。道匡虽做桶头，服苦役，但也常常借日常生活一机一境，来启发、帮助师兄弟发悟，与禅徒对机酬答。道匡禅师主张：

宁可清贫自乐，不作浊富多忧。②

这种思想对后人影响很大，读书人承继的也多，龚未斋浊富多忧的思想显然深受了佛学的影响。

龚未斋对自己的贫富观执着坚信，并以此自豪、自励。在《答严昌期》一函中他说：

不与贵交我不贱，不与富交我不贫。足下意气虽高，犹未泯乎富贵贫贱之迹者也！我无愧于己，不求于人，正我知人世间何者为富贵，何者为贫贱，此期慰之流，所以不可及也。愿足下勉之！③

正因为他有纯正高尚的贫富观，所以做人才做得坦荡，磊落，自信。

龚未斋的贫富观并非只停留在头脑里和口头上，而是见诸了行动。从他的尺牍中可以看出，他不愧是一位清贫自守、直道而行的"清师爷"，就像"清

---

① 龚未斋：《雪鸿轩尺牍》，湖南文艺出版社1987年版，第352—353页。
② 泉州招庆寺静筠法师：《祖堂集》，全国图书馆文献缩微复制中心1993年版，第253页。
③ 龚未斋：《雪鸿轩尺牍》，湖南文艺出版社1987年版，第358页。

官"。他在《雪鸿轩尺牍》中多次谈到这个观点。如《与沈聚亭》中他说自己：

> 鹤料（俸金）之外，一介不求；案牍之中，一字无忽。足不出户庭，而人亦不谋面，有居处数年，而不知捉刀之为谁者，盖三十年如一日也。

《答赵南湖》函中写道：

> 吾辈少壮离家，衰年流落，一贫如故。

《答谢丙南》函：

> 年逼桑榆，室仍悬罄，一家十口，旅食维艰。①

他就是这样用实际行动坚守着自己的信念，实践着自己的贫富观。

当时，许葭村的生活状况也不如意，他在信函《贺蒋镜函会试》中说：

> 旅食频年，亲朋久阔。顷于令妹倩处，询知驾驻都门，为来岁春闱计。足下以边孝先之经笥，兼江文通之笔花，曳紫纡青，自堪握券，转盼杏花春暖，定作金鳌顶上人矣。弟碌碌依人，徒惭糊口；援例而谋薄秩，更不免为大雅所嗤。会当赴都掣签，不知赴选文结曾否到部？祈致贵居停代为查示。此行若果，则对芝宇而聆兰言，当在桂花清影中也。②

一句"更不免为大雅所嗤"道出了这些在外辛勤劳碌的师爷们心酸的苦水。许葭村在《与陈天度》函中说：

> 汾乡硕望，久切心仪。顷自永郡寄诵诲言，快同亲炙。承示弃书读律，窃以吾丈机云才藻，燕许文章，鲲化鹏游，得时则驾，何遽无心青紫，转作抱牍依人计耶？
> 湄浪迹六年，自惭驽下，不能作昂昂千里之驹。屈指辛亥之冬，就食辽西，去夏至津门，今春晋省，阅四月始就平舒。数年来馆不过副席，俸不过

---

① 龚未斋：《雪鸿轩尺牍》，湖南文艺出版社1987年版，第92、292、309页。
② 许葭村：《秋水轩尺牍》，萧屏东校注，湖南文艺出版社1987年版，第196页。

百金，内而顾家，外而应世，探我行囊，惟有清风明月耳。

　　读所寄舅氏书，责以捐职之命，迟迟未报，咎何能辞。念自家道中落，承舅氏逾格矜怜，蛇雀有知，岂敢忘德？所以迟之又久者，限于力非盲于心也。一秩清衔"，矢报有日，尚祈吾丈婉曲言之，俾不至开罪尊亲。幸甚！①

"馆不过副席，俸不过百金，内而顾家，外而应世，探我行囊，惟有清风明月耳。"可见许葭村师爷生活的清贫和艰辛。

写过《浮生六记》的师爷沈复出身于幕僚家庭，承袭父业，游幕、经商是他一生主要的活动线索。他不拘封建礼法，对于科举功名十分淡漠。总是"搁笔"，所以生活很苦。他追求布衣素食中美的旨归，与妻子陈芸在浮生若梦的流年里，共同谱写诗意蕴藉的理想，贫困生活和封建礼教这两条无情的锁链，令他的崇高理想黯淡无华。其繁华的期许终于走向落寞，徒然在历史深处浅斟低吟。

晚清时期的高心夔（1835—1883），字伯足，号碧湄、东蠡，平生喜陶诗，号陶堂，江西湖口人。咸丰九年（1859）进士，官江苏知县。先入曾国藩幕府，参赞军事，李鸿章督军德州，高心夔佐其军幕，后入肃顺府为幕僚，深为倚重，成为其谋士。高心夔是肃顺最倚重的师爷，然而晚景却最惨。高心夔在肃顺身边，尽心办事，又兼才能出众，深为肃顺倚重，成为其师爷。高心夔日渐声名鹊起，朝野上下，称高心夔、王闿运、龙汝霖、李寿蓉、黄锡焘五位幕僚为"肃门五君子"，高心夔位列其首。肃顺常与高心夔讨论政务，对高心夔言听计从，并采纳其建议，奏请咸丰帝，授曾国藩兵部尚书衔，署两江总督。当时永州总兵樊燮傲倨无状，被左宗棠掴了耳光，樊燮把左宗棠告到皇上那儿。曾国藩和湖北巡抚骆秉章都上疏为左宗棠辩解，但咸丰帝却没有表态。于是骆秉章致书高心夔，请他在肃顺面前为左宗棠说情缓解。高心夔禀告肃顺说：

　　宗棠以傲倨对樊之骄倨，失之为粗野。但樊以下骄上，失之为纲纪，此可容乎？且朝廷正当用人之际，季高（左宗棠之号）才名满天下，岂可不为季高争之乎？②

---

① 许葭村：《秋水轩尺牍》，萧屏东校注，湖南文艺出版社1987年版，第8页。
② 李扬帆：《晚清三十人》，世界知识出版社2008年版，第57页。

肃顺点头称是，于是在咸丰帝面前奏请免了左宗棠的不测之祸。

受肃顺被诛杀的影响，高心夔后半生穷困潦倒、衣食无着。左宗棠高升后，念念不忘当初高心夔救命之恩。出任两江总督后，左宗棠急忙为高心夔张罗报捐道员事宜，并承诺安排高心夔赴江南任职。但是等到左宗棠抵至瓜洲时，下车之后，藩司道台以下官员，都过江对岸迎接谒见，唯独不见高心夔。左宗棠很是纳闷，一直到金陵城外，仍不见高心夔的踪影，于是忍不住询问下属，藩司忧愁地对左宗棠说："高道于昨日逝矣。"左宗棠顿时双眼流泪，悲愤之情不能抑制。①

高心夔去世之前，曾经写诗《中兴篇》陈述心意：

文宗诠谋深且奇，默祷申甫当倾危，翰林潘卿台谏赵，荐疏但入皆领颐。侍臣故有造膝请，首赞大计承畴咨，口衔雨江授楚帅，所为社稷他何知。呜乎受遗左军桀，倐忽谋逆丞相斯，君亲无将与来弃，不济则死忠成欺。国家除恶方务尽，功轻罪重谁敢疑，谬哉区区掷腰领，不睹告庙分封时。②

萧山汤纪尚是已故协办大学士金剑之孙，曾为高心夔立传，其中有：

肃顺用事，颇礼士，而最重先生，及事败，往来门下者皆自异，独先生有始终之谊，尝为中兴篇以见志等语。查陶堂志徵录，《中兴篇》赫然在卷，其描写肃顺之功罪处，慷当以慨，血泪淋漓。此其哀陈心曲，直贯史臆，担得起沈痛二字，较之王壬秋圆明园词，文人铺张门面，随意点缀之作，分量轻重，殆不可同年而语。③

在生活贫富问题上，是清还是浊，是讲道德节操还是脸厚心黑？这个问题，师爷遇到了，现代的秘书也遇到了。龚未斋选择的贫富观体现在他的尺牍中，我

---

① 李孟符：《春冰室野乘》，见《民国笔记小说大观》第一辑，山西古籍出版社1995年版，第97页：自肃伏法后，高益潦倒无聊俚。文襄由陕督入军机，高犹旅食京师也。文襄出督两江，亟为高报捐道员，指分江南，嘱其先行到省以俟。高引见毕，即由海道南下。文襄由内地徐徐行，抵瓜洲，司道以下官皆渡江迎谒，独不见高来，奇之。俄渡江，至金陵城外，高犹未来。文襄不能忍，询诸藩司某。某愀然对曰："高道于昨日逝矣。"文襄亟往临哭之，为不怡者累日。嗟夫，迷信家恒谓君相能造命，岂其然哉！

② 徐世昌：《晚晴簃诗汇》第1—10册，中华书局1990年版，第6825页。

③ 新建设编辑部编：《文史》第2辑，中华书局1963年版，第103—104页。

们应当从龚未斋的贫富观中汲取营养，同时也应当比龚未斋更明智、更正确地处理好贫富与清浊的问题。既仁且富，既要清廉，又要富裕，这应当是我们追求的目标。

师爷的收入来源主要是东家付给的脩金。此外，有些师爷还能得到东家及下属衙门在年节及婚丧喜庆时馈赠的礼金，不廉的师爷还有贿金的收入。脩金是东家私人付给的，故无统一标准，既因地区和时期的不同而异，也因衙门等第的高低、公事的繁简及东家官阶的不等而不同，同佐一官，不同的师爷所得也有很大差别，如果是名师爷则会受到特殊待遇。

以刑名、钱谷、摺奏、书启、征比、挂号、账房等多数地方衙门常有的师爷而论，刑名、钱谷、摺奏三大师爷的脩金比较丰厚，其余师爷则脩金较薄。刑名、钱谷、摺奏之中，刑名的脩金又最丰厚。乾隆二十四年（1750），安徽和州知州徐世琏在《和州衙门乾隆二十四年账目》中也明确记载了师爷脩金的数目，知州徐世琏聘请的一位刑名钱谷合席的师爷年脩金是385两。①

汪辉祖在《病榻梦痕录》和《佐治药言》中都说到师爷的脩金，乾隆十七年他自己初入幕府之时，属一般刑名师爷。刑名师爷一年俸脩是白银260两，钱谷师爷是白银220两，其余则不过百两内外，甚或只得四五十两。乾隆中叶以后，师爷的脩金渐次增加。至乾隆五十年前后，刑名、钱谷等席，

> 月脩或至数十金，年脩有达800两者，此后陆续增加至千两左右，直至清季无大变动。②

咸丰年间的名幕杨象济（1825—1878，字利叔，秀水人。清咸丰九年举人。少志于学，号论经世，工文章，性憨，慕汲黯以自况，故号汲庵。为督抚幕客以老。）所作《拟策七：以刑名钱谷补县属》一文内说：

> 今于刑名、钱谷二宾，岁馈必得二千金，官之养廉不过此数，其他日用不在此内，是以令不能无贫而今亦人人不欲为。③

---

① 路工：《访书见闻录》，上海古籍出版社1985年版，第83页。
② 《北京图书馆藏珍本年谱丛刊》第107册，北京图书馆出版社1999年版，第109—110页。
③ 葛士濬辑：《近代中国史料丛刊》第七十五辑《皇朝经世文续编1》，文海出版社1973年版，第625页。

清末福建闽侯的陈天锡历佐数官,所著《清代幕宾中刑名钱谷与本人业此经过》一文中称:

> 刑钱生活,惟取给于脩金,及岁时之年节敬,皆出自主官之清俸与廉泉,视缺分之肥瘠,与事务之繁简,而定其数额,大抵脩金每月银百两为最丰,等而下之至三四十两,岁时另致送年节敬,数为四两递至十两,或不致送,则于关书内订明。其府道以上之刑钱,遇年节并例有属辖州县年节敬可收,其数亦自二两至八两十两不等,亦视州县缺分及与主官交谊之厚薄而定。①

陈天锡的这段话,说明了一个情况,即是师爷的收入不单是幕脩一项,而是由幕脩、年节敬、伙食三项构成。一般幕脩要在关书(契约)中写明,《迟庄回忆录》中,陈天锡例举了关书程式:

> 清代幕宾,悉由主官征辟,并不通籍于朝,延致之初,尤其对幕宾中之刑钱两席,必备关书,具聘币,主官衣冠躬自登门拜送,礼极谦光,罔或疏失,关书程式如下:
> 用大红全柬,面写关书二字,内写敦聘某字某姓老夫子在某官署任内办理某事,月俸脩金若干,到馆起脩,谨订,教弟某某顿首拜,末行书某年月日,不用印信,不盖图章,外用红封套套入,笺书某老夫子惠存。
> 此关书效力,等于契约,首称敦聘,所以明非僚属,不名而字,夫子之上,冠之以老,皆所以示尊崇,云办理某官署任内某事,所以示任满共退,用脩金字样,所以明非官职,末署教弟,明受教而非所教,寥寥数十字,包含意义甚多。及其适馆任事,朔望行香回,必衣冠来馆称贺,岁时备酒馔相款,平居议会,非首座不敢屈,有所谘询商洽,则就教。而为刑钱幕宾者,亦不敢妄自贬抑,对主官之称谓,大都称老东,或东翁,或某翁先生,主官地位较崇者,则称其官职之别名,如督抚称制军中丞,藩司称方伯,臬司称廉访,道称观察,府称太尊之类。自称以名,不以兄弟相称,其拜帖,亦但书姓名,不缀以他称。刑钱居处,必在公廨,别有院落,不与众俱,治事各

---

① 陈天锡:《近代中国史料丛刊续编》第三辑《迟庄回忆录》第六编,文海出版社1974年版,第47页。

于私室，亦不与众伍。①

关书内要写明"月俸修金若干，到馆起修"字样：年节敬，如果不送，则在关书中写明。如关书中不写，则主官要致送年节敬。府以上官衙，其幕友除主官个人的年节敬之外，尚有下级官署致送的年节敬。这些年节敬视幕友与主官的交谊深浅和官署缺分肥瘠而有差别，多至十两，少的仅为二两。路工在《访书见闻录》中记述了乾隆二十四年安徽和州知州徐世琏一年的财政开支情况，其中有：

> 幕友的薪俸很高，每年三百八十五两银，还要给饭菜，点心、茶叶等费用。差役如皂隶等每年只有六两银子。②

师爷的伙食开支也是一笔不小的费用，主官在聘请时会说清楚的。据《清稗类钞》记载：

> 粤省幕友，束修与火食并送，与江浙等省修金之外别送火食者不同。修多少不等。刑名、钱谷两席有分办，有兼办。南海、番禺两首县，案牍较繁，分捕属、司属、客案各席，广府分属案、提案、客案三席；臬司分广股、惠股、潮股三席，藩司分东西文案两院。③

师爷的日常伙食"膳费"有两种情况：

一种情况是主官负责幕友的伙食，幕友吃住均在官署中。乾隆十三年（1748）中进士的江西新城人陈道在《官戒示长儿》中说：

> 幕中诸友须情意亲洽，礼貌周到，不可疏忽，饮食酌定数品，时常陪饭，便令厨子不敢损减，论事当和婉相商，无执己见轻行改窜，即或意见不合，亦宜以礼貌相别，无出恶言。④

万枫江《幕学举要》的"总论"中谈到主官与师爷要互相尊重，在生活细节等方

---

① 陈天锡：《近代中国史料丛刊续编》第三辑《迟庄回忆录》第六编，文海出版社1974年版，第45—46页。
② 路工：《访书见闻录》，上海古籍出版社1985年版，第83页。
③ 徐珂：《清稗类钞》三，中华书局2003年版，第1381页。
④ 裴传永：《为官思想录》下册，中共中央党校出版社2005年版，第543页。

面都要注意，他说：

> 有才又必有遇，遇合甚难，非可固求。一贵一贱，交情乃见。周旋世路中，自存骨干，斯两得之。若事有关紧，宜反复辩讼，无憾而后即安。至谥一文一，小有异同，无庸饶舌也。更有以饮食细故，动辄龃龉，席不暇煖，甚无谓矣。倘果有危机，必择地而蹈，未可一味因循耳。①

都是这种情况。

另一种情况是主官把伙食费交给师爷，师爷可以自己雇人做饭或在外包饭。陈天锡在新宁县衙做刑名师爷时，即有"包办伙食之厨司"。他在《迟庄回忆录》中的"新宁馆次特殊之享受"条写道：

> 新宁在咸同时，武功最盛，迄于光绪，位耸而名显者，尚不乏人。相传有"隔墙两总督，九里十提督"佳话，所谓隔墙两总督，即指刘武慎，刘忠诚两公比邻而居，至十提督姓名，今已全部遗忘。因武功之盛，身后多奉准在原籍地方建立专祠，每一专祠，春秋二祭，皆请县官前往致祭，由祠主致送酒席二筵（均用席票附列馔单），一馈县官，一馈刑钱幕友。吾每季各收席票四五张，既孑然一身，无法独享，亦无同事可与共享，则交由包办伙食之厨司，不时向出票菜馆，提取二三馔品，作为随时之添馔，可经常不断，是不可谓非特殊之享受矣。②

许葭村在《谢永平太守秦招入幕》一信中说道：永平前太守祝与亭聘请他时，除脩金1000两外：

> 至于千金重币，愧无敢当。忆祝与亭方伯任永时，湄曾谬承招致，事同而脩亦千焉，膳费月送廿金，不在其内。黄金市骏，定知企美前征；顾以驽劣当之，为负负耳。③

汪辉祖说：

---

① 万枫江、张应俞：《幕学举要杜编新书》，伊犁人民出版社1999年版，第19页。
② 陈天锡：《迟庄回忆录》第一编，文海出版社1974年版，第68—69页。
③ 许葭村：《秋水轩尺牍》，萧屏东校注，湖南文艺出版社1987年版，第366页。

以脩脯而计,刑钱一岁所入,足抵书、号、征比数年,即失馆缺用,得馆之后,可以弥补。若书、号、征比,得馆已属拮据,失馆更费枝梧。①

周询(1865—1950),字宜甫,晚号逢庐老人,贵州麻江县人,清代光绪举人,自幼随父宦游入川,曾做过多年的幕僚,也做过几任知县知州。民国后,还曾主持过成都重庆两地的中国银行,对清代的典章制度和四川军政各方面的秘闻知之甚多。周询说,四川地方大衙署中的小席年脩二三百两,州县衙署中的小席师爷年脩多者百两,少者数十两。名师爷的脩金有时高于一般师爷很多。周询在《蜀海丛谈》"幕友"条说到四川各级衙门师爷的脩金情况:

  川省在光绪廿八年以前,自总督署以迄州县署,案牍信函,皆分聘幕友办理。至光绪廿八年,岑云阶制府莅川后,督署裁去幕友,改委文案委员数人分办。然司刑名、钱谷者,仍以委员中之专家充之。自藩司以下,设幕友仍如旧。司刑、钱者,脩金特厚。余司书启、硃墨、教读、账房者,修金皆薄。故俗呼刑、钱为大席,余为小席。督署设幕友时,大席或只聘一人,或以二人分办。奏稿或独为一席,或并入刑、钱席办理。布政使署,例设三席:一司升迁、钱谷,一司库款,一司筹饷局。按察使署,亦分三席:一曰东股,一曰西股,则分全省各属为东西两部,何部案牍,即归何股办理。又一席曰发审,则专办发审局之案件。此外各道府厅州县大席,皆只一人。川省刑钱幕友,十九皆为浙籍。浙籍中又分绍兴、湖州两帮。两帮中颇各树党援,互相汲引。大致督署及布、按两司之刑钱,系何帮之人,则何帮人中得馆较易也。
  总督及布、按两司暨盐茶道,皆管辖通省。其刑、钱脩金,岁均约一千数百两。督署若一席专办,则为二千余两。然当时各府厅州县,对比数署之幕友,三节皆例馈节敬。大席,每节每郡邑多者二十金,少亦数金,督署且略厚。各小席,多者十金,少亦四金。故此数署之大席,每年合脩金节礼,多者可及七八千金,少亦三四千金,称为最优之馆地。即小席亦年有一二千金者。此外各道、府、厅、州、县刑钱一席之脩金,则例以地方公务之繁简为等差。最高者每年一千四百四十两,次为九百六十,又次为七百二十,又次为五百六十,最低为三百六十。然道、府、直隶州所辖之州县,三节亦须馈本管道府州幕之节礼,其丰啬则视所辖之多寡繁简而异。最多者合之脩

---

① 汪辉祖:《佐治药言》,中华书局1985年版,第14页。

金，年亦可得三四千两。各小席之岁脩，大署亦不过二三百两，州县署则百两，且有数十两者，即有节礼可收之地，亦不过数百金，即为极优矣。宣统元年，契税归公，改给公费后，节礼即一律取消。宣统三年，省城各署设公所后，刑钱幕友多改充科长。惟省外各属，尚有延聘幕友者。

刑钱为例案所关。业是者，必先随师学习，时谓之学幕，俗呼学幕者为帽辫子，即喻其不与师离也。然法律虽系专门，学此亦视诗书根底为何如。根底深者，不惟易成，成后词理亦必充沛。若仅识之无，即令学成，亦多贻浅俗之诮。清季川中大幕，如藏吟蕉、吴熙台、吴悟安诸先生，皆学问渊涵，即书法词章亦非流辈所及。故当道无不争迎，时谚有。"多读一年书，少读十年律"之语，信非诬也。①

我们从中可以看到刑名、钱谷师爷的脩金是：总督、布按两司及盐茶道的刑名、钱谷师爷年脩均一千数百两，督署如刑名、钱谷合席，则为2000余两。各道、府、州、县刑名、钱谷师爷的脩金以地方公务的繁简为等差，最高的一年脩金有1440两，次为960两、720两、560两，最低的有360两。小席师爷的脩金与刑名、钱谷大席师爷相比，就少多了。

刑名、钱谷师爷的脩金除了级别差异，还有地区差异。早年为幕僚，后来得到提拔，成为官僚的许仲元说：

> 一缺出，官须两司议详，两院商定。幕则立翁片言而决。当局者不敢参一词。滇省（刑名、钱谷师爷）脩脯最优，即至薄者亦（年脩）六百金，繁缺倍之。②

州县官一般须请分管刑名及钱谷的两位师爷，书启则多委之西席或自任。但僻远贫瘠州县，出不起多份脩金，有时只好请一人兼办。曾任湖北盐运使，湖北候补知府，以候补知府充湖北护贡使的同治年间刑名、钱谷师爷湖南长沙人杨恩寿说：

> 粤西久苦于兵，吏治极坏，而幕府中更无高手。各州县亦穷极，不能奉脩脯，甚至有以八十金聘一人综办刑、钱、书启者。六兄出此重金，为通省

---

① 周询：《蜀海丛谈》，巴蜀书社1986年版，第169—171页。
② 乐钧、许仲元：《三异笔谈》，重庆出版社1996年版，第41页。

所罕见，虽以此辽远乱薮，亦不远千里而来也。①

师爷的收入，在当时的社会中是不算少的，除去收入极高的少数大幕、名幕，即以一般师爷的收入而论，比起塾师来，也要多数倍或数十倍，足够一个家庭的衣食之需。作为读书人，师爷希望能够学而优则仕。尤其是清代初年，承袭明代制度，官吏不能越级提拔，而做官只有四种途径，即科举、荫典、劳绩和捐纳，官员雇用的师爷即便再有才干，也不得推荐做官。很多师爷都一边为主人奔走，一边努力想要考取功名。鲁迅的老师寿镜吾在自著《持身之要》中说：

> 景况清贫，不论何业，都可改就，唯幕友、衙门人、讼师不可做。②

幕友即绍兴师爷，在寿镜吾先生看来，做了绍兴师爷，简直就是失身。按照这种说法，绍兴师爷还有好人吗？有的，比如汪辉祖就是很著名的一个。

乾隆朝时著名的师爷汪辉祖，20岁时担任师爷，历佐江浙州县牧令凡16人，精明干练，博览群书，但他在科考中屡败屡战，直到乾隆四十年（1775）45岁时，才得中进士，当上湖南宁远县的知县。浙江巡抚庄有恭说：

> 事经汪君，必无冤狱。③

汪辉祖在《佐治药言》中"自处宜洁"条说：

> 吾辈从事于幕者，类皆章句之儒，为童子师，岁修不过数十金，幕修所入，或数倍焉，或十数倍焉，未有不给于用者，且官有应酬之费，而幕无需索之人，犹待他求，夫何为者。④

师爷的收入"未有不给于用者"。可见师爷的生活一般来说是不错的。汪辉祖做了几十年刑名师爷，生活越来越好。他先后两次娶妻，又收婢为妾，养育五男四女，用自己的修金供应儿子读书应考，安排子女婚嫁，维持了一个大家庭相

---

① 杨恩寿：《坦园日记》，上海古籍出版社1983年版，第181—182页。
② 周芾棠：《乡土忆录——鲁迅乡亲友人忆鲁迅》，陕西人民出版社1983年版，第52页。
③ 洪亮吉撰：《洪亮吉集》第三册，刘德权点校，中华书局2001年版，第1161页。
④ 汪辉祖：《佐治药言》，中华书局1985年版，第3页。

当不错的生活。早年，他参加考试看见人穿件新衣都十分羡慕，当师爷干了十几年后，他为二母立双节牌坊，一次就花费了数百两银子。他还购置了许多田产，又在萧山城南购置了一所新屋，额题"树滋堂"，供全家居住。他又花了很多钱购买了大量图书，并在宅后建起一座题名"撰美堂"的藏书楼。

也有不少师爷，由于种种原因，生活得并不富裕，甚至很苦。如失馆待聘的搁笔师爷就很苦，汪辉祖在《佐治药言》中"范家"条说：

> 身之不俭，断不能范家。家之不俭，必至于累身。寒士课徒者，数月之脩，少止数金，多亦不过十数金。家之人目击其艰，是以节啬相佐。游幕之士，月脩或至数十金，积数月寄归，则为数较多，家之人以其得之易也。其初不甚爱惜，其后或至浪费，得馆仅足以济，失馆必至于亏。谚所谓搁笔穷也。故必使家之人，皆知来处不易，而后可以相率于俭，彼不自爱者，其来更易。故其耗更远，非惟人事盖有天道矣。①

龚未斋曾因生病、失馆及清贫自守等原因弄得饥寒交迫。他在《雪鸿轩尺牍》给友人王静山的信函里说：

> 接奉琅函，如天上飞来。范叔虽寒，犹有故人恋恋，不我遐弃，何幸如之！维肃再三。敬悉阁下政社双清，贤劳懋著。大官大邑，在在需才，定卜乔枝莺徙。微疾暂羁骥足，正为万里云程，养其腾远之气耳！孙女早逝，亦是先抱孙之兆，不足介意，皆可贺也。弟到省后，赋闲三月，卧病数旬，典质俱空，饥寒交迫。馆事一误再误之后，竟无过而问焉者。每读"不才明主弃，多病故人疏"之句，不禁拍案大叫，声震屋瓦，泪滂滂下矣！素蒙阁下推称知己，不识有以教我否耶？天涯沦落人，穷愁情状，本不敢陈于尊贵之前，然阁下在热闹场中，殷殷垂念，当道罕有其人，故感激涕零，略叙一二，力鲍叔告。霜清菊冷，风厉酿寒，起居更加？企颂不一。②

龚未斋的一生是比较困顿的，他在向广东潮安地方官刘心香求助时说：

> 某省坦流寓，旅况艰难，日暮穷途，金尽裘敝，筮井渫而占不食，诵函

---

① 汪辉祖：《佐治药言》，中华书局1985年版，第4页。
② 龚未斋：《雪鸿轩尺牍》，湖南文艺出版社1987年版，第101页。

风而叹无衣。何以御冬，不堪足岁。半天风雨，每兴访戴之思；行李萧条，徒切依刘之愿。还冀垂怜秋雨，无忘两地知心。尚析裯恤孤寒，俾得一枝托足，则益荷生成之德，未敢辜墟植之恩矣！①

龚未斋时时感叹自己的清贫，在《答友》函中直抒心胸：

> 仆在直几三十年矣！鹤料所入，诚有如来谕之数；然而一贫如故，十口难归。如果平日华美彰身，肥甘适口，高门大厦，骏马轻裘，或纵酒，或呼卢，或睡童，或挟妓，此皆自处于穷，夫复何憾；而一身迂谨，俭约自守，羊裘蔽体，徒步当车，不饮酒，不杀牲，征歌选舞之场，富室贵游之地，足迹不一至也。此足下之所目见而耳闻之者！惟伦理中应尽之事，不肯稍遗馀力。即交际一端，虽不能添锦上之花，亦未尝不送雪中之炭。计一年佣值之资，仅敷南北交游之地，坐是金尽床头，依然四壁耳！倘使年近五旬，则失之东隅者，犹收之桑榆；今则花甲将周，夕阳西下，日暮穷途矣！且一生艰苦备尝，心血耗尽，每当金风初起，百病俱生，竟以此身为防秋，滥至之命，危同朝露！
>
> 么豚暮鹢，乳臭未干，倘二竖相侵，一技失寄，家无一亩之田，室有十口之累，我不乞怜于人，而人亦无怜之者，则流离琐尾之状，有目不忍睹，而口不忍言，是向后光阴，步步皆成绝境矣！
>
> 挈眷侨寓，情非得已。年年寒食，拜墓无人，岁岁蒸尝，守祠有梦。向遥天而洒泪，徒负疚于寸心！手足五人，死者三矣，生者惟一妹，饥寒未免，赡养未能；犬子应就外傅，不能延师课读。
>
> 夫亲死不能祭，人子之大恫也！有妹不能养，有子不能教，父兄之至憾也！而忍心出此，我心岂无平旦之气哉？贫实为之，又谓之何哉？②

言语之间，其穷困潦倒可见一斑。

二、劳形尺牍与深居简出

由于大清律法禁止师爷交结作弊，故而师爷往往深居简出，一般不多接见宾客和应酬各种宴席。师爷的住处，在衙署中也是独立而且较为幽僻的地方，一般

---

① 龚未斋：《雪鸿轩尺牍》，湖南文艺出版社1987年版，第164页。
② 同上书，第247—248页。

住在内衙的"二堂"东侧院落为多。如师爷陈天锡说，刑名和钱谷师爷的居处，会在衙署之中，但别有庭院，与众分开，办公于私室，不与人为伍。哲学家冯友兰在回忆自己小时候跟随做县令的父亲任上所见师爷的情形记述：照规矩师爷是不能跟衙门外的人接触的，就是跟衙门内的人也很少接触，他们只带着眷属住在衙门内单独的小院子里，自家把自家隔离起来。所以有些师爷虽居于府衙多年，外人竟然不知其一直在为主官捉刀代笔。

广东嘉应州有个叫汤滋圃（生卒年不详）的师爷，嘉庆道光年间在南阳佐幕时做过一副对联，刻画出了师爷这种深居简出、匿影避嫌的工作状态：

　　　　劳形于详验关咨移檄牒，寓目在钦蒙奉准据为承。[1]

"详验"为案牍文书的名目，"钦蒙"是案牍文书中常用的字眼。"劳形"、"寓目"形容师爷终日埋头于案牍文书的辛苦、枯燥的状态。

清代学者牛应之（生卒年不详）在《雨窗消意录》中，有个有趣的记述：某老儒，磨穿铁砚，却仍是一领青衿。他半生游幕，落拓江湖。阅尽狗苟蝇营、贪赃枉法的官场黑暗，备尝人情如纸、趋炎附势的人间冷暖。心中块垒，便常形之于笔墨间。一日，他接到幕友的来信，知道是鹪鹩已暂借一枝之栖，不禁百感交集，拿起笔杆又写了一组《官场及幕友竹枝词》，诗云：

　　　　　　　候　　补
　　宦海深沉不自由，谈何容易稻粱谋。
　　饥寒旅舍尘蒙面，匍匐衙参雨打头。
　　无缝可钻孤客恼，有差难遍上司愁。
　　官厅首领时相见，仰望真同万户侯。

　　　　　　　署　　事
　　藩辕牌示姓名扬，朋辈惊传喜欲狂。
　　债主殷勤称缓缓，长随巴结更忙忙。
　　陋规到处咨前辈，执事开单付轿行。
　　肚子带成船雇就，安排京话坐堂皇。
　　（赴任无川资，有供给银两以充门房者，名带肚子。）

---

[1] 梁章钜：《楹联丛话》，上海书店1981年版，第173页。

补　缺

部覆朝来已到司，十年得缺岂嫌迟？
安排房屋迎家眷，商榷书差创陋规。
好买金珠妆美妾，更捐官职付佳儿。
从容俸满推升去，便是扬州跨鹤时。

升　官

宪恩隆厚两亲无，不作高官岂丈夫？
归日寅僚呈手本，一时童仆改称呼。
飞腾道路从今广，卓异声名尽力图。
整顿衣冠闲对镜，几人才干胜区区？

幕友得馆

帖传教弟见新东，从此先生否运通。
官聘无多权应急，束脩随便敢求丰？
添衣买画装门面，饮酒留须学幕风。
更嘱家童须改样，来来教你莫装聋。
（此亦清代之绝好掌故也。）

到　馆

糊窗修灶日喧哗，茶碗门帘乱似麻。
道喜门签多勉强，欺生书吏费清查。
刁难款目欺前任，夸耀师傅吓扑衙。
路上乡愚惊指点，前头摇摆是师爷。

又　云

书斋关闭似牢囚，日夜昏忙敢自由？
唤讯催提何日了，等因奉此几时休？
议详事到忙翻本，命案伤多屡摆头。
转眼瓜期今又届，安排交代好添脩。①

这首竹枝词把师爷特别是刑钱师爷办理案牍讼牒时的劳形苦况和烦躁心态

---

① 潘超、丘良任、孙忠铨主编：《中华竹枝词全编》七，北京出版社2007年版，第753—754页。

生动地表现出来了。"书斋",指师爷的幕馆、办公地,蒲松龄在宝应县衙当书启师爷时就将幕馆称为"鹤轩书斋";在书斋里"日夜昏忙",忙的就是处理案牍文书;"唤讯催提"是具体的办案程序,旧时,衙门之间来往的公文,都有一个固定的格式,行文时,就按这个格式草拟文书。"等因"与"奉此"这两个套语,在下级给上级的公文中都得用上它。"等因"用于引述上级来文交办的事由后,作个提结,含"等等因由"的意思。提结之后,便用"奉此"导入陈述办理的意见,含"遵照这个(指示)"的意思。"等因奉此"是案牍文书中常用的字眼。因为这两个套语,常是连着使用,久而久之就形成"等因奉此"这个惯用语。因为"等因奉此"是公文套语,所以人们就用它来讽刺因循苟且、照章办事、做官样文章的举动。一句"等因奉此几时休",写尽仰人鼻息、埋头案牍的艰辛的师爷生涯,这首竹枝词将师爷日常的基本工作和厌烦的心态十分逼真地描绘了出来。

除了对联、竹枝词一类民间文艺形式,师爷们自己的笔记也真实地记录他们委身于案牍的景况。同治年间的杨恩寿在《北流日记》中记录了他在广西作师爷时的工作实景:"收呈词四十余张,逐件批阅,夜午乃眠";"手批案牍,运笔如飞,至四更乃眠";"办理年终要件,自辰至亥,手未离笔,殊为忙迫。"[①]师爷龚未斋也说自己"一片血心,埋没于簿书钱谷之中","寒暑一灯,午夜勿倦",常常是"自早至三更,不使有片刻之暇"。[②]《秋水轩尺牍》的作者许葭村说自己常常是"以孱弱之躯,寄劳形之地"[③],整日埋头于尘牍之中。有一次他踏进幕馆,看到案头堆积如山的文牍,他深感心劳而身疲,仿佛置身于"万壑千丘"之中。

案牍劳形是师爷日常生活的另一写照。清代著名师爷汪辉祖曾提及自己刚习幕时见到许多师爷自晓至暮,常据几案治文书,无博弈之娱,无应酬之暇。师爷在衙署内一般都有自己单独居处的地方。龚未斋曾说自己到馆之后,足不出户庭,身不离几席。极少与人谋面,居住衙中数年,竟有人不知是自己在为东家捉刀代笔:

愚漫游燕赵,几三十年。到馆以后,足不出户庭,身不离几席,慎往来

---

① 杨恩寿:《坦园日记》,上海古籍出版社1983年版,第188、132、149页。
② 龚未斋:《雪鸿轩尺牍》,湖南文艺出版社1987年版,第64、42、215、354页。
③ 许薛村:《秋水轩尺牍》,萧屏东校注,湖南文艺出版社1987年版,第275页。

所以远侮慢，戒应酬所以绝营求，而自早至三更，不使有片刻之暇，以期无负于己者无负于人，亦惟吾侄师此意焉。①

陈天锡在《迟庄回忆录》的《清代幕宾中刑名钱谷与本人业此经过》一文中说：

> 刑钱居处，必在公廨，别有院落，不与众俱，治事各于私室，亦不与众伍。尝读杜子美从剑南节度使严武辟为参谋，作诗二十韵呈严公有云："胡为来幕下，只合在舟中，束缚酬知己，蹉跎效小忠，周防期稍稍，太简遂忽忽，晓入朱扉启，昏归画角终，不成寻别业，未敢息微躬，会希全物色，时放倚梧桐。"其题曰遣闷，可知其任职概况，与作息时间，颇受拘束，其情绪不见佳适，故以遣闷标题。又读韩退之从徐州张建封辟为推官，有书上张公云："受牒之明日，使院小吏持故事节目十余事来，其中不可者，自九月至二月，皆晨入夜归，非有疾病事故，报不许出，若此者，非愈之所能也，若宽假之，使不失其性，寅而入尽辰而退，申而入终酉而退，率以为常，亦不废事，苟如此，则死于执事无悔。"此书以现代机关办事情形用现代用语言释之，则是自晨至夜长月在公，认为不适合，希望改为每日分上下午办公，上午六时，下午四小时，杜、韩二公之情绪，大略相同，持与清代之刑钱幕席相较，后之优游自在多矣。②

由于法令禁止师爷交结作弊，所以师爷崇尚深居简出、匿影避嫌，讲究足不出户庭、身不接宾客，谨关防，严分际。

冯友兰小时候曾随当清朝县官的父亲在县衙中居住，他说起自己看到的情况是：照规矩师爷是不能跟衙门外的人接触的，就是跟衙门内的人也很少接触，他们只带着眷属住在衙门内单独的小院子里，自家把自家隔离起来：

> 在这些人之中，地位最高、工资最多的人是刑钱师爷。当时的官衙和老百姓的关系，主要是两件事情，一件是交粮纳税，一件是打官司。捐税这一类的事称为"钱谷"，讼狱这一类事称为"刑名"。这两类事情都是很细致很复杂的，无论什么出身的县官，都搞不清、管不了，都得请这方面的专

---

① 龚未斋：《雪鸿轩尺牍》，湖南文艺出版社1987年版，第354页。
② 陈天锡：《迟庄回忆录》第六编，文海出版社1974年版，第46页。

家们来帮助。大县的衙门，需要两个师爷，一个叫刑名师爷，一个叫钱谷师爷。小县的衙门，一个师爷就兼管了，称为刑钱师爷。这一类的师爷，在衙门里地位很高，官见了他们也要称他"老夫子"。他们最瞧不起教读师爷，说教读师爷是少爷的先生，我是老爷的先生。他们工资最高，可是生活却很"苦"。照规矩，他们是不能跟衙门以外的人接触的，就是跟衙门以内的人也很少接触，他们只带着他们的眷属住在衙门内单独的小院子里，自家把自家隔离起来。那些家人们都没有工资，县官只给他们派职务，他们可以在他们职务范围之内，收些照例的收入。这些收入是公开的，送的人并不算贿赂，收的人也不算贪污，当时称之为"陋规"，虽然认为它"陋"，还是照此"规"行事。我们到了衙门的第二天，父亲在二堂上贴了一张用红纸写的手谕，派定跟来的家人的职务。我看见，家人看了这个手谕，有的很高兴，有的显出失望的样子，大概因为有的职务收入多，有的职务收入少。有些职务显然是不会有什么收入的，例如有一种职务叫"执帖"，在官出去拜客的时候管送片子（名片）投帖子，送手本。还有管签押房的倒茶送水的。这些职务显然是没有什么出息的。对于担任这一类职务的人，父亲在手谕中就批明向担任有收入的职务的人提成，或二一成，或三四成不等。这样调剂，担任没有收入的职务的人也有收入了，担任有收入的职务的人也不能独享其收入，也叫"有饭大家吃"吧。在这些职务中，专管词讼的最重要，收入也最多。老百姓的词讼，在六房中是刑房管。可是刑房也得通过管这种事的家人才能把案卷送到官面前。担任这种职务的家人，大概收入最多，作弊的可能也最大，他可以在整个过程中"上下其手"。总之，羊毛出在羊身上，家人们这些收入，归根到底还是都出在老百姓身上。总的看起来，衙门的各种事情，都得通过家人才能办理，而这些家人又都是县官的私人，他实际上是把统治一县的大权都集中在他一个人的手里。照官制上看，也设置了一些"佐杂官"，帮助县官处理一县的事情，可是经过县官这样的集权，那些辅佐的官就没有事情可办了，成为闲员、冗官了。县官成为一县的专制主义"中央集权"的统治者。①

许多师爷都在文词中说及或感喟自己辛勤工作、案牍劳形的艰苦状况。汪辉祖说他刚习幕时见到许多师爷自晓至暮，常据几案治文书，无博弈之娱，无应酬之费：

---

① 冯友兰：《三松堂自序》，生活·读书·新知三联书店1984年版，第17—18页。

嗟乎！幕道难言矣。往余年二十二三，初习幕学。其时司刑名钱谷者，俨然以宾师自处。自晓至暮，常据几案治文书，无博弈之娱，无应酬之费，遇公事援引律义，反复辨论，间遇上官驳饬，亦能自申其说，为之主者，敬事惟命，礼貌衰，论议忤，辄辞去。偶有一二不自重之人，群焉指目而讪笑之，未有唯阿从事者，至余年三十七八时犹然。已而稍稍委蛇，又数年，以守正为迂阔矣。江河日下，砥柱为难，甚至苞苴关说，狼狈党援。端方之操，十无二三，初入仕途，往往坐受其误，而不自知。于此欲得贤友，宜向老成同官，虚心延访，庶几遇之。①

龚未斋说自己是

仆才不惊人，性难谐俗，一片血心，埋没于簿书钱谷之中，我不求知于人，人焉能知我者？②

许葭村在《劝陈浩如回里》函中也说自己是：

弟以孱弱之躯，寄劳形之地，宵灯晨砚，愁病兼之。回思二十年来，历境何尝不顺，至今母柩未返，旅囊仍空，惟留此半担琴书，一肩风雨，作东西南北之人，每自寻思，不胜感慨！因念足下游历燕豫，几及廿年，苍苍者变而为白矣。③

《贺天津县丁到任》中则说：

弟笔耕墨耨，日埋头于尘牍之中。近以秋霖为虐，郡属被涝者多，捉笔依人，同增劳攘，几不知平分秋色，光满银蟾，亦适见铅刀之难为用也。④

又说到他有一次踏进幕馆后，见案头文牍堆积如山，不禁叹道：

弟于初五日抵馆，案头尘积，几如身到山阴，有万壑千岩、应接不暇之

---

① 汪辉祖：《学治臆说》，商务印书馆1939年版，第2页。
② 龚未斋：《雪鸿轩尺牍》，湖南文艺出版社1987年版，第64—65页。
③ 许葭村：《秋水轩尺牍》，萧屏东校注，湖南文艺出版社1987年版，第275页。
④ 同上书，第294页。

势。因思庖丁解牛，一日而解十二牛，其批却导窍，正不知若何游刃也。①

辛苦之状溢于言表。

杨恩寿（1835—1891，字鹤俦，号蓬海、朋海、蓬道人，湖南长沙人，同治九年举人。曾官湖北候补知府，后羁宦漂泊，西南至黔滇，东北至九河，皆为幕僚。著有《坦园六种曲》《词余丛话》等数种）在《坦园日记》尤其是《北流日记》中经常记录自己案牍劳形的苦况，以作为对这种苦况的烦恼的宣泄，如：

"卯刻随同移榻入署。昨日始放告，收呈词四十余张，逐件批阅，夜午乃眠。"②

"办理年终要件，自辰至亥，手未离笔，殊为忙迫。体颇不适，因交春感时而发耳。"③

"批昨日告期呈词十九张。薄暮赴关。连日清理乡征积案，甚忙。……手披案牍，运笔如飞，至四更乃眠，殊鹿鹿乏味。"④

"因明日乃国忌，不能放榜，赶急阅卷。于亥刻出二覆榜，取四百人，以麦名馨冠。"⑤

"开岁后考试关防，不出户庭者将一月矣。自朝至暮，所办者皆棘手之事，所见者无称心之人。叠以重金走聘幕宾，无一至者。替人未得，莫问归期；思之思之，曷胜焦灼。"⑥

三、旅思乡愁与一生飘泊

大清律法规定官员应回避本乡，师爷也随之到外地谋职。师爷的职业性质，决定了他们的漂泊生涯。将师爷工作称为"游幕"，就反映出了这种漂泊生涯的特征。"游幕"就是作为幕友，远离家乡，抛妻别子，随官赴任，周游各地官衙幕馆。师爷远离家乡和亲人，寂寞和思乡两种情绪时时撞击着他们的心灵。许多师爷，特别是与主官交谊匪浅的，往往都愿意随主官迁移。反之，遇到官员离

---

① 许葭村：《秋水轩尺牍》，萧屏东校注，湖南文艺出版社1987年版，第227页。
② 杨恩寿：《坦园日记》，上海古籍出版社1983年版，第118页。
③ 同上书，第121页。
④ 同上书，第107页。
⑤ 同上书，第155页。
⑥ 同上书，第157页。

任，有些师爷则会另谋出路。因此，对于师爷来说，四处漂泊、居无定所便成为寻常之事。

旅途艰辛，是师爷佐幕的一大苦况。当时交通不便，山水阻隔，师爷赴馆就幕，须克服旅途中的许多困难。

龚未斋说自己是"天涯沦落人"，他在写给王言如的信函中曾详述了自己在河间、高阳、任丘三县一带的旅途情况，勾画出了一幅师爷旅途艰辛的生动图画。信中写道：

> 鞭车出瀛郡，一步水深一步，至十里外，则桑田竟成沧海，幸有两行垂柳为界，得由中道而行。水不没车箱者寸许，澎湃之声满耳，殊不异乘风破万里浪也。晚至高阳，前途水发，次早一望连天，车不能进。适任丘归明府，遣师策骑追至，投聘书，欲攀舆同往焉，情词甚殷，遂回车冲波，由郡城十余里绕道得高壤，直达任丘，故不复进署，谒莲斋把晤也。到馆后，宾主相见如故，但未识能如晏大夫之善交否？来往百数十里，陆行非地，水行非舟，知章骑马似乘船，差为近之。惜不逢麵车为怅，亦是行路难之一端也。先书此以告。①

龚未斋在从河间出发后的旅途中被任丘县知县派人赶上，受聘入幕。这一路，他踏水而行，绕道而走，共行走了一百几十里路，真是辛苦得很。龚未斋时常发出"千里关山，车烦马殆"，"西秦之行，情非得已。一肩行李，半榻残书，此志未敢少懈。戊子归来，当追随足下艺战一场。分袂在即，言之黯然"②之类的感叹。他说自己：

> 弟萧斋岑寂，索居无朋，笔耕之余，竟缄金人之口，或流览载籍，而掩卷茫然，又为古人所弃。俯仰身世，触绪增悲，不仅与草木同腐而已！岁正将阑，不得不返省。千里关山，车烦马殆，生来与道路为缘，又与风雪作合，薄命劳人，应当受此况瘁耳！③

是"薄命劳人"。

---

① 龚未斋：《雪鸿轩尺牍》，湖南文艺出版社1987年版，第48页。
② 同上书，第39页。
③ 同上书，第80页。

第七章　晚清师爷的生活状况

师爷由于远离家乡，抛别家人，旅途艰辛，案牍劳形，加之有时失馆、生病，于是产生了极为浓重的旅愁和思乡情绪。龚未斋说自己：

> 弟再游燕赵，税驾临津，旅思乡愁，郁结万缕。偶吟一律，有"窀穸未安魂梦痛，萱堂多病别离愁。百年嗣续悬孤客，一代书香诱后生"之句，其情绪概可想见！①
>
> 兄年逼桑榆，室仍悬罄，一家十口，旅食维艰。而且老年得子，舐犊情殷，然使长成，曾何与于生前？自挈眷离乡，已将十载，秋霜春露，目断松楸；乡梦旅魂，路迷门径。倘使终于流落，遽尔长辞，则木本水源，从此断绝，为天地间第一罪人矣！所冀向后机缘，较前差胜，稍有馀资，便谋归里，箪瓢陋巷，终身首邱。②

龚未斋说自己"旅思乡愁，郁结万缕"，"乡愁旅魂，路迷门径"。感叹自己千里萍踪，身为孤客，常常梦魂牵绕，怀念家乡的亲人，思归故土。

万枫江在游幕几十年后慨然谈道：

> 书馆幕馆，较分丰啬。然读书可以进取，若簿书佣值，舍田耘田，经年远客，三径就荒，或亲老无养，或中岁之嗣，或有子失教，此亦得失相半。余幕游三十余载，身心岁月，俱非己有，行将为寻耕计，傥有问途者，并以语之。③

意思是书馆、幕馆，有丰厚和贫啬之别，可是读书可以进取，如果受雇于幕馆，做些登记文簿的工作，催收田赋，常年在外，自己的居所就荒芜了。或者父母年迈无人奉养，或者人到中年尚无子嗣，或者虽有儿子却未尽教育之责，这也算是得失相半。我外出做幕宾三十余年，身心岁月，都非自己所有，即将做出归家耕田的打算，如有询问世途的人，附带把这番话告诉他们。这段话反映了师爷生涯辛酸的一面。然而，长期的背井离乡，也使许多师爷对这种方式习以为常，有的甚至以游历地方多、见识广而自矜。

一般来说，一个师爷在游幕期间要更换很多地方。汪辉祖从开始学习佐幕当

---

① 龚未斋：《雪鸿轩尺牍》，湖南文艺出版社1987年版，第254页。
② 同上书，第309页。
③ 万枫江、张应俞：《幕学举要　杜骗新书》，伊犁人民出版社1999年版，第20—21页。

师爷，前后作幕34年，其中在江苏9年，在浙江25年，先后在金山县、常州府、常熟督粮道、无锡县、长洲县、秀水县、平湖县、乌程县、钱唐县、海宁县、归安县等10多个府、县、道衙门中当过师爷，辗转于十数个府县，足迹遍及江浙两省。一直到56岁，才结束了作幕生涯。汪辉祖从23岁起，没有一年不是在外就馆的。每年只有过年的时候才可以请假回家。然而在事忙的时候，连这点短短的假期都不能得到。乾隆二十三年，他在胡文伯的幕中，一直到十二月二十六日，还没有让他回去，他心里很感慨，在墙上题一首诗：

  如归岂复叹他乡，爆竹声中岁欲央。八口自怜穷骨肉，一年几得好时光。殷勤醴酒开东阁，寂寞斑衣负北堂。记得临分曾有约，椒盘鞠卺捧霞觞。①

胡文伯看见了这首诗，心里很惭愧，立刻安排快船送他回去，汪辉祖终于在除夕这天赶到了家。

张廷骧也先后在江苏、浙江两省的十余个府县衙门中当过师爷。绍兴籍师爷全庶熙初在云南巡抚岑毓英幕中任职，后随岑毓英到贵州，又到台湾，其足迹遍及滇、黔、台三省。许葭村说自己

  "十年飘泊""天涯只影"，②"弟自壬子夏五，由辽西而至析津。今春赋闲四月。旋以旧友沈聿新招赴平舒，相助为理。频年浪迹，到处因人，正不知上林多少树，何缘独借一枝耳。"③

漂泊在外，最让人心酸的还不是羁旅乡愁，而是亲讯难归。闻知家乡亲人窘难或死讯不能归则是师爷另一苦况。亲讯不能归，或是由于身有职事走脱不开；或是身无钱财，难以筹齐归家的盘费。师爷许葭村在《秋水轩尺牍》一书中曾提及，有一次闻知母病子殇后，由于东家坚留和没有回家的盘费而没有回家，使他悲慨不已：

  "客腊封篆，记与足下把酒言欢；今春返自都门，又剪西窗之烛。流

---

① 汪辉祖：《清汪辉祖先生自定年谱》，台湾商务印书馆1980年版，第31页。
② 许葭村：《秋水轩尺牍》，萧屏东校注，湖南文艺出版社1987年版，第20页。
③ 同上书，第3页。

光如驶，瞬息一年。翘首江云，企怀昊似！每致一斋书，必承垂询，深感注存。乃以笔未为佣，冗懒相半，遂致南鸿呖呖，一纸未伸。歉甚！歉甚！足下安砚濮阳，噪声油幄。行见大江南北，誉美红渠；更喜地近乡园，又与菱舟一方共事。福人福地，何造物之位置独厚也。弟今岁晋省者三，置郡者六，因人成事，何敢言劳。讵秋间母病子殇，事多拂逆，急拟治装南返，而空囊羞涩，素手难归。昨得家报，知老母安全，是以听罢子规，又停征棹。然而白头有老，黄口无儿，千里乡云，倍增缕缕矣。春初所失，追如其数。黄鹤去而复返，知我贫也。承念附及，不备不庄。①

"母病子殇，事多拂逆，急拟治装南返；而空囊羞涩，素手难归"，这是多么痛苦！又说：

兄馆永宁时，正弟涸迹津门，一通鱼素。此后驾游山左，我滞云中，驿使难逢，陇梅莫寄。昨手书远及，乃知焦桐逸响，到处赏音。盖素所挟持者，原自加人一等也。未知年来囊箧如何，三径其就荒矣，得毋听子规而情动乎？

许葭村在给王沧亭的信中说：

弟去国八年，萍踪远托，白云亲舍，魂梦为劳。只以鸡肋縻人中，遽难割弃。惟有日诵"举头望明月，低头思故乡"之句已耳。②

杨恩寿在《北流日记》中写道：

初三日 晴。料理公牍，并入乡愁，夜不成寐。……初七日 晴。夜辄不寐，心绪纷如。……重九日 晴。批昨日告期呈词二十四张。官将卸事，凡旧案无不来求结者，盖百姓大惧六兄去后，新官难免有"结费"，"坐堂费"等等名色耳。客中佳节，值此晴天，菊酒茱囊，未免孤负。……十二日 晴，大风。办理禀稿，夜午乃寝。而四更后必醒，醒后心事坌集。③

---

① 许葭村：《秋水轩尺牍》，萧屏东校注，湖南文艺出版社1987年版，第38页。
② 同上书，第22页。
③ 杨恩寿：《坦园日记》，上海古籍出版社1983年版，第183页。

这些颇为伤感和动情的话语，体现了离家外出辛勤劳作的师爷浓重旅愁和殷殷的乡情，他们的感受可谓道出了师爷群体共同的心声：乡愁难解，魂牵梦绕。

四、坐馆师爷的另类生活

纳妾狎妓是在外坐馆师爷的另类生活内容。师爷在外漂泊，由于经济状况都不是特别的宽裕，所以很少人能携带家眷同往。这样一来，与之相关的传宗接代和性饥渴都是师爷们必须面对的问题，而狎妓和纳妾正是解决这两个问题的根本途径。

嫖妓和狎像姑是自古以来流行的社会陋俗。其中狎妓尤盛于明清时代。师爷冶游，既有嫖妓者，又有狎像姑者。"嬖优童，狎娼伎"，道出了师爷冶游的这两种方式。妓是女妓，娈童也叫"像姑"，像姑是男妓。像姑又称相公、龙阳，俗称兔子，出色者大多在20岁以下，称为娈童、优童。师爷嫖妓，如杨恩寿《坦园日记》中说："省中有名妓沈金枝者，窝娼窝赌，声气极通，其座上多官幕也。"①"凡官、幕、绅，趋之若鹜。"②幕即师爷，"趋之若鹜"，可见师爷嫖妓的人数之多，兴致之高。

狎妓是师爷群落中见多不怪的现象，清代小说《梼杌萃编》第十八回生动地描述了浙江湖州一个名叫高竹岗的刑钱师爷以妓为伴的腐朽生活，其中写道：

> 他在上海讨了一个出色的野鸡，名字叫做祝眉卿，绰号叫烂污阿眉。生得两汪秋水，一捻纤腰，那一双莲瓣真是又小又窄，脱下那两只绣鞋，放在三寸碟子里头还盛不满，所以最中这高竹岗师爷之意，到处带在身边，刻不能离的。③

师爷狎像姑，袁枚在笔记《续子不语》中《徐明府幕中二事》提到一位徐知县曾对他说：

> 徐公名振甲，初宰句容，有仲姓咸司刑名事。句境皆山，产雉兔獐狍之

---

① 杨恩寿：《杨恩寿集》，岳麓书社2010年版，第259页。
② 同上书，第258页：前月三十日，有沈金枝者，乃老妓也，近以窝赌为业，凡官、幕、绅，趋之若鹜，叠经访拿，均有要人以庇之，故不少改。
③ 诞叟：《梼杌萃编》，百花文艺出版社1989年版，第287页。

类，每岁召猎户捕取供上宪，以为土物。徐公一日召猎户于署中试放火枪，轰然震响，仲姓失色，窜匿于隐处，屏息不动。至晚，觅之不得，遣人出城追逐，直至省垣，避匿一小庵中。署中人多言仲本女狐所生故也。

后徐调任清河，赴省过余，留饮，语余曰："余幕中诸友多有外嬖，家人辈有拂其宠僮之意者，幕友即欲辞去，以此小事甚费周旋，以致此风大炽，署中诸犬效之，两雄相偶，岂非绝倒。"座中广文孙公曰："此何足异，余家牝鸭与牝鸡，每作雌雄相偶之状，更可嗤也。"①

从徐知县的话中可以看出有些师爷迷恋男色也到了痴迷的境地。

最典型的事例要数清代陕西巡抚毕沅幕中的师爷狎像姑之滥。毕沅（1730—1797），江苏镇洋人，字纕蘅，号秋帆，自号灵岩山人。乾隆时以举人，任内阁中书军机处行走，授修撰。在甘陕为官甚久。他爱才礼士，海内文人争往归附，官至湖广总督，卒于任。毕沅好著书，铅椠不去手，经、史、小学、金石、地舆之学，无不贯通。著有《灵岩山人诗文集》、《续资治通鉴》、《关中胜迹图记》等。

钱泳（1759—1844），清代学者。原名鹤，字立群，号台仙、梅溪，今江苏无锡人。一生多为幕客，足迹遍及大江南北，曾居履园。兼工诗文书画，尤精隶古。著有《履园丛话》《履园谭诗》《兰林集》《梅溪诗钞》等。钱泳在《履园丛话》中的"打兔子"条记载了这样一件事：毕沅在任陕西巡抚期间，他幕中师爷大半有狎像姑的嗜好，大多是同性恋者，因习俗称同性恋者为兔子。一日毕沅传令中军参将，要用军中的鸟枪兵弓箭手各五百名把这些兔子都打出去：

毕秋帆先生为陕西巡抚，幕中宾客，大半有断袖之癖；入其室者，美丽盈前，笙歌既协，欢情亦畅。一日，先生忽语云，快传中军参将，要鸟枪兵弓箭手各五百名，进署侍候。或问，何为？曰，将署中所有兔子，俱打出去。满座有笑者，有不敢笑者……后先生移镇河南，幕客之好如故，先生又作此语。余适在座中，正色谓先生曰，不可打也。问，何故？曰，此处本是梁孝王兔园！先生复大笑。②

从毕沅幕中师爷狎像姑之滥，可以推及当时其他幕府的情形。毕沅的话虽不

---

① 袁枚：《续子不语》，远方出版社2007年版，第135—136页。
② 钱泳：《清代史料笔记丛刊·履园丛话》下册，中华书局1979年版，第555页。

乏调侃意味，但从他所言要动用一千名军士驱逐"兔子"来看，其幕中的师爷狎像姑大概已到了泛滥成灾的地步。

　　纳妾和嫖妓，花去了师爷们收入的大半，使其中很多人陷入贫困的状态，却往往不能自拔，反而乐此不疲。汪辉祖在《佐治药言》中对当时生活不检点的师爷进行了斥责。他在"俭用"条中曾说到有些不知俭用的师爷养蓄优童，猥狎娼妓。一次宴席的开销，单是赏金就是数两。做了这些事情之后，才把剩下的钱，拿去供家养口；对于嗷嗷待哺的家人，视而不见，置若罔闻。这类人，当他们在春风得意的时候，就已经被熟知底细的人瞧不起了。有时候，一旦断了这种奢华生活的经济来源，就只能是靠当抵押过日子了。典当抵押都不顶事时，接下来就只好向别人借贷。如此一来，日子一多，负债累累，越来越重；而同时也越来越多地接受别人的恩惠。得到了馆帷之职后，身不由己地为人情所牵累，被形势所羁绊。即使想要保持自己的操守品行，最终是难于自主行事。况且习惯和性格都已养成，身败名裂是难免了。所以这些人失于检点，并不是由于丧失了本来的心志。①

　　当时有很多师爷把纳妾视为人生乐事，并相互道贺的例子。某师爷纳了妾，他的同行朋友便会向他道喜祝贺。许葭村的《秋水轩尺牍》中就有许多祝贺同行朋友纳妾的内容。如《贺左宇眉纳妾》：

　　　　闻足下新纳专房，值此绣帷凉月，正好睡稳鸳鸯。而杨柳蛮腰，樱桃樊口，自必大如所愿。风便略寄数行，不仅志喜，且卜宜男也。②

"贺黄舜音纳妾"：

　　　　塞外云深，倩鸿乏便，缺音问者一载余矣。去秋在省，得与尊翁数数过从，备稔近概。顷晤粲亭，道足下抱衾有宠，以莲幕而作鸳帷，此乐当难名状。但不知天上长庚，已征吉梦否？至咸关怀，风便示慰。③

又如，"贺陈笠山纳妾并托荐友"：

---

① 汪辉祖：《佐治药言》，中华书局1985年版，第4页。
② 许葭村：《秋水轩尺牍》，萧屏东校注，湖南文艺出版社1987年版，第98页。
③ 同上书，第120页。

> 莲幕藏娇，其人如玉；倚香偎翠，乐何如之？前书迟迟不报，情至者返若忘情，良以肺腑至交，相契在雁息鱼消之外，非敢慢也。新秋风月，动定何如？仆以家住山左，陟屺之思时萦癙寐，中秋前作计归省，不知天假之缘，得以偷闲匝月否？怀清舍侄，尚在株守。沽之沽之，是所望于足下。①

许葭村在《劝牛云洋纳妾并代亡友告帮》的信中说，干师爷一行的为衣食而奔走，漂泊四方，居无定所。既不能把自己的家眷接到自己的幕馆，也不能经常返乡省亲，所以在身边碰到适合的女子，也不必过于拘泥，应该考虑纳妾：

> 春杪承惠手书，时弟留滞潞河，回郡始得展读。蒙以远人注念，兼知旧恙全捐，感慰奚似！惟思足下食奔衣走，滞迹遐方，既不能接眷而来，又不获依时而返，膝前兰桂，似不宜迟。窃以名果旁生，嘉禾歧出，诞育初无二致，曷不早谐专宠，以应熊梦之占？想当局亦筹之熟矣。②

意思是说。因为游幕四方，既不能挈妻随行，又不能按时回乡与妻子团聚，所以应该纳妾。

《浮生六记》作者沈复的妻子陈芸嘉庆八年在扬州死后，次年其父稼夫又去世，沈复奔丧回故乡，遭家庭的白眼，颇有遁世之意。后经友辈的劝告，才徙居佛寺，当时正值他在同乡石琢堂幕中做师爷，于是静候石琢堂回家乡。嘉庆十年七月，石琢堂才从都城回了故乡。石琢堂名韫玉，字执如，琢堂是他的号。他与沈复是总角之交，自小相熟。他是乾隆五十五年的状元，因为白莲教之乱，他征战三年，功劳卓著。这次回来，与沈复相见，甚为欢喜，于是重阳节带亲眷回去赴任四川重庆的官职时，就邀请沈复一起去。嘉庆十一年五月，抵达潼关刚三个月，石琢堂又被升为山左廉访。因为他两袖清风没什么积蓄，盘缠不够，家眷僚属不能一起走，只好暂且借了潼川书院，寓居下来。十月末，石琢堂领了朝廷的俸禄，这才有盘缠，专门派人来接家眷和僚属，同时带来了沈复女儿青君的书信，读信惊悉，儿子逢森已于四月间去世了。沈复回忆起，先前逢森送父亲时泪流不止，原来那是预示父子就此永别啊。哎！陈芸仅有这一个儿子，她的香火就此无法再续了！石琢堂听了，也为此长叹。

---

① 许葭村：《秋水轩尺牍》，萧屏东校注，湖南文艺出版社1987年版，第201页。
② 同上书，第306页。

> 抵潼关甫三月，琢堂又升山左廉访。清风两袖，眷属不能偕行，暂借潼川书院作寓。十月杪，始支山左廉俸，专人接眷。附有青君之书，骇悉逢森于四月间夭亡。始忆前之送余堕泪者，盖父子永诀也。呜呼！芸仅一子，不得延其嗣续耶！琢堂闻之，亦为之浩叹，赠余一妾，重入春梦。从此扰扰攘攘，又不知梦醒何时耳。①

在妻亡子夭之后，石琢堂赠予沈复一妾，以继香火，沈复欣然纳之。

有的主家为了表示厚待师爷，留住其人为自己效力，也投其所好，主动为他们纳妾。李塨说：

> 幕友著闻者，康熙间，则有蠡县李恕谷，乾隆间则有萧山汪龙庄，其人皆学问淹贯，负一时重名。恕谷佐治桐乡，以挈眷不便，县令郭子坚至为纳妾吕素娟，筑留春楼以居之；其佐富平，期年而去，县令杨慎修必欲挽留，以血书哀请，约期三月不到，即以死殉。邑宰之礼贤如是，自古所未有也。恕谷藉手于此，以试其所学，此不以当幕友论。②

当时桐乡知县郭子坚以挈眷不便为由，给师爷李恕谷筑留春楼，纳美妾吕素娟，这个事例可以说是幕主帮助师爷纳妾的典型。

五、游幕师爷的生活开支

师爷一生漂泊，其生活收入是怎样的？王春龄没有明确的记载。但是，他记录了一些名目繁多的"规费"。所谓规费，其实就是"红包"。当时官场有个潜规则，所有进入衙门的公私事件都得给师爷"规费"，这笔钱也是师爷的主要收入，如《秀水用印规目》、《秀水漕仓规目》、《仁和差总节规》、《仁和用印款目》、《执帖进账款目》、《上虞用印款登记》等。王春龄留下的档案详细记载了很多这样的费用，比如民间诉讼要交"挂号费"，传递诉状要交"传呈费"，官场的迎来送往中就连小吏的赏钱也不能少。

整理遗稿时，手稿中发现了一张很有意义的记账纸。细读账纸，是清朝末年的一份《日用收支账》，或可称其为《膳食收支账》，有一定的可读性，那是师

---

① 沈三白：《浮生六记》，大众书局1981年版，第45页。
② 许同莘：《公牍学史》，档案出版社1989年版，第236页。

爷在衙门的日常开支日记。它对了解师爷的日常生活，还原师爷的真实面貌，是不可多得的实据。

当时王家四口人，王春龄夫妇、两个儿子。账纸记载，在33天中，用去煤油六斤半。这在平民百姓家日用消耗中是难以理解的，难道一斤煤油仅用五天？其次更难相信，账中买米一次，为一斗六升半，以合为单位，计一百六十五合。那就是说每天耗米五合，即半升米，只够当时一个成年人的饭食量，故此认为这是衙门师爷的"日支账"：

首先，如果这六斤半煤油作为师爷的办公与看书等用，是可信的。在手稿中，有师爷去职离衙时的一份移交清单。清单中就有借用的"玻璃灯"一盏。衙中的煤油灯是借用的，煤油应当自备。33天中用去六斤半煤油，它的可信度就大大提高了。而每天五合米食量，正适合一个人的饭量。

其次，33天的账单中"收支"，结账两次，第一次是三月三十一日，"上共用钱八百七十四文、大洋壹元、小洋七角。收过小洋十角（作钱九百六十文）。除收过尚欠：钱八十六文，欠大洋乙元、小洋七角"。第二次在四月初八日，结账为"上共用小洋叁角、钱四百七十七文"。两次总结算："上两次共，除收过，欠小洋十角、大洋壹元、钱叁百九十一文"。从结账的情况分析，它是衙门的"日支账"，特别是个"欠"字，正是膳管部门向师爷开具"结算账单"的依据。王春龄在衙门任职，既任过账房师爷的职务，也任过签稿之类的职务。任账房师爷职务的，还得经管衙门里的"经费支付"。所以，衙门里其他师爷的日支膳食，由他结算也十分在理，而作为底稿留存下来。另外也有可能是王春龄离任时，衙门的经管者向他出具的"结算账单"。

再就是从账单的具体支出分析，属于师爷的"日支账"。账单中买"酒"八次，包括下酒的"花生米"，共用去九十八文，说明师爷爱喝一盅。三月初六日、初七日、初八日，三天中作为"下饭菜"，只有一样"菠菜"。而师爷对菠菜似乎特别偏爱，几乎每天都是，只是偶然吃些"油菜蕻"或"芥菜"之类的菜。佐饭的菜品中，还出现过两次的"霉豆腐"及四月初二日的"水鲞"。对于饮食喜好和习惯，不同地域、不同群体都有特定的偏爱。上述的饮食习惯正好印证了作为"绍兴师爷"的王春龄的吃喝特点。

从这纸账页分析，衙门中的师爷大都是清廉的，但不能说他们"清贫"，因为他们毕竟有满足温饱的条件。佐餐的食物，虽不是天天大鱼大肉，但隔三差五也可以买条"带鱼"，或买"一角钱的肉"解解馋，蔬菜米饭是不缺的，有时也可喝口老酒。

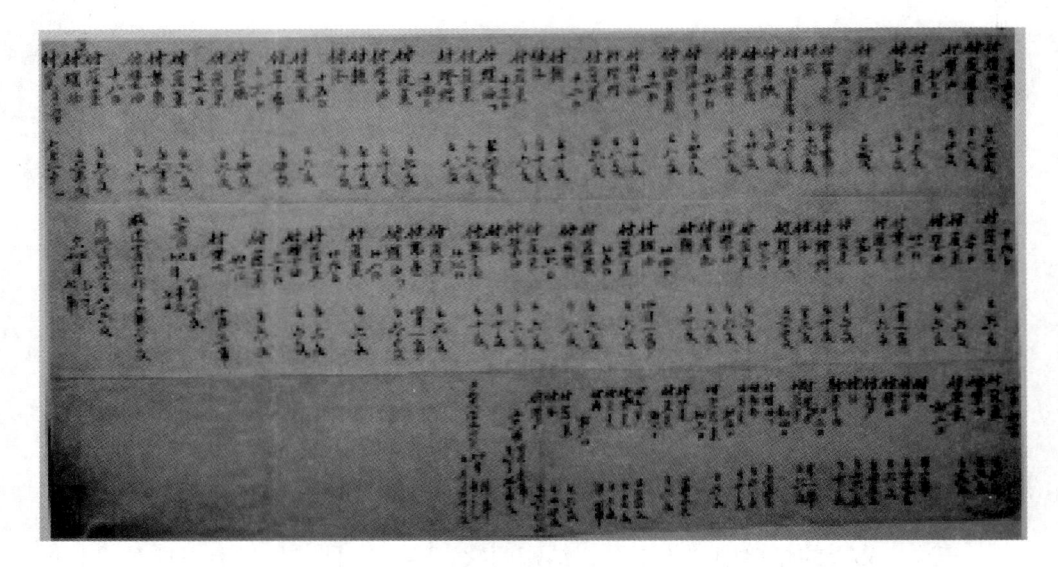

杂记7—1

　　游幕他乡的师爷们时常利用公事余暇，在客馆寒灯之下，吟联赋诗，或在故园菊绽之时，登山临水。在师爷日常的信函往来中，经常流露出一种浓浓的乡土情思和对未来生活的憧憬。这不仅是乡愁的一种衷肠互诉，更重要的是它还有助于原籍地人群之间群体意识的增强。

　　师爷平时身穿"大衫马褂"，头戴"瓜皮小帽"，脚着"浅口便鞋"，腰系"墨绿丝绦"，丝绦阴于马褂内，绦的左端垂"扇袋"（内有扇）、"笔袋"（内有笔两支）；绦的右端垂"烟袋"（内有烟丝、火石、火刀、火绒）。师爷除平时穿戴的衣物外，还得备有拜见上级官员或会见贵客时穿戴的服色。由于师爷本身的地位有高低，他们备有的服色，也非常复杂多变。说县一级罢，最高是知县"正七品"，朝帽"水晶顶"，以下尚有；"从七品"、"正八品"、"从八品"、"正九品"、"从九品"、"未入流"六级。这六级官员头上的顶子，全是铜做的"金顶"。这些装备对师爷来说，都有用，也都没有用！因为他们不是"官"，但那时又当"官"一样的使用。所以在不同场合，及你本身的不同地位，再加知县对你不同的使用，那你得有不同的"披褂"了。王春龄还留有；水晶顶一个，帽箱两只，帽子两顶，可惜帽子上的红缨，不知何时给玩丢了，朝靴三双，其中一双还是新的。

　　师爷出门的"行头"，可用"一肩挑"形容。他们的行李包裹只用一条扁担肩挑就行。你看"一肩挑"：一头是一只"篋篮箱"；另一头是"账篮"。"篋篮箱"用竹篾编成，夹层衬有阔竹叶——防雨、防潮。内分大小两层，大的可装衣被，小层可放置一些日用品。而"账篮"则放书籍和文房用品，"箧篮箱"和"账篮"等实物尚在。这"一肩挑"的重量应有百来斤，师爷上路，是挑不动的，得雇人。

上面说到的"账篮"，它主要用来存放书籍和文房用品，这是每个师爷必备的，不用多讲了。由这个"账篮"联想到，古代文人大都"文弱书生，手无缚鸡之力"的说辞。但王春龄的"账篮"中，多了件出人意料的东西———一把极实用的匕首。长四寸，厚背薄刃，短柄利锋。现在虽锈迹斑斑，当年应该锋利无比，它的朱红短柄现在尚煜煜生辉，它是件防身利器。那个年月，路上不一定好走，乘船坐车也免不了意外，所以我们想象古代的"文弱书生"，也不一定弱到"风吹即倒"的地步，自卫能力还是一定有的。

在衙门中，师爷还会充分发挥自己的各种关系，相互关照，利用有利因素做好各项事务。如王春龄在外做师爷，他与丐帮有极深的渊源和非常密切的关系。乞丐是讨，给他，他就拿，接受；不给他，他就走，不抢，不偷。是正人君子。所以王春龄常常给他们方便，从不因他们弱小而欺凌他们，冤屈他们。并在办案中经常依靠他们。

恐怕现代人不能明白"箸挟头"是什么意思，但换种说法，就有不少人明白。"箸挟头"即讨饭头儿，也就是金庸先生武侠小说中所说的丐帮中的小头儿。我们为何要提到"箸挟头"？在师爷的生活中，还有各式人物的出现，同时也体现了师爷的人际关系，如与丐帮打交道。因为王春龄在外佐幕，与丐帮有极深的渊源。王春龄的所作所为，各地的"箸挟头"就把情况汇集起来，给百官镇的"箸挟头"述说王师爷与他们丐帮的状况。这样王家与百官镇的丐帮关系就密切了。

王春龄的曾孙王如尧说：因与乞丐的关系，曾祖母常称王春龄为"大讨饭"。每年年底，百官镇的"箸挟头"就赶早来王家拜年，称曾祖母为师母。说："师母，给您拜早年了……"并送来一个"锦折"。它的功用是，凭它可到百官街上各商店买东西，买了不用付钱，只是货和钱多少全记录在锦折中。到第二年初，"箸挟头"来回收这本"锦折"，再与卖东西的店家结算。所以"锦折"是丐帮给王家送的年货。曾祖母收下后，自己从不用它，倒是左邻右舍中，过年有困难的用过一次。有一年邻居婆婆家到年三十了，家中还空空的，愁着年怎么过？曾祖母送去"锦折"，叫他们买些年货。

"箸挟头"除了送来"锦折"外，还在王家大门上方，贴一张有他们自己画上符号的红纸条。这张有符号的红纸条十分神奇,凡是沿门乞讨的要饭者,见到它,都深深鞠躬,不再向这户人家要东西,自动离开了。据传有一年新春,来了个北方的强要饭的,他手中拿着一串米粉做的元宝,走到每户人家门口,就唱:"来,来,来,新春大发财!元宝滚进来"然后在门口放一个元宝。这家主人出来,用钱或物把他打发走。否则,他就不停地喊,唱下去。他到王家门口,也唱了起来。当王家里人出来,打发他时,他突然见到门上方的纸条,立刻停止,说:"对不起,对不起,没看见……"说着就离开了。

王春龄在外地做师爷,与各地的丐帮人物有什么瓜葛,有什么故事,因缺乏资料,难以下结论。但有一点是可以肯定的,因工作关系,师爷与丐帮之间确有密不可分的联系,依靠丐帮,寻求他们帮忙,对自己的工作有利,不失为一种好方法。而丐帮则有师爷的关照,这对他们也是种实惠。互为关照,大家有益,这就是师爷与丐帮的"关系图"。

手稿中保留了州县给幕友、书吏、差役和其他工役的工食支出清单,名目繁多的"陋规"费用也记录在案。从中可以发现"规费"仍是晚清师爷的重要收入来源,遗稿为研究县级游幕人的收入提供了可靠的原始资料。下面这份礼单是向府衙送礼的清单,可惜的是我们无从知道王春龄当时在哪里任职,礼单没有标注是哪个县衙,也缺时间(见上篇原件影印杂记3—1)。

诸暨向章文官迎霜降,归兵房。早一、二日叫房送稿。稿合发房,再送签、送刑席。祭文壹角焚送:旗纛大将军。发房并稿一起,又票发把门。

一票:谕操壮头郭恒、钟相等,向应祭旗操练。鸟枪二十杆,长枪一杷,长刀二杷,战鼓一面,又铜锣一面。

一票:仰壮头郭恒、钟相立着猪牙,徐夏葵等备办汤猪一口。又羊铺备借羊一口。

一票:仰壮头郭恒、钟相等预备鸡、肉、鱼三牲福物,爵杯酒壶。

一票:仰皂头钱炳、杨南雇唤轿夫六名,围轿六乘。应用毕,发给工食。

一票:仰号房周福等传谕吏、礼两房,总堂备具衣冠恭赞,印敕祭神,赞礼。

一票:仰号房周福等雇唤吹手六名,发给工食。

一票:快头楼华、赵顺等督同东一、二地保郭森、袁栋在演武场建搭,高大篝厂三座,并案、桌、椅,并帏。

每名：轿夫　　　　　轿夫足扣九五
执事人夫　七十文　其余付五十足
吹炮手　账房发每名七十　扣九五
付福物　　　　　　七百四十　扣九五
此件上端有四行小字：
迎霜降
捐牌规盐公堂领
本堂照领不开销
迎春照上

　　这些手稿也给我们了解当时的历史面貌、社会细节，提供了信息。例如，"布告"稿不多，一共才五件，但它真实地再现了当时的历史。光绪廿五年德清县新市镇《茶碗捐》布告，光绪廿一年海盐县《钱粮作价》布告等。这怕连国家档案中也很难寻找到这样的历史细节呢！又如"信札"稿中，有一信是，师爷告诉另一个衙门师爷：当巡抚经过他们县境，不上岸，不吃饭。他们送上"误餐费"是多少，请你们参照着办，并告知下站县衙的师爷。信中开列的费用，十分明细，粗略一算，有二百多元，其中给巡抚本人的六十余元。那是一餐的"饭钱"。这样的细枝末节，手稿中多次出现，师爷手稿也是某一历史事件的"记录"。如：上篇中的原件影印驿函8—1—驿函8—4：

　　飞启者：顷接桐庐来函，特准建、兰、龙西各县函开。以
　抚宪于初三日将晚抵衢，定于初四日黎明大阅，十二点钟开船，当晚到龙邑，等因。又据兰邑探闻，初五日大约可抵严郡，并以附告，等因，除敝处尊照预办外用，特飞佈。即祈
　尊处查照办理　是荷　专泐　敬请
　印　牧翁仁兄大人升安　诸惟
　朗照不具
　　　　　　　　　愚弟名正肃　十一月初七日午刻
附呈开销账壹纸
梅抚宪大阅过站开销　折席
门包　　　　　廿六元　随四元
材官　　　　　十四元
又暗　　　　　廿六元　又四元

哨官	六元
签押	廿六元　又四元
书办	十三元
印	廿元　又四元
跟班	四十元　又四元
文巡捕	二十元　又四元
武巡捕	二十元　又四元
又暗	二十元　又四元
监印	十四元　又二元
内差官 戈什哈	三十二元　又二元
折席	
管厨	六元
厨子火夫	三元
茶炉	一元
门、禀、号	四元
剃头	二元
轿头	三元
轿夫	二元
折席	
随员三位	一位八元　共廿四元　随各一元
双随	四元　又一元
门印	四元　又一元
跟班	四元　又一元
签押	二元　又一元
文巡	四元　又一元
武巡	四元　又一元
差官戈什哈	十六元
材官	八元
哨官	四元
书办	八元
门禀号	一元
护勇	四元
亲兵	六元

厨子火夫	二元
茶炉	一元
轿夫	一元
轿头	一元
外加亲兵护勇折饭廿三元	此系金华开销
兰邑只付十四元	
又门　禀　号杂项洋拾元	系号房周春山经手
探闻金华除过站折席外加各项开销	添洋一百十余元

　　清末绍兴师爷陈陔，原名尔臬，字孝兰，号感循，山阴人，生于道光二十二年（1842），世居绍兴城内仓桥街。所写《旅粤日记》为光绪十年（1884）八月初三日至第二年乙酉五月廿九日事，他先在广东高州府幕，翌年又随幕主转徙广东廉州府。作为书启师爷，陈陔在知府幕中主要事务是撰拟禀稿和启稿。在日记所记294天中，共撰禀稿54件，启稿157件，禀启稿合言的35件，还有节稿24件，总计270件，平均每天接近一件。

　　作幕异乡，友朋萍水聚散，主要靠频繁通信联系。日记载有陈陔与99人的信件往来，往往在一天中连写数信，也会收到数信，294天中共写信190件，收信122件。书信寄发主要靠与公文一起包封驿递，这是幕友的"近水楼台"，少数长途的须托信局、银号或友朋转寄。《旅粤日记》记载陈陔在馆务与读书之余，会友是一项几乎每天必有的活动。清代广东高州有道、府、县衙门，廉州有府、县及一些司、关衙门，陈陔往来的多是各官署的幕友及个别低级官吏。会友主要是交谈，娱乐与酒食寥寥数次，几次"手谈"在过年与端午前后及远友相逢之日，小有银钱胜负，与诸友"叶子戏"（打扑克）则仅一两次，还有逛庙观剧与出城观春各一次，可见其日常生活极其节制。陈陔《旅粤日记》至次年五月底止，推想为应乡试而束装回浙。陈陔乡试获解元之捷，此后

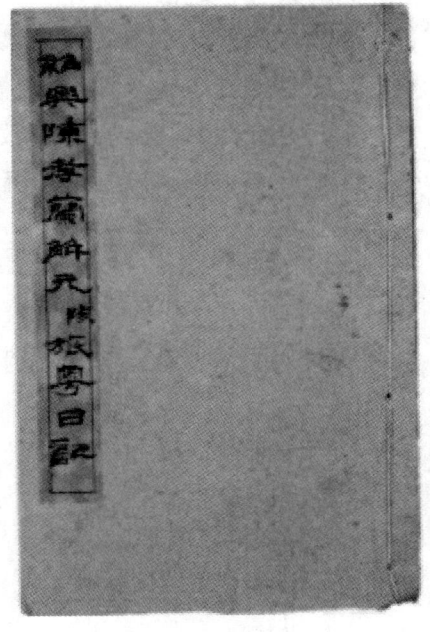

图33　旅粤日记

情况鸿迹渺茫。

　　民国《绍兴县志资料》第一辑"选举表"之"进士"栏中无陈陔之名，"举人"栏光绪十一年乙酉科陈陔名下注"山阴人，乡试第一。广东知县"。可见陈陔中举后春闱未再获隽，其知县不知是大挑还是捐得？从"伯循寄来捐训导例银单一纸，计须纹银八百两，难矣哉"（日记四月初六日）的慨叹看，捐官不大可能。或许仍操旧业积功获大僚保举，但只授予知县品衔未任过实缺，以佐幕终身，故档案中不像他人有具体任官县份记载。再查《绍兴县志资料》第一辑"氏族编"，"仓桥陈氏"条下竟不见陈陔之名。今对其因亦略作推测。砾卷载陈陔只有一子一女（长女殇），子出嗣，女又远嫁江西，在绍兴的家门中实无后人。

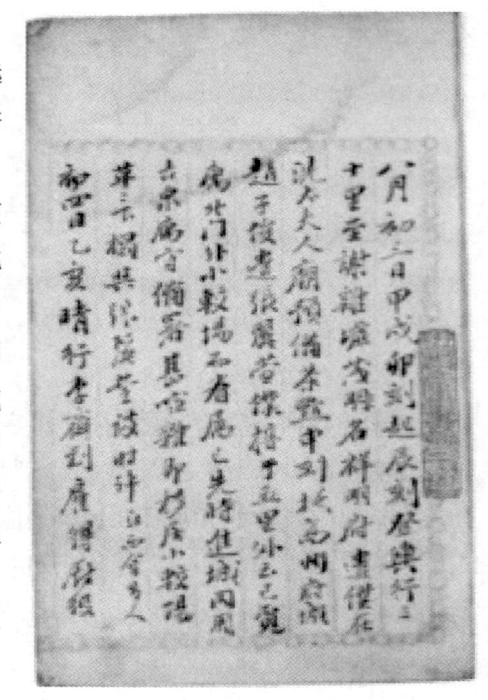

图34　旅粤日记

　　幕友挈眷难得，从日记可知陈陔是带家眷的，而且岳母也在一起，似较年轻，从砾卷知道是继室陶氏为粤人，故可挈眷赴粤地之馆且偕岳母同往。但这样一来，本人回乡机会就少，导致绍兴本族中也难免淡忘其人。陈陔子女不在身边，儿子小名阿建，日记乙酉年元旦：

　　　　占牌，数问今科中否……又占建儿事……俟验。

然孩子似不甚听话。日记三月十五日：

　　　　又得鸿书函，知阿建所为，不知是前生孽今生孽也？

四月初六日写道：

　　　　得程周评函，知伊孙早经夭殇，故将成官许配同邑严才圃明经之孙，名绳祖字立生，年十五，小可应试矣，甚慰。

女儿寄养在江西。日记九月初七日：

> 昨阅邸报，知浮梁被水甚重。致周评函。

而陈陔砾卷载：

> "女……次适江西浮梁县恩贡生候选训导严讳□孙、邑庠生名□子绳祖。"

可见"成官"即陈陔女儿。关注浮梁水灾，将女儿由友人许配于浮梁人家，很有可能是本就寄养在浮梁。这一子一女应是前妻徐氏所生，生母亡故，无人照看，谋生远乡，家庭生活终难圆满。而只身病亡情自更惨，日记四月十九日记述："向庭自北海来，言陈雅莲今正病殁，客寓一无亲友，店主装殓，家中尚不知得信否？伤哉！"①

日记还记载同幕之友周吉泉到廉州不久即大病捐馆，家眷不得不扶柩回省，这是吃幕饭最不幸之事。

---

① 娄仲安：《解元原本是师爷》，《柯桥日报》2014年4月20日。

第八章　晚清官员的家人管理

按照清代衙门的法律规定，州县地方官员实行任职回避制度，既不能在自己的家乡任职，也不能在自己的直系亲属做官的地方任职，因此，地方官每到一个新的地方，都会面临人生地不熟的尴尬境地。而官要做得称职，在保住乌纱帽的前提下进而升迁，就必须用那些熟习地方风土人情、谙习当地官场通行已久的种种说不清道不明的潜规则的人，这些人就是庞大的实际办事的吏役队伍。这些吏役绝大多数都由当地人来充任，并长久把持一方。如果官员对他们失于督察，一是会失去当地士绅百姓的信任，落得一个不好的口碑；二是吏役们闹出事来，长官负有不可推卸的责任，乌纱帽难保，还可能被革职查办。因而，地方官上任伊始，带上自己的管理团队和亲信家人，在衙门里建立自己的"班底"，就显得十分重要了。

一、地方官员的私家班底

地方官员上任，在大队人马仆从中，有十几个乃至几十个是知府大人或县太爷的长随家人。俗话说，宰相家人七品官，讲的是他们的出身来历。因此，切不可因身份低贱而小看他们。他们实际上在清代各级衙门中扮演着十分关键的角色，是掌握大印的官员掏自己的腰包雇来用于监督大大小小、少则上百、多则上千名书吏和差役人员的。"家人"作为清代官员的仆人，事实上成了地方行政运作中的有机组成要素。

纪昀在《阅微草堂笔记》中记载了宏恩寺僧明心讲述的一个故事，说道：

> 宏恩寺僧明心言：上天竺有老僧，尝入冥。见狰狞鬼卒，驱数千人在一大公廨外，皆裼衣反缚。有官南面坐，吏执簿唱名，一一选择精粗，揣量肥瘠，若屠肆之鬻羊豕。意大怪之。见一吏去官稍远，是旧檀越，因合掌问讯："是悉何人？"吏曰："诸天魔众，皆以人为粮。如来运大神力，摄伏魔王，皈依五戒。而部族繁伙，叛服不常，皆曰自无始以来，魔众食人，如

人食谷。佛不断人食谷，我即不食人。如是哓哓，即彼魔王亦不能制。

佛以孽海洪波，沉沦不返，无间地狱，已不能容。乃牒下阎罗，欲移此狱囚，充彼啖噬；彼腹得果，可免荼毒生灵。十王共议，以民命所关，无如守令，造福最易，造祸亦深。惟是种种冤愆，多非自作；冥司业镜，罪有攸归。其最为民害者，一曰吏，一曰役，一曰官之亲属，一曰官之仆隶。是四种人，无官之责，有官之权。官或自顾考成，彼则惟知牟利，依草附木，怙势作威，足使人敲髓洒膏，吞声泣血。四大洲内，惟此四种恶业至多。是以清我泥犁，供其汤鼎。以白皙者、柔脆者、膏腴者充魔王食，以粗材充众魔食。故先为差别，然后发遣。其间业稍轻者，一经脔割烹炮，即化为乌有。业重者，抛余残骨，吹以业风，还其本形，再供刀俎；自二三度至千百度不一。业最重者，乃至一日化形数度，刲剔燔炙，无已时也。"僧额手曰："诚不如削发出尘，可无此虑。"吏曰："不然，其权可以害人，其力即可以济人。灵山会上，厚有宰官；即此四种人，亦未尝无逍遥莲界者也。"语讫忽寐。僧有侄在一县令署，急驰书促归，劝使改业。此事即僧告其侄，而明心在寺得闻之。虽语颇荒诞，似出寓言；然神道设教，使人知畏，亦警世之苦心，未可绳以妄语戒也。①

纪晓岚认为明心"语颇荒诞，似出寓言"，然而，又有其真实性，正是清代社会的客观现实。故事中的"官之仆隶"，不是官员的家属。官员的家属，是上文提到的第三种人，即所谓"官亲"。"仆隶"的意思很清楚，是仆人或者奴仆的意思。

"家人"，在清代正式的称谓叫做"长随"，俗称"家丁"或"官之仆隶"。明清封建社会，大户人家使用奴仆是一种普遍现象，地主使用仆人耕地种田管理家事；读书人去赶考，也使用仆人照顾生活。地方官使用仆人，与这两种情况如出一辙，但由于地方官与地主不同，所管的事情不同，使用的仆人也就有所区别。

在师爷王春龄的手稿文献资料中，不少涉及"家人"的从业情况，有助于我们印证、补充和纠正对清末"家人"的刻板印象。清代的"家丁"、"长随"，是执行重要政务、办理具体事务的各种仆役，一般由州县主官私人招募或经人推荐而来，如看门的"门房"、管理公文发送传递的"签押"、管理仓库的"仓

---

① 纪昀：《全本阅微草堂笔记》，巴蜀书社1995年版，第98—99页。

场"、执行征税的"税务"、跟随长官左右的"跟班"、外出接洽的"执帖"等。家人作为官员的仆人，事实上成了地方行政运作中的有机组成要素。

当前学界关于"家人"的研究相当薄弱，笔者仅见郭润涛的《清代的"家人"》和李乔《烈日秋霜》较为全面地介绍了清代"家人"的来源、地位、分工及其作用，但因史料的局限难免存在纰漏。在王春龄遗留的师爷手稿中有一份呈报给当时省政府的汇报材料《禀 浙江府县卑县为延幕友暨所用家丁姓名籍贯呈饬开摺呈道宪鉴》摺：

呈今将卑县所延幕友暨所用家丁姓名籍贯呈饬开摺呈道
宪鉴
计开
幕友
刑名杜宗朱浙江山阴县人系福建汀州府知府胡廷韩荐
钱谷范宗烺浙江山阴县贡生系平湖县知县吴佑孙荐
书启邓邦达江苏江宁县举人自请
帐号沈文勋浙江会稽县人系中书科中书沈豫立荐
征比何振鼎系江苏吴县人系钱塘县知县束允泰荐
硃墨沈豫瑞河南祥符县人自请
家丁
稿案范某直隶人系候补知县刘玉喜荐
钱粮方某江西人系候补同知叶元芳荐
签稿王某绍兴人系在海盐任内钱塘县知县束允泰荐
执贴兼司差总沈某江苏人系前任仁和县知县高积勋荐
用印张贵河南人旧仆
监狱刘升湖北人系候补盐大使朱启藩荐
值堂王升河南人旧仆
跟班高升山东人系海盐县知县吴士恺荐
跟班昊升直隶人系前任栗清县知县村和埸荐
一呈
如宪
　　　年　月　日
正堂

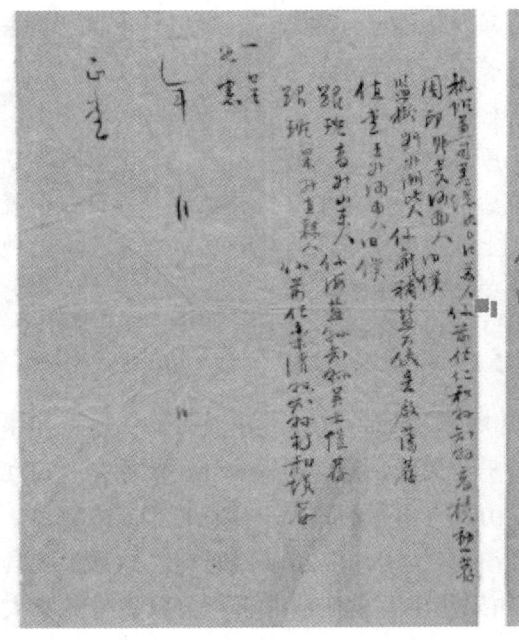

谕禀8—2　　　　　　　　　　　　　　　谕禀8—1

　　上面列举了县衙当年准备录用的工作人员，是王春龄替知县誊写的一份把所请师爷暨所用家丁姓名和籍贯等情况向道宪册报的折子。其中的"家丁"签稿王某就是王春龄，这是迄今为止唯一一份有关清政府把幕友和"家人"人事档案纳入体制管理的史料。从以上"卑县所延幕友暨所用家丁姓名籍贯呈饰开摺呈送宪鉴"摺中可知，该知县当时的9位"家人"中，除了"用印"和"值堂"一职由该知县"旧仆"充任，其余的来源与师爷相同，属同僚推荐。虽然这是一份没有标明年月日和公章的草稿，但足以证明这种"册报"制度在晚清仍在实行。

　　清政府于雍正时期开始对州县"家人"进行行政管理，雍正二年议准：

　　　　"外任旗员到任后，限三月内，将所带家人姓名、年貌，册报督抚。如管事家人有更换者，亦册报督抚。倘本官有亏空者，该督抚将该管事家人一并审讯。若有归旗追比、不能完结者，将管事家人照拖欠钱粮、家产全无之子孙治罪例治罪。若本官册报不实，任其饱飏者，照隐匿逃人例治罪；家人照三次逃人例发遣。其不行详查各官，照失察逃人例处分；得财者，计赃以枉法从重论。"乾隆元年议准："州县收用长随，照旗员例，于到任后，限三月内，将长随姓名、籍贯、年貌，并管何项执事，一一开明，造具清册印结,分报该之上司存案;有辞退回籍及驱逐者,亦即开具事由,申报上司查核。倘本官以劣贯赃款被参,即将长随一并年守,审明完结。至现在州县之长随,亦令一并据实开报,以便稽核。如该州县官,将所用长随册报不实,经上司查出指参,即将该州县官,照遗漏造册便,罚俸三月;各上司未经查出、据册转报者,罚俸一月。"虽然有这些明确的规定,但这种规定往往流于形式,然而,限额既无法实行,上述册报也就不可能详实。在清代有关地方行政的政书中,大抵在"用人一项之下,都提到家人长随,但没有册报的记载。所以,册报云云,往往权一时之宜,久之不过具文而已。[①]

清政府对每一级官员能带多少名长随家丁曾经做出了许多明确规定,如康熙二十五年(1686),清廷正式下发了一个文件,实行携带家仆"配额制":允许地方官除携带兄弟、妻妾、子女外,由汉人出任的总督、巡抚可带家人50名,布政使、按察使带40名,道员、知府带30名,同知带20名,通判、知州、知县带20名,州同、县丞以下可带10名。如果是旗人出任地方官,可以携带的家人是汉人的两倍。很显然,这里的家人是地位低贱的家丁、仆从之类,与主人有着或紧密或松散的半隶属关系。在清代,这些人有个形象的称谓,被笼统地称为"长随"。

二、长随 门上

"长随"之名,源于宋代,《近代稗海》第十一辑《偏途论》中有相应的叙述:

> 凡长随一道,盖孝弟忠信礼义廉耻,贤愚不昧,而论述示其详。三皇五帝治世以来,其长随一道,乃英雄之创始,有侯伯之根苗,上达于天子之前,名扬于四海之内,能救人于水火之中,济困扶危,仗义疏财,托妻寄子,可文可武,能方能圆,借此成名出仕为官者甚多,由此兴隆创业者不少,正所谓两手空拳,一双白手,光前裕后,名利兼收,岂非豪杰乎哉!虽于官府出力,实替朝廷办事,令人不知,以卑贱而论,古今英雄未遇其时,落薄者甚多。昔韩信乞食于漂母,子胥吹箫于吴市,子房纳履于圯桥、苏秦周游列国,一朝发迹,先困而后显,古往兴废何有胜败。但长随二字乃堂官之别名,一二品文官家人名曰堂官,又曰内使。一二品武官家人名家将,又

[①] 参见郭润涛《清代的"家人"》,见《明清论丛》第一辑,紫禁城出版社1999年版,第379页。

曰内丁。昔日宋太祖雪夜访普，见有堂官一人跟随左右，恭敬至诚，故上赐名长随，后为指挥之职，因此云"宰相家人七品官"，由此而说。今我圣朝督抚、提镇、司道家人俱称堂官，府厅州县佐贰之家人皆呼内使，概曰长随，又曰丁。承上接下，干办公事，未免衣履之华，不失轩昂之气。凡为此者，也须知当衙门规矩，当言则言，当止则止，断不逞才显能，以至惹人妒忌。①

从此，长随的称谓成为钦赐名号，赵普家的那位"长随"后来还得了一个七品官衔，所谓"宰相家人七品官"的说法，即由此而来。

明代"长随"指做大珰官仆役的下层宦官，当时的官场仆役称为"参随"。而到了清代，长随之名则变为专指官场仆役，赵翼在《廿二史札记》卷三十六《长随》条说：

> 长随本中官之次等，受役于大珰者。明史宦官何鼎传：鼎在弘治中为长随。又王振传：英宗陷于土木，郕王监国，群臣既击杀振党马顺，又乞出王、毛二长随，亦击杀之。下又云：王、毛二中官。是长随即中官也。（郑晓《今言》：司礼珰王岳为刘瑾所恶，谪充南京净军，瑾党长随王成等追至临清小沙滩，缢杀之。）今俗所谓长随，则官场中雇用之仆人，前明谓之参随。《明史·宦官传》：高淮监税辽东，有参随杨永恩婪贿事发，几激军变。又税监陈奉在武昌肆毒，众欲杀奉，逃而免，乃投其参随十六人于江。又《何景明传》：太监廖銮镇关中，横甚，其参随遇三司不下马，景明执而挞之。②

长随的种类颇为繁多，可以说，有多少种吏役就有多少种长随。《偏途论》多按"出身"划分长随，有超等长随（暂随）、特等长随（且随）、次等长随等，而将上宗长随、次宗长随、下宗长随称为"孽随"。按其职能来分，有负责把门的"司阍"或"门上"，有负责文书签转的"签押"或"稿案"，有管仓库的"司仓"，有在公堂值勤的"值堂"，负责通讯的"书启"，掌管印信的"用印"，负责税收的"钱漕"，以及"管监"、"管厨"、"管号"、"跟班"等等，名目之多，甚至有些地方官自己都说不清楚。

---

① 章伯锋、顾亚：《近代稗海》第11辑，四川人民出版社1988年版，第615页。
② 赵翼：《廿二史札记》，中国书店1987年版，第537页。

庄有恭（1713—1767，字容可，号滋圃，广东番禺人。乾隆四年己未科状元。官至刑部尚书、协办大学士）在《偏途论》中说：

> 盖长随者有三等三宗之别。超等长随，曰祖父本系士宦，后嗣因家寒，读书不能上进，欲改经营，手乏资本，又属外行。亦有身列生、监者，运蹇之际，一时难以高发，只得奔走他乡，谋当长随。其人胸中本有智识，品性端方，能替官府办事，善察上人之意，奉公守法，始终如一，不作卑污之事，一朝时来运至，得遇明主，睹其人而重用，渐财源而骤至。有时志由偏途捐班出仕，仍可荣宗耀祖，此等长随名曰暂随。特等长随，曰父兄经买卖为商，已娶亲生子，已身懒于生涯，直到父兄故后，手又缺资本，命运乖张，日渐萧条，无可位置，只得觅作长随。其人自幼奔走江湖，历练老诚，颇有苏、张舌辩之势，官府见其才能，必当重用，稍为得手，仍旧为商为客，居心本分，不负初业。俗云：衙门银钱，酒色如烟。又云：识时务者，呼为俊杰。此等人不愿终身长随，名曰且随。次等长随，曰父母名下不受管束，未学营业，专喜结交朋友，吹弹歌舞，嫖赌逍遥，父母恶其不孝，置之不教。或是父亡母故，产尽家倾，无所可依，见跟官一道，衣履齐整，气概轩昂，由此立志跟官。痛改前非，奔走他乡，充当长随。其人久惯风月，见眼生情，心性自然，巧答更有机变，阅历衙门，且识进退，官见辛勤，委以大事，行止有方，调有法度，从此发迹，官久自富，暮年不至受苦，即子孙亦得根基之福。又有一宗人，交友好强，心高气傲，只知眼前快乐，不顾将来如何，此曰不智。以上各曰长随。
>
> 上宗长随，曰自幼不听父母教训，懒于读书，外清内浊，不习手艺，窥见跟官颇有富丽，一入官场，作威作势。倘官时常呼唤，更加得意，假传言语，欺压同人。凡有银钱，托熟即用，有处赊欠便己财，赌誓发愿，口是心非，办事有头无尾，说话不应前后，官府念其下愚，恩宽不究，此上宗也。
>
> 次宗长随，曰幼失父母，在伯叔名下度日，欠于教导，又无恒业，游手好闲，混入长随之门，奔走之才以为跟官。不顾廉耻。非理妄为，朝秦暮楚，见利忘义，袖里藏刀，专献逸言，嫖玩闹笑，衣履光华，任意纵恣，滋生事端。装作长随模样，两眼如瞽，一无所长，反为得意，味如管炮[鲍鱼]之肆，忝不知羞。喜说他人之过，却夸自己之才，摇头摆尾，狐架[假]虎威，害官误事，切齿痛恨。古云：城头失火，殃及池鱼。此等人次宗也。
>
> 下宗长随，上无父母，下无兄弟，自幼失教，所幸面貌俊颖，穿衣着履，竟有跟人模样。奔走异乡，烦人作荐，或充长随，或跟商典，或在候补

公馆，或投绅缙人家。先前小服役，然后风流轻狂，好吃懒做，卖弄风情，烟赌宿妓，难以细述。幸蓄无耻之资，告假荣归，娶妻纳妾，享受眼前快乐，未筹久计，直至坐吃山空，携带妻女欲谋长随一行。荐主不察奸良，竟有官府重用，复踏故辙，或仗己身美貌，或以妻妾引诱，或以姐妹献官办妾，或其女愿作梅香，百计千方，官府无不坠其术中。一经受其迷惑，以便于中取事，从此中求派美差，以致保举他人求赏。呈词央标差票，渐至不守规矩，不遵法度，爱之欲其生，恶之欲其死，捏情招摇，无所不至，没得礼义廉耻孝弟忠信八字，此等人连累好人不浅，此乃下宗也。以上三等，名曰孳随。

凡为官长者，要察贤愚，倘有伊等司阍，亦当回官驱逐，保其官声。但长随一行，诸色人等皆有，奸良不一，在官纳才器使，未可大类相推，庶免败事莫赎，悔之莫及矣。而为长随者，亦良禽择木而栖，贤臣择主而事。古之言也，切记斯语。①

长随在清代颇为兴盛，虽不在三百六十行之列，但无疑也是一种职业，因而有多种《长随论》之类"教科书"以供初入道者"加意温习"。其中有"长随十要""十不可"等内容，堪称是长随们的通常"守则"。前者包括办事谨慎、经手银钱来去清白、先公后私、食主忠禄尽心报效等。后者有不可仗势欺人、不可袖里藏刀、不可轻出重入、不可贪杯误事、不可淫人妻女等内容。

　　长随十要
　　——办事谨慎，切勿疏虞；
　　——经银钱（银钱经）手，来清去白；
　　——无欲则刚，遇事则谏；
　　——先公后私，不致人怨；
　　——上和下睦，礼别尊卑；
　　——处世为人，廉耻为重；
　　——人有苦难，量力提携；
　　——尊敬君子，远避小人；
　　——受恩深重，有始有终；
　　——食主忠禄，尽心报效。

---

① 章伯锋、顾亚：《近代稗海》第11辑，四川人民出版社1988年版，第616—618页。

十不可

——不可倚官仗势，欺压小人；

——不可袖里藏刀，暗箭伤人；

——不可瞒心昧己，轻出重入；

——不可妒贤嫉能，听信谗言；

——不可行为轻狂，飞扬浮躁；

——不可小人举动，被人唾骂；

——不可饮酒留恋，有关洁己；

——不可贪怀（杯）误事，性命相关

——不可淫人妻女，奸人僮仆，

——不可于署中妇女嬉笑献言。①

清人梁章钜根据考证在所著《称谓录》中说，曾任明代都察院右佥都御史、两广巡抚、左佥都御史、礼部右侍郎、吏部左侍郎的叶盛在《水东日记》中记载《记杀马顺等事》条，其中有"毛长随、王长随"等语：

> 正统十四年八月二十三日，殿下驾御午门左门，言官大臣次第宣劾王振章。有旨："朝廷当别有处。"众心郁愤，叫号不已。长史仪公造膝前免冠有言，于是众皆免冠长号叩首。已而有旨。急籍王振等家。然叫号不辨人声，不能皆听闻，惟仪公长号膝行而前，去袍服才咫尺。忽王给事中竑众中起摔马顺至前，曰："奸臣党在是！"于是驾起门掩，一哄间，足履之下，尸暴血流矣。百官稍退，惟上直军卫官候左掖门，哗云："尚有王长随、毛长随在。"少顷，校尉摔两人送锦衣卫，甫出左掖，军卫官捶死之矣。盖驾既行，使人于门内伺外人何为，而惟闻此言，以为出自百官，殊不知因大驾出后，门禁颇严，两长随日事鞭笞，最结怨于军卫，而杀两人者上直官，非百官也。②

梁章钜

---

① 章伯锋、顾亚：《近代稗海》第11辑，四川人民出版社1988年版，第618—619页。

② 叶盛：《水东日记》，中华书局1980年版，第4—5页。

他认为这是明代以后各级衙门中大量存在的"长随"一词的最早由来。

清代长随亦称"跟班"、"长班"。清代官场中雇用之仆人。为一种贱役，其地位与奴仆同，还俗称"鼻头"和"二爷"。平步青（1832—1896）在《霞外捃屑》卷十"长随"说：

> 古之伍伯，今之皂役。古之衙前，今之长随。俗呼鼻头，不知何昉，或云古称平头，声转而讹。①

"二爷"之称，见之徐珂（1869—1928，原名昌，字仲可，浙江杭县人。中过举人，当过袁世凯的幕僚，为将士讲解古书诗赋，但终因思想不合而离去。）的《清稗类钞·奴婢类》。其中的《和珅府中之三爷》这条材料是专谈大官僚和珅家的长随事情，所以说"仆称二爷"，"仆"即指长随。文中说：

> 和珅当国时，其三爷且甚豪。三爷者，为仆所役使之人，重僮也。仆称二爷，故重僮称三爷。宁羌守备张某尝奉陕抚令，赍二十万金馈和珅，既投书，日侦探不得耗，费银五千余，始见一年少丽服奴出，问白者黄者，某以银对。奴顾左右，令收之外库，授一名柬，曰："可以此还报，答书另发矣。"某意奴非司阍人，必和之心腹。或笑曰："此三爷耳。其心腹司阍，岂数千金能见颜色。"是时天下承平，物力殷富，献媚者夸多争胜，若以数万金进，不值一盼也。②

长随是"官之仆隶"，他们社会地位低下，地位与身份与当时社会的"雇工人"相同。"雇工与奴婢名分虽同，而恩义有别"，在受雇期间，长随既受役使，在主人面前表现出上下之区分，这种上下之分是当时社会通行的主人与奴仆的关系。虽然长随和"家奴"与主人之间都是"仆"与"主"的关系，由于关系对象的不同，即使是豪富之家的家奴，与官员的长随也不可相提并论。正如俗话所说："打狗须看主人面"。长随是帮助主官行政的人员，他们在内衙固然是仆役，但在外署和衙门之外，却是地方官的代表，与六房三班吏役相比，往往显得高人一等；在平民百姓中，更是势焰熏人。"官之仆隶"在社会生活中的地位

---

① 平步青：《霞外捃屑》，上海古籍出版社1982年版，第706页。
② 徐珂：《清稗类钞》第11册，中华书局2010年版，第5275页。

高于"契买家奴",督抚两司的仆隶与州县官的仆隶也存在高下的差别。即使同在一衙门中充当长随,也因他们与主人之关系的亲疏,或所从事的工作以及收入等方面的不同,而有高下之别。因为在清代,商人在折本后即可以转任"官之仆隶",被视为四民之首的读书之人也可以寄迹于之中,官员的亲戚朋友更可以近水楼台先得月。

清朝关于外省官员在任所带家口多少,有明确的规定。王士禛(1634—1711,字贻上,号阮亭,又号渔洋山人,新城人,官至刑部尚书,主诗坛盟主,清初著名诗人)的《香祖笔记》卷一记载:

> 御史刘子章条奏外官禁止多带家口,下吏部议,督抚止五十人,藩臬四十人,道府三十人,州县十五人,违例者革职。下九卿、詹翰、科道集议。予谓自督抚以下皆递减十人,胡为州县之于道府顿减其半也,众是之。乃定为二十人,而女口不与此数。违例者止于降级。再奉旨:以旗员多差,许倍之。①

王士禛所记是康熙二十五年(1686)的事情。旗员督抚携带家口规定不准超过五百口。旗人处处受优待,此为一例。这种规定,在于限制官员多带家人,有碍清廉。实际上,50人已不是小数字,旗员500人,更是骇人听闻,仅这些人的吃喝穿戴,生活用费,官员的薪俸、养廉两项正当收入是无法负担的。

阮葵生(1727—1789)所著笔记小说《茶余客话》卷四"外官家口"条说:

> 御史刘子章奏外官不许带家口赴任,下部议,督抚准五十人,藩臬四十人,道府三十人,州县二十人,女口不在此数,违者降级。近日州县长随,多者数百人矣,非所以教廉也。②

阮葵生所记是乾隆时的情况。家人随官人数有了规定,长随因无明文规定,仅州县一级多至数百人,用人数量之大是不难想象的。嘉庆八年(1803),长芦盐政赛尚阿回京当差,继任者是出身宗室的内务府人员玉庆。皇帝寄望他能矫正内务府人员积习,谁知玉庆的长随多达百人,嘉庆令其挑留一二十人外,其余一

---

① 王士禛:《香祖笔记》,商务印书馆1934年版,第6页。
② 阮葵生:《茶余客话》上册,中华书局1959年版,第99页。

概驱逐。并传谕全国官员戒绝请托，减汰仆从，洁己奉公，省浮费而饬廉隅。

据清福格（1815—1867，姓冯，字申之。内务府汉军镶黄旗人，乾隆朝大学士英廉曾孙。官惠州通判、山东莒州知州和长山知县。为官暇余，撰有《听雨丛谈》一书）在《听雨丛谈》卷五中的"满汉官员准用家人数目"条记载，康熙年间，总督巡抚等"外任官员"，所带奴婢有的多至数百人，甚至千余人者。① 清代县官多引用亲戚朋友入署办事，为这些人提供一个养家糊口的就业机会。由于家人系官员私人所雇用，从事长随之人往往利用官场之中的各种关系来引荐。

段光清（1798—1878，字俊明，号镜湖，安徽宿松人。道光十五年举人，官至建德、慈溪、海盐、江山、鄞县知县，宁波知府，宁绍台道，浙江盐运使和按察使。他工诗善文，撰有《镜湖自撰年谱》和《吟梅草堂笔记镜湖自撰年谱》）在《镜湖自撰年谱》中记述他在浙江做知县时情况也说：

> 浙省弊俗，一奉委牌，荐家丁，荐幕友，不能计数。②

1. 长随的职责

清代长随的职位具体有三种说法：第一种是赵翼所说"官场中雇用之仆人"；第二种是《辞海》"长随"条说："明代指地位卑下、做随从的宦官。《明史·何鼎传》：'弘治初，为长随。'亦泛指随从官吏听候使唤的仆役。"③ 第三种说法如张友鹤校注《镜花缘》第九十九回："只见有个老苍头手拿名单，带着许多长随、小厮上来磕头"；"长随"注文："一般奴仆的通称"。④ 这三种解释中，最后一种解释过于宽泛，未指出长随是专给官员当仆人这一特点，显得不妥；前两种解释虽指明这一特点，但又过于笼统，使人难以了解长随究竟是干什么的。对此，著名师爷汪辉祖在其所著的《学治臆说》中有较为具体的说明。该书上卷的"用长随之道"一条，将长随分为在宅门内、宅门外、宅门内外之间当差三类：

> 宅门内用事者，司阍曰门上，司印曰签押，司庖曰管厨；宅门外，则仓

---

① 福格：《清代史料笔记丛刊 听雨丛谈》，中华书局1959年版，第106—107页。
② 段光清：《清代史料笔记丛刊 镜湖自撰年谱》，中华书局1960年版，第13页。
③ 《辞海》1999年缩印本，上海辞书出版社2001年版，第238页。
④ 李汝珍：《镜花缘》，张友鹤校注，人民文学出版社1955年版，第757页。

有司仓，驿有办差，皆重任也。跟班一项，在署侍左右，出门供使令，介乎内外之间，惟此一役，须以少壮为之。司阍非老成亲信者不可，其任有稽察家人出入之责，不止传宣命令而已。心术不正，将内有所发而寝阁，外有所投而留难，揽权婪诈，无所不为，其后必至钩通司印，伺隙舞弊，此二处，官之声名系之，身家亦系之。管厨、办差则有浮冒扣克之弊，管仓则有盗卖虚收之弊，皆亏累所由基也。①

由此可知，长随包括看门的"门上"，管印章的"金押"，做饭的"管厨"，看仓库的"司仓"，送公文的办差和不离左右、随时听令的"跟班"，也就是说，长随是这些具体职务的总称。汪辉祖在宁远县等任上，先后所用旧仆有五人，一个守门，一个管印，一个跟班，一个管理仓库，一个做饭。其中一个人没有才识，汪辉祖认为守门人狡猾，不容易稽查，就专门令他掌管大门，不怎么检查。一年之后，守门人搁置上级批示，阻挠下级申请，稍微有些贪婪索取的事情，有人向汪辉祖说过这些情况，汪辉祖没有深信。又过了一年事情越发严重，终于败露，汪辉祖于是严厉惩处守门人，但自己也受到了连累。②

关于长随当差的具体情况，清代一些介绍长随职事的书有较详细的记载。如徐珂主编的《清稗类钞》第十一册有"庄某著《长随论》（又称为《偏途论》）"条：

> 曩余寄迹涟水官廨，见有《长随福》一书，友人置之案头，据载，国朝庄有恭作，相传已久。开卷浏览，拨冗移录。其篇之语易解，所载之法易明，所述之言颇有浅俗之句，惟是初入长随之诸君子，不可不加意温习。类如卷中十要一节，十不可一节，呈词分别刑钱一节，用印信条款一节，礼部铸印局一节，国家喜诏遗诏一节，皆文墨之要诀。又梆点金鼓一节，朝贺祭祀一节，柬帖称呼一节，皆典礼之要诀。又接诏迎官一节，驿递差徭一节，彩觞宴会一节，铺垫亲随一节，皆差务之要诀。至于监狱班馆，红衣督护，尤为防范攸关，不可稍涉疏忽。是书条分缕析，理明词达，令读者触目会

---

① 汪辉祖：《学治臆说》，中华书局1985年版，第4页。
② 同上书，第4—5页：往承乏宁远，止录游幕时先后所用旧仆五人，一门、一印、一跟班、一司仓、一管厨。其中一人，素无才识，余以阍人苍猾，稽察不易，特令专司启闭，不甚检核。阅岁之后，捺朱票，阁禀单，稍稍婪索，间有言者，余念大小公事，一一手治，渠不敢旁参片语，未之深信。又一年而事败，乃痛惩焉，已几几受累矣。

心，易于效法者也。①

庄有恭在所作《偏途论》一书中，记载了许多诸如接诏迎官、驿递差徭、彩觞宴会、铺垫亲随等差务"要诀"。被认为是一部"惟是初入长随之诸君子，不可不加意温习"的书。又如李家瑞所编《北平风俗类征》一书中的佚名《长随须知》中有《官府在京出任论》云：

> 凡在京出外官府初任，至途中，即应回明上人出发红谕。将近入境，必有书役来接，问来人有几位？问本城风俗若何？出产何物？如送印人员系本城佐杂，或见或留茶。或署事官差吾辈送印，必须回明上人，重赏来人，并问城中一概事宜。到任后吏房要缴凭稿，通报各宪到任日期，并各宪同寅生日单。②

由此可知，官员由京师出任外地，长随要办发红谕、问风俗物产、送印等项事务。跟班呈上信函、公文、名帖时，总是高举过头，躬腰前行，回事或领客人进来，也都要这种姿势，给当官的磕头也是常事，反映出长随当差的一个侧面。长随是官员的仆人，属于贱民。他们及其子弟都不得应考出仕，即使有军功，也当不了官。长随由于身在官场，侍奉做官的老爷，接触的也都是达官贵人，手中也有不大不小的权，因此大有油水可捞。有些长随虽是仆人，家产却抵得上大财主，甚至超过了当官的主人。所以长随这项看似下贱的职业还往往出现世袭，成为长随世家，父业子承，子业孙承，代代相传。如《清稗类钞》中《袁子才遣仆》条所述：

> 袁子才有仆曰琴书，给事八年矣。一日，方洒扫，颜色憔悴，若重有忧者，袖中遗一小纸条于地，袁拾视之，有诗二语曰："洒扫几时新隶学，性情那得旧人知？"袁知其有求去意，为改"几时"曰"应教"，"那得"曰"惟有"，而足成之，焚其券，并作诗以遣之去，有"交还钥锁知推托？欲扫楼台误唤名"之句。琴书跪辞，至泣下。后琴书有孙，亦事子才之孙又村

---

① 徐珂：《清稗类钞》第十一册，中华书局2010年版，第5271页。
② 李家瑞：《民俗、民间文学影印资料之1 北平风俗类征》下册，上海文艺出版社1937年版，第462页。

明府棠。又村尝摄上海县篆，粤寇之乱，主仆同殉焉。①

长随紧跟官员，官署当中公私事情，一切都经他们转达，有所见闻，对官员、官衙中事一清二楚。他们被辞退之后，有的夸大其词，排挤同类；有的添枝加叶，诽谤主人，四处谣言传播，玷污官员的声誉。官员担心他们会捅出漏子，败坏官声，也就乐意让其世袭，于是就养成了一批党羽爪手。但是社会上的一般人要当长随，就要费尽心机，削尖脑袋往里钻。

长随受雇于官员的大致情形是：想当长随的人要到处找门路，或直接到官员家请求，或出钱（称为"荐资"）请人推荐。推荐者称为"荐主"。汪辉祖在《学治臆说》"滥收长随之弊"中将长随分为"求面情而来者"和"曾出荐资者"两类：

滥收长随之弊，始于误人，终于自误。盖若辈求面情而来者犹可，其曾出荐资者，一经收录，荐主之责已卸，投闲置散，不惟荐资落空，且常餐之外，一无出息。②

李家瑞的《北平俗曲略》收集了一首俗曲《长随赞》，详细描述了想当长随者的心理和他们费尽心机、想方设法当长随的情况：

只为久赋清闲，心中着实熬煎。日日思想要跟官，又恐此道无缘。算命就问驷马，进庙必要求签。一日倘能遂机缘，杀猪宰羊还愿。花钱赁看京报，打听引见何官。忽闻新放浒墅关，乐得喜生颜面。各处弯转荐主，坐车哪怕花钱。定日带了面见，向人摘借衣衫。何必长袍短褂？夏令只用纱衫。来至官府宅第，见人悦色恭谦。今日果能见面，那怕磕头请安，老爷但能收下，便是我的恩官。就是自备资斧，到底上趟江南，问准起身日子，寻朋借贷盘缠。求亲赖友去摘钱，那管加二加三，典尽房产地业，当卖衣饰钗环。欲待去写车辆，巴结犹如登天，千方百计甚为难，还是骑驴盘短。幸喜今年闰月，目下正是伏天，就是汗褟裤子，无衣不露贫寒。白日无钱不吃饭，夜晚去打野盘，五更步行解冷，白日炎热出汗。只嫌驴慢紧加鞭，奔至镇江见面，忙向公馆打卯，老爷并无一言。自己心中盘算，逢人询问机关，闻说苏

---

① 徐珂：《清稗类钞》第十一册，中华书局2010年版，第5273—5274页。
② 汪辉祖：《学治臆说》，中华书局1985年版，第4页。

州领谕,急忙过河搭船。人多拥挤不得安,自己单雇无钱,连蒙带诈闹脸憨,笑说同船有缘。幸喜京中朋友,一路并不择嫌,淮洋一风而过,转眼来至苏关。忙向葑门把船湾,好上大船见面,少刻老爷教谕,呼名引见排班。先派门公总办,后派楼总大关,三桥四口已派完,又派乌溪福山。久候多时无信,几次无我谕单。及至接谕一看,上面却标巡船。每月八两工费,只得付给管船,指望衣帽银子,不够过瘾吃烟。冲风冒浪去押船,指望销差调转,老爷念我寒苦,换谕上标口岸。无非羊尖陆墅,休想乌溪福山,前世无曾修福,上楼犹如登天。又遇农忙背月,日间不敷两餐,总然此月不赔钱,难保下月熬煎。睡觉又怕染病,自想缺少衣衫,一场秋雨一场寒,瞎!老天你心下何安?跟人被褥当典,穿着朋友褐衫,忽见栅下花船,方可解解愁恢。非我真有拿手,色大胆小无钱,欲待大放花灯,又恐上下巡船。打算要求总办,又怕面见吃乾,日间思索夜无眠,心下辗转多番。如今主意已定,告假必赏盘缠,谁知一告就准,老爷并无赏钱。猫咬尿泡空喜,败兴辞却回还,无钱搭船又起早,沿路叫街擂砖。眼望家乡泪不干,亲戚朋友难见,指望出外发财,谁知竟是撒冤。这是自己运气,不与荐主相干。非我刻薄朋友,这是真情实犯,至今怕人提跟官,想起前情可叹。①

从事长随的人大多是"废业无志者",清嘉庆时的黄竹堂(生卒年不详,江苏常熟人,所著《日下新讴》是一部反映清代中期北京的政治、经济与文化习俗的诗集,计160首)所撰《日下新讴》有"纷纷逆旅叹羁縻,半是民间堕业儿。游手无成(采)学闯,赂人援引作长随。"的诗句,自注中说:

> 长随者,跟随官员以供役使。率皆废业无志者为之,名为"闯道儿"。②

这些长随往往染有赌博吃烟、贪图逸乐等恶习。汪辉祖在《学治臆说》卷上《滥收长随之弊》条说:

> 若辈又多贪饮嗜食,加以三五聚处,赌博消闲,势不得不借债鬻衣,此皆由我误之。彼不自度材力,又不能谅我推情收纳之故,而署中公私,一切

---

① 李家瑞:《北平俗曲略》,中国曲艺出版社1988年版,第164—166页。
② 黄竹堂:《日下新讴》见《文献》,书目文献出版社1982年版,第211页。

彼转，略有见闻。辞去之后，或张大其词，以排同类，或点缀其事，以谤主人，讹言肆播，最玷官声。①

乾嘉时期的缪艮（1766—1830），字兼山，号孔良，义号莲仙、古狂，别署火莲道人、幻莲道人，仁和人，清乾隆五十三年补弟子员，久困场屋，家境清寒，借笔耕糊口。曾游吴、越、齐、鲁、燕、闽、粤、豫等地，善诗古文词，一生著述甚多。所编《文章游戏》有四首《嘲京署长随诗》诗歌嘲讽长随，勾画出跟班卑微的样子，于此可见长随生活方式之一斑：

手捧书函腰屡驼，宅门得进沐恩多。见官觳觫磕三响，入队唶嘈挤一窝。无事赌钱消白昼，有缘囔饭唱清歌。新衣着括当差使，满口京腔打什么？

麂皮靴子画眉笼，罗帐高悬滴水红。摆款头歪颠绺帽，装腔手拆架烟筒。咱们脸面帮官府，你老糊涂闹相公。翻转马橛骑马去，打跬回话本来工。

饭店初逢满面灰，而今立幕尽堪哀。衙门冷淡歪钱少，官府寒酸甲榜来。臭蒜嚼光盘剩骨，行衣典尽被留胎。不如且逐公车去，打点须将夹帐开。

看来本事只平常，吃饭穿衣是所长。行二呼皆哥弟叔，名升姓半李张王。几身修到堂官大，今日方知内使香。马厂才完糟米上，争看喝酒养婆娘。

若辈形容，一言难尽，略写大概，已如见其人。②

2.长随的地位

长随作为一种行业，与其他行业一样，有自己崇拜尊奉的行业神。纪昀在《阅微草堂笔记》卷四"百工祠神"条中记载：

百工技艺，各祠一神为祖。倡（娼）族祀管仲，以女闾三百也。伶人祀唐玄宗，以梨园子弟也。此皆最典。胥吏祀萧何、曹参，木工祀鲁班，此

---

① 汪辉祖：《学治臆说》，中华书局1985年版，第4页。
② 缪莲仙：《梦笔生花 文章游戏》上，大达图书供应社1935年版，第114页。

犹有义。至靴工祀孙膑，铁工祀老君之类，则荒诞不可诘矣。长随所祀曰钟三郎，闭门夜奠，讳之甚深，竟不知为何神。曲阜颜介子曰："必中山狼之转音也。"先姚安公曰："是不必然，亦不必不然。郢书燕说，固未为无益。"①

长随虽然身分低微，但由于身在官场，侍奉的是做官的主人，接触的也都是达官贵人，所以他们非常羡慕主子阶层所享有的威福，总想有朝一日能发迹，因而是可能奉祀象征小人得志的钟三郎（中山狼）的。这样也就集中反映了长随希望改变自己卑下地位的心理。

瞿同祖（1910—2008，字天贶、天况，湖南长沙人。1945年赴美国，先后任哥伦比亚大学中国历史研究室研究员、哈佛大学东亚研究中心研究员，1965年回国，任湖南省文史馆馆员、省政协文史资料研究委员会副主任、中国社会科学院近代史研究所研究员。2006年当选中国社会科学院荣誉学部委员，著有《中国封建社会》、《中国法律与中国社会》、《清代地方政府》等。）在《中国法律与中国社会》第四章第三节引有《刑案汇览》相关长随待遇的内容：

"长随为子捐监加捐卫千总衔"：

> 苏抚咨：凌廷选系属长随，为子凌源、凌涛捐监，又为凌源加捐卫千总，例无治罪专条。惟查乾隆三十二年云南省咨，典史彭先系宝庆府徐以丰长随，请革拟罪。经部查，乾隆十六年四川叙州府同知杜时昌案内议称长随雇工冒捐职官，律无正条，从前办理家奴之子余铨捐纳同知，将余铨比照隐匿公私过名以图选用例，问军。杜时昌系布政司长随杜七之子，虽与家奴有间，究属冒滥名器，比照余铨之案量减一等，将杜时昌杖一百，徒三年。彭先与杜时昌情罪相同，比照问徒在案时，长随轻于家奴，显而易见。此案凌源所捐卫千总系伊父凌廷选冒捐，应罪坐尊长，将凌廷选比照隐匿公私过名以图选用未除授者，充军罪上量减一等，杖一百，徒三年。凌源、凌涛业已罪坐其父，所捐千总监生一并斥革。嘉庆二十五年案。②

"长随之子虽有军功不准出仕"：

---

① 纪昀：《阅微草堂笔记》，浙江古籍出版社1998年版，第63页。
② 祝庆祺等编：《刑案汇览三编》第一编，北京古籍出版社2004年版，第229—230页。

陕督奏：原任东城正指挥罗汉保，前因伊父陕西知州罗应庚被人风闻曾充长随参奏，将该员一并革职。今该革员曾在喀什噶尔军营办事出力，可否将罗汉保起复，准其出仕应试等。因道光十一年九月初五日奉上谕：杨遇春奏请将革员罗汉保准其出仕应试等语，革员罗汉保伊父曾充长随，已经褫革，即使出师勤劳，只应杨遇春酌量给予奖赏。若令其出仕应试，则凡属仆隶人等皆得与身家清白者同登仕籍，何以区别流品？该督所请着不准行，并传旨申饬。钦此。邸抄。①

"长随捐官并令其侄冒籍考试"：

陕督奏：长随刘焜改名捐官，尚未除授，应比照隐匿公私过名以图选用未除授例，发附近充军。惟该犯以微贱妄希仕进，复主令伊侄冒籍考试，若仅比例拟军，尚属轻纵。将刘焜发往黑龙江为奴。②

嘉庆二十年案"诬告良人系伊奴仆比律拟徒"：

苏抚咨：外结徒犯俞金门因借贷不遂，诬告马三连系伊旧仆之孙。将俞金门比照旗下奴仆，其本主因家奴之同族少有产业，诬告投充之子孙者照冒认良人为奴婢律，杖一百，徒三年。嘉应二十一年案。③

"家奴之子长随之子捐官"：

吏部奏送已选四川叙州府同知杜时昌交部审讯一案。查长随雇工冒捐职官律无正条，本部从前办理家奴之子余铨捐纳同知一案，将余铨比照隐匿公私过名以图选用例，问拟充军在案。杜时昌系革职布政使宫尔劝长随杜七之子，托继杜冕为嗣，捐纳职官。虽与家奴有间，究属冒滥名器，比照余铨之案量减一等，将杜时昌革去职衔，杖一百，徒三年。其代求出结之王傚源、王懋昭得银二两四钱，应照不枉法赃一两至十两，杖七十，系书吏加一等，杖八十，无禄人减一等，仍杖七十。冒滥出结之员俱交吏部查办等因。乾隆

---

① 祝庆祺等编：《刑案汇览三编》第一编，北京古籍出版社2004年版，第230页。
② 同上。
③ 同上。

十六年十月初九日奉旨：依议。钦此。通行本内案。①

这些条目说明长随属于贱民阶层，因而他们及其子弟不得应考出仕。违者比照家奴的儿子冒捐职官减一等治罪，除革去职衔外，杖打一百、判刑三年。

纪昀在《阅微草堂笔记》卷七"如是我闻"条中说道：

> 州县官长随，姓名籍贯皆无一定，盖预防奸赃败露，使无可踪迹追捕也。姚安公尝见房师石窗陈公一长随，自称山东朱文；后再见于高淳令梁公润堂家，则自称河南李定。梁公颇倚任之。临启程时，此人忽得异疾，乃托姚安公暂留于家，约痊时续往。其疾自两足趾寸寸溃腐，以渐而上，至胸膈穿漏而死。死后检其囊箧，有小册作蝇头字，记所阅凡十七官，每官皆疏其阴事，详载某时某地，某人与闻，某人旁睹，以及往来书札、谳断案牍，无一不备录。其同类有知之者，曰："是尝挟制数官矣。其妻亦某官之侍婢，盗之窃逃，留一函于几上，官竟弗敢追。今得是疾，岂非天道哉！"霍丈易书曰："此辈依人门户，本为舞弊而来。譬彼养鹰，断不能责以食谷，在主人善驾驭耳。如喜其便捷，委以耳目腹心，未有不倒持干戈，授人以柄者。此人不足责，吾责彼十七官也。"姚安公曰："此言犹未揣其本。使十七官者绝无阴事之可书，虽此人日日橐笔，亦何能为哉？"②

这与他在《阅微草堂笔记》中记载长随祭祀钟三郎（中山狼）的用意是一致的。

3.长随的揽权

但是，长随与雇主的关系不是主奴关系，而是主仆关系。汪辉祖在《学治臆说》上卷的《勿滥收长随》条说：

> 长随与契买家奴不同，忽去忽来，事无常主，里居姓氏俱不可凭，忠诚足信，百无一二。得缺之日，亲友属托，到任之初，同官说荐，类皆周全情面，原未必深识其人之根柢，断不宜一概滥收。至亲临上官面言者，其势不得不允，处之散地，尚非善策。不若任之以事，留心体察，足供驱使，固为甚善，觉有弊窦，立时辞覆，使其无可归怨，亦有辞以对上官。③

---

① 祝庆祺等编：《刑案汇览三编》第一编，北京古籍出版社2004年版，第230—231页。
② 纪昀：《阅微草堂笔记》，浙江古籍出版社1998年版，第116页。
③ 汪辉祖：《学治臆说》，中华书局1985年版，第3—4页。

相对来说，长随比依照契约买来的家奴更为自由。

长随不仅结交达官贵人、作威作福，此外，州县官员家中的一般管厨及办差、管仓等也有借职务之便在经济上作弊的。管厨中也有"有威势，拥巨资"的。汪辉祖在《学治臆说》"用长随之道"①说：管厨房和掌管驿站的职务，如果落入心术不正的人手中，会产生冒领钱财或克扣供应的弊端，管仓库的则会出现盗卖公物或将财物不收入仓库而据为己有的弊端，这些都是亏空短缺的根由。《清稗类钞·奴婢类》中的"外务部有余厨子"条记载清末外务部有一余姓厨子，"连接官禁，交通豪贵"：

> 自恭忠亲王奕䜣管理总理衙门以来，其间易若干管部亲王，易若干尚书侍郎，易若干司员，而始终未脱关系者，则余厨子也。余有声势，拥巨资，有民政部街之高大洋房，有万牲园之宴春园，有石头胡同之天和玉，且又连结官禁。交通豪贵，光绪辛丑两宫回銮，孝钦后宴各国公使夫人及在京东西洋贵妇，耗资巨万，时议和大使李文忠公鸿章，已为孝钦雇一著名西洋厨夫。以备供奉。次日入御，后忽谓李曰，明日请客，还是用外务部之厨子为便。其运动力之大，可与李对抗，自馀可知，余亦以此所赢不资矣。②

实际生活中也确有一些长随发迹。

沈宗畸（1857—1926，字孝耕，号太侔，又号南雅，广东番禺人。光绪十五年举人，南社社员。早年随宦扬州，诗名籍甚。晚寓北京，卖文自给，著有《东华琐录》、《便佳簃杂钞》、《宣南梦忆录》、《繁霜词》等）《东华琐录》载：

> 某长随历侍数显者，次第荐剡，竟至富有金帛。虽出身微贱，时思所以示子孙。于是增高阀阅，规占膏腴，画阁朱楼，比予邸第，青衣赤脚，侈埒侯王。已乃盛张管弦，集名流以荣乡里。

沈宗畸

---

① 汪辉祖：《学治臆说》，中华书局1985年版，第4页："管厨办差则有浮冒扣克之弊，管仓则有盗卖虚收之弊，皆亏空所由基也。"
② 徐珂：《清稗类钞》第三十九册。商务印书馆1928年版，第46—47页。

纪晓岚听说了这件事，撰写对联讽刺道：

家居化日光天下，人在春风和气中。

合联首二字即为"家人"，家人即仆人，其意就是讽刺这些小人得志的长随。

> 事为纪文达所闻，书联撰额为贺。某荣之，遍示戚里，悬之庭堂，额曰："旦白堂"，联曰："家居化日光天下，人在春风和气中。"或以问文达，文达莞然曰："不尝听戏乎？旦上白口，即为奴家二字。至联语贯顶，则明明"家人"二字也。巧诚有之，亦太谑矣。①

方大湜（1821—1887，字菊人，湖南巴陵人。清咸丰五年（1855）入湖北巡抚胡林翼幕府，被胡荐任广济知县，官至山西布政使。）在《平平言》中《勿借用家丁银钱》亦提出：

> 借用长随银钱，携之赴署派以重任，俗名带驮子，又名带肚子。蓝鹿洲先生鼎元曰："买僮仆而使令，常理也；买主翁而自为之，奴其意欲何为乎？不什伯其偿焉，不已也。用之则极恶穷凶、剥肤入骨；不用则怨诽诬谤、毁方为圆。"嘻，可畏哉！②

这种长随成为债主的情况又被称作"带驮子"，《清稗类钞·奴婢类》中"长随带驮子"条说：

> 外官以贫而不能赴任者，辄觅长随，向之假贷，藉以制冠裳。备舟车，一切费用，皆取给焉。从之赴任所，派为司阍，任重事。数年而清偿子母。佣值必加丰，谓之"带驮子"，盖取马骡负重之意。世人讹驮为肚，已属费解，后以官有事故不能偿者，称为泄肚，尤讹之讹矣。若辈多有恃财傲上难保其终者。器小易盈，无足怪也。同光间，乃有以幕友而为带驮子之事者，帐房是也。③

---

① 柯灵、张海珊：《中国近代文学大系 1840—1919·笔记文学集二》第6集第19卷，上海书店1995年版，第218页。
② 方大湜：《平平言 桑蚕提要》，湖南科学技术出版社2010年版，第72页。
③ 徐珂：《清稗类钞》第三十九册，商务印书馆1928年版，第26页。

可见长随成为官员债主是他们得以"任重事"、"揽权"的一个重要原因。

为防止长随揽权，当时官场亦有人曾提出一些办法。如汪辉祖曾提出官员不要向长随借钱，否则会因此受其牵制。他说官员刚到省城，或者由事情简少的县调任到事情繁重的县，如果遇到旅费缺乏，于是向幕僚、随从借贷，等到带领他们到任之后，分别派给职务。这时长随便是"有挟而来，必揽权以逞"①。这些人既然依仗着可以挟持官员而来，必定揽权以为所欲为。辞退他们，那么借贷的钱不能偿还；任用他们，那么自己名声被他们所败坏。因此应当在开始的时候小心谨慎，实在没办法，宁可多付给利息而不用其人。

袁守定（1705—1782，字叔论，号易斋，丰城人，雍正八年进士，学问渊博，于经史诸子百家之学无所不道，任湖南会同知县，在任时实行"除牛税"、"革小甲"、"免银工"等改革。后任洪江知县、芷江知县、楚阳知州，断案如神，被誉为"袁青天"，为官多善政，负海内重望。曾参与撰修《通志》）乾隆二十一年复出北上任官。临行前撰文发誓："一家衣食仰给在官，外如持一钱归者，当获天遣。"②袁守定在《政训实录》中的"革门包"条说：官府衙门的毛病就像积年的灰尘一样，虽然反复多次清扫，总是不能扫除干净。比如说向守门人送礼的所谓门包，各个地方都有，虽说是微小的尘土，可确实是官员的拖累。我正要禁止小吏衙役不许向老百姓索要贿赂，却先让家里人向小吏和衙役索要贿赂，这难道可以吗？过去在桂阳州，刚一下车就叫来小吏衙役，不要递送门包。而且要他们互相保证。一个胥吏违犯了，就归罪于同房的人，一个衙役违犯了，就归罪于同一班的差役。这样，一切都要送礼行贿的风气就彻底扫除干净了。③

4."看官先看门"

"门上"是清代地方衙门中看管宅门的大多数长随的称谓，意思是在门上当值之人，又称"门政大爷"、"司阍"和"门房"等。下面简单说说"门政大爷和司阍"的情况。

---

① 汪辉祖：《学治臆说》，中华书局1985年版，第5页："选官初至省城及简县调繁间，遇资斧告匮，辄向幕友、长随假贷子钱。挈以到官分司职事，此等人既有挟而来，必揽权以逞。辞之则负不能偿，用之则名为所败。所当谨之于初，无已，宁厚其息而不用其人。"

② 元周：《政训实录》12，中国戏剧出版社2001年版，第4299页。

③ 张原君、陶毅：《为官之道：清代四大官司箴书辑要》，学习出版社1999年版，第123页：官府之弊如积尘，虽屡扫之不能尽也。如所谓门包者，所在皆有，虽属微尘，大为官累。吾方禁胥役不得问赃于百姓，而先令家人问赃于胥吏，可乎？昔在桂阳州，下车之初，即取胥吏勿递门包互结，一吏有犯，罪及同房；一役有犯，罪及同班，而一切苞苴之风扫地尽矣。

（1）门政大爷

门政大爷可以具体区分为"司差门"和"司执帖门"两种。"司差门"负责照应衙门各道门户启闭出入；老爷有事出门，唤齐轿马跟班；官员或公差过境，要预先报知老爷，再分派当值的吏役人员帮着找公馆，备灯彩，送酒饭，以及照应夫马。司差门通常与"书差"打交道较多。因此，州县官上任伊始，将访察书差何人能办事的事情交给司差门去办。司差门要做到"见面观其情形，心中自有方寸"。书差并不低于长随，"书乃读书未成，差系农民拨充之役，故云书差，称坐衙门"，长随乃是站衙，所以比书差"尊贵"，因其替官办事。

"司执帖门"有传达的意思，凡是拜会求见老爷的，要先将手本或名帖送上。《偏途论》讲到，凡人投书要问来历，来客拜官会与不会，送礼收与不收，荐函回不回复等，都是"司执帖门"经常处理的事项。"司执帖门"是看帖待人的好角色，往往根据手本或名帖的尺寸大小、用材讲究，判断来人的身份地位，以及是否有必要立即向老爷报告。折冲俯仰，辞色应对，也是"司门"的必备功夫。《偏途论》讲到司门的职守时说：

> 官场如戏场，官前红黑之别，劝君一样相待，遇事成全，言语帮衬，如小行当暗中贴补，如此行之，暗中自能补还。①

意思是说，山不转水转，不要看人下菜。

既然叫"门政大爷"，终究要体现"政"的内涵。据说，周武王的门铭是"敬遇宾客，贵贱无二"②，如果州县官能够"门无留客"，那无疑会受到百姓的称赞。因此，民间有一种说法，叫做"看官先看门"，这里的"门"就是受雇于官员的"司门"。

由于门房事务烦琐而且杂多，往往需多人才能办好，于是形成了一定的分工。康熙年间曾担任过知县知州的王植（1791—1851）说：

> 官府到任，皆循例立堂规，而不立署规者。堂规类幕友为之，而署规非幕友之所乐为也。考古之司民牧者，得自辟所知资以共事目，曰幕僚，曰入幕之宾，实为属员之流，而主人以宾礼待之。见主人用晚生帖，署中位次

---

① 章伯锋、顾亚：《近代稗海》第11辑，四川人民出版社1988年版，第621页。
② 徐寒主编：《中华私家藏书》39，中国工人出版社2001年版，第22455页。

惟西席，望重有师道不可屈；次即刑名、次钱谷为尊而书札号件销算，皆居其下，偶有外客宜敬礼者，则代主人为应酬有主道焉。若行署官船礼无直踞主上者，此直省相沿之成规也，其贤者常能具高识，持大议，品端才裕，百不一二。近以书生初仕，罔谙科条贽郎，入官不深，文墨惟以幕友为从违。而略通幕事，辄轻视主人者，往往有之，亦主人之过也。盖署规尤整饬内外之纲要，予凡所历任，金押阅卷类在二堂之偏，以为中权，接卷送金专一小仆司之，司阍者不许辄到，幕友所属官亦绝不见幕友。非轻以不肖之心防人也，尝见有遇事无定见者，即自理事一切，商之幕友与属员，亦听其时相见。而司阍用非其人，遂内与劣幕为连手，外与衙官通气息，加以庸鄙亲族，不知政体，致猫鼠同眠，狼狈相依。官所寄以为耳目者，反输心腹于他人。渐至小人乘间而入，官声遂至大累，久之且挟制主人，任意张大，虽贤主人，亦付之无如何。呜呼！倒持太阿，彼此有损，其弊皆自不立署规，始可不早为变计。①

长随非在官之人，而所司皆在官之事，乃胥役所待以承令而集事者也。②

其用长随从不用多人。

谢金銮（1757—1814），字巨廷，又字退谷，晚年改名灏，侯官县人，清乾隆五十三年举人。嘉庆六年后，历任邵武、南靖、安溪、南平、嘉义等县教谕，著有《教谕语》）说：

即门上一项，其中多至七八人，或十数人。其中又分门类，则曰案件也，钱粮也，呈词也，杂税也，差务、执帖、传话也。内幕先生有刑名、有钱谷固矣，乃有案总复有钱粮总，有钱谷复有征比，有书禀号件，有红黑笔，中缺衙门必须兼摄，不能全备也。③

即分工有六七项之多。当然，各州县门房的具体情况，不尽相同，往往因事制宜，因人制宜；但门房有分工以各司其事，是当时的普通情形。就日常工作而言，门上（司阍）所管之事主要有八项：

---

① 张原君、陶毅：《为官之道：清代四大官司箴书辑要》，学习出版社1999年版，第111—112页。
② 道光戊申秋镌《牧令书》（上函）第三——六卷，第66—67页。
③ 周保明：《清代地方吏役制度研究》，上海书店出版社2009年版，第123页。

一、发梆传点，启闭宅门，维持衙署安全；

二、收发来往公文，在内署与外署之间的传递稿案，以及发出差票；

三、禀报命盗案件，传集吏役，维持衙署秩序，以及接待过往人犯；

四、传唤询问赋税征解事宜。这是内署官、幕与外署户粮房，以及仓库各房之间传递信息的工作；

五、接待来访客人，安排官员出门事宜；

六、筹备官员出门事宜；

七、收纳公私规费，给发夫役工食；

八、看管宅门，稽查出入。①

我们从《偏途论》的记载可知：门上有"司门总（司阍）"、"司稿门上"、"司钱漕门上"、"司差门上"、"司执帖门上"和"司仓门上"。其中："司门总者，各事皆管"，司阍为总负责，像发梆传点、传集吏役人犯、管理署内秩序和安全等，皆由其负责。司阍之下的"司执帖门上"，一般简称"执帖"，主要负责第五、六两项事务；"司钱漕门上"大概包括"钱粮"和"杂税"两项，主司前述第四、七两项事务；"司稿门上"大概包括"案件"和"呈词"两项，主司稿案的进出；"司差门上"，主要负责宅门之启闭、稽查出入、接待委员以及解银、解犯过境等事宜。长随分成很多行当，各地的分类、名称有所不同，大概而言，可分为门房、门上、签押、跟班、管事、办差等几大行当。各类之下还可以细分。谢金銮《教谕语》说：

> 凡此头上加头、脚下添脚，直以官为戏场，自取粉渚而增弊窦，以虐民害官、求其必败而已。②

如果长随管理或参与的仅仅是地方官的家庭事务，那他们就不会成为衙门中举足轻重的一类，恰恰相反，他们所参与管理的绝大多数都是衙门行政事务。故此，因长随和掌印官亲疏关系的不同，以及分管事务的差别，他们也自然地被划分为三六九等。

在众多的长随中，门政大爷被称为"富贵双全"的"大爷"。长随中的第一

---

① 参见郭润涛《清代的"家人"》，见《明清论丛》第一辑，紫禁城出版社1999年版，第381—383页。

② 转自郭建《帝国缩影：中国历史上的衙门》，学林出版社1999年版，第150页。

档次只有两类"岗位",一类是门政大爷,一类是签稿大爷。"大爷"称号的由来,是随官老爷挣来的。因为平民百姓是怕官的,惧怕中又透着敬畏,这样官才当得舒服,衙门里的人于是显示出高人一等,是人上人。大爷的称号也是从这里去考虑的。

门政大爷有个雅号,叫"富贵双全"。也就是说,"司阍"或"司门"这类人要讲出身,有关系,靠山硬,不是随便什么人都做得来的。当然,官老爷的信任是首要前提。讲出身,就是要有来历,有资历。清代州县衙门里流传"两榜出身"的故事:先当过老爷的"跟班",再当过签押房的一员,这就是"两榜出身",最后当上"司阍",便被称为"进士门上"。如果只当过老爷的"跟班",就是"一榜出身",只能算是"举人门上"了。这就是衙门里的"贵"。门政大爷的"富"是通过收门包来实现的。

俗话说,"衙门八字朝南开,有理无钱莫进来"①,打官司的人要跨进衙门这道门槛,第一道关就要给门政大爷送红包。否则的话,他们会以种种理由将告状的人拒之门外,比如今天不是"放告"日、老爷公出在外之类。如乾隆四十六年(1781)十月,广西人覃老贵,因为他的父亲覃必俊受屈杖毙,赴总督衙门控告。总督衙门的守门人以今天不是放告日为由,将覃老贵拦在门外。覃老贵因父死情悲,今又不得上告,悲愤之下,在总督衙门前用刀自刎。案件发生后,两广总督巴彦三视为寻常案件,并不重视,而且回护他的长随门丁。乾隆帝为此传旨申斥巴彦三,指责他应该立即收阅呈词,"亲提按问,使小民冤抑得申,方不负封疆大员察吏安民之任","试思总督衙门与朝廷体制,孰为尊严"?话虽这样说,但最后对巴彦三的处分也仅以罚俸了事。官官相护,皇帝也是如此。②

顾炎武根据考证在《日知录》中说,"门包"的历史始于东汉时期。当时权倾朝野的大将军梁冀不理朝政,每日在宅中玩耍,来客为了求见他,必须先给司阍送门包,才会被通报,看门的因此富致千金。③后来,送门包成为衙门通行的惯例。州县长官到上级衙门办事,同样也要送门包。门包的多少也约定俗成,一般而言,大多是一两银子。门包的发展是所谓"门敬",通常在逢年过节时,为了进一步沟通和上级衙门之间的关系,表达谢意,下级衙门的官员要给上级衙门的门政大爷送"门敬"。"门敬"的数量多少不等,但一般是门包的十几倍或几

---

① 李宝嘉:《官场现形记》,张友鹤校注,人民文学出版社1957年版,第985页。
② 吴中匡总校订:《满汉名臣传》,黑龙江人民出版社1991年版,第3956页。
③ 范晔:《后汉书》,太白文艺出版社2006年版,第255页:客到门不得通,皆请谢门者,门者累千金。

十倍。

（2）司阍

"家人"中的长随虽然是"小人物"，但在官场上却非常活跃，有不可小视的作用。长随中以司阍的作用最大，其主要表现是"揽权"、勒索、做耳目。掌"门政"，介于主客之间，最易"揽权"，汪辉祖在《学治臆说》中的"用长随之道"条说：司阍如果心术不正，"揽权婪诈，无所不为"，"钩通司印，伺隙舞弊"，"内有所发而寝阁，外有所投而留难"。即在主客间作梗阻挠，使其有话难通，有事难办，因而实际掌握了官场许多事能否办成的"实权"。同时他们还借机勒索来客，索要"门包"（进门钱）。此外，他们还充当主人的耳目，稽查来客和家人。①

佚名作者在《燕京杂记》中说：

> 仆役有司阍者谓之门上，其价倍于常仆，其恶亦倍于常仆。遇有徒行客，薄其穷酸，竟不传刺。又或客称有事欲面语，彼懒于伺候，主人在家亦说外出。至修门生属吏之礼者，必先餍其所欲然后始通，使得见。士子入京，其初未尝不苦之，及身为显官，又倚此等为腹心耳目，容忍故纵，顿忘前苦矣。②

此书写达官贵人府宅的看门人，留下了多侧面的材料——首先，看门人是仆。但"其价倍于常奴"，高收入，说明其地位优于一般仆役。这类"门上"也要有些本事，守在门前要让人怕。作者写道：

> 入都者亲友问候，必先问入门易否。甚矣，都门之难入。

书中又说，

---

① 汪辉祖：《学治臆说》，中华书局1985年版，第4页："宅门内用事者，司阍曰门上，司印曰金押，司庖曰管厨；宅门外，则仓有司仓，驿有办差，皆重任也。跟班一项，在署侍左右，出门供使令，介乎内外之间，惟此一役，须以少壮为之。司阍非老成亲信者不可，其任有稽察家人出入之责，不止传宣命令而已。心术不正，将内有所发而寝阁，外有所投而留难，揽权婪诈，无所不为，其后必至钩通司印，伺隙舞弊，此二处，官之声名系之，身家亦系之。管厨、办差则有浮冒扣克之弊，管仓则有盗卖虚收之弊，皆亏累所由基也。"

② 史玄、夏仁虎、阙名：《旧京遗事 旧京琐记 燕京杂记》，北京古籍出版社1986年版，第122页。

> 杂项人等有喧嚣于门者，主人虽达官，叱之亦不避去，惟司阍者一挥便退。

守门者如此嘴脸，真是好厉害！

以征税为名，京师城门。

> 门役不论货之有无，需索甚奢，谓之讨饭食钱。

对不常进城的乡下人，"其勒索更不可言"，甚至"阴窃阳夺"。看门虽是仆人活计，守在那里却是主子的耳目，"权"很不小。

> 为仆役者莫多于京师，其贱莫过于京师，其恶莫甚于京师，奸诡变幻，寡廉鲜耻，未可穷述。至典司出纳者，祸尤不可言，予十买五，更称良厚。而达官贵人耻与市人交易，亦不暇广采市价，任其鱼肉而已。

有来访、来谒者，通报与否，留下的名刺，呈递与否，全看他的心气。他若瞧着不顺眼，一梗脖子一绷脸，来者就吃上了闭门羹。自然，所以惹他不高兴，往往是因为上门者不晓事，未能"意思意思"。

> 遇有徒客，薄其穷酸，竟不传刺。又或客称有事欲面语，彼懒于伺候，主人在家亦说外出。①

说的即是这回事。作者对这些把门人深恶痛绝。他感叹道，士子初入京，拜谒显贵，尝过遭白眼之苦，及至自己成为显官，又将这种人当作心腹，安排在门前，是"顿忘前苦"。

> 凡有兴作及置物等类，多由司阍之手，司阍先定贿于市人，使昂其价值，然后引之进门，倘主人斥去，令改招别处，虽易数家，其价递倍，主人无奈，卒依初价。京师卖物荷担或市肆，遇贵人必昂其价值，仆隶则常价得之矣。余尝偶立门前，有荷蟹过者，问其价昂甚，后还内唤仆买之，则前价

---

① 史玄、夏仁虎、阙名：《旧京遗事 旧京琐记 燕京杂记》，北京古籍出版社1986年版，第122—123页。

一半耳。余思其故不得，后问久旅者，咸谓与贵人交易时少，与仆役交易时多，倘以常价卖于贵人，便破仆役浮开之数，于是群仆交詈，递相遍告，无复与交易者，以故与贵人交，必昂其价值云。仆隶浮开物价彼此通合，弥缝上欺，即南仆初入京者亦于市上互相盟约，私定滥报之数价，百喙一词，使主人无从考察。中有醇厚者不入其党，拳棒交下。①

主官对司阍的要求较高。据《偏途论》记载，司阍

> 各事皆管，宜知官府天性，要识土俗民情，且知该境乡村、集镇、城郭区图，邻县界址，驿递差徭，各宗事件。一要顾官考成，二要防自己干系。②

还要通时事，明舆情，明晓《大清会典》，熟谙各宗事件及衙门规矩。据此看来，要求还真是不低。由于衙署宅门是"咽喉之要道"，门房事务也就特别繁杂。方大湜（1821—1887，字菊人，今岳阳县新开镇人。曾任巡抚胡林翼师爷，后被荐代理湖北广济知县，历任荆宜施道、安襄郧荆道、直隶按察使、山西布政使）"仁对志大，有除恶务尽之苦心，制治未乱之大略"③，在其著作《平平言》"不必用门丁"条中说：

> 或曰："门丁有应办之事，今因其不可用遂不用，事如何办？"余曰："无虑也。门丁所司之事，约有五端，一经道破，半文不值，何必用？"
> 　一曰传唤书差。……
> 　一曰出纳稿签。……
> 　一曰访察情形。……
> 　一曰商量公事。……
> 　一曰为官代劳。……④

---

① 史玄、夏仁虎、阙名：《旧京遗事 旧京琐记 燕京杂记》，北京古籍出版社1986年版，第123—124页。
② 章伯锋、顾亚：《近代稗海》第十一辑，四川人民出版社1988年版，第619—620页。
③ 湖南省政协文史学习委员会，欧长伏主编：《芙蓉国里 湖南历史文化巡礼》上卷，湖南人民出版社2012年版，第317页。
④ 方大湜：《平平言 桑蚕提要》，湖南科学技术出版社2010年版，第68—69页。

古代衙门的上班下班时间，和现代相似，也是晨聚昏散，但具体时辰上又比现代一般机关之朝九晚五的通例要提前。早晨六至七时报到，下午三至四时回家，从秦汉到明清，古代公务人员每日上下班的时间大抵如此。《诗经·齐风·鸡鸣》：

> 鸡既鸣矣，朝既盈矣。……东方明矣，朝既昌矣。①

由此可知古人鸡鸣即起准备上班的传统，至少在春秋时代就已形成。往后，这个时段逐渐定型为卯时（早晨五至七时）。明沈周《暮投承天习静房与老僧夜酌》诗云：

> 临昏细雨如撒沙，城中官府已散衙。空林古寺叶满地，墙角仅见山茶花。系舟未稳促沽酒，布帘尚曳河西家。老僧开门振高木，宿鸟续续翻鸱鸦。②

这个"临昏"的"散衙"，就是机关下班之时。又清代《钦定六部处分则例》上，载有京朝官统一的下班（称"散值"）时间，规定是春分后于申正（约四时）散值，秋分后于申初（约三时）散值。为了准时上下班，每个衙门都设有"梆鼓"，提醒官吏的作息时间，由司阍负责敲梆击鼓。

天忏生、冬山合编的《清代州县故事》记载，与发梆相配合，还要传点：

> "黎明传头梆，打点七下，名曰为君难为臣不易。官起打二梆，打点五下，名曰臣事君以忠。即发签套。申刻头梆。打点七下。日落二梆，打点五下。即收签套送签押房。听官自办。若坐大堂，另传头二三梆。如送客走暖阁。打点一下。不走暖阁。不可打点。出入不可大意。……春、冬二季，每日卯正一刻发头梆，辰正一刻发二梆，申初三刻发晚梆，酉正三刻宅门上锁。夏、秋二季，卯初一刻发头梆，辰初一刻发二梆，申正三刻发晚梆，戌初三刻宅门上锁。管门家人派有专司启闭者。"③

---

① 胡戟：《中华文化通志·教化与礼仪典礼仪志》，上海人民出版社1998年版，第364页。
② 《四库全书存目丛书 集部》第37册，齐鲁书社1997年版，第77页。
③ 天忏生、冬山合编：《近代中国史料丛刊 499—500 黄克强·蔡松坡轶事 清代州县故事》，文海出版社1960年版，第169—170页。

《偏途论》还有另一种说法则是：

> 黎明，发头梆计传点七下，按"为君难为臣不易"七字。外厢伺候齐全，发二梆传点五下，按"仁义礼智信"五字，又"恭宽信敏惠"五字。①

伺候齐全，发三梆传点三下，按"谨慎勤"三字。三梆已毕，请官升堂，传点一下，按"升"字。击堂鼓三下，按"奉圣命"三字。公座行各仪注毕，受巡、典、书役参贺，巡、典免参。退堂击堂鼓四下，按"叩谢皇恩"四字。二梆以后，门上查点本日案件数目，传唤书差，饬齐备案人证。伺候听审。如本日案件较多，晚梆以后，亦如早梆伺候，发晚梆也传点五下。

> 凡官升堂，毋许书差交头嬉笑，插语高声。每晚堂更全要小心支更梭巡，更鼓务要严紧，不可疏忽。三更之后，发锁封锁宅门，点上宿人进署，吩咐厨房、茶炉、剃头、幕随、门印、跟班房、账房、上房各处，均令小心火烛，各处守门户。每日黎明放亮炮，不可早迟，此乃一县之保障。发头梆，欲为官者早起视事耳，发钥匙，放守宿人役出署。俟官起榻，下内签押房，发二梆，正为官理事时也，发签押各件。如有客拜会，巡、典禀见，问门吏穿何服色，以更关会跟班，然后请客会晤，着柬房登号，细注寓所舟次，是何功名，细载门簿。酉刻发晚梆传点五下，按前五字。见各房签稿各件进署并呈门簿，顺为请示，以便次早回拜。履历手本，各称呼柬帖俱要查全，预备次早传齐伺候并跟班牲口，方可请官登舆。②

每日发头梆，司阍开启宅门；发钥匙，放守署人役出署。其时，六房三班内外人等，"尽行起身"。"俟官起榻，下内签押房，发二梆"。"二梆即发签稿，呈禀公文等件，或送进送出，即其时也"。但亦有早二梆送稿，晚二梆送签的。"三更之后，发锁封锁宅门，点上宿人进署；吩咐厨房、茶炉、剃头、幕随、门印、跟班房、账房、上房各处，均令小心火烛，各处守门户。"同时，司阍要"查守仓库、监狱民壮兵丁人等，以重防范"③。值得指出，当时衙门中发梆传点，不仅仅是作息的信号，它同时是官员办理公

---

① 章伯锋、顾亚：《近代稗海》第11辑《偏途论》，四川人民出版社1988年版，第622页。
② 同上。
③ 同上书，第623页。

事的"仪注"。《清代州县故事》对司阍的职责有详细叙述。①

司阍权大，对清代吏治产生了重要影响。如《清稗类钞·奴婢类》中的"京师阍人之恶习"条，将清代门人之形貌，大致清晰地勾勒了出来。文中说：

> 达官贵人之仆役，其司阍者，谓之门上，侪辈尊之曰门政，客至则通报，不仅司启闭也。惟客之徒行者，或衣履朴素者，薄其穷酸，竟不传刺。又或客称有事欲面语，急于伺候，主人在家，亦饰言外出。至修门生、属吏之礼者，必先餍所欲，而后为通，使得见。士子入京，初亦未尝不苦之，及自为达官，倚之为心腹耳目，容忍故纵，顿忘前苦矣。又有喧嚣于门者，主人虽达官，叱之亦不避，惟司阍者一挥便退。又凡有兴作及购物等事，多由司阍之手，司阍必先得贿，使昂其价值，然后引之进门。倘主人斥去，令其改招他人，虽易数家，其价递倍，主人无奈何，卒依初价，盖有折扣也，俗名之曰底儿钱。②

这些司阍，完全一副恶奴刁奴的嘴脸。他们之所以能如此，就在于他们掌握了"客至通报"之权，是主人与客人之间的通道。司阍虽为贱役，能量却不可小视。司阍为官员左右亲随之人，官老爷有什么事，无论大小，不分公私，都要将他们传唤。他们实际上是官员手足耳目的延伸。对那些两耳不闻窗外事、一心只读升官经的老爷来说，司阍简直就成为其与民众信息沟通的唯一通道。司阍中的奸滑者，自然会利用自己信息通道守住司阍的位置，为自己谋取利益。而人们要到衙门办事，便首先要过司阍这一关。因此，"司阍"又有了另一层含义，犹门路。《清稗类钞·奴婢类》中记载了两个权大的司阍，一个是和珅府中的刘秃子，一个是道光年间安徽省巡抚衙门的陈七。

> 和珅当国时，其三爷且甚豪，三爷者为仆所役使之人，重僮也。仆称二爷，故重僮称三爷。宁羌守备张某尝奉陕抚令赍二十万金馈和珅，既投书。日侦探不得耗，费银五千余，始见一年少丽服奴出问白者黄者。某以银对。奴顾左右，令收之外库，授一名柬，曰，可以此还报，答书另发矣。某意奴非司阍人必和之心腹。或笑曰此三爷耳，其心腹司阍，岂数千金能见颜色。

---

① 蔡申之：《清代州县故事》，龙门书店1968年版，第21页。
② 徐珂：《清稗类钞》第三十九册，商务印书馆1928年版，第27页。

是时天下承平，物力殷富献媚者誇多争胜，若以数万金进，不值一盼也。①

曾在章水等地作吏30年的江苏长洲人采蘅子（生平事迹不详），其笔记小说集《虫鸣漫录》中记载：

> 道光乙未，余谒选入都，一日闲游内城，信步所如。少倦，憩茶肆，独据一席。须臾，有老翁携白鸽笼至，四座皆满，乃就余席而坐。发须皓然，衣服布素，然眉宇开朗，殊不类贫家，而举止卑简，又不似贵显。余心异之，渐与接谈，询其出处，轩渠良久，绰髯曰："客不厌繁琐，请述其详。予故和府三爷也。当中堂用事时，声势赫然，凡四方献奇珍者，皆有副贡，与进上物无二，甚有加美于正贡者。司阍刘某，发种种，人称刘秃子，与督抚抗衡，或相约为兄弟。司道以下，望而却步，必赠我等重金，为之先容。尤需厚赠刘，金入始获接欢笑，代通刺达主人。封疆大吏入都，可晋谒一二次；藩臬道府，则俟主人出，舆前长跪，领之而已。如是数十载，不特刘某拥巨资，我亦积蓄二十万。及事败，主人伏法，刘亦籍没远戍。我辈三十余人以贱得免查产，仅分给八旗披甲为奴，我隶厢蓝旗某部下。因向为三十人之首，有富名，旗主涎之，派司买办，日发单令备，不旬日费约三千金。惧甚，夤缘小女婢求老主母，以二千金为寿，始改派洒扫，乃稍安闲。旗主故任宿卫官，扈驾谒陵。乘隙央女婢，谋脱籍，赠以二千金，乃达于老主母，复献二万金。迨主归，数日无耗，心怦怦然。忽一日清晨，我正执扫除役未竟，主出，訾以慵惰，又屡梗老主母命，不堪驱使，即时逐出。乃得归，然所费已三万余矣。"②

刘秃子能"与督抚抗衡，或相约为兄弟，司道以下望而却步"，可见其倚仗权势的面目。

而另一个司阍陈七则"倚势弄权，属官多奔走其门"：

> 道光丙午，清苑王晓林侍郎抚皖，有陈七，其门丁也，小有才，王信任之。倚势弄权，属官多奔走其门。有仇恩荣者，任池州守，一日宴僚属，

---

① 徐珂：《清稗类钞》第三十九册，商务印书馆1928年版，第35—36页。
② 柯灵等：《中国近代文学大系 第六集 第十八卷 笔记文学集一》，上海书店1995年版，第424—425页。

座客都司某方自省归。仇问曰：足下在省，何久留？某曰：以往贺王抚军诞子之故，而不意抚署门公陈七亦生子，亦不得不往贺，故回署稽迟。仇正色曰：中丞生子可贺，其门丁生子亦贺，不畏人笑骂乎？某曰：阖城文武无不往贺，未赴省者，亦专使送礼，岂独我一人，能人人而骂乎？仇顾坐客曰：且食蛤蜊。

　　王在皖久，陈所入甚厚。咸丰初，潜入京华，冒捐官职，癸亥正月，侍郎王发桂方在乡人家庆贺，觅同席一人，蓝顶貂褂，询之，有告者曰：此陈小山。君不识耶。盖七自号小山，俨以观察使者自居矣。后为御史孟傅金所劾，遂被斥。①

由此可知，这些司阍都拥有巨资，生活富足。司阍权力太大，对吏治多有影响，当时文人对此有不少评论，如上述《清稗类钞》：

　　嘉道以降外省督抚信任门丁，吏治之坏，廉耻之牿，半由于此。

同书"阍人受门包"条在列举了有关门包的史例后说："本朝之得国以门包，其失国亦以门包。"指出有清一代，门人索要门包之陋规从未得到改变：

　　门包之陋规，与二百六十八年之国祚相始终，而实肇端于吴三桂之出关乞师，欲求见摄政王多尔衮而不可得，乃以重资赂其左右，始开门接见，其后遂成为陋规，牢不可破。及宣统辛亥八月十九日之前，武汉起事，时杨洪胜谋变，为武昌府某所调知，谒鄂督瑞莘儒制军征，将密告之。时值深夜，阍人索特别门包，某谓此何时，此何事，尚可循囊例乎？阍人不得已，始通报。事为瑞所闻，大斥之。及杨等破获，阍人犹向索赏犒。或谓本朝之得国以门包，其失国亦以门包，可谓奇矣。②

最后一句，颇带幽默的揶揄味道。虽然以门包得天下不现实，但任何一个王朝的倾覆，门包一类的腐败未尝不是重要的助推力量。于此可见长随对于清代吏治的重要意义。

　　古代官箴以"清、慎、勤"为基本原则，"勤"的起码要求，便是按时上班

---

① 徐珂：《清稗类钞》第三十九册，商务印书馆1928年版，第38页。
② 同上书，第48页。

下班，历代典章制度中，多有规定。晚清时，京师官场上流传有两首打油诗，专门描摹军机章京的起早上班。一类是兜得转的"红章京"，诗云：

> 玉表金钟到卯初，烹茶洗脸费工夫。熏香侍女披貂褂，傅粉家奴取数珠。马走如龙车似水，主人似虎仆如狐。昂然直入军机处，突问中堂到也无？

另一类是吃不开的"黑章京"，诗云：

> 约略时光到卯初，劈柴生火费工夫。老妻被面披貂褂，丑婢墙头取数珠。马走如牛车似碾，主人似鼠仆如猪。蓦然溜到军机处，悄问中堂到也无？①

同样是上班迟到，"红章京"全无顾忌，"黑章京"则忐忑不安，底气截然不同。清初诗人施闰章（1618—1683）亦在《蠖斋诗话》中"题门"写道：

> 京师执政巨公，未尝坚拒客，而阍者班役，例索门包钱，拒士不得见。或题于门曰：吐握风流颇渴贤，祢衡怀刺竟难传。调羹叉手中堂坐，只为阍人苦挣钱。②

汪辉祖在《学治臆说》中的"用长随之道"条说：

> 司阍非老成亲信者不可，其任有稽察家人出入之责，不止传宣命令而已，心术不正将内有所发而寝阁，外有所投而留难，揽权婪诈无所不为。其后必至钩通司印，伺隙舞弊。此二处官之声名系之，身家亦系之。③

三、稿签　签押

长随中被称为"大爷"的另一种角色就是在签押房拿总的"领班"，俗称

---

① 完颜绍元：《做官样文章》，上海辞书出版社2014年版，第14页。
② 施闰章撰：《施愚山集》4，何庆善、杨应芹点校，黄山书社1993年版，第31页。
③ 汪辉祖：《学治臆说》，中华书局1985年版，第4页。

"稿签"，又称"稿案"，是长随中的"领袖"，历来被称为"大席"，即最重要的岗位。这类人物关系到州县老爷的仕途前程，因此，如果不是老爷的"贴心豆瓣"，是不能充任的。衙门里有"假门上，真签押"的说法，就由此而来。道理很简单，门政大爷要的是面上功夫，而稿签大爷身处机要位置，"签押房如同军机处"，凡一切公事以及钱物进项，从门房交给稿签，因此他"无物不览，无事不知"。除了要精通衙门内外的规矩外，还要有真本领，比如知晓律令文件，明白公文款式，分清轻重缓急，刑钱要清楚不乱，懂得利害关系。哪件事派给谁，陋规怎样用，以及各方应酬、办案顺序等等，都由这位大爷管着。除了具备以上一些"硬工夫"外，还要照顾到各方利益，让幕友钦佩，要书吏悦服，方足以担当此职。因此成为长随中最重要的职位，即所谓"大席"。

通常来说，门政大爷要办事，也要走稿签大爷的门路，至少要把"出息""进项"的一部分拿出来孝敬稿签大爷。就社会地位而言，他也比门政大爷要高，因此，"高明之士，愿充签押不当门上"也就很自然了。

为了在"门上"或签押房弄到更多的钱，两类大爷通常会"紧密合作"。比如说有个乡绅要霸占一处产业，拟好了状子，给门政大爷使上了钱，门政大爷就得把这些钱拿出一部分送给稿签大爷，以便早些安排老爷批阅或升堂。清代州县衙门中经常有"有案无传，有传无送，有送无讯，有讯无结"的事情发生，大多是因为稿签大爷从中做了手脚。

"稿签"就是"稿案签押"，也叫"稿案"或"签稿"。这是在签押房中专门伺候主官判阅簿书案牍的家人。一切来往公私文书和内署与外署之间稿案的运作，由"门上"收发和传递，但"门上"只管宅门处的出入。一切文案进入内署，也就是由门上送到签押房之后，送签送押和用印等事务，由"签押"管理。而"签押"中又由"稿签"综理其职。《偏途论》详细叙述了"稿签"的职责要求，说：

> 其到任例行事件，诸色陋规，需用一切册簿，阅前任钱漕及稿门两论，各事须知，今不琐渎。另置空白簿一本，登记钱漕及稿门备宗陋规、公私一切，于月中或节下以便于门口查对，庶免签押中同事物议。又日记簿登记日行事件，凡投红簿文，如经稿门拆封者，门口打到日方递来，即时查核件数，呈官看阅，文书簿俱以到日压脚图章。如本官自己拆封者，则门口将文书簿送来时，查点几角几件，与簿相符，再呈官府核。上司文书等件，请本官在年月后以黑笔写某月日，奉到，平行关

移以及巡、典申文,请于文面注写投文到日,簿亦标到日压脚图章。如有发文件,则交发审签押寓目,号件挂号,仍送门口,饬房照办。……①

"稿签"在收到一些公私文书之后,首先是将其登记挂号,然后将公事送到各处去处理。对于各处来文,一般要先送主官判阅,尔后分别刑、钱幕友办理;刑、钱处办成回来之后,"稿签"即交"号件签押"发出。"号件"发出,也就是交由"门上"。

> 各房送签押,由门房送来,即将签稿送用印处,用毕,即送标判处,挂毕,过细看明,交门房发出。送印画行,定要留心看明,草稿不送画行,无行不送用印。所办一切公事,万不可粗心疏忽。上宪所来札饬,及平行移文,由门房开拆看过送来,自己要留心看过,查点件数,呈官阅判到期。官判到期之处,自己要颗内号章子。②

府衙各房签稿,由门房送进后,"稿签"必须件件过目,尔后亲自送交刑房、钱谷处核改。总之,"稿签"负责签押房内的一切公务的处理。所有公文信件由司阍送进之后,由他安排"号件"、"值堂"、"书启"、"用印"等长随分别处理相关事务。"稿签"本身最重要的工作是伺候主官判阅公事,他要预先分出轻重缓急,主官判阅完毕之后,则要立即将文书交有关房、处办理,并传达主官的旨意。清代官员一般都聘请师爷佐理公事,而师爷与主官有宾主之谊,所以,公事一般由"稿签"亲自送交刑、钱师爷核办。

除了稿签外,签押房中还有发审、值堂、用印、号件及书禀五种人,这类长随的职责可以从其名称上获知。发审、值堂、用印属于"中席"。因值堂长随经常跟随州县官出门,因而又名"外堂",外堂做得称职,就会晋升为门上。号件、书禀收入不高,却又辛苦,是长随中的"小席",因此,"大席"稿签要经常设法补贴号件、书禀。凡省会首县地方大缺,司签不少于十人:稿签、发审各一人,其他各二人。论收入,号件要比书禀高,这不但因为号件事繁,更因"诸色公事皆由号件过目"。号件因每天与往来公文打交道,因而熟能生巧,自然而然便明了各式公文款式。进入稿签"大席"之前,必须先从号件做起,号件是稿

---

① 章伯锋、顾亚:《近代稗海》第11辑,四川人民出版社1988年版,第651—652页。
② 天忏生、冬山合编:《近代中国史料丛刊 黄克强·蔡松坡轶事 清代州县故事》,文海出版社1960年版,第182页。

签的副手，故每有稿签出缺，即以号件充补。

　　清代地方衙门的布局，有"内署"和"外署"之分。"外署"指"大堂及厢房"。大堂"为地方官处理重大事件的地方；两边厢房是六房书吏和三班差役办公的地方。"内署"指"二堂"、"花厅"、"签押房"及两边厢房。"二堂"是地方县官处理普通事件的地方。通常所谓"升堂"，指地方官在"大堂"和"二堂"理事。具体在"大堂"或者在"二堂"，要视事件之性质而定。通常，地方官升堂理事在"二堂"。"大堂"则非重大或有关紧要之事不升。与此相应，地方官升二堂与升大堂在体制上也有所区别。升二堂一般穿戴公服，使唤之吏役一般也限于值堂书吏和经承差役，与事件无关之吏役不参与；升大堂则州县官必须穿戴朝服，六房三班吏役都要整齐排列在衙署。"花厅"是州县官接待宾客和商议政事的场所，具体地点一般在二堂之侧，但也有在内宅者。"签押房"是印官日常办公的处所，地点在二堂之侧。两边厢房或者书房是师爷的居所，也是他们办公的地方。在"内署"和"外署"之间，有一门相通，是为"宅门"。这就是"门上"看管的所在。此门之内，包括二堂、签押房及厢房和官员家眷、官亲、家人等居住之内宅，通称"宅内"。这就是官员、官亲、师爷、家人日常活动的地方。外署之吏役，没有使唤之令，不得入内。公文传送也以此为交接的枢纽。所以，衙署宅门是"官长耳目咽喉之所"。

　　《偏途论》记载："凡司稿签者，乃签押中之领袖，一切上申下行签稿，往来各色事件，无物不览，无事不知。"[①]"签稿"的职能相当于现在的办公室主任，日常事务繁杂琐碎。清代"家人"系官员私人所雇用，与主人是"仆"与"主"的关系，晚清"家人"在主家的地位也大为改善。

　　在长随中，除了"司阍"之外，尚有"签押"也是处于非常重要的地位。宅门是公私事务的必经之所，"司阍"因此处于关键的地位。但是在衙门内部，六房吏役所办稿案的审签，都是由司阍转送；差役经承的案件，"规费"的多少，往往是由司阍定夺，所有吏役办事都必须巴结司阍。衙门之外要办的公私事务，诸如同寅、缙绅、富户、商典拜会正堂官，公文的接收和命盗案件的禀报等，都是由司阍"转禀"或转达。这就是所谓的"署规"。而正是这些署规，使司阍一切都看"门包"说话、办事，借此刁难官员并由此舞弊。所以，一般地说，司阍在家人中是收入最丰渥者。当时所谓"带肚子长随"者，都以充任司阍为优先。

[①] 章伯锋、顾亚：《近代稗海》第11辑，四川人民出版社1988年版，第651页。

然而，从清代的行政管理角度看，"司阍"毕竟是管门之人，职责只是收发而已。在钱粮、案件、呈词等重要的政务方面，真正与官员、幕僚接触而操纵行政者，不是司阍，而是"签押"。普通州县，一般也要用签押多人。地方衙门通常的办公程序是：吏胥叙稿，幕友核办，官员画行，差役承办。这四种人身份悬殊，办公地点不同，交往受到限制，把他们连接在一起，使行政过程正常运转的便是长随中的签押。

签押系指在"签押房"佐理公事的长随。"衙门公事，全凭文案。"无名氏《官清民安税旺事顺》云：

> 管案签押，不可不用一谨慎明白公事之人，此任似较门丁为重。门丁不过承上起下，一过手而已；签押则不然，一切限额，应催应办，或奉或报，或先或后，以及填格对读，皆其任也。

所以，当时有句谚语说："假门上，真签押。"①
《偏途论》记载：

> 其号件一行，即系稿签副首（手），公事能以出手，不愁派稿签。凡稿签中饮食起居，司号科[件]、书禀者如宾，稿签者如主，此礼不可废也。文风之邦，若不如此，则难免合署之耻也。惟号件、书禀二行，出息最苦，当稿签者须要相[想]法贴补。其省会首县地方大缺，司签必宜十人：稿签一人，发审一人，值堂二人，用印二人，号件二人，书禀二人。中缺，随官酌量派司。幕中搭条传唤书办问话，则持原条交给门口，该承进署，自有门口三使带签押房，再由签押三使领至幕中。②

上面所说的"稿签"、"发审"、"值堂"、"用印"、"号件"、"书禀"六项，就是当时地方衙门签押长随的分工。当然，由于官缺的大小，或者说由于公务的繁简，各衙门的长随分工情况参差不一。一般地说，在公务殷繁的大州县，分工较细，长随人员也较多。而"发审"就只有在省会首县衙门中才有，别的州县由于没有"承审"事务，就没有设置的必要；而在公务较为简略的中、小州县，分工则相对简单，人员也较少。长随人员的多少，当然也与官员的志趣

---

① 朱诚如、王天有主编：《明清论丛》第一辑，紫禁城出版社1999年版，第384页。
② 章伯锋、顾亚：《近代稗海》第十一辑，四川人民出版社1988年版，第645页。

有关。汪辉祖说，他在湖南永州府宁远县做知县时，所用长随不过五人，其中在签押房只"一印"而已。王植也是"从不用多人"，其中"佥押一人"而已，由一人充当"签押"，自然无所谓分工，签押房中的事务就由其综理。但这并不是清代晚期的普遍情况。

这里所说的"签押"，是指在"签押房"佐理公事的长随。"衙门公事，全凭文案"，地方官处理日常政务，也就是批阅文案。对于新来公文，官员看过之后，即在公文上签署处理的意见，内容包括如何处理、发何房办、办理期限等；对于房吏所办稿案，一般也需要经官员看阅，并加以修改，最后签发。这就是所谓"签"。而所谓"押"，即在关移、告示上书押。"押"者，指在公文、契约上签字或画符号，意为凭证。对于地方官来说，所要处理的公务包括坐堂听讼、踏勘相验、下乡催粮，以及各种拜会应酬等，但日常处理的事务无非是在文书上"签"与"押"。虽然签押是地方官日常的工作，但日常的工作往往被非日常的工作所打乱。诸如上宪过境、委员到达、同寅绅商拜会等，往往使签押的工作耽搁，乃至积压。尤其是关隘州县，这方面的事务很重，而刑名、钱谷的日常事务又多。所以，还需要有人为主官料理文案，分出种类，拈出轻重缓急，使这些日常公务在不断的中断中前后相接、缓急有序。在清代地方衙门，专门料理签押事务的人员，由主官自己雇用长随充任。他们的办公之所，称为"签押房"。

如南阳府衙师竹轩，是当时官府的签判之所，也就是我们平常说的签押房。师竹轩为知府签判之所，即为知府官员签署公文、案卷和日常办公的地方。傅凤飚（生卒年不详，字仪廷，号竹农，山东莱州府昌邑县人。出身一品荫生，光绪廿二年以三品衔出任南阳知府）在《重修南阳府署记碑》题：

厅之北宇，签判之所也，虚心以治之，曰师竹轩。

竹子虚怀若谷，以竹名轩，用意不言而喻。签押房位于花厅之后，衙门大抵如此，也合乎衙门规制。①府衙，本身就兼"冲（要冲）"、"繁（繁杂）"、"难（难于治理）"，而且又是"豫南首郡"的大府，知府日常外出、接待应酬尤其繁多。

---

① 姚柯楠：《说不尽的府衙往事：南阳知府衙门考》，中州古籍出版社2008年版，第74页。

如签押问吏之话，亦由门口传进，不可紊乱。公事在房，不可令人翻看者，怕其错乱；二者恐小人抽换。古云：害人之心不可有，防人之心不可无。又云：签押房如同军机处也。①

由于府内公事皆汇总于此，尤其是"幕中裁夺，本官核判"，等待审阅的公文案牍都存放在此，所以，签押房成为衙署处理政务的机要场所。

四、号件 值堂

"号件"又叫"挂号"，是专门登记由门房送进的公文信件和内署发出各种文案的长随，进出内署的一切公私文件，都要经过其手，所以他实际上是签押房的收发员。一切文件的收发，例由"签押中之领袖"的"稿签"经管，并由他过目；而文案出入登记的工作，则由"号件"具体经办。《偏途论》说：

> 管号件，其签押最繁，所有饬行札谕申牒关移文件，由稿签处送来，分别登号，要摘事由简而且明方为善。到之日上用以内号戳记。其[人]命盗劫、掠夺婪剿、钦部上控各宗重案，并户婚田土、斗殴打降、和奸强占、钱债细故一切案件之呈词，细细登簿，正副状单用以内号戳记，稿签单票亦有用号戳，簿载经承差名，查以漏印标过硃错吊等事。至号件之得项与书禀尔[而]论，司签押者，挂号较胜书禀，何也？因诸色公事皆由号件过目，但凡一切文稿，分别刑钱，用印部位，下行上申各式体，一览便知，熟能生巧，自然而然便明款式矣。吾入稿签之门，必当先以号件而学，号件乃稿签之副手，每有稿签出缺，即以号件充补。竟遇官缘，不愁门，稿也，即成进士门上也。何谓进士门上也？乃曰由跟班转签押而至门上，则曰进士门上。若跟班而派门上则曰举人门上。向来长随以及官欠伊债而派门上者，则曰捐班哈哈。内号有牙、有石、有角、有木戳，各式不同，令匠刊刻隶篆，红人厅人好之。倘有官府情重者，由官府刻发，从中官有暗记。州县号戳，不宜过大，因非大宪可比。内号戳，一县勿用两个，庶免假伪。除印信之外，戳即是印信物，所有各宗文件谕单票稿橄，无物不用，一则知晓已发与否，二则知晓会由签押，经过官府及幕中之图章，亦是此意耳。②

---

① 章伯锋、顾亚：《近代稗海》第11辑，四川人民出版社1988年版，第646页。
② 同上书，第660页。

所以，庄友恭说"号件乃稿签之副手"①，"号件"的主要职责就是"挂"和"号"。"挂"即登簿，并简要地摘出事由；"号"就是将分事分类，并盖上相应的号戳，以便分发处理。此外，"号件"还负责查对公文是否合式和催办公事。

"值堂"是专门负责主官升堂听讼事务的长随。每逢放告之期，"稿签"要将新旧呈词送交"值堂"，就是将民间告到衙门里来的词讼案件交给"值堂签押"。嗣后，即由"值堂签押"伺候主官升堂听讼。主要职责有：

> 到任坐堂，门房将到单案件送来，自己将卷细看，看毕卷呈官阅，请示何时坐堂，先问某案，即令原差先带齐某案人证，唤把门传唤站堂书役伺候。官坐堂时，将先之案卷摆放公案桌上，将点名单摆开，放官面前，吩付原差，令案内听名，自己站在官身边听口供，防书办舞弊改供。若领何物件，即令当堂写具领状，呈官写日子，归卷存案。
>
> ——当堂开释人犯，即回官在点名单子上，用硃笔批记。
>
> ——官当堂收押人犯，令刑房招房写牌子，回官用硃笔在堂批记。
>
> ——官承审命及盗案，若不招口供，用刑时刻，要上前去看，或跪链，或上夹棍，亦要随时查看，恐防书差，不可大意。……
>
> ——官审结退堂，令原告具遵依，被告甘结，随即令招房将口供誊清，自己看过，招房改供有无弊端，有无错漏，看毕系卷面上，件件呈官判阅。判毕将口供套入卷内，送交签稿，转送刑钱处核办。
>
> ——官坐堂验伤，即传齐刑房仵作，站堂差役，伺候验伤。……
>
> ——官下乡相验者，将其所报呈词，当堂问的口供，一切要记得，带下乡去，并要带《洗冤录》，带鼻烟七厘散，带银针恐防服毒者。
>
> ——官下乡相验，问原差公馆在何处，官到先落公馆，然后方可请官尸厂相验。……②

五、金押　书启

"金押"是专管在簿书案牍上加盖印信的用印长随。府衙平时都将印放在一

---

① 章伯锋、顾亚：《近代稗海》第11辑，四川人民出版社1988年版，第661页："吾入稿签之门，必当先以号件而学，号件乃稿签之副手，每有稿签出缺，即以号件充补。"

② 蔡申之：《清代州县故事》，龙门书店1968年版，第29—30页。

个方盒内，主官无论出行、坐堂，都有用印长随持印跟随。清代在"一人政府"的行政体制下，任何具有法律效力的官方、民间牌、票、文、契、引等，都须钤盖官印。官员下发的牌票，各种公文，发布告示，收税用的串票，民间买卖房屋、土地的契约，出行的路引，甚至奴婢的契约、验尸的报告、祭祀的祭文等都要盖印。除过年时近一个月的封印期外，几乎天天都要用印。

清代用印有明确的规矩。《公门要略》中提出：

> 凡用印有一定之时候，或晚或早，不可杂乱无章。如有紧要者，则随时盖用，不在此例。

用印长随接到稿件后，首先：

> 逐件翻阅，查对稿正（即正稿与抄稿）相符之后，如要紧者，即时请印盖用；如可缓者，则放在一处，俟晚上一齐盖印。

《各行事件》也记载：

> 用印之时，先看稿上画行还是未画行，次看师爷之图章。一切文牌号票稿，无稿不行，无行不印。若稿上未画行，切莫用印。如有不晓之事，叫书办问明确，方可用印。还要细细查看，稿上可有粘盖字迹，恐书吏舞弊。①

金押长随都有一个专门的号簿，将每次用印的原因都进行登记，以备考查。显然，这一切都由长官来做是不可能的，这里只叙日常公文用印的有关规矩。"用印完毕，须要逐件对过，挨顺号簿夹好，统交管稿朋友转送标判"。由于用印有一系列的繁文缛节，所以当时州县官一般雇用懂行之人任金押长随；但"印信"是权力的象征，至关重要，所以当时衙门中又有"监印"，由官亲或官友任之。金押在用印之时，"即请眼同"。

用印的地方也有讲究。上行的文件除在日期和文件的骑缝处用正印外，文件的上方还要用"天印"。而下行的文件只在日期和骑缝处用正印。尸或伤检报告，在记述伤处及报告中，关键部位须加盖印鉴，力求盖满，不能给书吏以涂改

---

① 王剑、张世芳：《武定府史话》，方志出版社2012年版，第170页。

的空隙，并在报告的下方加盖"地印"。民间土地、房屋及奴婢买卖契约的日期上都用正印，而钱数上用斜印。牌票（执行公务的派遣证）的骑缝处用斜印。串票（官府发给百姓分期纳税的单证）的骑缝处用倒斜印。

金押在诸多家人中的工银是比较高的。在习惯上，每次用印，受益人都要给些"心红银"，这也是古代衙署的常例了。尤其是契约，心红银的数额银更多些。而最主要的收入就是私下用印，及开出一些空白印信，给衙役、书吏等人偷税漏税，敲诈百姓，其收入就更多了。

《清代州县故事》详细叙述了金押的主要职责。①官印的重要毋庸赘言。所谓"官凭印信，私凭文约"，州县官无论实任还是署印，都以官印为凭。这是权力的标志，也是行政的凭信。所以，官印在当时称为"印信"。印信在手，不得遗失。官印不慎遗失，官员是要受到处分的，就是失而复得，也要以失窃时间长短分别降等处分。《钦定吏部处分则例》卷十《印信》规定：

——在外各官印信，如在署存储，或系行寓存储，被贼径行窃去，有印官革职。公罪。五日内自行拿获，究办开复，原参处分未经行用，减为降一级调用。已经行用，减为降二级调用。俱公罪。如非自行拿获，仍不准减议。至适遇公出，派有员弁随行赍送；或乘船偶遇风浪沉溺；或被火延烧有显迹者，一时仓猝失检，不能寻获，将转派员弁革职留任。本员未能先事预防，应议处降三级留任。俱公罪。若在署封储，遇有水火，猝不及防，以致毁失者，将本员革职留任。公罪。五日内自行寻获，开复原参处分。系革职留任者，减为降一级留任；系降三级留任者减为罚俸二年。俱公罪。一月内自行寻获，系革职留任者，减为降二级留任；系降三级留任者，减为降一级留任。俱公罪。

——在京各衙门印信，系封储在署，当月值宿舍官员专司监守。如有窃失，专司监守之员革职，有印信官革职留任。俱公罪。五日内拿获究办，开复原参处分。未经行用，专司监守之员减为降一级调用，有印官减为降一级留任。俱公罪。已经行用，专司监守之员，减为降二级调用；有印官减为降二级留任。俱公罪。一月内寻获，未经行用，专司监守之员减为降三级调用；有印官减为降三级留任。已经行用，专司监守之员减为降四级调用，有印官减为降四级留任。俱公罪。至在署封署，偶遇水火，猝不及防，以致毁

---

① 天忏生、冬山合编：《近代中国史料丛刊 499—500 黄克强·蔡松坡轶事 清代州县故事》，文海出版社1960年版，第188—191页。

失者，专司监守之员革职留任，有印官降三级留任。公罪。五日内寻获，开复原参处分，系革职留任者，减为降一级留任；系降三级留任者，减为罚俸二年。一月内寻获，系革职留任者，减为降二级留任；系降三级留任者，减为降一级留任。俱公罪。

雍正三年议准——遗失印钥、印牌之案，即将遗失之员降一级留任，不准抵销。遇看应行升转之缺，概行停其升转，三年无过开复。其仅止迟误请领印钥，并无遗失情事者，罚俸一年。公罪。[①]

所以，地方官或亲自保管官印或交"执印之人"保管。但是，官员对于印信，其难处不在保管，而在使用。因为凡正式的官文书都必须盖上官印，方能生效。"漏使印信"，则《大清律例》卷七的《吏律》有明禁：

> 凡各衙门行移出外文书漏使印信者，当该吏典、对同首领官并承发，各杖六十。全不用印者，各杖八十。若漏印及全不用印之公文，干碍调拨军马、供给边方军需钱粮者，各杖一百。因其漏使不用，所司疑虑，不即调拨供给而失误军机者，斩监候。亦以当该吏为首，经管首领官并承发，止坐杖一百，流三千里。若倒用印信者，照漏用律杖六十。[②]

印信的使用，难处不在漏印，而在得体。在州县衙门，各种官文书如上申之详文、平行之关移、下行之牌票，以及各种稿案簿册，都要加盖官印，印信的使用，还有着极为严格的规定：《各行事件》记载：

> "凡用印之时，先看申上饬下之分别，平行正印，申上正印，下行惟年月正印，其余斜印"。"详文，面上用正印盖字，背后年月上用正印，接缝脚下用正印"；"关文、移文，摺面字上、年月上均用正印，接缝粘单用斜印"；"一切稿案格卷面上，用正印，接缝用斜印"；"各房签稿簿，及铺递号簿，面上注某房处，用斜印，隔页骑缝用斜印，年月用正印"；"出榜年月接缝用正印，串票三连用斜印两"；"税契年月上用正印，契尾及银数上用正印，及业户契上银数用斜印，粘单处用斜印"；"下行牌札及差票粘单，用斜印，年月上正印"。"书册（有格为书册），面上用正印，每页

---

① 张友渔、高潮：《中华律令集成》，吉林人民出版社1991年版，第364页。
② 同上书，第91页。

骑缝用正天印";"清册（无格者为清册），前后页上用正印，每页骑缝用正地印";"册稿，面上用斜印，隔页骑缝用斜印";"若验尸图格，面钤正印一颗，每页均用地印一颗；有填注伤痕正印，字多连用二三颗，不可漏字；其委实是何身死之处，亦要正印。若绘山水田地各种图，在当中顶上用正印一颗；若是会衔，用在年月之左右。"①

这里引证的内容还不是用印的全部格式规矩，但从中可以看出"用印"一事已从一种权力行为变成为一种琐屑繁杂的工作，这就使得掌印之官难以执行，必须要有专门的"执印之人"负责。

然而，在清代州县衙门的日常行政中，用印不过是钱粮征收、命盗案件等公事办理过程中的一个环节。与刑名、钱谷事件本身的处理相比，它毕竟要容易得多。而公事既多，如何使头绪纷繁的公务分门别类、缓急有序，在日常行政运作中反而是需要首先解决的问题。事实上，衙门之中的事又不仅有公事，公事之外还有私事，办公之外还有各种各样的应酬，地方官并不能做到公事随到随办。因此，当门房将一应公私事件送进签押房之后，首要的工作是将公事分门别类、拈出轻重缓急，以便伺候主官签押。何士祁根据州县衙门内署日常行政运作的轻重缓急排列次序，在《牧令书》"用人因材任使"条中认为：

> 阍人之役最重钱漕，须谨慎明白能驾驭书差旗丁者为上，其次小心朴实传话勿错者亦可用；另派一老成亲信之人管理库贮簿籍以分其权。至于稿案，须识字知轻重者司之，送稿送签发房标明日期以防捺搁，其宅门外杂务皆以年老历练者为上。看印之役，首重稿案，次值堂，次书启，次用印。钱漕多者用印甚忙，不妨多派谓之挂名签押而仍可兼充别项差使者也。②

将"金押"称为"看印之役"。这些都说明"金押"是最初的家人，也可说最初在签押房帮办公务的家人就是"用印金押"。

"书启"又叫"书禀"，这是专管本官及官亲、师爷等书信的收发、登簿和过往信件的转邮等事务的家人。清代地方官日常有各种拜会应酬，每一拜会应酬都需要禀帖。这些禀帖一般由地方聘请的师爷负责起草，但它的登记、送阅、送办、送核、挂发，以及誊清、原稿保存等事务，则由"书启"管理。此外，

---

① 姚柯楠：《说不尽的府衙往事：南阳知府衙门考》，中州古籍出版社2008年版，第226页。
② 官箴书集成编纂委员会编：《官箴书集成》第7册，黄山书社1997年版，第84页。

州县衙门处理刑名、钱谷等公事，向上司申报例行"详文"之外，往往要用"禀帖"，或请示事件的处理意见，或说明事件的处理情况。这种用于禀报公事的禀帖，一般由刑名、钱谷师爷主稿。这类禀帖的登记、送阅、送办、送核等事宜，亦由"书启"管理。与之相关，"书启"需要了解各州县知州、知县的姓名、行号，各级上宪的官衔、品级、姓名、行号，各级上宪的太太、老太爷、老太太生日，文武同寅生日和地方大绅士生日、行号等情况。这些资料按例是由"礼房"或"柬房"负责掌握，但由于各级各任官员更换调整频繁，要知道确切情况，需要随时打听，这个任务由州县官的"坐省"和"坐府"家人负责打听。"书启"从"礼房"或"柬房"和坐省坐府之"朋友"处要上述人员姓名、行号、生日等情况的清单，贴于办公之处，以便问答。与此相应，上司、同寅和乡绅的书禀，由门房收到送进之后，也由"书启"负责先挂号，后呈阅，过往的信件，也由其负责"转邮前途"。

《偏途论》记载：

管书禀一事，官府到任时，除通报上司，并移邻县同寅任事日期文件以及履历清册外，仍发各件。各宪禀帖同寅信函，即请书禀幕中拟稿，避某上司名讳，送官核定，请以图章或标黑"阅"字亦可，送誊请幕中写清，自己能写清者更好。搭条写明官衔，向承发房要申牒移封，发时现填坐日并封袋日期。申封马递者用马印，交稿签送[用]印送门房发行。其各上宪，每逢三节两寿以及到任者，均用双红贺禀。公事者，用红白禀，为白禀叙事由，红禀摘由，以便批禀所用。凡声明公事，毋用批禀者，则用夹单。凡书禀款式，禀帖五行，夹单八行。来往书信便单七行八行皆可。俗云：札三、移四、禀五、摺六是也。书启中虚空题要记分明，札单横写，随时酌量，礼物别名。凡官所拟禀稿须立簿一本，信稿另立一本，即请幕[中]将其稿缮簿上，请官核阅，又官亲官友以及同事信函，亦必立簿登注，挂号发出，其一切来信，亦宜立簿，写明到日，以便查核。但凡案件加函信，是要驸卷申封。马印有马上飞申、专马飞申、捐马飞申、专丁赍呈、专差赍呈、专马飞递、行辕投呈各式字样，总按事而用。移封有马上飞递、专马飞递、顺马飞递、差信马递、捐马飞递、专马沿途探投之分别。回交封袋上，有来使、赍呈之分别。荐书封袋上，有荐函、复函之分别。马递有日行几百里及衙门、公馆、行辕之分别。加以过硃发行打行馆。不知地名之件，可用红签写明在某省城里探投，或有知其地名之件，亦可用红签写明住址，粘贴封袋之上，庶免不误也。①

六、跟班　差办

跟班是负责跟随主子，随叫随到伺候主子的家人。除了服侍主子饮食起居、服饰穿戴等日常生活外，跟班的主要活动还有给主人讲排场、传命令、当护卫。跟班要熟悉各种迎送礼仪，见怎样的客人要穿怎样的衣服，坐怎样的位子，都是有讲究的。《各行事件》说跟班：

> 虽在门印之后，而未曾在办公之列，亦须练达勤能、聪明机警之人方能胜任。②

跟班的收入不多，主要靠和主子较近的优势，得赏几张牌票买卖，或给几件有油水的差使，讨得一些好处。

跟班长随，故名思义，跟班长随就是跟随长官前后的长随。清何耿绳《署规》中说："跟班中，每日派二人伺候会客及坐堂。一应内事，派二人伺候。"可见跟班不止一人。跟班长随的多少，是看主官本人的喜好而定，不喜张扬的一两个就足够了。如果喜欢大场面可能要多些。

清人将官员的所有家人称为"长随"，有看门的，有帮助处理政务的，有办差的等，而真正不离左右的长随就是跟班了。但这位家人与其他的家人不同，他只管主官的日常生活，不管行政事务。《清代州县故事》认为：

> ——跟班者，门印以外之人也。虽在门印之后，而未曾在办公之列，亦须练达勤能，聪明机警之人，方能胜任。
> ——随官下乡，踏勘相验，要分事理之轻重，官坐堂，侍审随班，要明白案情之因由，倘门印问及，以便于应答。
> ——闻官一呼即至，日近日亲，不即不离。
> ——官出时，应料理随带之衣服，跟随上衙，见上司先持护书手本。如未见过面上司，即应穿蟒袍补褂，呈履历。

---

① 章伯锋、顾亚：《近代稗海》第11辑，四川人民出版社1988年版，第664—665页。
② 天忏生、冬山合编：《近代中国史料丛刊 499—500 黄克强·蔡松坡轶事　清代州县故事》，文海出版社1960年版，第176页。

——官出门拜客,先在署内公馆问明官府,何处拜会,何处亲拜,拜会者投帖子即辞,辞行则只穿马褂。如遇祷晴祷雨,忌辰,只穿玄青素服凉帽,不理刑名,皆跟班所宜知也。

——如上司亲拜谢步,我即持其片子,赶出门外挡驾。若系道府一定要拜会,即先挡驾,次则至仪门,请大人或大老爷升轿,如此一直进宅门加官。门内迎接请安,随迎至花厅行礼,左右正中摆独炕,以备一人在上独坐之意。而上司谦恭,不肯在炕上坐,我等听上司谕,摆右边炕,即将右边炕摆上,如此宾主左右分坐。我等即端茶交与本官上茶,随端本官之茶。上司吸烟者,跟班上烟,而县官谦敬者,虽是吃烟,见上司亦不敢食,我等即不装烟,或上司让到,一定要本官吸烟,我等方才装烟。吸过烟,谈完话,上司起身,我等即招呼送客,大轿执事伺候,本官送上轿,行小礼,升轿而出。此迎宾送客之大略也。

——万寿、冬至、迎春、拜叩、坐朝、谒圣、大祭典,应用朝服朝冠。元旦三日委调小祭,劝农,迎送各上司,应穿蟒袍补褂,拈香讲训,升坐大堂。拜客送客祝寿道喜,单穿补褂,或亦有不穿补褂,只穿外褂也。①

汪辉祖在《学治臆说》中说:

跟班一项,在署侍左右,出门供使令,介乎内外之间,惟此一役,须以少壮为之。②

所以,跟班既不属于签押房,又不属于门房,也不在管事、办差之列。他的职责就是服侍主官的饮食起居、服饰穿戴,并跟随主官坐堂、出门,料理拜会应酬事宜。跟班在家人中虽然不算老大,银子挣得也不算多,但仪表应是最出众的人。主官选用"少年老成"者担任。五官端正,口齿伶俐,仪容整洁,做事干净利落是对跟班的基本要求。我们注意到,在影视作品中,主官出行时,前边高举迴避牌,拿着水火棍的是衙役,官轿前后或骑着高头大马,或步行的就是跟班了。跟班的责任是跟随主人,鞍前马后地伺候主人。主要工作是给主人讲排场、传命令。跟班要谙熟各种迎送礼仪,坐堂、出行、祭祀的冠服;迎宾、待客、赴宴的坐次;拜谒、上行、朝圣的典仪都应默熟于心,不时提醒主官。跟班要"闻

---

① 蔡申之:《清代州县故事》,龙门书店1968年版,第28—29页。
② 汪辉祖:《学治臆说》,中华书局1985年版,第4页。

官一呼即至，日近日亲，不即不离"①。跟得太紧了影响长官的私生活，跟得太远了不能做到一呼即至，所以说，这个跟班也不好做。

跟班虽收入不多，但与主官接触很多，很容易得到主官的赏识。有时也会得到一些好的差事，不但可以风光，还可以敲诈书吏、衙役甚至佐官一些散碎银子。如果得宠，还有可能转干一个更好的行当。

清代地方衙门的家人，除上述人员以外，还有各种名目的"管事办差"家人，管事即"管仓"、"管库"、"管号"、"管监"、"管厨"等的长随。清朝中后期，地方衙门中的内衙不断膨胀，内衙的"工作班子"逐渐取代了衙门正常事务部门的职能。表现最明显的就是这些带"管"字号的行当越来越多。管仓、管库长随作为长官的私人代表，有权监督户房、库房、仓房书吏，实际上已剥夺了原来的户房、仓房、库房书吏的职权；管号剥去了兵房书吏对于马房、铺长房的管理权；管监负责监督监狱及捕快控制的班房，夺取了典史、刑房书吏的权利。管厨是管理内衙伙食的管事，又有专门的买办长随。所有这些管字号"爷"们，收入也不少。管仓、管库可以拿到常例，管号可以扣减马料，管监可以分得陋规，管厨可以捞取油水，买办可以克扣货款，虚报账目。

"办差"就是负责办理正常行政事务、司法以外的临时性或兼管性的家人，前文提到，"门上"中有"差务"一行，负责宅门的启闭、稽查出入、接待委员以及解银、解犯过境等事宜。专门办理各种差事的家人，分工也很明确。办差家人分"长班"和"流差"两种。所谓"长班"，指派往省、府驻地专门探听上司衙门关于本州县事务和上司及官亲生辰寿诞等情况的家人。这些家人长年在省、府驻地探听公私事务，所以称为"长班"，又有所谓"司坐省"和"司坐府走府"等名目。《偏途论》记载：

> 凡坐省一事，从官亲选科，或捐班次，奉发到省为始，则至迁升司道府厅之日，皆伊坐省。资斧不足以及到任旅费不周，必当代为张罗，俟到任归赵。凡坐省家人，须用省中土著之人，取其熟习声音相通之意，其各上司三节两寿水乾礼物以及喜庆大事，一得确信，要预为具禀。本官长有升迁降调之信，按十日一次旬报。如有奏稿要件，亦宜抄稿赍呈，庶可无误音信也。
>
> 凡走府一事，本府莅任以及府考，预备镇宅器具、裱糊、灯彩、供应等事，笔难细述。朔望拈香，出门迎送，差使批解过堂，请客宴会，早为报官

---

① 蔡申之：《清代州县故事》，龙门书店1968年版，第28页。

知晓。府署一动一静，须要打听明白，所有府署诸友，该应酬是应酬，并非耽官之概，须知闲时不烧香，忙时抱佛脚无用。倘府尊打起官话，亦要从人有招呼。府尊出进，随同伊署家人站班，以便知尔无懈，一番殷勤，自然在本官官前道及，美声播扬，何愁下任。坐府者与坐省相同。①

打听上司衙门官员的升迁降调和三节两寿等情况，及时向主官禀报，是坐省长班的主要职责所在。此外，也负责照料主官在本省做官亲属的生活。该应酬是应酬，须知闲时不烧香，忙时抱佛脚亦无用。各州县有的设"走府"家人，当然也是为了及时了解府署的动静，但更重要的是通过提供人、财、物，而与府署"搞好关系"。王春龄手稿中的

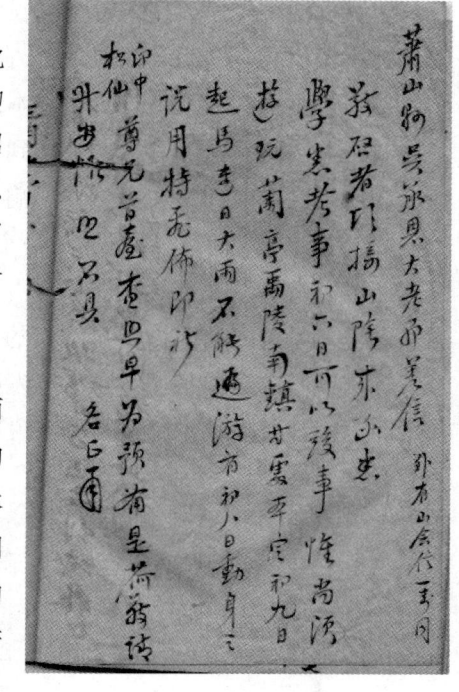

驿函15—1

这封信函，可以看出"学宪考事"之后，为搞好关系，县衙官员准备安排学宪游玩"兰亭禹陵镇南等处"，终因"连日大雨不能遍游"而提前动身，告知下站迎接：

> 萧山县吴承恩大老爷差信　外有山会信一书同
> 敬启者，顷接山阴来函，悉
> 学宪考事，初六日可以竣事。惟尚须游玩兰亭、禹陵、镇南等处。本定初九日起马，连日大雨，不能遍游。有初八日动身之说。用特飞布，即祈
> 印中、松仙尊兄首台查照，早为预备 是荷！敬请
> 升安！惟照不具
> 　　　　　名正肃

"司差门上"的职事大抵限于宅门，有时也被派到上级衙门或有关机构联络。宅门之外诸如伺候本官出门、迎接上宪及其委员、接送过境差事和在府、省探听公私事件等事宜，则由专门的办差家人负责。临时性的"差使"主要有"旱

---

① 章伯锋、顾亚：《近代稗海》第11辑，四川人民出版社1988年版，第641—642页。

差"（管理陆路驿馆或迎送事务的长随）、"水差"（管理水路驿馆或迎送事务的长随）、"差房"（办理上级长官视察本境时安排沿途接待休息的长随）、"流差"（负责在道途中打听途经本地的上官行踪、通报办差信息的长随）等。各种"司差"是主人的耳目，被派到各上级衙门所在地，探听督抚等各上司衙门情况、动向。办差的素质高低会影响主人的官宦前程，可谓责任重大。办差虽然不是衙门里拿权的爷们，但也是一个颇得实惠的位置，可以多报销账目以饱私囊，还可以趁机敲诈百姓，夺买多占。办差大多是做买卖出身，如办旱差、水差的家人，就是把驿馆当做了自己开的旅馆、饭店，除了管差，余下时间都是自己经营，赚钱归自己，把当差当做了发财机会。当然，州县办差家人的工作重心还在本衙门。师爷手稿中的这封信函说明了当地府衙对抚宪家务事的重视：

　　迳启者：顷接桐庐来函转准，建德、兰溪、龙西江、浦城、建阳、宁瓯、南平、古田、候官等县函开，以奉抚宪发寄家信一书，外福圆二大箱、建莲二箱、枣糕一夹箱，寄至京都。除照章应付，转布照办。一俟抄寄，应行预办，各事体细单，再行转布。并希转致前途各（站）等因。惟此，除由敝处照章办理应付外，务祈
　　　　印、牧翁仁兄大人查照办理，并乞转致前途，一体照办　为祷！此请
　　　　　　升安！不具
　　　　　　　　愚弟名正肃
　　　　　　　　十一月初九戌刻
　　　　　　　　十一日申刻到

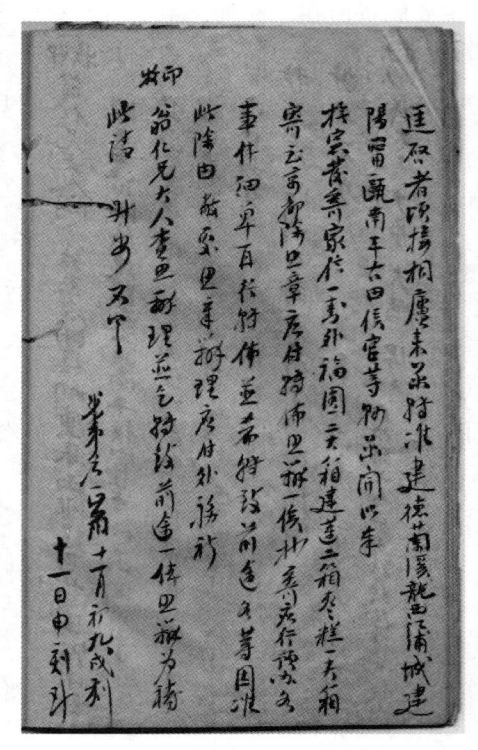

驿函12—1

　　如官员出门拜客，"司执帖门上"要"先知会差总，预备执事、轿夫、跟班马，外边伺候齐全，再上去请官"①。这里所说的"差总"，就是负责呼唤差役人等和管理一应出差事宜的家人。"差总"的主要职责如下：

---

① 蔡申之：《清代州县故事》，龙门书店1968年版，第22页。

第八章　晚清官员的家人管理

——官到任，令工房出票，赶办床铺、桌椅、箱架等项。要用若干，必得回明账房。平常取用物件，总要呈官标判。如物件取回，将票呈官标销；

——查前官移交木器若干，如不敷用，即知会账房续添；

——传裱糊匠，收拾裱糊房间；

——传土工匠人，修筑围墙等事；

——发给匠人饭食，自己开出领条，令三使账房去领，得闲总宜自己去领仙；

——令兵房夫头开送夫、马价，及船行单子。夫头开夫马单子，船行开水脚单子。水旱路，令他注明里数；

——（本官）出门拜客，先将执事预备，急唤齐民壮、火班伺候。如有跟班马，即令把门差役唤马牌子备马；

——差事过境，前站邮差一到，急速呈官看过，将邮信送交"书禀"写信，转邮前途，或送签稿转邮信亦可；

——邮信发走，即知会账房，如旱路，令预备夫价；如水路，预备水脚若干；

——知会厨房，预备酒席若干，上席、平席、水席，照前办理；

——回官派流差朋友，前去探听迎接；

——派流差朋友，预备公馆，办理床铺、桌椅、灯彩、字画、执事等项；

——水路差事，令船行多预备船只。如橹船，唤兵房出票签差，须防差役舞弊卖放；

——陆路差事，令夫头多预备夫、马若干；

——探听差事临境，赶紧请官前去迎接，即速传齐吹手、炮手伺候；

——令流差朋友、茶房、码头处听候；

——唤马快差役，好移动听候；

——知会账房备办船钱水脚，陆路预备夫、马；

——知会预备上水船牵夫，下水船预备添摇橹夫；

——知会账房预备随封门包、送下程礼物；

——开船头令吹手、炮手伺候，派朋友护送；令摆水对开道，至两、三里路，差船上有人员免，方可撤对回署；

——回明本官，要出境护送；护送到省，禀安辞；

——陆路差事，定要问明前站宿站何处，如有站，先要派流差朋友前去伺候，预备伙食、茶点、灯彩、天官对联、铺垫、火把、油烛等项，令厨子前去办理；

——上宪委员动身回去，隔晚将夫头唤进署内，发领夫价，令办夫若干，吩咐某时齐集伺候，毋须迟误；

——发站夫工食银两，须要查明夫数若干，将领状送交"钱谷"去批，或送账房批，以批准照发；

——迎春接诏，先将执事预备齐全，交礼房分派差役收执，吩咐办理勿误；

——令兵房开进夫头、夫行值月值日单子；

——贡使过境，即请官去拜，随即知会厨房备办酒席供应，随派马快前去巡更守夜伺候；

——贡使起程，备文移营拨兵，派朋友、差役护送，令取前站回照销差。倘申报上宪，要贴印花。京铅、奏摺黄本、硝磺、白蜡、龙衣、颜料，俱要验明觔两，贴印花，均要派朋友、差役，移营拨兵护送，照邮单给发水脚、夫马；

——凡日月蚀，先回出票，着阴阳学预备水缸应用之物，传僧道、喊地保预备桌凳，及唤齐民壮等役。

另据《衙役职事》记载，"差总"的职事还有：

——春秋劝农，回官标牌定期，备办金花、红包、葵扇等项，以备官下乡赏；

——遇大比之年，阖县文武生员上省乡试，先令礼、号二房查明若干名，回官出标调班荐举，饬值日搭台搭桥扎龙门等事，内里预备卷资花红酒席，并备三报赏号项，早备应用；

——发茶房轿夫差役工食银两，分为四季，俱要预状交钱谷处批准，或交账房存查；

——发当兵米，按月给发，亦要备办米票；

——发养济孤贫院口粮银两，查明额数花名若干，按季给发领状批准存查，每两折钱若干，以照前任朋友为之，差役口粮亦得如此，况且各署规例不同；

——发仵作、禁卒、更夫、吹手、铺司等工食银两，按月给发，领状存查；

——孔子庙祭祀礼仪，系教官办；其〔他〕各庙，礼房承办。

由此可见，"差总"的职责主要在于知会账房、兵房、礼房、厨房、茶房等处预备应役银两、物件，并传集夫役伺候本官出门、上宪及委员临县或过境、一切水陆过境差事和管理修筑衙门等事。这种情况，与上述管事家人类似，地方衙门司办各种差事本有夫役人等，地方官则派一家人总管其事。"差总"实际上是应办上述差事家人的总头目，"差总"之下有"流差朋友"，协助其管办差事。这些"流差"既与固定在省、府驻地"长班"相对而言，也与"签押"、"门上"以及"差总"等只在衙门内办事的家人相对而言，是到衙门之外负责办理差事的家人。据《偏途论》记载，"流差"有所谓"司办旱差"、"司办马头"、"司出外差"等名目。王春龄手稿中有不少这方面的资料，如家人"司办马头"的禀，不仅了解学宪回省的基本情况，还将接待标准也写得很清楚：

四月十八申　准石门函开　并另有学宪回省差信一书

飞启者：顷接嘉、秀来函，准吴、震邑，特准三首县函开。以青州移杭旗兵五十名，连眷一百六十八名、口，乘坐大船十只，水脚等项，照兵部章程，按名接站，发给所有管带官。同大兄一员，护送官成、霍二员，前站官二员，字识一名。程仪折席等项，昨特（派）专丁赴前站，抄录实账，另纸开送。等因。除敝处伺应外，照抄一纸送呈，即乞

尊处查照，向章应付，前进是荷。此请

均安！

愚弟名正肃

计开

管带官一员，程仪银四两，上席一桌（折制钱四千文），中席一桌（折制钱二千文）。跟役四名，每名一百文，护送官二员，程仪每位二两，上席二桌（每折制钱二千文）。中席二桌（每折制钱一千文），跟役四名，每名一千文。前站官二员，程仪每位洋二元，二桌（每折钱二千文）。字识一名，大钱一千文。兵眷一百六十八名、口，每站一百文。官眷三位，加倍。水脚每站每名银二，纤夫足用，烛炭约送。船价系官眷护送，共一百七十四口。

"司办旱差"即办理陆路的差事；"司办马头"即办理水路的差事。二者的职事无非是探听上宪及其有关人员临境或过境的消息，并负责有关接待事宜。"司出外差"，即上述出境护送贡使贡物等差事。与此相应，出境如到府、到省

投文、送礼、批解煤炭、粮米、地丁、人犯等，也在"外差"之列。诸如解犯、粮米、地丁等事，例有夫役兵丁押解，但清代州县官又派家人护送，即以家人管理差役人等。王春龄手稿中也有家人的文稿，如《家人张濬谨禀》，说的是家人张濬为王某求职，反映了当时幕友之间相互帮扶引荐的情形：

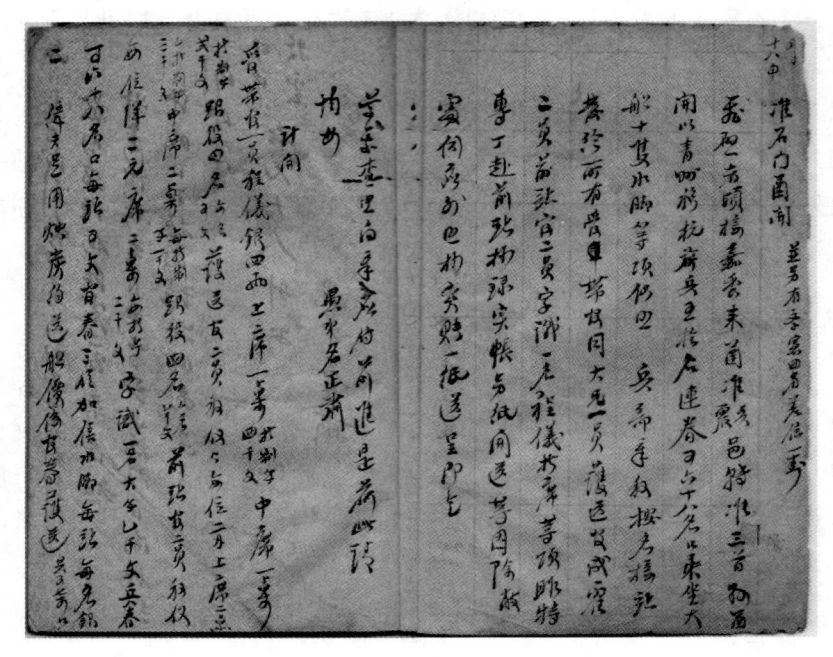

驿函2—2　　　　　　　　　　驿函2—1

家人张濬谨禀

师老爷座下敬禀者：濬自从上虞叩别

尊颜后，于去夏在省匆匆叩见，今已数月。只因谋食奔驰，致疏禀牍，抱罪殊深！幸蒙

垂青定邀

恩宥！濬于去年十月间，就事钱塘派司稿案 一事，三人 味同嚼蜡。且首邑 任重事繁，刻无暇晷。近年情形迥非昔比，清苦之状，难已尽告。惟思谋食不易，只得徒近暂守，且图生计。兹禀求者，家人王某闲居在家将又一年，身累日重，实不得已求蒙钱邑赵主人荐至诸暨，嘱濬禀求。

师老爷格外恩典，赏加保举。得蒙收录，不拘何职，自当遵守，断不有负，高厚之恩！肃禀叩请金安！

家人濬谨禀

内禀□□赍呈

□□谨缄

□月□日禀

上述情况，只是简单的叙述，并不是每个州县衙门皆是如此。即以"司差门上"与"差总"而论，二者在职能上也有类同。这种情况，从家人体系的发展看，似是先有司差门上，后有差总，或者说迎送应酬之类的差务原由门上司办，尔后因为差务繁多而从门房分化出专理差务的"差总"和"流差"，而不见得二者俱设。何士祁（字仲京，号竹芗，浙江山阴人，道光壬午（1822）进士，官江苏川沙厅同知，有《学治补说》《川沙厅志》等书。）说："其余跟班、流差，量材分

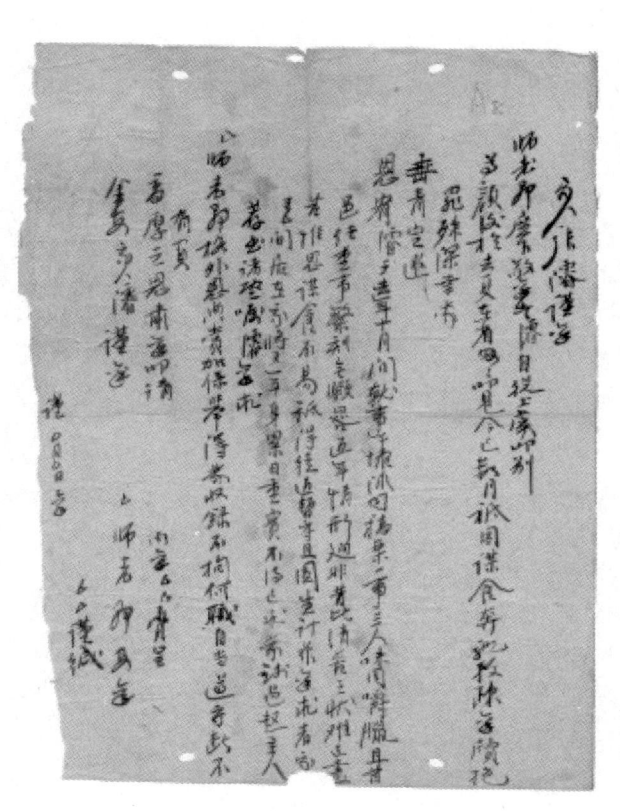

私信1—1

派，而归于杂务。"① 由此可见"司差门上"向"差总"的变化。王植所说在直隶州大县，所用不过七八人，其中"备差遣一人"，由于他不用跟班之人，所以这位备差遣的家人，实际上就是"跟班"，可见"跟班"也当作"流差"来用。在州县官雇用家人人数较少的情况下，家人的分工就不可能像上面所说的那样细密。

---

① 朱诚如、王天有主编：《明清论丛》第一辑，紫禁城出版社1999年版，第391页。

下 篇

师爷文化与秘书学研究

第九章　文化积淀与师爷性格

积淀深厚的越文化，影响和培育了一代又一代的英雄豪杰，丰富了越地的灿烂历史，形成了自强不息、耻为人后、敢于勇领潮流之先、善于发挥独立创造精神等独特的越文化传承特征，滋润了生长在这块土地上的越人的聪明才智，持续不断地产生了包括绍兴师爷在内的各种人才。

一方水土养育一方人。稽山镜水不仅孕育了绍兴师爷，也给他们以灵气、风骨和杰出才华。绍兴师爷作为私人秘书，从个体而论，各有明确的工作目标，其职责专业性很强，他们知识面广、社会经验丰富、文化程度高、业务能力强、功能全面、作用重要，是封建社会最完备的秘书人员；从群体而论，他们是一支庞大的秘书队伍，其职掌几乎囊括了官衙中所有日常事务，成为无衔之官、无职之吏，形成为一股强大的政治势力，在吏治腐败、官员无能的清朝，起了维护国家机器正常运转的重要作用。

一、师爷是越文化的精英

越文化源远流长，河母渡文化显示的越先民的发达文明、高度先进，仍令今人赞叹不已。北临钱瑭湾，南依会稽山，得天独厚的自然条件孕育了越先民的聪明天赋。孔子说："知者乐水，仁者乐山；知者动，仁者静；知者乐，仁者寿。"[①]意思是说，仁厚的

图35　师爷藏书

---

① 《论语·雍正》，岳麓书社2000年版，第54页。

人喜欢崇山峻岭,智慧的人喜欢河流溪水。道出了两种智慧类型,一种是仁者,一种是智者,仁者的智慧如同崇山耸立一样厚重不移,而智者的智慧却如河流溪水一般变动不居。反过来讲,就是:水生智者,山生仁者。河流湖泊众多的地方会造就智者,崇山峻岭及平原草地会生就仁者。绍兴土地肥沃,气候湿润,河流交错,湖泊众多,"千水出千秀才"显然有其必然性。

绍兴素称"文物之邦、鱼米之乡",唐代纤道,南宋六陵,明清石拱桥以及与此相关联的绍兴风土人情,被称为"名士之乡"。越文化积淀着大禹治水、勾践发奋、名臣死谏、忠将殉国和报仇雪耻的血性风骨,古越是一个人杰地灵、人才辈出的地方,历史上产生了众多的文化精英和英雄人物,如中国第一王朝夏朝的创立者、治水英雄大禹;有为振兴越国、卧薪尝胆的勾践;有东汉杰出的唯物主义思想家、《论衡》作者王充;有唐代著名诗人贺知章、虞世南、元稹;元代领文坛风骚的有王冕、杨维桢;明代著名哲学家王守仁(号阳明),其心学曾风靡南北二京,而且流传到日本、朝鲜及东南亚,至今仍受到重视;明末的徐渭,是画坛的一代宗师,傲视群雄;清代的书画篆刻家赵子谦,画家任伯年,知名度和艺术造诣大都高于同时代人;及至现代,有教育家、学者蔡元培,革命家、政治家周恩来,大文豪鲁迅,"和平老人"邵力子,以及著名数学家陈建功,物理学家钱三强,气象学家竺可桢,人口学家马寅初等。众多的越地英才,为故乡留下了许多名胜及丰厚的文化遗产。他们不仅丰富了越地的灿烂历史,也影响和培育了一代又一代的英雄豪杰,形成了自强不息、耻为人后、敢于勇领潮流之先、善于发挥独立创造精神等独特的越文化传承特征。

绍兴是个文风炽盛的地方,自古就有重史传统,清朝更有浓厚的史学空气,文人辈出,读书人甚多,从事举业的人比其他地方为多。师爷作为一种特殊职业,尽管地位有些特殊,非官非吏,亦宾亦友,可以合则留,不合则去。这一行业,有专门的专业知识和技能,即汪辉祖所言:

  幕之为学,读律而已。[①]

但学幕要学得好,也非易事,关键是素质基础要好,有经书文史之根底。而这种根底绝非靠"学幕"所能解决,师爷业中有"多读一年书,少读十年律"的说法。名幕万维翰曾在"幕学赘言十则"告戒欲习幕者:

[①] 汪辉祖:《佐治药言》,中华书局1985年版,第9页。

文理太陋，资质太纯，似亦不必误入此途，不如早寻他计。故凡有心习幕者，当先自量其材力而后从事于此，庶不自误生平。①

与一般读书人比较，师爷因长期操办具体事务而养成周密的思维习惯和干练的办事作风。

绍兴师爷在清初时期，尤其是在顺治、康熙之时，真正成为一个地域性、专业性极强的幕僚群体，遍布全国各地大大小小的衙门。会稽籍幕友龚未斋在所著《雪鸿轩尺牍》中称："吾乡之业于斯者不啻万家"②，足以说明在乾、嘉年间绍兴师爷的盛况。清代有句俗谚说："无幕不成衙"、"无绍不成衙"。"绍"，指绍兴籍的师爷和书吏，其中又特别强调绍兴籍师爷。清朝府、县两级衙门的师爷，属于低级师爷，他们多数来自绍兴。虽然功名不高，甚至没有功名。然而他们具有"专业知识，家传秘术"，就像掌握了一门独家手艺，清代几乎所有的基层政务，全是他们一手包办。

绍兴师爷善于深谋远虑，以其聪明才智，效忠幕主，不仅巩固壮大幕主的地位权势，也为中央和各级行政官吏所瞩目与重视。如清道光二十二年（1842）八月，清政府与英国政府签订了丧权辱国的《南京条约》，派钦差大臣伊利布赴广州续办妥协投降之事。当时，山阴名幕何大庚正在广州知府余保纯衙内任职，出于对侵略者的仇恨和义愤，于同年十二月在广州府学明伦堂张贴《全粤义士义民公檄》，怒斥英国帝国主义贩卖鸦片、掠我资财、占我领土、害我民众、淫我妇女等罪行，呼吁广东人民一致对敌。山阴名幕娄春藩（1850—1912，字椒生，绍兴安昌人，先后被李鸿章、袁世凯、端方等六任直隶总督聘用，一生备受礼遇）在八国联军围攻津埠，"日夜炮声震天地，弹下如雨"的险恶环境中，力主抗击，"勿为动，仅以何永盛所统练兵千余名，与敌军相峙"，并"屡获大胜"，英勇抗击了外国侵略者的大举进犯。同时，他"力主早日停战，以促成和局"，希冀尽早结束战争，维持和平安宁的局面，以巩固清廷统治。中日甲午战争期间，绍兴师爷出身担任辽阳知州的徐庆璋，为抗击日本侵略者，"募饷练兵，号镇东军。沿边设防。自辽阳而岫岩、海城、复县三百村士民，编团数万人，以辽南峒徐珍为练长，勤以兵法"，随后屡败日军，俘虏百数人，坚守辽阳长达五个

---

① 参见汪辉祖、万维翰、王又槐《清朝官场那些事儿》下，西南师范大学出版社2011年版，第472页。

② 龚未斋：《雪鸿轩尺牍》，湖南文艺出版社1987年版，第360页。

多月，狠狠打击了日本侵略军的嚣张气焰，为捍卫民族独立做出了贡献。①

二、绍兴师爷的性格特征

对绍兴师爷的毁誉历来不一，贬者认为绍兴师爷奸刁乖巧，心胸狭窄，口不饶人，笔如刀剑，往往置人于死地。褒者认为他们精明能干，疾恶如仇，不畏权贵，有正义感。李乔先生在《中国的师爷》一书中概括了绍兴师爷的几种性格：

（1）倔强、有骨气；

（2）傲岸、自矜、易怒；

（3）苛刻、睚眦必报；

（4）精细、谨慎、机警、刁钻；

（5）圆滑、庸碌、有媚骨。②

这些性格的形成，根植于地域文化的土壤之中，越文化的传统"基因"决定了他们这些共同的性格特征。绍兴人因足智多谋而成师爷，绍兴也以出师爷而更加名扬天下。外出谋生，既无朝中大员与地方官僚"特殊关系"的保护伞，又无殷实的财产，就凭机灵的头脑与三寸不烂之舌闯荡江湖，混出了名气，混出了名堂，得到社会的中肯，实属不易。因而有人说浙江人机灵过人，绍兴师爷更是"精明之最"，其实不过分。

绍兴师爷性格中的倔强、有骨气、傲岸、自矜、易怒、苛刻、睚眦必报，③是越人一种普遍的性格特征。"倔强、有骨气"是越文化的一种传统，也是越人的一种集体无意识。杨义先生曾说：

> 剑文化是古越文化一大特色，堪与东晋衣冠南渡后的书文化并列为于越文化的千古二绝。……所谓剑文化，蕴涵着复仇、尚武、厉志自强的精神素质。④

王充问孔刺孟，勇敢无畏的精神，乃至陆游始终不渝的爱国主义精神，明

---

① 赵尔巽等：《清史稿》卷四二四——卷四五六，内蒙古人民出版社1998年版，第9625页。
② 李乔：《中国的师爷》，商务印书馆国际有限公司1995年版，第2页。
③ 同上书，第138—148页。
④ 杨义：《古越精神与现代理性的审美错综——鲁迅〈铸剑〉新解》，《绍兴师专学报》1991年第3期。

末,王思任"吾越乃报仇雪耻之国,非藏垢纳污之区"①的呐喊,正是这种越文化传统的说明。

因倔强、有骨气而傲岸,而有仇必报。鲁迅的姻亲陈秋舫,当年寄食周家新台门被鲁迅祖父骂做"布裙底下躲躲的是没出息的东西"②。

而怀恨在心,因此周介孚科场案发,身为师爷的陈秋舫乘机报复,怂恿审理此案的苏州知府非严加查办不可。师爷的睚眦必报由此可见一斑。

"精细、谨慎、机警、刁钻"就是师爷群体的越文化历史积淀的体现。越王勾践"十年生聚,十年教训"③,实是一个创举,为当时其他诸侯君王所不及。此种秉性,因古越历来重视教育而绵延不绝得以发扬,耕读之风,代代相传。同时越文化不为地域所囿,能不断汲取其他文化精华,发扬光大。积淀深厚的越文化,滋润了生长在这块土地上的越人的聪明才智,持续不断地产生了包括绍兴师爷在内的各种人才。绍兴人一向具有精细谨严、善于谋划的特点。精细谨严、善于谋划是当师爷所具备的职业素质。比如当刑名师爷,面对重叠纷繁的法令案例和复杂的案情,必须用心精细谨严,否则案牍字句如有出入,就可能产生严重后果。汪辉祖既是名幕,又是史学家,他所著的《史姓韵编》、《九史同姓名略》、《辽金元三史同名录》,是三部史学的特殊字典,其功力之深,篚栉之细,用心之缜密,都令人叹为观止,典型地表现出绍兴人精细谨严的特点。著名学者孙星衍当过陕西巡抚毕沅的师爷,秋瑾的祖父秋桐豫当过东三省总督赵尔巽的师爷,辛亥革命元老朱执信的先世,国民党元老胡汉民的先世,国民党领袖蒋介石的先世,都当过师爷,甚至周恩来的祖父周殿魁、外祖父万青选都当过师爷。他们以处事灵活、练达、圆通,深受各地封疆大吏重用。相传曾国藩早年打仗之时,罕有胜迹,以至于给皇上上交的年终总结时,不得不比较客观地写下了"屡战屡败"一词,并准备好了接受皇上的圣颜大怒。然而,他的幕僚在二审施政汇报之时,很巧妙地把"战"与"败"二字作顺序上的调换。这样一来,屡战屡败的曾国藩却因为屡败屡战的大无畏精神受到了皇上的褒扬。而这位调换二字顺序的绍兴师爷,也因此而被曾国藩尊奉为"一字之师"。师爷的"精细、谨

---

① 计六奇:《明季南略》,中华书局1984年版,第286页。
② 观鱼:《回忆鲁迅房族和社会环境35年间(1902—1936)的演变》,人民文学出版社1959年版,第13页。
③ 李而已编著:《成语春秋》,新世纪出版社2000年版,第203页。

慎、机警、刁钻"由此可见一斑。

而"圆滑、庸碌、有媚骨",则是绍兴师爷传承越文化传统的良莠不齐之具体表现。学幕或经商为绍兴未能入仕的士家子弟所常走的两条路。封建社会以读书应试取仕为道。如家道中落无力继续就学,或应试不售,则退而学幕,也不失为一条出路。如山阴县许武宾(见《山阴碧山许氏宗谱》卷2,世德传,第2页)"幼应童试不售,弃书读律"。又如绍兴李隽升(见《李氏家谱》卷6,天山公家传,第11页)"屡试辄蹶,年四十不得志,觅馆安徽县,抚军成庵公慕公才,礼致幕下"等。① 学幕遂成绍兴人一大谋生之道。明代地理学家王士性在《广志绎》中说:

> 两浙东西以江为界而风格因之。浙西俗繁华,人性纤巧,雅文物,喜饰鞶悦,多巨室大豪,若家僮千百者,鲜衣怒马,非市井小民之利。浙东俗敦朴,人性俭啬椎鲁,尚古淳风,重节概,鲜富商大贾。而其俗又自分为三:宁绍盛科名逢掖,其戚里善借为外营,又傭书舞文,竞贾贩锥刀之利,人大半食于外;金衢武健负气善讼,六郡材官所自出;台、温、处山海之民,猎山渔海,耕农自食,贾不出门,以视浙西迥乎上国矣。②

因此,绍兴一地的科举竞争相当激烈。绍兴民谚说:

> 一百秀才莫欢喜,七个贡生三个举,四十五个平平过,四十五个穷到底。

这是说绍兴读书人要想在科举中出人头地非常不易。在这种情况下,科场不顺的绍兴读书人极多,不少人就选择了当师爷这条路。

龚未斋在《雪鸿轩尺牍》"答韫芳六弟"的信函中明确说:

> "千人学幕,成者不过百人;百人就幕,入幕者不过数十人。""至于就幕,则又有难者,一省只此百十余馆,而待聘者倍焉。"③

---

① 项文惠:《绍兴师爷》,南京出版社1991年版,第24页。
② 王士性:《广志绎》,中华书局1981年版,第67页。
③ 龚未斋:《雪鸿轩尺牍》,湖南文艺出版社1987年版,第361页。

可见学幕者就聘之难。在千人学幕，成者不过百余人；百人就幕，入幕者不过十余人的激烈竞争下，师爷为了保住饭碗，养成了这种性格。在竞争中，即使对手使用了流言、阴谋，也只有少数会愤怒进行正面报复，大多数师爷会默默承受，忍气吞声，或是暗地里使诈，从而有在处理案牍时"工于弥缝，巧于趋避，妙于抑扬"，管理政务时"墨守成规，蹈常袭故，推托诿卸"①的圆滑和机巧。

图36　王春龄藏书

师爷一职，名声本来不好。汪辉祖也自称，从事这种职业，是"寄人篱下，鸡鹜夺食"。他的父亲，曾从事过这种职业，但很快就自动不干了，以为"有损吾德"。但这种职业，又关系老百姓的安危生死，至为重要。所以他根据这一行应有的职责道德，著书立说，以教后人。汪辉祖青年时，在做官的岳父那里，看到师爷的收入不错，可以养家糊口，他也跃跃欲试。当他把这个愿望告诉家人时，他的嫡母和生母同声斥责，叫他不要忘记父亲的遗言。汪辉祖郑重发誓以后，才正式当了师爷。汪辉祖著有《元史本证》、《读史掌录》、《史姓韵编》等，他主张：

> 读书贵通大义，凡所谓论述，期实有济于用。②

他写的《佐治药言》、《续佐治药言》、《学治臆说》等，替老百姓争人权，最是感人。他说一生得力，在"吃紧为人"四字，他一生努力自度度人，的确是秘书的最好榜样。由于幕府地位特殊，熟识政务，舞文弄墨，头头是道，故能勾结书办、胥吏，以衙门为巢穴，贪赃枉法，甚至形成一个无形的政治集团，窃取部分督抚州县的职务。韩振在《幕友论》说：

---

① 蔡申之等：《清代州县四种》，文史哲出版社1975年版，第98—99页。
② 参见李敖《李敖大全集28　读史指南》，中国友谊出版公司2010年版，第188页。

> 自天子至庶人，未有不求助于人者也，上者辅德，次辅事，天子之事谁为政，曰二显、二隐。何谓显？曰三公统六部，六部各统其曹，是谓内之显治；以司道察守令，以督抚察司道，是谓外之显治。何谓隐？曰内掌曹郎之事，以代六部出治者胥吏也；外掌守令司道督抚之事，以代十七省出治者幕友也，是皆上佐天子以治民事，而其迹不见者也。①

出现了官吏与师爷共治的局面。

在许多人的心目中，师爷都不是好人，而是一群心术不正、阴险奸滑、舞文弄墨、谋私作恶的家伙，是清代地方政治黑暗的一个原因。在不少小说和戏剧中，师爷也被派为反角，成为人们奚落和嘲讽的对象。实际上，这里存在着一个很大的误区，即以偏概全的误区。历史的真实情况是：师爷有良莠之分，好师爷在历史上被称为"良幕"、"上幕"，坏师爷被称为"劣幕"。师爷的良莠是有发展阶段的，从师爷的整体状况看，清朝中期以前，师爷中"良幕"居多，清朝中期以后，师爷逐渐"劣幕化"，坏师爷越来越多。但即使到了晚清，也不能说凡师爷皆坏。

师爷中确有一些劣幕，或助纣为虐，鱼肉百姓；或欺上瞒下，营私舞弊；或朋比为奸，包揽诉讼。杀害"鉴湖女侠"秋瑾的主谋章介眉，就是"劣幕"的代表人物。1907年7月，秋瑾在绍兴大通学堂被捕，知府贵福请示浙江巡抚张曾敭如何处置，当时章介眉正在张曾敭门下当刑名师爷，他极力怂恿张曾敭致电贵福将秋瑾就地处决，来个"先斩后奏"；后增韫继任巡抚，章介眉又怂恿其平毁秋瑾墓。1911年11月绍兴光复之后，绍兴都督王金发逮捕章介眉。这时章介眉使出苦肉计，表示愿意"毁家纾产"，捐献房产田产，引得王金发上当，将他释放。此后章介眉又百般钻营，摇身一变，先后成为袁世凯的财政咨议、总统府秘书，不仅将当年"毁家纾产"的房产田产悉数收回，最后还借浙江督军朱瑞之手杀害了王金发。正是像章介眉这等阴险狡诈、劣迹昭著的劣幕，败坏了绍兴师爷的声誉。

师爷中的良幕亦不少，如雍正年间，浙江总督李卫派人去苏州逮捕无罪良民时，苏州府内绍兴师爷童华以手续不全为由拒不执行。后雍正闻之此事，斥责童华沽名钓誉，童华据理力争：

---

① 贺长龄辑：《皇朝经世文编》卷二五，上海广百宋斋，光绪十三年版，第23页。

臣竭力为国，近沽名；实心为民，近于誉。①

终于使雍正为之折服，并予重用。名幕汪辉祖从幕34年，先后为16位州县长官作幕友，后入仕任湖南宁远知县。

习法家言，佐州县幕，持正不阿，为时所称。乾隆二十一年成进士，授湖南宁远知县。县杂瑶俗，积捕而多讼，前令被讦去，黠桀益肆兵挟持；又流丐多强横。辉祖下车，即捕其尤，驱余党出境。

他在任上针对该县"积逋而多讼"、"流丐多强横"，治安情况不良的现状，民纳赋不及期，手书谕之曰：

"官民一体，听讼责在官，完赋责在民。官不勤职，咎有难辞；民不奉公，法所不恕。今约每旬以七日听讼，二日较赋，一日手辨详膏。较赋之日亦兼听讼。若民皆遵期完课，则少费较赋之精力，即多听讼之功夫。"民感其诚，不逾月而赋额足。②

并在处理不法者时让老百姓前来观听，形成一定的社会舆论，境内治安状况为之改观。山阴人王汝成在山东巡抚陈庆偕幕府时，平反大量冤案，为民昭雪，有关案卷曾用布裱存，作为后学之圭臬。有"骆大师爷"之誉的骆照，任刑名师爷期间，任劳任怨，慎重办案，从不马虎。道光十五年（1835），骆照赴保定学习名法之道。后入直隶臬司幕府。在游幕赵州途中，不经意得悉一民妇因家道贫寒厌世，将砒霜放入饼里，准备自尽。不料其夫误食致死。此案经骆照反复审理，认为其夫系误食毒饼而亡。妇人并无其他隐情，应从轻定罪，未判死刑。咸丰、同治年间，直隶督署积案500余件，搁压已达七八年，制军刘荫渠聘请骆照入幕，委托清理，骆照殚精竭虑，仅5个月就全部清理完毕，并总结制订了《清理积案规条十则》。颇受清廷赏识，命令各省照此办理。曾国藩任职辅时，清理积案也多取法于此。③康熙年间，山阴人史金义在山西督抚门下为幕，每遇狱之

---

① 赵尔巽等撰：《二十五史全书》第十册，见《清史稿卷》二百八十九，内蒙古人民出版社1998年版，第1148页。
② 同上书，第1151页。
③ 政协浙江省委员会文史资料研究委员会：《浙江文史资料选辑》第26辑，1983年版，第150页。

当死者，总是费尽心计，求其得活。有一案，系一歹徒调戏妇人，执持其手，妇挣脱而羞愤自缢。史金义认为当旌表妇烈，但又以歹徒并无强暴情状，拟杖而免其死。然按当时律例，持妇人手致其死者，应处绞刑，史所定判词遭上司驳斥。史不服，竟自谢去职，由此赢得社会声誉。山阴籍汪鼎为顺德县衙师爷时，举人罗某遭人诬告窝藏盗贼于家，经前任知县审定收监，但汪深有所疑，请知县复讯。经查，该盗行劫之日，罗正外出广西宾州，冤情遂得大白而无罪释放。此等师爷办案力辨曲直，减少了冤假错案的发生。这些名幕可说是"良幕"的代表。

三、绍兴师爷的入世幕道

绍兴师爷撰著甚多，为学幕者必读之书，著名者有《入幕须知五种》、《秋水轩尺牍》、《雪鸿轩尺牍》、《福惠全书》等。《入幕须知五种》一为《幕学举要》，系乾隆年间万枫江所著，分"盗案"、"命案"、"奸情"等11目，

图37　师爷藏书

"论习幕之道，挈要提纲，语从阅历而来，诚为后学津梁，于直吏情形尤了如指掌"；二、三为《学治臆说》、《学治续说》，系与万同时代之汪辉祖著述，前者上卷为"尽心"、"官幕异誓"、"志趣宜正"等63目，下卷分"敬城隍神"、"敬土神"等61目，后者分"官声在初莅任时"、"彰前官之短"等50目，为佐理政务体会；四为《办案要略》，系清代乾隆中叶王阴庭所撰，分"论命案"、"犯奸及因奸致命案"等14目，夹叙夹仪，介绍办案方法与经验，王氏尚有《刑钱必览》、《钱谷备要》、《政治集要》等书行世；五为《刑幕要略》，作者佚名，分"办案"、"斗殴"、"人命"等22目，这些著述是对幕府吏治的总结，实为刀笔吏经验教训之谈。对今天的秘书亦不失借鉴之用。

而当时师爷注重"才、识、品"，更是越文化积淀的传承特征，值得我们汲取。曾任郯城县知县的黄六鸿（字思湖，江西宜丰县人。康熙九年以举人为山东郯城县令，改河北东光县令。后入朝为谏官，寻致仕）认为，幕友"才、识、品"三者之中"品为尤要"，"兼长为难，先取品，识次之，才又次之；才识不足，犹可群力相辅，品一不正者，虽有才智安足贵乎？"[①]就幕方而言，作幕虽为生计，但依伴他人，仍以"立品"为先。汪辉祖认为：

> 信而后谏，惟友亦然。欲主人之必用吾言，必先使主人之不疑吾行，为主人忠谋，大要顾名而不计利。凡与主人相依及效用于主人者，率惟利是视，不得遂其所欲，往往易为媒孽。其势既孤，其闲易生，稍不自检，毁谤从之。故欲行吾志者，不可不立品。[②]

可见官幕之间，"利"之外，尚讲究行为规范，注重"道义"，即所谓"幕道"。幕友之道，尽宾之义，贵在以公事为重。"宾利主之才，其初本以利交。"然而，幕僚之宾主关系又超乎此。就官方而言，对幕僚之求首在"品"，以"品端学醇、仁厚忠恕之士"为良幕。汪辉祖在《病榻梦痕录》中指出：

> 吏之为道，必周知所治人情风俗，方能措之各当；吏或不解此义，举一切政事，尽委诸幕友，幕友与主人无葭莩之戚、无肺腑之知，俨然为上宾，受厚脩，则所以效力于主人者，宜以公事为己事，留心地方，关切百姓，使邑人皆曰主人贤，庶几无愧宾师之任！不此之务而斤斤焉，就事办事，仅顾主人考成，钱谷、刑名分门别户，已为中等，甚至昧心自墨，已为利薮，主人专任其咎，彼何人哉！彼何人哉！[③]

绍兴师爷在入幕时讲究"幕道"，实际上是职责专业性强，注重素质要求。汪辉祖主张：

（1）"立心要正"，即心须正直。

> 正心乃为人之本，心正而其术斯端。此言操存有素，临事又以公私之

---

① 《四库未收书辑刊》叁辑·拾玖册，北京出版社2000年版，第20页。
② 汪辉祖：《佐治药言》，中华书局1985年版，第3页。
③ 汪辉祖、䣛德模：《病榻梦痕录 双节堂庸训 吴中判牍》，江西人民出版社2012年版，第41页。

别，敬慎之至也。①

（2）"尽心"，即尽心于公事，佐治应以尽心为本，乃"幕道"之实质，心尽于事，必竭所知所能权宜轻重，顾此虑彼，挽救其以著，消弭于未然。

（3）"尽言"，即努力做到知无不言，言无不尽：

> 一人之谋，不敌两人之智。如以是非切己，坐视其失，而不一词或以己所专司，不容旁人更差一解，皆非敬公之义。②

（4）"勤事"，即勤于办事。幕友勤事，不仅在于为主官考成，以为顺应，更有：

> 一事入公门，伺候者不啻数倍，多延一刻。如乡人入城探事，午前得，便可回家；迟至午后，必须在城觅寓，不惟费钱，且枉费一日之事，即缺其一日之养，其羁管监禁者，更不堪矣，如之何勿念。况事到即办，则头绪清楚稽查较易，一日积一事，两日便积两事，积之愈多，理之愈难，势必草率塞责，讼师猾吏百弊丛生，其流毒有不可言者。"③故此，"勤为尽心之实。"④

（5）"慎事"，即审慎从事。幕中之事，以刑名为重，人命关天，故办事不可草率。

（6）"公事不宜迁就"，即坚持原则。

> 宾之佐主，所办无非公事，端贵和衷商酌，不可稍介以私……以主人意见不同，稍为迁就，便是私心用事。盖一存迁就之见，于事必非斡旋，不能适得其平。⑤

---

① 汪辉祖：《佐治药言》，中华书局1985年版，第3页。
② 同上书，第14页。
③ 同上书，第12页。
④ 同上书，第21页：律己以立品为先，佐人以尽心为尚，以俭为立品之基，以勤为尽心之实，读律以裕其体，读书以通其用。
⑤ 同上书，第15页。

等等。

以上这些主张，反映出他们知识面广、社会经验丰富、文化程度高、业务能力强、功能全面、作用重要。

绍兴师爷是封建官场的一种特殊现象，其宦海生涯充满传奇色彩，非官而官、寄人篱下、弄权幕后，展现了科举制度下一批落榜秀才的命运遭际和喜怒哀乐，并折射出晚清社会光怪陆离的畸形景象。在封建官僚政治的实施过程中，尤其在新政权建立或政治局势动荡时，他们肩负总揽大权、收集材料、处理事务的重任，与各级地方行政官吏、绅士、商人等群体，共同操纵封建社会的政治、经济、军事、司法等诸多层面，成为封建专制统治不可缺少的工具，在封建官僚政治的实施过程中作用显著。师爷不仅在官僚体系中具有举足轻重的地位，发挥稳定政局的重要作用，即便在辛亥革命之后，作为一个群体虽已解体，但其影响却继续存在。他们的活动，对于当时的政治生活和社会生活，产生了极为重要和深刻的影响。他们的思维方式和行为方式，对于后世的影响，也是余音袅袅，不绝如缕。

（收入《绍兴师爷与中国幕府文化》，人民出版社2007年版）

第十章 絜矩之道与开拓创新

社会活动是人的活动，规范与我们的生活息息相关。人们活动的动机、目的往往不同，如果没有一个规范来约束，各行其是，社会就会陷入无秩序的混乱中。规范对生活的安定、社会的和谐起着重要的作用。时代在发展，世界在前进，不进则退，不开拓创新，就要落后，而落后就要挨打。新时代的秘书要有开拓创新、与时俱进的精神，要不断地补充自己，不断地完善自己，不断地给自己充电。只有这样，才能适应自己的工作需要，才能赶得上时代的潮流，才能不被社会淘汰。

一、絜矩之道是秘书工作的根本

秘书工作规范是建立标准、制定政策、采取措施、做出决策的依据和基础，在招聘、选拔、绩效评价、薪酬、福利、培训、发展等各个管理环节，都有重要的作用。秘书工作的规范构成主要有三个方面：一是国家和政府颁布的宪法、法律、法规中有指导性的秘书工作规范；二是具有稳定的范围、严密的程序、严明的纪律、纯熟的技巧等实务性工作的行政法规；三是秘书工作的公文处理、机要保密、来信来访、信息调研等约定俗成的规范。秘书做的是站在领导后面勤勤恳恳、踏踏实实、默默无闻、任劳任怨的工作。他们或许只是一滴水珠，或许只是一抔沙土，他们甘愿做一根火柴，虽无足轻重，但心中有一股热流，总是想尽力为之，把工作做得更好。

1.遵纪守法从我做起

凡事都需要遵循一定的标准和法则。做任何事情都要有规范，懂规范，守规范。日月交替，四季轮回，大自然生生不息，用规律演绎着生命的轨迹。火车之所以能够奔驰千里，是因为它始终离不开两条铁轨；风筝之所以能高高飞翔，是因为它总是情系着手中的线；宇宙间无数颗恒星亘古不变地灿烂，是因为它们都按照自己的轨道运行。人类社会也是如此，社会生活中有法规、军纪、交通规则、文明公约、道德规范、考试规定等。军队的战斗力来自铁的纪律,企业的竞争力源于严格的行规业纪,同样,机关单位的生命力则来自严格的规章制度。

公文处理、机要保密、来信来访、信息调研等秘书工作在发展过程中形成了一系列的规范。秘书工作规范既有鲜明的时代特点,又有厚重的历史沉淀。当代秘书工作的规范既是当代社会政治经济制度的反映,又是远古以来历代秘书工作规范的继承与发展。治理天下有两方面的"规矩"。《史记·礼书》里说:人类社会的万千世界,规矩无所不在、无时不在,事前要开展仁义道德的教育,事后要用刑罚实施得失的奖励和制裁。也就是说,一方面要用仁义来规范人心,一方面要用刑罚来惩治出轨的行为,即包括德治和法治两个方面。①

国有国法,家有家规。一个国家、一个完善的组织、一个家庭,都有自己的发展标准。"勿以善小而不为,勿以恶小而为之"就是告诉我们:遵纪守法要从小处入手,从我做起,从现在做起。曹操曾经出兵,在麦田小道上经过,他下令"士兵不许毁坏麦苗,违犯这条命令的处死"。骑兵都下了马,用手拨开麦苗互相照应,让人马通过,在这时,曹操的马跳进了麦田里。曹操下令文官议论罪名,文书官用《春秋》上的道理来回答,说是惩罚不能加在至尊的首领身上。曹操说:"我制定了法令而自己违反了它,怎么统帅!不能自杀,请让我自己惩罚自己吧。"于是他拿过宝剑割下了自己的头发扔到了地上。②试想如果曹操不以规矩办事,那肯定打不了胜仗,也建立不了魏国,也就没有三国鼎立的局面。

毛泽东同志在1948年秋天《中国青年》第二次复刊号致辞:

军队向前进,生产长一寸;加强纪律性,革命无不胜。③

时光虽已流逝数十载,教诲却不因时而废,国庆六十周年的大阅兵,那一块块威武雄壮的阅兵方阵,迈着整齐划一的步伐不正是力量与纪律的体现吗?世界要和平,国家要安定,百姓要富裕,离不开国家制定的法律法规。只有做到有法可依,有章可循,强制人们该做哪些事情,不该做哪些事情,这样我们才有繁荣昌盛、安定和谐的发展环境。

---

① 司马迁:《全本史记大全集》(珍藏本),华文出版社2010年版,第71页:"人道经纬万端,规矩无所不贯,诱进以仁义,束缚以刑罚,故德厚者位尊,禄重者宠荣,所以总一海内而整齐万民也。"
② 吕平安:《短篇文言文注译》,山东教育出版社1984年版,第230页。
③ 中南海画册编辑委员会编辑:《毛泽东题词手迹选》,西苑出版社1995年版,第39页。

2.规矩面前人人平等

各行各业都有自己的规范,没有这些规范,各种活动也就无法进行。这些规范又被各行业的秘书工作借鉴和应用,构成了秘书工作的实际规矩。运动场上,长跑运动员必须听到发令枪响过之后才能起跑,如果不遵守这项"规矩",整个比赛就乱套了;秘书撰写公文,也有明定之规,必须由领导审批签发后才能上报。

当规矩与人情发生冲突时,应以规矩作为第一标准。三国时马谡请缨前往守街亭。由于轻敌,街亭失守,马谡也狼狈逃回了汉营。尽管舍不得,诸葛亮还是含泪斩了马谡。如若诸葛亮不斩马谡,就会使人们产生一种错觉:原来军令状也是可以开玩笑的,又因为诸葛亮比较喜欢马谡,大将们会进一步认识到:其实人情是大于军法的。由此以后,大将们想必会纷纷通过违反军纪来获得利益,后汉也离灭亡不远了。所以,诸葛亮在规矩与人情中,只能选择尊重规矩、稳定军心,即使"挥泪"也要狠下心肠斩下去。

当年,哈佛牧师立遗嘱时,把自己的一块地皮和400本古书,赠给当地的一所学院。哈佛大学一直把牧师的这批书籍珍藏在哈佛楼里的一个图书馆内,并规定学生只能在馆内阅读,不能带出馆外。1764年的一天深夜,一场大火烧毁了哈佛大学的图书馆,很多珍贵的古书毁于一炬。突发的火灾把一名普通学生推到了一个特殊的位置。他在经过痛苦的思想斗争后,终于作出一个勇敢的选择。原来在大火发生之前,他违反图书馆规定,悄悄把哈佛牧师捐赠的一本书《基督教与魔鬼、世俗与肉欲的战争》带出了馆外,准备阅读完后再归还。灾难过后,这本书成了稀世珍本。该学生怀着不安的心敲开校长霍里厄克办公室的门,说明情况后郑重地将书还给了学校。霍里厄克先是表示感谢,并对他的勇气和诚实予以褒奖,然后就把他开除出校。赏罚分明,一点也不拖泥带水。对此,很多人表示用规则看守哈佛更安全有效。

让校规看守哈佛[①]的理念,也许是哈佛作为一所私立大学却创造无限辉煌而享誉全球的原因之一。规矩是对所有人的,规矩高于一切、大于一切。即使霍里厄克不想开除这个学生都不可能。因为校规有规定,所以霍里厄克没有网开一面,没有下不为例。这是对规矩的敬畏,也是对规矩面前人人平等的最好诠释。

---

① 沙敏:《哈佛校训》,中国工人出版社2006年版,第48—49页。

3. "絜矩之道"要抓根本

《大学》提出:

> "平天下在治其国者,上老老而民兴孝;上长长而民兴弟;上恤孤而民不倍。是以君子有絜矩之道也。"①

"絜矩之道"的根本是道德上的规范,即品德高尚的人总是能够以身作则,推己及人。墨子在见到给丝线染色之后感叹说:将丝线放入青色的染缸里面,丝线就成了青色;将丝线放入黄色的染缸里面,丝线就成了黄色。丝线的颜色既然跟把它放入什么样的染缸有直接关系,所以染色不可不慎重,即通常说的道理"耳濡目染"。先秦时候人们已经注意到了一个现象,那就是人很容易受环境的影响。既然"立身成败,在于所染",那么为了让人能够健康成长,就需要采取一些措施,制定一些"规矩",《大学》就提出了诚意、正心、格物、致知等三纲领、八条目,这些都是属于古人教化的内容。

古代佐幕讲究遵守规矩,最忌讳私心杂念太重,否则前景也是很不妙的。宋太祖乾德二年五月,知制诰(秘书)高锡因为接受贿赂,被贬为莱州司马,就很能说明这个问题。高锡被免去秘书职务并贬职使用,所犯错误其实远远不止接受贿赂这一条。事实上,这也不是赵匡胤下决心处分高锡的最初动因。

据史料记载,宋太祖之弟赵光义(即后来的宋太宗)担任开封尹后,石熙载在其幕府工作,是赵光义的主要助手之一。这一年,高锡的弟弟高铣应进士举,高锡曾特意拜访过石熙载,希望他能首先出面推荐高铣。石熙载虽然知道高锡得罪不起,但因为高铣辞艺浅薄,完全不符合推荐条件,所以没有答应高锡的无理要求,高锡从此恨死了石熙载,多次在宋太祖面前说他的坏话。有一次,宋太祖兄弟见面,就将高锡说的话全部告诉了赵光义,并打算将石熙载撤职,另为赵光义物色合适人选。哪晓得石熙载是赵光义的老秘书,早年他兼任泰宁军节度使时,石熙载就是他的掌书记,赵光义担任开封尹后,石熙载又被提升为开封府推官,所以赵光义对石熙载十分了解,知道他是一个遇事尽言、工作尽职、忠诚老实、是非分明之人,根本不是高锡说的那样坏。赵光义于是对哥哥赵匡胤说:"石熙载工作踏踏实实,勤勤恳恳。我听说高锡曾经求过石熙载,要石熙载推荐

---

① 秦榆:《治学 修身 养性》,京华出版社2008年版,第14—15页。

他的弟弟高铣，被石熙载拒绝，高锡估计是在报复陷害石熙载。"宋太祖这才明白是怎么回事。当时他很生气，打算撤高锡的职，但最后还是忍住了。后来，宋太祖派高锡去青州办事，高锡私下里收受节帅郭崇的贿赂。凡此种种都被人告发，经调查又全部属实，宋太祖想起前事，这才下决心处分高锡。①

当今绝大部分秘书能洁身自好，但也有一些秘书不守规矩，违法犯罪，造成恶劣后果。影响较大的案例有"河北第一秘"李真收受贿赂被判处死刑；北京市委原书记陈希同的秘书陈健，受贿被判15年；北京市原副市长黄超的秘书何世平，受贿被判16年；郑筱萸的两任秘书郝和平、曹文庄，受贿分别被判有期徒刑和"死缓"；曾经大红大紫的"上海第一秘"、上海市宝山区原区长秦裕被判处无期徒刑，而周永康的秘书六人帮亦殊途同归。

二、遵规守纪是秘书的基本素质

秘书工作规范是建立标准、制定政策、采取措施、做出决策的依据和基础，在秘书人才招聘、选拔、绩效评价、薪酬、福利、培训、发展等各个工作环节，都有重要的作用。

当前，不管是在党政机关还是在企事业单位，秘书遵守工作规范，日益发挥着重要作用，取得了很大的成绩。没有他们，单位的正常运行就会受到影响。习近平同志在《秘书工作的风范——与地县办公室干部谈心》一文中说道：

> 办公室，是一个单位、一个系统、一个机构的关键部门。办公室工作如何，对党委乃至一个地方全面的工作影响很大。因此，每个地方的领导都非常关心、关怀和关注办公室工作。"运筹于帷幄之中，决胜于千里之外。"办公室工作做好了，各项工作的顺利开展也就有了可靠保证。……邓小平同志在1975年搞整顿时就讲过，一个地方工作要抓住几个人，办公室主任、公安局长、组织部长。这说明了办公室工作的重要性。因为它是决策的参谋部，始终围绕着首脑机关工作。参谋工作水平高，能推进党的方针、政策的顺利贯彻实施；水平低，就会影响全局工作，甚至造成严重后果。办公室对内掌握首脑机关的核心机密，泄露了重大机密，就会给党和国家造成损失。即使是我们地区一个保密的人事问题，泄露了也会影响领导班子的团结，使事情变得复杂起来。办公室对外还起一个"窗口"作用。基层的同志，外来

---

① 眭达明：《不可学的三类秘书》，《决策》2010年第Z1期，第5页。

的同志对我们地区的印象如何，对班子的印象如何，很大程度上同办公室的工作相联系。办公室工作出色，人家就会说这个地方工作真不错；办公室同志如果工作得很草率，或者是作风态度生硬粗暴，人家就会说这个地方的工作很糟糕。所以办公室工作与全局工作密切相关。①

作为秘书工作和秘书人员，应该而且必须顺应历史潮流，开拓创新，与时俱进。为了更好的适应工作，秘书要尽力从以下几方面努力：

1.严格要求素养为上

工作的全面性、活动的宽广性及其角色的多变性特点，要求秘书除了应具备一般管理干部的素质之外，还必须具备与秘书本职工作的性质、任务相适应的更高、更严的要求，其中尤以"德"、"谋"、"写"为最基本的素养和业务技能。

职业道德是人类在社会生活中为了调整人们之间，以及个人与社会之间的关系，依靠内心信念、社会舆论和传统习惯所维系的行为规范的总和。它以善和恶、荣誉和耻辱、正义和非正义等作为评价标准，并逐步形成一定的规范，以指导或控制人们的行为。习近平同志在《秘书工作的风范——与地县办公室干部谈心》一文中说：

> 办公室的工作牵动全局。这就要求办公室干部要具备强烈的事业心、严肃认真的工作态度和一丝不苟的工作作风。办公室工作涉及大量机密，每一份文件传达到什么范围，都有具体规定，决不能马虎从事。特别是有些事情涉及政治、经济情报，就更要有高度的责任心，养成保持沉默的习惯，不得出去乱传乱说。办公室工作一定得细致。古人云"一字之失，一句为之蹉跎；一句之误，通篇为之梗塞"。办公室起草的文件，并不要求文字要多优美，但一定要严谨，这要求决不过份，因为这直接关系到工作决策问题。所以一定要有一套基于高度责任心和强烈的事业心的严谨作风。②

秘书不为名、不为利、任劳任怨、甘当无名英雄。经常熬夜，白天还得正常工作；他人节假日逛公园、溜马路、与家人共享天伦之乐，自己还得值班，不

---

① 习近平：《摆脱贫困》，福建人民出版社1992年版，第36—37页。
② 同上书，第38页。

能休息。而这一切，有时还得不到家人的支持、别人的理解和社会的公认。凡此种种，都说明一点，没有一颗全心全意为人服务的心是当不了一个秘书的。没有"富贵不淫，贫贱不移"，"君子修道重德，不为困而改节"的思想品德，廉洁奉公、勤政为民、艰苦奋斗、一尘不染的政治本色，勤勤恳恳、任劳任怨的工作态度，是干不好秘书工作的。

  办公室还有一个重要工作就是发挥参谋作用，及时提出决策建议，并能把领导的决策化为具体意见。如果我们办公室能够综合四面八方的情况，并进行分析，像国外"智囊团"那样，经常提出一些重大的决策建议，就能为领导迅捷进行决策选择提供便利。当前，我们经济建设和社会工作上的难点、热点问题很多，很需要加强调查研究，有针对性地提出分析问题以及解决问题的方法措施，提供各级领导决策参考。①

  那么秘书怎样才能做到"善谋"呢？首先，要深刻领会领导意图。准确理解和把握工作实质，要"参"到点子上，"谋"到关键处。其次，要有正确的角色意识。秘书人员不可以自作主张、乱发议论、左右领导。秘书必须注意使自己的言行符合角色规范，做到既尊重领导、坚决执行领导指示，又不迷信盲从，始终把为领导提供有价值的决策依据及参谋意见作为自己的重要职责。再次，注重进谏技巧。要根据领导的心理、行为特征，选择适当场合和最佳时机，从要害问题切入，用委婉、含蓄的语言，巧妙地说出自己的见解或不同意见。

  拟写公文是古代秘书的主要职责之一，诸葛亮的《出师表》，在不到800字的文章里写出了当时蜀国的处境，自己的身世，同时对后主刘禅的错误进行规谏，提出了自己的希望，整篇文章思想朴实，富有情感、内容丰富、是传颂千古的典范公文。魏征的《谏太宗十思疏》，规劝唐太宗"居安思危"，文章没有系统阐述，只是用"总此十思，宏兹九德"②这样的话来达到最佳效果。清朝军机处挑选的军机章京（秘书），要求具有撰文迅速的能力。他们拟写谕旨，讲究时效性。有时遇到紧急谕旨，当时交下，必须立即撰拟，动笔千言，从起草到誊清只需一个多时辰；有时遇到夜间送来的紧急军报，皇帝宣他们入宫授意，命他们当场撰就，由皇帝审阅后立即发出。③古代秘书的落笔神速，对今天的秘书人员

---

① 习近平：《摆脱贫困》，福建人民出版社1992年版，第39页。
② 邓汉平点评：《古文观止》，中国友谊出版公司1993年版，第151页。
③ 钟小安：《中国秘书简史》，重庆大学出版社2010年版，第161页。

颇有借鉴。

习近平同志认为：

> 我们还得培养、选调一些文秘写作能手，使领导在遣词造句上不用再花费脑筋，这是最起码的要求。今后送领导看的东西，除时间紧另当别论外，都应该是经过誊清的。这一道手续不要认为是多余。一篇文稿如果七删八改，乱到谁改最后一稿也弄不清楚，这里就有个负责任的问题。①

擅长应用写作，应该是秘书人员最起码的素质要求。

2.适应时代服务规范

从事秘书工作，如果指导思想不明确，很难把工作做好。秘书人员在管理中起着参与政务、管理事务的作用，要加强秘书人员的职业素养建设，不仅要适应新时期秘书工作发展的需要，秘书一定要有"三个服务"意识，而且还要强化服务意识。

习近平同志说：

> 服务是办公室的一项重要工作。首先要增强超前服务和事后服务意识。例如召开地、县重要工作会议，办公室同志要提前到位，尤其是办公室主任、会议记录人员、勤杂事务人员一定要先到场做好会前准备工作，会议结束后还要撰写纪要、文件，检查落实反馈情况等。其次，服务要及时周到。做到能够为领导释流减荷，分忧解围。第三，服务还要高度负责，一丝不苟。例如办公室实行24小时值班，这是个严格的制度，每分钟都不能离开，不能有空档，否则在这空档出现了紧急情况或重大突发性事件就会酿成责任事故。第四，服务不仅要勤、要诚，而且要灵活。例如接待工作，就得下一番功夫。要建立一套接待制度，组织一套接待班子，还要有一套统一的对外宣传材料和汇报口径。今后可以由专人负责汇报情况，陪同参观；伙食按规定标准，突出地方特色，每个县都可以搞个地方菜谱；既有特色又省钱；既不超过规定，大家又吃得满意，了解了地方饮食文化，何乐而不为呢？地县领导按规定安排出面活动，尽量减少一般性应酬；对宾客生活服务要周到热

---

① 习近平：《摆脱贫困》，福建人民出版社1992年版，第38页。

情，努力做到设身处地，急人所急，解人所难。①

秘书除了搞好本职工作外，还提倡主动服务，主动去找工作，主动去做工作，转变过去那种推诿躲避的作风，与秘书工作的主动性服务相合拍。

三、秘书与时俱进是创新的典范

现代秘书人员不仅要有遵纪守法，严守机密的良好品质，而且为人一定要谦虚低调，清廉正派，甘愿奉献。遵规守纪是每一个秘书的职责，也是一个优秀的秘书应具备的基本素质，它是工作的需要，更是发展完善的需要。时代在发展，世界在前进，无数事实都充分说明，大到一个国家一个民族，小到一个企业每一个人，不进则退，不开拓创新，就要落后，落后就要挨打。当今社会，开拓创新，与时俱进已成为全国人民谋发展、干事业的一种理念，一种观念，一种思维方式，成为我国成就伟大复兴事业的一股强大动力。

1.随机处置突发事件

古代政坛，历来注重随机应变，当情况一旦发生变化，或面对各种难以解决的棘手问题，指挥者必须要有灵活的头脑，敏锐的反应，迅捷的应变能力，才能达到取胜目的。在日常的工作、生活中，秘书会遇到各种各样突然发生的事件，必须作出反应，必须进行解决。可以说。快速性是随机应变的灵魂。天授元年（690），寿春郡有五兄弟出就藩封。武则天在朝堂上举行仪式，同时授予册命。朝廷各部门作了许多准备，待百官到齐，仪式即将开始，才发觉忘了制作册文，宰相们相顾失色。中书舍人王教得知此事，处变不惊，立即召来五名书吏，命他们各执毛笔，由自己口授，书吏分别录写，不一会儿，就写成五份册文。册文既合礼仪，文辞又美，宰相们审阅时大为叹服。

令狐楚任节度使郑儋的掌书记时，负责起草奏章和公文，他随机应变的能力相当强。郑儋死时，因未能及时处理后事，深夜，郑儋的部下持刀胁迫令狐楚至辕门，要他立即拟写成满意的遗表。眼见悍将环立，兵变一触即发，令狐楚面对凶神恶煞之将士，冷看刀光剑影之威慑，神色不变，喘息均匀，镇定自若，在白刃相迫的险境中

---

① 习近平：《摆脱贫困》，福建人民出版社1992年版，第39—40页。

搁管即成，读示三军。无不感泣，军情乃安。①

军心稳定下来，将士们安心等候朝廷的安排，一场风暴就此被制止。这是古代秘书处置突发事件的典型例子。

明代隆庆年间，"给事官"李乐清正廉洁。有一次发现科考舞弊，立即写奏章给皇帝，皇帝不予理睬。他见不理又来面奏，把皇帝惹火了（因为考官是皇帝的亲信），以故意揭短罪，传旨把李乐的嘴巴贴上封条，并规定谁也不准去揭。封了口，不能进食，势必饿死。这时，旁边站出一个官员，走到李乐面前，不分青红皂白，大声责骂："君前多言，罪有应得！"一边大骂，一边狠狠地打了李乐两记耳光。当即把封条打破了。由于他是帮助皇帝责骂李乐，皇帝当然不好怪罪。其实此人是李乐的学生，很有应变之才，反向思维救了老师的性命。②这种思维方式常常能"峰回路转，豁然开朗"，解难，破围，使人脱险，使人们在"山穷水尽"之处见到"又一村"。现代秘书也应具备这种应变能力。

2.不断学习强化观念

秘书工作相对于其他职业来说，工作比较单调枯燥，具有更大的从属性和被动性，缺少变化。秘书服从领导，个性不可张扬，个人的才能得不到充分发挥，好比传声筒、录音机，久而久之容易形成懒散、被动、安于现状的工作态度，从而缺少进取心和自信心。凡此种种，都表明秘书既要遵守工作规范，又必须增强竞争意识。

目前，秘书人员的文化层次呈上升趋势，高学历者越来越多，这固然是一个优势，但高学历并不一定就有高水平，高学历者还必须埋下头、扎下根在实际工作中不断学习，加强锻炼，使理论和实际相结合，以便增强竞争力。有的秘书虽然工作时间较长、实践经验丰富，但知识老化，必须继续学习新的知识，以适应形势的发展和竞争的需要。所以，秘书人员无论文化层次高低、经验丰富与否，都要具备竞争意识，只有在竞争中，才能加快工作节奏，提高工作效率。

3.创新思路与时俱进

赫拉克利特说：

---

① 刘昫等撰：《旧唐书》卷一百七十二，中华书局1985年版，第3035页。
② 康华、张方高：《应变术》，延边大学出版社1993年版，第7页。

惟有变化才是永恒的。①

萧伯纳说：

有些人总是使自己适应社会，而另一些人则固执地要求社会适应自己，社会的车轮前行全靠后者推动。②

拥有不安于社会、现实、陈规的心态，他们这一群"不明智"者披荆斩棘，奋然前行。只有打破常规，才能拥有一颗不甘平庸的心。

恰当的规则使世界更加有序，然而随着不断的发展、变化，也要有突破才能发展。昔日汉人宽袍大袖，不免风度翩翩，却被夷狄之人打得落花流水，于是赵武灵王胡服骑射，成就千秋霸业。魏武曹操提于禁于亡卒之间，识许褚于荒野之际，得到了大批有才干而身份低下的下层军官，攻破袁绍，打败吕布，建立强魏，但这种制度使大批士族支持汉帝，曹操一生不得称帝。其子以九品中正制收尽天下官宦，完成了朝代更替的使命。前面说过秦以严以定民，却因苛律失天下，汉高祖约法三章以定民心，以老庄之道休养生息、儒家之道得天下人才。可见，突破了陈旧的束缚，才有长足的发展。③

江泽民同志1995年在全国科学技术大会上指出：

创新是一个民族进步的灵魂，是国家兴旺发达的不竭动力。如果自主创新能力上不去，一味靠技术引进，就永远难以摆脱技术落后的局面。一个没有创新能力的民族，难以屹立于世界先进民族之林。④

规范和创新是紧密联系、辩证统一的，问题的关键在于"度"的把握，如何在规范和创新间把握好这个度，是秘书今后依然要考虑的一个问题。秘书工作创新必须有一套新的工作思路，但不能有悖法规，犯自由主义。创新需要勇气，

---

① 云舒编著：《决定成败的智慧名言7009条》，百花洲文艺出版社2004年版，第14页。
② 郭继贤：《名言英语辞典》，当代世界出版社2005年版，第399页。
③ 张剑：《历史名人与五年高考》，中国书籍出版社2007年版，第89页。
④ 本书编写组：《江泽民同志〈论科学技术〉学习导读》，中共党史出版社2001年版，第124页。

但更需要适应时代，精心谋划和强有力的组织，指导思想必须端正，要有对党的事业高度负责的精神，不能有私心杂念。这样秘书工作创新才会沿着正确方向发展，才会结实果。

秘书是一个非常重要的职业，是领导的参谋和助手。秘书必须顺应时代发展要求，开拓创新、与时俱进。秘书必须具备紧跟潮流的时代精神，提高自身的能力和素质，正确处理好工作中"絜矩"与创新的关系，并不断提升自己的人生品位，只有这样才能融入这个时代，才有可能成为一个优秀秘书。

（收入《秘书理论与实践》2015年第2期）

第十一章　才子徐渭的师爷生涯

徐渭在明代三大才子之中，论博学，他不如解缙；论博览，他不如杨慎，然而他却成为了三人之中，名声最大、传说最多的人物。徐渭创作涉及的领域很广，但绝不依傍他人，喜好独创一格，具有强烈的个性，风格豪迈而放逸，在诗文、戏剧、书画等方面都能独树一帜。他不仅仅是一个会耍笔杆子的文人，还是一个懂得兵法，在军事谋略上有创见的智囊。像徐渭那样，能给当世及后代留下深远影响的，也颇为难得。

一、坎坷的人生旅途

徐渭（1521—1593），浙江山阴（今绍兴）人。明代杰出书画家、文学家。字文清，后改文长，号天池、青藤道人、田水月等。他的父亲徐鏓做过四川夔州府的同知，原配童氏，生下徐淮、徐潞两个儿子，继娶苗氏，不曾生育，晚年纳妾生下徐渭百日后就死了。在徐渭十岁那年，嫡母苗夫人把他的生母逐出了家门。幼年夺母，对徐渭是一个很大的刺激。虽然29岁那年他得以把母亲接回自己家中，但直到垂暮之年，他仍然不能忘怀这件事情。由于徐渭是庶出，在家中没有什么地位。他年轻时考秀才未取，在给督学官员要求复试的《上提学副使张公书》一文中这样说道：

> 学无效验，遂不信于父兄。而况骨肉煎逼，萁豆相燃，日夜旋顾，惟身与影！①

徐渭

显得很悲愤。其岳父潘克敬是正直清廉的绍兴师爷，因爱其人品和文才，两

---

① 参见吴乐平、陈光全编著《磨难篇》，湖北教育出版社1996年版，第133页。

家顶住了当时在绍兴盛行的重男方聘礼的不良风俗,潘翁将家境寒碜的徐渭招赘至膝下,徐渭更敬潘翁为人清正,潘小姐贤惠端庄,所以也愿入赘。徐渭和妻子非常恩爱,两人相敬如宾,婚后不久,生子徐枚。可惜这段幸福的日子只持续了三年,徐妻19岁时便死于肺病。此后十年,徐渭一直陷于深深的悲痛之中,有时偶然从箱子里翻到一件妻子穿过的红衫,也不禁泪如雨下。其所作《内子亡十年其家以甥在稍还母所服潞州红衫颈汗尚沁余为泣数行下时夜天大雨雪》诗云:

  黄金小纽茜衫温,袖褶犹存举案痕。开匣不知双泪下,满庭积雪一灯昏。①

  徐渭自幼聪慧,文思敏捷,且胸有大志,8岁被塾师誉为"谢家之宝树",10岁便通读了著名文学家扬雄的名文《解嘲》,并改写了这篇著名文章,还给自己的大作起了个比较对仗的名字——《释毁》。长大以后,拜同乡季本为师。在做秀才时,就很有名气。然而徐文长的一生却很不幸。他才高八斗、学富五车,虽然有着强烈的功名事业心和报国愿望,在"试途"上却并不顺利,自20岁中山阴秀才后,连应8次乡试都名落孙山,在科举方面一直受挫,连举人也不曾考取。又因性气高傲,蔑视传统,不为"礼法"所拘,故每为道学家们所摒斥,终身不得志于功名。他暮年作《自作畸谱》,还特地记下了6岁入学时所读的杜甫《早朝》诗句:"鸡鸣紫陌曙光寒",流露出无穷的人生感慨。

《论语·子张》曰:

  仕而优则学,学而优则仕。②

  没有一个士子读书不是为了进入仕途的,这是封建社会的正统。徐渭虽然放浪形骸,不为世俗礼教所拘,但是他毕竟是那个时代的人,何况他才华超凡出众,更是想向仕途发展,这从他八次参加科举,屡败屡战中可见一斑。然而造化弄人,徐渭似乎与科举无缘,纵使他才高八斗,仕途之门始终未能向他打开。科举选拔的是通才,而非异才,科举考试考的是八股文而非文辞,所以,徐渭考不中也是可以预见的事情。一个机警敏感的人,在如此坎坷的境遇中长成,自然容

---

① 《徐文长全集》上册,上海中央书店1935年版,第115页。
② 孔子、孟子:《论语 孟子》,北京燕山出版社2001年版,第143页。

易养成执拗和偏激的性格。现实的境遇与自己的理想之间的巨大差距，也是造成徐渭心理产生畸变的原因之一。

　　徐渭在科举中一再失败，并不是偶然的。他少年时便喜欢博览群书，讨厌八股文字，加之个性显露，情感张扬，恐怕确实写不出迎合世俗、规行矩步而阴沉死板的八股文来。徐渭虽然明知八股文毫无用处，对一些从科举出身而绝无才学的官僚一向嗤之以鼻，但这毕竟是旧文人在政治上的唯一出路。屡试不售，前途无望，对他是沉重的打击。这些导致他不得不在胡宗宪麾下做一个幕僚。当然，徐渭并不甘心长期充当一名刀笔小吏，正如他在《锦衣篇答赠钱君德夫》一诗中所言：

　　　　闱中幕下岂所志，有托而逃世莫知。①

　　嘉靖四十一年（1562），严嵩被免职，徐阶出任内阁首辅。胡宗宪出于各种原因，与权臣严嵩来往甚密。在徐阶的策动下，胡宗宪受到参劾，并于次年被逮捕至京，徐渭也就离开了总督府。徐渭生性本来就有些偏激，精神上很不愉快，他对胡宗宪被构陷而死深感痛心，更担忧自己受到迫害，于是对人生彻底失望，以至发狂，精神失常，蓄意自杀，竟然先后九次自杀，自杀方式听之令人毛骨悚然：用利斧击破头颅，"血流被面，头骨皆折，揉之有声"，又曾"以利锥锥入两耳，深入寸许，竟不得死"。还怀疑其继室张氏不贞，居然杀死张氏，因此下狱，度过七年牢狱生活。出狱后已53岁，这时他才真正抛开仕途，四处游历，开始著书立说，写诗作画。晚年更是潦倒不堪，穷困交加，常"忍饥月下独徘徊"，杜门谢客，几乎闭门不出，最后在"几间东倒西歪屋，一个南腔北调人"的境遇中结束了一生。

二、风光的幕府生涯

　　徐渭通常给人以恃才纵诞的印象，然而他却是一个关心社会政治、富有爱国热情的人。嘉靖时期，东南沿海遭受倭寇的频繁侵扰，由于兵备松弛，官吏无能，给人民的生命财产带来惨重损失。徐渭一方面以诗歌对此进行尖锐的抨击，一方面满怀热忱地投入到抗倭战争中。徐渭对当时军事、政治和经济事务多有筹

---

① 《徐渭集》第1册，中华书局1983年版，第126页。

划,并参加过东南沿海的抗倭斗争。嘉靖三十二年(1553),倭寇大举入侵江浙沿海,所至之处,焚掠殆尽。徐渭在抗倭热潮的鼓舞下,投奔了典司吴成器的抗倭军队,参加了绍兴城西的"柯亭之战",城东的"皋阜之战"。他利用自学的兵法知识研究抗敌战略,并撰成文,随时准备敬献。对于军事,徐渭有自己的看法,他认为要能"因敌人之变",而非"徒执已试之法"[1]。龛山之战使吴成器深得民心,也为徐渭的一生在军事上留下了最灿烂的一页。

徐渭一生,曾四度入幕,第一次在时任总督浙闽军务的胡宗宪幕中,历时五年左右;后三次分别在宣大巡抚吴兑、礼部尚书李春芳与翰林院修撰张元忭幕中,但时间都很短,最长的吴兑幕中也不过半年左右,因此没有什么值得一提的事迹,而与胡宗宪的交往则颇为相得,是徐渭一生中最得意的时期。

嘉靖三十三年(1554)四月,胡宗宪出任浙江巡按监察御史,后升任兵部左侍郎兼都察院左佥都御史,又加直浙总督。徐渭蜚声江南,而且他还以一介书生主动请缨不避矢石,又有许多抗倭诗文以及对战事分析到位的文章,这些使胡宗宪多次邀请徐渭入幕,甚至礼贤下士亲自去请,终于请动了这位贫寒的才子。嘉靖三十六年冬(1557),徐渭至胡宗宪总督幕僚任军师,可以说这是他人生中最得意的一段时光。这时,徐渭便有了属于自己的属地,也有了一块可以以文会友、"醉而咏歌"的佳处。

在绍兴一带,当师爷是常事,但能遇到像胡宗宪这样的大主顾,还是可遇不可求的,更何况是胡宗宪主动来请,在很多人看来,这是天上掉下来的馅饼。被胡宗宪赏识,改变了徐渭的一生,然而徐渭是矛盾的。首先,是因为胡宗宪的官声,他判断跟着胡宗宪会给自己带来灾难,因为胡宗宪与赵文华乃至与严嵩的关系;其次,他的堂姐夫沈錬因揭发严嵩及其党羽,被奸人诬陷以交接敌人、泄露边情的罪名屈斩于宣府。但徐渭终究还是入幕了,原因在于"义",个人感情与国家大事相比,总归是第二位的事,抗倭才是大义之所在。

徐渭乃一清贫却多才的寒士,极为敏感而自尊,然而遇上真正能欣赏自己、真心实意地对待自己的胡总督,就产生了一股"士为知己者死"的傻气,来报答知遇之恩。徐渭"狂放不羁、不受礼法约束"[2]的声名在外,胡宗宪的宽容态度感动了徐渭,使他不仅在战略上鼎力相助,更一展自己文学上的才华,帮助胡宗宪负责草拟奏折之类的文告和表章,在胡府当一个"文案夫子"。胡宗宪的谦虚

---

[1] 夏咸淳:《徐渭》,上海人民美术出版社1998年版,第17页。
[2] 同上书,第20页。

大度收到了回报，在度过开始的磨合期后，徐渭开始映射出耀眼的光芒，他的文笔极好，切中要点，上至皇帝，下到县府，胡宗宪的一切来往公文都由他操刀，甚至连严嵩都几次来信表扬胡宗宪的的文书。

嘉靖三十六年十二月，胡宗宪在舟山得到一头白鹿，马上就在这上面动起了脑筋，在白鹿身上大做文章，向嘉靖皇帝呈献祥瑞。此时，徐渭发挥他特长的机会来了。徐渭将自己的天赋才智与毕生所学，慷慨地注入到这篇奏表里，这就是《进白鹿表》。此表呈上之后，嘉靖皇帝大喜，赐胡宗宪宝钞彩缎，荣耀无限，使胡宗宪对徐渭更加倚重。更奇的是，第二年，军中又得白鹿一头，前者为雌，后者为雄。于是，徐渭又作《再进白鹿表》，把帝王的心思揣摩得十分透彻，于是换得胡宗宪由二品晋为一品，犀带改为玉带，荣华无限。自此胡宗宪对他更为倚重，对他放任的性格，也格外宽容。徐渭手中的三寸毛锥，三言两语便获得了朝廷的重赏，在军中传为奇谈，徐渭的幕府生涯，在此时也走向了巅峰。

据陶望龄《徐文长传》记载：

> 幕中有急需，召渭不得，夜深，开戟门以待之。侦者得状，报曰："徐秀才方大醉嚎嚣，不可致也。"公闻，反称甚善。①

胡宗宪不但给了徐渭一个宽松的环境，而且还给了他机会和希望。胡宗宪管理部属十分严厉，部下不论文臣还是武将在督府谒见他，都害怕遭责罚，在他面前匍匐而行，不敢仰视，但对徐渭却优礼有加。徐渭常常穿着布衣戴着乌巾直入督府，见了胡宗宪也不跪拜，只作长长一揖，以为见面之礼，然后坐下来和他谈论天下大事。他高谈阔论，旁若无人，胡宗宪虽然觉得徐渭有些倨傲，但所论却很有道理，于是也并不计较这种不甚恭敬。徐渭入幕前的推辞与入幕初期行为上的过于狂放，多少带有对胡宗宪试探的意味。入幕后，胡宗宪很器重徐渭的才华，待他如上宾，徐渭也竭力相报，很有一种士为知己者死的侠者之风。

不久，由于前方寇情紧急，胡宗宪设指挥部于宁波鄞县，徐渭也随胡宗宪来到鄞县，协助胡宗宪指挥围歼岑港倭寇的战斗。总督官高位显，威风凛凛，气氛严肃，将吏在胡宗宪面前，不敢抬头正眼相看，徐渭却以平民的装束，和胡宗宪彼此彬彬有礼，纵情畅谈。总督府如有紧急事情要徐渭办理，即使在深夜里也会大开府门，等待徐渭。有时因徐渭喝醉酒，不能前来，胡宗宪还去看望他。

---

① 徐渭：《四声猿 歌代啸》附，上海古籍出版社1984年版，第187页。

然而对胡宗宪影响深远的，并不是这些往来文书，徐渭不仅仅是一个会耍笔杆子的文人，他还是一个懂得兵法，在军事谋略上有创见的智囊。他虽然身无一职，却几次换上短衣，冒险随军队来到前线，观察形势，然后记录下战事的经过，分析成败的原因，向有关官员提出破敌的方略。这些文章大都写得比较切实，不同于一般的书生议论。当时明朝东南沿海倭寇为患，侵扰越东地区的主要有汪直、徐海这两股势力。《明史·列传·徐渭》中说：

渭知兵，好奇计，宗宪擒徐海，诱汪直，皆预其谋。①

汪直，字五峰，下海做起了海盗，最后又成了武装走私集团的头目。势力越来越大，海盗们都称他为老船主。原先从事海上贸易，他组织了私人武装，开始还只是护航，后来索性干起了海盗。面对这样强大的一个对手，徐渭帮胡宗宪找出了他的软肋。嘉靖三十四年（1555）十一月，胡宗宪派出了他的使者蒋州、陈可愿，去日本，找到汪直，告诉他他的父母儿女都在自己手上，自己会好好地对待他们。在汪直义子毛海峰的引见下，蒋州、陈可愿见到了汪直，并较为出色地完成了任务。徐渭又建议胡宗宪从毛海峰下手，收买了毛海峰，使他怀着对胡宗宪的无限好感回到了领地，并把他所看到的一切告诉了自己的养父，虽然事情仍然毫无进展，但正如徐渭所预料的那样，强大的海盗头目汪直终于露出了破绽，一个致命的缺口已经打开。后胡宗宪又设计使毛海峰带了信给汪直以通商入贡诱得汪直上岸愿意归顺，并最终系敌酋于狱。

徐海，字碧溪。与汪直这个半商半海盗的人不同，他是个彻头彻尾的海盗，对这种人妥协，只能增加他的嚣张气焰，所以对付徐海，徐渭建议只能用强硬的手段。徐海虽然实力较差，但此人精于海战，极具军事天才，以明朝海军的实力，很难战胜敌军，一旦开战，难有胜算。徐渭和胡宗宪进行了详细的计划和分析，终于制定出了一个详尽的方案，他们派人打探出貌似强大的徐海集团是不难击破的，因为它有一个致命的弱点——内讧。和汪直不同，徐海的海盗团伙除了徐海之外，还有两位合伙人，一个叫陈东，另一个叫叶麻。胡宗宪派人对他们集团内部进行挑拨离间，并且笼络徐海的妻子王翠翘，抓住女人的心理，利用她给徐海吹枕头风，劝他归顺于胡宗宪。再进一步对这三个人进行利益的离间，还骗徐海说汪直已经投降归顺了，对徐海进行心理战，最后，徐海的海盗团伙没有大

---

① 张廷玉：《明史》第六册，岳麓书社1996年版，第4191页。

规模的进剿，也没有刀光剑影的拼杀，陈东和徐海就如同京剧三岔口中那两个可笑的人，在黑暗里开始互相猜疑，胡乱殴斗。而等待他们的，则是一旁以逸待劳的胡宗宪。

胡宗宪听取徐渭及其他幕僚的建议，设计对这两人诱以官禄，拉拢分化，最终瓦解了这两支海寇队伍。可以说，胡宗宪基本上没费什么精力，就和徐渭一起轻松愉快地解决了这两个令人头痛的海盗头子。

徐渭以一介书生得到浙江总督胡宗宪的重用，自是荣耀无比。的确，这是徐渭生命中最精彩的五年。可以说，在胡宗宪幕府中的五年，是徐渭一生之中最意气风发的岁月，即使还有很多不如意之处，也无法否认。嘉靖四十一年（1562）胡宗宪受到参劾，徐渭离开了总督府，礼部尚书李春芳请他入幕，徐渭不能忍受其苛刻的待遇，断然拂袖而去；后又在翰林编修张元忭府从幕：

> 元忭导以礼法，渭不能从，久之怒而去。①

也正因为如此，胡宗宪被徐渭列为平生四大恩人之一。绍兴师爷的职业只是他报答胡帅的知遇之恩、实现报国愿望的一种方法，文人的生活却是他心中难以割舍的追求。

三、偏激的复杂心理

徐渭在佐幕之前，曾提了一个要求，即在总督府内不担任职务，只是以宾客的身份出入其间。胡宗宪应允了他的请求。他这样做，目的是不想受制于人，他要保持自己独立的人格，要维护自己的尊严。这一时期，胡宗宪对他宽容畅达，他的才能有了用武之地，他的狂傲个性也得到了一定的舒展，他的自我价值得到了部分的实现，他的情感得到了暂时的满足。但即便是在这一时期，徐渭也抑郁不安。

首先，此时的明朝朝堂斗争激烈，以严嵩为首和以徐阶为首的两大集团之间矛盾十分尖锐，严嵩是奸臣无疑，但是和他作对的徐阶也并非什么善良之辈。这种形势之下参与任何一派于徐渭这种文人而言都不是明智之举。但是，倭寇入侵，百姓于水火之中，任何一个有志气的中国人，只要有这个机会，都会想杀敌

---

① 张廷玉：《明史》第六册，岳麓书社1996年版，第4191页。

报国的，覆巢之下无完卵的道理不会不懂。此时，胡宗宪给了他这么一个保家卫国机会，徐渭虽然矛盾，还是去了，但是后顾之忧也不是没有的。可以说是带着一种担惊受怕的心境去的。

其次，他替胡宗宪撰写不少青词（又称绿章，是道教举行斋醮时献给上天的奏章祝文。一般为骈俪体，用红色颜料写在青藤纸上。要求形式工整和文字华丽，无实在内容），他感觉理想中的自我价值并未实现。带着满腹的军事谋略去，却发现总督看重的是自己的文学才能，在《徐渭集·幕抄小序》中说："余从少保胡公典文章，凡五载，记文可百篇"[1]，做了个"典文之士"，而且这些文章还不是平倭的文章，而是一些写给皇帝或达官贵人的应酬文字。正如他自己在《徐渭集·抄代集小序》中所说："渭于文不幸若马耕耳，而处于不隐不显间，故人得而代之，在渭亦不能避其代。"[2]这是说他所作的一些文章是为人做嫁衣，言不由衷。"存者亦谀且不工"，可见出其不愿为而为之的痛苦与无奈。他在《锦衣篇·答赠钱君德夫》中也感叹：

> 南州有士气不羁，应科赴召靡不为。闱中幕下岂所志，有托而逃世莫知。[3]

徐渭有青云之志，但现实没有提供他可供施展才智的舞台，矛盾使他落入始终纠缠其心的命运纠结中。

另外，徐渭的白鹿双表使胡宗宪加官又进爵。他投笔从戎的初衷是为国效力，在军事上能有所作为。苦读兵书设计战术撰写种种攻守之策，为的是杀敌报国。想不到的是，他仅是在主帅的授意下，靠两只白鹿，写了两篇应景的浮文，竟然赢得主帅加封，朝堂侧目，自己也在军中树立起赫赫名声，被传为奇谈。这显然有违其初衷，壮志难酬之感不可能没有。当时军中有一位孙相士给徐渭看相，认为他是鸡群之鹤，曰：

> 短衣高帽拂青云，楼上逢君日未曛。一盼虎头横燕颔，载窥鹤侣生鸡群。

---

[1] 《徐渭集》第二册，中华书局1983年版，第536页。
[2] 同上。
[3] 《徐渭集》第一册，中华书局1983年版，第126页。

他对徐渭说了许多恭维之语，然而徐渭在《即席赠孙相士》中只淡淡地回了句：

> 寄语老翁需着眼，笼纱任务在参军。①

平定倭寇的战功在将士身上，而自己只是一介谋士，不能亲上战场亲手杀敌的遗憾尽在不言中。

还有，徐渭为后人诟病的另一篇文章，是代胡宗宪作的给严嵩祝寿的贺表。严嵩八十寿辰之际，胡宗宪送大礼并由徐渭执笔写贺表《贺严公生日启》借机表忠心，贺表中言曰："知我比于生我，益征古语之非虚；感恩图以报恩，其奈昊天之罔极。"②前者把严嵩比作再生父母，后者则出自《小雅·蓼莪》，说的是父母之恩深厚无尽。对这样一个奸相，且不论他给国家和人民带来的灾难，就徐渭自己而言，他的堂姐夫沈鍊就是屈死于严嵩奸党之手，献上这样的一篇谀辞，对徐渭这样清高的文人来说，是多么难堪的一件事情，然而，食胡之禄，又免不了要为他作一些违心的文章。这种内心不愿却又不得已而为之的矛盾，既暴露了徐渭性格中的软弱面，也造成了徐渭内心两难的痛苦，形成严重的心理创伤，使他为自己人格方面的缺陷感到万分痛苦。

徐渭堪称绍兴师爷的早期代表人物。徐渭的幕僚生活不同于一般绍兴师爷，因为有一位比较赏识他的东家，更因为他的比较淡然的官场观念，声名在外、生活有依的他，首先想到的不是如何在官场上平步青云，而是如何来享受文人的乐趣。这一点足可见他的独特与超然。

（原载《河南秘书》2013年第1期）

---

① 《徐渭集》第一册，中华书局1983年版，第230页。
② 同上书，第444页。

第十二章　清朝第一师爷沈文奎

　　清初,满族八旗子弟进入中原,只会骑马打仗,却不懂怎样做官,缺少治理国家的才能。武士在战场上的作战功夫,到了官场上就派不上用场,老百姓可以怕你,但不一定服你。这种现象引起了最高统治阶层的重视和警觉,清太宗皇太极提出不仅在朝廷中枢要用汉族文人,也要求各级衙门都这样做。统治者从建立国家官职机构,平定边疆叛乱,发展生产,安定社会大局出发,改"排汉"为"融汉",利用汉族知识分子协助统治。尽管这一政策曾经受到满族贵胄的反对,但是皇太极还是告诫这些贵胄,使用这些汉臣:"譬诸行道(就好像走路),吾等皆瞽(盲人)。今获一导者,吾安得不乐?"①由此,以范文程、沈文奎等为代表的汉族文人终于踏上政治台阶,纷纷投入各级政府衙门,开始参与清廷政事,凭借聪明才智,发挥其熟谙政治、经济、文化乃至风俗习惯之优势,加速汉、满一体之进程。沈文奎为皇太极出了一系列高明的点子,疏请定衣冠之制及不拘族类,不限贵贱,不分新旧,选拔人才诸事,其中包括要靠四书、五经去治理天下,不靠《三国演义》,要广开才路多起用汉人,要废除苛捐杂税等建议,对清统治者稳定人心、坐稳江山均极有用,绍兴师爷由此崭露头角。沈文奎可称是清代第一"绍兴师爷"。

沈文奎

一、沈文奎的坎坷一生

　　沈文奎,字清远,会稽县曹娥村(今属上虞)人,母亲王氏。少年时文奎曾寄养外祖父家,因此又叫王文奎。沈文奎20岁时为明朝生员,23岁时只身出门游学,北游辽

---

①　赵尔巽等:《清史稿》卷二百三十七,内蒙古人民出版社1998年版,第358页。

东。后金天聪三年（1629），皇太极兴兵入关，攻克遵化。当时沈文奎正在遵化，因城被攻破归清，贝勒豪格带其见皇太极，命于文馆任职。沈文奎开始为清军入关献谋设策，渐为皇太极看重。崇德元年（1636），甄别文馆诸臣，沈文奎列第二，被赐人户、牲畜，授内弘文院学士。清兵入关后，沈文奎历任都察院右副都御史、兵部右侍郎等职，颇受清廷信任。

《清史稿》列传二十六记载：顺治元年（1644），世祖定鼎，入据京师后，京南的真定（今河北正定县）、保定、内黄、大名、冀州（今河北冀县）等地燃遍了抗清的烽火，到处树起抗清义帜。保定香炉寨农民钱子亮、钱楼，乔家寨农民赵建英，宁晋泊农民韩国璧等，号称大王、都司；内黄农民苏自兴联络李自成部将王鼎铉，各称总督、大元帅。他们纷纷据险要为基地，起兵抗清，声势浩大。有的还联络山东、河南义军，有的潜入北京，散布流言，盗千百并起，焚掠为民害。七月，多尔衮任命沈文奎为全面负责戡乱的保定巡抚。沈文奎驻扎在真定，训练所部兵，一到任，各州县告急文书纷沓而至，"拮据宵旦，多方调遣"①，与巡按卫周胤合谋捕治。

在一开始，沈文奎就明确表示不同意刘余佑等人提出的只杀首恶、安顿胁从的"招抚"政策，即招诱起义军投降并给予赦免和奖赏的政策。十一月，他呼吁"剿抚"，并争辩说，西部与南部的形势已变得如此不可收拾，以致当地县官完全落入了"贼寇"的控制之中（这些"贼寇"许多已被赦免过）。这些县官是如此地软弱与恐惧，以致不敢派人到保定求援。只有对这种"暴匪"实行坚定不移的暴力镇压政策，才能重新得到地方官员的支持；否则的话，"暴匪"将继续控制着乡村。沈文奎一方面采用软化政策，招降了本地"贼党"首领赵崇阳。赵崇阳给了沈文奎巨大的帮助，使他得以缉获或斩杀了其他土匪头目，找到武器的藏所，扫灭了罪在不赦者，并使其他人还乡重操良民旧业。另一方面真正的政治性的起义军则被严厉镇压。当时两名保定人赵建英和钱楼，立了一位皇帝，并任命了一批"伪"官。沈文奎指挥总兵王爆、守备刘文选等将兵逐贼：

> 爆等讨灭香炉、乔家二寨，戮其渠钱子亮、赵建英。文选等攻深州，戮其渠于小安；攻晋州，戮其渠马数全。於是冀州郭世先、保定李库、内黄李君相、顺德袁三才数十渠魁，并就俘戮。散其胁从，录骁勇置部下。②

---

① 谢小彬、杨璐主编：《谢国桢全集》第三册，北京出版社2013年版，第311页。
② 赵尔巽等：《清史稿》卷二二六——卷三〇七，吉林人民出版社1995年版，第7559页。

又有韩国璧等人，在宁夏山西为强盗，抗拒官军。沈文奎即用赵崇阳捕斩韩国璧，歼灭其匪徒。至该年底，畿南农民军基本上被清廷镇压，并连同其下属均被无情地剿灭了。畿南渐定。州县吏征赋仍明季旧习，优免多则蚀赋，摊派行则厉民，沈文奎疏请悉从正额；宁晋泊地肥而赋轻，豪右竞占，逋赋为州县吏累，沈文奎疏请招民分耕纳赋。

二年（1645）正月，疏言畿南民重困，岁贡绵丝诸品，皆求诸他行省，请改折色；二月，又论诸卫所地纳赋丁入保甲，皆当属州县吏：并见采择。李联芳、张成轩等为盗南皮、盐山间，四月，遣都司杨澄、守备徐景山捕治，戮联芳等93人。不久朝廷任命沈文奎为兵部右侍郎，总督陕西。五月，改命总督淮、扬漕运。淮、扬群盗，高进忠、魏用通、高升三人者为之魁，复有鄢报国、司邦基挟明宗室新昌王，与相应为乱。沈文奎遣游击裴应旸等击斩用通，总兵王天宠亦击破升，报国、邦基为其徒缚诣江宁以降；进忠走崇明，亦降。十二月，复令总兵孔希贵、苏希乐逐盗如皋，得其渠于锡藩、刘一雄。

三年（1646）八月，又与淮徐道张兆熊发兵击斩邳州盗杨秉孝、王君实等。江、淮间始稍安。十月，疏请禁革苏、松诸府征漕积弊，悉去官户、儒户、济农仓诸名，著为令。四年正月，以擅免荒田赋，又渎请明陵祀典，夺职。五年十二月，起为内弘文院学士。六年，充会试总裁。八年，大学士刚林、祁充格得罪，沈文奎以知睿亲王多尔衮令改实录不上言，当坐，上命免议。四月，复命以兵部侍郎、左副都御史，总督漕运，巡抚凤阳。请复姓沈氏。七月，疏请慎选运官，清核舍馀，合选殷丁，清勾黄快，皆漕政大端，凡四事。十年，率师讨胶州叛将海时行。

十一年（1654），遣兵捕朱周錤，清通、泰滨海逋寇。江北庐、凤、淮、扬诸府灾，沈文奎请蠲赋，户部议未定，冬尽未启征。九月，沈文奎因督运愆迟，左迁陕西督粮道。不久在任上病逝，终年57岁。

沈文奎自离家北游，至随清兵入关，前后共18年，正好碰上改朝换代的离乱，传闻都以为沈文奎必死无疑。沈妻陈氏恪守妇道，居家侍奉婆婆，生活艰苦，夏无帷帐，冬无棉衣，每天只吃一顿稀粥，离死不远。沈文奎亦认为离开家乡多年，音信全无，母亲和妻子万难复合。不意重逢无恙，乃上疏迎养，母亲和妻子俱封淑人。

二、沈文奎的治国之策

在清朝夺取天下的过程中,沈文奎曾多次上疏,进谏忠言,为击败明朝提出了许多有益的建议。天聪六年(1632)六月,皇太极将伐察哈尔,因略宣府边外。明文武大吏请盟,皇太极还师。天聪六年八月,皇太极召见沈文奎等人,赐以肉食,面询对明言和等朝政大计。沈文奎等皆言明朝朝纲日紊,中原盗贼蜂起,民困于离乱。劝上宣布仁义,用贤养民,乘时吊伐。沈文奎上疏皇太极,曰:

> 先帝用兵之初,势若破竹,盖以执北关之衅,名正言顺。其后多疑好杀,百姓离心,皆曰利我子女玉帛耳。上宽仁大度,推心置人。今师次宣、大,长驱而入,谁复敢当?乃以片言之故,卷甲休兵。大信已著,宜乘时遣使,略逊其辞,以践张家口之约。夫不利人之危,仁也;不乘人之乱,勇也;不失旧约,信也:一举而三美归焉。或谓南朝首吝王封,次论地土人民,和必不成。臣谓和否不在南朝,在上意定不定耳。且和而成,我坐收其利,以待天时;和而不成,或蓟镇,或宣、大,或山海,乘时深入,诞告于众曰:"幽、燕本金故地,陵墓在房山,吾第复吾故疆耳。"师行毋杀人,毋劫掠,则彼民必怨其君之不和,而信我无他志矣。大凌河降夷,上赦之刀斧之下,复加以恩育,其所以去者,皆父母妻子牵其念耳。文王王政,罪不及孥。执杀逃亡,已正国法。岂可因兄及弟,因父及子?以一降夷而使众降夷自危,且使凡自大凌河降者人人坐疑,非上明白宣谕,上下暌违,终不能释也。我国衣冠无制,贪而富者,即氓隶,冠裳垺王侯;清而贫者,即高官,服饰同仆从。乞上独断,定衣冠之制,使主权尊,民志定,贤愚佥奋,国日以强。①

沈文奎为皇太极出了一系列高明的点子,对清统治者稳定人心、坐稳江山极为有用。天聪六年九月,沈文奎又上疏皇太极,提出:

> 臣自入国后,见上封事者多矣,而无劝上勤学问者。臣每叹源之不清,而欲流之不浊,是何不务本而务末乎!上喜阅《三国志》,此一隅之见,偏而不全。帝王治平之道,奥在《四书》,迹详史籍。宜选笔帖式通文义者,

---

① 赵尔巽等:《清史稿》十一卷,吉林人民出版社2005年版,第7557页。

秀才老成者，分任移译讲解，日进《四书》二章，通鉴一章。上听政之暇，日知月积，身体力行，操约而施博，行易而效捷。上无曰"此难能"，更无曰"乃公从马上得之"，乌用此迂儒之常谈，而付之一哂也。上用人亦宜详审，臣第就书房言之。书房出纳章奏，即南朝之通政司也。自达海卒，龙什罢，五榜式不通汉字，三汉官又无责成。秀才八九，哄然而来，群然而散。遇有章奏，彼此相诿，动淹旬月。上方求言，而令喉舌不通，是何异欲其入而闭之门乎？宜量才委用，或分任俾责有所专，或独任俾事有所总。至笔帖式通文义者，惟恩国泰一人，宜再择一二以助不逮。立簿籍，定期会，使大事不过五，小事不过十，分而任之。课勤惰，察能否，而从以赏罚，则政柄不摇，贤愚并励矣。①

沈文奎在上疏中，提出了最高当权者的勤学问题。他指出皇太极只读《三国志》是不行的，因为这本书中关于治理国家的知识是很有限的，应该认真阅读《四书》、《通鉴》等书。沈文奎开门见山地提出：

臣每叹源之不清，而欲流之不浊，是何不务本而务末乎！

如何才能务本呢？他认为要读圣贤之书。他指出，

上喜阅《三国志》，此一隅之见，偏而不全。

而帝王治平之道，微妙者载在《四书》，明显者详诸史籍。这是儒家的经典著作及传统史书。他提出皇帝进学应主要学习以《四书》为核心的"帝王治平之道"，并建议建立侍讲制度，对皇太极作了倾向于程朱理学的思想引导。为此，他建议整顿文书房，设置专门的翻译和讲解的人员。建议选择"伶俐通文，老成明察"之人，于每天当皇太极"听政之暇"，"进《四书》两章，《通鉴》一章"。通过讲解、翻译，请皇太极"观览默会，日知月积，身体力行，作之不止，乃成君子"。这样，"君心清而天下治"。②

另外，在奏疏中，他围绕文书房的状况谈到了用人应该详审的问题。他指出文书房就等于明朝的通政司，出纳章奏，其职责是重大的。然而，从达海去世，

---

① 赵尔巽等：《清史稿》十一卷，吉林人民出版社2005年版，第7558—7559页。
② 辽宁大学历史系编：《天聪朝臣工奏议》，辽宁大学历史系1981年版，第21页。

龙什免职以后，文书房是混乱的，五个管理奏事札子的满族官员不懂汉字，三位汉族官员又没有明确的职责，遇到有大臣们的章奏，互相推诿，动不动就扣留十天半月，其后果是相当严重的。皇上正在积极地征求各方面的意见，但是却使喉舌不通，这与想让人家进来而又把人家关在门外的做法有什么不同呢？对人应该是根据他才能的大小给予任用，有的给他一定的职务，让事情有人专管，有的单独给他一定的职务使事情有人总的负责。至于文书官中通晓文义的，现在只有国泰一个人，应该再选拔一两个，来帮助他解决力所不及的事情。文书房应该建立档案，定出制度，使大事不超过五天、小事不超过十天而得到处理，每人分别负责一个方面。延误章奏，阻塞言路而使喉舌不通。他在进谏中提出要广开才路，要废除苛捐杂税等建议，告诫皇太极不可有"'乃公从马上得之'，乌用此迂儒之常谈"的想法，天下是靠战马驰骋而夺来的，但治理则要靠文臣，应尽量搜罗人才，多起用汉人。文馆初设，尚需完善制度和组织，他建议量才任用，人尽其才。有的人让他分管某项事情，有的人可以让他负全面责任。建立档案，订立制度，使大事不过五，小事不过十，对每个人的表现要进行考核，在考核的基础上进行奖励和处罚，特别是要考核官员的勤奋或懒惰，观察他们对自己的职务是否能够胜任，而后给以相应的奖赏或惩罚，那么朝廷的权力就不会动摇，不论是聪明的或愚钝的都能得到勉励了。无疑的，这种意见对于巩固清廷的政权、督促大臣尽心尽力方面是有好处的。

三、沈文奎的用人之道

当时后金在与明朝的战争中比较重视武将，而不重视文人，尤其是努尔哈赤只重满人，不用汉人。沈文奎认为后金"不乏冲锋破敌、战胜攻取之人耳"[①]，现在急需的是有文化、通典籍的汉人来做朝廷的辅佐。他强调古来成事业者，要求实用，不贵虚名，而欲求实用以图事功者，尤必以得人为第一。

天聪之时，正值战乱年代，加上后金偏居东北一隅，文化落后，故时人多以为人才难得亦难寻，皇太极本人也同样有这种顾虑。正是因为有这种思想障碍，因此也就很难发现、得到人才。针对这一现状，沈文奎明确指出：

> 我国虽小，金、汉官民犹可百万也，其中不乏中才之士，而汗不知所以

---

① 辽宁大学历史系编：《天聪朝臣工奏议》，辽宁大学历史系1981年版，第68页。

作兴成就之，则习俗移人，同流合污，安望其有人拼才调哉！①

他反复强调，"天生人才，自足以供一代之用"的道理，并说明，只要认识到这一点，"真正怀才抱德之士，安知不继此而自至哉！"②

沈文奎列举历史上成功的君主用人之例说：

> 舜有五人而天下治，武王有定乱之臣十人，成汤三聘伊尹而成王业，齐桓独任管仲而伯诸侯。此数君者，虽时异势殊，而其最吃紧处，随才器使，不求备于一人，不调停于流俗。③

沈文奎郑重指出：茫茫人海，才俊无数，能为将相者何止千百人！只要人主能用其中之数人，那么，人才绝无匮乏之虞。天生人才，自足以供一代之用。江山代有人才出，各领风骚数百年。何世无才，愿君主思之、行之。关键在于君主能否真正识别人才并推行正确的用人政策。这是沈文奎向皇太极一再建议的。沈文奎上"广开言路，选拔人才"之策，提出一系列针对性策略，多被采纳且付诸实行。其中，沈文奎最大的贡献就是向皇太极系统地论述了用人之道，这对于清朝夺取天下是至关重要的。为此，沈文奎于天聪七年（1633）七月特向皇太极上疏，详细阐述了他的用人之道。疏言：

> 图事功者，以得人为先务。顷闻开科取士，诚开创急事也。然臣以为非抡才之完策，上宜发明谕，不拘族类，不限贵贱，不分新旧，有才能者许自荐，知人有才能者许保举。自荐者择有智识之臣，畀以抡选，而严挟私徇情之罚；保举者不避父子兄弟，但令立状记籍，异日考其功罪，与同赏罚，然后亲加省试，量才录用。有技能则超擢，无才行则责谴。奴隶工商，有善必取。显官贵戚，有恶必惩。招以真心实意，歆以高爵厚禄，绳以严刑重罚。好荣恶辱，人情所同。虽不能拔十得五，于千百中得数人，而已足为用矣。④

---

① 辽宁大学历史系编：《天聪朝臣工奏议》，辽宁大学历史系1981年版，第68页。
② 同上书，第23页。
③ 同上书，第22页。
④ 赵尔巽等：《清史稿》卷二二六，吉林人民出版社1995年版，第7559页。

在这篇奏疏中，沈文奎提出选拔人才必须注意几个原则问题：一是要有好的政策，选拔人才不必论出身贵贱，哪怕是奴隶、商人，只要有才能照样任用。这是一个打破满族旧的传统习惯势力而广招人才的政策，又是一个平等用人的政策。按照这一政策：

  虽不能拔十得五，于千百中得数人，而已足为用矣。

二是用人者要拓宽眼界，多渠道、多方面开科取士，这样才能发现人才；三是注意选拔方式，在选人用人的实践中，既要破除论资排辈的陈旧意识，做到"不拘一格"，又要避免任人唯亲，严格强调"破格"的基本标准。沈文奎阐述了自荐与保举的必要性，认为常格不破，难得大才，每个当权者都应不拘一格选人才。皇太极很重视沈文奎的意见，在其选拔人才，特别是重用汉人方面确实打破了许多旧框框，以致人才济济，这对于最后战胜明朝起到了重要作用。

  沈文奎认为要想取得事业的成功，得到人才是最重要的事情。接着他阐述了取得人才的多种途径。他说科举制度不是最完美的政策，应该在科举制度之外通过保举和自荐的方法广泛地收揽人才。在等级森严，民族歧视盛行的清王朝，他提出选拔人才"不拘族类，不限贵贱，不分新旧"的口号，是有进步意义的。同时沈文奎还提出保证通过保举和自荐而得来的人才质量的具体办法。如对于自荐的人要严加考核，对考核人的舞弊构私行为要严加处置、对保举人应该立状记籍，考其功罪，与同党罚等都是值得借鉴的。否则，不管自荐也好，保举也好，都难以得到真正的人才。选拔人才没有一套严格的制度是不行的。自荐者也许是自吹自擂，利欲熏心，欺世盗名的人；保举的也许是徇情谋私，安插亲信，结党拉派的人，对于这些人当然应该进行严格的限制，否则，选拔人才的事业就不堪设想。

  沈文奎的治国之策具有独到见解，他的用人主张在实践中发挥了重大作用，得到了清初统治者的充分肯定，他本人也因此受到重用，其不拘一格选人才的用人之道得以流传后世。

（原载《秘书之友》2008年第6期）

第十三章　汪辉祖佐幕观的内涵

汪辉祖，字焕曾，号龙庄，归庐。生于雍正八年（1730），卒于嘉庆十二年（1807）。其父汪楷曾任河南杞县狱吏八年。他11岁时，父亲去世，由嫡母、生母守寡抚养长大，不得不为生计和赡养家庭而奔波。他17岁中秀才，21岁入岳父江苏金山知县王宗闵幕府，开始涉足官场，研习刑名案件。以后在江苏、浙江各地16位官员幕内充当刑名师爷长达34年之久。其间他多次应试，八次落第之后终于在31岁时中举，直到46岁时再经三次落第之后，才中进士，授湖南宁远知县。几十年的幕府生涯，积累了丰富的官场经验，致使他做起官来颇为干练。史书中讲他：

"治事廉平，尤善色听，援引比附，律穷者通以经术，诀狱者皆曲当"；"两署道州，又兼署新田县，皆有惠政"。①

不幸的是，由于其人秉性正直，疾恶如仇，"持论挺特不可屈"，反遭恶人暗中诋毁，终被夺职，不得不以足疾告老还乡。作为一名刑名师爷，在江浙两省州县衙门应聘作幕，办了不少疑案，名声鹊起，为州县官争相聘请。他的言行很好地体现了其佐幕观。

一、汪辉祖的佐幕观

还在汪辉祖师爷生活的最后一年，即乾隆五十年（1785），在浙江归安作幕时，汪辉祖的外甥因学幕请教于他，于是便将自己几十年的研究心得、游幕经验写成40则，交于外甥阅读，名之曰《佐治药言》。又过数月，汪辉祖在老家待缺，深感意尤未尽，又补前书之不足得26则，定名为《续佐治药言》。这两书最初是给外甥学幕作参考的，但后来实际上成了学幕的教材，游幕的指南，以至成

---

① 赵尔巽等：《清史稿》，内蒙古人民出版社1998年版，第1151页。

了官场学的重要读物。在不长的时间内，流传到各地的官衙和幕府，"张廷骧在《入幕须知》中所写的《佐治药言》中说："实为幕学传授心法"。

后来汪辉祖应其二子继坊、继培之请，将自己平日从政治理的经验整理出124则，编为《学治臆说》。"师爷佐治"是他整个幕学思想亦即师爷理论的核心。主要体现在下面三个方面：

一是补阙。湖南永州知府王宸在《重刻佐治药言序》中说："夫吏非素谙律令，其不能不藉于幕宾也。"鲍廷博在《佐治药言跋》中也说：

> 夫在官之身，百务丛焉，簿书期会之繁，势不能不分寄于幕宾之手。幕宾之责，实佐官以理民。①

这里一说是不谙律令，一说百务丛焉，抽不出身。在这些委婉说法中，反映了清代官场上的两种情况。一是清人统治全国，虽在马上得天下，但难以在马上治天下。满族人本来文化水平低，有的连字也不识，于是就产生了一个何以做官，何以驾驭地方治安的问题。"不谙律令"是当时官场上的普遍现象，唯有依靠师爷佐治，才能补上这一缺陷。二是科举取士，不少人初入官场没有实际经验，"百务丛焉"，就无法招架支撑，这就需要有丰富治理经验的幕宾为其左右，补上这实际治理的一课。汪辉祖在文中引用古谚说明师爷的这一补阙作用："智者千虑，必有一失；愚者千虑，必有一得。"②以师爷之一得就可以补上为官者之一失。特别是刑名、钱谷两种师爷，任务繁重，条例丛集，加以历史情况各地殊异，风俗习惯每有不同，故尤非干练者不能胜任。久困书房之儒士，驰骋沙场之武夫，哪能熟谙，又何能操作？因此师爷的"佐治"首先是这一补阙作用。

二是正误。汪辉祖在"虚心"条说：

> 宾主之义，全以公事为重。智者千虑，必有一失；愚者千虑，必有一得。况幕之智，非必定贤于官也。特官为利害所拘，不免摇于当局，幕则论理而不论势，可以不惑耳。③

---

① 刘尚恒：《鲍廷博年谱》，黄山书社2010年版，第134页。
② 汪辉祖：《佐治药言》，中华书局1985年版，第2页。
③ 同上。

《立心要正》中说：

> 谚云：官断十条路。幕之制事亦如之。操三寸管臆揣官事，得失半焉。所争者公私之别而已，公则无心之过，终为舆论所宽；私则循理之狱，亦为天谴所及。故立心不可不正。①

这就是说在官事处理中，主官者往往为私利所拘，或亲属故吏所托，迷于当局，因而发生误判误断，这时师爷就可据理力争，以利害相告，让其明白全部，及时改正之。《词讼速结》云：

> 听讼，是主人之事，非幕友所能专主，而权事理之缓急、计道里之远近，催差集审，则幕友之责也。②

又说，理讼是为官者之第一要务，而平时启其善心，临事鼓其兴致，以其民事渐了，官声渐振，而主宾亦同受其福。其中煞费苦心，有循循善诱之意者，"佐治最宜领略"。所以正误纠谬是师爷佐治的又一重要功能。

三是救弊。封建社会中，吏治之腐败是一个难以痊愈的症结，而师爷却可以有一定的察吏救弊作用。汪辉祖在《检点书吏》节中说：

> 幕友之道，所以佐官而检吏也。③

他认为在官衙中，长官统率群吏，而群吏往往以其精力，乘长官之隙，或因长官事繁，不能事事明察，于是这些吏相沿陈规陋习，巧立名目，搜刮百姓，渔肉乡里，骚扰百姓，从而肥私增收，甚或勾结地方豪绅、恶棍，霸占一方，民众苦不堪言，却又控告无门。长官虽贤明而廉洁，但无法一一察知，所谓"清官难逃猾吏手"④。

但师爷却不然，他生活于官衙僚属之中，对这些吏胥内外两手较能尽快知晓，他又是全为主人着想，故对这些败坏官声吏治之风气和为恶之人，必然深恶

---

① 汪辉祖：《佐治药言》，中华书局1985年版，第3页。
② 同上书，第6页。
③ 同上书，第4页。
④ 同上。

而痛疾之。汪辉祖云：

> 衙门必有六房书吏，刑名掌在刑书，钱谷掌在户书，非无谙习之人，而惟幕友是倚者。幕友之为道，所以佐官而检吏也。谚云：清官难逃猾吏手。盖官统群吏，而群吏各以其精力，相与乘官之隙，官之为事甚繁，势不能一一而察之，唯幕友则各有专司，可以察吏之弊，吏无禄入其有，相循陋习，资以为生者，原不必过为搜剔，若无弊累人之事，断不可不杜其源。总之幕之与吏。择术悬殊，吏乐百姓之忧，而后得藉以为利，幕乐百姓之和，而后能安于无事。无端而吏献一策，事若有益于民，其说往往甚正，不为彻底熟筹，轻听率行，百姓必受累无已。故约束书吏，是幕友第一要事。①

检察吏胥之舞弊行为是为官者很感为难、却是师爷能够完成的事。尽管在实际工作中，这些网络中的人事纠葛是很难处理的，但却是一个正直的师爷应尽的责任。察吏救弊是佐人以治的又一个重要方面。

这些论述正是对汪辉祖师爷佐幕观的具体概括。补阙、正误、救弊从三个不同的侧面，论说了佐治的具体功能，当然还有其他方面，如代行出巡、文牍往来、迎接宾客等。

汪辉祖将两书稿赠给外甥后不久，他在平湖作幕时的好友鲍廷博看到后十分赏识。鲍廷博是当时的著名出版家，因应诏为《四库全书》献书最多而名闻全国，于是就设法将书稿作为《知不足斋丛书》第十二集，于乾隆五十一年（1786）付梓刊行。他在《佐治药言跋》中说：

> 古之言吏治者多矣，而未有及幕宾之作治者，余故急付剞劂，以广其传。②

这样汪辉祖著作由"药"一人之言而成了"药"众人之言。不久，时任汪辉祖的上级即宁远县的永州府知府王宸也从汪辉祖的儿子处得到此书，披览之后，大为夸奖，于是又立即将此两书重行刊版，印行于世，时在鲍廷博之后第三年即乾隆五十三年（1788）。他也在《重刊佐治药言序》中说：

---

① 汪辉祖：《佐治药言》，中华书局1985年版，第4—5页。
② 同上书，第13页。

> 是书之所言，义明词达，本末备该，不惟足以起佐吏者之膏肓，实为吏之药石具焉。

于是汪辉祖之书在社会上广为传播。汪辉祖中进士的座师、时任上书房总师傅的王杰，他认为此书实为为官者、为幕者之津梁，于是在乾隆五十八年（1793）在京城再印了此书，分送同僚。由此，汪辉祖之幕学著作传遍各地，产生了全国性影响。以后在乾隆六十年和嘉、道直至光绪间均陆续刊印多次，作为入幕必读之书，经世理政之典，受人青睐，长盛不衰。正如光绪间名幕张廷骧在《佐治药言序》中说："骧幸得先生是书，循诵再三，不啻发聋振聩，用是兢兢自勉，二十年来得以稍免陨越者，皆先生之有以侃我也。"这样，这本书就成了具有历史性影响的著作，对当时和后人产生了深远的作用。

在民国建立之前，《佐治药言》和《学治臆说》一直被视为佐幕者必备的指南。诚如汪辉祖的好友、著名藏书家鲍廷博在首次刊印《学治臆说》一书的序言中所说：

> 龙庄先生《学治》一书，居官典幕者皆宜日览……居官佐幕与立身之道均在其中。[①]

晚年的汪辉祖，历经宦海浮沉，对官场扑朔迷离的人和事，看得入木三分。汪辉祖是对他的后代和亲密弟子传授秘道，其教科书不乏种种官场机变与权术，但更多的是教授他们如何做一个正直、善良、有责任心的官场中人。汪辉祖认为无论是位居官长或是投身幕府，都应为官之道，造福一方，关键在于四个字："立心要正"。立心正者，虽讷于变通，以致贬谪去职，不一定真不会做官；立心不正者，虽老谋深算，爬上高位，未必真精通当官的诀窍。

二、佐幕观的民本性

在汪辉祖三十多年为幕为官的从政生涯中，他自始至终把老百姓放在很重要的位置上，主张尽心尽力为民办事，使他们少受无辜的牵累，认为为官为幕者在处理民事时应多花心力，不仅要为民除暴安良，更要对老百姓有体恤、怜爱之情，有很强的民本意识。这一点在他的《学治臆说》和《佐治药言》的一些章节

---

① 汪辉祖：《佐治药言 学治臆说》，辽宁教育出版社2000年版，序。

中有很好的体现：

1.为官

（1）"余言佐治以尽心为本，况身亲为治乎！心之不尽，治于何有？第其难，视佐治尤甚。盖佐治者，就事论事，尽心于应办之事即可无负。所可为治者。名为知县、知州，须周一县、一州，而知之有一不知，虽欲尽心而不能受其治者。称曰父母官，其于百姓之事非如父母之计儿女曲折周到，终为负官。终为负心。"①

汪辉祖认为佐治以尽心为本，为官者自己处理政务更应如此。地方官对百姓的事要像父母为儿女那样周到地计划，这样才不会辜负自己身上的责任，对百姓也就无愧于心了。因为做一天官，就吃了一天老百姓的饭，如果不把治理百姓、办好公务放在首位，整天只知吃喝玩乐，老百姓一定会对他产生怨恨情绪。身为一县或一州的官员要先了解本地的民情、民风，遇事细心安排，这样才能把老百姓的事干好，才能做好这个父母官。

（2）"先儒有言，一命之士苟留心于爱物，于物必有所济。身为牧令，尤当时存此念。遇地方公事不得不资于民力，若不严察吏役，或又从而假公济私，扰累何堪。故欲资民力，必先为民惜力，不惟弭怨，亦可问心。"②

汪辉祖认为做官以有爱护老百姓的实心为首要，尤其清廉之心为根本。要想得到老百姓的帮助，就要先珍惜民力，以消除百姓的不满，也让自己问心无愧。如果遇到地方上有公事要做，而不得不向老百姓征集劳力时，要严格地监察官吏的行为，不让他趁机搜刮民财，假公济私。这是一个父母官应有的意识，否则的话，老百姓就不得不受这些污吏的扰乱和压榨，使他们身受其苦，从而导致他们对官府存有怨言。

（3）"朝廷设官除暴安良，有司之分。怜暴是纵，惟良是侮，负国负

---

① 汪辉祖：《学治臆说》，中华书局1985年版，第1页。
② 同上书，第50页。

民，天岂福之。故保富之道，在严治诬扰，使无赖不敢藉端生事，人可以安分无事，而四境不治者未之有也。"①

汪辉祖认为保护富裕的方法在于严厉惩治那些无赖的诬告和侵扰，使他们不敢惹事生非，那样的话，有钱的人就可以相安无事了，而当官的也就肯定能治理好自己的辖区。当然保护富民的前提是为官者自身就要廉洁奉公，不要让那些无赖之徒有机可乘。从另一方面讲，这样做也是官员保护自己辖区内的富裕。做好政务的一个好方法。因为富裕的人是很多贫困的人赖以生存的对象，穷人以出卖自己的劳动力来谋生，富人从中赚取钱财，并给穷人提供自食其力的可能。如果连有钱人都变得穷苦了，那么原本就穷的人就更没有依靠了，有力无处出，也就无法养活自己了。这个时候，这个辖区的老百姓的生计都难以维持，官员治理起来就会困难重重。所以说保护富户是一举两得的事情，官民两方均能从中受益，为官者又何乐而不为呢？

（4）"故事非急切，宜批示开导，不宜传讯差提。人非紧要，宜随时省释，不宜信手牵连，被告多人，何妨摘唤千证。分列自可摘芟。少唤一人，即少累一人，谚云'堂上一点硃，民间千点血'，下笔时多费一刻之心，涉论者已受无穷之惠云。故幕中之存心。以省事为上。"②

汪辉祖认为老百姓官司难打、花费多，甚至会导致家道败落。他觉得在办案过程中少传讯一个人就可少连累一个人，以免除不必要的麻烦和花销。因为一张诉讼状子获准进行审理后，接下去的一系列事项都需要投状人承担花费：请衙门的当役吃饭、送礼、付探听消息的人的车船旅差费、请讼师等。另外，还有一些衙门差房趁机进行勒索诈骗。对官府来说，如果不是非常急切的事情，适宜于开导，不宜轻易传讯，派差役提人。不是很重要的人，应随时释放，不宜随手牵连入案，被告若多，不妨加以选择取证。一场官司下来，投状人的耗费财力众多，平民百姓大多负担不起，借债打官司从而导致家道败落。如果事情并不是很严重而去打官司，那就反而受其累了，所以官府要开导好百姓，使他们慎打官司。

---

① 汪辉祖：《学治臆说》，中华书局1985年版，第51页。
② 汪辉祖：《佐治药言》，中华书局1985年版，第5页。

2.佐幕

（1）"官能予人以信，人自贴服。吾辈佐官，须先要之于信。凡批发呈状，示审词讼，其日期早晚，俱有定准。则人可依期伺候，无废时失业之虑。期之速者，必致与人之诵，即克日稍缓，亦可不生怨言。第欲官能守信，必先幕不失信。盖官苟失信，幕可力尽。幕自失信，官或乐从。官之公事甚繁，偶尔偷安，便逾期刻，全在幕友随时劝勉。至于幕友不能克期，而官且援为口实，则官之不信。咎半在幕也。"①

汪辉祖认为当官贵为守信，作幕者更应如此。想要当官的人守信用，作幕宾的人首先就要避免失信于人。因为如果当官的人失信，幕宾还可以尽力弥补。而幕宾自己先失信，当官的有时也会乐于顺从。如果本来定下的审理日期被无故推迟的话，就会浪费百姓的时间，使他们因此而荒废正业。当官的人公事繁忙，难免会有所延误，那么作幕宾的人就应该把好关、提好醒，敦促他尽量严格地按既定日期办事，不影响百姓的正常生活、工作安排。这样才能使官府不失信于民。

（2）"听讼，是主人之事，非幕友所能专主。而权事理之缓急，计道里之远近，催差集审，则幕友之责也。示审之期最须斟酌。宜量主人之才具，使之宽然有余，则不至畏难自沮。既示有审期，两造已集，断不宜临期更改。万一届期，别有他事，他事一了，即完此事，所以逾期之故，亦必晓然，使人共知。若无故更改，则两造守候一日多一日费用，荡财旷事。民怨必腾。与其准而不审，无若郑重于准理之时；与其示而改期，无若郑重于示期之始。"②

处理和裁决案件是主官的事情，并不是幕宾所能作主的。然而权衡事情的轻重缓急，计算道路的远近，催促差人召集相关人员审理案件，这就是幕宾的责任了。接到一个诉讼案件之后，幕宾应该和主人商议审理日期，一旦议定日期并通知了原被告后，最好能如期举行。如果因故逾期，就一定要解释清楚，让每个人都知道，这样才不至于让双方当事人觉得恼火。因为双方当事人在等候审理之

---

① 汪辉祖：《佐治药言》，中华书局1985年版，第12页。
② 同上书，第6页。

时，多等一天就多一天的费用，如果官府随便更改开审日期，对老百姓而言就会造成较大的利益损失，不仅耗费了大量钱财。又耽搁了官司，老百姓的怨愤之情就会被激化。所以，在确定审理日期之前就应该慎重考虑各种情况，以确保案件能如期审理。汪辉祖举了这样一个例子来说明结案宜速的必要性。以前有一个犯了法的妇女，被初判为凌迟斩首，可是后来却在监狱中关了很久，她质问看守："为什么到现在还不把我剐成零碎？剐了我以后，我就好回家去养我的蚕了。"这些话虽然有些戏谑的成分，但也说明了一个事实：拖延审判比让人受剐刑还要难受。所以，为了方便老百姓，佐幕者要协助主人迅速处理、裁决案件，使老百姓早日安心。

（3）"宾之佐主，所办无非公事，端贵和衷商酌，不可稍介以私。私之为言，非必己有不肖之心也。持论本是，而以主人意见不同，稍为迁就，便是私心用事。盖一存迁就之见，于事必费斡旋，不能适得其平。出于此者，大概为馆所羁绊。不知吾辈处馆非为宾主有缘，且于所处之地必有因果。千虑之得有所利，千虑之失有所累。小者尚止一家，大者或偏通邑，施者无恩怨之素，受者忌报复之端。所谓缘者，宿缘有在，虽甚龃龉，未必解散。至于缘尽留恋，亦属无益。且负心之与失馆，轻重悬殊，何如秉正自持。不失其本心之为得乎？"①

幕宾佐幕应以尽心为本，但所谓尽心，并不是让主官的意见来左右自己。幕宾辅佐自己的主官，所办理的一般都是公事，应该和主官秉公商量，而不能带有私心。这里讲的私心不仅指不能产生不好的念头，而且如果自己的看法本来就正确的话就不能因为主官的不同意见就加以迁就。否则的话，幕宾就起不了真正的作用，只是附和主官的意见而已。如果主官的做法不利于百姓，幕宾就更应该加以反对、劝阻，如果意见总是不合的话，就说明宾主间的缘分已尽，就没有留恋的必要了。更何况有负民心和失去幕府的工作，这两者之间相较而言，轻重悬殊是很清楚的。幕宾本来就是普通百姓中的一员，如果为了一份工作而放弃自己的做人原则、失去了赤子之心、忽略了老百姓的利益，那他又怎么对得起老百姓、对得起自己的良心呢？所以，原则问题不能迁就。

---

① 汪辉祖：《佐治药言》，中华书局1985年版，第15—16页。

3. 审案

（1）"天道好还，捷如桴鼓。故法有一定，而情别于端。准情有用法，庶不干造物之和。"①

汪辉祖提倡执法有情，佐幕时，遇上犯人有婚丧事而他们的案情又不是很重大的情况，官府就应怜悯体恤他们，也该成全他们，同情他们的不幸。这是多么仁慈的行为！法律有一定的准则，而人情却与之不同。如果在尽通人情的前提下用法，就不会辜负造物主的仁慈。他在《执法有情》这一章节中还举了正反两个例子来说明执法有情的必要性。其一是杭州金王府的副总管罗世荣先生。有一个匠人犯法后案子都已处理好了，官吏们请求判决。罗世荣说："我听说他刚刚娶了媳妇，若是责难他的话，人家家里人必定会认为新媳妇对儿子不吉利，议论多了，事情如何发展就说不清楚了。暂且放下不问。以后他如果再犯，重重惩治就行了。"多么仁慈的话语！既避免了事态的恶化，又给了这个匠人一次改过自新的机会。另一个人是乾隆十一二年间，江苏的一个严厉、干练的官吏张某，在县试的时候，一个童生挟带他过去写的文章入场，按照法律，这个考生应戴枷示众。可是他的众多亲朋跑来求情，说他才结婚一天，请求满一个月以后再补枷示众，可张某不同意。结果，这个老先生的媳妇听了这个消息后上吊自杀了。张某慌忙命人把枷打开，随后这个考生也跳水自杀了。张某只不过是依法办事，却因为他不肯通容而害死了这一对新婚夫妇。考试挟带资料要戴枷示众这是法律规定的，但是法律虽设列了刑，礼却要通人情，满月后补戴枷锁示众并不是不可取的。这样做不仅没有违背法律，而且顺应了人情，为什么不变通一下呢？通过上述两例的比较，汪辉祖认为律法的威严并不是体现在这些案情不很重大的事情上的，执法者要通人情。

（2）"赃真则盗确，窃贼亦然。正盗正窃，罪无可宽。所尤当慎者，在指扳之人与买寄赃物之家，往往择殷而噬，藉端贻累。指扳之人，固须质审，其并无实据者，亦可摘释；至不知情而买寄赃物，律本无罪，但不得不据供查吊。向尝不差捕身。止令地保传谕，檄内注明'有则交保，不须投案；无则呈剖，不许带审。'亦从无匿赃不缴，自干差提者，此亦保全善类

---

① 汪辉祖：《学治臆说》，中华书局1985年版，第52页。

之一法。盖一经差提，不唯多费，且窃盗拖累，几为乡里之所不齿。以无辜之民，怀盗赃庭质，非贤吏之所忍也。"①

盗贼往往在窃得物品后选择一些有钱人进行销赃，并借故牵累诬陷别人入案。但有很大一部分人是不明真相，受盗贼蒙骗而收买、窝藏赃物的，按照法律，他们是没有罪的。如果办案的人按照窃贼的供词进行查询就会冤枉了这些无辜之人。以前官府对窝藏赃物的人不派捕役去收审，只令地保传下令，让他们交出赃物或自己到官府去自首，以保全善良的百姓。汪辉祖认为这种做法很好，既收回了赃物，又避免伤及无辜。

（3）"提人不可不慎。固已事涉妇女，尤宜详审。非万不得已，断断不宜轻传对簿。妇人犯罪，则坐男夫具词，则用抱告。律意何等谨严，何等矜恤。盖幽娴之女，全其颜面，即以保其贞操，而妒悍之妇。存其廉耻，亦可杜其泼横。"②

提审人犯，一定要慎重。涉及妇女的案子，尤其应该详细审核。不到万不得已的时候，绝对不能传讯妇女到县衙当堂对簿。因为在中国封建社会中，人们对妇女要求严格，不仅要求她们端庄贤淑，而且看重女性的贞节和操守，要求她们恪守妇道。所以法律规定：妇女有了罪，准备好陈词以后，由丈夫代替犯罪的妇女出庭受审。妇女犯了罪就会牵连家里的丈夫。汪辉祖在这一章中举了一个例子来警示后人吸取经验教训。有一位姓叶的师爷在山东馆陶做幕宾时，有个读书人控告恶少调戏他的妻子。叶某在核审案件时想传命调停，只惩戒恶少，受害女子则不必到堂对簿。可他的好友谢某却说："那女子必定很有姿色，何不叫她来看一眼？"于是叶某命人传讯她到庭。结果，没过多久，这个妇女就上吊自尽了，恶少也因此被处死了。这是一个沉痛的教训，为了看她的姿色而传讯她到庭，使她感到羞愧，觉得丢了脸面、伤了自尊，而产生了不想活下去的念头。如果这个妇女不上吊，自然，那么恶少也不至于被判死罪。一个小小的邪念，害死了两个本不该死的人，为官为幕者都应该吸取这个教训。

---

① 汪辉祖：《佐治药言》，中华书局1985年版，第8页。
② 同上书，第9页。

三、佐幕观的现实性

师爷是中国幕府制度几千年演变发展到清代的一个历史产物，汪辉祖由于长期任师爷，其幕学著作，是对清代幕府制度、幕僚工作的全部认知及对其规律性的把握。因此他的幕学思想也可以说就是从事师爷工作的理论，有师爷职守、工作原则、行事方法、个人道德操守的认识和主张，完整而深刻地反映了他的幕学思想。

1.一心为民

汪辉祖认为为官者处理政务要以尽心为本，佐幕更应如此。

> 称曰"父母官"，其于百姓之事非如父母之计儿女曲折周到，终为贪官，终为负心。①

地方官对百姓的事要像父母为儿女那样周到地计划，这样才不会辜负自己身上的责任，对百姓也就无愧于心了。因为做一天官，就吃了一天老百姓的饭，如果不把治理百姓、办好公务放在首位，整天只知吃喝玩乐，老百姓一定会对他产生怨恨情绪。身为一县或一州的官员要先了解本地的民情、民风，遇事细心安排，这样才能把老百姓的事干好，才能做个好官。他认为：

> "清特治术之一端，非能是遂足也。尝有洁己之吏，傲人以清，为治务严，执法务峻，雌黄在口，人人侧目，一事偶失，环聚而攻之，不原其祸所由起，辄曰：'廉吏不可为'，夫岂廉之祸哉！盖清近于刻，刻于律己可也，刻于待人不可也。"②

这就是我们常说的要严以律己，宽以待人。能踏踏实实为民办事，就是好官，古今同理。现代社会也出了不少像焦裕禄这样的好书记，受到人民的敬仰。但也存在利用人民所给的权力，以官谋私，以权谋私的腐败分子，给党和人民的事业带来损害。这种人也许从他们当官的第一天起就怀有私心，把个人的利益凌驾于国家和人民的利益之上，他们把党和国家的章程制度置之脑后，有愧于党对

---

① 汪辉祖：《学治臆说》，中华书局1985年版，第1页。
② 同上书，第54页。

他们的培养和教育。作为人民公仆,应该洁身自好,以党和人民群众的利益为重,自觉地维护国家和人民的利益,旗帜鲜明地同一切损害党和人民群众利益的行为作斗争,要向孔繁森、任长霞这样的干部学习,时时刻刻把人民群众的利益记在自己心中,身体力行,保护群众的合法权益,为群众多办实事。

2.廉洁奉公

汪辉祖认为官贤与不贤,当他离开之后,老百姓的评判是最公平的。要得到好的官声,第一便是要有好的品德,为官一方,必须"严治诬扰,使无赖不敢借端生事"。要达到四境平安,为官者自律"洁己"非常重要。

> 官不洁己,则境之无赖,借官为孤注,扰富人以逞其欲,官利其驱富人而讼,可以生财也。阳治之,而阴庇之,至富人不能赴诉于官,不得不受无赖之侵凌,而小人道长,官为民仇矣。夫朝廷设官,锄暴安良,有司之分,惟暴是纵,惟良是侮,负国负民,天岂福之?故保富之道,在严治诬扰,使无赖不敢藉端难事,富人可以安分无事,而四境不治者。未之有也。①

可见为官者要有一身正气,以身作则,成为表率。俗话说"苍蝇不叮无缝的鸡蛋",官正民风清,否则"小人道长,官为民仇矣"。汪辉祖谆谆告诫为官者,"办赈勿图自利","地方不幸遇歉岁,自查灾以至报销,层层需费,不留余地,费从何出?"②

因此要靠国家赈灾款留下一定的费用是必要的,

> 但克减赈项,以归私橐,被灾之户,必有待赈不得,流为饿殍者。上负圣恩,下伤民命,丧心造孽,莫大于是,此吾所为不忍不言也。③

师爷应帮助幕主立"信"。有了信义,才可以规劝别人。汪辉祖指出:

> 官能予人以信,人自帖服。吾辈佐官,须先要之于信。凡批发呈状,示审词讼,其日期早晚,俱有定准,则人可依期伺候,无废时失业之虑。期之

---

① 汪辉祖:《学治臆说》,中华书局1985年版,第54页。
② 同上书,第51页。
③ 同上。

速者，必致舆人之诵，即克日稍缓，亦可不生怨讟。第欲官能守信，必先幕不失信，盖官苟失信，幕可力争；幕自失信，官或乐从。官之公事甚紧，偶尔偷安，便逾期刻，全在幕友随时劝勉。至于幕友不能克期，而官且援为口实，则官之不信，咎半在幕也。①

同样的道理，幕主在外的口碑好坏在于师爷是否做到了尽心、勤事，是否为幕主树立了"信"的形象。汪辉祖认为当官贵为守信，作幕者更应如此。想要当官的人守信用，作幕宾的人首先就要避免失信于人。因为如果当官的人失信，幕宾还可以尽力弥补。而幕宾自己先失信，当官的有时也会乐于顺从。如果本来定下的审理日期被无故推迟的话，就会浪费百姓的时间，使他们因此而荒废正业。当官的人公事繁忙，难免会有所延误，那么作幕宾的人就应该把好关、提好醒，敦促他尽量严格地按既定日期办事，不影响百姓的正常生活、工作安排。这样才能使政府不失信于民。我们现在的干部更应该树立全心全意为人民服务，作一个人民的好公仆的思想。我们有的干部尽管身在其位，但思想上却放松了理论学习，经不起改革开放的考验，缺乏"富贵不能淫，贫贱不能移，威武不能屈"的正气，分辨不清真善美和假恶丑，把腐朽当神奇，把痈疽当宝贝，违法乱纪，堕落成腐败分子。

3.坚持原则

汪辉祖认为辅佐他人处理政务要尽心尽力，但所谓尽心，并不是让主官的意见来左右自己。汪辉祖认为"公事不宜迁就"，即要坚持原则：

> 宾之佐主，所办无非公事，端贵和衷商酌，不可稍介以私。私之为言，非必己有不肖之心也，持论本是，而以主人意见不同，稍为迁就，便是私心用事。盖一存迁就之见，于是必费斡旋，不能适得其平。出于此者，大概为馆所羁绊，不知吾辈处馆，非惟宾主有缘，且于所处之地必有因果。千虑之得有所利，千虑之失有所累，小者尚止一家，大者或遍通邑。施者无恩怨之素，受者忘报复之端，所谓缘也，宿缘有在，虽甚龃龉，未必解散；至于缘尽留恋，亦属无益。且负心之与失馆，轻重悬殊，何如秉正自持，不失其本心之为得乎？②

---

① 汪辉祖：《佐治药言》，中华书局1985年版，第12页。
② 同上书，第15—16页。

幕友佐官为治，于公事处理，意见不可能事事一致。关键在于主官善于纳言。但官如以"利害"理公事，而佐幕则坚持以"是非"论公事，则官幕间龃龉无可避免。虽然官幕间无"势分之临"，然宾主之礼却不足以制官。

既然：

> 恃才之官，喜以私人为耳目访案公事，彼所倚任之人，或摇于利，或蔽于识，未必俱可深信。官之听信原不可恃，全在幕友持正不挠，不为所夺。若官以私人为先入幕，复以浮言为确据，鲜不偾事。盖官之治事，妙在置身在外，故能虚心听断；一以访闻为主，则身在局中，动多挂碍矣。①

幕友则只能以去就相争，迫使主官采纳意见。如主官依然一意孤行，便只好"不合则去"。

> 且负心之与失馆，轻重悬殊，何如秉正自持，不失其本心之为得乎？②

幕宾辅佐自己的主官，所办理的一般都是公事，应该和主官秉公商量，应以尽心为本，而不能带有私心。这里讲的私心不仅指不能产生不好的念头，而且如果自己的看法本来就正确的话就不能因为主官的不同意见就加以迁就。否则的话，幕宾就起不了真正的作用，只是附和主官的意见而已。如果主官的做法不利于百姓，幕宾就更应该加以反对、劝阻，如果意见总是不合的话，就说明宾主间的缘分已尽，就没有留恋的必要了。更何况有负民心和失去幕府的工作，这两者之间相较而言，轻重悬殊是很清楚的。

幕宾本来就是普通百姓中的一员，如果为了一份工作而放弃自己的做人原则、失去了赤子之心、忽略了老百姓的利益，那他又怎么对得起老百姓、对得起自己的良心呢？所以，原则问题不能迁就，要依法办事。

> 且身为法吏，果能时时畏法，事事奉法乎？贪酷者无论，即谨慎自持，终不能于廉俸之外一介不取。如前所云陋规，何者不干国法？特宿弊因仍，民与官习，法所不及，相率幸免耳。官不能自闲于法，而必绳民以法，能无愧欤？故遇愚民犯法，但能反身自问，自然归于平恕。法所不容姑脱者，原

---

① 汪辉祖：《佐治臆说》，中华书局1985年版，第11—12页。
② 同上书，第16页。

不宜曲法以长奸情；尚可以从宽者，总不妨原情而略法。①

也正因为如此，汪辉祖常以勿成为"破家县令"为念，处理案件要为百姓着想，因为一旦涉讼经济开支甚大，往往导致贫困甚至家破人亡。他在幕府佐治办案或自主办案26年，处死刑者仅6人，他善用儒家经典变通法律，"引经决狱"把法律、经义、人情综合决断。在新的历史条件下，汪辉祖的佐幕观仍值得我们学习，秘书尤其要防止和克服拜金主义、享乐主义和个人主义的滋生，过好名利关、权力关、金钱关、色情关和人情关，努力增强拒腐防变的能力。

4.勤谨办事

汪辉祖认为处理幕府政务，最重要的是勤勤恳恳地做好每一件事。他将宋代吕本中的为官"清、慎、勤"三字以"勤"为本，他说：

> 吕氏当官三字，曰清，曰慎，曰勤。所谓三岁孩子道得，八十岁老翁做不尽者。尝与同官侍王蓬心先生论三事次第，先生以清为本，同官唯唯。余谨对曰殆非勤不能。先生曰何故？则又对曰兢兢焉，守绝一尘矣，而晏起昼寝，以至示期常改，审案不结，判稿迟留，批词濡滞，前后左右之人，皆足招摇滋事，势必不清，何慎之有？先生曰诚知君之得力有自也。因为同官交勖焉。凡余臆说，力求称职之故，固无一不恃乎勤也。②

他所说的"勤"，就是处理日常政务的工作能力和方法。

> 办理幕务最要在勤一事。入公门伺候者，不啻数辈，多延一刻，即多累一刻，如乡人入城控事，午前得了，便可回家。迟之午后，必须在城觅寓。不惟费钱，且枉废一日之事。小民以力为养，废其一日之事，即缺其一日之养。其羁管监禁者，更不堪矣，如之何勿念？况事到即办，则头绪清楚，稽查较易。一日积一事，两日便积两事。积之愈多，理之愈难，势不能不草率塞责。讼师猾吏，百弊丛生，其流毒有不可胜言者。譬舟行市河之中，来者自来；往者自往，本无雍塞之患。一般留滞，则十百舟相继而阻，而河路有挤至终日者矣。故能勤则佐剧亦暇，暇自心清。不勤则佐简亦忙，忙先

---

① 汪辉祖：《学治臆说》，中华书局1985年版，第52页。
② 同上书，第37页。

神乱。①

因为身在衙门中的人，代表的不仅仅是他一个人，而是一个牵扯面极广的"小社会"。在处理日常公务时，多拖延一时，就会拖累当事人一时，如果明明是上午可以完成的事情却拖到下午来办，那么就浪费了当事人半天的时间和在外面吃午饭的钱。而平民百姓本来就没多少钱，靠自己的劳动来养活自己，耽搁半天，就会减少养活自己半天的收入。所以，为了老百姓的生活便利，衙门中人一定要勤勉工作。另外，衙门中事情较多，很多事情堆在一起会搞混，以至理不清头绪。所以，最好一有事情就去调查、处理，这样做就会更清楚、更有条理，也能降低差错，提高办事效率。

师爷佐幕处理事务要循序渐进、持之以恒，他叹曰：

"嗟呼，勤之为道难矣！求治太急者，病在躁，疾行无善步，其势必蹶，道贵行之以渐。一鼓作气者，病在锐，强弩之末不能穿鲁缟，其后难继，道贵守之以恒。渐则因时制事，条理无不合宜，恒则心定神完，久远可以勿倦。靡不有初，鲜克有终，念之哉！"② "六时功课，尽归案牍，随到随办，无虞壅滞，日日事理，常与士民相见，不难取信于人。"③ "人情俗尚，各处不同，入国问禁，为吏亦然。"

判事要先：

"体问风俗，然后折中剖断，自然情法兼到。一日解一事，百日可解百事，不数月诸事了然。"④

要做一名好官，不仅清廉是立品之基，还要勤政，到社会实践中去锻炼，去认识自然，认识社会，丰富知识，增长才干，实践中加深对理论知识的理解，提高思想水平，深入社会进行调查研究，了解乡土民情，摸清政治、经济、社会各方面的情况，剖析各种问题的来龙去脉，从而提高观察、分析问题的能力。

---

① 汪辉祖：《佐治药言》，中华书局1985年版，第12页。
② 汪辉祖：《学治臆说》，中华书局1985年版，第37页。
③ 同上书，第9页。
④ 同上书，第11页。

为官廉正爱民，佐幕勤勤恳恳，这是汪辉祖一生的真实写照。《佐治药言》和《学治臆说》比较明显地表露了汪辉祖的师爷佐幕观内容，较好地体现了汪辉祖对百姓的体恤和怜爱。他站在百姓的立场上，设身处地地为百姓利益考虑，其中也饱含着对为官为幕者中肯的劝诫，值得我们研读。

为官廉正爱民，佐幕勤勤恳恳。这就是汪辉祖一生的真实写照。他这种时时处处为民着想、一切以百姓利益为重的佐幕观，值得我们新时代的每个干部好好学习、借鉴！

（收入《中国越学》第二辑，中国文联出版社2010年版）

四、汪辉祖判案实例

清代师爷判案事例很多，汪辉祖一生可谓丰富多彩，也称得上是一个寒门学子奋斗成才的励志故事了，当过官、写过书、做过刑名师爷，判过不少大案疑案，从没出错。

1.《周张氏为殇子立继案》

乾隆年间，汪辉祖在长洲之地做刑名师爷。长洲县一大户人家有一位年轻的寡妇周张氏，19岁那年丈夫就去世了，她在周家遵循妇人的忠贞道义，一直守寡多年。她的儿子继郎，是周家的遗腹子，转眼已经长大成人了。继郎18岁那年，家中为他筹备了一门婚事，婚事定在了八月，眼看婚期就要临近了，可是继郎却因生病去世了。

继郎病殇后，犹如晴天霹雳一样改变了周张氏的命运走向。周家族人以继郎未能成亲这一理由，要将继郎作为张氏丈夫的继子安葬入祠，张氏坚决不同意呢。自己年轻守寡，只有继郎一个儿子，辛苦养大，当然是周家的子嗣，不能因为儿子没有成亲这一理由将他作为继子入葬，这让儿子也无法安然离去啊！于是，张氏和周家族人便对簿公堂。双方各执一词，这事一闹到公堂，便更难解决，县令也没有更好的办法让双方满意，只得批示让房族公议此事，可是房族的意见没有统一，拖了18年都不能结案。18年中，经历了多少沧桑变化，张氏已经年近60岁，这个案子成了她心中一直未解的疙瘩，直到老人弥留之际，儿子立嗣之事也没有确定。老人心中之气郁积多年，至死都未能瞑目。张氏孤苦无依，曾经一度想将一个婴儿作为自己的孙儿抚养，族人认为这个婴儿未必能顺利地长大成人，也没有同意张氏的想法。就这样，这位可怜的老人带着委屈离开了人世。当时的长洲县令郑毓贤接到这起案件后交给刑名师爷汪辉祖处理。

第十三章　汪辉祖佐幕观的内涵

接手此事后，汪辉祖将相关的案卷都收集起来，认真翻阅。他觉得周张氏遵循妇道，值得赞颂。虽然律法没有成例可用，但可用《礼记》当中的论述来分析事理，于是代县令拟了一道判词，准备了断此案："张抚遗腹继郎，至于垂婚而死，其伤心追痛，必倍寻常。如不为立嗣，则继郎终绝，十八年抚育苦衷，竟归乌有。欲为立嗣，实近人情。族谓继郎未娶，嗣子无母，天下无无母之儿。此语未见经典。"为殇后者，以其服服之"，《礼》有明文。殇果无继，谁为之后？律所未备，可通于礼。与其绝殇而伤慈母之心，何如继殇以全贞妇之志。乾隆十九年张氏欲继之孙，现在则年已十六，昭穆相当，即可定议。何必彼此互争，纷繁案牍？"汪辉祖认为："失去孩子的母亲不能以此来对待，应该给她一种信念上的安慰。"应该按照周张氏的意愿，将继郎立为嗣子，以安慰其丈夫和孩子的在天之灵，这样才称得上是一个抚慰人心的结局。

可是汪辉祖的判词并没有得到大家的认可，周氏族人认为他有些擅自臆断，县令郑毓贤也并不支持这位大名鼎鼎的师爷。郑县令认为，以前的多位县令都将此案交周氏房族商议，汪辉祖作出这样的判断，是招惹是非，多次建议他修改。但是汪辉祖却据理力争，他认为把案子交给房族来商议不是一个很好的办法，导致这个案子拖了那么多年都未解决。他说："作为官员，没有帮助周张氏完成心愿，令她抱憾终生是一件很可惜的事情，不能这样简单交给房族把这件案子解决了。虽然你是我的主人，我这样固执会让你心里也难以舒心，但是我不求荣华富贵，也不管百姓是富贵还是贫贱，我的判断标准就是要合情合理。如果真的让您为难，那么我宁愿请辞。"郑县令见汪辉祖如此坚持，便采纳了他的建议。至于周张氏想要的那个婴儿，当时已长大成人，便也将他过继为周张氏的孙儿。郑毓贤的担心果然不是多余。审理结果公布之后，周氏族人不甘心巨额财产落入外人之手，于是拒不接受并反复起诉，汪辉祖的态度也很坚决，任你如何纠缠，他概不受理。

过了几个月，长洲官衙的官员和幕僚们正在高高兴兴过端午节，突然收到巡抚亲笔书写的手谕，命将争嗣一案的卷宗全部送交巡抚衙门，巡抚大人要亲自审查。所有官员和幕友无不感到震惊，郑毓贤更是吓得胆战心惊，唯恐大祸临头。汪辉祖却坦然自若，说："我无私心，上可对天，下可对地，何况对上官？"话是这样说，但在接下来的日子里，大家还是忐忑不安，不知如何是好。

几天之后，郑毓贤应召去省里谒见巡抚。他是怀着紧张恐惧心理去的，回来时却春风得意，笑逐颜开。他告诉大家：巡抚陈宏谋见了他之后，对汪辉祖的批文大加赞赏，连说："此批得体！ 此批得体！"原来有一个爱打抱不平的秀才为此案上诉到巡抚衙门，陈宏谋调阅全部原始档案之后，发觉控诉不实，就责令苏州府对这个秀才严加惩罚，同时召见郑毓贤，询问此批由来。郑毓贤如实汇报后，陈弘谋听说是一个年轻幕友所拟，于是赞叹不已。巡抚表扬赞赏汪辉祖，等于肯定夸奖了郑毓贤。至此，案子终于在汪辉祖的手中得到了一个合情合理的结果。汪辉祖在此案中的坚持和分析，恰当地解决了问题，很好地体现出了刑名师爷在中国古代民间诉讼中的不可忽视的作用。①

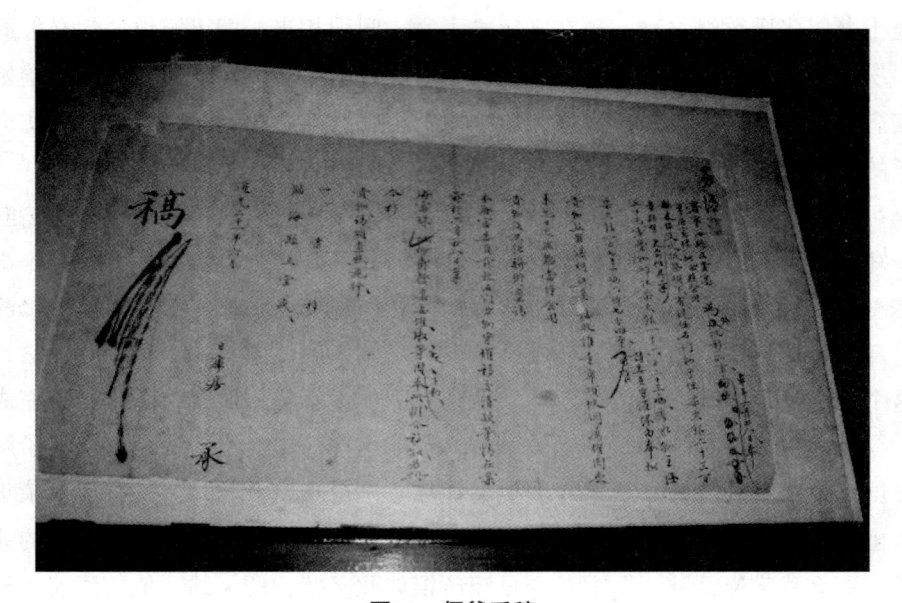

图38 师爷手稿

刑法文字清晰，意思确切，不得含糊其词或模棱两可。所以，历朝历代的刑法都会做出特别细致的犯罪和刑法的分类来，这个原则一直被延续到了今天。汪辉祖在他的一生中，不论是做师爷还是做官，都秉承着一颗正直善良的心来造福当地的百姓。师爷在民间生活中有着独特又不可或缺的重要作用，他们饱读诗书却没有机会施展抱负，只能到官员身边出谋划策，做身后的军师，由此可知他们的辛苦。

2.《孝丰运河抢劫商船案》

乾隆二十七年（1762），浙江湖州府孝丰县境内的运河河道中发生了一件抢

---

① 汪辉祖：《清汪辉祖先生自定年谱》，台湾商务印书馆1980年版，第36—39页。

劫商船的案件。按清代法律规定，在江河要津行劫为严重犯罪，要立即通报附近州县协助缉拿罪犯。邻近的平湖县知县刘国烜得到通报后，派出民壮、捕快至各码头、水道巡察了一番，没找到什么线索。时近年底，刘知县按照惯例封印，这一桩邻境的重案也就暂时搁置。刑名师爷汪辉祖也回家过年去了。就在过年时，平湖县有个叫盛大的逃犯，纠集了一伙人打劫，还没得手就被捕获。刘知县在开印后立即提审盛大，在审清这件未遂抢劫案后，又顺便审问年前孝丰县的运河抢劫案是否是盛大干的。盛大只是略作辩解就承认了。刘知县不禁心中暗喜，赶紧下令把盛大一伙关入监狱严加看管。第二次提审时又追问赃物的下落，盛大供称已经在年前卖给一个过路客商了，得到的钱财已挥霍一空，只剩下一条蓝布被。刘知县再提审盛大同伙，果然也都一一供认不讳。刘知县觉得这次无意中破一大案，得意扬扬，移文孝丰县，请失劫的客商前来认赃。那位客商到后，看了半天才说那条棉被是他的。刘知县把盛大等人叫上来请客商辨认，客商也只是说那天黑夜被劫，没能看清劫匪的面貌，无法辨认。刘知县有点失望，请客商回孝丰等候，一面赶紧派人去请汪师爷回署商议此案。

　　汪辉祖得到通知后赶回平湖县署，首先就调阅了盛大一案的供词。他看了一遍后，觉得这些供词如出一人之口，如何起意，如何纠伙，如何拦截抢劫，如何打伤船夫，如何搬运赃物，如何分赃销赃，面面俱到，一应俱全。供词如此完整，反而使人怀疑。汪辉祖当即建议刘知县不要急于定案，还要继续审讯。晚上刘知县又提审盛大等人，汪辉祖站在屏风后凝神细听，只听八个疑犯一一吐供，毫不畏惧，口供熟滑如同背书，供词彼此无一句有矛盾。汪辉祖反而更加怀疑其中有诈。第二天他又请刘知县再审，并且故意将原供为轻犯的人讯为重犯。汪辉祖又在屏风后细听，这一次那些疑犯供词果然漏洞百出，还有个喊冤枉的。汪辉祖赶紧叫门子传话刘知县暂停审讯。汪辉祖叫库吏到民间收买或借了二十多条蓝布被，而把那条赃物蓝布被由自己亲自作上暗记后混入这些布被。过一天请东家再审，要疑犯们辨认赃物。那些人没头没脑乱翻了一阵，竟然指不出个究竟。刘知县一拍惊堂木，厉声喝问："你们究竟抢过商船没有？"那些疑犯一愣，呆了一会，纷纷叩头求饶，口称冤枉，说是不曾抢过商船。原来这些人都是盛大的死党，认盛大作大哥，绝对服从指挥。盛大犯案被充军，又从充军地逃回，纠集同伙想干一次抢劫，不料没得手就被一网打尽。盛大想自己是逃军，再犯抢案必无生路，多认一个死罪一样是一个死，所以当刘知县问到孝丰劫案，就胡乱供认，并嘱咐死党统一口径，一起承认。那条被子原是盛大自己的，有缝被人可以证明。

汪辉祖根据最终审讯记录，草拟了判决意见：盛大等人行劫未成，并无死罪，一一据律拟定刑罚，盛大逃军起意行劫当发遣边疆，其余从犯行劫未成，分别为充军、徒刑。可是幕中其他幕友纷纷反对汪辉祖的拟稿，认为他"曲纵枉法"，开脱罪人而使主人无功，不顾主人考绩，是大错特错。汪辉祖听了这些议论，就向刘知县表示要辞馆他就。刘知县不同意，汪辉祖说："你如果想留下我，就一定要平反盛大一案。孝丰劫案失赃颇多，仅根据一条可疑的蓝布被就定几个人死罪（清代律例将江河行劫定为江洋大盗罪，罪犯不分首从一律在案发当地枭首示众），非但我有可能大损阴德、贻祸子孙，就是你也会后患无穷。"刘国烜与汪辉祖年岁相当，两人一直很合得来，听了这番话，就不听众议，按汪辉祖草拟的申详公文上报。两年后江苏苏州府元和县捕获一伙江洋大盗，起赃时发现孝丰劫案被劫的很多赃物，一经审讯，那伙人承认是他们干的。刘知县当时已升任江西九江知府，而汪辉祖当时已在杭州仁和县作刑名师爷，刘国烜在赴任途中特意到杭州与汪辉祖会面。两人相见，提起旧事，刘国烜说："你当时力主平反盛大一案，真是神了。"汪辉祖笑着说："这只是你不该抵诬陷之罪，我不该绝嗣而已。"①

3.《离奇的叶氏自缢身亡案》

乾隆四十七年（1782），浙江新城发生一起离奇的寡妇自缢身亡案件。这个寡妇叶氏先后嫁过两个男人，后夫姓孙，死后给叶氏留下一个前妻所生的才四岁的儿子，二十多亩薄田。叶氏雇了个姓秦的雇工帮忙耕种，平时雇工就住在叶氏家中。

自古"寡妇门前是非多"，有人开始风言风语说叶氏的闲话，叶氏后夫的一个远房侄子孙乐嘉要叶氏辞退姓秦的雇工，叶氏也答应了，可几个月下来并没有真的辞退，说是发不出积欠的工钱。孙氏宗族的族长又建议叶氏改嫁邻村的一户刚丧妻的姓周的人，要孙乐嘉去和叶氏商量。不料叶氏立即叫姓秦的雇工代她到县衙去起诉孙氏"逼迫改嫁"。违背寡妇意愿逼迫改嫁在当时被认为是有伤伦理纲常的重要案件，因此县官立刻就受理了。可是过了几天县官派人来向孙氏宗族了解情况时，孙氏族长满口否认，而姓秦的雇工又突然失踪，无法对质。

衙门派来的书吏指责叶氏，叶氏只是推说姓秦的雇工主谋诬告，并无他言。

---

① 汪辉祖：《清汪辉祖先生自定年谱》，台湾商务印书馆1980年版，第50—52页。

想不到的是当晚叶氏就自尽了。新城知县勘验现场后，将孙乐嘉带到县衙，定他个"威逼自尽"的罪，建议判处徒刑。案件上报到杭州府，知府认为叶氏是寡妇，应该按照"威逼寡妇自尽"的法律，判处充军。

案件继续上报，到了省按察使司，按察使又怀疑这是族长威逼寡妇改嫁意图谋财，将案件转发钱塘县重审，竟然拟将孙氏族长绞刑、孙乐嘉流放。由于清朝案件都需要报到上级机关复审，这案子又报到浙江巡抚，巡抚也觉得案件越搞越复杂，又下令转交湖州府的同知唐若瀛重新审理。唐若瀛自己以及他的幕友都没有办法解决案件，好在他认识江南名幕汪辉祖，于是就私下向汪辉祖请教。

汪辉祖仔细研读卷宗，尤其是查验现场的记录，发现叶氏死的时候，身穿红衣绿裙、红绣袜、花膝裤，脸上还薄施脂粉。现场的卧室只是一间，以木板墙间隔，木板墙上并无房门，里间是叶氏卧床，外间就是姓秦的雇工的木床。汪辉祖读完卷宗就对唐若瀛说："这件案子太简单了。逼嫁罪名前提是寡妇自愿守寡，可是叶氏后夫才死了十一个多月就已经是艳装抹粉（按照礼制，妻子应为丈夫服丧三年），哪里是守寡的样子？而且她与前夫结婚十七年，丈夫死后都没有守寡，更何况与孙姓后夫结婚才一年？姓秦的是个穷光蛋，哪里有拿不到工资还甘愿劳作的？孙乐嘉和族长劝改嫁时，她也没有当面严词拒绝。所以看来她之所以轻生是因为秦某不告而别，并不是因为孙氏宗族要她改嫁。案件的关键在于找到姓秦的雇工，应该并不难办。"

唐若瀛依计而行，搁下案子不再穷追，而是努力通缉姓秦的雇工。不久，果然抓到姓秦的雇工，一审就坦承自己和叶氏有奸情，听说孙氏宗族要叶氏改嫁，起先想起诉吓唬一下孙氏宗族，后来得知事情闹大了，就自己逃走，没料到叶氏会因此自杀。汪辉祖替唐若瀛拟定判决：秦某与叶氏通奸罪成立，其余人的罪行不成立。汪辉祖对这个案子的判断确实是无愧于"江南名幕"之称。[①]

4.《刘开扬与成大鹏争山案》

清代县令以上官衙都有主管公文的刑名师爷，师爷为主官服务，在字里行间可以翻云覆雨，或雪上加霜，草菅人命；或春风化雨，救人于千钧一发。刑名师爷是如何在民间诉讼中起作用的呢？我们可以从清朝最为著名的师爷汪辉祖的亲身经历窥见一斑。如果刑名师爷心术不正，拉帮结派，营私舞弊，贪污受贿，那么州县衙门审理案件的公正性就可想而知了。刑名师爷虽无名无分，而事实上却

[①] 汪辉祖：《清汪辉祖先生自定年谱》，台湾商务印书馆1980年版，第100—103页。

操持律法，判笔如刀，生杀予夺，一念之间。

汪辉祖在审理刘开扬、成大鹏争山一案中，就有失偏颇。刘开扬是湖南宁远的土豪，与同里的成大鹏山址毗连。成大鹏的同族私自将这片山出售给刘氏。这一举动令成大鹏极为不满，上诉县府并令子弟上山伐木。刘开扬担心败诉，恰逢族弟刘开禄病危垂死，于是命人背刘开禄上山，将矛盾激化成家族间的斗争，想以刘开禄被成家殴打致死，作为制胜之计。而等到他们上山后发现伐木者已经悉数离开，刘开扬便唆使其子闰喜杀了刘开禄并嫁祸于成族。汪辉祖在审判该案时，忽然大堂内声音嘈杂，经询，有醉酒者想闯入，被门役所阻拦，所以大声喧哗，汪辉祖命该人入堂，一看是闰喜，刘开扬大愕。汪辉祖令人支开刘开扬，鞫讯闰喜，闰喜将事情原委一一吐实，刘开扬最终承认并俯首画供。针对此案，汪辉祖的判罚是，感念"开禄气将尽，不殴亦死。以开扬父子抵之，情稍可悯"，所以将直接犯罪者闰喜拟死，刘开扬被无罪释放，余犯亦不究查。然而，依"谋杀人，造意者斩"的律条，刘开扬应与闰喜一并论斩。事后，汪辉祖也认为自己懵昧，感叹"杀人者死，国法固然"①。名幕尚能自制自省，而更多的劣幕、庸幕则往往以"引经避律"为借口，化大为小，化有为无，趁机舞弊。

如同"绝对的权力导致绝对的腐败"一样，让刑名师爷们有案牍之劳形却无体无名，而不幸的是他们实际上却代替主官掌握着地方的司法权，胸怀利刃，杀心必起，一些道德败坏的师爷趁机勾结讼师和地方豪强，上下其手，颠倒黑白，徇私枉法，也是必然的了。

5.《为救人命顶总督》

乾隆二十六年（1761），已做了五年师爷的汪辉祖在浙江秀水县当刑名幕友。这年正月初五黄昏，有个叫许天若的中年男子喝醉了酒，经过邻居虞姓寡妇家时，见虞氏恰好站在门口，就仗着酒劲，拍拍自己的钱袋，大声叫唤，要请虞氏一起喝酒，结果被虞氏臭骂了一顿。

两人对骂了一阵后，各自返家。第二天，虞氏到县衙门递诉状，告许天若调戏。知县虽受理了案件，但"官无三日急"，并未马上传讯和审理。而两家人倒也相安无事。

二月初一日，虞氏到县衙门去递交催促办案的状子，返家路上又和许天若吵了起来。对骂一阵后，虞氏因在声势上吃了亏，当晚竟想不开，在家里上吊自

---

① 汪辉祖：《学治臆说》，中华书局1985年版，第21—22页。

杀。按照清朝法律，调戏妇女致使其"羞忿自尽"者，要处以绞刑；但如果仅仅是污言秽语辱骂导致妇女轻生自尽，就应处以流放。

汪辉祖认为，许天若和虞氏是对骂，彼此都说了很难听的话，可见虞氏并不那么贞洁，许天若的辱骂和虞氏的轻生并无直接关联，可以分别处理，即按一般的辱骂案件处许天若杖刑和枷号，而以普通自杀案件处理虞氏自杀一事。如此一来，本县就可结案，无须上报上级衙门。幕中其他的幕友得知汪辉祖的决定后，都认为他这样做太危险，但孙知县信任汪辉祖，同意照他的想法来处理，但仍要他按照人命案件发出"通详"。

然而案件一经通报，闽浙总督马上下令将许天若逮捕关押，同时严词斥责秀水县办理此案援引法律错误，予以驳回。孙知县闻讯大为紧张，但汪辉祖却不屈不挠，拟定"顶复"。他首先列举了有关此类案件的全部法律条文，详细解释说这些条文的主要立法意图是惩治罪犯"奸淫之心"的罪恶动机，即儒家经典所谓的"诛心"。而在本案中，许天若并没有诱奸的意图；且即使许天若在正月初五晚上属调戏行为，可虞氏相隔28天后才自杀，显然并非因为"羞忿"。自杀当天双方是吵架，而非调戏，故虞氏是死于"气愤"，而非"羞忿"，在此没有必要按照调戏致死的法律来处理。

这个顶复先是在嘉兴府被驳回，再经力争后总算得以照转；以后报到省按察使司，又被驳回，多亏汪辉祖再三说明，才得以通过。虽然最后闽浙总督那一关过不了，仍然命令按照因调戏羞忿致死的法律办理，但部分接受了汪辉祖的意见，将许天若按辱骂导致妇女轻生罪名处理，并且再减刑一等，判处杖一百、徒三年。这个案子由于汪辉祖的坚持，许天若才得以活命。

第十四章　立品为先乃佐幕之要

从明朝到清朝末年，绍兴出了许多知名度很高的"师爷"。他们胸怀韬略，精熟史鉴，成为清代王室贵臣的智囊。由于有"上通天"（皇帝）、"下通地"（百姓）的特殊地位，所以，这些师爷在一定程度上架构了中央王朝与地方黎民的桥梁，起到了一定的历史积极作用。

一、王汝成破案的启示

王汝成的判案典范，能给我们一些有益的启示：

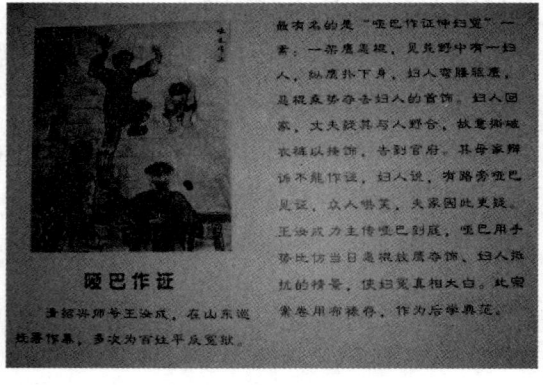

王汝成，潞家庄人。弃书读律，在山东佐陈庆偕巡抚幕，历次平反大狱，最著名者"哑吧作证伸妇冤"。因有架鹰棍徒，欺妇人于荒野，使鹰扑妇下体，妇人弯身驱鹰，该棍乘势攫取首饰。其夫疑妇与人野合，故撕衣裤以掩饰，讼于官。其母家辩诉不得直。该妇则供有路旁哑吧见证。其夫家因此更疑，讼久不解。当将案中人证提省。讯得哑吧以手势比仿当日放鹰攫饰、妇人抵抗状，历历如绘。两造允服完案，而妇冤大白。此宗案卷用布裱存，为后学之圭臬。①

图39　哑吧作证

王汝成是清代数以千计的绍兴师爷中，非常著名的一位。其曾祖及祖父均非

---

① 《绍兴县志资料》第一辑，成文出版社1983年版，第47页。

常清贫。他们希望儿孙后代能出个栋梁之材，光宗耀祖。因此，王汝成的父亲秉承祖辈遗愿，给儿子起名王汝成——希望儿子未来大业有成。王汝成受父亲办事认真、细致的作风影响，少年即以"酷学"、"无师自通"蜚声乡里，很想在学识深厚、羽翼丰满之际，能成为一名王室大臣的得力幕僚，办些别人不能办、不敢办、不想办的大事。他在担任山东巡抚陈庆偕的幕僚时，审理了"无头案"、"死案"（犯罪嫌疑人已无法追查）、"棺材案"（百姓专称当事人早已死尸成泥的沉冤案）以及其他形形色色的奇案、怪案、疑案，不下三百余例，最有名的是"力审哑巴"案。

山东东平府18岁的林任氏，长得实在太漂亮，且性格又十分开朗，是附近少有的窈窕少女。嫁给了该城博兴村书生林念兹。进了林家，如同进了牢笼。林家父母及林念兹本人，都不许她迈出家门半步，家里人认为，这样的女子，弄不好就会出事儿。婚后第七天，林任氏的母亲旧病复发，咳喘严重，就急忙托人捎信让女儿赶紧回来看看。时值林念兹准备应考，就让夫人独自带些礼品，赶快前去探望重病的岳母。

林任氏出博兴村走了七八里，已是一片茫茫荒野，正疾走中，一个肩头上立着一只恶鹰的汉子，竟撒手将肩头的恶鹰放开。霎时，林任氏上衣、下裤皆被恶鹰撕裂。凶徒遂将林任氏头上的碧玉宝簪、金钗和珠练等首饰一掠而空！

这时，一位衣衫褴褛的中年妇女正好从林中闪出，林任氏遂向其呼救，谁知，那女子却是聋哑人。当她仓皇逃至家中，泪水涟涟向丈夫诉苦时，其夫疑妇与人野合，反而一纸诉状将妻子告上了东平县衙，请官府准予休妻判刑。东平县令不问青红皂白，将林任氏打入牢狱，林任氏趁狱卒酣睡之际，打开牢栅，逃跑至抚台幕府鸣冤告状。

王汝成接到府卫报告，说有一名"疯女"击鼓鸣冤，控告东平县令，遂立即让这女子进堂直诉，此案一时不解，王汝成认为应将哑婆提省审讯。三日后，王汝成命唤林念兹等人前来庭堂候审。结果经哑婆将当时目睹的状况，用手势比仿，与少妇所供相符，该少妇的冤情才得明白。据云此宗案卷，曾用布裱存，作为后学之圭臬。

王汝成在审理此案时，充分展示出师爷"才、识、品"的特色，主要体现在这几方面：

一是仔细检查案情，细致入微体察疑迹。公堂上，王汝成见林任氏浑身上下衣服都被撕裂成条缕惨状，实乃罕见，又仔细倾听林任氏跪地泣血哭诉，观察林任氏没有谎状诡态。婢女为林任氏更衣，发现其下肢有十几处不明伤痕，上身乳房处也有两三处类同伤迹，狱医诊断多时，认为林任氏身上伤痕确系禽鹰野鸟啄攫所致，王汝成发现林任氏脑后发遮处尚有一两三寸长的紫红色血印，是被鹰爪所剐伤，王汝成用手梳理其发，竟发现被鹰爪剐及时的几根断发及一小枚鹰羽。

嗣后，王汝成又暗赴现场寻找人证探查痕迹，他打扮成一大户乡绅，让两个腿快善跑的衙役远远地在身后观察、护卫，去引蛇出洞，实地进行勘查。虽没有"引"出养鹰的恶徒，但有收获，得知麻甲村有个要饭的哑巴，名叫王莲花。

二是智请哑巴坐轿，巧获人证物据。王汝成原想径奔麻甲村，但他走着走着，却又原路返回。他暗想：自己带着两名护卫查案寻人，人生地疏，一旦走漏风声，就会打草惊蛇，恶徒定然会闻风而逃。于是翌日一早，王汝成由熟悉乡村地理的间吏魏德财引路，来到麻甲村，将王莲花扶入轿内。原来王汝成怕打草惊蛇，走了鹰徒，特把王莲花"拢"在轿中。

讯问哑婆时，王汝成命人拿出早已画好的十几幅画。第一张画的是那日林任氏被劫辱的画面，王汝成让她上前指认时，哑婆连连点头。第二幅是一只恶鹰扑楞着双翅叼啄、撕裂林任氏衣服的画面，哑婆看时又是一个劲儿地点头。最后一幅是一个凶煞大汉抢夺林任氏头上的玉簪等金银首饰，哑婆用手指着大汉，恶狠狠地冲地上啐唾沫，表示十分愤恨。然后，她指着大汉，又指指自己，冲王汝成不断示意，意思是她认识这个凶徒！王汝成见证据齐全，遂让哑婆即刻带路，捉拿劫财伤人的歹徒连贵。

三是为民立品，惩恶扬善。王汝成调查清楚了连贵的历史，又亲自带领衙役去连贵处清查赃物赃迹，当场查出金银财宝、首饰玉器等贵重细软总计折银近千两！连贵原系微山湖畔太子村人，其祖上数辈赌博为业，当地称其为"赌博世家"。但至连贵时，已是穷光蛋。他因赌博杀人，逃至东平李家寨，靠偷起家，从一卖艺人处购得一鹰，并学得驯鹰掠物技巧，便以掠物劫财为业。在人证哑婆、林任氏及大量的物证面前，连贵只好低头认罪。

王汝成在破案后，征得巡抚陈庆偕同意，获准将赃物归查、送还原主，并在核对、查证、弄清事实后，将余额一半缴入国库，一半用于奖励案件举报人，便于民间互相监督，把社会不稳定因素放在"监督、举报、奖励"的良性循环之中，使坏人不敢张狂，使坚持正义、护法扬善者得到荣耀和奖励。

二、佐幕之人"品"尤为要

在封建官僚政治的实施过程中，尤其在清政权建立或政治局势动荡时，师爷肩负总揽大权、收集材料、处理事务的重任，他们与各级地方行政官吏、绅士、商人等群体，共同操纵封建社会的政治、经济、军事、司法等诸多层面，成为封建专制统治不可缺少的工具，在封建官僚政治的实施过程中作用显著。在中国漫长封建社会最后二百余年内，绍兴师爷在文山牍海中，精读了整个封建社会结构，因为他们以他人无法企及的深度和广度介入了那架老机器的正常运作。

黄六鸿在《福惠全书》卷一中认为，延聘幕友"才、识、品"三者之中，

> "品为尤要"，"兼长为难，先取品，识次之，才又次之；才识不足，犹可群力相辅，品一不正者，虽有才智安足贵乎？"①

就幕友而言，作幕虽为生计，但依伴他人，仍以"立品"为先。汪辉祖《佐治药言·立品》认为：

> 信而后谏，惟友亦然。欲主人之必用吾言，必先使主人之不疑吾行。为主人忠谋，大要顾名，而不计利。凡与主人相依，及效用于主人者，率惟利是视，不得遂其所欲，往往易为媒孽。其势既孤，其间易生，稍不自检，毁谤从之。故欲行吾志者，不可不立品。②

可见官幕之间，"利"之外，尚讲究行为规范，注重"道义"，即所谓"幕道"。幕友之道，尽宾之义，贵在以公事为重。

> 幕宾之作善作不善，各视乎其所主。宾利主之脩，主利宾之才，其初本以利交，第主宾相得，未有不以道义亲者。③

然而，幕友之宾主关系又超乎此。就官方而言，对幕友之求首在"品"，以"品端学醇、仁厚忠恕之士"为良幕。汪辉祖还指出，幕友：

---

① 黄六鸿：《福惠全书》，早稻田大学图书馆藏，第13页。
② 汪辉祖：《佐治药言》，中华书局1985年版，第3页。
③ 同上书，第16页。

> 所以效力于主人者，宜以公事为己事。留心地方，关切百姓，使邑人皆曰主人贤，庶几无愧宾师之任。①

这与当代秘书注重思想品德是一致的。

在师爷眼里，寄人篱下固然可悲，但更可悲的是大丈夫只为温饱衣食而生存，而"济天下"的大志难以实现。尽管命运的安排是如此的不公平，但很多师爷仍然一身傲骨。许思湄在给友人的信中说："五斗折腰之吏，古人耻而不为"②，"不愿以铮铮者作绕指柔"更应像冬梅"一样凌寒骨"。这种自傲尤其表现在与幕主"合则留，不合则去"的关系上。

龚未斋一生作幕非常廉洁，他在给友人的信中多次表达了自己的贫富观，他的贫富观可以归纳为两条：一条是宁要清贫，不要浊富；另一条是清贫为贵，浊富为贱。关于第一条，龚氏在《又答许葭村》中写道：

> 弟才不通古，性不宜今，生无傲骨，而苦乏媚容，人本清贫，翻嫌浊富。③

翻，反而也；浊富，即不义之财。本来很清贫，却厌恶不义之财，这说明他具有不为贫贱所移，不因贫穷所逼而谋不义之财的宝贵品质。龚未斋在《雪鸿轩尺牍·与王言如》中向朋友解释辞去河北清苑县幕的原因时说：

> 清苑李明府误采虚声，邀仆入幕。乃不知为叶公之惊走，而漫以冯驩视之，故勉强四月，歌弹铗归来矣。士可贫而不可慢也，足下得毋笑其迂否？④

"士可贫而不可慢"是龚未斋的处世原则。龚未斋在另一封《与王言如》的信中也有同样的话：

> 自己"贫士之处世也，亦当自行其道。谏不行，言不听，膏泽不下于

---

① 王云五主编，汪辉祖撰：《新编中国名人年谱集成　第八辑　清汪辉祖先生自定年谱一名病榻梦痕录》，台湾商务印书馆股份有限公司1980年版，第110页。
② 许葭村：《秋水轩尺牍》，萧屏东校注，湖南文艺出版社1987年版，第159页。
③ 龚未斋：《雪鸿轩尺牍》，湖南文艺出版社1987年版，第120页。
④ 同上书，第46页。

民,始置之弗论矣。危而不持,颠而不扶,则将焉用彼相哉!"①

师爷的"傲"有时只是一种表象,坚持公心,坚持原则,据理力争,甚至为此而抛弃自己的饭碗,这是一种多么难能可贵的精神,是师爷不失士大夫气节的表现。清代师爷介入于公事,却又游离于行政体制之外,不受法律的制约,在这种情况下,如果没有道德约束,刑名师爷自身又不能保持这样一种精神境界,不顾是非判案,一切只为稻粱谋的话,可以想见那该是一副什么样的可怕景象!

汪辉祖在《佐治药言·不合则去》中说:

> 磋乎,"尽言"二字,盖难言之!公事公言,其可以理争者,言犹易尽;必方欲济其私,而吾持之以公,鲜有不龃龉者。故委蛇从事之,动曰"匠作主人模";或且从而利导之,曰"箭在弦上,不得不发也"。嗟乎,一何言哉!颠而不持,焉有彼相?利虽足以惑人,非甚愚暗,岂尽迷于局中,果能据理斟情,反复于事之当然及所以然之故,抉利害而强诤之,未有不悚然悟者。且宾之与主,非有势分之临也,合则留,吾固无负于人;不合则去,吾自无疚于己。如争之以去就,而必终不悟,是诚不可与为善也,吾又何所爱焉。故欲尽言,非易退不可。②

在《佐治药言·立心要正》中说,幕友操三寸管"所争者公私之别而已",如果是为公,即使出错也能被舆论原谅;如果是为私,即使是"循理之狱"也会遭报应。所以,

> 信而后谏,惟友亦然。欲主人之必用吾言,必先使之主人不疑吾行。为主人忠谋,大要顾名而不计利……故欲行吾志者,不可不立品。正心之学,先在洁守。守之不慎,心乃以偏。③

就是说,办事公正就要心正,首先要为人廉洁,在钱财面前保持立心要正。如果立心不正,办公事时就会心偏徇私。汪辉祖入幕前曾对母亲发誓说:

---

① 龚未斋:《雪鸿轩尺牍》,湖南文艺出版社1987年版,第62页。
② 汪辉祖:《佐治药言》,中华书局1985年版,第1—2页。
③ 同上书,第3页。

儿无他长，舍是无以为生。惟誓不敢负心造孽，以贻吾母忧。苟非心力所入享吾父，或吐及不长吾子孙者，誓不敢入于橐。[①]

他一生作幕确实也实践了对母亲的誓言，做到了廉洁自守。曾经有人以利诱引他徇私，却被他严词拒绝，利诱者不得不叹道："此君操守可信。"石成金在《传家宝》所说的"不做亏心事"，也属于立品的范畴。可见官幕之间，"利"之外，尚讲行为规范，注重"道义"，即所谓"立品"。

三、精细谨严行事谨慎

幕友之道，贵在以公事为重。"宾利主之才，其初本以利交。"然而，幕僚之宾主关系又超乎此。就官方而言，对幕僚之求首在"品"，以"品端学醇、人厚忠恕之士"为良幕。师爷为了实现自己的理想和抱负，辅佐上司多方了解情况，掌握信息，缜密推理，处事谨慎，尽宾之义，李登瀛"推理破案"的事迹则是这方面的典范。

清代浙江的衢州曾发生一起"弑父"案件：有个母亲向官府告发儿子杀死父亲，说是某月廿七日深夜四更时分，见一青衣人从窗口跳入卧室，将自己的丈夫杀死，而自己儿子当天穿的就是青衣，当天白天儿子又曾和父亲大吵过一架，因此她怀疑是儿子杀死了父亲。

儿子被抓到县衙审问，很快就对杀父大罪供认不讳。按照清代法律，儿子谋杀父亲罪列"十恶"的"恶逆"之罪，要处以"凌迟处死"的酷刑。从县到府、省按察使司三级复审，都没有异议，于是报到省巡抚衙门复审。

按照惯例，这样的案子在巡抚衙门只是转一转手，就要转报朝廷的。可是浙江巡抚幕中的刑名师爷、绍兴人李登瀛在仔细研读卷宗后，总觉得这件案子有疑问。虽然"天下没有不是的父母"，母亲告发儿子恶逆，儿子也承认恶逆，不应该怀疑母亲。可是儿子谋杀的动机却只是与父亲口角而已。如果确实是为了吵架而杀死父亲，在当场动手或许有点可能，怎么会夜半时分入室弑父？李登瀛虽然没有到衢州案发地再去查看，却仅凭卷宗里的勘验记录就找到了漏洞：农历的廿七日是月末，只有凌晨时分会有细细的一弯残月，而夜半四更并无月色；一贫如洗的这户人家自然也不可能通宵点灯，查勘现场的通详里也没有记载室内点灯，

[①] 汪辉祖：《佐治药言》，中华书局1985年版，自序，第1页。

那母亲怎么能够在漆黑的房间里看清凶手衣服的颜色？他建议巡抚亲自提审此案，就此疑点追问这个告发儿子的母亲。

巡抚就此一审，案情果然大白：原来是这个母亲另有奸情，奸夫当晚入室杀害亲夫，和母亲商量嫁祸儿子；而那个孝顺的儿子不愿暴露母亲丑行，情愿顶罪受死。

不过案情虽然搞清楚，如何量刑又成难题。幕中有人认为让儿子抵罪就会"放纵父仇"，而定母亲抵罪又会"伤此孝子之心"，建议给母亲减去死刑，而将儿子发配。巡抚请李登瀛拟定上报的判决建议，李登瀛引用儒家经典里妻弑夫不予讳的说教，落笔道："今此妇既忍杀其夫，又忍害其子，反纲灭嗣，人伦道绝。母固天属，而父尤重。朝廷制法以裁民情，母不得减，子不容坐。"此语一出，官场上传为绝判。朝廷果然依此定案，母亲被凌迟处死，而儿子无罪释放。

像王汝成师爷亲自出马帮助主人去侦查破案当然很富有传奇色彩，不过实际上化装侦查案件是很难的。我们可以想象一下一个外乡人突然出现在当地，打听与案件有关的事情，这本身足以让人口极少流动的地方发生猜疑，要从中获得案件事实是非常困难的。所以绝大多数的师爷都是采用李登瀛这样的缜密推理的办法，从现有的材料中推导出案件发生的可能的情况，建议东家往这个方向组织进一步的侦查、或进行审讯。

四、廉明听正尽心本职

"绍兴师爷"的启用或废黜，一般须经同僚推荐，有的跟随府尹、县令一起赴任或离任，他们仰人鼻息，看别人眼色行事，谨小慎微，不少人过着比较清苦的生活。王春龄遗存的不少《移交清单》说明，凡进出衙门，借用钱财，都必须立出清单移交。绍兴师爷作为官衙里的一个特殊人群，遍布于全国各省、道、府、州、县，形成了上下左右、纵横捭阖的关系网，他们之间，大都是亲朋、师生、旧交、故知，往往意气相投，性情相通，公私交往，通过亲戚故旧情谊办事，一般比较顺畅。而其中也确有一些人利用关系、把持政务、弄权纳贿，颠倒是非、为非作歹、坑害百姓，搞坏了许多人和事，无形中给绍兴师爷加上了圆滑刁钻、八面玲珑等恶名。显然，这是一种世俗偏见，从总体看有失公允，历史将给绍兴师爷正名。

师爷在衙门里的主要收入是"节赏"，都有明细账录；在衙门里借用物件，都得出借条；离任走出衙门，还要办理《移交清单》。在一份王春龄离任时向主家移交所借个人生活用品的移交清单中，记有物品24件，都是如碗筷之类的日常生活用品，连一顶草帽也在移交之列。连草帽都无法自备，王春龄的生活水平可以看出是不高的。

这样的生活状态，从另外一些资料中也能得到旁证。晚清之际，师爷也要学点英语。王春龄供职期间已属晚清，此时中西文化交流日渐增多，除了传统文化，师爷也不可避免地要涉猎西方文化。翻看王春龄留下的书籍，竟还发现了《英语读本》《五大洲政治统考》等。随着西方势力的侵入和近代化的起步，仅靠传统的游幕经验已无法胜任幕职，即使是县级基层政权施政者的学识也能贯通中西，关注西学成了提高职业素质的时代要求，操持政务的游幕人因此成为较早和较积极接触西学的群体。

手稿中一份名为《复郡城偕我会教士苏》的驿函稿中，记载了王春龄与外国传教士之间的交流，这也从另一个侧面印证了这个观点。王春龄尽管只是一个县级的小师爷，可要当好这个地方管理团队中的二号人物，改变旧有形象，还是下了一番苦功的。

王春龄的手稿中，一份禀稿里记载：乐清县衙机构庞大，差役就有360名，需要精简。

在县衙账记里，记载了从知县到一般工作人员的工资、奖金等情况；驿函抄存里，收集师爷往来信件31封，就好像一张联络图，知县往来的时间、招待规格等写得清清楚楚。

遗稿中有一张大"护照"，这张护照长40厘米、宽32厘米，记录光绪二十九年（1903）三月，时任乐清县知县何士循，调赴嘉兴府秀水县任知县。温州瓯海海关颁发了一张通关护照，于是，知县一行从瓯海搭船到上海，转道赴秀水县，凭护照所经过关卡一路绿灯。这张护照至少说明了两个问题：一是护照由师爷保管，说明这些事归师爷负责；二是护照上面还用英文签写，说明当时的海关已由外国人控制。

有一本庚子年仲秋（1900）的《日记》，详细地记录了王春龄每天经手的文稿。这些记录，跟钱粮、征税等一样，为了有据可查，聊以备忘。另外，很多王春龄起草的公文，都有一稿、二稿的记号，最后才是经过知县过目后，盖有县印，并表示同意的"花押"。由此可见，师爷是地方官员自己出钱聘用的"幕后参谋"，因此在为东家做事时，往往谨慎从事，十分仔细。

为告诫自己始终审慎从事，王春龄与其他同僚一样，将一些座右铭刻在图章上，手稿中，就有不少诸如"谨慎""慎思""专心"的图章。最有意思的是一枚叫作"实事求是"的印章，被王春龄盖在一份光绪廿九年的文件上。

这些价值观，与当今秘书素质要求甘于吃苦，乐于奉献，勤勤恳恳，兢兢业业，秉公办事，坦然从事，敢讲真话，敢报实情，敢揭问题，切忌计较得失、贪图名利，注重思想品德是一致的。

以上这些主张，与当今秘书素质要求甘于吃苦，乐于奉献，勤勤恳恳，兢兢业业，秉公办事，坦然从事，敢讲真话，敢报实情，敢揭问题，切忌计较得失、贪图名利，遵循全心全意为人民服务这一根本宗旨非常相似。另外，绍兴师爷谦虚待人，善于辞令，精通文笔，灵活通变等特长是当代秘书应不断学习掌握的，也是当代秘书应具备的品质。

（原载《秘书战线》2010年第3期）

第十五章　加强学习与促进服务

当前，世情国情党情正在发生深刻变化，加强学习依然是秘书向前、向远、向深处发展的必然要求。习近平总书记最近在党的群众路线教育实践活动工作会议上指出：

> 面对世情、国情、党情的深刻变化，精神懈怠危险、能力不足危险、脱离群众危险、消极腐败危险更加尖锐地摆在全党面前，党内脱离群众的现象大量存在，集中表现在形式主义、官僚主义、享乐主义和奢靡之风这"四风"上。我们要对作风之弊、行为之垢来一次大排查、大检修、大扫除。①

虽然大部分秘书都能洁身自好，但在现实生活中，却也存在一些违法犯罪的秘书案例。秘书是在领导干部身边的主要工作人员，也有必要在自身的言行中作一番剖析，增强服务意识。随着社会的发展，秘书人员以其特殊的职业特点及职能作用被越来越多的行业关注与重视，并逐步渗透到社会的每一个角落。接受秘书知识教育、从事秘书工作、向往秘书岗位的人员正逐步增多。但是，要成为一名称职的秘书，除了要具备各种专业知识、办事能力、职业道德外，秘书不断调整好自我心态，保持优良的工作作风和健康的心理素养，对于充分发挥自己的才能，完成各项工作任务尤为重要。那么，秘书人员应该怎样做好自我心理调适，具备优良的作风和修养呢？我们觉得应该做好如下几方面：

一、加强学习　提高认识

以学立德。人以学而立，立以德为先。通过学习，进一步提升思想政治素养和道德水平，坚定理想信念，树立正确的世界观、人生观、价值观和权力观、地位观、利益观，不断增强为党和人民事业不懈奋斗的自觉性和坚定性；以学增

---

① 本书编写组编写：《中国特色社会主义重要观点通俗读本》，学习出版社2014年版，第177页。

智。知识是人类进步的阶梯。通过学习，努力吸收科学的新思想、新知识、新经验，切实提升知识总量、知识质量，不断提高认识新情况、解决新矛盾、处理新问题的能力与水平；以学兴业。学习的目的在于运用，在于指导实践。秘书要围绕实现中国梦开展学习，坚持理论联系实际，通过学习增强参谋辅政能力，推进我国秘书事业的健康发展。

有人认为做秘书没有个性，个人的才能得不到充分发挥，只能是传声筒、录音机，久而久之则会形成懒散、被动、安于现状的工作态度，缺少进取心和自信心。要改变这种状况，就必须不断地加强学习，通过各种渠道吸收各方面的知识，多学、多看、多思考、多积累，在学习中充实自己、完善自己，超越自己，从而在实际工作中不断地谋划新点子，增长新才干，变被动服务为主动服务，变"传声筒"、"录音机"为"及时雨"、"雪中炭"，做到处理各项工作得心应手；并且在做好本职工作的同时，不断地给自己创造机会，挖掘自身潜能，展示各方面才能，进一步树立起自信心、成就感，实现内心深处的愿望，从中寻找到激励自己继续奋斗的内在动力，创造出新的成绩。

古代李斯是发愤学习而成功的典型例子。《史记·李斯列传》记载，李斯是楚国上蔡（今河南）人，"年少时为郡小吏"，就是"乡小史"，"掌乡文书"，可见李斯是掌管文书的基层秘书。他不满足于小秘书的卑微地位，羡慕上层社会的生活，选择了一条光明正大的道路来改变自己的人生环境——发愤读书，为自己创造建功立业的机会。

于是，李斯辞去小秘书的职务，去向当时最杰出的大学问家荀子学习。《史记·李斯列传》说李斯"从荀卿学帝王之术"，也就是跟荀子学习经世治国的政治学。对于有抱负有能力的青年来说，师从名师学习经世治国之道乃是进入上层社会的一条理想的途径。荀子集战国后期各家学派之大成，关注当时的政治局势，既讲授如何认识世界的哲学，也探讨如何管理天下的政治。李斯秉性聪慧，几年后完成了学业，他要用自己的所学来改变自己的处境和地位。他本是楚国人，但是他看到楚王昏聩，觉得在楚国无法施展自己的才能，关东其他五国也差不多，只有发展势头正强的秦国才是施展才能的地方，于是决定到秦国去寻求发展。

当时秦国的相国吕不韦正在组织门客编修《吕氏春秋》，年近三十的李斯当上了吕不韦的舍人（私人秘书），参与《吕氏春秋》的编纂工作。吕不韦很赏识他的才能，就推荐他当了年仅十几岁的秦王嬴政的侍从秘书（侍郎），这样李斯就得到了游说秦王的机会。他劝年轻的秦王利用强大的国力和六国尚未结盟的大好时机：

　　灭诸侯，成帝业，为天下一统。①

　　这些建议正符合秦王嬴政的雄图大略，李斯于是得到秦王的信赖，并被任命为宫廷秘书长（长史）。此后秦王遇事就咨询李斯，听从他的计谋，开展对六国的政治、军事和外交攻势。由于李斯本来不是秦国人，秦王除封他为宫廷秘书长外，又授予"客卿"（外国高级顾问）的尊号。就这样李斯一步步进入了秦国的政治核心。可以看到：李斯进入秦国核心决策层的过程，并没有采用不可告人的阴谋手段，靠的是积极进取的精神、发愤读书获得的才能，以及对人生机遇的准确把握。

　　李斯年轻时为取得功名利禄而发愤读书建功立业，从嬴政13岁即秦王位，到50岁驾崩，李斯一直是秦始皇的主要谋士，其地位也从随身侍从秘书一步步上升为"三公"（丞相、御史大夫、太尉）之首的丞相。但是随着秦始皇的死去，李斯年老时为保住功名利禄而出卖灵魂阿顺昏君。不但地位急转直下，而且其性格中丑陋的一面也暴露无遗，最终落得一个身败名裂的结局。司马迁在《史记·李斯列传》的末尾感叹道：如果不是因为功名利禄而晚节不保：

　　斯之功且与周（公）、召（公）列矣。②

　　现代秘书中也有不少发愤读书成名的例子，如田家英、雷英夫等。秘书岗位很能锻炼人、培养人，秘书队伍是领导干部的摇篮，充满了机会。秘书不是终身职业，它只是一个过渡，一个晋升之阶。秘书是杂家，是通才，涉猎不能不广，思维不能不敏锐，情况不能不知，文件不能不学，书本不能不读。"非学无以广才"，近水楼台先得月，也需要有才能。在纷繁的信息中，迅速汲取有用的

---

　　① 李斯（约公元前280—公元前208年），楚国上蔡（今河南省上蔡县）人。出身于"闾巷布衣"，少与韩非"从荀卿学帝王之术"。公元前247年，李斯"度楚王不足事，而六国皆弱"，惟有秦具备"灭诸侯，成帝业，为天下一统"的条件，遂辞别荀卿，离楚"西说秦王"。在秦先后被拜为长史、客卿、廷尉和左丞相，在辅佐秦始皇统一中国，建立封建的中央集权制的国家中，功勋卓著。始皇死后，赵高、胡亥篡权，李斯为了保全既得利益，屈从赵高，铸成大错。公元前208年，因赵高诬其"谋反"，"具斯五刑，论腰斩咸阳市"，并夷三族。
　　② 司马迁：《史记精华》第三册，世界书局1936年版，第155页。

知识，是基本功。工作，逼着我们苦学、多学、快学。而在一知半解和囫囵吞枣中，秘书的精神世界也会不知不觉地丰富起来。

二、爱岗敬业　树立自信

秘书职业，在许多人眼中，是一种令人羡慕、向往的舒适、轻松、荣耀的工作岗位。在他们看来，秘书人员直接为领导服务，整天接触领导，与领导较亲近，因此也备受旁人尊重；所做的工作无非是些抄抄写写、迎来送往，在家坐办公室，出外乘小汽车；在为领导提供服务的同时，自己也了解了大量的信息和机密，而且辛苦几年，也能以此为跳板，谋得一个好职位等。这些看法，都只是表面现象、片面观点。表面轻松、舒适、荣耀，背后却是"苦辣酸涩"，样样具备。

从基本业务——起草文件方面来看，秘书人员每天都在处心积虑地"爬格子"、"咬文嚼字"，经常为了一份材料，当别人早已进入梦乡，秘书却还在挖空心思想题目、出思路、找素材，一杯清茶顶到底，苦熬一晚第二天仍然要照常上班。如果辛辛苦苦起草的材料多次没有通过，那更是走投无路，心急如焚。尽管起草了大量的材料、讲稿和文件，但都是为他人做嫁衣裳，"秘书苦，苦秘书，只见作文不见书"，这句略带偏激的顺口溜，在一定程度上反映了秘书工作的艰辛和平凡。另外，在迎来送往的服务接待工作中，为了陪同领导和来访者，牺牲节假日对秘书人员可以说是家常便饭，有时几天甚至几星期都不着家，正常的生活秩序得不到保证。所办理的事务多且琐碎，大事要管，小事要抓，常常是"眼睛一睁，忙到熄灯"。再则，为领导出谋划策，就必须站在领导的高度，贴近领导的思路。有时工作做好了，领导不一定记在心里，如果出了差错，领导往往会毫不留情地给予严厉的批评，出力未必讨好。在协调领导和群众关系上，有时上下层关系未能沟通，既得不到领导的支持，又得不到群众的理解，便成了：

老鼠进风箱，两头受气。

一句话、秘书工作是一项奉献多、回报少，艰辛、繁杂、平凡、清苦的"无名事业"。秘书人员在体力上、脑力上、心理上都承受着比一般机关工作人员更多、更大、更深的负荷和压力。

面对客观存在的种种不如意、不公平，秘书人员如果不能够及时主动地调整好工作心态，保持平衡、乐观、豁达、积极的心理素质，就会产生一种失落感，发牢骚、泄私愤；或者产生错误心态，消极应付，贻误工作，影响事业；更有甚者，借领导之权行徇私作弊之实，拉大旗作虎皮，由此不少进入牢狱甚至判罪杀头。已故的中共中央政治局常委、国务院副总理黄菊生前曾向中央明确表态："对于其前秘书王维工的违纪行为，请按照规定严办。"王维工长期担任黄菊秘书，根据调查的情况，王维工的违纪行为都是其自作主张，瞒着黄菊进行的。王维工平时看上去还是挺老实的，为人也比较低调。没想到，背后竟然打着领导的旗号严重违纪，让人警醒。1995年至2006年，王维工多次索取、收受请托单位和个人的财物，折合人民币1293.47138万元。王维工犯受贿罪，数额特别巨大，情节特别严重，论罪应当判处死刑，鉴于其能够主动坦白办案机关不掌握的部分犯罪事实，有认罪悔罪表现，且受贿款物已被全部收缴，依法判处其死刑，缓期二年执行。①

  爱岗敬业是职业道德的综合体现，是做好工作的前提。秘书的爱岗敬业，要求能够充分利用所学知识出谋划策，平时能协助领导处理好日常事务，急时能为领导分忧解难。古代的师爷，有很多这种例子。如汪鼎在广东清远县当刑名师爷时，当地有两户人家为争夺一块田产已经打了十多年官司，几任知县都无法解决。汪鼎调阅了这桩案件的全部档案，仔细查阅双方提交的证据，发现其中一户人家提交的地契上有"顺治元年"的字样。他立即提醒知县：顺治元年（1644）清朝刚刚入关，还没有统治岭南地区，广东民间哪里会按照清朝的皇历来颁发地契？知县把当事人找来，一经审讯，那人赶紧认罪撤诉。汪鼎以后转到南澳厅做师爷。附近有一个海岛，当年郑成功曾以此为抗清的据点，清朝在该岛部署了驻军，由一员总兵官率领。民政则由潮州府派一员同知管理。当时有人和总兵过不去，密报两广总督，说是总兵官打算纠集下属在五月十三日"聚饮谋反"。总督如临大敌，暗中派人通知南澳厅的同知官，秘密侦查此事。同知官接到总督密札，很紧张地和汪鼎商量。汪鼎却不慌不忙，他提醒同知官：五月十三日是关帝生辰，民间惯例是到这一天敬神聚餐，哪里有什么聚众谋反？同知官以此上报，一件"谋反"大案就此消弭。②

---

  ① 《羊城晚报》2007年8月4日的一则报道则佐证了王维工难逃严罚，报道称："知情人介绍，已故的中共中央政治局常委、国务院副总理黄菊生前曾向中央明确表态：对于其秘书王维工的违纪行为，请按照规定严办。"

  ② 讲史茶馆：《小师爷要有大抱负》，《香港文汇报》2005年3月19日。

秘书工作的一个最大特点，就是默默无闻搞服务，潜身后台当参谋。然而无论是哪一种形式办事，都是事业的需要，都是为人民群众的利益服务。所以，秘书人员要把自己从事的平凡，琐碎的工作，同领导者的需求、单位的发展、群众的利益结合起来，对自己的工作高看一格，厚爱一份，才能正确地对待公与私、得与失的关系。做到重事业、轻得失；重奉献、轻索取，甘当无名英雄，以高度的责任感、事业心去完成领导交办的每一项工作。

三、以苦为乐　肯定价值

有人说秘书是当今世人升官发财的捷径，但这是平民子弟梦想光宗耀祖的无奈选择。秘书这个特殊群体，百分之九十九是平民子弟。

> 没有哪个有背景的干部子女愿意在秘书岗位上苦熬的。因为表面上风光的秘书内心有倒不完的苦水。苦在内心的挣扎，苦在尊严的丧失。一旦成为秘书，很难像正常公务员那样工作和生活。加班熬夜绞尽脑汁炮制材料，痛苦；稍不留神就会被训得狗血喷头而无地自容，痛苦；偶有失误便靠边坐冷板凳，痛苦。你不知道哪句话说出来就会触及到领导敏感的神经而大发雷霆，因此闭口不说，默默忍受是最好的办法。绝大多数领导会体量体贴秘书的甘苦的。但总体来看，权力盛宴旁的秘书永远都是一个没有尊严没有话语权的角色。①

绝大部分秘书留给外界的第一印象是勤勉、低调。

> 他们总是衣着得体，肥瘦适度。一副洞察世事的样子：他们做事有条不紊，不急不躁，随时保持听从领导召唤的姿态；他们一般拎着公文包，悄悄在人群最后落座；他们话不多，笑不多，很多时候总是波澜不惊地点头或摇头；他们走路的时候腰板挺直，慢慢踱成比领导小一点点的方步……②

身为秘书，第一要务是用手中的笔，用文字功力征服周围人的眼球。文字的生命力来自作者的活思想。思考力决定竞争力。敏锐而深刻的思考，是文字材料的"根"。这需要长期的思维训练。材料没骨子，文字不过关，在秘书堆子里站

---

① 完颜绍元：《古代秘书制度演变》，《决策》2010年第Z1期。
② 杨敏、徐浩程：《机关"蚁族"：小秘书大生活》，《决策》2010年第Z1期。

不住脚。秘书的文字表述集中在公文的撰拟方面，要力求篇幅简短，在内容充实的前提下，有话则长，无话则短，意尽言止；要崇尚文笔扎实，力求朴素自然，庄重平易，精当得体；要保证内容明晓，坚持一文一事表述集中；观点与结论鲜明，一针见血，具有说明力；要确保行文通畅，一目了然。

"文字是秘书立足之基"，秘书必须具有很高的文字修养，拟写公文的技能过硬，落笔神速。文无第一，武无第二。因为文无成法，文无定法，所以文人相轻。拟写公文是古代秘书的主要职责之一。诸葛亮的《出师表》，在不到800字的文章里写出了当时蜀国的处境，自己的身世，同时对后主刘禅的错误进行规谏，提出了自己的希望，整篇文章思想朴实，富有情感、内容丰富、是传颂千古的典范公文。魏征的《谏太宗十思疏》，规劝唐太宗"居安思危"，文章没有系统阐述，只是用：

总此十思，宏兹九德。①

这样的话来达到最佳效果。阮瑀擅长拟写公文，曹操礼聘他掌管书记室。有一次在大军待发之际，他奉命作檄文《为曹公作书与韩遂》，在马背上飞笔疾书，文不加点，一挥而就，一气呵成。曹操审阅时不能增损一字，大加赞叹。清朝军机处挑选的秘书官员，要求具有撰文迅速的能力。他们拟写谕旨，讲究时效性。有时遇到紧急谕旨，当时交下，必须立即撰拟，动笔千言，从起草到誊清只需一个多时辰；有时遇到夜间送来的紧急军报，皇帝宣他们入宫授意，命他们当场撰就，由皇帝审阅后立即发出。古代秘书的落笔神速，对今天的秘书人员颇有借鉴。

秘书工作的特殊性还包括了其价值的特殊性，表现在秘书所创造的全部成果多以其领导或所在单位的名义公之于众，因此，自身的成绩不易看出，姓名亦不被人知，多为"无名小卒"。但不能因此而怀疑、否定自身工作，不能因个人名利的得失来衡量自身工作价值的大小；而应该从辅助活动中对领导及其所在组织产生的作用和影响来看待。又苦、又累、又忙，这是秘书群体对自己职业状态的评价；但是在外界看来，秘书岗位则像"官窑"，"进去都是一摊泥，出来变成青花瓷"，意指秘书岗位锻炼人、升迁快。领导者的满意肯定，群众的赞扬信任，单位工作的进步发展，上级的表彰奖赏都是对秘书工作的最高评价，都是

---

① 苏渊雷：《经世文鉴》上册，红旗出版社1998年版，第101—102页。

对秘书价值的充分肯定。只有认识到这一点,秘书人员才能把工作中的清苦、辛苦、艰苦视为自己磨炼意志、增长才干的机会,才会以苦为乐。

四、摆正位置 注重形象

在人们通常的观念里,秘书是一个收益大、风险高的职业。从政治发展上来说,秘书岗位是领导干部的摇篮,是一个人才库,也是一个预备队。但是,秘书与领导之间也存在一荣俱荣、一损俱损的关系。权力拥有的魔法怪圈,一定要人有所取舍,因此,秘书既会是得益者,也会是受害者。跟在领导身边,耳濡目染,潜移默化,秘书的受益是全方位的。领导们对复杂问题的处理艺术,对急难局面的控制能力,对无可奈何之事大而化之的水平,无处不是学问,却又是任何学校学不到的真知。行政能力,更需要综合素质,而不是专业知识;更需要工作经验,而不是理论水平。秘书每天接触的都是各式各样的行政实务,蕴含着资政佐治的真经。秘书学是一门实学和显学,因为它继承了领导学的衣钵。

处于决策者和执行者之间的秘书人员,起着协调上下左右的桥梁作用。因此,秘书的一言一行就不仅仅代表个人的形象,更代表着领导的形象,单位的形象。作为秘书人员,要摆正自己的位置,正确认识自身的重要性。秘书是领导身边的主要工作人员,不仅负责机密文件的起草和保管,而且经常参加各种会议,对领导的活动、行踪也最清楚。同时,秘书要接触各个阶层的人,联系十分广泛,一些外界掌握不到的情况,秘书都有可能掌握,本单位的机密大事或不宜公开的事项,秘书也都可能了解。因此秘书人员一定要守口如瓶、谨言慎行,最忌讳疏忽大意、嘴巴不严。

秘书人员不仅要有严守机密的良好品质,而且为人一定要清廉正派,最忌讳私心杂念太重,否则前景也是很不妙的。人们通常的观念里,秘书与领导之间一荣俱荣,一损俱损。自己服务的领导落马,也就意味着秘书生涯甚至是仕途的终结。最典型的是原河北省委书记程维高的秘书,一个被判死刑,一个被判死缓。被称为河北第一秘的李真,28岁当上程维高的秘书,32岁当上省委办公厅付主任,35岁当上正厅级的国税局长,可谓少年得志。但他经不起金钱、美女的诱惑,在糖弹面前打了败仗,先后受贿1051万元,生活很糜烂。38岁受双规,一年以后被逮捕,2003年被判死刑。李真由光彩照人的河北第一秘,堕落成人民的罪人,主要责任在于他自己,因为苍蝇不叮无缝的鸡蛋。

但是领导落马并不是所有秘书跟着遭殃,更不代表秘书生涯的终结,只不过是在一段时间内可能没有领导再使用那个贪官秘书，就像新的领导不用贪官办公室和车号一样。但时间一长，秘书、贪官的办公室、车号，还是有领导用的。毕竟都是公共资源，不用又怎么办呢？秘书的提拔与服务过的领导有关，但也并不完全这样，没给领导当秘书的人提拔也很多，关键还看个人的素养。现任江苏省宿迁市经贸委副主任和宿迁市作家协会主席王清平，所著官场小说《干部家庭》、《尊严之痛》等使他在文坛声名鹊起，对秘书的地位有超出常人的认识：他首次总结出"笔杆子里面出政权"的独门道理！他归纳的秘书思维逻辑是：工作的标准是领导满意，追求的目标是不做秘书。他对秘书的定义是：官场游戏的操盘手，平民子弟的晋身梯。他对秘书命运触目惊心的归纳是：有人上了天堂，有人下了地狱！任职秘书的15年里，他服务过的领导中，有一位县长、一位秘书长和一位副市长相继因腐败问题锒铛入狱。而王清平则清廉如故，没受牵连。

秘书应摆正位置，不能因特殊的工作而自满自傲，高高在上，不可一世，甚至"挟天子以令诸侯"，借领导者名义以权谋私，以职谋私。而应该对上尊敬、请教，不卑不亢；对下热情有礼，和睦相处，把自己个人的利益融合到集体的利益当中，洁身自好，以清醒的头脑和坚定不移的态度抵制拜金主义、享乐主义、个人主义的腐蚀和诱惑。

秘书工作相对于其他职业来说，具有更大的从属性和被动性，工作比较单调枯燥，缺少变化。在当前改革攻坚时期，秘书必须进一步增强忧患意识和使命意识，通过抓学习来抓辅助、抓综合、抓保密、抓发展，保障与领导需求的一致性，为实现中华民族复兴的中国梦奠定坚实基础，提供有效服务。

（原载《办公室业务》2013年第8期）

第十六章　传承历史促本色彰显

秘书工作在我国的形成历史悠久，远在尧舜禹时期，黄帝身边的史官即为履行秘书职能的辅佐人员。他们负责天文、历法、记注，同时办理文书撰写、档案收藏、典籍整理与保管。此后，历朝政府中的文职人员与现代的秘书，即由此生发而来。由于秘书工作在中国经历过几千年文化积淀并浓缩着高度法制精神，是具有厚重法制内涵的职业。

一、史官是法律的记录和传播者

我国历史上的史官，包括活动在官员身边的各类文职人员，实际上都承担着秘书工作的重任，他们既要记录历史，又要传播法律。

史料记载，我国最早的秘书人员是在天子、诸侯身边活动的史官。在《说文解字》中，许慎说：

> 史，记事者也。从又持中，中，正也。①

江永在《周礼·疑义举要》诠释"中"是"簿书"，即案卷。由此可见"史"的本意是手持简策记事的人员。有两处文献说明上古时代，左、右史的分工有所区别，他们的工作分为记言、记事，《礼记·玉藻》：

> 动则左史书之，言则右史书之。②

《汉书·艺文志》"左史记言，右史记事"。史官的职能这里虽有不同说法，但都是事实。秦赵"渑池之会"中，秦王要赵王为自己鼓瑟，赵王照办。

---

① 许慎：《说文解字注》第二版，世纪出版集团1988年版，第116页。
② 崔高维校点：《礼记》，辽宁教育出版社2000年版，第102页。

"秦御史前书曰：'某年月日，秦王与赵王会饮，令赵王鼓瑟'"；蔺相如在"五步之内，相如请得以颈血溅大王"要挟下，秦王才勉为击缶。蔺相如于是"顾召赵御史书曰：'某年月日，秦王为赵王击缶'。"①

《史记·廉颇蔺相如列传》所载这个史实验证了史官就是活动在国君和首脑身边的文秘人员。

甲骨卜辞是我国历史最早的的文字形式记录，这些殷商时期占卜用的刻在龟甲兽骨上的文字，是历史保存下来的史官制作的重要档案。商代的铜器铭文是我国史著的正式源头，也是出自学问渊博、擅长写作的文秘人员之手。裘锡圭先生认为："在西周铜器铭文中，不仅有'某人作某器'一类简单记载，更多的是记载君主（主要是周王）的任命、赏赐与记功表德的文字。还有一些记录诉讼胜利的较特殊的记事铭文，以及记录土地交易和勘定田界的铭文等。铭文的大量史料所记载的内容涉及土地制度、分封制度、奴隶制度、宗族制度、军事制度、官制等重要问题，一些重大的历史事件如成王东征、武王克商、昭王南征等都有记载。这些史官是法律的记录者、传播者。西周铜器铭文的全盛主要表现在两方面：一是铭文篇幅加长，一是铭文内容丰富。不仅百字以上的铜器铭文西周时期已很多见，二三百字以上的也不乏其例。尤其详细记录周王对毛公诰命之辞的毛公鼎铭，是已发现的商、周铜器铭文中最长的一篇，文字多达498个。这样的历史文献，如果不是出自朝廷高级文秘人员之手，由专业的文秘人员承当撰写，简直是无法想象的。"②

奴隶制法律在夏、商、周时期以习惯法为主，体现了王权与族权的统一，渗透了神权思想。我国第一个奴隶制国家夏代的法律总称为"禹刑"③。禹刑是夏朝法律的名称，是后人为纪念先祖禹而命名的，是后人追认的。一般认为，《禹刑》的性质相当于现代的刑法典，刑与法的含义基本相同，出现的刑罚条款，标志着法律制度在夏代已经产生，它的特点是礼刑并用。商朝在继夏而起后很快就制定了《汤刑》，由汤在都城西亳制定，祖甲时期作了修订，这部刑法法典，

---

① 司马迁：《史记》，线装书局2006年版，第353页。
② 李世忠：《长安历史文化传统与唐代咏史诗的繁荣》，《民办教育研究》2010年第2期。
③ 参见张晋藩主编《中国法制史》，群众出版社1991年版，第48页：禹刑又称"夏彝"，夏代法律的总称，因禹而命名。《尚书·洪范》记载："天乃锡（赐）禹洪范九畴，彝伦攸叙"，"威用六极"。所说的洪范九畴，是夏代的九条大法，其中六条刑罚用以惩罚犯罪，这大概是有关禹刑内容的最早记载。

是一部初具规模的奴隶制的成文法典。"六经皆史"，从先秦保存下来的各种经典，"六经"中的《尚书》和《诗经》就记录了不少周人活动的史实。特别值得关注的是《诗》《书》《易》等典籍，语言都非常通俗，有的甚至就是当时的乡言俚语。在那个少数人占有文化教育的落后年代，经典原始资料的形成，就一定不能缺少文秘人员的撰写与积累。

汉代统帅率军出征，设置府署，可以自行招聘文职僚属，帮助处理军政事务，称为"幕府"，在统帅左右的僚属，称为"幕僚"、"幕职"。幕僚种类繁多，"主簿"相当于近代参谋长、"长史"协助统帅部工作、"记室"参议军机，"参军"帮助指挥军事行动，有的类似近代副官及管理文书和各类档案的秘书等。一直到明清时期，幕僚都是指服务于军事机构的文职官员。凌蒙初在《夺风情村妇捐躯假天语幕僚断狱》一节中写的"幕僚"林大合，是四川省都指挥使司下属的断事官（一省最高军事长官及其指挥机构的军事审判官），当时林大合的职位是代理四川成都府汶川县县官。①

幕僚主要的职责是为幕主提出建议、顾问咨询、帮助处理文书档案、管理文职行政事务；他们和幕主的关系非常密切，同幕主一起进退，他们的升迁是由幕主决定的。即使不是由幕主自行任命，他们调动升迁时也要考虑幕主的意见；另外，由于他们身处府署，具有辅佐官员的身份，享用官府发放的俸禄。

在政治层阶内，秘书的地位一般也比较高，从历史的纵向角度考察，秘书这个职业群体，他们确实是法律的记录者与传播者。李斯在秦始皇统一全国以后，虽然当了宰相，但是也作了许多秘书工作。秦朝的许多诏令，包括记载秦始皇巡行天下、展示其功德的碑志、石刻、铭文等，都出自其手笔。司马迁接受宫刑以后升任汉武帝身边的中书令，这也是个高级文秘的岗位，但他却是在这个位子上最终完成了巨著《史记》。现代社会中，秘书群体往往也是未来领导的后备队伍，这既是历史法律传统的延续，当然也和秘书工作的重要性质分不开。

二、史官是法律的传承和创造者

纵观中国法制史的发展，我们会发现一个有趣的现象，这就是中国历史上，那些在政治领域有影响、在法制建设上卓有建树的学人、知识分子，大都当过史官，干过秘书工作。

---

① 凌蒙初：《初刻拍案惊奇》，天津古籍出版社2004年版，第308—320页。

仓颉是黄帝时的史官，我国原始象形文字的创造者，我国官吏制度及姓氏的草创人之一。

> 昔者苍颉作书，而天雨粟，鬼夜哭。①

有了文字，人类从此由蛮荒岁月转向文明生活。他仰观天象，俯察万物，首创了"鸟迹书"震惊尘寰，为中华民族的繁衍和昌盛作出了不朽的功绩；老子作过"周守藏室之史"；子产在简公十二年（前554）为郑国卿，公元前536年，子产"铸刑书"，是第一次公布成文法；李悝是文侯心腹之臣，参与机密，作过中山相和上地守，任相时在魏文侯的支持下制定了《法经》，进行变法推行新政；屈原曾：

> 为楚怀王左徒……入则与王图议国事，以出号令；出则接遇宾客，应对诸侯。②

也干了不少秘书的工作，他主张对内举贤能，修明法度，对外力主联齐抗秦；司马迁与唐都、落下闳等共同定立了"太初历"，改变以十月为岁首的秦代制定的颛顼历习惯，以正月为岁首，奠定了我国农耕社会其后两千年来所尊奉的历法基础；贾谊曾是皇帝的高级文秘，20多岁即被汉文帝召为博士，屡获超迁：

> 诸律令所更定，及列侯悉就国，其说皆自贾生发之。③

宋朝王安石、苏轼等都干过秘书工作，苏轼在北宋元祐年间任知制诰，为垂帘听政的高太后起草诏令，宋仁宗时王安石担任知制诰三年，为宋神宗熙宁年间进行的变法积累了经验。这些人物都是法律领域卓有建树的大家。

文字是法律的主要载体，法律的创造离不开文字的应用，书法也是中国传统法律的重要组成部分。翻开我国书法史，大家可以看到，古代的史官身兼书法家的大有人在。三国时期的钟繇是楷书定型的奠基人，同时也是魏国著名的秘书人物。历任尚书郎、黄门侍郎、司隶校尉，后升为相国、迁太傅，进封定陵侯。钟

---

① 杨有礼注：《淮南子》，河南大学出版社2010年版，第316页。
② 司汉迁：《史记》，线装书局2006年版，第362页。
③ 同上书，第365页。

繇认为死刑可以改行宫刑，多次上疏，请求恢复肉刑；晋代著名书法家王羲之，历任秘书郎、宁远将军、江州刺史，后为会稽内史，领右将军，曾担任过秘书职务，他的《兰亭序》闻名于世，其子王献之也是著名书法家，曾任州主簿、秘书郎；唐代的虞世南为初唐四大书法家之一，历任起居舍人、秘书监、弘文馆学士等；北宋四大书法家米蔡苏黄，都曾是官府史官。我们从史官多为书法家这个角度，也可以看到他们在法律创造中的贡献。

用历史的眼光看，史官—师爷—秘书是法律的传承者和创作者，这既是他们职业的内在要求，同时也是其所处岗位性质所决定的。从当代秘书的职能来看，秘书在领导者身边工作，是领导的参谋和助手，其职责是为领导服务，实际也是在间接推动着本领域各项工作包括法制建设的向前推进，特别是一些高级秘书，他们的思考、经验、智慧往往就是领导人科学决策的重要依据之一。秘书做到了与领导在思想上进行交流和沟通，在工作上的紧密配合与协调，这样，领导决策不仅更能走向科学化，工作的开展也会更加有效。可以说，史官—师爷—秘书不仅是社会文明和法律进步的传承者，也是法律的创造者之一。

三、师爷必须有较高的法律素养

从史官到师爷到秘书，他们大都有较高的法律素质与修养，并在辅佐时体现出较强的法律精神：

律例不精，害人害己，不精通律例的刑名师爷，不仅会损害官幕声誉，还会残害生灵。清代幕学著作非常强调刑名师爷必须精通律例。汪辉祖说：

> 夫幕客之用律，犹秀才之用四子书也。[1]

秀才如果对《四书》的理解有误，在考试时只是被列入下等而已；如果幕友对律例条文理解错误，就会祸及生灵。所以汪辉祖一再说刑名师爷必须精读律例，特别强调：

> 律之为书，各条俱有精蕴，仁至义尽，解悟不易。非就其同异之处融会贯通，鲜不失之毫厘去之千里。[2]

---

[1] 汪辉祖：《佐治药言》，中华书局1985年版，第8页。
[2] 同上。

刑名师爷不仅要精通律例，还得熟悉成案，在精通律例的基础上掌握成案。清末名幕张廷骧说：

> 律例如古方本草，办案如临症行医。徒读律而不知办案，恐死于句下，未能通用；徒办案而不知读律，恐只袭腔调，莫辩由来。

他总结说，当时南北幕风不同，直隶的刑名师爷都从办案入手学习刑名，主要在熟悉成案。这样一来，容易形成只顾一二成案而抛开律例不顾的弊病，就如"无源之水，其涸可待"①。

清朝读书人平时不读律例，一旦做官，对于律例茫然一无所知，而司法又是州县官的职责，关系前程，所以必须重金礼聘师爷。出堂审案的是州县官，而在幕后出主意，真正办案，拟稿定罪的却是师爷。师爷必须熟读律例，辅佐幕主办案。汪辉祖说：

> "幕之为学，读律而已。""幕客佐吏，全在明习律例。"②

我国古代法律研究是不登大雅之堂的，战国时期法家虽然提倡法治，但并不研究法律条文本身，认为法律只要一经公布，民间就不能讨论研究，"法制不议，则民不相私"。百姓只能遵守法律，不可讨论研究其得失。北宋大儒司马光曾撰文反对设立律学教授、设"明法科"考选法官，使王安石的变法改革主张失败。他认为研读法律对于世道人心毫无益处，只会把人给读坏了。明代政论家邱浚认为法律本身应简单明了，一看就懂，不用深究。清代《四库全书》的《史部·政书类·法令》部分，只收《唐律疏议》和《大清律例》，《子部·法家类》亦只收八部著作。纪昀在《四库全书总目·政书类·法令之属》按语中说：

> "刑为盛世所不能废，而亦盛世所不尚。"③

师爷精读、钻研律例的目的，不仅在于能够正确地理解法律、适用法律，而且还要能够规避法律，灵活运用法律。汪辉祖在《佐治药言·读律》说："神

---

① 张廷骧：《入幕须知五种》，清光绪十年刻本1884年版，第56页。
② 汪辉祖：《佐治药言》，中华书局1985年版，第8页。
③ 张舜徽：《清人文集别录》，中华书局1963年版，第576页。

明律意者,在于避律,而不仅在引律。如能引律而已,则悬律一条以比附人罪,一刑胥足矣,何借幕为?"①汪辉祖主张师爷要精读《名例律》,因为《名例律》规定了整部《大清律》定罪量刑的基本原则。他说"一部律例精义全在名例"。②《大清律》的条文具体,各项罪名、具体量刑都规定明确,无法灵活运用,也较难规避。而《名例律》多为原则规定,可以灵活运用于各种罪名的定罪量刑。师爷如果只会正确地运用法律,不过是刀笔小吏的功夫,只有会规避和灵活运用、能使法律为我所用,才是师爷的看家本领。

师爷的"避律"技能才干,与当代法学对司法者的要求明显不相同。研究法律、精通法律的目的既在规避法律、活用法律,自然这种技能才干的运用也就因人而异——正直者可用"避律"减轻无辜者的痛苦,但一些小人也可利用"避律"宽纵罪犯,最后得个"人治"的结果,这就需要我们注意认真区别处理。

秘书人员讲求无私奉献。从法制角度看,古代士大夫"国而忘家,公而忘私","先天下之忧而忧,后天下之乐而乐","在齐太史简、在晋董狐笔","天下兴亡,匹夫有责"及"苟利国家生死以,岂因祸福避趋之"等思想,都是现代秘书人员培养道德情操取之不尽的源泉。历史上无数志士仁人身体力行,造福社会,显示了公而忘私,默默奉献的精神,处在历代统治者身边的秘书也不例外。他们中不少人谦和诚信,讲道义,勤俭廉洁,具有高尚的道德情操,成为老百姓心目中的清官谏臣,可见秘书是一个有较高法制修养的群体。

四、依法办事是遏制腐败的前提

表面上风光的秘书内心有倒不完的苦水。苦在内心的挣扎,苦在尊严的丧失。绝大多数领导会体量体贴秘书的甘苦,但总体来看,权力盛宴旁的秘书永远都是一个没有尊严没有话语权的角色。正确地对待公与私、得与失的关系,做到重事业、轻得失;重奉献、轻索取,甘当无名英雄,以高度的责任感、事业心去完成领导交办的每一项工作。在现实生活中,大部分秘书都能洁身自好,但也存在违法犯罪的秘书案例。腐败案中影响较大的有"河北第一秘"李真收受贿赂被判处死刑;北京市委原书记陈希同的秘书陈健,受贿被判处有期徒刑15年;北京市原副市长黄超的秘书何世平,受贿被处有期徒刑16年;深圳市人大常委会原副主任王炬的秘书蔡建辉受贿被判处有期徒刑8年;国家食品药品监督管理局

---

① 汪辉祖:《学治臆说》,中华书局1985年版,第75页。
② 汪辉祖:《佐治药言》,中华书局1985年版,第9页。

原局长郑筱萸的两任秘书郝和平、曹文庄，也因巨额受贿分别被判刑5年和"死缓"；安徽省淮南市原市委书记陈世礼的秘书王传东也因受贿被判处6年有期徒刑；上海市宝山区原区长、曾经大红大紫的"上海第一秘"秦裕被判处无期徒刑，而周永康的秘书六人帮亦殊途同归。要杜绝腐败就必须依法办事。

通过依法办事，规范秘书的权限和职业地位。用法律规范秘书的权限和职业地位，旨在使秘书工作遵循法定的程序，保证其工作运行的合法性、科学性、高效性，更好地实现其辅助服务职能。同时必须清晰界定秘书的工作性质和职业地位，完成其由"官员"到"职员"的转变。促使秘书人员在其权限范围内全心全意地为领导服务，为人民服务；不能滥用职权，以权谋私。减少或消除其行使权限过程中的随意性，规范其职业地位，树立职业化思想，走职业化、法制化道路。

通过依法办事，建立秘书权力制衡机制。权力不仅需要监督，而且需要制约。在秘书与领导、社会的关系中，建立有效的权力制衡机制，把权力分散，让权力互相制约。一方面，领导、社会赋予秘书一定的权力；另一方面，秘书也可对领导的权力进行监督，使各自只能在法律限定的范围和程序内使用权力。从而保证权力的合理运行，使权力置于各种监督之下，为秘书和领导拒腐防变树立一道有效的屏障。

通过依法办事，规范秘书选拔程序，有效地推进秘书职业化。秘书职业覆盖面广，从业人员多，因而素质高低不一。因此，必须对秘书任职资格实行统一的认证制度，有效控制秘书岗位的入口，提升秘书队伍整体素质。同时也有利于秘书队伍建设的职业化、正规化及与国际接轨。

国有国法，家有家规。一个国家、一个完善的组织、一个家庭，都有自己的发展标准。"勿以善小而不为，勿以恶小而为之"就是告诉我们：遵纪守法要从小处入手，从我做起，从现在做起。凡事都需要遵循一定的标准和法则。做任何事情都要有法规，懂法规，守法规。腐败是人民之敌、政权之敌。人民最痛恨腐败，腐败最威胁政权稳定。党的十八大以来，反腐为共产党挽回了宝贵的人民信任，这是中国共产党的政治责任和历史担当，反腐的真正原因是让红色江山永不变色，让中国人民过上好日子，最终实现中华民族伟大复兴的"中国梦"。

（原载《办公室业务》2016年第1期）

参考文献

一、著作（按姓氏笔画排列）

《大清律例》，天津古籍出版社1993年版。
《大清律例汇辑便览·凡例》，同治十一年，江苏枭署刻本。
《四库未收书辑刊》，北京出版社1997年版。
《论语》，岳麓书社2000年版。
《孟子》，东篱子译注，北京时代华文书局2014年版。
《绍兴县志资料》第一辑，成文出版社1983年版。
《线装经典》编委会编：《论语》，云南教育出版社2010年版。
《辞海》1999年缩印本，上海辞书出版社2001年版。
丁凤麟、王欣之编：《薛福成选集》，上海人民出版社1987年版。
丁家桐：《东方畸人徐文长》，上海人民出版社1999年版。
于敏中：《日下旧闻考》，北京古籍出版社1981年版。
习近平：《摆脱贫困》，福建人民出版社1992年版。
万维翰：《幕学举要》，清光绪十八年（1892）浙江书局刻本。
马建石、杨育棠：《大清律例通考校注》，中国政法大学出版社1992年版。
小横香室主人编：《清朝野史大观》，上海书店1981年版。
孔子、孟子：《论语 孟子》，北京燕山出版社2001年版。
王云五主编：《周易今注今译》，南怀瑾、徐芹庭注译，天津古籍出版社1974年版。
王士性：《广志绎》，中华书局1981年版。
王先谦：《东华录》，光绪廿五年（1899）石印本。
王士禛：《香祖笔记》，商务印书馆1934年版。
王凤彬、李东：《管理学》，中国人民大学出版社2011年版。

王如尧：《师爷手稿选》，中国文化出版社2015年版。

王圻：《续文献通考》，商务印书馆1936年版。

王剑、张世芳：《武定府史话》，方志出版社2012年版。

王振忠：《绍兴师爷》，福建人民出版社1994年版。

王建华、朱志勇、李勇鑫：《绍兴师爷与中国幕府文化》，人民出版社2007年版。

王又槐：《办案要略》，华东政法学院语文教研室注译，群众出版社1987年版。

元周主编：《政训实录》，中国戏剧出版社2001年版。

天台野叟：《大清见闻录》，中州古籍出版社2000年版。

天忏生、冬山合编：《近代中国史料丛刊 499—500 黄克强·蔡松坡轶事 清代州县故事》，文海出版社1960年版。

政协浙江省委员会文史资料研究委员会：《浙江文史资料选辑》第26辑，1983年版。

中国文史出版社编：《南史 北史 隋书》，中国文史出版社2003年版。

中国第一历史档案馆：《赵尔巽档案全宗 湖广总督类 文图庶务项》，第264卷。

中国第一历史档案馆：《山东巡抚衙门档案全宗 内政类》，第17—20卷。

中国第一历史档案馆：《清代档案史料丛编》，中华书局1980年版。

中国第一历史档案馆：《光绪朝朱批奏折》，见《财政·田赋地丁》，中华书局1995年版。

尹剑翔、蓝珊、尚勤：《古案今说 历史疑案面面观》，中国工人出版社2015年版。

邓之诚：《中华二千年史》，中华书局1958年版。

邓汉平点评：《古文观止》，中国友谊出版公司1993年版。

方大湜：《平平言 桑蚕提要》，湖南科学技术出版社2010年版。

方濬师：《清代史料笔记丛刊 蕉轩随笔：续录》，中华书局1995年版。

计六奇：《明季南略》，中华书局1984年版。

毛佩琦、陈金陵：《明清行政管理制度》，山西人民出版社1995年版。

平步青：《霞外攟屑》，上海古籍出版社1982年版。

艾永明：《清朝文官制度》，商务印书馆2003年版。

司马光：《通鉴论》，江苏人民出版社1962年版。

司马光撰，柏杨译：《资治通鉴》，万卷出版公司2009年版。

司马迁：《史记》，线装书局2006年版。

田涛、郭成伟：《明清公牍秘本五种》，中国政法大学出版社1999年版。

田涛、郑秦点校本：《大清律例》，法律出版社1999年版。

辽宁大学历史系编：《天聪朝臣工奏议》，辽宁大学历史系1981年版。

左丘明：《国语》，齐鲁书社2005年版。

左宗棠撰：《左宗棠全集》，刘泱泱等校点，岳麓书社2014年版。

本书编写组：《江泽民同志〈论科学技术〉学习导读》，中共党史出版社2001年版。

石成金：《传家宝：中国古代生活百科全书》，吉林出版集团2005年版。

叶盛：《水东日记》，中华书局1980年版。

史梦兰纂，蔡志修等修：《光绪丁丑 乐亭县志》，成文出版社1969年版。

史玄、夏仁虎、阙名：《旧京遗事 旧京琐记 燕京杂记》，北京古籍出版社1986年版。

北京图书馆：《北京图书馆藏珍本年谱丛刊》第107册，北京图书馆出版社1999年版。

北京图书馆：《清末民国财政史料辑刊》第一册，北京图书馆出版社2007年版。

北京鲁迅博物馆编：《苦雨斋文丛周作人卷》，辽宁人民出版社2009年版。

兰丕炜：《治乱龟鉴》，辽宁大学出版社1996年版。

冯辰、刘调赞：《李塨年谱》，中华书局1988年版。

冯煦、陈师礼：《皖政辑要》，黄山书社2005年版。

冯国珍：《管理学》，复旦大学出版社2006年版。

宁欣：《中华文化通志·制度文化典·选举志》，上海人民出版社1998年版。

乐钧、许仲元：《三异笔谈》，重庆出版社1996年版。

代继华、谭力、粟时勇：《中国职官管理史稿》，法律出版社1994年版。

李三谋：《明清财经史新探》，山西经济出版社1990年版。

李东阳等：《大明会典》，广陵书社2007年版。

李乔：《中国师爷小史》，学习出版社2011年版。

李乔：《文史拾荒》，青岛出版社2014年版。

李乔：《中国的师爷》，商务印书馆国际有限公司1995年版。

李汝珍：《镜花缘》，张友鹤校注，人民文学出版社1955年版。

李扬帆：《晚清三十人》，世界知识出版社2008年版。

李伯元：《文明小史》，熊飞校勘，江西人民出版社1996年版。

李孟符：《民国笔记小说大观 春冰室野乘》，山西古籍出版社1995年版。

李宝嘉：《官场现形记》插图本，张友鹤校注，人民文学出版社1957年版。

李洵：《历代食货志注释 明史食货志校注》，中华书局1982年版。

李家瑞：《北平风俗类征》，商务印书馆1937年版。

李海文主编：《周恩来家世》，党建读物出版1998年版。

李贽：《藏书》，中华书局1959年版。

李修生：《全元文》，凤凰出版社2004年版。

李绿园：《中国古典小说名著百部 歧路灯》，华夏出版社1995年版。

李鹏年、刘子扬、陈锵仪编著：《清代六部成语词典》，天津人民出版社1990年版。

观鱼：《回忆鲁迅房族和社会环境35年间（1902—1936）的演变》，人民文学出版社1959年版。

阮元：《揅经室集》，中华书局1993年版。

阮葵生：《茶馀客话》，中华书局1959年版。

吕不韦编：《吕氏春秋》，夏华等编译，万卷出版公司2012年版。

吕平：《孝经》，新疆青少年出版社1996年版。

吕平安：《短篇文言文注译》，山东教育出版社1984年版。

岁有生：《清代州县经费研究》，大象出版社2013年版。

刘安：《淮南子》，杨有礼注，河南大学出版社2010年版。

刘小萌：《胥吏》，北京图书馆出版社1998年版。

刘叶秋、苑育新、周知：《笔记小说案例选编》，中州书画社1982年版。

刘祁：《归潜志》，中华书局1983年版。

刘国新：《中国政治制度辞典》，中国社会出版社1990年版。

刘尚恒：《鲍廷博年谱》，黄山书社2010年版。

刘禺生：《世载堂杂忆》，中华书局1960年版。

刘修治：《天下藏书》第4卷，文化艺术出版社2002年版。

许同莘：《公牍学史》，档案出版社1989年版。

许奉恩：《清代笔记小说丛刊　里乘》，齐鲁书社1988年版。

许葭村：《秋水轩尺牍》，萧屏东校注，湖南文艺出版社1987年版。

许慎：《说文解字》影印本，中华书局1963年版。

许慎：《说文解字注》第二版，世纪出版集团1988年版。

许嘉璐主编：《二十四史全译　晋书》，汉语大词典出版社2004年版。

朱克敬：《儒林琐记·雨窗消意录》，岳麓书社1983年版。

朱诚如、王天有主编：《明清论丛　第一辑》，紫禁城出版社1999年版。

任桂全：《绍兴市志》，浙江人民出版社1996年版。

任恒俊：《神奇的腐朽：晚清吏治面面观》，生活·读书·新知三联书店1996年版。

纪昀：《阅微草堂笔记》，浙江古籍出版社1998年版。

纪连海：《说雍正》，上海辞书出版社2007年版。

张玉法：《中国现代化的区域研究——山东省（1860—1916）》，中研院近代史研究所1982年版。

张友渔、高潮：《中华律令集成》，吉林人民出版社1991年版。

张旭华：《九品中正制略论稿》，中州古籍出版社2004年版。

张仲礼：《中国绅士研究》，上海人民出版社2008年版。

张伟仁：《磨镜　法学教育论文集》，清华大学出版社2012年版。

张廷玉等：《明史》，中华书局1974年版。

张廷骧：《入幕须知五种》，文海出版社1980年版。

张希清、王秀梅：《中国历代从政名著全译 官典》，吉林人民出版社1998年版。

张明高、范桥：《周作人散文》，中国广播电视出版社1992年版。

张研：《17—19世纪中国的人口与生存环境》，黄山书社2008年版。

张菊香、张铁荣：《周作人研究资料》，天津人民出版社1986年版。

张剑：《历史名人与五年高考》，中国书籍出版社2007年版。

张原君、陶毅：《为官之道：清朝四大官司箴书辑要》，学习出版社1999年版。

张晋藩主编：《中国法制史》，群众出版社1991年版。

张舜徽：《清人文集别录》，中华书局1963年版。

张集馨：《道咸宦海见闻录》，中华书局1981年版。

严可均辑：《全梁文》，商务印书馆1999年版。
苏渊雷：《经世文鉴》，红旗出版社1998年版。
杨洪注译：《中庸·大学》，安徽人民出版社2002年版。
杨国强：《百年嬗蜕　中国近代的士与社会》，上海三联书店1997年版。
杨恩寿：《坦园日记》，上海古籍出版社1983年版。
杨恩寿：《杨恩寿集》，岳麓书社2010年版。
杨建祥：《中国古代官德研究》，上海古籍出版社1983年版。
吴中匡：《满汉名臣传》，黑龙江人民出版社1991年版。
吴乐平、陈光全编著：《磨难篇》，湖北教育出版社1996年版。
吴吉远：《清代地方政府司法职能研究》，紫禁城出版社2014年版。
吴传来：《越地文化　鲁镇旧闻》，西泠印社2006年版。
吴炽昌：《客窗闲话》，时代文艺出版社1987年版。
吴趼人：《二十年目睹之怪现状》，方玮校点，文化艺术出版社1995年版。
吴敬梓：《中国古典文学名著　儒林外史》，北方文艺出版社2013年版。
陈天锡：《迟庄回忆录》，文海出版社1974年版。
陈文述：《颐道堂文钞》，嘉庆丙子刻本。
陈生玺辑：《政书集成》第9辑，中州古籍出版社1996年版。
陈诏：《红楼梦小考》，上海书店出版社1999年版。
陈茂同：《中国历代职官沿革史》，百花文艺出版社2005年版。
陈振濂：《书法学》，江苏教育出版社1992年版。
陈梦雷编：《古今图书集成》，中华书局1985年版。
陈森：《品花宝鉴》，人民中国出版社1993年版。
陈德来：《越中师爷》，浙江摄影出版社2003年版。
陈澧：《陈澧集》，上海古籍出版社2008年版。
陆以湉：《历代笔记小说大观　冷庐杂识》，冬青校点，上海古籍出版社2012年版。
陆羽、陆廷灿：《茶经　续茶经》，志文注释，三秦出版社2005年版。
宋可力：《逆思维心理学　换个角度去成功》，中国长安出版社2012年版。
宋占生等主编：《中国公安大百科全书》，吉林人民出版社2000年版。
闵尔昌：《近代中国史料丛刊　碑传集补》，文海出版社1973年版。
闵冬芳：《〈大清律辑注〉研究》，社会科学文献出版社2013年版。

汪龙庄、万枫江：《中国官场学》，今日中国出版社1994年版。

汪辉祖：《学治臆说》，中华书局1985年版。

汪辉祖：《佐治药言》，中华书局1985年版。

汪辉祖、蒯德模撰：《病榻梦痕录 双节堂庸训 吴中判牍》，江西人民出版社2012年版。

汪辉祖：《清汪辉祖先生自定年谱》，台湾商务印书馆1980年版。

汪辉祖：《佐治学解读》，孙之卓编注，哈尔滨工业大学出版社2015年版。

汪康年：《汪穰卿笔记》，上海书店出版社1997年版。

沙敏：《哈佛校训》，中国工人出版社2006年版。

沈三白：《浮生六记》，大众书局1981年版。

沈世荣：《异书四种》，广益书局1936年版。

沈娣、莫艳梅：《一代名幕汪辉祖》，《中国纪检监察报》2016年7月18日。

况周颐，张秉戊选编：《蕙风簃小品》，北京出版社1998年版。

佐伯富著：《清雍正朝的养廉银研究》，郑樑生译，台湾商务印书馆1996年版。

余华青：《中国宦官制度史》，上海人民出版社2006年版。

范晔：《后汉书》，岳麓书社2008年版。

欧长伏主编：《芙蓉国里 湖南历史文化巡礼》，湖南人民出版社2012年版。

罗琅主编：《炉峰文集2012》，天地图书有限公司2013年版。

罗振玉：《史料初编》，文海出版社1964年版。

贺长龄辑：《皇朝经世文编》，上海广百宋斋，光绪十三年版。

尚小明：《学人游幕与清代学术》，社会科学文献出版社1999年版。

官箴书集成编纂委员会编：《官箴书集成》，黄山书社1997年版。

周恩来：《周恩来外交文选》，世界知识出版社1990年版。

周作人：《知堂集外文·〈亦报〉随笔》，岳麓书社1988年版。

周作人著，张明高、范桥编：《周作人散文》，中国广播电视出版社1992年版。

周芾棠：《乡土忆录——鲁迅乡亲友人忆鲁迅》，陕西人民出版社1983年版。

周询：《蜀海丛谈》，巴蜀书社1986年版。

周保明：《清代地方吏役制度研究》，上海书店出版社2009年版。

项文惠：《绍兴师爷》，南京出版社1991年版。
赵尔巽等撰：《清史稿》，中华书局1976年版。
赵中利：《现代秘书心理学》，高等教育出版社2004年版。
赵润田：《乱世薰风 民国书法风度》，中国文联出版社2015年版。
赵敏俐主编：《中国诗歌研究》第五辑，中华书局2008年版。
赵翼：《廿二史札记》，世界书局1936年版。
胡适：《胡适作品集》，远流出版事业股份有限公司1986年版。
胡学亮：《从政心得》，中国文史出版社2004年版。
胡颂平：《胡适之先生年谱长编初稿》，联经出版事业公司1984年版。
胡戟撰：《中华文化通志·教化与礼仪典 礼仪志》，上海人民出版社1998年版。
柯灵、张海珊：《中国近代文学大系 1840—1919 笔记文学集二》，上海书店1995年版。
柯愈春：《说海》，人民日报出版社1997年版。
昭梿：《清代史料笔记丛刊 啸亭杂录》，中华书局1980年版。
前因居士，北京图书馆善本组辑录：《文献》，书目文献出版社1982年版。
施闰章：《施愚山集》，何庆善、杨应芹点校，黄山书社1993年版。
宣鼎：《夜雨秋灯录》，上海古籍出版社1987年版。
祝总斌：《材不材斋文集 祝总斌学术研究论文集》，三秦出版社2006年版。
祝庆祺等编：《刑案汇览三编》第一编，北京古籍出版社2004年版。
诞叟：《梼杌萃编》，秋谷标点，上海古籍出版社1989年版。
洪亮吉：《洪亮吉集》第三册，刘德权点校，中华书局2001年版。
段光清：《清代史料笔记丛刊 镜湖自撰年谱》，中华书局1960年版。
钟小安：《幕友师爷秘书》，中国科学技术出版社2007年版。
钟小安：《秘书与文化》，中国文化出版社2013年版。
钟叔河：《周作人文选（1898—1929）》，广州出版社1995年版。
钟年：《中国社会生活文丛 中国人的传统角色》，湖北教育出版社1999年版。
俞蛟：《梦厂杂著》，文化艺术出版社1988年版。
泉州招庆寺静筠法师：《祖堂集》，全国图书馆文献缩微复制中心1993年版。
倪正茂等：《中华法苑四千年》，群众出版社1987年版。

姚柯楠：《说不尽的府衙往事：南阳知府衙门考》，中州古籍出版社2008年版。

姚鹏、范桥编：《胡适讲演》，中国广播电视出版社1992年版。

袁枚：《续子不语》，远方出版社2007年版。

高拜石：《新编古春风楼琐记》第12集，作家出版社2005年版。

高浣月：《清代刑名幕友研究》，中国政法大学出版社2000年版。

秦榆：《治学 修身 养性》，京华出版社2008年版。

聂中东：《中国秘书史》，中州古籍出版社2000年版。

晏婴：《晏子春秋》，中华书局1985年版。

顾廷龙、戴逸主编：《李鸿章全集》29，安徽教育出版社2008年版。

顾国华编：《文坛杂忆》，上海书店出版社2015年版。

顾炎武：《日知录集释 下》，黄汝成集释，华山文艺出版社1990年版。

顾炎武：《日知录校释》，张京华校释，岳麓书社2011年版。

班固撰，王继如主编：《汉书今注》，凤凰出版社2013年版。

班固撰：《汉书》，中华书局2007年版。

夏咸淳：《徐渭》，上海人民美术出版社1998年版。

柴萼：《梵天庐丛录》，（番禺叶恭卓署影印本）1926年。

郭建：《师爷当家》，中国言实出版社2004年版。

郭建：《中国法文化漫笔》，东方出版中心1999年版。

郭润涛：《清代的"家人"》，见《明清论丛》第一辑，紫禁城出版社1999年版。

郭润涛：《官府、幕友与书生——"绍兴师爷"研究》，中国社会科学出版社1996年版。

凌蒙初：《初刻拍案惊奇》，天津古籍出版社2004年版。

浙江省鄞县地方志编委会：《鄞县志》，中华书局1996年版。

浙江省外事志编纂委员会：《浙江省外事志》，中华书局1996年版。

钱泳：《清代史料笔记丛刊 履园丛话》，中国书局1979年版。

徐珂：《清稗类钞》，中华书局1984年版。

徐忠明、杜金：《传播与阅读：明清法律知识史》，北京大学出版社2012年版。

徐梓：《官司箴——做官的门道》，中央民族大学出版社1996年版。

徐渭：《徐文长全集》，上海中央书店1935年版。

徐渭：《徐渭集》，中华书局1983年版。

徐寒主编：《中华私家藏书》，中国工人出版社2001年版。

黄一鹤：《官系网》，河南文艺出版社2011年版。

黄竹堂：《文献》，北京图书馆善本组辑录，书目文献出版社1982年版。

黄兆强：《清人元史学探研：清初至清中叶》，稻乡出版社2000年版。

龚自珍，夏田蓝编：《龚定庵全集类编》，中国书店1991年版。

龚自珍：《龚自珍全集》，上海人民出版社1975年版。

龚未斋：《雪鸿轩尺牍》，湖南文艺出版社1987年版。

眭达明：《秘书政治》，江西人民出版社2007年版。

崔高维校点：《周礼 礼记》，辽宁教育出版社2000年版。

章中如：《清代考试制度资料》，山西人民出版社2014年版。

章言、李成甲注译：《为政恒言》，三秦出版社1998年版。

章学诚：《章氏遗书》，文物出版社1981年版。

章伯锋、顾亚：《近代稗海》第十一辑，四川人民出版社1988年版。

梁方仲：《中国历代户口、田地、田赋统计》，上海人民出版社1980年版。

梁章钜：《楹联丛话》，上海书店1981年版。

梁海明译注：《易经》，山西古籍出版社1999年版。

脱脱：《金史》，中华书局2011年版。

董坚志：《绍兴师爷》，上海新华书局1936年版。

萧一山：《清代通史》，商务印书馆1932年版。

葛士浚辑：《皇朝经世文续编》，文海出版社1973年版。

葛建初：《折狱奇闻》，上海会文堂新记书局1932年版。

曹臣撰：《舌华录》，陆林校点，黄山书社1999年版。

鲁子健：《清代四川财政史料》，四川省社会科学出版社1988年版。

鲁迅：《鲁迅全集》编年版，人民文学出版社2014年版。

鲁迅：《汉文学史纲要》，春风文艺出版社2014年版。

曾国藩编，熊宪光、蓝锡麟等注：《经史百家杂钞今注》，上海书店出版社2015年版。

谢兴尧：《堪隐斋随笔》，辽宁教育出版社1995年版。

裴传永：《为官思想录》，中共中央党校出版社2005年版。

蒲坚：《中国法制史大辞典》，北京大学出版社2015年版。

蒲松龄：《聊斋志异》，岳麓书社1988年版。

雷晓宇：《中国商业老灵魂》，经济日报出版社2009年版。

楚兴国、李炜校刊：《牧令书》，道光戊申秋镌。

虞山襟霞阁主编：《刀笔菁华》，中华工商联合出版社2001年版。

路工：《访书见闻录》，上海古籍出版社1985年版。

新建设编辑部编：《文史》第2辑，中华书局1963年版。

阙勋吾：《简明历史辞典》，河南人民出版社1983年版。

福格：《清代史料笔记丛刊 听雨丛谈》，中华书局1959年版。

鲍永军：《绍兴师爷汪辉祖研究》，人民出版社2006年版。

蔡申之等：《清代州县四种》，文史哲出版社1975年版。

蔡伟强：《翔安本土作家文学作品选 红楼梦未完》，厦门大学出版社2013年版。

缪全吉：《清代幕府人事制度》，台北中国人事行政月刊社1971年版。

缪莲仙：《梦笔生花 文章游戏》，大达图书供应社1935年版。

潘超、丘良任、孙忠铨主编：《中华竹枝词全编》，北京出版社2007年版。

颜之推，张霭堂译注：《颜之推全集译注》，齐鲁书社2004年版。

薛允升：《唐明律合编·宋刑统·庆元条法事类》，中国书店1990年版。

穆翰：《明刑管见录》，浙江书局1904年。

瞿同祖：《中国法律与中国社会》，中华书局1981年版。

瞿同祖：《中国封建社会》，上海人民出版社2012年版。

瞿同祖：《清代地方政府》，法律出版社2003年版。

瞿兑之：《汪辉祖传述》，上海书店1930年版。

魏徵：《隋书》，中华书局1999年版。

魏光奇：《今天与昨天 中国社会历史问题散论》，河南人民出版社2012年版。

魏源：《魏源全集》，岳麓书社2004年版。

［日］宫崎市定：《清代の胥吏と幕友——特に雍正朝を中心として》，《东洋史研究》1958年第16卷第4号。

［日］藤冈次郎：《清朝における地方官、幕友、胥吏及び家人——清朝地方行政研究のためのイ—トニ》，《北海道学艺大学纪要》第一部（B社会科学

编）1961年第12卷第1号。

［美］李怀印：《华北村治》，岁有生、王士皓译，中华书局2008年版。

［美］曾小萍：《州县官的银两》，中国人民大学出版社2005年版。

［美］Jonathan Porter, "TsengKuo-Fan's Private Bureaucracy", University Of California, Berkeley, 1972.

［美］KennethE. Folsom, "Friends, Guests, And Colleague—The Mu-Fu SystemIn The。Late Ching Period", University Of California Press/Berkeley And Los Angeles, 1968.

［美］福尔索姆：《朋友·客人·同事——晚清的幕府制度》，中国社会科学出版社2002年版。

［韩］闵斗基：《中国近代史研究——绅士层的思想与行动》，（汉城）一潮阁1983年版。

二、论文（按姓氏笔画排列）

《各省内务汇志》，《东方杂志》1907年第7期。

马金阳：《不可小视的衙署长随》，《科学大众》（科学教育）2017年第2期。

王文涛：《师爷称谓演变与幕僚制度试论》，《浙江社会科学》2007年第1期。

王祖龙：《生命悲感与自我挣扎——解读徐渭》，《美术向导》2002年第2期。

田敏：《鲁迅与浙东民间文化》，博士学位论文，华中师范大学，2011年。

史玉峤：《古代师爷的道德启示》，《秘书》2006年第4期。

冯建荣：《一个特殊的幕僚群体——绍兴师爷论》，《绍兴文理学院学报》（哲学社会科学版）2013年第1期。

白鹤：《秘书与书法》，《秘书》1999年第12期。

刘吉同：《清朝官员"恶狠狠"的"考语"》，《唯实》2012年第2期。

刘英团：《"提笔忘字"威胁书法大国》，《人民日报·海外版》2012年4月18日。

刘建琼：《徐渭心理畸变对其艺术创作的影响》，《湖南农业大学学报》（社会科学版）2007年第8期。

刘晓玲、肖君华：《以加强学习托起中国梦》，《人民日报》2013年5月21日。

刘锦龙、吴光辉：《刑名幕友与清代法律教育》，《九江学院学报》2007年第2期。

讲史茶馆：《小师爷要有大抱负》，《香港文汇报》2005年3月19日。

许家林、徐跃：《绍兴师爷与现代会计的关系及职业精神的传承》，《会计之友》2013年第26期。

关晓红：《晚清督抚衙门房科结构管窥》，《中山大学学报》2006年第3期。

关晓红：《清季督抚文案与文案处考略》，《近代史研究》2006年第3期。

关晓红：《从幕府到职官：清季外官制改革中的幕职分科治事》，《历史研究》2006年第5期。

吕乃明：《清代官箴思想探析》，硕士学位论文，烟台大学，2010年。

岁有生：《清代州县衙门经费》，《安徽史学》2009年第5期。

任喜荣：《中国古代刑官的权力解析——法律人职业化的历史透视》，《法制与社会发展》2005年第4期。

任喜荣：《刑官的世界：中国法律人职业化的历史透视》，硕士学位论文，浙江大学，2004年。

乔文捷：《无讼理念下的中国古代讼师研究》，硕士学位论文，郑州大学，2015年。

乔亚：《论徐渭对悲剧命运的淋漓抒写》，《枣庄学院学报》2006年第6期。

全增佑：《清代幕僚制度论》，《思想与时代》1944年第31、32期。

杜衡：《中国历史上之幕职》，《再生周刊》1948年第216期。

来新夏：《清人笔记随录》（四），《中国典籍与文化》2004年第4期。

李灿：《初论清代刑名幕友》，《西南政法大学学报》2013年第5期。

李世忠：《长安历史文化传统与唐代咏史诗的繁荣》，《民办教育研究》2010年第2期。

李志茗：《离异与回归——中国幕府制度的嬗变》，《史林》2008年第5期。

李志刚：《那些"落榜不落志"的"牛奋男"》，《羊城晚报》2012年7月1日。

李晚成：《中国幕僚制度考论》，《上海师范大学学报》1988年第1期。

肖征祁：《清代州县刑事诉讼程序研究》，硕士学位论文，华东政法学院，

2005年。

杨义：《古越精神与现代理性的审美错综——鲁迅〈铸剑〉新解》，《绍兴师专学报》1991年第3期。

杨敏、徐浩程等：《机关里的蚁族：小秘书大生活》，《决策》2010年第Z1期。

陆昕：《代官制判的刑名师爷》，《读书》2016年第7期。

张岩：《对清代前中期人口发展的再认识》，《江汉论坛》1999年第1期。

张姣：《浅论书法艺术与秘书工作》，《秘书之友》2011年第7期。

张国栋：《论州县刑名幕友在清代的地位和作用》，硕士学位论文，南开大学，2006年。

张雅斐：《传统社会中讼师现象研究》，硕士学位论文，山东大学，2009年。

张颖清：《"检验尸伤不以实"律考》，硕士学位论文，南开大学，2011年。

张纯明：《清代的幕制》，《岭南学报》1949年第9卷第2期。

何信恩：《近代政要身边的绍兴师爷》，《文史精华》2006年第3期。

宗白华：《中国书法里的美学思想》，《哲学研究》1962年第1期。

郑天挺：《清代的幕府》，《中国社会科学》1980年第6期。

郑振满：《清代福建地方财政与政府职能的演变》，《清史研究》2002年第2期。

金尚理：《绍兴师爷的人格与智慧》，《绍兴文理学院学报》（哲学社会科学版）2005年第6期。

林佳萍：《绍兴师爷为何能"火"近300年？》，《绍兴晚报》2015年4月14日。

郑智航：《清代法律教育的近代转型》，《当代法学》2011年第5期。

娄仲安：《解元原本是师爷》，《柯桥日报》2014年4月20日。

俞婉君：《州县游幕人王春龄档案史料价值初探》，《浙江档案》2007年第5期。

胡平仁：《中国传统诉讼艺术研究》，博士学位论文，湘潭大学，2007年。

周保明：《清代地方吏役制度研究》，博士学位论文，华东师范大学，2006年。

钟小安：《中国古代吏胥制度撷谈》，《绍兴文理学院学报》（哲学社会科学版）2004年第5期。

钟小安：《幕友师爷秘书》，《秘书之友》2005年第7期。

钟小安、宣淑珍：《浅谈汪辉祖的民本意识》，《秘书工作》2006年第

8期。

钟小安：《汪辉祖佐幕观的当代意义》，《秘书之友》2008年第2期。

钟小安：《清代第一"绍兴师爷"沈文奎》，《秘书之友》2008年第6期。

钟小安：《明代才子徐渭的幕府生涯》，《秘书之友》2008年第10期。

钟小安：《立品为先乃佐幕之要》，《兰台世界》2009年第12期。

钟小安：《"白领"不妨学习师爷的职场处世艺术》，《秘书之友》2011年第3期。

黄鸣鹤：《刑名师爷》，《法律与生活》2004年第2期。

常越男：《清代官员考课中的"四格八法"》，《历史档案》2011年第4期。

唐桂兰：《公文高手李斯》，《秘书工作》2007年第4期。

徐京跃、周英峰：《对党内作风之弊行为之诟来一次大扫除》，《新华每日电讯》2013年6月19日。

徐忠明：《办成"疑案"：对春阿氏杀夫案的分析档案与文学以及法律与事实之间》，《中外法学》2005年第3期。

徐明德：《中国幕府制度的渊源、特征与嬗变》，《贵州文史丛刊》1997年第6期。

商传：《明清县衙：简约的专制机器》，《北京日报》2014年6月30日。

眭达明：《不可学的三类秘书》，《决策》2010年第Z1期。

眭达明：《刑名师爷——清代地方长官的司法秘书》（上），《秘书工作》2012年第8期。

眭达明：《刑名师爷——清代地方长官的司法秘书》（下），《秘书工作》2012年第9期。

眭达明：《此批得体——古代公文写作趣闻杂谈》，《办公室业务》2012年第20期。

焦蓓蓓：《浅谈清代州县长随》，《中国城市经济》2011年第11期。

舒关：《毛泽东与舒同谈书法》，《毛泽东书法研究》2008年第1期。

翟东堂：《论清代的刑名幕友及其在政治生活中的作用》，《河南师范大学学报》（哲学社会科学版）2004年第4期。

谭湘华：《论中国书法艺术的起源及意义》，《电影评介》2008年第17期。

薛刚：《四格、八法考释》，《理论学刊》2010年第5期。

薛瑞录：《雍正帝与养廉银》，《中国档案》1990年第3期。

袁野：《王维工受贿一审被判死缓》，《南国早报》2009年4月20日。

闻华：《漫谈古代的师爷》，《华夏文化》2007年第4期。

涓文：《绍兴师爷：立品为先》，《绍兴县报》2008年3月23日。

曹诣珍：《清代名幕乌思道稽考》，《殷都学刊》2016年第4期。

鲍永军：《汪辉祖的幕学思想》，《绍兴文理学院学报》（哲学社会科学版）2005年第6期。

雷晓宇：《绍兴师爷》，《中国企业家》2006年第1期。

熊芊：《简析清代幕友佐治思想的三大要义》，《边疆经济与文化》2016年第11期。

魏善玲：《清末出国留学生的结构分析（1896—1911）》，《历史档案》2013年第2期。

魏晓红：《〈阅微草堂笔记〉研究》，博士硕士学位论文，东北师范大学，2010年。